LES TRENTE ANS QUI ONT CHANGÉ LA CHINE by Caroline Puel

© Libella, Paris, 2011

All rights reserved. This Korean edition was published by Prunsoop Publishing Co., Ltd in 2011

by arrangement with LIBELLA Group, Paris through KCC(Korea Copyright Center Inc.), Seoul.

이 책은 (주)한국저작권센터(KCC)를 통한 저작권자와의 독점계약으로

(주) 도서출판 푸른숲에서 출간되었습니다. 저작권법에 의해 한국 내에서

보호를 받는 저작물이므로 무단 전재와 복제를 금합니다.

중국을 읽다

1980-2010

세계와 대륙을 뒤흔든 핵심 사건 **170** 장면

카롤린 퓌엘 지음 | 이세진 옮김

푸른숲

일러두기

1. 저자 주는 각주로 표기하였으며, 본문의 괄호는 옮긴이 주이다.
2. 본문에서 단행본은 《 》로, 논문, 노래, 영화, 미술 작품, 잡지, 신문은 〈 〉로 표시했다. 참고문헌에서 단행본과 정기간행물은 이탤릭체로, 논문과 기사는 " "로 표시했다.
3. 인명과 지명을 비롯한 고유명사의 외국어 표기는 '국립국어원 외래어표기법'에 따라 표기하되, 이미 굳어진 인명 등 몇 가지 경우에 한해서는 관용을 따랐다.
4. 저작권 표시가 따로 없는 사진 자료는 저자가 직접 찍은 것이다.

글쓰기 취미를 물려주신 두 분의 할아버지께,

세상을 보여주신 아버지께

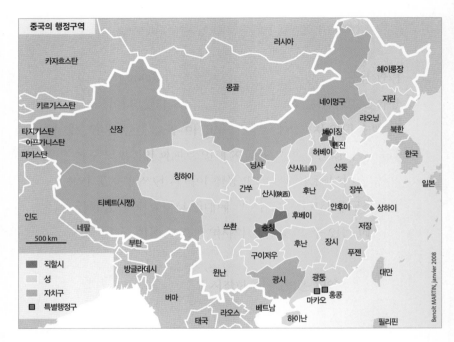

중국의 행정구역

러시아
카자흐스탄
몽골
헤이룽장
키르기스스탄
지린
네이멍구
타지키스탄
라오닝
아프가니스탄
신장
베이징
북한
파키스탄
톈진
허베이
한국
닝샤
산시(山西)
산둥
칭하이
일본
간쑤
산시(陝西)
후난
장쑤
티베트(시짱)
안후이
상하이
인도
후베이
충칭
저장
네팔
쓰촨
500 km
푸젠
부탄
구이저우
후난
장시
방글라데시
대만
윈난
광시
광둥
버마
홍콩
마카오
라오스
베트남
태국
하이난
필리핀

직할시
성
자치구
특별행정구

Benoît MARTIN, janvier 2008

2008년의 중국

* 오른쪽 위 지도에서는 왕조 최전성기의 영토( )가 한반도 이북까지 표시되어 있는데, 이는 한군현에 대한 역
사적 이해가 다름에서 비롯된 듯하다. 최근 국내 학계에서는 한군현을 한의 직접적인 통치를 받은 지역이 아닌 위
만조선의 지배세력 재편을 통한 주화파세력들의 정권으로 보고 있다. 아울러 최근에 발견된 문헌이나 유물을 분
석해보면 한나라의 영토가 랴오 강을 넘지 못했을 거라는 의견도 있다. 또한 지도에서 만리장성의 동쪽 끝이 한반
도 압록강 하구까지 연장되어 있는데( ) 이는 중국 측의 일방적인 주장이다. 중국이 현재 만리장성의 끝이라 주
장하는 호산산성은 고구려 시절 천리장성(중국으로부터의 침입을 막기 위해 고구려가 축조한 장성)의 끝 박작성이고, 장성의
장대받침이 고구려 산성의 성벽을 이용하였다는 것이 확인되어 고구려의 것이라 인정된 바 있다. _편집자 주

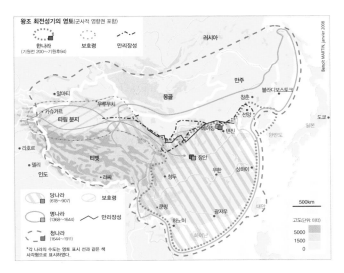

중국의 국경 변천. 중국인들에게 지금의 영토는 역사의 한 단계를 뜻할 뿐이다. 중국은 중앙집권적 제국과 난세를 교대로 겪었다.*(왼쪽 아래 편집자 주 참조)

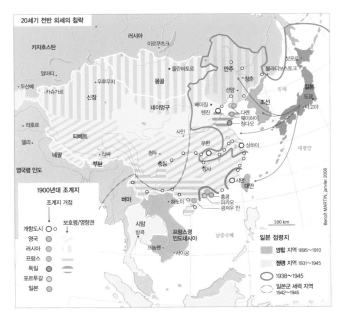

청나라는 외세에 수탈당했다. 19세기 중반부터 20세기 중반까지 할양과 점령 전쟁이 거듭되며 제국을 분열시켰다.

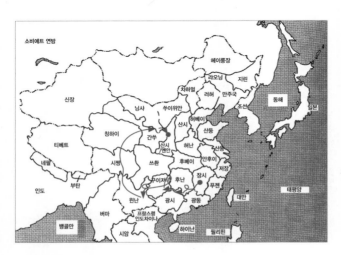

대장정(1934.10~1935.10)
1934년 10월부터 1935년 10월까지 공산당 군대는 국민당군의 공격을 피해 중국 오지를 지나 퇴각했다. 홍군은 장시 성 기지에서 출발하여 쓰촨 성과 티베트 고원의 일부 지대를 거쳐 척박한 지역인 산시 성 옌안에 이른다. 대장정을 통해 마오쩌둥은 중국 공산당의 지도자로 부상했다. 옌안은 이때부터 10년 넘게 공산당 저항 기지가 되었다.
지도는 에메 주(Aimée Zhou)와 콤 데셰리(Côme Dechery)가 만들어주었다.

1980년대 이전

1950년대의 마오쩌둥, 작자 미상

1950년대의 선전 사진, 작자 미상
행복해 보이는 농민 가족의 모습을 연출해서 찍은 것이다.

홍위병을 사열하는 마오쩌둥, 1966년, 작자 미상
1966년에 찍은 사진으로, 마오쩌둥이 자금성 발코니에서 톈안먼 광장에 모인 수많은 홍위병들을 사열하며
온 나라에 공산주의의 '복음'을 전하라고 외치고 있다. 이것이 문화대혁명의 시작이다.

저우언라이와 홍위병, 1966년 여름
선전부는 저우언라이 총리도 홍위병 운동을 지지한다는 점을 알리는 데 힘썼다.

© Luo Zhongli

〈나의 아버지〉, 뤄중리, 1980
이 작품은 중국 현대미술사에서 '전위 운동'의 효시가 되는 작품이다. '농민'이라는
선전 단골 주제를 통해 저자는 처음으로 '아버지' 세대의 고통을 표현했다. 아버지
의 얼굴에는 주름이 가득하고 밥그릇은 비어 있다.

상하이 항, 1984년
상하이 항은 1984년 여름 내내 잠들어 있었다. 항구에는 어부들의 삼판선밖에 없었다. 정면
에 보이는 강변이 현재의 푸둥 지구인데 당시에는 그저 늪지에 지나지 않았다.

상하이 항, 2002년
18년 후 땅에서 새로운 도시가 솟아났다. 푸둥 지구는 국제적인 건축가들의 대담한 작품들로
가득하다. 이 사진은 앞의 사진과 정확히 같은 위치에서 찍은 것이다.

하이난 섬, 1987년
남중국해에 위치한 이 섬이 외부인들을
받아들인 지 얼마 안 됐을 때다. 싼야
근처의 아름다운 야룽 만은 아직 관광
객들의 발길이 닿지 않았다. 물소를 타
고 있는 이 청년 같은 현지인들만 이곳
을 찾았다.

하이난 섬, 2005년
별 다섯 개짜리 호텔들이 들어섰다. 하이난은 중국의 신흥 부자들이 선호하는 휴양지이자 외국, 특히 영국과 러시
아에서도 즐겨 찾는 여행지가 되었다. 사진 속에서 베이징 관광객들은 호텔 경비가 지켜보는 가운데 현지인이 만
들어 파는 기념품을 구경하고 있다.

베이징, 1984년 6월
창안제는 베이징을 동서로 가르는 도로다. 당시에 이 도로에 자가용은 전혀 없었고 버스만 다녔다. 도로에는 늘 자전거가 많았지만 특히 출퇴근시간에는 자전거들이 점령하다시피 했다.

위 사진과 같은 장소에서 찍은 사진, 2010년 11월
창안제에 사무실, 행정기관, 무역센터, 5성급 호텔이 즐비하게 늘어선 것을 볼 수 있다. 자가용이 폭발적으로 늘어나서 교통체증이 수시로 일어나며 자전거는 보기 힘들어졌다.

톈안먼 광장에 세워진 민주의 여신상, 1989년 5월
톈안먼 광장에서 가까운 중앙미술학원 학생들은 뉴욕 자유의 여신상에서 영감을 받아 하얀색
폴리에스테르 수지로 만든 민주의 여신상을 세웠다. 광장에서 많은 사람들의 눈길을 끌었다.

톈안먼 광장의 군중, 1989년 5월
아직은 민주화 운동의 행복한 한때였다. 수십만 명의 시위대와 구경꾼이 광장에 모였다.

톈안먼 광장을 찾은 자오쯔양과 원자바오, 1989년 5월 19일
자신이 실각하고 강제 진압이 곧 시작될 것을 알고 있었던 자오쯔양 총리는 몹시 동요했다.
그는 학생들에게 조용히 학교로 돌아갈 것을 권했지만 소용없었다. 몇 시간 후 리펑은 계엄령
을 선포했다. 자오쯔양은 총리직에서 물러나 2005년에 사망할 때까지 가택 연금 상태에 놓
인다.

톈안먼 광장의 대자보, 1989년 6월
베이징 변두리에 등장한 군인들이 광장에 들이닥치기 몇 시간 전, 시인 베이다오가 이 대자보
를 내걸었다. "우리는 결코 쓰러지지 않으리, 살인자들이 거인이 되게, 그들이 자유의 바람을
멈추게 하지도 않으리."

1990년대

선전, 1992년
자전거의 물결 위로 우뚝 솟은 거대한 선전 벽화 속에서 덩샤오핑은 개혁의 재개를 명하고 있다. "사회주의를 지키기 위해 개방 정책을 다시 밀고 나갑시다." 덩샤오핑은 경제개혁을 다시 장려하기 위해 1992년 남순강화에 나선다.

선전, 1995년
"부자가 됩시다!" 덩샤오핑은 그렇게 명했다. 그는 개혁·개방에 따라서 부자가 되라고, 더 이상 정치 생각은 하지 말라고 요구했다.

© Marc Riboud

상하이, 1995년
많은 농민이 상하이 건설 현장에 일자리를 구하러 왔다. 이들이 바로 그 유명한 '민공'이다.

© Marc Riboud

저장 성, 부자가 된 농민, 1995년
상하이에서 백 킬로미터 떨어진 곳에서 채소를 재배하던 농민은 대도시의 발전에 힘입어 부자가 되었다. 사진작가 마르크 리부의 설명에 따르면 이 농민은 경찰서장이 근사한 집을 지을 때에도 슬쩍 돈을 보태야 했다고 한다.

상하이, 1995년
동네 전체가 철거되었다. 보상금 지금 임무를 맡은 회계원 한 사람만 남았다. 그의 뒤쪽으로
벌써 고층건물이 윤곽을 드러내고 있다.

상하이, 1995년
방금 완공된 듯한 고가도로 교차로.

상하이, 1995년
쾌락의 재발견. 만두 가게 점원 옆으로 많은 것을 말하는 듯한 대형 속옷 광고가 보인다.

신중국의 여배우 공리, 1993년
1990년대에는 예술가들의 각성과 중국 영화의 눈부신 발전이 있었다. 마르크 리부는 장이머우 감독의 〈인생〉 촬영을 옆에서 도왔다. 장이머우 감독의 뮤즈 공리는 그의 작품 여러 편에 출연했다.

상하이, 1993년
황푸 강가의 산책로 와이탄을 멋쟁이 엄마와 아들이 함께 거닐고 있다. 중
국에서 중산층이 막 등장한 무렵이다.

© Jérôme Monange

상하이, 1995년
건설 중인 고층 빌딩. 공사장 발판이 대나무로 되어 있다. 소비 사회의 발전을 호소하는 커다
란 광고판이 인상적이다.

© Jérôme Monange

윈난 성, 불교 승려, 1995년
1990년대에 들어서면서 중국은 새롭
게 종교와 만났다. 사진 속의 승려는
염불을 외는 중이다.

베이징, 덩샤오핑의 장례식, 1997년 2월
창안제 보도를 따라 쭉 늘어선 경찰들의 모습이 인상적이다. 이날 새벽부터 영구차가 지나가는 것을 보려는 구경꾼들이 몰려 나왔다.

© Xin Dong Cheng

베이징, 1999년 5월
분노한 학생들은 주중 미국 대사관 앞에서 베오그라드 주재 중국 대사관 오폭 사건에 대한 항의 시위를 벌였다.

2000년대

무텐위, 2000년 겨울
베이징에서 80킬로미터 떨어진 이 마을에서 어부들을 얼음에 구멍을 뚫고 그물을 내려 고기를 잡는다.

허난 성, 2000년
이촨 근처의 농민 시장.

다퉁, 2000년 3월
다퉁 탄광의 광부들. 중국은 아직도 에너지의 70퍼센트는 석탄에서 얻는다.
매년 중국 광산에서-특히 민간 광산에서-갱도 붕괴나 가스 폭발로 사망하는
노동자의 수는 2만 명이 넘는다.

장시 성, 시골 초등학교, 2001년 겨울
이곳은 가난한 시골이라 아직 학교에 변변한 시설이 없다. 이 마을에서는 교사 한 사람이 많은 수의 학생들을 감당해야 한다.

베이징, 텐안먼 광장, 인민대표들, 2007년 3월
중국 당국은 법치국가로서의 발전을 꾀하기 위해 전인대의 역할을 강화하기 원한다. 인민대표들이 정기 회의에 들어가기 전에 인민대회당 앞에서 기념 촬영을 하고 있다.

쓰촨 성 지진, 2008년 5월
진앙에서 20킬로미터 떨어진 징화정 마을에서 찍은 사진. 집이란 집은 거의 다 무너졌다. 이
가족의 두 자녀는 모두 죽었다. 부모는 오토바이에 실은 커다란 곰 인형과 이불 몇 채만 잔해
에서 건져냈다. 완전히 넋이 나간 그들은 갈 곳도 모르면서 어딘가로 걸어간다.

쓰촨 성, 2008년 5월
지진 발생 후 사흘이 지난 한왕 마을의 모습. 구조대가 생존자를 찾아내려고 애쓰고 있다. 마
스크를 착용하지 않고는 견딜 수 없을 정도로 시체 썩는 냄새가 진동했다. 리히터 규모 8.6도
의 지진은 이 지역을 초토화했고 사망자는 9만 명에 달했다.

레노보 사의 쇼룸, 2008년 3월
중국은 물론, 아시아에서도 가장 큰 컴퓨터 제조업체 레노보가 2005년에 IBM의 PC 사업 부문을 인수했다. 이 쇼룸에서 레노보는 베이징 올림픽을 기념하여 코카콜라와의 제휴로 붉은색 노트북을 선보였다. 레노보와 코카콜라는 모두 베이징 올림픽 공식 후원업체다.

베이징, 모터쇼, 2010년 4월
중국 자동차 브랜드의 최신 모델과 아름다운 레이싱 걸의 모습. 중국은 세계 최대의 자동차 시장이 되었고 자동차 산업도 발전하고 있다. 이 해의 모터쇼는 사상 최대 방문객 수를 기록했다.

베이징 우주센터, 2009년 9월
몇 달 전에 발사했던 최초의 우주선과 우주인 모형이다. 중국의 우주선 발사는 소련과 미국에 40년 뒤졌지만 세계에서 가장 먼저, 2025년까지 달에 상설 기지를 건설하겠다는 목표를 가지고 있다.

올림픽 선수촌 건설 현장, 2007년 5월
올림픽 경기장과 선수촌 건설 현장은 광대
하다. 수십만 명의 민공들이 3년 넘게 뼈
가 부서져라 일했다.

베이징, 건설 중인 올림픽 주경기장, 2007년 5월
'새 둥지'라는 별칭을 얻은 주경기장은 지방 관광객들의 탄
성을 자아냈다.

톈안먼 광장, 2008년 3월
올림픽 개회 130일 전 카운트다운이 시작됐다.

© Xin Dong Cheng

텐안먼 광장, 2009년 10월 1일
공산주의 체제 60주년. 행렬은 일제히 풍
선을 하늘로 날리며 중국의 '화평굴기'의
의지를 보여주었다.

상하이 만국박람회 중국관, 2010년 9월
붉은색으로 칠한 중국관은 한나라 때의 고궁을 연상케 하는
디자인으로서 다른 전시관들은 모두 아래로 굽어보고 있다.

텐안먼 광장, 2009년 10월 1일
공산주의 체제 60주년 기념식 퍼레이드가 진행되는 동안 후진타오 국가주석의 모습이 대
형 스크린에 나타났다.

앞으로의 세계질서는
지난 세기와 근본적으로 달라질 것이다

중국은 30년 동안 눈부신 변화를 겪었다. 30년 전의 중국은 문화대혁명의 피비린내가 채 가시지 않은 공산주의 제국이었으나 2010년에는 세계 제2의 경제 대국으로 우뚝 올라섰다. 오랜 문명을 지닌 이 대륙은 젊어지는 주사라도 맞은 듯 원기를 되찾고 이제 다시 미래를 향해 달려가고 있다. 중국의 지도자들은 국제 무대에서 영향력을 톡톡히 행사하고 있으며 중국인들은 대국의 자부심을 되찾았다. 21세기의 중국은 완전히 강대국으로 자리를 잡은 것처럼 보이지만, 한편으로는 불평등이 날로 심화되고 있으며 여전히 여러 가지 갈등을 안고 있는 신흥 국가다.

중국은 어떻게 단기간에 변모할 수 있었을까? 처음부터 국가 지도자들이 전략을 잘 수립해서 주도했기 때문이라고 생각한다면 지나친 확대 해석이다. 물론 그들의 목표가 매우 분명하기는 했다. 중국을 전 세계가 우러러보는 강대국으로 다시 일으키겠다는 목표. 비록 나중에는 파괴적인 일탈로 치달았을지언정 일찍이 중국 공산주의 체제를 수립한 마오쩌둥의 야심도 이 목표와 일치했다. 저우언라이 전(前) 총리도 20세기 말까지는 중국을 세계경제의 우두머리로 끌어올리고 싶다는 뜻을 드러냈다. 마침내 개혁과 개방의 아버지 덩샤오핑이 중국을 경제성장의 궤도에 올려놓았고 덩샤오핑의 후계자들도 동일한 임무를 이어받았다. 그들의 방법론은 무엇이었는가? 덩샤오핑은 "돌다리도 두드려보고 건넌다"는 유명한 말로 그 방법론을 밝힌 바 있다. 말하자면, 외국의 사례를 타산지석으로 삼아 중국의 현실에 맞게 적용하여 단계적 성장을 추구한다는 뜻이다. 이것이 중국이 걸어온 길이다.

오늘날, '중국 모델'은 많은 개발도상국에게 자극이 되고 있다. 그러나 중국의 지도자들은 잘 정의된 이론이 중국의 발전을 이끌어낸 것이 아님을 누구보다 잘 안다. 실제로는 작은 차원의 개혁들이 대륙 전역으로 확산되면서 변화의 도화선이 되었다. 끊임없이 바뀌는 환경에 대한 적응력과 실용주의도 그들의 성공을 부분적으로 설명해준다. 물론 좀 더 시간을 두고 보면 다른 핵심 요소들도 보일 것이다. 그러나 지금 단계에서는 키를 요리조리 돌려 폭풍을 헤치고 나아가는 거대한 선박처럼 이 거대한 국가가 자질구레한 모든 조치들을 하나하나 동원하는 모습이 종종 보인다.

좀 더 명확하게 말하자면 이 책은 중국 개혁 30년의 주요 사건들을 연대순으로 선별하여 살펴보고자 한다. 이로써 정신적 진보, 정치적 의사결정자들의 부상, 해당 사건이 국제 정세에 미친 영향, 이따금 나타난 퇴행 등을 좀 더 잘 설명할 수 있을 것이다. 독자들은 30년 전까지만 해도 폐쇄적이고, 가난하고, 비참하며, 자신감을 잃었던 이 나라가 차츰 변이를 거듭하여 오늘날 돈과 에너지가 넘치는 강대국으로 다시 태어나는 과정을 보게 될 것이다. 그러나 이 책은 지리적, 사회적 불균형이라는 문제를 해결하고자 고심하는 오늘날의 중국에 대한 논쟁과 비판도 다룬다. 필자는 서구 저널리스트이자 급격한 변화를 지켜본 목격자로서 오늘날의 중국에 판단의 잣대를 들이대기보다는 명백한 사실들을 전달하고자 한다.

이 시기에 정치적, 경제적, 사회적, 문화적인 차원에서 일어난 중요한 사건, 나아가 스포츠 분야에서 일어난 주요 사건들을 짚어볼 것이다. 그중에는 1989년 톈안먼 사태, 2003년 사스(SARS) 사태, 2008년 쓰촨 성 대지진 같은 비극도 있다. 그런 사건들은 일시적으로 국가적 마비를 불러왔지만 반성의 시간을 마련하고 새로운 도약을 준비하는 계기가 되기도 했다. 또한 세계화, 베이징 올림픽, 그리고 역설적이지만 글로벌 경제위기처럼 중국이 더 큰 성장을 도모할 수 있었던 계기들도 있다.

이 책은 최근 사태들에 대한 이해를 돕기 위해 먼저 중국이라는 제국의 문화적 유산과 파란만장한 현대사를 간략하게 살펴볼 것이다. 이로써 독자들은 개혁·개방이 실시되었을 당시 중국인들의 심리를 보다 생생하게 이해할 수 있을 것이다. 이 책의 '서문'을 쓰기 위해 수많은 참고문헌과 공산주의 혁명을 실제로 경험한 중국인들의 회고를 참조했다. 고대 중국사, 청 왕조의 멸망, 마오쩌둥 시대를 다룬 상세한 문헌들을 참고했으며 참고문헌은 책 뒤에 밝혀두었다. 반면에 최근 30년을 다루는 본문은 필자가 30년간 직접 보고, 발로 뛰어 취재하고, 목격자들의 증언을 수집하여 이룩한 결과물이다.

이 책은 1980년부터 2010년까지를 10년 주기로 크게 세 시기로 나누어 다루었다. 1980년대는 덩샤오핑의 주도하에 처음으로 개혁·개방의 물결이 일어난 때다. 지식인과 대학생들은 정치 개방의 희망을 품게 되었고 소련과 동구권에서도 냉전 종식의 기미가 보이기 시작했다. 그러나 개혁파와 보수파 사이의 이데올로기 싸움은 아직 끝나지 않았다. 이 10년을

35

마무리한 것이 1989년의 톈안먼 사태였고, 그 후로 한동안은 중국의 퇴행이 두드러졌다.

1990년대는 중국이 경제적으로 도약한 시기다. 두 번째 개혁의 바람은 덩샤오핑이 일으키고 집단지도 체제의 수장 장쩌민과 주룽지가 주도했다. 급진적 변화를 겪고 나서 중국은 전제주의에서 벗어나 '하이브리드' 정치체제를 갖추었고, 계획경제에서 벗어나 시장경제를 도입하였으며 세계화 추세에 발맞추게 되었다. 이농 현상이 심화되고 사회 전체가 완전히 바뀌었다. 그러나 새로운 정치체제는 예전만큼은 아니어도 여전히 권위적이고 엘리트가 주도하는 중앙집권성이 강했다.

2000년대는 중국이 새로운 천년을 향해 도약한 시기, 또한 중국 역사상 처음으로 외세의 개입 없이 순수한 자기 의지로 본격적인 세계화를 추진한 시기이다. 중국의 신세대 기업가들은 민간 부문을 발전시키고 중산층을 형성했다. 그들 중 상당수는 해외파다. 그들은 개혁·개방과 함께 등장하여 차츰 부르주아지의 기틀을 마련했다. 또한 인터넷이나 휴대전화 같은 새로운 통신기술에 힘입어 여론이 탄생했다. 2010년 현재 중국의 인터넷 사용자는 4억 명, 휴대전화 가입자는 7억 5천 명에 달한다. 아프리카와 남미 시장에서도 중국의 위세가 커졌다. 2008년 베이징 올림픽과 2010년 상하이 만국박람회를 통해 중국의 내수 시장은 급격히 성장했고 중국인들의 자부심은 하늘을 찔렀다. 그러나 이처럼 지나치게 빠른 성장은 부동산과 주식의 거품, 과잉 생산 등 상대적으로 취약한 기반에 기초해 있으며 환경과 인간관계를 피폐하게 했다. 새로운 후진타오-원자바오 집단지도 체제는 이제 '조화'와 지역 간 균형 발전이라는 과제에 총력을 기울였으나 그럼에도 신장 자치구, 티베트 자치구의 소수민족 문제나 그 밖의 많고 많은 사회운동들을 막지는 못했다. 2008~09년 글로벌 경제위기는 중국이 예상보다 더 빨리 유럽과 일본을 경제적으로 추월하는 계기가 되었다. 그러나 강대국이라는 새로운 지위는 그만큼 새로운 책임들을 떠맡아야 한다는 의미이기도 하다. 또한 미국과의 갈등, 아직까지는 서구에서 대체로 부정적인 중국의 국가 이미지를 관리해야 할 필요성도 대두되었다.

인류 역사상 이렇게 큰 나라가―유럽 23개국을 합친 것보다 더 넓고 인구도 더 많은 나라가―이렇게 짧은 기간에 이토록 대대적인 변화를 겪은 적은 없다. 중국인들은 서구와 일본이 산업혁명에 성공하고 앞으로 치고 나가는 동안 뒤처진 2백 년을 단숨에 따라잡기로 작정이라도 한 듯하다. 이 30년은 중국 역사는 물론, 세계사에도 아주 중요한 시기로 기록될 것이다. 중국이 잠에서 깨어난 이상, 앞으로의 세계 질서는 지난 세기의 세계 질서와 근본적으로 달라질 것이기 때문이다.

그래서 여기 아주 특별한 30년의 이야기를 소개한다. 이 이야기는 중국인들의 경험, 그들의 꿈, 그들이 미래를 보는 시각을 설명해준다. 독자들은 이 이야기를 따라가면서 중국이 지닌 복합적인 성격과 중국이 세계의 미래에 미치는 영향을 파악할 수 있을 것이다. 이 책이 명석하고 비판적인 시각을 유지하면서 독자들에게 우리 모두의 미래를 떠받칠 토대를 보여줄 수 있기 바란다.

중국을 이해하는 첫걸음: 역사를 통해 중국인들의 본심을 꿰뚫다

중국은 개혁 30년을 거치고 나자 공산주의 체제 초기와는 완전히 다른 나라가 되어버렸다. 그러나 투철한 애국심, 농촌 지역의 불만, 다시 일어날지 모르는 대혼란에 대한 두려움 같은 주요 경향은 아직도 남아 있다. 중국의 오랜 야망, 이를테면 다시 강대국으로 우뚝 서서 지난날의 모욕을 씻고 말겠다는 다짐도 여전하다. 이런 중국의 근본적 특징들을 간략하게 짚어보지 않고서는 오늘날의 중국을 제대로 이해하기 어려울 것이다.

'천자'와 **혁명의 전통**

외국인들은 중국인들이 마오쩌둥 시대는 물론, 최근까지도 전제주의 체제를 수동적으로 용인하는 모습을 보면서 놀라곤 한다. 이를 설명하려면 고대 중국까지 거슬러 올라가야 한다.

중국인들은 일찍이 기원전 2000년 말에 세워진 최초의 왕조, 상나라 때부터 최고 권력자는 천자(天子)라고 하여 하늘에서 권력을 위임받았다고 믿는다. 천자는 정치적 우두머리이자 말 그대로 '하늘의 아들'이다. 옛 중국인들의 정신세계에 영향력을 행사하고 자신의 통치로써 천계와 천계에 속한 힘을 인간계와 이어주는 존재인 것이다. 이런 사고방식 덕분에 정치 권력이 단 한 사람에게 집중될 수 있었고, 백성들은 독재와 수탈도 묵묵히 감내했다…… 적어도 나라가 번성하는 동안은 그랬다!

이민족의 침략, 기근, 홍수는 하늘이 국가 지도자를 못마땅하게 여긴다는 신호로 받아들여졌다. 이때는 반란을 일으켜 왕조를 멸망시킬 수도 있었다. 중국에서 처음으로 이런 주장을 내세운 왕조가 기원전 1000년경에 일어난 주나라다. 상나라를 멸망시키고 새로운 왕조를 세운 정당성을 이렇게 내세운 것이다. 이때부터 중국에서는 하늘이 보시기에 더 이상 나라를 다스릴 자격이 없는 가문은 멸망시킬 수 있다는 논리로 권력의 교체가 이루어졌다.*

이런 관념은 중국인들의 집단 무의식에 아직도 뿌리 깊게 박혀 있으며 오늘날의 중국어에서도 그 자취를 볼 수 있다. 한자어 '혁명(革命)'을 문자 그대로 풀이하면 '하늘의 명을 바꾼다'는 뜻 아닌가! 비교적 최근이라 할 수 있는 1966~77년의 문화대혁명 때까지도 이런 논리가 통했다. 비록 대중의 교육 수준이 높아지고 정보가 널리 퍼진 까닭에 '천자' 개념은 이제 사라졌지만 어느 수준까지 권력, 숙명, 희생을 묵묵히 받아들이다가 일단 그 수준을 넘어서면 오래 참았던 만큼 크게 들고일어나 판을 아예 엎어버리는 중국인들의 성향은 변하지 않았다.

* Anne Cheng, 《Histoire de la pensée chinoise》, Paris, Seuil, 1997, chap. 1.

위대한 과거의 **복원**

마오쩌둥과 그의 후계자 덩샤오핑, 장쩌민, 그리고 현재의 국가주석 후진타오는 모두 중국을 강대국으로 다시 일으키겠다는 야심을 고백했다. 그 이유는 중국이 고대부터 대단한 위세를 떨쳤던 때가 많기 때문이다. 중국에서 처음으로 조직화된 사회가 출현한 때가 기원전 5000년경이니, 이집트 문명보다도 수백 년을 앞선다. 중국은 찬란한 문화의 꽃을 피웠고 여러 속국을 거느렸다. 진시황이 천하를 통일하고 최초의 중앙집권 정부를 수립했을 때가 기원전 220년이다. 당시에 실크로드를 통해 수출된 중국의 도자기와 비단은 로마인들의 찬탄을 불러일으켰다. 중국의 황제들은 전쟁과 동맹을 통해 평화를 수립하고 1세기 말까지 황해에서 중앙아시아를 지나 지중해까지 이어지는 이 전략적 통로를 이용했다.

로마 제국이 영토를 불리는 동안 중국 한나라의 정치조직과 철학은—워낙 거리가 멀고 증인이 거의 없어서 미화된 부분도 있겠으나—호라티우스나 대(大) 플리니우스 같은 사상가들의 호기심을 부채질했다. 중국에서는 105년경에 이미 종이가 발명되었고 중국 전역의 문자도 통일되었다. 베이징 북부에서 시작된 문자 체계가 남쪽으로 광저우까지, 서쪽으로는 황허 강 너머까지, 북서쪽으로는 만리장성까지 퍼진 것이다.

황금시대와 **혼돈기**

중국의 역사는 강력한 중앙집권 체제와 경제적 풍요, 높은 수준의 과학과 문화를 특징으로 하는 제국과, 무정부 상태에 가까운 극심한 혼돈기가 교차하는 양상을 시종일관 보여준다. 그런 탓인지 중국인의 의식구조에는 '혼란'을 극도로 기피하는 성향이 있다. 그리고 중국의 여러 황제들과 지도자들은 바로 이런 심리를 이용하여 자신의 권력을 유지할 수 있었다. 문화대혁명 당시에 홍위병들의 폭력 행위를 주도한 마오쩌둥이 그들의 해산을 명할 때에도 비슷한 논리를 내세웠다. 1989년의 톈안먼 사태나 1991년 소비에트 연방 붕괴 당시에도 공산당 선전부는 텔레비전 방송 같은 현대화된 수단을 쓰기는 했지만 여전히 대중의 뿌리 깊은 두려움을 자극하는 수법을 썼다. 늘 '엄청난 혼란'을 초래할 수도 있다는 이유로 민주주의를 탄압했고 소련처럼 정치개혁에 나서기를 거부했던 것이다.

한나라는 크게 번성했다가 3세기 초에 멸망했다. 내전이 일어나고 영토 분할이 일어나면서 삼국 시대와 5호16국 시대로 접어들었다. 또한 몽고와 돌궐 유목 민족들의 침략이 끊이지 않아 정국은 4백 년 가까이 어지러웠다.

7세기에 이르러 당이 다시 천하를 통일한다. 당나라 시대는 지금까지도 중국의 '황금시대'로 통한다. 문화예술이 가장 발달한 시기이기도 하다. 당나라는 인쇄술을 발명했고 지폐를 발행했다. 직조, 주조 등의 기술도 크게 발전시켰다. 당의 황제는 중국만 다스리는 통치자가 아니었다. 당나라 황궁은 몽골을 포함한 중앙아시아, 서남아시아, 한국 등 동맹국이나 속국 관계에 있는 나라들에까지 영향력을 행사했다. 641년에는 당의 공주가 티베트 왕조의 후계자와 혼인하면서 라싸로 가는 길이 열렸다. 이로써 중국의 수도승들은 눈의 나라를 거쳐 인도의 불교 성지로 순례를 떠날 수 있게 되었다. 당시 당나라에서는 불교가 성행하여 문화 발전에 크게 이바지했다. 일본도 현재의 시안, 즉 당의 수도 장안의 정치, 행정조직에서 큰 자극을 받았다. 당의 승려들은 일본에 중국의 문자와 문학, 의학과 불교 그리고 예술을 전했다. 일본에는 이런 것들이 지금까지도 전통으로 남아 있기도 하다.

그러다 당나라는 차츰 힘을 잃었다. 대외 개방이 중국에게 경제적으로 손해라는 식의 민족주의 의식이 생겨났고 845년에는 외국 종교, 특히 불교를 금하기에 이른다. 북중국에서는 산시에서 진이 일어나고 카이펑에서 5왕조가 차례로 들어선다. 한편 남중국에서는 60년이 넘도록 쓰촨, 후난, 광둥, 푸젠, 저장, 장시에서 다른 왕조들이 출현했다. 일련의 군사 쿠데타가 있고 나서 마침내 960년에 송나라가 일어났다. 이때부터 새로운 도읍 카이펑을 중심으로, 그리고 1127년 천도 후에는 항저우를 중심으로 13세기 중반까지 찬란한 문화예술의 꽃이 피었다. 그러나 송나라는 중국의 중흥기였음에도 불구하고 끊임없이 외세의 침입에 시달렸다. 처음에 북중국 영토를 빼앗겼고 1279년에는 마침내 멸망하였다. 몽골의 중국 정복은 칭기즈칸이 첫발을 떼었고, 마르코 폴로가 감탄했던 그의 손자 쿠빌라이칸이 완수했다. 이로써 경제적으로나 문화적으로나 황폐한 시기, 원나라가 시작되었다. 그 후 14세기에서 17세기까지 중국을 지배한 명 왕조는 수도를 베이징으로 옮겼다. 동쪽과 남쪽 해안에서는 왜구의 침입이 기승을 부렸다. 포르투갈인들은 마카오에 무역 거점을 마련했고 최초의 외국인 선교사였던 예수회 신부 마테오 리치가 1582년 중국에 상륙하여 명나라 지식인들에게 수학적 지식을 전해주었다.

17세기 초에는 만주족이 중국 북부를 공격했다. 만주족은 권력을 잡아 청이라는 새로운 왕조이자 중국의 마지막 왕조를 세웠으나 자신들과 문화가 비슷한 한족에 차츰 동화되었다. 청나라는 건국 초기에 크게 위세를 떨쳤다. 강희제나 건륭제 같은 황제들은 개방 정신을 잘 보여주었다. 당시에는 예수회 신부들이 황궁에 기거하기도 했다. 청 황제들은 서양의 학술과 예술에 매혹되었으나, 정치적으로나 종교적으로는 서양의 영향을 받지 않으려는 경계를 게을리하지 않았다. 그러나 1689년 네르친스크조약(청나라와 러시아가 네르친스크에서 맺은 국경 획정 조약. 청나라가 유럽 국가와 최초로

48

대등하게 체결한 조약이다)을 맺을 때 프랑스인 신부가 강희제의 외교 자문 역할을 해주기도 했다. 당시 시베리아에서 코사크족이 위세를 떨치면서 러시아는 그들을 상대하기도 벅찼기에 청나라는 상대적으로 유리하게 국경을 설정할 수 있었다. 예수회 신부들은 황제들에게 중국 지도를 제작할 것을 건의했다. 영·불 연합군이 파괴한 베이징의 위안밍위안도 예수회 신부들이 부분적으로 프랑스의 베르사유 궁전을 참고해서 설계한 작품이었다. 청나라는 중기에 접어들어 윈난, 대만을 정복하고 몽골과 티베트를 차례로 보호령으로 복속시켰다. 18세기 말의 '팍스 시니카(Pax Sinica)'는 당나라나 한나라의 전성기만큼 드넓은 치세를 자랑했다. 시베리아, 알타이, 톈산, 파미르 고원과 히말라야 산맥으로 둘러싸인 땅이 모두 중국의 천하였다.

서방 세계와의 **뒤늦은 접촉과 힘겨운 개방**

중국은 자국의 발전에 필요한 교역—실크로드나 동남아시아의 외국 상관(商館), 마카오 무역기지를 통한 교역—에 만족하고 있었기에 오랫동안 다른 세상의 변화에 무감각했다. 중국은 스스로 정치적으로나 사회적으로, 또한 철학적으로도 가장 발달한 모델을 갖고 있다고 자부했기에, 다른 나라들의 발전을 간과했다. 오랑캐들이 중국 황제의 발목을 잡지 않는 선에서만 그들과 함께 살아갈 수 있다고 보았기에, 천자와 고급 관리들은 그들의 궁정을 방문한 먼 나라의 대표들이 그들 앞에서 충성을 다짐해야 한다고 생각했다. 이탈리아의 탐험가 마르코 폴로와 그 이후의 예수회 신부들은 외교술과 여행자 특유의 융통성을 발휘할 줄 알았고 어차피 아주 특수한 소명이나 목적을 띠고 방문한 사람들이었기에 황제도 그리 경계하지 않았다.

그러나 중국 영토 내에서 이루어진 서구 사회와의 접촉은 강제적이고 폭력적이었다. 일본은 19세기 말 메이지 시대에 그런 갈등을 소화하고 서구적 근대화를 받아들인 반면, 중국은 경계와 거부로 일관했다.

18세기 말부터 중국 황제는 보수적 관료들의 지지에 힘입어 차츰 쇄국주의로 기울었다. 청 왕조는 쇠퇴하기 시작했고 영토도 차츰 줄어들었다. 중국이 꾸벅꾸벅 졸면서 이런저런 비밀결사들의 난에 시달리는 동안, 유럽은 혁명과 나폴레옹의 전쟁으로 대표되는 시대를 마감하고 자본주의와 식민지 정복의 시대로 접어들었다. 게다가 신생국가 미국도 태평양 너머를 바라보기 시작했다.

1793년에 중국이 맞이한 최초의 공식 외교사절이었던 영국인 매카트니 경과의 만남은 그다지 유쾌하지 않았다. 그는 중국식으로 황제에게 절을 올리기를 거부했다. 무릎을 꿇고 바닥에 이마가 닿도록 황제에게 머리를 조아리는 것을 굴욕으로 생각했던 것이다.

영국인들은 일단 떠났다가 반세기 후에 중국 남부에 다시 나타났다. 영국 상인들은 인도에서 재배한 아편을 중국에 들여왔다. 처음에는 중국도 아편 거래를 용인했지만 아편이 백성들에게 심각한 폐해를 입히자 가만히 두고 볼 수 없었다. 특히 이미 느슨해진 지방 행정조직 구석구석에서 문제점이 불거졌다. 중국은 아편 수입을 금지했지만 영국 상인들은 복종하지 않았다. 황제가 사절을 보내어 대량의 아편을 압수하고 처분하자 영국은 군함을 보내어 광저우, 샤먼, 푸저우, 상하이를 공격했다. 급습을 당한 데다가 군기가 빠져 있던 중국군은 패했다. 1842년의 난징 조약으로 이 첫 번째 '아편전쟁'은 마무리되었다. 영국은 중국이 몰수한 아편의 보상금을 받았고, 그들이 공격한 4개 도시에 닝보를 추가하여 총 5개 도시를 개항시키고 영사관을 설치했으며, 홍콩을 할양받았다.

그렇잖아도 중국이라는 엄청난 잠재적 시장—당시 중국 인구는 이미 4억에 이르렀다—을 탐내고 있던 서구 열강들은 영국이 이토록 쉽게 중국 영토를 뚝 떼어가는 모습을 보고 저마다 압력을 행사하기 시작했다. 독일, 프랑스, 미국, 러시아, 일본이 차례로 주요 항구에서 치외법권을 인정받았다. 외국 세력은 태평천국의 난, 윈난과 신장에서 일어난 이슬람교도의 난 등 중국이 내분을 겪는 틈을 타서 1858년에 광저우를 침략했다. 2년 후에 영·불 연합군은 베이징을 공격하고 위안밍위안을 약탈했다. 11개 도시를 추가 개항시키고, 보상금도 뜯어냈으며, 아편을 합법화했고, 수도에 대사관까지 설치했다. 한편, 일본은 중국 북동부를 침략했다. 1895년에 시모노세키 조약을 체결한 결과 대만 섬은 일본의 식민지가 되었다.

의화단운동(1899–1901)

중국 백성들 사이에서도 반외세운동이 본격화되었다. '의화단운동'은 그중에서도 무술을 연마하는 비밀결사 의화권(義和拳)을 중심으로 일어난 운동이다. 1900년 봄 당시, 권력을 쥐고 있던 서태후는 이 운동에 호의적이었다. 의화단은 베이징에 입성하여 외세와의 전쟁을 선언하고 공사관 거리를 점령했다. 중국 내에서 수십 명의 외국인이 죽었다. 1900년 8월 14일에 일본, 러시아, 미국, 독일, 프랑스, 오스트리아, 영국의 연합군이 반격에 나서서 수도를 침략하고 학살과 약탈을 저질렀다. 서태후는 피난을 떠났다. 열강의 '평화 중재'는 중국 북부까지 개입했다. 러시아는 아무르 지역을 손에 넣었다. 독일은 산둥을 차지했다. 외국 군대는 가는 곳마다 중국인들을 수탈했다.

신해혁명(1911)

하늘이 맡기신 권력이 그 힘을 다했음이 분명해졌다. 백성의 불만은 팽배했고 반란도 끊이지 않았다. 결국 양쯔 강 유역에서 공화국을 건설하려는 혁명파와 세력을 갖춘 중도파가 함께 대대적인 운동을 일으켰다. 이 운동의 지도자 쑨원은 오랫동안 외국에서 공부한 의사로서 '국민당'이라는 사회민주주의 정당을 설립했다. 쑨원은 중국을 다시 바로 세우고 근대화해야 한다고 생각했다.

1911년 10월 10일에 우한에서 군사 반란이 일어나자 다른 지역들도 속속 분리를 선언했다. 청의 정치체제는 완전히 썩어 있었다. 쑨원은 중화민국이라는 공화국 설립을 선포했다. 그리고 1912년 1월 1일에 임시 수도 난징에서 임시 대총통으로서 활동을 시작했다. 공화파 반란자들을 진압할 책임을 지고 있었던 야심만만한 군인 위안스카이는 오히려 청 왕조에 투항을 제안했다. 당시 마지막 황제 푸이는 겨우 6세였다. 1912년 2월 14일에 위안스카이는 쑨원 대신 중화민국의 초대 대통령이 되었고 수도를 베이징으로 옮겼다. 그러나 위안스카이는 금세 독재 체제를 강화하고 자신을 황제로 칭했다. 1916년에 위안스카이가 사망하자 중국은 분열되었다. 중국은 처음에 각 지역의 우두머리로서 백성들을 압제하던 '군벌'에 의해 분열되었다. 군벌들끼리의 싸움이 치열해지면서 나라는 크게 기울었다. 당시, 서구 열강의 군대는 제1차 세계대전 때문에 유럽으로 물러나 있었다. 그러나 일본은 중국에 남아 경제적으로 세력을 더욱 넓히며 다양한 사업권, 삼림개발권, 과세권 등을 뜯어냈다. 1917년 '10월 혁명'으로 러시아까지 중국에서 물러나자 일본의 야욕은 더욱 거세졌다. 일본 세력은 만주와 한국에까지 이르렀다. 1919년 제1차 세계대전의 종식을 알리는 베르사유 조약이 체결되자 중국의 영토권은 공식적으로 인정을 받는 듯했으나 서구 열강은 이전 세기에 체결한 불평등조약을 무기로 다시금 중국을 괴롭히기 시작했다. 강화조약의 규정에 따라, 독일이 중국, 특히 산둥 반도에서 획득한 영토와 권리는 일본으로 이양되었다. 당시만 해도 서구 열강은 일본을 러시아 볼셰비키 체제와 맞서 싸울 우군으로 인식하고 있었기 때문이다. 소비에트 연방은 러시아 차르 체제 때 획득한 영토와 특권을 포기하고 중국과 손을 잡은 유일한 유럽 국가였다.

중국에서도 제국주의와 영토 분열에 항의하는 학생운동이 일어나기 시작했다. 1919년의 5·4운동은 근본적인 혁명을 부르짖었다. 대학생들은 중국 사회의 폐쇄성으로는 근대화를 따라잡을 수 없다며 기술 진보와 민주주의를 요구했다. 바로 그 무렵, 러시아는 마르크스레닌주의 모델로 조직화되어가고 있었다.

공산당 대 **국민당**(1927-1949)

1921년에 상하이에서 중국공산당이 창립되었다. 당시 공산당원은 10여 명에 불과했다. 장차 중국공산당을 이끌게 될 저우언라이나 덩샤오핑도 프랑스에서 학업 및 사업상의 체류를 마치고 이제 막 돌아온 참이었다. 그들은 유럽에서 공산주의 운동의 걸음마를 직접 지켜본 사람들이었다. 중국에서도 사회의식이 생겨나기 시작했고 외국 문화에 개방적인 대학생들은 이념적 혁명을 좀 더 가까이에서 연구하기 위해 모스크바로 떠났다. 그들이 1920년대 말에 중국에 돌아와 볼셰비키들의 지원을 받으며 차츰 중국공산당의 체계를 갖추어나가기 시작한 것이다.

그동안 쑨원은 광둥정부(신해혁명 후 베이징의 군벌 정권에 대항하기 위하여 남방의 광둥 성 광저우에서 쑨원을 중심으로 수립한 국민당 계의 지방 정권)의 대통령으로 추대되어 일부 지역이나마 민주주의 체제를 뿌리내리려고 노력했다. 쑨원 역시 소비에트 연방을 동맹으로 받아들였다. 그는 1923년에 동서지간인 장제스를 모스크바를 보냈다. 일본 유학파 군인이었던 장제스는 소련군에서 더욱 기량을 갈고닦았다. 소련의 고문이 광저우에 와서 민족주의적, 공화주의적 기관이었던 국민당의 재조직에 관여하기도 했다. 국민당은 중앙집권적이자 관료적인 조직이 되었다. 소련의 비호 하에 광둥 성 근교에 황푸군사학교가 설립되었고 모스크바에서 돌아온 장제스가 교장을 맡았다. 1925년 3월에 쑨원이 사망하자 국민당은 분열되었다. 급진파는 쑨원의 아내를 따랐지만 장제스는 다섯 군벌과 연합하여 북중국과 베이징을 되찾기 위한 '북벌'에 나섰다. 장제스는 북벌에 성공하고 국민당 내에서의 세력 다툼에서도 승리하자 북벌을 단행하는 동안 자신을 지원해주었던 공산당 및 볼셰비키들과의 관계를 끊어버렸다. 1927년, 국민당의 수장은 상하이 쿠데타를 일으키고 난징을 근거지로 삼아 일종의 국가 자본주의 체제를 설립했다. 당시 중국에 체류하던 서구 자본가들은 장제스가 권력을 잡는 것에 우호적이었다. 1931년부터 1934년까지 장제스는 장시 성을 중심으로 하는 중화소비에트공화국(마오쩌둥과 주더에 의해 설립된 1931년부터 1934년까지 중국 장시 성 루이진에 독립적인 정부로 존재했던 공화국. 지역 이름을 따 '루이진소비에트'라고도 함) 토벌에 매진했다. 장제스의 국민당 군대는 루이진소비에트를 포위하여 몰락시켰다. 이것이 대장정(마오쩌둥이 이끄는 홍군이 국민당 군대의 포위를 뚫고 1934년 10월부터 1935년 10월까지 1만 2천 킬로미터를 걸어서 탈출한 사건)의 시초가 되었다. 홍군은 구이저우 성과 쓰촨 성의 척박한 들판과 티베트 고원, 간쑤 성을 지나 산시 성 황토 지대의 작은 분지 마을 옌안에 저항군 기지를 세웠다.

마오쩌둥(1893–1976)과 **저우언라이**(1898–1976)

대장정을 통해 공산주의 운동의 지도자로 등극한 두 사람은 그 후 사실상 사반세기 동안 중국을 이끌게 된다. 마오쩌둥은 1893년 12월 26일 후난 성 사오산에서 태어났으며 건장하고 카리스마가 있는 호인이었다. 지주 가문의 후계자였던 그는 케케묵은 구습의 화신이나 다름없던 아버지에게 어려서부터 반항심을 느꼈다. 그는 아직 어린아이에 불과할 때 집에서 정한 대로 자기보다 나이 많은 시골 처녀와 결혼을 해야 했는데, 그 첫 아내는 머지않아 세상을 떠났다. 1911년, 마오쩌둥은 창사의 학교에 입학했다. 쑨원이 신해혁명을 일으켰을 때 그의 나이는 18세였다. 당시 젊은 학생들 대부분이 그랬듯 그도 열렬한 애국청년이었다. 그는 19세기 후반 내내 외세에 시달렸던 조국을 해방시킨다는 생각에 가슴이 부풀어 올랐다. 그는 은사의 딸과 결혼했고 은사의 뜻에 따라 상하이 중국공산당 설립에 참여했다. 그러나 마오쩌둥이라는 인물이 실질적으로 부각된 것은 1927년부터다. 그때부터 그가 소련인 고문들이 이끄는 볼셰비키주의 경향에 정면으로 반대했기 때문이다. 볼셰비키들은 소련에서처럼 중국에서도 도시 노동자들의 봉기가 중요하다고 생각했다. 그러나 시골 출신이었던 마오쩌둥은 중국의 진정한 힘이 농촌에 있다고 보았고, 농민의 결속 없이는 이 나라에서 아무것도 이끌어낼 수 없음을 알고 있었다. 마오는 장시 성에서 주더의 도움을 받아 최초의 '홍군 기지'를 세웠다. 1920년대 말, 국민당의 압박으로 공산주의 지도자들이 피신할 때에 이 기지는 매우 요긴한 거점이 되었다.

한편, 저우언라이는 키가 크고 날씬한 미남이었다. 그는 1898년에 장쑤 성의 학자 집안에서 태어났으며, 5·4운동을 계기로 혁명에 대한 열망을 품게 되었다. 중국 최초의 '봄'에 지식인들은 중국의 영토 일부를 박

55

탈하는 베르사유 조약에 항거하고 오래된 제국의 근대화와 민주화를 부르짖었다. 저우언라이는 덩샤오핑과 마찬가지로 1920년부터 1924년까지 프랑스에 체류하면서 당시 유럽에서 구체화되고 있던 공산주의 이념에 관심을 갖게 되었다. 그래서 중국으로 돌아와서 아내 덩잉차오와 함께 새롭게 창립된 중국공산당에 가담했다.

초창기에 마오쩌둥와 저우언라이는 서로 교감하는 바가 없었다. 두 사람은 집안을 보나 출신 지역을 보나 너무나 달랐다. 저우언라이는 유학파였지만 마오쩌둥은 뼛속까지 토종 중국인이었다. 그러나 정치적, 군사적 전략가 기질이 강했던 마오쩌둥은 결국 지식인적 풍모가 강했던 저우언라이를 사로잡아 아낌없는 지원을 받아내기에 이른다. 1935년 1월, 대장정이 구이저우 성 쭌이로 향하는 과정에서 마오쩌둥은 홍군의 최고지도자가 되었다. 이때부터 마오와 저우의 2인 체제는 흔들리지 않았다. 그리고 국민당 군대와의 혈투도 이어졌다.

일제강점기(1931–1945)

하지만 공산당과 국민당은 일시적으로 손을 잡았다. 국제사회의 무관심 속에 1931년에 만주사변을 일으켜 만주국이라는 괴뢰정부까지 세운 일본군을 나라 밖으로 몰아내야 했기 때문이다. 1937년부터 일본군은 중국 영토 내에서까지 전쟁을 일으켰고, 피비린내 나는 중일전쟁이 8년간 계속되었다. 전쟁 중에 일어난 난징대학살과 만주에서 일본군이 중국인 포로들을 대상으로 저지른 생체 실험의 비극은 역사에 남을 일이었다. 일본은 1941년 진주만 공습으로 제2차 세계대전에 뛰어들어 파시스트들과 한패가 되었다. 일본의 공세에 미국은 재빨리 반응했다. 국민당을 지지하는 연합군은 아시아에서 일본군을 물리쳤다. 공산주의자들도 게릴라전에서 한몫을 했다. 이중의 압박에 시달리던 일본군은 히로시마와 나가사키에 원자폭탄이 떨어지고 천황이 무조건 항복을 선언하자 1945년 8월 중국 본토에서 물러났다. 그러나 중국인들은 다시 찾은 평화를 음미할 기회가 없었다. 숨 돌릴 겨를도 없이 국민당과 공산당의 내전이 다시 시작되었던 것이다.

동족상잔의 **비극**(1946-1949)

1947년에서 1948년 사이에는 공산당이 득세했다. 공산당은 농촌에 침투하여 제2차 세계대전이 진행되는 동안 애국심 넘치는 행동으로 민심을 사로잡았다. 1948년 가을에 국민당은 만주, 중국 북부 및 중부에서 무너졌다. 영국, 프랑스, 러시아에 이어서 미국마저 장제스 총사령관과 관계를 끊어버렸다. 1949년에도 전투가 있었으나 금방 결판이 났다. 부패하고 쇠락한 국민당군은 기세등등한 홍군에 오래 버티지 못했다. 1949년 봄에 공산당은 양쯔 강을 넘었다. 4월 24일, 공산당은 국민당의 옛 수도 난징을 점령했다. 그 여세를 몰아 5월 27일에는 항저우와 상하이까지 점령했다. 국민당은 서둘러 군대를 이끌고 대만 섬으로 피난을 갔다. 그 사이에 공산당은 우한과 창사를 차례차례 차지했다. 국민당의 각 지역 지도자들은 싸움을 피하기 위해 공산당 쪽에 붙었다. 4월에 공산당 중앙위원회는 베이징에서 국민당에게 최후통첩을 날렸다. 마오는 여름 내내 장차 공산주의자들의 수도가 될 도시 근처의 산에 머물렀다. 북경 샹산에는 이시기를 기념하는 작은 성소가 남아 있다. 국민당이 '붉은 도적'이라고 불렀던 무리의 우두머리는 그곳에서 자신의 사상과 전략을 완성했다. 9월

말에 베이징에서 새로운 체제의 기틀을 마련하기 위한 인민정치협상회의
가 열렸다.

1949년: 공산당이 **정권을 잡다**

1949년 10월 1일 아침, 마오쩌둥은 베이징 옛 황조의 궁궐 자금성
발코니에 모습을 드러내고 의문에 가득 찬 군중을 마주했다. 궁금증과 불
안에 휩싸여 자발적으로 몰려든 인파는 새로운 권력자에 대해서 알고 싶
어 했다. 마오가 이끌어온 공산당은 오랜 지하활동과 투쟁 끝에 마침내
장제스가 이끄는 국민당을 제압한 참이었다.

장제스는 마지막 전투에서도 패하자 자기 수하와 수천 명의 투사들
을 이끌고 중국 본토를 떠났다. 중국 국민당은 푸젠 성 연안에서 마주보
이는 대만 섬에 거점을 마련했다.

마오는 10월 1일 연설에서 '중화인민공화국'을 엄숙하게 선포하며
한 세기 넘도록 이어졌던 외세의 압박에 종지부를 찍었다. 중국을 다시
일으켜 세우자, 그리고 중국인의 자부심을 회복하자는 그의 정치적 계
획은 실로 애국심이 넘쳤으며, 오랜 세월 학살과 모욕에 시달려왔던 중국
인민들의 마음을 사로잡기에 충분했다. "중국 인민이 다시 일어났습니다"
라는 마오의 외침에 군중은 즉시 뜨거운 박수갈채와 환호를 보냈다. 마오
의 옆에는 그의 오른팔이자 장차 총리 겸 외무부장을 맡게 될 저우언라
이, 1959년에 국가주석이 되지만 문화대혁명을 계기로 감옥에서 생을 마
감하게 될 류사오치도 함께 있었다.

아직은 암흑시대가 다가오기 전이었다. 그날은 날씨 좋은 가을날이
었다. 따스한 공기, 높고 푸른 하늘. 비둘기들은 평화롭게 베이징의 지붕

위를 노닐고 있었다. 현장에서 마오의 연설을 들었던 군중들, 트랜지스터 라디오를 둘러싸고 귀를 기울이던 수백만 인민들은 목이 메어 울고 웃었다. 57세에 이른 마오가 투박한 시골 억양이 두드러지는 중국어로 만인 평등을 지향하는 공산주의 체제 하에 중국 대륙을 다시 통합하겠다는 포부를 위풍당당하게 발표했기 때문이다.

사실 10월에 새로운 체제가 선포되었다고는 하나 현재의 중국 영토 전체가 그 체제에 속한 것은 아니었다. 쓰촨 성은 1949년 12월에야 정복되었다. 신장에서는 잠시 동(東)투르키스탄 공화국이 건국되기도 했지만 1950년대에 공산당은 이 지역에서 산발적으로 일어난 저항운동을 무자비하게 탄압했다. 홍군은 1951년 초에도 광둥 성에서 4만여 명의 국민당군과 치열한 전투를 벌였다. 게릴라전은 후베이 성, 허난 성, 윈난 성의 산악 지대에서 1954년까지도 계속되었다. 인민군이 1950년부터 공략했던 티베트도 이 무렵에 정복되었다. 티베트의 전사 부족인 캄바족은 저항운동을 이끌고 라싸 항쟁을 주도하기도 했지만 그들의 세력은 1958년 유혈 진압으로 와해되었다. 수천 명의 티베트인들이 히말라야 산맥을 넘어 도망쳤다. 그들의 정치적, 종교적 수장 달라이라마는 인도 북부 다람살라에 망명정부를 세웠다.

중국은 백 년이 넘는 폭력과 혼란의 세월 동안 너무 많은 피를 흘렸다. 중국 영토를 회복한다는 목표에는 누구나 동의했지만 중국인들은 공산당에게 환상을 품지는 않았다. 공산주의 체제가 들어섰을 때에도 열광하는 분위기라기보다는 체념 반 기대 반이었다. 과거에도 공산당이 세력을 떨쳤던 지역에 속한 부르주아와 노동자, 장인과 농민은 이미 공산주의의 가혹함을 경험한 바 있었다. 공산주의 체제는 가정생활이나 직장생활에 심하게 개입했다. 그래도 국민당 정부에 깊이 실망한 중국인들은 과거를 아쉬워하지는 않았다. 국민당은 공산당이 농촌에 침투하여 기지를 구축하는 동안 농촌과 단절되어 있었고 당내의 부패와 투기 때문에 도시인들에게조차 차츰 정당성을 잃고 말았다. 쇠락한 왕조의 교체에 익숙해져 있던 중국인들은 공산당 정권의 부상도 일종의 숙명으로 받아들였다고 할 수 있다.

국민당과 가까이 지냈던 상하이 출신의 가문들은 이제 홍콩이나 대만으로 망명할 수밖에 없었다. 그 밖에도 국민당을 지지하거나 공산당 체제에 확신이 가지 않는다는 이유로 푸젠 성, 광둥 성, 하이난 성 등 남부 지역에서 동남아시아로 이주한 사람들도 많았다. 동남아시아에는 이미 많은 화교들이 살고 있었다. 16세기 전반에는 필리핀으로, 18세기에는 말레이시아, 특히 보르네오 섬과 인도네시아, 19세기에는 태국으로 많은 중국인들이 이주했다. 프랑스 보호령이었던 인도차이나 반도, 인도양의 섬들과 유럽 및 미국에까지 중국인들은 진출해 있었다.

그러나 중국 인구의 절대다수는 흥분 반 불안 반으로 새로운 정권을 지켜보며 기다리자는 입장이었다. 농촌 인구 가운데는 홍군에 들어갔다가 공산당이 베이징에 입성하면서 함께 수도로 이주한 사람들도 매우 많았다.

경제 **회복**

공산당의 통치가 시작되면서 차츰 체계가 잡히기 시작했다. 치안이 강화되고 불안이 가라앉았다. 유통의 주요 거점이었던 도시도 재건되었다. 중국인들은 공산당을 좋아하지는 않았지만 공산당의 성실성에는 높은 점수를 주었다. 경제도 회복되었다. 1950년 3월부터 새로운 화폐를 사용하고 물가를 엄격하게 단속함으로써 인플레이션도 억제했다. 완전히 쑥대밭이 되었던 나라가 다시 발전을 향해 나아가기 시작했다. 농업 생산도 크게 자극을 받아 일제강점기 이전의 수확량을 넘어섰다. 공업 분야에서는 더욱더 고무적인 결과가—일본이 만주에, 국민당이 남부 연안 지역에 건설한 생산 기반 설비가 밑거름이 되기는 했지만—나타났다. 본토를 떠나 있던 중국인들도 조국 재건을 돕고자 돌아오는 경우가 많았다. 최소한 18만 명의 재외 학자, 교수, 전문 기술 인력이 중국 남부로 돌아왔다. 이때가 중국공산당의 황금기였다…….

공포와 **압제**

황금기는 너무 짧았다. 1950년부터 공산당이 중국 사회의 가장 강력하고 뿌리 깊은 조직, 즉 가부장적 가족제도를 해체하고자 두 가지 개혁을 추진하면서 정세가 변하기 시작했다.

1950년 4월 30일에 발표된 새로운 혼인법은 법 개정에 대해 잘 모르고 영향도 많이 받지 않는 농촌보다는 도시에서 전통적 가족제도에 변화를 가져왔다. 이 법은 여성해방을 장려하고 당사자의 동의 없는 결혼과 축첩을 금지했으며 이혼을 허용했다. 여성이 보다 향상된 지위를 보장받고 경제활동에 뛰어들게 된 것은 이 혼인법의 긍정적인 효과였다. 그러나 가족, 씨족 중심의 전통적 연대를 와해시켜 개인들이 고립되었고, 이에 따라 개인들이 정치적 권력의 압박에 더욱 취약해졌다는 비판도 있다.

토지개혁은 농촌에까지 변화의 바람을 몰고 왔다. 지주들이 맨 먼저 타격을 입었다. 그동안 지주나 부농 집안은 봉건적 체제에 힘입어 광대한 토지를 소유하고 소작농을 거의 농노나 다름없이 착취했다. 1950년 6월 28일에 통과된 토지개혁법은 만 16세 이상의 모든 개인에게 2, 3마지기

(1마지기는 약 15분의 1헥타르)의 토지를 보장해주었다. 중국 전체의 경작지가 1억 8백만 헥타르 정도인데 그중 4천6백만 헥타르의 임자가 바뀌었다. 빈농 3억 명이 눈 깜짝할 사이에 자영농이 되었다. 처음에는 무조건 부농들을 죽이고 보자는 취지가 아니었다. 1950년 6월 6일 당 중앙위원회 지도부는 "농촌 지역의 생산성을 서둘러 회복시키기 위해 부농들의 과잉 소유지를 징수하기보다는 그들의 삶을 지켜준다"*고 결의했다.

그러나 대지주는 공산당의 첫 번째 표적이 되었다. 마오는 1927년에 후난 성 농민들에 대한 자신의 생각을 피력한 바 있다. "혁명은 성대한 만찬도, 문학작품도, 그림도, 자수도 아니다. 혁명은 그렇게 우아하고, 평안하고, 섬세하게 이루어질 수 있는 것이 아니다……. 농촌에서의 혁명은 농민이 봉건적 지주 세력을 몰락시키는 것이다……. 사실대로 말하자면 농촌 지역에는 일시적으로 공포 체제가 수립될 수밖에 없을 것이다." 수백만 명의 지주와 마름들이 체포당했다. 그중 상당수는 자살을 택했고, 그렇지 않은 이들은 처형을 당하거나 노동교양소에 끌려가 재교육을 받았다. 지주의 가족들은 첫째가는 반동 계급이라는 낙인이 찍혔다. 반동 계급에 속하는 인구는 계속해서 늘어났다.

중국 역사상 가장 큰 개혁인 토지개혁은 농촌 엘리트를 탄압하고 농지를 재분배함으로써 씨족사회를 분열시켰다. 이로써 기댈 곳이 없어진 개인은 공산당 앞에서 더욱 취약해질 수밖에 없었다. 정치도 차츰 가혹해졌다. 1953년 11월부터 정부는 곡물 거래에 대한 독점권을 행사했다. 그 다음 달에 당 중앙위원회는 집단농장 체제를 공식 발표했다. 이제 막 자기 소유의 토지를 갖게 된 농민들은 크게 반발했다. 집단농장 체제에 대해서는 의혹도 많았고 정치적 반대도 많았다. 처음에는 농민들이 생산 수단을 공유하되 지주 자격을 유지했다. 1955년 여름에 마오는 개혁에 박차를 가했다. 1956년 말에 이르자 중국의 거의 모든 농촌 가정들이 100가구에서 250가구 단위의 집단농장에 소속되어 조별 생산에 종사하게 되었다. 그래도 이론적으로는 농민이 자기 땅의 소유자였고 아주 적은 땅이나마 사적 용도로 쓸 수 있었다.

'반혁명분자' 명단이 길어질수록 나라 전체에 공포 분위기가 확산되었다. 전쟁 포로, 옛 국민당 간부나 당원, 친국민당 성향을 보인 인물과 그 가족 전체가 새로운 체제의 탄압을 받았다. 국민당 체제 하에서 집회에 참석한 적이 있다는 사실만으로도 모든 것을 빼앗기기에 충분했다. 평소 시기심에 불타던 이웃에게 고발을 당하거나, 모 정치위원이 작성한 '문건'이 꼬리표처럼 따라붙는 경우가 비일비재했다. '반동' 집안 출신 아이들은 학교에서 괴롭힘에 시달리고 자아비판을 강요받아 오히려 자기 집안을 앞장서서 배척하게 되었다. 당 선전부가 칭송하는 '좋은 집안'은 모범으로 삼을 만한 노동자 집안, 농업생산협동조합이나 공업생산협동조합에 속한 당 간부 집안이었다.

1951년 2월에 공산당 체제는 잠재적 반동분자들을 뿌리 뽑기 위해 대대적인 숙청에 들어갔다. 종교인, 특히 기독교인, 간첩, 외국인이나 외국계 기업에 협력한 중국인, 비밀결사 회원, 특히 정부가 '세뇌'의 필요성을 느낀 지식인들은 죽임을 당하거나 극심한 탄압에 시달렸다. 새로운 체제의 통제를 받지 않던 창녀, 아편 중독자, 소행상, 걸인, 부랑자들도 노동교양소에 격리되었다. 1951년 겨울에는 부패, 낭비, 관료주의에 반대하는 '삼반(三反)' 운동이 시작되었다. 여기에는 구체제의 후계자들을 제거하고 새로 뽑은 관료들의 기강을 바로잡겠다는 의도가 깔려 있었다. 불과 몇 주 후 '오반(五反)'이라는 새로운 지령이 떨어졌다. 오반은 반뇌물, 반탈세, 반국가재산침범, 반부실공사, 반국가경제정보사취를 뜻한다. 오

---

* Jacques Guillermaz, 《Le Parti communiste au pouvoir》, Paris, Payot, 1979, chap. 3, p. 43.

반 운동으로 초창기에는 숙청에서 제외되었던 공업, 상업 분야의 부르주아들까지 공산당의 심판대에 오르게 되었다.

국가는 벌금 징수와 재산 압수를 통해 국고를 늘리고 사업장을 확보했다. 1956년 말에 기업의 대부분은 국가의 감시를 받게 되었다. '노동단위'들이 구성되기 시작했다. 도시 지역에 적용되는 집단경영 체제는 노동자와 그 가족의 모든 일상에 관여했다. 얼마 안 되는 여가마저 정치적 교육에 이용되기 일쑤였다.

숙청의 결과를 정확히 추산하기란 어렵다. "고발당한 자들은 수천 명의 배심원과 수만 명의 구경꾼 앞으로 끌려나왔다. 한 사람 한 사람에 대한 심판이 이루어지지 못하고 '사례'에 대한 심판만 이루어졌다. 수백 명의 용의자들에게 한꺼번에 선고가 떨어졌다. 용의자들의 호소에는 아무도 귀 기울이지 않았다." 자크 기예르마는 1949년에서 1952년 사이에 중국 전체에서 처형당한 인구가 5백만 명에 이를 것으로 짐작한다. 처형을 당하지는 않았지만 노동교양소에 끌려간 사람들도 부지기수였다. 장 뤽 도메나크는 "1953년부터 천만 명이 수많은 새 작업장에서 강제노동에 종사했다"고 말한다.*

외부에서 정부를 지켜보는 감시자들은 발붙일 곳이 없어졌다. 자유주의 신문은 폐간되거나 선전부의 지시에 따라 색깔을 바꾸어야 했다. 해외 소식은 반드시 검열을 받아야 했고 점점 비중이 줄어들었다. 1953년부터 소련 관계자가 아니면 중국 국경을 넘기가 힘들어졌다. 서구 저널리스트들의 경우에는 1957년에 극소수가 중국을 방문한 것이 전부다. 프랑스 사진기자 마르크 리부는 1년을 기다려서 받은 비자로 중국을 몇 주간 여행했다. 비록 안내인을 항상 대동하고 다녀야 하긴 했지만 그는 중국 공

* Jean-Luc Domenach, 《Chine, l'archipel oubliée》, Paris, Fayard, 1992, 'laogai' 편 참조.

산주의 정권의 모습을 보여주는 최초의 사진들을 남겼다.

일련의 폐쇄 정책에도 불구하고 이 시기에 베이징은 국제 무대에 데 뷔했다. 저우언라이는 공산주의 체제의 고문이고 중재자이자 외교관이었다. 그는 1958년까지 외교부장을 맡았으며 1956년 반둥회의(아시아, 아프리카의 나라들이 몇 세기에 걸친 유럽 지배를 종식시키려는 노력의 일환으로 1955년 인도네시아 반둥에서 개최한 회의)에서 중국 대표로 참석하여 소련과의 동맹 이후 다른 나라들과의 외교에도 적극 나섰다.

'백화제방 백가쟁명'과 **'반우파투쟁'**(1956–1957)

집단농장 체제 추진 운동은 공산당 체제 내에서도 거센 비판을 불러일으켰다. 1957년 초에는 농민과 도시민을 격려하기 위해 이 운동의 기세가 다소 누그러졌다. 저우언라이 총리는 '백화제방 백가쟁명(백 가지 꽃이 만발할 때에 학인들이 저마다 실력을 겨룬다)'이라는 전국시대의 격언을 따서 지식인들이 자기주장을 펼쳐야 한다는 새로운 슬로건을 내세웠다. 지식인들은 몇 달간 망설였지만 결국 공산당 각 지부의 격려를 받아 자신들의 의견을 피력하게 되었다. 그러나 지식인들의 비판은 금세 공산당 지도부가 원하는 수준을 벗어나 전반적인 불만으로 확대되었다. 학생 시위, 농민들의 협동생산 거부, 노동자들의 파업, 예술가와 지식인들의 탄원이 빗발쳤다.

9월 말, 이런 항의를 확인한 중국공산당 제8차 전국대표대회는 마오의 권력을 다소 약화시키기로 결정했다. 마오는 중국공산당 국가주석 지위를 유지하되 류사오치, 저우언라이, 주더, 천윈을 4명의 부주석으로 두어 마오의 활동 범위를 제한하게 했다. 또한 새로이 떠오른 별 덩샤오핑이 이 대회에서 당 중앙위원회 총서기가 되었다. 인접한 소비에트 연방에서는 흐루시초프가 탈(脫)스탈린주의 절차에 들어갈 무렵, 중국에서는 부주석들이 헌법에서 마오를 언급한 조항을 빼야 한다고 주장했다. 마오는 불만을 품었지만 동조하지 않을 수 없었다.

마오는 자신의 권력을 되찾기 위해 불만분자들의 우두머리를 제거하기로 마음먹고 역습에 나섰다. 그리하여 1957년 초에 공산당 선전부는 백가쟁명이 공산당 체제의 불완전성을 비판하는 데 이용되어야 한다고 했다. 별의별 이야기가 다 나왔다. 공산당 체제가 들어서고 나서 처음으로 저마다 자유롭게 진심을 드러냈다. 전국 각지에서 공산당 간부의 권위주의, 무자격성, 특혜에 대한 비판이 이어졌고 민주주의, 개방, 진보에 대한 요구가 빗발쳤다.

당 체제의 근간 자체가 흔들릴 시점에서 마오는 갑자기 태도를 바꾸었다. 어제까지도 비판하는 이들의 의견을 받아주는 척하다가 갑자기 그들에게 수정주의자라는 딱지를 붙인 것이다. 백가쟁명을 장려하던 당 중앙위원회도 돌연 비판자들을 고발하고 탄압하기 시작했다. '반우파투쟁'은 이렇게 일어났다. 과감하게 비판을 밀고나갔던 이들은 이제 쓰라린 대가를 치러야 했다. 사회 전반의 공포 속에서 자아비판과 노동교양소행 결정은 일상다반사가 되었다. 각 노동단위에서는 '우파'의 공백으로 나머지 사람들이 노동 할당량을 더 채워야 했다. 중국 전체에서 40만 명 이상이 노동교양소에 끌려갔으며 법조인과 대학교수들이 특히 크게 타격을 받았다. 1958년에는 우파로 찍힌 사람의 가족들과 당 지도부에 불만을 가진 모든 이들을 탄압한다. 이때 제거당한 공산당 간부들만 해도 30만 명이 넘는다.*

* Jean-Luc Domenach, Philippe Richter, 《La Chine》, Paris, Imprimerie Nationale, 1995, p.147-151.

'대약진운동'의 **실패**(1958-1962)

마오는 정치적 영향력을 강화하기 위해 새로운 운동을 추진했다. 소련과의 동맹 관계에서 긴장이 느껴지기 시작한 때, 마오는 농촌에서 공업을 발전시키고 관개공사 같은 대규모 작업을 계획적으로 실시하여 각 지방을 일종의 자급자족 지역으로 만들고자 했다. 1958년 여름, 대약진운동은 대규모 관개공사, 재식림 사업과 함께 시작되었다. 마오가 참새를 보고 해로운 새라고 말했다는 이유로 전국에 참새잡이 광풍이 불기도 했다. 평균 5천 가구를 모아놓은 거대 집단 '인민공사'는 더욱더 노동집약적이고 합리적인 생산 조직을 자처했다. 하지만 인민공사는 사회의 '공산주의적' 조직을 극단까지 밀어붙인 형태였다. 이제 농민은 아주 작은 땅도 사적 용도로 쓸 수 없었다. 모든 인민은 생산 수단을 공유해야 했고, 인민공사는 탁아소, 공동 식당, 공동 침소, 양로원까지 갖추며 거의 자급자족 체제가 되었다. 인민공사는 호적이나 혼인까지 관장했다. 사람들은 배급권을 받아 생활했으며 아주 예외적인 경우에만 이주 허가를 받을 수 있었다. 불과 10년도 안 되어 중국 사회의 모습, 농촌의 모습은 완전히 바뀌었다.

사실상 대약진운동은 금세 참담한 실패로 드러났다. 공장에서나 농업협동조합에서나 간부들은 자꾸만 늘어나는 생산 할당량 때문에 미칠 지경이었다. 중앙 정부는 제대로 경제학적 계산도 하지 않고 도저히 실현할 수 없는 목표를 잡았던 것이다. 새로운 결정에 감히 이의를 제기하는 자는 즉시 제거당했다. 당시 공산당 간부의 10퍼센트가 축출당했고, 농촌에서는 당 지부 간부의 절반 이상이 교체되었다. 신장 같은 소수민족 지역은 특히 심한 탄압을 받았고 이미 넘쳐나는 노동교양소들도 수만 명을 더 받아야만 했다.

실패를 인정하지 않는 체제 내에서 뭘 할 수 있을까? 1958년 5월에 마오는 중국공산당 제8기 제2차 중앙위원회 전체회의(약칭 중국공산당 제8기 2중전회)에서 처음으로 당 내에서 대약진운동을 전면 실시할 것을 명했다. 지도부는 거의 변한 것이 없었다. 저우언라이는 천이에게 외교부장 직위를 넘기고 물러나 있었다. 경제계획은 보이보의 소관이었으며 린뱌오 장군이 정치국에 들어와 있었다.

그해 여름 동안 인민공사는 전국으로 퍼졌다. 1958년 가을부터 기대 수준에 미치지 못하는 생산량을 조작했다는 이야기가 지도부 내에 퍼졌고 생산 목표도 다소 낮추게 되었다. 그러나 대약진운동은 스스로 발목을 잡는 짓이었다. 국방부장 펑더화이는 고향인 후난 성에 내려갔다가 목격한 참사에 말을 잃었다. 더 이상 어떤 계획경제도 발을 붙일 수 없는 수준이었다. 중국의 농촌은 극심한 기근에 허덕이고 있었다. 1959년 7월 제8기 8중전회에서 펑더화이는 이 같은 참상을 보고하고 마오의 실책을 지적했다. 장관급 각료가 국가주석에게 직접적으로 들고일어난 사례는 전무했다. 하지만 펑더화이는 형식을 존중했다. 그는 국가주석에 대한 예를 다하며 대약진운동의 문제점을 아뢰는 개인적인 편지를 올렸다. 그러나 마오는 펑더화이가 자신을 실각시키려고 한다고 해석하고 편지를 당 중앙위원회에 회부했다. 당 지도부에는 펑더화이와 비슷한 생각을 가진 사람들도 많았지만 그들은 자리를 보전하기 위해서 비겁하게 동지를 버렸다. 펑더화이는 모든 공직에서 물러났고 린뱌오가 새로운 국방부장으로 추대되었다. 펑더화이와 가깝게 지냈던 군인들도 숙청 대상이 되었고 대약진운동은 공산당 내에서조차 그 위험을 의식하고 있었음에도 불구하고 계속 추진되었다.

대약진운동을 고집한 결과는 비참했다. 농업 생산량은 급격하게 떨어졌다. 북부의 농지는 관개사업으로 지나치게 많은 물을 댄 결과, 경작이 불가능한 땅이 되었다. 곡물 비축량은 눈에 띄게 추락했다. 가축들도 굶어죽었다. 여러 지역에서 기후마저 좋지 않았기 때문에 먹을 것이라곤 아무것도 없었다. 안후이 성에서는 비적 떼가 들끓었다. 도둑질이 성행했고 광둥 성, 쓰촨 성, 칭하이 성, 간쑤 성, 윈난 성에서 폭동이 일어났다. 신장에서는 6만 명이 넘는 이슬람교도들이 국경을 넘어 카자흐 소비에트 사회주의 공화국으로 피신했다. 당 지도부에서는 인구 유출을 막기 위해 경계선을 설정하기로 했는데 이런 결정이 또 다른 폭동을 불러일으키기도 했다. 도시인들은 살아남는 데 필요한 것을 얻기 위해 혈안이 되었다. 식량난으로 배급량은 점점 줄어들었다. 대학 식당에서 나뭇잎이 음식이랍시고 나오기도 했다. 사람들은 영양가 있는 것을 먹지 못해서 기운이 없는 데다가 배가 고프다 못해 아파서 차라리 잠을 잤다. 오전 11시에서 오후 3시까지가 낮잠 시간으로 정해지자 당연히 노동 시간은 줄어들었다. 그렇게 나라 전체의 움직임이 느려졌다. 공업생산량도 뚝 떨어졌다. 10년이 넘도록 어떤 통계자료도 발표되지 않았다. 노동교양소는 죽을 날만 기다리는 곳으로 변했다. 우파로 찍혀 노동교양소에서 19년 이상을 보내고 풀려난 후 미국으로 건너가 인권운동가가 된 해리 우는 그런 공장형 감옥의 실상을 고발한 바 있다. "멀건 죽도 하루 한 번밖에 주지 않았다. 그나마도 처음에는 발효된 쌀로 끓여주다가 나중에는 나무껍질만 넣고 끓여주었다. 움직일 힘이 없어서 동작 하나하나를 아껴야 했다. 거적에 누워서 얼굴까지 이불을 덮어쓰고 침묵 속에서 몇 달을 기다렸다. 매일 아침 간수들이 간밤에 죽은 시신을 끌어내는 소리가 들렸다. 시체로 오해받은 적도 몇 번인지 모른다. 나에겐 대꾸할 기운조차 없었기 때문이다."[*]

1961년 여름에야 중앙 지도부는 몇 달 전 국가주석의 자리에 오른 류사오치의 주장에 못 이겨 인민공사와 산업 분야에 대한 강력한 방침을

* Harry Wu Hongda, 《Vents amers》, Paris, Bleu de Chine, 1996.

누그러뜨린다. 전반적인 분위기, 나아가 지식인에 대한 중국공산당의 태도도 완화되었다. 마오는 다시 한 번 위태로운 입장에 놓였다. 그는 군대의 최고 원수라는 지위는 보전하고 있었으나 정치적 실권은 류사오치, 덩샤오핑, 펑전이 쥐고 있었다.

전문가들은 1959~62년 사이에 중국에서 1천4백만 명에서 3천만 명이 사망했을 것으로 본다. 그러나 정치적 선택의 유토피아는 용납되지 않았다. 1962년 중국공산당 제8기 9중전회 때 류사오치가 주도한 노동분과 회의에서 대약진운동의 실패는 70퍼센트가 인재(人災), 30퍼센트는 천재(天災)라고 결론을 내렸다. 1979년에 당은 대약진운동의 참사를 인정했지만 상당 부분 자연재해, 특히 가뭄을 실패의 원인으로 돌렸다. 당시에 중국이 가뭄에 시달렸던 것은 사실이지만 잘못된 관개사업 계획도 한몫을 했다. 오늘날까지도 중국인들은 대약진운동의 역사를 이런 식으로만 알고 있다. 지역 간 교류가 거의 없고 공산당의 선전이 유일한 정보통이었으며 어떤 통계 자료도 발표된 적이 없었기 때문에 지금까지도 진실이 드러나지 않은 것이다. 또한 이 시기를 겪은 이들과 당시 책임자가 생존하고 있으므로 그나마 남아 있는 문서들을 공개하는 것은 당을 위협할 수 있는 위험한 일로 인식되고 있다.

소련과 중국: '붉은 형제들'의 결별

중국공산당과 러시아 볼셰비키들은 1920년대 말부터 강력한 정치적 연대를 이루었으며 특히 군사 및 과학 부문의 협력이 두드러졌다. 중국공산당 게릴라들은 소련의 무기를 폭넓게 사용했다. 1950년 2월 14일, 중화인민공화국과 소비에트 연방 사이에 우호 동맹 상호 원조 조약이 체결되었다. 당시에 모스크바는 공산주의 국가들 전체를 이끄는 이데올로기의 수도이자 종합 공업공동체 콤비나트와 경제 발전 모델의 표준이었다. 스탈린은 마오에게 거만한 자세를 취했지만 소련은 중국의 신체제에 경제적 지원을 보내며 활발하게 교류했다. 1952년에서 1955년 사이 중국의 대외무역은 55퍼센트가 소련을 상대로 한 것이었고 20퍼센트는 동양의 다른 국가들을 대상으로 한 것이었다. 중국과 소련의 무역 중 상당 부분은 군수물자 부문에 치중되었다. 1953년에 중국이 소련에서 수입한 물품 중 57퍼센트가, 1960년에도 13퍼센트가 군수물자였다.*

중국은 소련이 건설한 협동농장 콜호스와 농업 기업 소프호스를 참조하여 거대 국유 기업, 발전소, 시멘트 공장, 병원 등을 세웠다. 중·소 합작이 가장 결실을 거두었던 시기는 1955년에서 1957년 사이다. 당시 중국에 거주하는 소련 기술 인력은 1만여 명이었고 매년 수천 명의 중국 대학생들이 모스크바를 위시한 소련 주요 도시로 유학을 떠났다. 중국공산당 제3세대, 특히 1993년에서 2003년까지 국가주석이었던 장쩌민이나 1988년에서 1998년까지 총리를 역임한 리펑은 모두 모스크바 유학파다.

1953년에 스탈린이 사망하고 흐루시초프가 소련 경제 모델의 문제점들을 밝혀내면서 베이징에서는 논쟁이 분분했다. 엄격한 계획경제를 계속 추진해야 할까, 아니면 그런 원칙을 중국 현실에 맞게 적용해야 할까? 류사오치, 덩샤오핑, 펑전은 두 번째 대안으로 마음이 기울었다.

그와 동시에 중국과 소련의 대외 정책도 각기 다른 행보를 보이기 시작했다. 1956년에 동유럽의 공산주의 국가들은 '소비에트 연방의 맏형'에게 자치권을 요구하고 나섰다. 사회주의 연대라는 명목으로 실력을 행사하는 모스크바를 참고 지켜보던 중국은 이런 상황을 이해했다. 그러나 흐

* Jean-Luc Domenach, Philippe Richter, 《La Chine》, Paris, Imprimerie Nationale, 1995, p.99.

루시초프가 온건한 대미 정책을 펴자 중국의 지도자들은 불안해지기 시작했고, '철통같은 우정'을 시험해보기로 결심했다.

1958년 여름에 중국군은 대만 해협에 위치한 국민당의 케모이 섬과 마쓰 섬을 공격했다. 장제스 정부를 지지하는 미국은 군대를 파견하여 중국공산당이 대만을 군사적으로 정복하지 못하게 막았다. 소련은 신중한 태도를 보였다. 모스크바의 메시지는 분명했다. 소련은 미국과의 갈등이 예상되는 한 중국의 대만 정복을 돕지 않을 것이며 동맹국을 지원하지도 않겠다. 그러나 공산당과 국민당이 순전히 중국만의 내전을 치른다면 공산당을 지원하겠다는 내용이었다.

이듬해, 티베트 점령과 탄압으로 중국과 인도의 긴장이 정점에 다다랐을 때에도 소련은 중국의 편을 들어주지 않고 뉴델리에 경제 원조를 계속했다. 모스크바 지도부는 중국이 국경 문제를 너무 군사적으로만 생각한다고 우려했다. 중·소 동맹에 매우 우호적이었던 국방부장 펑더화이가 마오에 대항했다는 이유로 실각할 무렵, 소련은 미국의 부추김을 받아 중국에 핵무기를 지원할 수도 있다는 조약을 해지하기에 이른다.

1960년 7월에 모스크바는 중국에 체류 중이던 자국 기술 인력을 불러들이고 중국 유학생들을 돌려보냈다. 모든 협약은 일시 중지되었다. 소련인들은 완성되지도 않은 댐 건설 현장을 내버려둔 채 설계도를 챙겨서 부랴부랴 중국을 떠났다. 두 공산주의 국가는 이렇게 연을 끊었다.

이념적 측면에서도 분열이 있었다. 중국과 소련은 평화적 공존이라는 주제를 두고 대립했다. 소련은 긴장 완화를 지향했다. 모스크바는 사회주의 진영과 서방 자유주의 진영이 모두 핵무기를 보유하면 제3차 세계대전은 공멸을 초래할 수밖에 없으니 양 진영의 세력 균형이 중요하다고 보았다. 소련의 입장은 1962년 쿠바 미사일 위기에서도 잘 드러났다. 모스크바는 워싱턴과 합의하에 미국 영토에 인접해 있는 쿠바 섬에 설치한 미사일 기지를 철수했다. 그러나 마오가 이끄는 중국은 1955년 반둥 회의 이후로 제3세계에 문호를 개방하고 다양한 혁명주의 당을 지원했다. 이는 미 제국주의와 가차 없이 싸우며 공산주의 혁명을 추진하려는 의지를 보여준 것이었다. 사회주의 진영은 차츰 분열되었다. 중국을 중심으로 몽골, 인도, 베트남 공산당을 제외한 아시아 여러 국가의 공산당, 알바니아, 쿠바 미사일 위기에 반발하여 중국 편에 붙은 라틴아메리카의 몇몇 당들이 있었다. 그래도 사회주의 진영의 대다수는 여전히 소련의 지도 방침에 충실했다.

1960년대에 이르러 갈등은 더욱 심화되었다. 일단 핵무기 보유 문제가 있었다. 중·소 동맹이 깨진 지 5년 후이자 모스크바와 워싱턴이 핵무기 도발 시도를 유예한다는 협정을 맺은 지 1년 후인 1964년 10월, 중국 과학자들이 처음으로 원자폭탄 실험에 성공했다. 이로써 중국은 미국, 소련, 영국, 프랑스에 이어서 핵무기 보유국의 반열에 올랐다. 베이징은 소련의 보호권에서 벗어나 독자적으로 방어권을 확실히 다지고 제3세계 국가 및 비동맹국들에게 자국의 위력을 보여주고자 했다.

모스크바와의 갈등은 영토 분쟁이라는 두 번째 국면으로 들어섰다. 동맹 관계에 가려져 있던 입장 차이가 1964년에 폭발했다. 마오는 한 세기 동안 러시아로 넘어간 중국 영토, 블라디보스토크, 하바롭스크, 캄차카 등을 열거하고 외몽고 지역이 소련으로 넘어간 것을 아쉬워했다. 이에 흐루시초프는 "신장, 티베트, 네이멍구가 정말로 중국 영토라고 할 수 있는가?"라는 곤란한 질문으로 받아쳤다. 1965년부터 소련은 중국, 중앙아시아, 시베리아와의 국경 4천5백 킬로미터에 군사 배치를 강화했다. 베이징은 소련의 핵공격을 경계하며 지하도시 건설에 착수했다. 원자폭탄이 떨어질 경우에 대피할 수 있는 엄청난 규모의 방공호를 베이징 중심부에 만들기 시작한 것이다. 지금도 이 방공호를 볼 수 있으며 실제로 사용할 수도 있다. 한편 1969년에 중국 북부와 러시아 극동 지역의 경계가 되는 우수리 강 사건이 일어나자 중·소 긴장은 극에 달했다. 두 나라의 국경 부근 우수리 강에 있는 전바오 섬을 비롯한 여러 섬들의 관리권을 두고 소련군과 중국군이 무장 전투를 벌였던 것이다. 다행히 이 분쟁은 사태가 악화되기 전에 양국 합의를 통해 중단되었다.

어느덧 중국과 소련은 국제 공산주의 운동의 지휘권을 두고 공개적으로 경쟁하는 사이가 되었다. 중국은 계속해서 제3세계 국가들, 특히 아프리카와 동남아시아 국가들과의 관계 발전을 중시했다. 인도네시아와도 좋은 관계를 맺었으나 1965년 수하르토가 쿠데타를 일으켜 공산주의자들을 대거 숙청하고 중국인들을 학살하면서 1967년에 단교했다. 한편 중국은 한국전쟁에서 크게 데인 적이 있기 때문에 베트남전쟁에 대해서는 오랫동안 개입을 꺼리며 소련이 전면에 나설 기회를 주었다.

중국 외교관들은 그와 동시에 '미 제국주의'와 거리를 두는 유럽 국가들과도 우호적 관계를 맺고자 노력했다. 그런 유럽 국가로는 우선 드골 장군 치하의 프랑스가 있었다. 중국과 프랑스는 1964년에 수교한다.

1953년에 한국전쟁이 휴전하면서 북한에는 공산주의 정권이, 한국에는 친미 군사정권이 들어섰다. 미국은 한국에 군사 주둔 기지를 설치했다. 중국은 한반도 내에서 미국의 세력을 제한하고자 노력했다. 특히 미국과 일본의 관계를 경계하는 동시에 일본과 소련이 가까워지는 것 또한 경계했다. 이 때문에 중국은 일본이 소련이 점령하고 있던 쿠릴 열도 반환을 주장할 때 외교적으로 일본을 지지했으며 일본 사회당과 공산당 사이의 협력을 여러 차례 꾀하기도 했다. 그러나 중일 외교 관계는 베트남전쟁과 문화대혁명으로 인해 지체되어 두 나라는 1972년에야 겨우 수교를 맺을 수 있었다.

1966년부터 시작된 문화대혁명은 중국이 건국 후 쌓아올린 성과를 하나하나 무너뜨리기 시작했다. 중국은 차츰 20여 개 국가와 갈등을 겪게 되었다. 외국 학생들은 강제 추방되었으며, 대사관이나 영사관은 포위되었고 심한 경우에는 홍위병에게 약탈당하기까지 했다. 특히 소련과 동맹을 강화한 인도, 몽고와의 관계는 매우 악화되었다. 중국이 이처럼 다시 폐쇄적으로 바뀌자 주변 국가들에게는 소련의 긴장 완화 정책이 훨씬 더 온건하게 보였다. 이로써 모스크바는 다른 나라의 공산당들에게 좀 더 가까이 다가설 수 있었다.

1960년대 말 당시에 중국과 수교를 맺은 국가는 수단, 예멘, 말리, 탄자니아 같은 약소국과 친미 성향의 파키스탄이 있었다. 그리고 역설적이지만 바르샤바 '회담'에 힘입어 미국과도 수교가 되어 있기는 했다.

문화대혁명(1966–1976)

1962년 가을부터 중국공산당의 내분이 심해졌다. 대약진운동의 실패로 말미암아 일시적으로 용인되었던 자유주의 성향이 다시 문제시되었던 것이다. 그리하여 남아 있는 '자발적 자본주의'를 척결하기 위해 새로운 '사회주의 교육' 운동이 일어났다. 이 운동은 1964년 봄부터 강화되었다. 이번에는 국가주석 류사오치와 그의 아내가 특별한 열의를 보였다. 고발을 접수하고 인민 재판을 조직하는 일을 전담하는 요원들이 전국 각지에 파견되었다. 이 시기에는 국유 기업, 공장, 행정조직에까지 '정치 분과'가 설치되었다.

수많은 대학생들이 농촌으로 내려갔다. 이런 청년층의 이동은 대대적인 것이었다. 1964년에는 수만 명의 상하이 주민들이 이슬람 인구가 많은 신장 지역으로 급파되었다. 지도부의 목표는 두 가지였다. 일단 상하이의 대졸 청년 인구를 전국 각지로 분산시키려는 의도가 있었다. 지식인들의 오랜 수도 상하이는 정치 운동의 인큐베이터였다. 또한 신장의 인구 분포를 차츰 바꾸어보겠다는 속셈도 있었다. 1949년에 신장의 인구 구성은 '소수민족'으로 분류되는 위구르족과 카자흐족이 대다수를 차지하고 있었다. 중국공산당은 이곳에 중국의 대표 민족인 한족을 이주시킴으로써 다시 한 번 이 지역을 중국화하고 공산주의 제국으로 끌어들이고 싶었던 것이다. 이때부터 신장에서 한족이 지방 요직을 대부분 장악하게 되었다.

그럼에도 국가경제는 천원, 보이보, 리셴녠의 온건 정책에 힘입어 다시 살아났다. 소련의 원조 중단을 그럭저럭 극복했고 1963년에는 노동자 임금도 올랐다. 당시 월 최저 소득은 25위안, 최고 소득은 100위안 정도였다. 마오 자신도 공식적으로는 월 350위안 이상의 급여를 받지 않았다. 그러나 공산당 간부와 그 측근들에게는 집, 차, 운전수, 집에서 부리는 고용인 등의 특혜가 주어졌다. 연금, 주거, 의료 등 특별한 혜택을 누리는 직업으로는 인민해방군 장교, 기사, 국유 기업 노동자가 있었다. 농촌에서는 공산당 간부도 농민들의 얼마 안 되는 사유지를 인정해주었고 자유 시장도 어느 정도 용인되었다.

이런 맥락에서 문화대혁명이라는 무모한 계획이 실시된 것을 어떻게 이해해야 할까? 스스로 노년을 실감한 마오는 마지막으로 한 번 더 '자신의' 공산주의 모델을 실현하고 싶었다. 게다가 이 새로운 시도에는 최고 권력자의 자리를 지키고 싶다는 그의 욕심도 다분히 깔려 있었다. 실제로 당에는 국가주석 류샤오치, 베이징 시장 펑전, 총서기 덩샤오핑 등 새로운 인물들이 활약하고 있었다. 그들은 중국에서도 해외에서도 인기가 많았다. 중국공산당 체제를 설립한 마오조차도 이제는 그들의 그림자에 가려 있었다.

게다가 마오의 부인 장칭도 직접 정치에 관여하기를 원했다. 마오의 정식 부인이면서도 남편에게 등한시되었던 장칭은 베이징과 상하이의 지식층을 이끌고 극좌파적인 발언을 내놓기 시작했다. 한때 옌안에서 마오의 마음을 사로잡았던 배우 출신의 장칭은 문화 전선에서 투쟁했다. 그녀는 중국의 4대 경극을 혁명적인 독설로 개작했다. 문화대혁명 기간에는 이처럼 개작된 현대 경극만이 상연을 허가받았다.

마오는 좋았던 시절로 상황을 되돌리기 위한 전략을 사용했다. 그는 세 개의 패를 쥐고 있었다. 첫 번째 패는 군대였다. 군대는 선전 공작을 통해 마오를 신처럼 숭배하고 있었다. 두 번째 패는 그를 따르는 관료들이었다. 1959년부터 국방부장을 맡은 린뱌오가 차츰 마오의 후계자로 떠오르고 있었으며 캉성과 셰푸즈는 각각 정보부장과 공안부장을 맡고 있었다. 마지막으로, 장칭이 이끄는 극좌파 세력이 있었다.

1966년 봄에 베이징 시장 펑전이 첫 번째 표적이 되었다. 중국공산당이 자주 써먹는 수법에 따라 펑전은 문화대혁명을 공식 선포함으로써 자기 자신의 정치적 사형선고를 내린 셈이 되었다. 베이징 언론은 재빨리 마오의 편에 붙었다. 펑전은 마오쩌둥의 문화예술관을 비판했다는 혐의로 고발당했다. 펑전은 자기변호를 할 기회조차 얻지 못했고 그가 베이징 시청에 출입할 수도 없게끔 군대가 파견되었다. 결국 펑전은 모든 공직에서 물러났다. 선전부, 문화부 책임자들도 실각했다. 그해 여름에는 국가주석 류사오치가 새로운 표적이 되었다. 마오는 몇 달간 지방에서 지내며 일부러 양쯔 강을 헤엄쳐서 건너는 모습을 대중들에게 보여줌으로써 자신이 건재함을 과시했다. 마오의 근황은 중국은 물론, 해외에까지 알려졌다. 베이징으로 돌아온 마오는 류사오치가 권위주의적인 태도를 취했다고 비난했다. 이렇게 해서 류사오치도 공직에서 물러나게 되었다. 대학생들과 혁명파 교수들은 군대의 비호 하에 특별 집회를 열고 문화대혁명의 슬로건을 제창했다. "지도층으로서 자본주의의 길을 따르는 자들을 싸워

물리치자!"*

그해 가을, 류사오치는 중앙위원회 앞에서 자아비판을 했고 비판의 불똥은 덩샤오핑에게까지 튀었다. 1966년 말에 마오는 이미 잠재적 적수들을 모두 제거했다. 이제 당 지도부에는 마오를 위해 싸우고 마오를 숭배하는 이들밖에 남지 않았다. 유연한 태도로 마오의 신임을 유지할 수 있었던 저우언라이가 그 주축이 되었다.

홍위병의 **광기**(1966–1967)

문화대혁명의 준군사 학생 집단인 '홍위병'은 1966년 봄에 결성되었다. 그 해 9월에 당 중앙위원회 지도부는 누구도 홍위병의 처사에 반대해서는 안 된다는 성명을 발표했다. 17년 전 톈안먼 광장에서 중화인민공화국을 선포했던 마오는 이제 그곳에서 수십만 홍위병들을 사열했다. 전국 각지에서 몰려든 홍위병의 수는 도합 1천3백만 명이었다. 마오는 그들에게 고향으로 돌아가 "자본주의의 길에 빠져든 지도층을 끌어내려라"라는 명을 내렸다.

그런 홍위병은 머지않아 마오의 명령에서 심하게 벗어났다. 홍위병은 수십 개 파벌로 분열하여 세력 싸움을 벌였다. 온건한 싸움도 있었지만 수만 명의 청년들이 대규모 폭력 사태에서 목숨을 잃었다. 가장 폭력적인 홍위병들은 당 고위 간부의 자제들이었다. 집단적 광기가 온 나라를 휩쓸었다. 스스로 공산당 체제를 지키기 위해 임무를 수행한다고 믿었던 고교생, 대학생들은 금세 최악의 방향으로 탈선하고 말았다.

* Jean-Luc Domenach, Philippe Richter, 《La Chine》, Paris, Imprimerie Nationale, 1995, p.286-287.

중국사회과학원의 한 철학 교수는 이렇게 회고한다. "그때는 1966년 6월 말이었다. '전통주의 세력에 대한 투쟁' 집회가 처음 열렸던 그날을 나는 죽을 때까지 잊지 못할 것이다. 우리는 당시 쓰촨 성의 성도인 청두에 살고 있었다. 우리는 우리 학교의 교장을 연단에 올려 보냈다. 교장은 50대 여자였는데 그는 학생들을 친자식처럼 사랑한다고 말했다. 우리는 그의 발언이 수정주의적이라고 보았다……. 게다가 교장은 대대로 지주였던 '반동분자 집안' 출신이었다. 우리는 교장의 머리에 뾰족한 모자를 씌우고 비판을 하기 시작했다. 그날은 몹시 더웠다……. 잠시 후 몇몇 학생들이 연단에 올라가 교장에게 발길질과 주먹질을 퍼붓기 시작했다. 모자가 서서히 내려와 그녀의 얼굴을 덮었다. 교장은 더 이상 누가 자신을 때리는지 볼 수 없었다. 우리 학교에서 제일 덩치가 좋고 운동을 잘하는 학생이 가장 심하게 주먹을 휘둘렀다. 그러다가 교장은 의식을 잃고 연단에 쓰러졌다……. 집회는 중단되었다. 아무도 교장 편을 들지 않았다. 아니, 그러기란 불가능했다. 교장은 '계급투쟁의 적'이었고 우리는 혁명가적 기질을 드러내야만 했으니까. 나는 교장을 때리지 않았다. 나 자신도 지식인인 '반동분자 집안' 출신이었기 때문이다. 나의 아버지는 군사학교에서 학생들을 가르쳤었다. 며칠 후, 나는 교장을 길에서 우연히 보았다. 그녀의 얼굴은 알아볼 수 없을 정도로 상해 있었다……."

철학 교수는 눈물을 글썽이며 말을 이었다. "그때 나는 18세였다. 잊고 싶은 것은 없지만 후회되는 일은 많다. 문화대혁명이 일어났을 때 나는 고등학교를 마치고 대입 준비를 하는 중이었다. 1966년 6월 2일, 우리는 라디오 방송으로 문화대혁명 공식 선포를 접했다. 나는 친구들과 문화대혁명 얘기를 하려고 거리로 나갔다. 우리는 모두 매우 들떠 있었다. 우리는 그때까지 공산주의 영웅담, 대장정, 국민당과 일본군을 용감하게 물리친 전투 이야기를 많이 듣고 자랐지만 실제로 혁명을 체험한 세대는 아니었다. 그런데 드디어 우리도 혁명에 뛰어들 수 있게 된 것이 아닌가! 〔…〕 우리는 하루 종일 거리를 쏘다니며 큰소리로 마오를 찬양하는 혁명가를 불렀다. 며칠 후 우리는 이름에서 봉건적 냄새가 난다는 이유로 개명을 했다. 나는 공산당에 몸과 마음을 바친 전설적 소년병 레이펑의 이름을 따서 쉬펑이라는 이름을 지었다. 1966년 10월부터 마오는 비판의 화살을 당원들에게로 돌리기 시작했다. 나는 '청두 홍위병' 단장으로 선출되었다. 우리는 2년간 쓰촨 성 지도부 인물들을 청두 중앙 광장이나 경기장으로 끌고 나오는 것을 일로 삼았다. 우리 청두 홍위병의 수는 10만 명까지 늘어났다. 정치인들은 수정주의자들보다 좀 나은 대우를 받았다. 그들에게는 뾰족 모자를 씌우지도 않았고, 목에 푯말을 걸지도 않았으니까. 그러나 그들 역시 혹독한 비판에 시달려야 했다. 쓰촨 성 성장, 당 지부서기, 모든 이가 비판을 당했다……."

1967년에는 파업, 교통 마비, 거리에서의 난투극 등 탈선의 징후가 더욱 뚜렷하게 나타났다. 상하이는 거의 마비되었다. 쓰촨 성 지역 지도자들은 저항을 시도하며 노동자와 홍위병들로 자체 군대를 조직했다. 홍위병들의 파벌 싸움으로 중국은 거의 내전 상태나 마찬가지였다. 진짜 총알이 날아다니는 전쟁이었다. 여름에 우한은 거의 무정부 상태에 빠졌다. 베이징에서는 홍위병들이 외무부를 점령하고 대사관들을 포위했다.

중국은 폭발 직전이었다. 린뱌오와 저우언라이는 사태를 수습하려고 노력하며 마오를 자주 만나 홍위병 해산을 명령할 것을 설득했다. 홍위병 사태가 이제 체제 자체를 위험에 빠뜨리고 있을 뿐 아니라 중국의 국제적인 이미지도 망치고 있었기 때문이다.

1967년 8월에 마오는 마침내 극좌파들을 막으라는 명을 내린다. 그로부터 몇 주 후, 장칭은 필요에 따라서는 홍위병이 인민해방군을 대체할 수도 있다는 발언을 했다. 광둥 성, 쓰촨 성, 후난 성은 특히 심한 탄압에 시달렸다. 린뱌오의 권력은 더욱 강화되었다.

　1968년 여름부터 사태는 급진전되었다. 고교생 홍위병들은 마오에게 고향으로 내려가 '재교육'을 받으라는 명을 받았다. 대학생 및 대졸자 홍위병들은 공장에서 '육체노동을 익히라는' 명을 받았다. 홍위병을 오지에 유배시키기 위해 군대가 파견되었다. 철학 교수의 회고를 들어보자. "나는 청두에서 2백 킬로미터 떨어진 쓰촨 성 동북부의 작은 마을로 호송되었다. 그곳 농민들은 우리를 반기지 않았다. 그렇잖아도 경작지가 한정되어 있었으므로 우리와 양식을 나눌 마음이 조금도 없었던 것이다. 그때야 비로소 나는 정말로 이용당했다는 느낌이 들기 시작했다."

　홍위병 운동은 한 세대 전체를 휩쓸었다. 어린 학생들은 농촌으로 대거 이주당한 셈이었다. 1970년대 말에 중국공산당은 장칭이 주도한 극좌파 '4인방(왕훙원, 장춘차오, 장칭, 야오원위안)'을 체포하고 '일반 병사'였던 홍위병 전원과 1966년 당시 고교생이었던 이들에게 어떤 행동을 저질렀든 죄를 묻지 않기로 결정했다. 고위 지도층 자제들이 모인 '연합 행동 위원회' 일원들은 가장 과격한 행동을 저질렀음에도 집안 덕을 보아 복권되었다. 베이징 대학에서 공산당 역사를 가르치는 인훙뱌오 교수는 설명한다. "1984년에 과거 홍위병 중에서 문화대혁명 기간 동안에 폭력 행위를 주도한 자, 4인방의 측근이었던 자, 혁명을 이용하여 출세를 꾀한 자, 이렇게 세 부류에 한해서 그 죄를 묻는다는 당내 지침이 내려졌다." 홍위병의 주요 지도자들은 9년형에서 17년형까지 선고받았으나 대부분 1980년대 말에 석방되었다. 당에서도 그들이 1970년부터 감시받는 생활을 하며 죗값을 치렀다고 보았기 때문이다. 고위 간부 자제로서 중요한 역할을 맡았던 경우를 제외하면, 대부분의 홍위병 출신들은 공산당 지도부까지 올라가지 못했다. 당 인사부에서 그들의 서류를 보관하고 참조했기 때문이다.

　'쓰촨 성 홍위병'에 소속되었던 1천2백 명의 고교생 가운데 여교장을 가장 심하게 구타한 학생은 쓰촨 성 철도 안전 관리자가 되었고, 120명은 교사가 되었으며, 나머지는 다양한 민간 분야에 종사하게 되었다. 그들 모두 쓰라린 후회를 떨치지 못한 채 살고 있다. 철학교수는 오늘날까지도 '홍위병 상조회'에서 그들을 만나곤 한다고 전한다.

"홍위병에 몸담았던 친구들끼리 1년에 두 번 모입니다. 이제는 사업 이나 아이들 교육 문제를 얘기하는 자리가 됐지요."

어떤 이들은 향수에 젖는다.

"그 당시에 우리는 무엇이든 할 수 있었거든요. 우리는 마오의 장군 들, 이 나라의 왕들이었습니다. 우리 생애에 그때보다 더 강렬하고 인상 적인 때는 없을 겁니다. 어쩌면 그 때문에 과거 홍위병 출신들이 과거를 자꾸 회상하는지도 모르겠습니다. 하지만 그런 향수에는 정치적 반성이 빠져 있지요……."

홍위병이 해체되었다고 마오의 작전이 마무리된 것은 아니었다. 군 인들이 온 나라에서 실권을 장악했다. 1968년 10월에 다시 한 번 중앙위 원회가 모여서 류사오치의 모든 직위를 박탈했다. 한때 국가주석이었던 류사오치는 몇 달 후 감옥에서 사망했는데 그의 죽음을 둘러싼 정황은 아 직까지도 확실히 밝혀지지 않았다. 또한 군 출신이 아닌 전직 간부들은 린뱌오가 엄격한 군기로 다스리는 인민해방군 산하의 '5·7간부학교'에 서 재교육을 받았다.

린뱌오의 **상승과 실각**(1968–1971)

중국공산당 제9차 전국대표대회는 1969년 4월에 열렸다. 린뱌오는 장문의 정치적 담화를 발표하여 문화대혁명의 결과를 보고하였으나 이

혁명의 중단을 선언하지는 않았다. 여전히 마오의 사상을 연구하고, 공산당을 계속 건설해나가고, 간부들을 재교육하며, 인민에게 혁명 의식을 고취시키는 것이 가장 중요한 관건이었다. 린뱌오는 마오의 후계자로 유력시되고 있었다. 린뱌오의 측근, 아내, 수족과도 같은 4명의 선임 장교도 모두 당 정치국에 들어와 있었다. 군인들은 어디에나 있었다. 군인들은 당 중앙위원회의 44퍼센트를 차지했고 각 지역 지도부도 60퍼센트나 장악했다. 그 밖의 세력으로는 극좌파를 대표하는 장칭, 천보다, 캉성 등이 있었다. 한편, 저우언라이는 다소 고립되어 있었다.

군인들이 지배권을 휘두른 몇 달간은 아마도 중국에 공산주의 체제가 들어선 이래 가장 암울한 나날이었을 것이다. 군인들은 가차 없이 온 나라를 장악했다. 말썽을 부린 고등학생들에게 기강을 바로잡는다고 혹독한 벌을 내리는 격이었다. 인민공사에서는 개인 용도의 소규모 경작지까지 폐지되었고 공장 노동자들은 확성기에서 울려 퍼지는 방송에 따라 움직여야만 했다. 이제 "다자이를 배우자"라는 새로운 슬로건을 복창해야 했다. 홍수를 극복하고 마을을 재건하였으며 생산성까지 끌어올린 다자이 인민공사가 모범 사례가 되었던 것이다. '작은 빨간 책', 즉 마오쩌둥 어록은 인민 교육의 핵심이었다. 공장에서는 각종 수당이 폐지되고 노조 결성이 금지되었다. 그래도 철강, 화학, 석유 등 중공업 분야의 경제는 되살아났다. 도시에서는 사회 감시 단체들이 다시 활성화되었다. 인민은 누구나 자기 지역 위원회에 등록을 해야 했다. 식량은 찔끔찔끔 나오는 배급권을 이용해서만 얻을 수 있었다. 사회 전체가 밀고 공포에 시달렸다. 외국 방송을 수신할 수 있는 라디오를 소지하고 있다는 이유만으로 사형을 당할 수도 있었다. 홍위병 출신 수만 명이 노동교양소로 끌려갔다.

정치 무대에서는 두 가지 흐름이 나타나고 있었다. 한쪽에서 린뱌오와 그 측근들이 미국과 소련을 모두 제국주의로 규정하며 중국이 혁명적 태도를 고수해야 한다고 설파했다. 다른 한쪽에서는 과거 정부 세력 대다수의 지지를 받는 저우언라이가 문화대혁명의 광기에 종지부를 찍고 다시 경제를 일으켜 중국을 국제 무대에 복귀시켜야 한다고 생각했다. 저우언라이는 린뱌오와 암묵적으로 대립했다는 점에서 극좌파와 입장이 같았으나 사실 정치적 노선은 전혀 달랐다.

마오의 병세가 악화되면서 후계자 싸움이 시작되었다. 하지만 린뱌오는 속히 권좌에 오르기 원했다. 마오는 공공연히 후계자를 자처하는 린뱌오가 눈에 거슬렸다. 그는 2인자에 머물 줄 아는 저우언라이에게 더 마음이 갔다. 1970년 9월, 중국공산당 제9기 2중전회에서 린뱌오의 정치적 이력에 새로운 전기가 마련되었다. 린뱌오는 문화대혁명 이후 공석으로 남아 있는 국가주석 직위를 부활시키되 그 역할을 외교적인 것에 한정하자고 제의했다. 마오는 대표들이 모인 자리에서 린뱌오에게 불같이 화를 내며 그날로 당장 군인들에 대한 당의 역할을 강화하라는 지령을 내렸다.

이때부터 린뱌오는 점점 고립되었다. 마오는 린뱌오 지지 세력을 차례차례 제거했다. 베이징 육군 관구는 재조직되었고 당 중앙군사위원회에는 대장정 시대의 원로들이 다시 모습을 드러냈다. 1971년 9월 13일, 해외 언론은 린뱌오가 몽골 지역에서 비행기 사고로 사망했다는 소식을 접했다. 그는 쿠데타를 모의했으나 실패하고 소련으로 망명하려던 중에 사고를 당했다고 했다. 아직까지도 린뱌오가 어떻게 사망했는지는 밝혀지지 않았다. 다만, 린뱌오의 죽음이 문화대혁명의 가장 극단적인 시기에 종지부를 찍고 중국 재건의 가능성을 열었던 것만은 사실이다.

저우언라이의 **부활**(1972-1976)

린뱌오의 사망으로 저우언라이에게는 길이 열렸다. 외교술의 귀재였던 그는 문화대혁명 기간에도 자기 지위를 지키기는 했으나 문화대혁명의 폐해에 무감각하진 않았다. 그의 가장 큰 관심은 자신이 총리로 있는 정부와 당 조직을 최대한 빨리 복구함으로써 멈춰선 기계를 내적으로나 외적으로나 다시 가동시키는 것이었다.

공산주의청년단, 중화전국부녀연합과 유일한 합법 노조인 총공회 등 공산당 산하 조직들이 모두 다시 나타났다. 정부 각 부처도 살아났고 한때 숙청당하거나, 홍위병에게 공개적으로 비판을 당하거나, 농촌이나 '5·7간부학교'로 끌려가 재교육을 받았던 옛 각료들이 정계로 복귀했다. 특히 현대화 사상으로 비판을 받고 실각했던 덩샤오핑과 그 측근들의 복귀는 주목할 만했다. 1968년에 홍위병들은 덩샤오핑의 집에 무단 침입하여 약탈을 저지르고 장남 덩푸팡을 고문한 뒤 창문에서 떨어뜨려 평생 불구의 몸으로 살아가게 만들었다. 하지만 당당히 복권되어 1973년 4월 부총리에 오른 덩샤오핑은 저우언라이의 오른팔이 되었다. 지방 지도층 인사로서 복권된 인물로는 자오쯔양을 들 수 있다. 자오쯔양은 광둥 성에 덩샤오핑을 피신시켜주었고 자신도 문화대혁명 때에 비판받고 숙청되었던 인물이다. 그와 동시에 린뱌오의 잔당을 뿌리 뽑기 위해 군 출신에 대한 숙청이 조용히 진행되었다. 40만 명 이상의 군인들이 정치적 이유로 동원 해제되었다. 1973년 8월에 열린 중국공산당 제10차 전국대표대회 당시 중앙위원회에 속한 군인들은 3분의 1이 채 되지 않았다.*

사회의 신뢰 회복 또한 중요했다. 공장에서 직원의 역량과 생산성에

---

* Victor Sidane, 《Le Printemps de Pékin》, Paris, Gallimard, 1980, p.205.

대한 기준이 다시 잡히기 시작했다. 농촌의 분위기는 더욱 뚜렷하게 좋아졌다. 1971년에서 1973년 사이에 일부 대학들이 다시 문을 열었다. 처음에는 고위 간부 자제만 입학이 허가되기는 했지만 말이다.

그러나 4인방이 이끄는 극좌파는 여전히 물러나지 않고 있었다. 마오는 그들에게 선전 지휘를 맡겼다. 마오는 병세가 위중해져서 중국공산당 제10차 전국대표대회에는 참석하지도 못했다.* 이 자리에서 왕홍원은 놀랍게도 공산당 체제 내 서열 3위로 올라섰다. 2인자 저우언라이와 사사건건 부딪히는 사이인 데다, 매우 뒤늦게, 문화대혁명 초기에야 정치 무대에 등장한 인물임에도 말이다. 서방의 중국통들이 왕홍원을 중국의 떠오르는 별로 생각하고 프랑스의 퐁피두 대통령과의 만남을 성사시킬 수 있을지 물었을 때 저우언라이는 매우 유창한 프랑스어로 이렇게 답했다. "어떤 배들은 부두에 있을 때에는 매우 아름답게 보이지만 바다로 나가면 폭풍이 일기 무섭게 무너져버리지요……."

군에서도 어느 진영을 지지하느냐에 따라 파가 갈렸다. 좌파 행동 대원들은 여러 지방에서 혼란을 조장했다. 장칭이 주도한 공자 사상 비판 운동도 저우언라이 총리의 행동 방식을 은근히 공격하려는 의도를 품고 있었지만 그다지 민심을 사로잡지는 못했다.

저우언라이는 중국인들의 마음을 얻는 법을 알고 있었다. 섬세한 멋쟁이자 탁월한 경영자였던 그는 계속되는 정치적 실험에 비싼 대가를 치르느라 지쳐버린 인민을 이해했다. 인민들이 다시 안심하고 살 수 있는 세상을 바라는 것도 이해했다. 마오는 병실에서 보내는 시간이 점점 길어졌다. 그는 체내 산소결핍증으로 차츰 눈이 멀고 사내구실도 할 수 없었다. 그는 공산주의 혁명이라는 제일 목표를 추구하는 극좌파에게 여전히

* Li Zhisui, 《La vie privée du président Mao》, chap. 83.

귀를 기울이고 있었다. 그리고 이따금 극좌파들의 행동을 용인했다. 그러나 그는 저우언라이의 침착하고 합리적인 자세를 높이 평가하고 존중했다. 마오가 반세기에 걸쳐 정치적으로 부상했을 때나 급작스럽게 입장을 바꿨던 와중에도 저우언라이는 그의 신임을 잃지 않았던 유일한 인물이었다.

저우언라이는 자기가 쥔 모든 패를 걸기로 작정했다. 그는 1972년에 자신이 암에 걸렸다는 사실을 알았다. 병원에 들르는 간격이 잦아지고 입원하는 일수도 점점 길어졌다. 중국 지식인들과 외국인들은 늘 그가 지나치게 신중하고 유보적이라고 비판했으나 그도 시간이 얼마 남지 않자 그런 태도를 버렸다. 저우언라이의 목표는 명백했다. 그는 중국을 정상 궤도에 올려놓고, 극좌파의 마지막 발악을 저지한 뒤 덩샤오핑에게 권력을 넘겨줘야 했다.

1974년 하반기부터 마오 위독설과 저우언라이 위독설이 주거니 받거니 이어졌다. 이제 후계자 문제는 모든 이들의 가장 큰 관심사였다. 덩샤오핑은 군사위원회의 수장으로서 중일전쟁 당시 그의 용기와 작전 능력을 높이 평가했던 베테랑 군인들에게 인정받고 있었다. 그는 공산주의 청년단 총서기였다가 문화대혁명 때 숙청당했던 후야오방의 도움을 받아 교통과 산업을 재건하고자 노력했다.

1975년 1월, 몇 달간 연기되었던 전국인민대표대회(이하 '전인대')가 열렸다. 여기서 1954년 헌법 개정안이 채택되었다. 새 헌법은 군대와 정부보다 공산당이 우위에 있음을 분명히 했다. 또한 국가주석직은 폐지되었다. 또한 그때까지는 지방에서만 활동해서 거의 알려지지 않았던 새 인물 화궈펑이 공안부장으로 발탁되었다.

저우언라이는 전인대가 열리는 인민대회당 연단에 올랐다. 그는 각별히 엄숙하게 정무 보고를 읽어 내려갔다. 그의 담화는 갑자기 정치적 유언과도 같은 투로 변했다. 저우언라이 총리는 미래에 대한 자신의 비전을 분명히 제시했다. 1980년 이전에 산업 체계와 독립적이며 비교적 완전한 국가 경제 체계를 갖출 것, 20세기가 다 가기 전에 중국 경제를 "4대 현대화(공업, 농업, 과학기술, 국가안보)"에 힘입어 "세계 최고의 수준"으로 올려 놓을 것. 저우언라이는 또한 문화대혁명의 논리에 반대하여 경제 분야보다 정치 분야를 우선시하는 것은 파괴적 결과를 초래한다고 주장했다.*

참담한 경제 성적표

당시에 중국은 경제적으로 매우 취약한 상태였다. 물론 경기 회복 초기에는 공업 성장이 두드러졌고 1972년부터 저우언라이와 덩샤오핑이 힘을 쓴 결과 곡물 생산량도 늘었다. 석유화학 분야도 다칭에서 유전이 발견되면서 크게 활성화되었다. 대외무역도 재개되어 1975년에는 교역량이 47억 달러 규모에서 143억 달러 규모로 늘어났다.**

처음으로 중국에 진출한 외국 기업은 일본과 서유럽의 회사들이었다. 해외 기업들은 중국에 정착하여 공장 기숙사를 건설하고 기술제휴를 맺었다.

재외 중국인들도 고국과 다시 접촉하기 시작했다. 외국 학생들과 관광객들의 방문도 가능해졌다. 그러나 중국인과 외국인의 개인적 접촉은 여전히 매우 제한되어 있었다. 중국에서 태어나 1948년에 프랑스로 떠났다가 1973년에야 돌아온 한 의사의 증언을 들어보자.

* Jean-Luc Domenach, Philippe Richter, 《La Chine》, Paris, Imprimerie Nationale, 1995, p.374.
** Jacques Guillermaz, 《Le Parti communiste au pouvoir》, Paris, Payot, 1979.

"1973년에 상하이로 돌아와서야 어린 시절 친구들과 병원에서 함께 근무했던 동료들을 정치위원들이 입회한 자리에서 처음으로 만날 수 있었다. 나는 거리에서 화성인처럼 이목을 끌지 않기 위해 인민복을 한 벌 구입했다. 그 옷은 국민제복이 되어 있었다. 그러나 버스를 타면 승객들은 금세 내 안경테를 보고 외국에서 온 사람임을 알아차리고 나를 강제로 버스에서 내리게 했다."

도시에서의 일상은 노동단위, 각 지역 공안사무소, 그 밖의 '사회주의적 품행'을 감시하는 기관들이 지켜보는 가운데 흘러갔다. 조직된 일상에서 벗어나는 모든 행동은 복잡한 절차와 정치위원들의 재량에 따른 허가를 요구했다. 대학과 출판사들이 차츰 다시 문을 열었다. 그러나 극장과 영화관은 1976년에 4인방이 실각할 때까지 계속 엄중히 단속을 당했다. 엄격한 배급제도 유지되었다.

1950년대 초 이후로 인민들의 주거 환경 개선은 전혀 이루어지지 않았다. 특권층 집안을 제외하면 부유한 가문은 대개 축출당하거나 숙청당했다. 베이징의 전통가옥 '쓰허위엔', 상하이와 광저우의 고급주택들은 작게 쪼개어졌다. 삼대가 단칸방에서 살거나 여러 집이 주방이나 욕실을 공동으로 사용하는 경우도 적지 않았다. 이렇다 보니 가족끼리의 프라이버시가 들어설 자리가 없었다. 주거 문제는 특히 양가 중 어느 한 집으로 들어가 살아야 하는 신혼부부들에게 고역이었다. 정치 교육은 주중 야간에 두 번, 그리고 토요일에 이루어졌다. 일요일은 일상의 기본적인 문제―옷을 수선하거나 산더미 같은 빨래를 해치우는 등―를 처리하기에도 바빴다. 당시에는 세탁기를 비롯한 가사노동을 도와주는 기계도 없었고 자전거도 사치로 여겨질 만큼 이동수단도 열악했다.

농촌에 내려간 대졸 청년들은 지도층으로 활동했다. 1966년 이전에 농촌으로 내려간 청년들 중 백만 명 이상이 평생을 농촌에서 보냈다. 뿐만 아니라 1968년에서 1975년 사이에도 1천2백만 명의 '배운 청년들'이 농촌으로 내려갔다.* 도시 출신으로 교육도 잘 받은 집안 자제들은 강제 이주에 불만이 많았지만 그로 인해 지역에서의 권력 남용 고발 활동이나 지역 책임자들에 대한 견제가 활발히 이루어진 것은 사실이다.

어설프게나마 의학 상식을 습득한 간호사들은 '맨발의 의사들'이나 다름없이 전국을 누비며 기본적인 보건 위생이 이루어질 수 있도록 힘을 쏟았다. 이 무렵에 이미 산아제한 계획이 어느 정도 나와 있었다. 그러나 중국 북서부, 산둥 성, 허난 성, 쓰촨 성 등에서는 식량 문제가 여전히 심각했다.

중국인들은 수많은 시련을 겪은 나머지 모든 '대중 선전'에 경계심을 품게 되었다. 온 국민이 규정을 살짝 비틀어 잔꾀를 부리는 데 익숙해졌다. 정치집회에서도 뜨개질을 하거나 담배를 피우는 등 제각각이었다. 잘 사는 집에서는 자식을 외국으로 보낼 방법을 찾았다. 특히 홍콩과 이웃한 광둥 성에서는 너도 나도 외국으로 빠져나갈 길을 찾기 바빴다. 당시 광둥 성 최고위원은 자오쯔양이었는데 그는 자유주의적인 성향을 지닌 인물로 잘 알려져 있었다. 1973년 가을에는 홍위병 출신 네 사람이 가명으로 쓴 대자보가 광저우 거리에 나붙었다. 문제의 대자보는 민주주의와 합법성을 제안했다. 이 글은 곧 전국으로 퍼져나갔다. 반체제 운동, 분리 운동이 일어나기 시작한 것이다.**

마오의 시대를 벗어나면서부터 중국인들은 그들이 지나온 암흑시대로 돌아가기를 거부하고 잘살아보겠다는 의욕에 불탔다. 덩샤오핑은 개혁·개방 정책으로 그들의 바람을 구체화하고자 노력했다. 위대한 두 지

* Jean-Jacques Michel, Huang He, 《Avoir vingt ans en Chine… à la champagne》, Paris, Seuil, 1978.
** Jean-Luc Domenach, Philippe Richter, 《La Chine》, Paris, Imprimerie Nationale, 1995, p. 389.

도자 마오와 저우는 더 이상 침상에서 일어나지 못하는 몸이었으니 이제는 덩샤오핑과 마오의 부인 장칭의 싸움이었다. 1975년 10월에 다자이 인민공사 연구를 바탕으로 농촌 정책에 대한 회의를 열었을 때 덩샤오핑은 농민들의 생산 의욕을 고취해야 한다고 역설했고 장칭은 농촌 혁명이라는 입장을 고수했다. 이 회의에서 양측은 심한 언쟁을 벌였고 결국 화궈펑이 중재안을 내놓음으로써 그들을 진정시켰다.

1976년 1월, 저우언라이 사망하다

1976년 1월 8일, 저우언라이가 타계했다. 덩샤오핑이 추도 연설을 했고 많은 이들이 그가 저우언라이의 후임 총리가 되는 것이 마땅하다고 보았다. 그러나 극좌파는 덩샤오핑 총리 임명에 반대했다. 마오는 결국 중앙에 등용된 지 얼마 안 된 인물이지만 온순하고 화합을 추구하는 화궈펑의 손을 들어주었다. 화궈펑은 극좌파의 압박에 못 이겨 덩샤오핑 비판 운동을 벌였다. 이로 인해 덩샤오핑은 다시 한 번 정치 무대에서 모습을 감추었다.

그러나 사회 전체가 극좌파의 복귀에 반대하는 입장이었다. 당 지역 대표들 사이에서는 물론, 군에서조차 4대 현대화를 문제 삼으려는 극좌파의 시도에 저항하는 움직임이 나타났다. 이제 극좌파는 사실상 베이징과 상하이의 일부 행정구역과 공산당 선전 조직에서만 세력을 떨치고 있었다.

인민은 나름의 방식으로 그들의 심경을 표출했다. 저우언라이 사망 다음 날, 톈안먼 광장 인민영웅 기념비 앞에 추도의 화환이 산더미처럼 쌓였다. 중국인들이 전통적으로 망자를 기리는 날인 4월 4일 청명절이 다가오자 3월 말부터 다시 화환이 쇄도했다. 이번에는 장칭을 비난하고 덩샤오핑 복귀를 촉구하는 시가 쓰인 현수막들도 나타났다. 청명절 당일에는 2백만 명 이상의 중국인들이 톈안먼 광장에 모였다. 그 다음 날 화환은 모두 철거되었고 베이징 시 당국과 시위대 사이에 마찰이 일어났다. 외신은 이때 4만 명 이상이 체포되었다고 전했다.

사흘 후, 극좌파는 덩샤오핑에게 이 사태의 책임을 물었다. 중앙위원회는 그의 모든 직무를 박탈하되 당에서 축출하지는 않기로 하고 화궈펑을 총리이자 마오의 공식 후계자로 지명했다.

전국에서 인민들이 들고일어났다. 그들은 교통수단을 때려 부수고 파업에 돌입했다. 그렇잖아도 분위기가 흉흉한데 자연재해까지 일어났다. 8월에 탕산에서 리히터 규모 8도가 넘는 대지진이 일어나 60만 명의 사망자가 발생했고 톈진까지 피해를 입었던 것이다. 탕산 대지진은 베이징에도 영향을 끼쳐 상당수의 가옥이 사람이 살 수 없는 상태가 되었다. 미신을 잘 믿는 중국인들은 이 지진을 하늘의 진노, 즉 현 정권이 물러날 때가 되었다는 뜻으로 여겼다.

1976년 9월, '붉은 태양'이 지다

당시에 〈차이나데일리〉 보도국에서 근무하던 기자는 이렇게 회고한다. "그날은 1976년 9월 9일이었다. 오후에 신문사 사람들이 모두 모였다. 당 책임자들이 나와서 우리에게 오후 6시에 '중대 발표'가 있을 거라고 했다. 우리 중 상당수는 이미 직감하고 있었다. 국가주석이 타계한 것이었다. 우리는 다 큰 성인들이었지만 모두 눈물을 흘렸던 것 같다. 모두가 뜨거운 눈물을 흘렸다. 마치 친아버지의 장례를 치르는 것 같은 심정이었다……. 오후 6시에 텔레비전, 라디오, 터미널 대합실에서부터 인민 공사에 이르기까지 중국 전역의 스피커에서 비통한 음악이 울려 퍼지더니 느릿느릿하고 심각한 목소리가 마오 주석의 사망을 발표했다. 그 말이 떨어지기 무섭게 온 나라가 무릎을 꿇고 목 놓아 울었다……. 마오를 존경하지 않았던 이들조차도 말은 안 했지만 이런 국민 정서에 마음이 움직였다."

27년간의 마오쩌둥주의와 그 폐단으로 중국인들이 얼마나 큰 고통을 받았는지 생각해보면 서구인들은 중국인들의 마오에 대한 열광적 숭배를 이해하기가 어렵다. 오늘날의 역사학자들은 마오쩌둥의 정치적 실험에 희생된 인구가 6천만 명 이상이라고 추산한다. 문화대혁명은 중국의 한 세대 전체를 망가뜨렸고 중국의 경제를 15년이나 후퇴시켰다.

그럼에도 중국인의 집단 무의식 속에 '위대한 키잡이' 마오쩌둥은 되찾은 민족의 자부심, 자력갱생의 상징으로 남아 있었다. 역대 왕조의 시조들이 그랬듯 마오쩌둥에 대한 기억은 지금까지도 신격화에 가까운 숭배와 경외를 불러일으킨다. 대다수의 중국인들에게 마오는 나라의 주권을 되찾고 봉건국가를 국제사회로 끌어냄으로서 중국의 위엄을 회복시킨 뛰어난 지략가, 정치인, 지식인이다. 베이징 대학의 한 철학교수는 이렇게 말한다. "세월이 흐르면 사람들은 마오의 통치가 얼마나 암울했는지 잊을 것이다. 다음 세대는 마오의 장점을 더 기억할 것이고 그렇게 마오는 구국의 영웅으로 기억될 것이다……." 오늘날 이에 동의하지 않는 의견은 외국에서나 들을 수 있다. 예를 들어 과거 마오의 주치의였던 리즈수이는 1994년에《마오 주석의 사생활(The Private Life of Chairman Mao)》이라는 책을 펴내 커다란 파문을 일으켰다. 미국에 체류 중이던 리즈수이는 그 대가로 중국 첩보요원들의 위협에 수없이 시달렸다. 이 책은 중국에서 금서였지만 외국에 개방적이었던 일부 중국인들은 몰래 구해서 읽었다.

그러나 중국에서는 이 책이 미국 CIA가 마오의 이미지를 더럽히기 위해 날조한 거짓말에 불과하다는 공식 발표가 나왔다.

지도자들이 유권자들과 직접 부딪히지 않는 체제에서 중국 고위층 지도자의 이미지는 상당 부분 선전 공작으로 만들어진 것이었다. 중국공산당 체제의 설립자가 사망한 1976년 당시에 중국은 외부 세계와 거의 단절된 상태에서 30년 가까이 마오 숭배에 길들여져 있었다. "마오 주석을 비판한다는 생각은 감히 누구도 할 수 없었다. 선전 공작을 충분히 의식하고 있던 일부 측근은 그럴 수 있었지만 그런 사람들조차도 금세 제거되었다." 한 정치학 교수의 설명이다.

상상을 초월하는 마오 숭배는 중국 안팎에서 체제의 과오를 덮는 데에도 도움이 되었다. 한 오스트레일리아 중국학자는 이렇게 설명한다. "중국인들은 당대의 정치적 과오에 대해 가장 잘 모르는 사람들이었다. 그들은 당에서 선전하는 대로 중국 현대사를 긍정적으로만 받아들였다. 자기 집안이나 자기가 살고 있는 지역이 혹독한 경험을 치렀음에도 그 같은 손실을 국가적인 차원으로 생각하지는 않는 사람들이 많았다." 그래서 아직도 대다수의 중국인들은 진심으로 1950년대 말의 대기근이 '3년간 계속된 자연재해' 때문이라고 생각하며 대약진운동의 실패가 불러온 여파를 무시하는 것이다. 영국 출신 기자이자 중국학자인 재스퍼 베커는 연구를 통해 중국공산당 체제가 연쇄적으로 일으킨 참사를 처음으로 해외에 낱낱이 밝혔다. 그럼에도 많은 중국인들은 아직까지도 이런 주장을 믿지 않으려 한다. 과거 베이징 골목길에서 벼를 말리던 한 80세 노인은 지금까지도 이렇게 자신 있게 말한다.

"마오 주석께서도 3년간 고기를 먹지 않으셨다. 당시에 고위 간부들은 다른 인민들과 똑같이 생활했다……"

1960년대 말에는 아시아와 서구, 특히 프랑스에 '마오쩌둥주의' 유파, 즉 공산당의 선전에서 떠들어대는 '위대한 실현'의 본모습을 모른 채 중국 공산주의 이데올로기의 독창성과 이상을 찬양하는 이들이 매우 많았다. 시몽 레이의 폭로*가 일대 파란을 일으킨 후에야 마오쩌둥에 대한 환상은 막을 내릴 수 있었다. 현재 해외의 마오쩌둥 숭배자들은 현실에 눈을 떴기 때문에 거의 다 사라졌다. 그러나 중국인들은 검열을 거친 언론만을 접하며 지금까지도 마오쩌둥의 신화에 젖어 있다.

그렇지만 외신은 마오쩌둥 추도 시위가 6개월 앞서 일어났던 저우언라이 추도 시위만큼 자발적이지는 않았다고 지적한다. 마오쩌둥의 장례식은 며칠에 걸쳐 성대하게 치러졌으며 사상 처음으로 전 세계에 텔레비전으로 중계되었다. 마오쩌둥의 사망 이후 중국 전체가 불안에 빠졌다. 극좌파가 또다시 공포의 물결을 몰고 오지 않을까 두려웠던 것이다.

화궈펑의 **변화**(1976-1978)

그러나 화궈펑이 선수를 쳤다. 마오의 공식 후계자였던 그는 장례를 치르는 대로 권력을 확실히 다지고자 노력했다. 10월 6일에서 7일로 넘어가던 밤, 화궈펑은 4인방과 주요 측근들을 체포하라고 명했다. 그는 다음 날 중앙위원회와 군사위원회의 수장 자격을 얻었다. 당 체제의 1인자(공산당 중앙위원회 총서기), 정부의 1인자(총리), 군대의 1인자(군사위원회 주석) 직함을 모두 거머쥠으로써 명실상부한 최고 권력자가 된 것이다.

그러나 덩샤오핑은 이 사태에 동조하지 않았다. 그는 1976년 4월 이후로 정치 무대에서 떠나 있었지만 아직도 그가 저우언라이의 뜻을 계승

* Simon Leys, 《Les Habits neufs du président Mao》, Paris, Champ Libre, 1971 ; 《Ombres Chinoises》, 1974.

해야 한다고 생각하는 사람들은 많았다. 저우언라이가 생애 말년에 덩샤오핑과 함께 문화대혁명의 혼란에서 중국을 다시 일으켜 세우고자 노력했기 때문이다.

실제로 덩샤오핑은 혁명가로서나 군인으로서나 그 자격을 인정받을 만한 이력을 쌓아왔다. 반면에 화궈펑은 1970년대 초에야 비로소 중앙 정치 무대에 등장한 인물이었다. 덩샤오핑은 대장정에 동참하고 일본군을 물리치는 공을 세우는 등, 공산주의 체제 설립에 함께했으며 마오가 유토피아적인 일탈로 빠지기 전부터 알고 지낸 사이였다. 그는 1950년대에 당 서기가 되었는데 그때부터 경제적 실용주의를 지향하는 모습을 보여주었다. 1970년대에는 저우언라이와 힘을 합쳐 합리적인 행정 정책으로 국가 재건을 위해 노력했다. 게다가 덩샤오핑 본인과 그 가족은 문화대혁명의 고초를 누구보다 잘 아는 사람들이었다. 이 세 번째 실각 이전에도 이미 두 번이나 정치계에서 밀려났던지라 중국인들은 덩샤오핑이 나라가 역경을 겪을 때마다 희생양이 된다는 생각을 하고 있었다.

화궈펑은 63세의 왜소한 덩샤오핑에 맞서 자신의 존재감을 키우려고 노력했다. 일단 외모부터 바꿔야 했다. 화궈펑은 병석에 드러눕기 전의 마오를 연상케 하는 옷과 머리 모양을 택했다. 또한 기회가 닿는 대로 자신을 마오의 후계자로 소개했다. 톈안먼 광장에 마오의 유해를 미라로 만들어 안장한 것도 자신이 그의 후계자임을 각인시키기 위해서였다. 선전부도 이제 화궈펑의 손아귀에 있었다. 선전부는 흠잡을 데 없는 과거를 지어내고 하루가 다르게 새로운 장점을 부각시키는 등 화궈펑을 이상화하기에 바빴다.

화궈펑은 자신의 일차적인 적수들을 제거했다. 4인방 체포 후에 극좌파가 가장 기승을 부리던 상하이에서 지도부 인사를 대거 물갈이했다. 또한 마오 일가의 몇몇 인물들도 체포되었다.

덩샤오핑의 복귀: **화궈펑과의 힘겨루기**(1977–1979)

1977년 1월의 톈안먼 광장은 몹시 추웠지만 행인은 평소보다 많았다. 그들이 인민영웅기념비 앞에 점점 모여들었다. 1년 전, 저우언라이의 장례식이 치러진 바로 그 자리였다. 중국 농민과 노동자가 주먹을 불끈 쥐고 프롤레타리아 혁명을 향해 행진하는 모습이 새겨진 기둥 밑에 전통적으로 애도를 뜻하는 하얀 국화가 다시금 쌓였다. 저우언라이 서거 1주기에도 화환에는 대자보가 붙어 있었다. 공안들과 공안 소속 기자들은 덩샤오핑의 정계 복귀를 호소하는 대자보를 보았다.

화궈펑은 망설였다. 그는 여전히 권좌를 지키고 싶었고 라이벌이 정계로 돌아오면 자신의 역량으로 당해낼 수 없다는 것도 알고 있었다. 하지만 그에게 선택의 여지가 있을까? 덩의 밀사들은 화궈펑을 점점 더 자주 찾아와서 쿠데타의 위험을 무릅쓰느니 일단은 총리직과 중대한 이득을 보전받는 선에서 타협하라고 속삭였다.

1977년 7월 21일에 덩샤오핑은 마침내 부총리, 군 총참모장, 당 중앙위원회 부주석으로 복직되었다. 다음 달에 중국공산당 제11차 전국대표대회가 열렸다. 서쪽에는 여전히 스탈린의 대형 초상화가 장식되어 있는 톈안먼 광장, 그곳의 인민대회당에 1천5백 명 이상의 대표가 모인 가운데 성대한 의식이 열렸다. 〈인터내셔널가〉가 팡파르로 울려 퍼지는 가운데 화궈펑이 두 시간 넘게 개회연설을 했다. 중요한 것은 화궈펑이 문화대혁명이 끝났다고 공식 선언하고 농업, 공업, 과학기술, 군대의 '4대 현대화'를 제창했다는 것이다. 대회가 마무리되자 폐회 연설은 덩샤오핑이 맡았다. 청중은 '스' 발음을 할 때마다 바람 새는 소리가 나는 쓰촨 성 사투리 때문에 덩샤오핑의 말을 알아듣기가 조금 힘들었다. 그러나 그의 메시지는 분명했다. 덩은 중국의 경제 현대화를 선언했다. 그는 저우언라이가 그토록 바랐던 꿈, 바로 이 연단에서 2년 반 전에 남겼던 정치적 유언을 다시금 환기시켰다. "20세기가 가기 전에 중국을 세계 최고의 사회주의 경제 대국으로 만듭시다!"

새롭게 구성된 당 중앙위원회에서 군인들은 의석의 3분의 1을 지키긴 했지만 그 수의 4분의 1 정도는 교체되었다. 그중 일부는 문화대혁명으로 숙청당했다가 복귀한 인물들이었다! 덩은 이데올로기 싸움에 희생된 집안들을 옹호하며 옛 간부들의 복권에 힘을 실어주었다. 홍위병에게 희생당한 옛 간부들만 해도 4백만 명 이상이었다. 덩샤오핑은 공산주의청년단 총서기 출신인 후야오방의 도움을 받아 어지러운 당 내에서 세력을 조금씩 넓혔다. 그리고 중앙당교, 조직부, 선전부를 차츰 장악했다.

한편, 화궈펑도 경제 문제에 대한 지배권을 지키려고 노력했다. 그는 상업 개방을 장려하고 계획경제 지지자 리셴녠을 위시한 공산주의 1세대 경제학자들의 조언을 들었다. 그러나 지방에서는 덩의 지지자들이 다수를 차지하며 화궈펑의 계획이 실시되지 못하게 방해했다. 이 때문에 지방 책임자들에 대한 비판의 소리가 높았다.

대학 **재개**(1977)

특권층 자제나 농부나 노동자 출신의 '좋은 집안' 자제들은 1973년부터 몇 개 안 되는 종합대학에서 교육을 받을 수 있었다. 그러나 교수진과 교과서, 커리큘럼과 변별력 있는 시험이 없었기 때문에 대학교육은 좀처럼 확산되기 어려웠다. 1977년에 새 정부는 대학의 문을 인민들에게 다시 개방하는 개혁을 추진함으로써 열광적인 반응을 끌어냈다. 농촌에서 돌아온 옛 홍위병들은 저마다 쓰라린 경험을 안고 있었다. 1940년대 말에서 1950년대 초에 태어난 청년층은 문화대혁명을 기점으로 학업을 중단한 채 이제 삼십대를 바라보고 있었다. 그들에게 대학 개방은 인생을 바꿀 수 있는 유일한 기회처럼 보였다. 그러나 그들은 1950년대 말에서 1960년대 초에 태어난 다음 세대, 즉 중등교육을 계속 받다가 이제 대학에 들어가려는 청소년들과 경쟁해야만 했다. 1977년부터 하나둘 재개된 고등교육기관의 입학생 선발은 주먹구구식이었다. 홍위병 출신은 대단히 명석한 지원자가 아닌 이상 대부분 낙방했기 때문에 또다시 환멸을 느껴야 했다. 기차가 드디어 그들 앞에 멈춰 섰지만 기차의 문은 열리지 않았던 것이다. 이때부터 홍위병 출신들은 자기 세대가 역사의 희생양이라는 피해의식을 갖게 되었다. 또한 그들 세대가 직업적 위계질서의 사다리에서 빠지게 됨으로써 그 아래 세대가 일찌감치 높은 자리로 치고 올라가는 결과가 나타났다.

4대 현대화 **재개**(1978-1979)

화궈펑과 덩샤오핑은 '4대 현대화' 실시에 대한 입장이 달랐다. 저우언라이가 총리를 맡고 있던 1975년부터 덩은 이 사업에 매진했지만 마오는 "부르주아식 사고의 복원"이라면서 그 과정을 막아버렸다. 이제 위대한 키잡이가 죽고 없으니 현대화는 다시 추진되어야 했다. 하지만 두 정적은 현대화의 내용에 합의하지 못했다. 농업 분야를 예로 들자면, 화궈펑은 인민공사가 자급자족 단계에 이르면 경제의 나머지 부분도 차츰 살아날 것으로 보았다. 그러므로 '다자이 인민공사의 모범'을 따르는 것이 최선이라고 주장했다. 반면에 덩은 보다 실용적인 방향, 즉 농민들에게 좀 더 자율성을 보장하자는 입장이었다. 1978년부터 덩 일파의 압박이

거세어졌다. 12월에 당 중앙위원회가 다시 소집되었을 때에는 덩 일파가 다수를 차지했다. 이제 덩에게는 권력을 구체화하는, 즉 공식적인 직위를 차지하는 단계밖에 남아 있지 않았다.

집단농업생산제 폐지(1979)

덩은 권력을 잡자마자 자신이 1960년대 초에 실시하고자 했던 자유주의적 농업 정책을 채택했다. 1960년대에는 농촌이 대약진운동의 실패에서 벗어나도록 그런 정책을 구사했었다. 그러나 문화대혁명은 그 정책의 초기 성과조차 짓밟아버렸다.

1979년 1월에 덩샤오핑이 중앙위원회에서 농촌 문제를 다시 거론할 때만 해도 그는 완전히 권좌에 오른 상태가 아니었다. "그래서 덩은 보수파의 주목을 끌지 않으려고 자신의 개혁을 단순히 농업 체계를 현대화하는 문제인 양 가볍게 소개했습니다. 사실은 엄청난 여파를 불러올 전면적인 개혁인데 말입니다. 20여 년 계속된 집단농장제를 폐지하고 공산주의 정권이 들어선 지 얼마 안 됐을 때처럼 개별 농가에 경작권을 주자는 거였죠! 그게 정치개혁을 시작하기 위한 덩샤오핑의 전략이었던 겁니다!" 공산당 중앙당교 부총장을 지냈으며 현재 중국 체제론 학자로 활동 중인 리쥔루가 2008년 4월 중국·유럽 포럼에서 발표한 내용이다. 리쥔루는 계속해서 이렇게 설명한다.

"이것은 단순한 농업 개혁이 아니라 이데올로기적 변화입니다. 그러나 계획경제 지지자들은 너무 늦게야 그 점을 깨달았지요……."

1979년 3월부터 5만 6천 개 인민공사가 해체되기 시작했다. 인민공사는 중앙 정부가 면화와 곡물을 시장가격보다 낮게 매입할 수 있게 해주었고 그 덕분에 중국은 최소한이나마 식량 자급 문제를 해결할 수 있었다. 그러나 인민공사는 생산성을 높이려는 농민들의 의지를 꺾었다. 개혁과 함께 농민들은 농업협동조합에서 헐값에 사들인 곡물, 배추, 호박을 일정량 공급받되 대개 가족 단위로 마을의 토지와 논을 돌아가며 경작해야 했다. 그리고 가장 중요한 것은 1가구당 1마지기의 사유 경작지를 다시 얻게 되었다. 이 경작지에는 무엇을 심든 상관없었으며 소출을 시장에 내다 팔아 소득을 챙길 수도 있었다.

한 자녀 **정책**(1978)

덩샤오핑은 또 다른 개혁에 착수했다. 이 개혁은 농업 개혁만큼 인기를 얻지 못했다. 그는 중국이 인구 증가를 억제하지 못하면 계속 후진국에 머물 위험이 있다고 보았다. 1970년대 말에 중국은 이미 세계에서 가장 인구밀도가 높은 나라였다. 당시에는 집집마다 으레 자녀를 대여섯 명씩 낳았다. 마오쩌둥도 1950년대 말에는 중국의 '힘'을 키우기 위해 인민들이 자녀를 많이 낳아야 한다고 하지 않았던가? 1949년에서 1979년 사이에 중국 인구는 5억 명에서 10억 명으로 두 배가 되었다. 덩샤오핑은 산아제한만이 활로라고 보았다. 자녀의 수가 적으면 양질의 교육을 시킬 수 있고 가정의 생활수준도 올라가므로 국가 발전에 도움이 될 것이라고 생각했던 것이다. 인접해 있는 라이벌이자 또 다른 인구과밀 국가인 인도를 보고 덩샤오핑은 결심을 굳혔다.

1978년의 새로운 '가족계획'은 부부가 한 자녀만을 가질 수 있다고 규정했다. 요란한 선전들이 이어졌다. "외동이면 어떠랴, 외동딸이면 금상첨화!" 대도시의 주택가마다 이런 벽보가 나붙었다. 심지어 가족계획국

요원들은 공공게시판에 그 지역 여성들의 생리 날짜를 공개하기도 했다. 사생활이라는 것이 전혀 없었다! 가임 연령대 여성들은 생리가 좀 늦어지면 바로 검사를 받아야 했다. 심지어 자녀를 갖는 날짜조차 그 지역 가족계획국에서 정해주었다. 만약에 계획하지 않은 임신이 확인되면 여자는 곧장 병원에 끌려가 낙태 수술을 받았다. 반대로 부부가 자녀를 가져도 좋다는 허가를 받고도 석 달의 유예 기간 동안 임신을 하지 못하면 그들 부부의 차례는 넘어가고 2, 3년을 기다린 후에야 다시 허가를 받을 수 있었다. 한 세대가 지나서야 도시 주민들은 정부의 방침을 이해하고 제대로 된 피임 수단을 쓰게 되었다.

'한 자녀' 세대가 결혼 적령기에 이른 지금은 남편과 아내가 모두 외동일 경우 두 자녀를 가질 수 있다는 개정안에 의거하여 둘째를 낳는 경우가 많다. 신흥 부르주아 특권층에서는 소득에 비례하여 책정되는 엄청난 벌금을 물고서라도 둘째를 낳는다. 농촌에서는 한 자녀 정책을 매우 못마땅해했다. 아들은 부모를 모시고, 딸은 결혼을 하면 시댁에 들어가 사는 것이 전통이기 때문이다. 게다가 한 자녀 정책은 성감별 낙태, 영아 살해, 영아 유기 등의 문제를 낳았다. 중국 고아원 아이들 중 95퍼센트는 여자아이다. 그나마 1984년부터는 농가에서 외동아이가 "장애아나 여자아이인 경우"에 한해서 둘째를 가질 수 있다고 법이 바뀌었다. 소수민족이나 종교적 소수 집단도 둘째를 낳을 수 있다. 중국에서 신앙과 상관없이 개종이 많이 일어난 이유도 여기에 있다. 그러나 인구 이동이 잦아지면서 각 지역 가족계획국에서 차츰 주민들의 삶을 통제할 수 없게 되었다. 시골에서 상경한 노동자나 타 지역에서 온 학생 등 유동 인구는 대개 거주 도시에 등록도 되어 있지 않다. 그 때문에 수백만 명의 '헤이하이즈(黑孩子)'가 발생했다. 호적에 등재되어 있지 않은 이 아이들은 당장 초등학교 입학부터 큰 어려움을 겪는다. 감독관의 통제가 잘 미치지 못하는 시골에서는 아직도 너댓 명의 자녀를 둔 집들을 심심찮게 볼 수 있다. 그러나 어떤 지역에서는 가족계획국 요원이 규정을 엄격하게 적용하여 8개월이나 된 태아를 강제 낙태시키는 등의 폐단이 이어지고 있다.

중국 통계국에 따르면 30년 이상 꾸준히 산아제한 정책을 실시한 결과 '약 4억 명의 인구 감소 효과'가 있었다고 한다. 그만큼 먹여 살려야 할 입, 창출해야 할 일자리를 줄였다는 얘기다.

그러나 중국은 지금 새로운 문제에 직면했다. 남아 선호 사상으로 인한 남녀 성비 불균형이 심각하기 때문이다. 자연적인 남녀 출생비율이 100:101인데 중국의 남녀 출생 비율은 평균 130:100, 후난 성 같은 일부 농촌 지역에서는 145:100으로 나타난다. 성감별 낙태 때문에 다음 세대에는 여자가 귀해서 문제가 되게 생겼다. 인구 노령화도 지금 태어나는 아이들에게는 커다란 부담으로 작용할 것이다. 2025년부터 중국은 45세 이상 인구가 그 이하의 인구보다 더 많아진다고 한다. 마지막으로 '한 자녀 세대'는 심리적 문제, 집단생활에 대한 적응 문제를 그 어떤 세대보다 많이 겪고 있다. 중국 지도층은 차차 법을 완화할 생각을 가지고 있다고 하나 이 책을 쓰고 있는 시점에도 한 자녀 정책은 여전히 시행되고 있다.

중미수교 **재개**(1978)

덩샤오핑은 1920년대에 프랑스에 체류한 적이 있었는데, 이후 미국에 가서 거대한 자본주의 국가의 실상을 자기 눈으로 보고 싶다는 생각을 가지고 있었다. 1979년 1월 말, 중국의 설날 연휴를 이용해서 미국 워싱턴으로 날아간 덩샤오핑은 닉슨 대통령의 환대를 받았다. 미국 언론은 회색 옷을 입은 키 작은 남자에게 열광했다. 덩샤오핑의 솔직담백한 발언과

비전은 미국 정부 각료와 억만장자들을 사로잡았다. 덩은 미국과의 외교 관계를 회복하기 원했을 뿐 아니라 미국, 유럽, 중국이라는 '삼극(三極) 균형'을 제안했다. 반(反)소련 정서가 강한 미국 여론이 혹하지 않을 수 없는 발언이었다. 미국 텔레비전에 모습을 나타낸 '작은 거인'은 승리를 거두었다. 이 별명은 일부 해설자들이 서부 인디언 영웅의 별명을 따서 지어준 것이었다. 덩샤오핑은 텍사스에 가서 나사 우주항공센터를 방문하고 유전을 둘러보는 것으로 미국에서의 일정을 마쳤다. 로데오 경기 후의 바비큐 파티에 초대받은 덩샤오핑은 카우보이모자를 쓰고 그 순간을 한껏 즐기는 듯 보였다. 그의 동그란 얼굴에는 환한 웃음이 가득했다.

덩샤오핑은 미국 방문은 30년간의 냉전 체제에서 베이징과 워싱턴이 드문드문 나누어온 대화의 결실이었다. 1950년부터 중미 관계는 단절되었다. 공산주의 체제가 난징에 거점을 마련한 국민당 정부와 수교하는 나라들과는 대화를 거부했기 때문이다. 한국전쟁을 계기로 미국은 아시아에 공산주의가 확산되는 것을 염려하여 대만까지 세력을 넓혔다. 권력을 이제 막 손에 넣은 마오는 아시아에서 미국의 세력이 커지지 못하게 하려고 치열한 전쟁에 가담하기로 결심했다. 마오의 아들은 한국전쟁에서 전사했다.

1954년에 중미 방위 조약이 체결되었다. 처음으로 외교적 접촉이 재개된 것은 1955년 제네바에서였다. 그 후 15년이나 지연되었던 바르샤바 대사급 회담이 성사되었다. 매카시즘이 미국을 한바탕 휩쓸고 중국과 소련의 관계가 그 어느 때보다 냉랭해진 1969년, 워싱턴은 미국인의 중국 여행 제한을 철폐했다.

1971년에 헨리 키신저 국가안보위원회 보좌관이 극비리에 베이징을 방문했다. 키신저는 저우언라이를 만났다. 두 사람은 뜻이 통했다. 두 전략가는 냉전에도 불구하고 양국이 대화를 재개할 필요성을 확인했던 것이다. 그 해에 중국은 그 전까지 유엔 상임이사국으로 올라와 있던 대만을 몰아내고 새로운 상임이사국이 되는 쾌거를 이루었다. 중국은 아프리카와 라틴아메리카 국가들을 지원하고 있었기 때문에 이런 성과를 얻을 수 있었다. 1956년 반둥회의 이후로 중국은 동맹 관계가 아닌 제3세계 국가들과 특별한 관계를 유지했다.

1972년 2월에는 닉슨 대통령이 중국을 공식으로 방문했다. 마오 주석이 그를 맞이했다. 닉슨은 중국을 떠나기 전에 "중국은 오직 하나이며" 티베트도 중국 영토에 속한다는 내용의 '상하이 공동 성명'에 서명했다. 1973년부터 베이징과 워싱턴에는 '연락사무소'가 설치되었다. 그때부터 국제 스포츠 경기를 비롯하여 중국과 미국이 접촉할 기회는 점점 더 많아졌다. 그 유명한 '핑퐁 외교'라는 말이 여기에서 나왔다. 그러나 1978년 12월에 카터 대통령이 대만 주재 미국 대사관을 폐쇄하고 중화인민공화국을 정식으로 인정하기까지는 7년을 더 기다려야 했다. 미국은 베이징의 요구대로 대만과의 외교 관계를 축소하여 대만에 '미대만연구소'라는 민간 기구만 남기고 이곳에 직업 외교관들을 상주시켰다. 그러나 외교적으로 인정되는 조약에는 지금까지도 유효한 중요한 조항이 있다. 미국은 대만을 계속 군사적으로 지원하며 대만의 안전을 보장하기 위해 군사 장비 교체를 요구할 수 있다는 조항이다. 게다가 미국은 공산국가인 중국이 대만을 침공할 경우에 군사적으로 개입할 수 있다.

중국-베트남 **전쟁**(1979)

그러나 당장은 베트남이 덩샤오핑의 고민거리였다. 3주 전에 베트남 군대는 소련의 지원을 받아 캄보디아의 수도 프놈펜에 입성하여 태국 국경까지 밀려나 있던 크메르 루주 체제를 종식시켰다. 크메르 루주의 '붉은 형제' 폴 포트를 계속 지원했던 중국공산당은 모욕감을 느꼈다. "우리가 그들에게 본때를 보여줍시다!" 덩은 미국 방문 중에 카터 대통령에게 그렇게 말했다.

그러나 베트남 국경에서 중국 군대는 다시 한 번 모욕을 당해야 했다. 베트남군은 차례로 프랑스, 미국을 상대로 15년을 쉬지 않고 싸웠기 때문에 늘 전투 태세였다. 반면에 중국군은 전투 장비도 보잘것없었고 어지러웠던 국내 사정 탓에 군인들의 훈련도 잘 되어 있지 않았다. 베이징은 중국군에서 2만 5천 명 이상의 사망자와 4만 명의 부상자가, 베트남군에서는 3만 7천 명의 사상자가 나왔다고 발표했다. 그러나 서방 언론은 이 수치도 상당히 축소된 것이라고 본다. 전쟁이 터지고 3주 후, 덩샤오핑은 군의 철수를 명했다. 쓰라린 실패를 주워 담기 위해 덩은 소련이 개입하지 않았음을 강조했다. "중국은 다시 세계의 존중을 받는 강대국이 되었다!" 중국사는 영예롭지 못한 전격전에 대한 기억을 거의 남기지 않았지만 덩샤오핑은 현대화, 특히 중국 군대의 현대화를 조속히 이루어야 할 필요성을 다시 한 번 절감했다.

2010년 5월에 중국 작전참모부가 처음으로 프랑스 언론에 소개되었다. 그때 중국-베트남 전쟁에 대한 질문을 받은 군 장성들은 덩샤오핑이 당시에도 군 수뇌부에 남아 있던 극좌파 성향의 장성들을 제거하기 위해 일부러 베트남을 치게 했다는 답변을 내놓았다. 실패의 책임을 물어 자기에게 등을 돌릴 수도 있는 인물들을 대거 내치고 자기 사람들을 그 자리에 대신 앉혔다는 것이다.

'민주의 벽' 운동(1978–1981)

　덩과 중앙 지도부에 입성한 그 일파는 당 중앙위원회 다수의 지지를 받기 위해 베이징 서부에서 유례없는 활동을 전개했다. 1978년 11월 중순부터 시단 교차로에 있는 담벼락에 대자보가 나붙기 시작했다. 베이징을 동서로 가로지르는 창안제에서 꺾어져 들어가는 곳에 위치한 시단은 베이징 도심 중 하나로 젊은이들이 많이 찾는 번화가다.

　이 벽은 '민주의 벽'이라고 불렸다. 희한하게도 공안은 이 벽에 점점 더 많은 대자보가 나붙어도 단속에 나서지 않았다. 홍위병 출신의 청년들이 즉석에서 토론회를 열기도 했다. 그들은 농촌에서 노동을 하다가 이제 도시로 돌아와 대학으로 돌아가든가 아니면 일자리를 찾으려고 애쓰는 중이었다. 덩샤오핑은 외국 기자들의 질문을 받았을 때 자신은 민주의 벽 운동을 인정한다고 대답했다. 실제로 민주의 벽에 붙은 대자보들은 덩샤오핑의 노선을 지지하며 그가 더 큰 역할을 해줄 것을 호소하는 내용이 담겨 있었다.

　이 운동은 상하이, 윈난, 신장 등 지방으로까지 확산되었다. 대자보의 논조도 점점 변하며 정치적 색깔을 강하게 드러내기 시작했다. 12월 5일, 베이징 동물원 전기기사 웨이징성은 선을 넘고 말았다. 군 고위 간부의 아들이자 홍위병 출신인 웨이징성은 '재교육'을 받고 베이징으로 돌아와 동물원에서 일자리를 얻은 인물이었다. 그는 '다섯 번째 현대화', 즉 민주주의의 현대화를 요구하고 나섰다.

　1978년 크리스마스에—당시만 해도 중국에서는 소수의 기독교 신자들만 크리스마스를 기념했다—당 중앙위원회는 덩샤오핑에게 유리한 방향으로 노선을 바꾸었다. 화궈펑에 대한 수많은 비판과 민주의 벽에 붙은 대자보를 통해 덩샤오핑은 중국의 현대화가 절실하게 필요하지만 자칭

마오의 후계자인 화궈펑이 소임을 다하지 못했음을 보여주었다. 또한 중국 인민들이 원하는 1인자는 화궈펑이 아니라 자신이라는 것을 보여줄 수 있었다.

그러나 1979년 초부터 민주의 벽 운동은 급진화되었다. 관료주의, 재교육을 받은 자들에게 주어진 숙명, 지도층의 부패와 무능, 주거와 배급 같은 일상적 문제에 대해 비판적인 대자보들이 숱하게 나붙었다. 3월부터는 정권도 이 운동을 저지해야겠다는 생각을 갖게 되었다. 상하이에서는 집회 및 시위가 금지되었다. 그보다 몇 주 앞서서 웨이징성은 정식 유통되지 않는 자주 언론을 통해 덩샤오핑이 독재자가 되었다고 비난하는 글을 발표한 바 있었다. 이는 가볍게 넘길 수 없는 모독죄였다. 더욱이 덩과 그 일파는 이제 막 권력을 잡기 시작한 상황이었다. 웨이징성은 3월 20일에 체포되었다. 29일에 베이징 시는 일련의 금지 사항을 발표했고, 30일에는 덩샤오핑이 정치 개방의 허용 한도에 대한 담화를 발표했다. 중국 체제는 "마르크스레닌주의와 마오쩌둥의 사상을 따라 공산당이 이끌며 프롤레타리아가 집권하는 사회주의 노선"*을 계속 따라야만 했다.

4월 4일에 인권동맹을 설립한 또 다른 '먹물 청년' 렌완딩이 체포되었다. 청명절이었던 이날, 경찰은 톈안먼 광장을 봉쇄하고 시단에서 시위를 하는 군중들을 해산시켰다. 덩샤오핑이 권력을 확실히 다지던 1979년 9월에 웨이징성은 15년 감옥형을 선고받고 덩샤오핑 체제의 첫 번째 정치범이 되었다. 1979년 말에 민주의 벽은 도심에서 벗어난 공원으로 이전되었다. 또한 권력 교체기에 번성했던 여러 자주 언론들도 이듬해부터는 폐간되었다.

---

* Jean-Luc Domenach, Philippe Richter, 《La Chine》, Paris, Imprimerie Nationale, 1995, p. 414. 또한 대만국제관계연구소가 출간한 중국공산당 주요문건 영문판을 참조하였다.

덩샤오핑이 권좌에 오르기 위해 맺어야만 했던 정치적 동맹, 특히 체제 내 극렬 보수파 및 군인들과의 동맹 때문에 처음 10년간은 개방과 개혁의 틀이 고정될 수밖에 없었다. 개혁파와 보수파의 힘겨루기 속에서 덩은 중재자의 입장을 취해야만 했다. 민주의 벽 사건을 계기로 이 새로운 1인자는 자신이 보여줄 수 있는 정치적 관용에 선을 분명히 그었다. 1981년 여름, 화궈펑이 당에 대한 지도력을 잃고 정치 무대에서 내려간 바로 그때에 덩은 최초의 반체제 물결을 일시적으로 저지하는 체포령을 내렸다.

따라서 중국 경제 재건이 가장 우선 순위였던 덩의 입장과 본격적인 민주화를 요구하는 대학생 및 지식인 집단의 입장에는 처음부터 차이가 있었다. 그러나 덩은 자신이 정당하다고 생각하는 목표에 도달하기 위해 서두르지 않았다. 그가 정치적 동맹들과 결별하고 그의 정적들은 물론 가장 가까운 협력자들에게까지도 단호한 의지를 입증하기까지는 오랜 시간이 걸렸다. 덩샤오핑은 조국을 현대화하고 경제개혁에 매달렸지만 민주주의를 그만큼 중시하지는 않았다.

덩은 1904년에 쓰촨 성에서 태어났다. 유럽, 미국, 러시아, 일본이 중국을 수탈하려고 기승을 부리고, 의화단운동이 일어난 지 얼마 안 됐을 때다. 덩은 애국심이 깊었다. 1920년대에 프랑스로 유학을 떠나 르노 자동차공장에서 선반공으로 일하면서 인종차별적인 무시를 경험하는 동시에 사회주의 사상을 처음 접하고 프랑스 공산당 창당을 지켜보았다. 중국을 다시 일으켜 존경받는 강대국으로 만들겠다는 생각은 그때부터 비롯되었다. 마오도 똑같은 야망을 품었지만 그 야망을 실현하기에는 국내 정치에서 너무 많은 과오를 범했다.

덩샤오핑은 1920년대에 프랑스와 모스크바에서의 체류를 마치고 돌아와 공산당 게릴라에 합류했다. 대장정에도 참여했고 당시에는 지하조직이었던 중국공산당 내에서 차근차근 계단을 밟아 올라갔다. 1945년에는 홍군 4대 지부 중 한 곳의 정치위원이 되었다. 1948년에 화이 강 전투를 승리로 이끌고 자신의 고향인 중국 남서부 지역에서 군인이자 정치가로서 이력을 쌓았다.

중화인민공화국이 수립된 지 얼마 안 된 1954년에 덩은 중앙의 부름을 받아 부총리가 되었다. 1956년에는 중국공산당 총서기가 되어 체제 내 서열 6위가 된다. 덩은 절대로 자유주의자가 아니었다. 그는 1957년 반우파투쟁을 지지했다. 또한 대약진운동이나 소련과의 결별도 지지하는 입장이었다.

그러나 덩은 당대의 공산주의 지식층이 가지고 있던 시각과는 다른 혜안을 지니고 있었다. 그는 이데올로기 실험의 부정적 결과를 금세 알아차렸다. 1961년부터 그는 류사오치와 함께 농가에 자율 경작권을 돌려주려고 애썼고 문화대혁명에는 강경한 반대 입장을 취해서 그 자신도 화를 입었다.

당에서 경질되었지만 완전히 정치 일선에서 물러나지는 않았던 덩은 1973년 저우언라이의 호소로 복직되었다. 저우언라이는 덩샤오핑을 자신의 후계자로 생각하고 있었던 것이다. 그러나 덩은 체제 내 보수파와 충돌했다. 1976년에 저우언라이가 타계하자 그는 다시 한 번 정치에서 밀려났고, 1977년 7월에야 겨우 정치권으로 다시 돌아올 수 있었다.

세 번의 숙청과 세 번의 부활이라는 정치 이력에서 덩은 실용주의를 배웠다. 중국 개방 정책의 한계는 모두 '실용주의'라는 애매한 개념에서 비롯되었다. 덩샤오핑은 사회주의 체제를 유지하되 이 체제가 마오 시대처럼 위험한 정치적 실험의 현장이 되어서는 안 된다고 굳게 믿었다. 사회주의 체제를 유지하되 중국의 특수성도 고려해야 했고 경제 발전도 필요했다. 서구 사회를 무조건 모방하지 않으면서—덩은 서구 자본주의 사회를 몹시 경멸했다—중국에 적용할 수 있는 긍정적 요소들을 도입해야 했다. 그렇게 1980년대가 시작되었고 작은 키잡이는 인민의 전폭적인 신뢰를 누리고 있었다. 1950년대부터 꿈꾸었던 개혁을 실행에 옮길 바탕이 드디어 마련된 것이었다…….

1부

덩샤오핑, 백 년 후 중국을 기획하다

1980-1991

'80

덩샤오핑, 시장경제를
중국에 초대하다

덩샤오핑, **그는 과연 대가였다**

1980년 1월에는 베이징에 쉴 새 없이 눈이 내렸다. 자전거를 이용하는 수백만 시민들이 밤새 내린 눈 때문에 발이 묶였다. 그러나 짙게 선팅된 검정색 세단들은 덩샤오핑의 사저인 근사한 쓰허위안이 위치한 자금성 뒷거리에 매일같이 조심스럽게 방문객들을 데려왔다. 당시 베이징에는 몇 대 안 되는 택시와 외국인 외교관들이 들여온 자동차를 제외하면 공무용 자동차들밖에 없었다. 저택의 한쪽을 개조한 집무실에서 자욱한 담배연기와 함께 비밀 논의가 몇 시간이고 이어졌다.

이제 덩샤오핑은 중국을 지휘했다. 이미 75세가 된 새로운 국가 수장은 1950년대 말부터 생각했던 개혁·개방 정책을 실시하기에는 자기에게 남은 시간이 너무 부족하다는 것을 알고 있었다. 그는 저우언라이 전 총리의 유지를 받들어 4대 현대화에도 박차를 가하고 싶었다. 그러나 아직도 암초들이 남아 있었다. 화궈펑은 자기 자리를 보전하려고 최후의 발악을 하고 있었고 덩과 같은 세대 지도자들, 즉 리셴녠이나 경제학자 천윈 같은 수완과 연륜을 갖춘 노장들은 덩이 얼마나 커다란 변화를 꾀할 것인지 우려했다. 덩은 몇 주간 보이지 않는 곳에서 그들을 설득하느라 바빴다. 보수파의 우려를 가라앉히기 위해 1979년 가을부터는 민주의 벽을 폐지하는 등 규제도 강화했다. 1977년 헌법에까지 권리가 명시되어 있는 대자보를 금지한 것이다.

덩샤오핑은 계획을 무리 없이 이끌기 위해 자신과 같은 생각을 지닌 사람들이 필요했다. 1980년 2월, 중국공산당 제11기 5중전회에 참석하고자 인민대회당의 붉은 카펫을 밟던 키 작은 노인은 이번 회의에 자신의 신념을 전부 다 걸어야 한다는 것을 알고 있었다. 덩은 과연 대가였다! 그는 정적 화궈펑의 측근들을 물리치고 자신의 오른팔, 왼팔이나 다름없는 자오쯔양과 후야오방을 체제의 수뇌부라 할 수 있는 중앙정치국 상무위원으로 올려놓는 데 성공했다.

자오쯔양은 1919년 허난 성의 지주 가문에서 태어났다. 키가 크고 인물이 좋았던 그는 중일전쟁이 한창이던 20세 무렵에 공산당에 들어가 광둥 성과 쓰촨 성에서 정치적 이력을 쌓았다. 그는 특히 농업 문제에 관심이 많아서 이 두 지역에서 약간의 자유주의를 도입하여 농민 경제를 일으키는 데 성공했다. 하지만 이런 이력이 문화대혁명에서는 심각한 문제가 되어 1967년에서 1971년까지 고초를 겪었다. 1975년에 복권된 후에는 쓰촨 성에서 농업 진흥과 기업 자주권을 확대하는 데 힘을 기울였다. 극좌파 세력에 떠밀려 정치 무대에서 내려와 있던 덩샤오핑도 쓰촨 성 출신이다. 덩은 자오쯔양의 열의를 눈여겨보고 1977년에 베이징으로 돌아가면서 중앙으로 불렀다. 그때부터 자오쯔양은 덩의 지원으로 출세 가도를 달렸다. 1980년 8월 말, 화궈펑이 실각하고 후임 총리가 된 인물도 자오쯔양이었다. 그 후, 화궈펑은 점점 더 입지가 좁아지다가 1982년 9월에 모든 직무에서 물러난다.

후야오방은 자오쯔양과 반대로 키가 작고 가냘픈 몸집에 눈빛이 매서운 사내였다. 1915년생으로 만 13세에 공산주의 게릴라에 합류했다. 1920년대 말 농촌 봉기에 앞장섰으며 대장정의 신화에도 함께했다. 그는 옌안의 마오 기지에서 홍군 훈련을 받았다. 1949년에 공산주의 체제가 들어서자 그는 공산주의청년단에서 활동했다. 그도 자오쯔양과 마찬가지로 문화대혁명 시기에 숙청을 당했다. 1972년 정계로 복귀해서 저우언라이를 지지했다. 후야오방은 교육 문제에 늘 관심이 많았기 때문에 중국사회과학원을 현대화하는 데 노력을 쏟았고 중앙당교 부총장을 지내기도 했다. 덩샤오핑은 후야오방을 당 서기로 임명했고, 1981년에는 화궈펑 대신 총서기 자리에 올려놓았다.

이 두 인물은 덩샤오핑의 후계자라는 면에서는 라이벌이었지만 힘을 합쳐 개혁을 추진했다. 자오쯔양이 경제 분야에 주력했다면, 후야오방은 정치 및 이데올로기 변화를 주도했다. 그러나 결국 덩의 두 후계자는 보수파의 압박에 10년을 채우지 못하고 제거당하고 만다. 후야오방은 1987년 1월에 학생운동이 처음으로 일어날 때부터 권력에서 소외되기 시작한다. 자오쯔양은 1988년에 리펑이 등장하면서부터 입지가 점점 좁아지다가 1989년 톈안먼 사태로 완전히 실각하고 만다. 자오쯔양은 2005년에 베이징에서 가택 연금 중에 사망했는데 그의 사후에 홍콩에서 출간된 회고록에서 개혁 첫 10년간의 치열했던 권력투쟁을 엿볼 수 있다.

어쨌든 덩은 2월의 중국공산당 제11기 5중전회를 이용하여 여러모로 우세를 점했다. 1978년부터 그는 예술가와 지식인, 그리고 자신의 집안처럼 문화대혁명에 희생된 가문들을 복권시키고자 노력했다. 그래서 이번에는 전 국가주석 류사오치의 사후 복권이라는 의미심장한 일을 벌였다. 마오는 문화대혁명 초기에 류사오치를 자신의 경쟁자로 보아 실각시키고 구금했다. 1969년, 류사오치는 옥살이를 하던 중에 사망했다. 덩은 류사오치와 가까운 사이였다. 두 사람은 1950년대 말에 계획경제의 탈선과 대기근의 폐해를 의식하여 농가에 자율경작권을 돌려주고자 뜻을 같이했다. 그러나 마오파는 이런 결단을 '반혁명적'이라고 규탄하고 류사오치와 덩샤오핑은 '숙청'을 당해 마땅한 '자유주의자'라고 비난했다. 덩은 류사오치를 복권시킴으로써 자신이 속히 실현하고픈 농업개혁안을 추진하고자 당과 여론을 교묘하게 몰고 간 셈이었다. 또한 주로 홍위병 출신인 체제 내 보수파의 반대를 저지하기 위해서 당 지도층 간부들의 종신제를 폐지했다. 1년 전 베트남과의 전쟁에서 패배의 책임을 물어 군사위원회에서 극좌파를 몰아내고 자기 사람들을 앉힌 것도 같은 맥락이다.

농촌 자본주의, **인민들의 마음을 사로잡다**

덩샤오핑은 이미 1년 전에 "농업체계 현대화"라는 명목으로 집단생산제를 폐지하고 인민공사를 해체하는 정책을 내놓았다. 1980년 4월에 그는 중국 인구의 80퍼센트를 차지하는 9억 농민을 위해 한 발짝 더 나아간다. 농민들이 자신의 경작 방식을 스스로 결정할 수 있게 된 것이다. 그때까지 중국 농민들은 중앙 정부나 인민공사가 지정하는 대로 단일 경작을 했다. 그런데 중국처럼 영토가 광대한 나라에서는 농산물 수송도 커다란 문제였다. 1958년에서 1961년까지의 대기근, 1970년대 초의 식량보급난은 자연재해가 원인이긴 했으나 부분적으로 수송 문제도 한몫했다. 물론 농민은 계속해서 수확의 일부를 고정 가격에 국가에 넘겨야 했지만 나머지는 정식 허가를 받은 최초의 시장에서 사고팔 수 있었다. 또한 국가는 필요에 따라 모든 잉여분을 사들일 수도 있었다.

4월 9일자 공산당 공식기관지 〈런민르바오〉에 실린 '계약경영책임제'에 대한 기사는 모든 지방 지도자들의 시선을 끌었다. 기자는 몇 달 전만 해도 상상할 수 없었던 제도를 "많은 장점을 갖춘 제도"라고 소개했다. 생산물의 품질에 따라 농업 부문에서의 수당을 지급하겠다는 것이었다! 인민들의 마음을 사로잡기 위한 기사들이 점점 더 늘었다. 실제로 계약경영책임제는 1984년부터 실시되었고 1988년에는 일반화되었다.

농촌에서 자유 시장은 급속도로 늘어났다. 1980년대 말에 3만 8천 곳의 시장이 이미 있었으며 그 후 10년 동안 두 배로 늘어났다. 농업이 급격히 성장하여 매년 곡물 4퍼센트, 축산 9퍼센트, 면화 18퍼센트 비율로 생산량이 증가했다. 소득은 곧 새로운 투자로 이어졌다. 덩의 계산은 맞아떨어졌다. 농업 분야는 경제 발전의 원동력이 되어 40년 동안이나 사라졌던 농촌 자본주의의 토대를 새로 마련했다. 이리하여 적어도 1980년대 초반에는 농촌을 경제성장의 근간으로 삼는 자영업자들이 나오기 시작했다.

최초의 중국—외국 합작회사, **맥심 그룹**

4월 10일에 중앙 정부는 또 다른 중대한 결정을 내렸다. 처음으로 중국 자본과 해외 자본의 합작 회사를 만들기로 한 것이다. 물론 특정 분야에 한한 합작이기는 했다. 당시에 하나뿐이었던 중국항공사 중국민용항공국 승객들에게 제공되는 기내식을 위해서 외국 기업과의 협력이 필요했다. 이 사업의 파트너는 6백만 달러를 투자해서 40퍼센트의 지분을 갖게 된 맥심 그룹이었다. 홍콩에 근거지를 두고 있는 이 그룹의 창업자 우잔더는 애국심이 투철한 화교로 베이징에서 인정받은 사람이었다. 맥심 그룹은 1956년부터 중국요리를 위생적으로 조리해서 서구식 서비스로 제공하는 외식산업으로 명성을 얻었다. 이들의 프랜차이즈 레스토랑 브랜드에는 차이니스 퀴진, 재스민, 제이드 가든, 타이 바질이 있다. 또한 스타벅스 커피와 겐키 스시에도 지분을 갖고 있다. 창업주의 딸이자 아시아 지역에서 가장 영향력이 있는 여성 10인으로 꼽히는 1948년생 우수칭이 이 합작 기업의 경영을 맡았다. 이 최초의 사례에 힘입어 비슷한 다른 사례들도 생겨났다. 처음에는 250여 개 국유 기업만이 외국 기업과 합작 회사를 만들 수 있었다. 1984년에 중국에 투자된 해외 자본은 20억 달러가 채 되지 않았지만 중국의 지도부들은 최초의 경험을 주시하고 여기에서 끌어낸 교훈을 참고하여 신생 기업에 적용하고자 노력했다. 이런 체계가 해외 자본 투자 규제가 철폐된 1992년부터 약 10년간 대규모 투자 유치에 큰 밑거름이 되었다. 불과 1년 사이에 중국 기업 5만 9천 곳이 330억 달러의 해외 자본을 끌어들일 정도였으니까. 1990년에서 2001년 사이에 중국은 전 세계 해외 투자자본의 45퍼센트 이상을 흡수한다. 2003년에는 한 국가에 투자되는 해외 자본 규모 순위에서 중국이 미국을 제치고 1위를 차지한다. 1980년 개방에서부터 2007년 말까지 중국이 받아들인 해외 자본은 6220억 달러가 넘는다. 2010년 현재 해외 자본을 유치한 중국 기업의 수는 60만 개가 넘고, 2천5백만 명 이상의 고용 창출 효과를 누리고 있다. 또한 이 기업들이 중국 전체 수출액의 55퍼센트를 담당한다.

개방의 실험장, 경제특구 5개 도시

1978년 중앙위원회가 서구 자본주의에 대한 개방개혁 전략을 채택할 때부터 덩샤오핑은 '특수 단위'를 설치해야겠다는 복안을 갖고 있었다.

덩의 계산은 그처럼 제한되고 통제된 공간 내에서 서구에서 들여온 기술을 실험해보고 그 기술이 쓸 만하다고 생각되면 중국 전역으로 확대한다는 것이었다. 그런 특수 단위에서는 중국에 유용한 분야, 특히 수출산업에 해외 자본을 끌어들이기도 쉬울 것이고, 그로써 베이징은 현대화 과정에 필요한 재정을 빨리 축적할 수 있을 터였다.

1979년 1월에 덩은 선전의 서코우 지역을 경제특구로 지정하여 홍콩의 투자자들을 유치하자는 제안을 내놓았다. 6개월 후에는 공산당 지도자들을 설득하여 광둥 성 일대에 일단은 '수출특구'라는 명칭으로 선전, 주하이, 산터우 등 시범 지역 세 곳을 운영하도록 했다.

1980년 8월 26일, 선전이 첫 번째 공식 '경제특구'로 선포되었다. 당시, 2천 제곱킬로미터에 달하는 이곳에는 논밭과 허허벌판밖에 없었다. 선전은 그저 경치가 아름다운 작은 어촌에 불과했다. 그러나 이곳은 공산국가 중국과 영국 식민지 홍콩의 국경에 위치하고 있다는 중요한 장점이 있다. 중국 남부 해안, 그곳에서 영국인들의 '돌섬'은 배로 한 시간도 걸리지 않았다. 아직까지는 도로도 없었지만 얼마 시간이 지나지 않아 홍콩과 선전을 연결하는 고속도로, 나아가 철도까지 건설되었다.

지역 인구가 너무 빨리 유입되는 것을 막기 위해 경제특구에는 출입관리소가 설치되었다. 경제특구에서 일하는 중국인만 공안에서 발급하는 일종의 체류증을 받을 수 있었고, 체류증이 있어야 정해진 기간 동안에 그곳을 드나들 수 있었다. 출입관리소에는 경제특구에 들어가기를 희망하는 사람들이 매일같이 수천 명씩 줄을 섰다. 경제특구는 즉시 중국인들에게 다른 세상으로의 진입로처럼 비치기 시작했다.

경제특구 실험은 금세 성공을 거두었다. 경제특구는 해외 자본을 대거 유치했다. 처음에는 해외 투자자의 70퍼센트 이상이 홍콩인들이었지만 머지않아 일본, 대만 자본도 들어왔다.

1981년에는 푸젠 성 남부의 샤먼도 경제특구로 지정되었다. 샤먼은 많은 화교들을 배출한 항구 도시다. 1988년에는 하이난 성도 추가되었다. 1980년대 말부터 이 5개 경제특구는 무서운 속도로 성장하는 거대한 산업 지대가 되었다.

선전은 차츰 개방과 '중국식 사회주의'의 상징이 되었다. 1992년에 덩샤오핑이 톈안먼 사태 무력 진압 이후 30개월 동안 지속된 냉랭한 분위기를 깨고 경제개혁의 의지를 보여주기 위해 내려간 도시도 선전이었다. 그곳에서 덩은 중국인들에게 시장경제에 뛰어들어 부자가 될 것을 촉구하는 유명한 연설을 남겼다. 2010년에 원자바오 총리가 정치 개방을 촉구한 곳도 선전이었다. 후진타오 국가주석도 선전은 실험의 현장으로 남아 있다고 강조한 바 있다.

과거의 작은 마을은 이제 인구 1천만 명의 거대 도시가 되었다. 선전은 평균연령이 28세로 전국에서 평균연령이 가장 낮은 도시이며, 중국 전역의 이주민, 모험가, 실업가, 발명가를 끌어들이고 있고, 평균소득이 가장 높은 도시이기도 하다. 이 지역이 원래 공해가 심한 편이긴 하지만 지속가능한 개발을 추진한 덕에 녹지와 주민 편의 시설이 잘 구비된 쾌적한 도시다.

선전 경제특구에는 6만 곳 이상의 기업이 들어와 있다. 처음에는 부동산회사, 무역회사가 주를 이루었지만 차츰 다양한 산업들이 들어왔다. 섬유, 제화, 완구 산업은 이제 인건비가 더 저렴한 베트남이나 말레이시아 같은 나라로 이동하는 추세이고 자동차, 화학, 원자력, 제약, 첨단기술 같은 고부가가치 산업들이 발전하고 있다. 또한 선전은 산업디자인과 기술 연구의 중심지가 되었다. 그러나 이곳은 빈부의 격차가 가장 심하고 그 때문에 범죄율이 가장 높은 도시이기도 하다.

경제특구 출입은 차츰 완화되어 지금은 완전히 중국의 다른 지역과 마찬가지로 자유롭게 이동할 수 있다. 하지만 선전은 1997년 영국의 홍콩 반환 이후로 홍콩과 인적·경제적으로 통합되고 있다. 홍콩 중심가에서 선전까지는 지하철로 50분이면 연결된다. 홍콩 젊은이 가운데 주거비와 물가가 훨씬 낮은 선전으로 이사를 가는 사람들도 적지 않다.

결국 덩샤오핑의 실험은 그가 생각했던 것 이상으로 나아갔다. 주강 삼각주 지역 전체가 교량, 터널, 고속도로 건설로 통합되었다. 광저우, 선전, 홍콩, 주하이, 마카오로 둘러싸인 이 일대에서 중국 수출의 20퍼센트를 책임진다. 이 지역의 무역량이 태국이나 말레이시아 같은 웬만한 크기의 국가를 훨씬 앞선다.

'마오쩌둥주의' 정체성은
여전히 지킨다

문화대혁명의 과오, '4인방'이 뒤집어쓰다

덩샤오핑은 과거에 세 번이나 그를 끌어내렸던 극좌파와 아직 청산
해야 할 빚이 있었다. 특히 덩은 장칭을 몹시 싫어했고, 장칭도 마찬가지
였다. 1980년 11월 10일에 열린 4인방 재판은 과거에 집착하는 극좌파들
을 완전히 해치워버릴 좋은 기회였다.

전 세계 텔레비전은 엄청난 광고 효과가 있는 이 재판을 편집한 장면
을 요란하게 내보냈다. 4인방은 검정색 인민복을 입고 꾀죄죄한 모습으
로 나타났다. 오랜 옥살이로 여위고 핏기 없는 얼굴은 중국이 더 이상 생
각하고 싶지도 않은 그 시대를 떠올리게 했다.

작전은 교묘했다. 장칭은 핏대를 세워가며 자기변호를 함으로써 자
기 이미지를 깎아먹었다. 머리를 뒤로 단단하게 틀어 올리고 때때로 발작
하듯 날카로운 말을 퍼붓는 장칭은 매우 위험한 극단주의자로밖에 보이

지 않았다. 장칭과 장춘차오는 사형에 집행유예 2년을 선고받았으나 나중에 왕훙원과 마찬가지로 종신형을 받았다. 나머지 인물들은 모두 15년 이상의 중형을 선고받았다. 장칭은 1991년 5월에 77세를 일기로 사망했다. 공식 사인은 자살로 발표되었으나 그녀는 인후암을 앓고 있었고 사망하기 열흘 전에 의사의 치료를 받기도 했다. 그녀는 생애 마지막 15년을 베이징에서 가장 삼엄한 정치범 교도소에서 보냈다.

덩샤오핑과 새 집권층은 4인방을 공개재판에 회부함으로써 1980년대부터 중국의 정치적 수단이 달라졌음을 보여주었다. 반대파를 처단할 때도 재판을 통한다는 모습을 보여줌으로써 덩은 서방 국가들에게 중국이 법적 절차를 존중한다는 점과 개방에 대한 제스처를 보여준 것이다. 특히 중국과의 외교 관계를 회복한 지 얼마 안 되는 미국을 다분히 의식한 제스처랄까.

게다가 이 재판에는 엄청난 선전 효과가 있었다. 중국 전체가 바라보는 앞에서 체제의 과오, 특히 문화대혁명의 과오를 모조리 4인방에게 뒤집어씌우면서 '탈마오주의'를 피하는 효과 말이다. 거리에서 시위가 발생하기 시작하는 그 시점에서 탈마오주의는 당 자체를 문제 삼을 위험이 있었다.

오늘날 대부분의 중국학자들은 4인방 재판이 공산주의 체제를 구원했다고 평가한다. 공산주의 전체의 치욕을 장칭이 이끄는 극좌파에 죄다 떠넘김으로써 마오 시대의 실정은 건드리지 않고 넘어갈 수 있었기 때문이다. 선전부는 첫 번째 공포정치(1950년대)의 대대적 숙청을 유야무야 덮는 데 주력했다. 대약진운동은 물론 '실패'로 간주되었지만 그 실패의 책임은 자연재해로 돌렸다. 위대한 키잡이 마오쩌둥의 이미지는 그렇게 보전되었고 중국공산당의 적법성도 유지될 수 있었다.

중국공산당이 지금까지도 공개적으로 마오를 비판하지 않는 이유가 그 때문이다. 1960년대에서 마오가 사망한 1976년까지, 이 위대한 키잡이에 대한 숭배를 조금이라도 희화화한 영화, 책, 연극, 미술 작품은 모두 검열에 걸렸다.

그렇지만 '탈마오주의'를 주도해보자는 발상 자체는 충분히 논의된 바 있었다. 1981년 6월 27일에 중앙위원회는 "중화인민공화국 건국부터 당이 걸어온 역사에 대한 몇 가지 문제"를 논의하기 위해 모였다. 회의실 문이 닫히고 비공개회의가 시작되기 직전에 천윈이 이런 고백을 했다.

"만약 마오가 1956년에 사망했다면 그는 틀림없이 중국 인민의 위대한 지도자로 남았을 겁니다. 그가 1966년에만 죽었어도 뛰어난 공이 조금 퇴색될지언정 대체로 긍정적인 평가를 받을 수 있었겠지요. 하지만 그는 1976년에 죽었고 우리가 할 수 있는 건 아무것도 없습니다……."*

회의가 진행되는 동안 덩샤오핑은 마오가 스탈린을 어떻게 생각했던가를 회상했다. 마오는 스탈린이 70퍼센트의 위업과 30퍼센트의 과오를 저질렀다고 평했었다. 덩은 마오쩌둥의 행적도 대략 비슷한 비율로 나누어볼 수 있다고 다분히 냉소적으로 말했다. 덩의 발언은 일종의 공식 판결이 되어 마오를 비판할 때마다 으레 나오는 말이 되었다. 덩은 체제를 안정적으로 유지하기 위해 '탈마오주의' 선전은 피하는 편이 낫다는 것을 알고 있었다.

4인방 재판의 여파로 화궈펑이 정치적으로 매장되었다. 화궈펑이 집권 초기에 극좌파를 너무 가까이 한 죄가 있다는 것이었다. 간단히 말해서, 1976년에서 1978년까지의 정치, 경제 분야에서 발생한 문제들은 죄다 마오의 후계자가 잘못해서 그렇게 됐다는 식이었다!

1981년 6월에 중국공산당 제11기 6중전회에서 덩샤오핑은 화궈펑

* Roger Garside, 《Coming alive: China after Mao》, New York, McGraw-Hill, 1982.

의 퇴진과 자신의 집권을 완수했다. 그럼에도 형식은 유지했다. 화궈펑은 당 주석에서 물러나 6명의 부주석 중에서 가장 힘없는 존재가 되었다! 새로운 당 주석은 후야오방이 맡았다.

덩은 군사위원회 주석이 되어 1990년에 공식으로 은퇴할 때까지 그 자리를 보전하게 된다. 자오쯔양은 중앙위원회 부주석이 되었다. 덩샤오핑은 자기 사람들을 옆에 두고 중국을 뒤흔들 경제개혁에 박차를 가할 꿈을 꾸었다.

그러나 정치계는 아직 통합되지 않았다. 덩은 체제 초기부터 활동한 공산당 원로들을 자기 옆으로 불러 모으며 어려운 문제들을 현대화 프로그램에 통합시켰다.

1981년 6월에 새로 구성된 정치국 상무위원으로는 덩샤오핑, 후야오방, 자오쯔양 외에도 그리 진보적이지는 않은 세 "동지들"이 있었다. 전인대 의장 예젠잉은 국가주석이 공석이었으므로 국가 의전상 가장 중요한 인물이었다. 리셴녠과 천윈은 두 사람 모두 경제학자로서 온건한 개방과 계획경제체제 유지를 주장했다. 천윈은 중국 시장을 설명하면서 "새는 새장 속에 두어야 한다"고 했다. 이 두 노장은 전후 중국의 경제회복과 제1차 5개년 계획을 성공으로 이끈 주역이었기에 당 내에서 힘을 가지고 있었다. 그들은 자신들의 공적을 완전히 뒤엎을 정도의 경제체제 변화를 달가워하지 않았다.

시장경제로 간 **군인들**

동시에 덩샤오핑은 자신의 복귀를 전폭적으로 지원한 군인들이 불만을 품지 않도록 다독여야 했다. 초기에는 장교들의 사정이 그리 좋지 않왔다. 군대가 공산당의 지배하에 다시 들어가면서 체제 내에서 그들의 세력이 약해졌기 때문이다.

물론 1979년 베트남과의 '전격전' 실패는 인민해방군 현대화를 가능케 했다. 그러나 그 과정에는 1985년 현재 4백만 군인 중 백만 명 이상의 동원 해제가 포함되어 있었다. 덩샤오핑은 이 기회를 이용하여 아직도 군에서 세력을 떨치던 린뱌오의 잔당들을 조심스럽게 몰아냈다. 1980년에 린뱌오 협력자들을 군사재판에 회부함으로써 이미 주요 인물들은 솎아낸 상태였다.

덩은 군 통제권을 쥐기 위해 군사위원회 부주석 자리와 군사작전 지휘권을 중일전쟁을 함께 치른 오랜 전우 양상쿤에게 맡겼다. 덩샤오핑과 양상쿤은 서로 이웃에 살면서 자녀도 함께 키우다시피 한 사이였다. 10년 전에는 왕이나 다름없는 권력을 누렸던 군인들의 욕심을 달래기 위해 덩은 자본주의의 문을 열었다. 군사 설비 생산을 민간 분야로 이전하는 과정에서 그 사업권을 군인들에게 줌으로써 그들이 독자적으로 산업을 발전시키도록 유도한 것이다.

시장경제로의 진입을 허가받은 군인들은 망설이지 않았다. 1980년대 중반부터 군대는 명실상부한 경제 제국을 이룩했다. 역설적이지만, 유착·부패로 인한 부작용이 너무 심해져서 1990년 말에 주룽지 총리가 군의 기강을 바로잡기 전까지는 이들 군인들이 경영하는 사업체가 경제 발전의 원동력이 되기도 했다. 그리고 당분간 덩샤오핑은 이렇게 군인들의 지지를 이끌어냈다.

덩샤오핑은 경제 현대화를 신속하게 이루고자 했다. 그러나 보수파가 변화의 발목을 잡고 있었다. 1980년대에 덩은 몇 번이나 타협을 하고, 개혁의 고삐를 늦추고, 개방에 역행하는 이데올로기 선전을 해야만 했다. 그로써 사회에서 가장 개방적인 부류, 즉 청년, 지식인, '개체호(客體戶)'

라고 불리는 자영업자는 모진 대가를 치르게 된다. 그들이 '작은 키잡이'
에게 걸었던 희망은 가차 없이 부서질 것이다…….

'82

시야가 열리다

'코쟁이'들이 **돌아오다**

1970년대 초부터 중국에 다시 외국인들이 모습을 보이기 시작한다. 일본, 유럽, 아프리카 출신의 유학생들은 캠퍼스에서 주로 살았다. 당시 프랑스인 유학생은 10명도 안 됐다. 2010년 현재 중국에 체류 중인 프랑스인 유학생은 2천 명이 넘으니 그들은 개척자였던 셈이다. 단체 관광객도 약간 있었지만 관광객들에 대한 통제는 여전히 삼엄했다.

프랑스 건설사 스피 바티뇰 직원으로 1975년에 중국에 도착했던 자크 로맹은 이렇게 회상한다. "당시에 거리를 혼자 돌아다닌다거나 정해진 구역 밖으로 나가는 일은 상상도 할 수 없었습니다. 일요일 아침마다 통역관이 나를 데리러 오면 함께 자전거를 타고 자금성이나 이허위안 같은 베이징의 명소들을 돌아볼 수 있었지요. 통역관과 나는 말도 거의 나누지 않았습니다. 그쪽은 나 같은 사악한 제국주의자에게 국가기밀을 누설이라도 할까 봐 늘 두려워하고 있었으니까요."

대학은 그나마 외국인이 중국인을 다소 편하게 접할 수 있는 공간이었다. 그러나 대학 내에서도 외국인들은 심하게 감시를 당했다. "1975년의 어느 날 밤, 처음으로 중국인 친구가 나를 자기 자전거에 태워줬을 때 대단한 승리라도 거둔 기분이었지요." 1972년에 처음 중국에 가서 그 후 해외 투자 전문 변호사가 된 클로드 브레의 말이다.

중국인과 외국인의 결혼 사례는 1979년에야 처음 나타났다. 중국인 신랑과 프랑스인 신부는 덩샤오핑이 친히 보낸 축하 전문을 받았다!

덩샤오핑이 권좌에 오르자 개방과 현대화에 대한 예고가 널리 퍼졌다. 1979년부터 미국인, 재외동포 가운데 중국으로 유학을 오는 학생들이 많아졌다. 단체가 아닌 개인 관광도 허가되었으며 사업상 출장도 늘어났다. 1980년대 초만 해도 중국을 찾는 프랑스인은 30명 남짓이었다. 현재 홍콩을 포함하여 중국을 찾는 프랑스인은 연간 5만 명 이상이다.

그러나 중국인과 외국인의 접촉은 여전히 제한되어 있었다. 외교관과 외국인 기자들은 중국 군인이 지키는 공관이나 주재지에서 살아야 했고, 그들의 행적을 감시할 책임자도 따로 있었다. 중국인 친구의 왕래는 건물 및 엘리베이터 경비에게 허가를 받아야 했다. 사업가들은 몇 군데 안 되는 호텔에 머물며 경찰의 감시를 받았다. 중국 특산물을 판매하는 외국인 전용상점인 우의상점에도 상품이 없을 때가 많았고 때로는 외국인들이 군이 구입할 필요를 느끼지 않는 버터나 우유 같은 물품이 등장하기도 했다. 중국인들은 여권을 소지하거나 외국인과 동행하지 않는 한 우의상점은 물론, 호텔에도 들어갈 수 없었다. 설령 외국인과 동행한다 해도 '사악한 외국인'들과 어울리는 이유가 무엇인지 공안에 심문을 당할 위험이 농후했다.

베이징 구시가에서 어린아이들은 어쩌다 '코쟁이'가 자기네들이 사는 골목길까지 들어오면 손가락질을 하며 웃고 졸졸 따라다녔다. 중국인들은 체모가 거의 없기 때문에 외국인의 금발이나 털이 부숭부숭한 팔을 보고 신기해했다. 시골에 외국인이 등장하면 엄청나게 구경꾼들이 모였다. 베이징에서 북서쪽으로 3백 킬로미터도 채 떨어지지 않은 광업도시 다퉁 역에서도 1987년 봄에 그런 일이 있었다. 무거운 작업복을 입고 귀마개를 쓴 50여 명의 광산 노동자들은 역에서 나오는 외국인 학생 몇 명을 정신없이 바라보았다. 적대감은 없지만 몹시 두려워하는 기색이었다. 이로부터 불과 1년 전, 산둥 성에 있는 공자의 도시 취푸에서는 노부부가 기차역 플랫폼에서 유럽 청년들에게 말을 걸어보려고 했다가 바로 공안에 불려간 적도 있었다…….

중국인들이 **해외유학을 가다**

공산당 특권층 자녀 중 극히 일부는 1972년부터 마오의 백지 위임장을 받고 외국으로 유학을 갈 수 있었다. 그러나 그런 사람은 몇백 명에 불과했다. 중국인의 유학은 1979년부터 늘어났다. 대부분은 서유럽이나 미국의 대학을 택했다. 그들 중에서 중국으로 돌아오는 사람은 거의 없었다. 귀국은 쉽지 않았다. 자본주의자들과 어울렸다는 이유로 동료들에게 반동분자 취급을 당하고 직업에서 기량을 발휘하기도 힘들었다.

그러나 노동단위에서도 가장 우수한 일원들을 현대식으로 교육시키기 위해 해외에 보내기 시작했다. 그러나 이렇게 외국으로 건너간 사람들은 거의 돌아오지 않았다. 1980년대 초에 베이징 고생물학 연구소에서 해외에 보낸 연구자는 40여 명이지만 그중에서 10년 안에 중국으로 돌아온 사람은 단 2명이었다! 최초의 정부유학생들은 귀국 가능성을 높이기 위해 반드시 단신으로 가야 했다. 가족은 절대 동행할 수 없었던 것이다. 하지만 부부 중 한 사람의 유학생활이 길어질 경우 다시 돌아와도 부부생활에 적응하기가 쉽지 않은 부작용이 생기기도 했다.

'탱탱', 장과 재회하다!

벨기에 만화가 에르제는 1934년에 그 유명한 〈탱탱의 모험(Les ventures de Tintin)〉 시리즈의 《푸른 연꽃(Le lotus bleu)》 편을 그리면서 중국인 조각가로서 루뱅 대학에 유학을 와 있던 장충렌이라는 친구의 도움을 많이 받았다. 당시에 그들은 27세였고 서로 뜻이 잘 맞았다. 장은 에르제의 만화가 사실성을 지닐 수 있도록 상하이의 거리나 중국의 풍경은 자신이 직접 밑그림을 그려주기도 했다. 그 후 장충렌은 작품이 책으로 나오기 전에 중국으로 돌아갔다. 《푸른 연꽃》은 탱탱 시리즈 중에서도 가장 성공을 거둔 작품이 되었다.

중국 대륙에서는 일제 강점기가 지나고 내전과 공산주의 혁명이 일어났다. 중국은 봉쇄되었고 유럽은 제2차 세계대전에 휩싸였다. 두 사람은 연락이 끊어졌다. 에르제는 장의 도움에 감사하며 그의 사람됨을 《푸른 연꽃》의 주인공에게 그대로 담았다. 하지만 장은 그 사실을 알 수도 없었다…….

1950년대 말부터 에르제는 장을 다시 만나려고 애썼지만 1975년에야 겨우 그가 상하이에 살고 있다는 소식을 들었다. 그 사이에 세계적 명성을 얻은 벨기에 만화가는 장에게 편지를 보낼 수 있었다.

두 친구가 마침내 재회하기까지는 그 후로도 6년이 더 걸렸다. 《푸른 연꽃》이 1930년대의 중국을 다루었던 만큼 중국 고위층은 이 작품을 '반혁명적'이라고 보았다. 그래서 장이 비자를 받기까지 그토록 오랜 시간이 걸렸던 것이다. 장은 서구인들과 가까운 사이라는 이유로 몇 번이나 공안에서 심문을 당했다. 노인이 다 된 장은 에르제가 그 작품에서 일제 강점기 시절의 만행을 고발한 것이라고 말하며 심문을 잘 넘겼다.

정치권의 개입이 몇 번 있고 나서 드디어 장에게 비자가 나왔다. 1981년 3월 18일에 장은 브뤼셀에 도착했다. 75세가 된 두 노인의 감동적인 재회는 벨기에를 뒤흔들었다. 텔레비전과 라디오 기자들이 모두 다 공항에 나왔다. 에르제와 장은 둘이서 회포를 풀기 위해 공항을 빠져나왔고 그제야 겨우 반세기 동안의 이별과 그간 있었던 일에 대한 소회를 나눌 수 있었다. 그러나 백혈병을 앓고 있었던 에르제는 이미 쇠약해져 있었다. 그는 2년 후에 세상을 떠났다.

1985년에 장은 프랑스 정부의 초청을 받아 13년 동안 파리 동쪽에 있는 노장 쉬르 마른의 예술가 공동 아틀리에에서 보냈고 1988년 프랑수아 미테랑이 재선된 후에 그의 흉상을 제작하여 세계적 명성을 얻었다. 그는 1998년 10월 8일에 사망했고 유해는 중국으로 돌아가지 않고 노장의 묘지에 안장되었다.

누구나 시를 쓰고 싶어 하는 시대

이렇게 중국인과 외국인들의 접촉이 점점 더 많아지면서 그 여파도 커졌다. 특히 재외중국인들은 공산당이 지난 30년간 뿌리 뽑으려 했던 종교적 전통이나 조상 숭배 풍습을 여전히 간직하고 있었다. 이 시기에 한국, 대만, 싱가포르, 홍콩 등 이른바 '아시아의 네 마리 용'이 이룩한 눈부신 경제성장이나 외국의 생활방식을 접하면서 중국인들은 공산주의 모델

134

이 좋은 대안이 아니었으며 자국의 발전이 너무 늦다는 자각을 하게 되었다. 특히 1950년대 말에서 1960년대 초에 태어난 청년 세대는 서구에 대한 신화를 품기에 이르렀다…….

1982년 봄부터 외국 번역서들이 서점에 등장했다. 프랑스 문학이 특히 인기를 끌었다. 중국 독자들은 빅토르 위고와 발자크의 문학을 부르주아지에 대한 비판으로 받아들였다. 스탕달의《적과 흑》, 베를렌과 랭보 같은 낭만시, 특히 사르트르, 시몬 드 보부아르, 푸코 같은 20세기 철학자들의 저작이 날개 돋친 듯 팔렸다.

대학생들이 많아지면서 대학가에서는 '시인회'가 유행했다! 불과 몇 주 만에 중국의 모든 주요 대학에 '시인회'가 생겼다. 실제로 그때까지 중국 청년들이 볼 수 있었던 선전 문학과는 전혀 다른 '몽롱시(朦朧詩)'라는 감성적인 시 양식이 출현했다. 대학생이라면 누구나 시를 쓰고 싶어 했다. 모두가 자신의 개성을 표현하고 인정받기 원했다.

자신의 내밀한 감정을 간접적이고 우회적인 시로 표현하는 것이 지식인들의 새로운 유희가 되었다. 지금까지 조심스럽게 감정과 신념을 감추는 법만 배웠던 중국 젊은이들에게는 엄청난 변화였다.

'시인회' 회원들은 일요일에 만나서 함께 공원을 거닐며 저마다 즉흥시 한 수를 읊곤 했다. 그렇게 만들어진 시들을 저녁에 등사기로 찍어내어 주중에 대학 벤치에서 서로 돌려보았다. 기숙사에서 젊은 시인들은 눈물을 글썽이며 시 낭독회를 가졌다…….

'93

이데올로기는
포기할 수 없다

닭 몇 마리의 목을 따야 **원숭이들을 겁줄 수 있다**

이 해 여름에 당 기관 언론은 갑자기 치안 강화 캠페인을 선언한다. 불시에 떨어진 조치였다. 베이징은 그때까지도 도시라기보다는 몹시 크고 조용한 마을 같은 분위기였다. 여자 혼자 한밤중에 자전거를 타고 도시를 가로지른다고 해도 전혀 문제가 없었다. 순찰대에 걸려서 밤중에 왜 돌아다니는지 심문을 당할 위험이 있었을 뿐, 차량이 거의 없어서 사고 위험조차 없었다. 외국인이 지갑을 잃어버려도 그대로 되찾을 수 있는 시대였다. 물론 이 해에 범죄가 늘기는 했다. 1958년생 작가 왕쉬가《불과 얼음》에서 잘 묘사했듯이 문화대혁명으로 삶의 기반을 잃어버린 계층에서 특히 흉악 범죄가 많이 발생했다. 또한 일부 빈곤 지역들은 고질적 범죄로 골머리를 앓았다. 그렇다고는 해도 서구 국가의 범죄율에 비하면 아직 양호한 수준이었다.

그러나 캠페인이 시작되고 1년 후인 1984년 여름까지 전국에서 1만 명 이상이 처형당했다. 암울한 시대가 돌아오는 듯했다. 당은 이 캠페인을 대대적으로 선전했다. 노동단위와 각 지역 파출소에는 검거 할당량이 떨어졌다. 재판은 구경꾼들이 운집한 경기장에서 이루어졌으며, 대상자는 판결을 받은 즉시 처형당했다. 대사관들이 밀집한 싼리툰에서 멀지 않은 베이징 공인체육관에도 수만 명의 군중이 몰려들었다. 스피커와 확성기 소리가 경기장 밖까지 쩌렁쩌렁 울려 퍼졌고 각국 외교관들은 정부의 새로운 강압 행위에 당황하며 무슨 말을 하는지 해석하려고 애썼다.

수만 명의 사회부적응자들이 체포당해 노동교양소로 끌려갔다. 훗날 덩샤오핑은 "닭 몇 마리의 목을 따야 원숭이들을 겁줄 수 있다"는 말을 했다. 당시 정치 흐름을 보면 이런 처사가 설명된다. 덩은 보수파에게 다시 공격을 당하면서 그들에게 경고를 해줄 필요가 있었다…….

부르주아 자유주의·**정신 오염 척결 운동**

1983년 10월에 덩은 당 중앙위원회에서 '정신 오염'과 '부르주아 자유주의'를 혹독하게 비판하는 연설을 한다. 이제 막 문호를 개방하긴 했지만 서구를 추종하는 일탈적인 행동은 용납하지 않겠다는 뜻이었다. 1년 전 여름부터 상하이를 중심으로 서구식 옷을 입고 립스틱을 바른 여성들이 다시 나타나기 시작했다. 비좁은 주거환경 때문에 무더운 여름밤이면 수풀이 우거진 베이징 공원으로 나오는 사람들도 많아졌다. 남녀가 이런 공공장소에서 애정행각이라도 벌일라치면 손가락질을 당하고 '정신 오염'을 이유로 심문을 당했다. 그러나 '미풍양속'으로 돌아가라는 명령이 떨어졌음에도 불구하고 약물 사용과 매춘이 점점 늘어났다.

1983년 12월에는 마오쩌둥 탄신 90주기 기념식이 성대하게 치러졌다. 중국 공산주의 체제가 변화했다고는 하나 마오쩌둥의 이데올로기와 여전히 공존한다는 것을 보여주는 사건이었다. 최소한 외관상으로라도 말이다.

허가된 자유

도시에 좌판이 놓이고 **야시장이 열리다**

1984년 1월부터 치안 강화 캠페인은 한풀 꺾이고 공개재판을 여는 횟수도 눈에 띄게 줄어들었다. 다시 개혁에 대한 얘기가 나왔고 그런 방향의 조짐들도 보였다. 덩은 새로운 개혁정부가 개방의 실험장으로 활용하고자 했던 선전 경제특구를 방문했다. 1984년 봄에는 중국 연해에 위치한 14개 도시들을 개방하고 무역과 해외 자본 유치를 장려했다. 이 무렵에도 외국인이 혼자 중국에서 돌아다니는 일은 있을 수 없었다. 중국 대부분의 지역에는 아직 규제가 매우 많았다. 외국인이 개방되지 않은 지역을 방문하기 위해 특별 허가를 받는 과정은 몹시 길고 까다로웠으며 허가가 떨어지더라도 정치위원을 대동하고 방문해야 했다.

베이징에서 50킬로미터도 떨어져 있지 않은 관광명소이자 세계문화유산인 명13릉(明十三陵, 명나라 황제들이 매장된 릉)에만 가려고 해도 초소에 통행증을 제시해야 했다. 중국은 아직도 잠들어 있었다. 그래도 1세기 반 동안 겪었던 시련을 극복해가는 것 같기는 했다. 해외 소식은 거의 들어 오지 않았다. 국제통화를 하려면 교환수를 반드시 거쳐야 하고 사흘을 기다려야 했다. 낮에는 자전거의 물결이 베이징의 대로를 뒤덮었다. 자동차는 매우 적었다. 하루 종일 볼 수 있는 차가 20대가 안 될 정도였다. 차량 번호판을 보면 그 차 안에 누가 탔는지 알 수 있었다. 남자나 여자나 똑같은 옷을 입었다. 여름에는 헐렁한 셔츠에 면바지, 겨울에는 여기에 큼지막한 군용 외투를 입었다. 상점에서는 배급권이 없으면 상품을 구입할 수 없었다. 외국인은 외국인용 화폐를 이용하여 유일한 대형 상점인 우의상점에서 물건을 살 수 있었지만 이곳도 상품이 늘 부족했다. 노동단위는 오전 11시 30분부터 오후 2시까지를 낮잠 시간으로 정했다. 해가 지기 무섭게 모두들 셔터를 내리고 불을 끄면 다음 날 아침까지 쥐죽은 듯 고요했다. 밤의 정적을 가르는 것은 어쩌다 자전거가 쉬익 하고 지나가는 소리, 아니면 물자 배급 수레가 지나가는 소리뿐이었다. 겨울에는 배추, 여름에는 수박을 특히 많이 실어 날랐다.

6월에 대도시에서 처음으로 '자유 시장'이 허가를 받았다. 시장은 즉시 크게 성황을 이루었고 젊은이들이 가장 좋아하는 외출 장소가 되었다. 베이징에서는 토요일 오후마다 자금성으로 이어지는 둥화먼 거리에 좌판이 놓이고 야시장이 열렸다. 흰옷 차림의 상인들은 희미한 전구 불빛 아래서 국수를 만들어 바람에 말리고 차와 달콤한 요구르트를 팔았다. 불과 몇 주 사이에 중국에는 자유 시장 4만 3천여 곳이 들어섰다.

개혁파는 다시 순풍을 받아 잘나갔고 덩샤오핑은 이 기회를 놓치지 않았다. 10월에 열린 중국공산당 제12기 3중전회에서 그는 농촌에서 시작한 개혁을 도시로 확장하겠다는 계획을 발표했다. 국유 기업은 좀 더 자율적으로 경영할 수 있는 여지가 생겼고 엄격하게 추진되던 5개년 계획은 약간 느슨해졌다. 경제 개혁이 추진되는 동안 자오쯔양은 행정 개혁을 통해 탈(脫)중앙집권화를 꾀했다. 과거에는 베이징의 통제를 받았던 지방 부처들이 지방 정부의 소관으로 넘어갔다.

외국계 **은행들이 돌아오다**

프랑스 은행 인도수에즈는 1899년 상하이에서 문을 열었다. 중국이 외국에 각종 사업권을 수탈당하던 시기에 맨 먼저 들어선 은행 중 하나였다. 그러나 일제강점기와 1930~40년대에 걸친 내전을 거치면서 주요 업무는 용의주도하게 홍콩으로 이전되었다. 1955년에 공산주의 정권은 모든 자본주의 은행의 폐쇄를 명했다. 상하이 와이탄에 위치한 크고 아름다운 석조 건물에서 은행 업무를 계속하던 프랑스인들은 부리나케 본국으로 돌아갔다.

직업의식이 특별히 투철했던 중국인 직원 2명은 고객 계좌 장부를 몰래 보관하기로 결심했다. 외국계 기업 직원들이 대개 그러했듯이 그들도 그 후 30년간 갖가지 억압에 시달렸지만 그래도 살아남았다.

그 후, 베이징이 외국인들에게 개방한 4개 호텔 중 하나인 젠궈 호텔에 지점을 개설한 인도수에즈 은행 대표는 1984년 7월에 상하이 지점 자리로 돌아가서 건질 것이 없는지 살펴보고 싶다는 바람을 전했다. 프랑스 은행가와 그의 아내는 상하이 당 책임자들을 대동하고 길모퉁이에 있는 예전 은행 건물에 도착했다. 그 건물은 주변의 다른 건물들과 마찬가지로 역시 50년간 전혀 관리가 되어 있지 않아 곰팡이가 잔뜩 꼈고, 피복이 벗겨진 전선이 사방에 굴러다녔다. 두 노인이 문 앞에서 기다리고 있었다. 방문객들은 그들이 누구인지 궁금해했다. 과거 그 은행에서 일했던 두 중국인이 그동안 고이 감추어두었던 금고 열쇠와 두툼한 가죽 장부를 건넸다. 은행 측은 누렇게 변색되었지만 완벽하게 보존된 서류들을 되찾았고 그 자리에 있던 사람들은 모두 깜짝 놀랐다…….

베이징 캠퍼스를 거니는 **프랑스 학생들**

베이징에 있는 외교관 양성 대학인 외교학원이 폐쇄된 지 15년 만에 다시 문을 열었다. 대부분의 중국 대학이 그렇듯이 이곳도 재정은 매우 열악했다. 그러나 이 학교는 전략적인 기관이었다. 이곳에서 미래의 중국 외교관들은 물론, 행정부에서 중요한 직위를 차지하게 될 고위공무원들이 배출되었다. 국가행정학원은 15년 후에야 설립된다. 여기에는 당 지도자들이나 중앙 및 지방 간부 자제들이 주로 다녔다.

문화대혁명 기간에 연구원의 주요 장서는 파괴되었다. 케케묵은 이데올로기를 설파하는 소련 서적들이나 조금 남아 있는 정도였다. 외교학원의 새로운 교수들은 학생들을 위해 기본적인 장서부터 복구하기를 원했다. 그래서 각 언어분과마다 해당 국가의 대사관과 접촉했다. 영미권 전문가들이 영국 대사관과 미국 대사관을 방문하고, 프랑스권 전문가들은 프랑스 대사관과 캐나다 대사관을 방문하는 식이었다.

이리하여 1984년 6월에 프랑스 대사에게 외교학원의 요청이 전달되었다. 대사도 외교학원을 방문했다. 외교학원 책임자들은 대표단이 도착하자 열렬히 환영했다. 유례없는 접촉이었다.

외교학원 입구 옆의 거대한 회의실에는 20여 명의 책임자들과 학생 대표들이 기다란 타원형 탁자에 둘러앉아 있었다. 그들은 여전히 인민복과 검정색 운동화를 신고 있었다. 등받이에 하얀 레이스를 씌운 손님용

안락의자에는 타구가 준비되어 있었다. 한 노교수가 완벽한 프랑스어로 말문을 열었다. 그는 1940년대에 프랑스에서 유학을 했고 당시에는 국민당 산하에 있었던 주불 중국 대사관에서도 일했다고 자기소개를 했다. 1951년에 저우언라이가 해외 체류 지식인들에게 중국으로 돌아올 것을 호소했을 때 그도 귀국했다고 한다. 문화대혁명이 일어나고 외교학원이 폐쇄되었던 15년간의 일은 얼버무렸지만 어쨌든 지금은 외교학원 프랑스 분과의 책임자로서 학생들의 학업에 도움이 될 만한 양서를 절실하게 필요로 한다고 말했다. 대사관 측은 파리정치대학이 외교 연구 관련 저작을 공급하기에 가장 적절하다고 판단하여 그곳에 요청을 전달하기로 했다. 프랑스 대사대행은 파리정치대학과 교환학생 제도를 추진해보겠다는 말까지 했다. 그들은 깜짝 놀라서 아무 말도 못하다가 이내 환호성을 터뜨렸다!

파리정치대학은 요청을 받자마자 적극적으로 나서주었다. 당시 총장이자 국가고문이었던 미셸 장토는 다른 세계와 새로운 기술에 매우 개방적인 사람이었다. 가을에 자매결연 협정이 체결되었고 1985년 신학기에 중국 학생 3명이 파리정치대학에서 1년간 공부했다. 그 다음 해에도 개정된 자매결연 협정에 따라 프랑스 학생 2명이 외교학원 교환학생이 되었고 나중에는 교환교수들도 나왔다.

두 학교의 자매결연은 1989년 톈안먼 사태까지 지속되었으나 그 후 베이징 외교학원 책임자들이 교체되면서 폐지되었다. 그래도 양국에서 30여 명의 학생과 그 비슷한 수의 교수들의 교류가 이루어졌다. 현재 파리정치대학 리샤르 데스코앵 총장 체제 하에서 베이징의 베이징 대학, 칭화 대학, 상하이의 푸단 대학 등과의 교환학생 제도를 통해 많은 중국 학생들을 받고 있다. 1984년 이후 이곳을 거쳐간 중국 학생은 2천 명이 넘는다. 이로써 파리정치대학은 프랑스 대학 중에서 중국에 가장 개방적인 학교가 되었다. 또한 이때부터 상업대학과 기술대학도 중국과의 자매결연에 관심을 보이기 시작했다. 2010년에 학생비자로 프랑스에 입국한 중국인은 1만 명이 넘고, 중국에 학생비자로 건너간 프랑스인도 2천 명 수준이다.

치욕의 **19세기를 넘어**

1984년 말에 덩샤오핑은 1997년 7월 1일에 영국의 홍콩 반환 협정 체결을 이끌어내어 외교적으로나 국내 정치적으로 중대한 성과를 거두었다. 중국을 다시 일으키고 19세기의 치욕에서 역사의 한 페이지를 넘기는 데 홍콩 반환은 중대한 상징성을 띠고 있었다.

런던의 입장을 돌리기 위한 작전은 2년 전부터 추진 중이었다. 마거릿 대처 총리는 1982년에 처음으로 중국을 방문하고 1898년에 '새로운 영국령'이 되었던 홍콩을 돌려줄 마음의 준비를 했다. 홍콩은 조차 기한이 끝나는 1997년에 중국에 귀속되기로 약정되어 있었으나 이미 150년간 영국인, 나아가 서구인들에게 중국에 접근하기 위한 교두보 구실을 해왔다. 1990년대 중반까지도 중국과의 무역은 대부분 홍콩을 통해서 이루어졌다.

드디어 1984년 12월 19일에 마거릿 대처와 자오쯔양이 체결한 반환 협정은 덩샤오핑의 새로운 구상, 즉 '일국양제(一國兩制)'를 바탕으로 했다. 영국 여왕은 중국이 향후 50년간 홍콩의 자본주의 체제와 영국인들이 설계한 행정 및 사법조직, 자유 언론, 태환화폐(홍콩 달러)를 유지한다는 조건으로 1997년 7월 1일자로 홍콩에 대한 권리를 명백히 포기하기로 합의했다. 홍콩의 자본주의 체제를 대륙의 공산주의 체제와 공존시키기로 한 것이다.

　홍콩 반환이 이루어진 지 13년이 흘렀지만, 홍콩 거주 중국인들에게 이 기간은 결코 쉽지 않았다. 양국의 지도자들이 실제 홍콩 거주자들의 의사를 진지하게 참고하지 않고 그냥 자기들끼리 협정을 체결하고 선포 해버렸다는 인상이 지배적이다. 더욱이 베이징은 '홍콩 기본법'이라는 명목으로 이곳에 새로운 헌법을 적용할 생각을 하기 시작했고, 영국인들은 1991년 소의회 선거에서 5백만 홍콩 거주 중국인들에게 팽배한 불안감을 보고하기도 했다. 그래서 홍콩 주민 중 상당수가 1997년 이전에 캐나다, 미국, 오스트레일리아로 이주했고, 영국 이민국도 장차 영국을 삶의 터전 으로 삼으려는 홍콩 사람들로 넘쳐났다. 1980년대 말까지 매년 6만 5천 명 이상이 홍콩을 떠났다. 그러나 대부분은 홍콩 반환과 아시아 금융위기 가 지나가자 홍콩의 자본주의를 대륙과 공존시키겠다는 중국 정부의 의 지를 확인하고 다시 돌아왔다.

'85

사회의 각성

개혁파 후야오방과 **자오쯔양의 세력이 커지다**

외서 번역은 점점 더 활발해졌다. 특히 그 전까지 개인주의와 비판을 조장한다는 이유로 위험하게 여겨졌던 정신분석학이 인기를 끌었다. 이해 봄에 프로이트의 저작이 중국어로 번역되어 서점에 선보였다. 개혁파가 다시 권력을 잡았다는 표시는 정치권에서도 나타났다. 9월에 중앙위원회는 보수파를 대거 내보내고 신세대 정치인들을 받아들였다. 중앙위원회 위원들 중 군인의 비율은 18퍼센트로 떨어졌다. 1985년 크리스마스에 중앙위원회는 상무위원 조직을 교체하기로 결정했다. 개혁파의 대표는 후야오방과 자오쯔양, 그리고 보수파에서 빼놓을 수 없는 두 인물은 천윈과 리셴녠이었다. 덩은 개혁파의 배후에 있었지만 표면상으로는 중재자 역할을 맡았다.

배급 말고 **쇼핑!**

도시 주부들은 인근 지역 농민들이 물건을 파는 시장을 환영했다. 물론 쌀, 밀가루, 육류, 달걀 같은 기본 식품은 여전히 배급권으로 구입했지만 이제 노동단위별로 겨울에 배급되는 배추와 여름에 배급되는 수박 말고도 신선한 채소와 과일로 식단을 꾸릴 수 있게 되었던 것이다. 수백 가지 상품의 가격이 자유롭게 정해졌다.

중국 남부, 특히 홍콩과 가까운 탓에 가장 개방적이었던 광둥 성 일대는 개혁이 빠르게 이루어졌다. 채소 재배 지역에 콘크리트 건물이 들어서기 시작한 것도 농촌이 그만큼 부유해졌다는 증거였다. 자영농들이 닭과 오리 사육이나 잉어 양식에 도전했다. 1950년대에는 부농들을 비판하던 선전 공작이 이제는 그들을 본보기로 내세웠다. 텔레비전은 전통 가옥 현관에 의자를 놓고 앉아 면바지를 입고 하얀 셔츠자락을 휘날리며 검게 그을린 얼굴로 환하게 웃는 농민의 모습을 보여주었다. 카메라는 위층의 방들을 비추지 않는다. 농부는 1년에 1만 위안이나 번다고 털어놓는다. "부자가 된다는 것은 영예다"라는 슬로건도 보인다…….

도시의 변화도 빨랐다. 상하이에서 특히 그런 변화가 두드러졌다. 상하이 최고의 번화가 난징루에는 양장점들이 다시 들어섰고 그때까지 회색과 갈색뿐이던 패션에 다양한 색감을 불어넣었다. 여성들은 옷의 만듦새를 보고 빨리 디자인을 따서 그대로 만들어주는 몇몇 서양 재봉사들을 앞 다투어 찾아갔다. 당시 중국인들이 가장 갖고 싶어 하는 물건은 자전거, 시계, 재봉틀이었다.

중국 정부는 당시 264달러에 불과했던 1인당 국민소득을 2000년까지 4배인 천 달러 수준으로 끌어올린다는 목표를 세웠다. 이 목표는 초과 달성되었다. 2009년에 중국인의 구매력 기준 국민소득은 연간 6천8백 달러에 달했으니 거의 30배나 성장한 셈이다. 그러나 아직도 미국(4만 5천 달러), 프랑스나 일본(3만 3천 달러)에는 비교가 되지 않는다. 1980년대 중반에도 모든 임금은 고정되어 있었다. 육군 말단 병사의 경우, 한 달 소득이 20위안에 불과했다. 직업 간 임금 격차는 크지 않았다. 지식층의 한 달 소득도 80위안 정도였다. 전문기사들만이 월 150위안까지 바랄 수 있었다. 지금 생각하면 무척 적은 돈이지만 당시에는 그 정도로 삶의 기본적인 요소들은 다 누릴 수 있었다. 여가 비용도 거의 들지 않았고 기본 식량은 부족하나마 보장받을 수 있었으며 자녀 교육, 건강 보험, 양로 보험은 모두 노동단위에서 책임졌다.

　　그러나 차차 개혁파가 불러일으킨 최초의 경제적 어려움이 감지되었다. 임금은 제자리인데 상품 가격이 자유화되어 1985년 한 해에만 물가 상승률이 12퍼센트에 달해 심각한 인플레이션이 가계를 압박하기 시작한 것이다. 1985년 6월에는 톈진에서 물가 폭등에 항의하는 최초의 시위가 일어났다.

대담한 **자영업자들의 등장**

　　개체호라는 새로운 사회계층이 탄생했다. 개체호는 주로 국가산업 체제에서 가장 먼저 벗어난 청년들이었다. 그들은 대개 도시에서 음식이나 옷 장사로 첫발을 뗐다. 그때까지는 몇몇 백화점에서만 정가로 상품을 판매했고 상품의 질에 비해 가격은 비싼 편이었다. 식당들도 아직 국유기업이었고 저녁 7시면 문을 닫고 손님을 받지 않았다. 베이징의 핵 방공호에 찻집을 연 개체호도 있었고, 제과점을 연 개체호도 있었다. 대담한 자영업자들은 온갖 사업 기회를 잘 살려 부를 거머쥐었고 이로 인해 중국

도시의 풍경도 크게 변했다. 의류 공장에서 나온 덤핑 제품, 저가 전자제품, 위조품 사업이 성행했다. 비상한 사업 수완을 지닌 이들은 외국과 기술 제휴하는 지방 자동차공장의 소형차를 매입하여 운전수 서비스와 함께 고객에 따라 차별화되는 가격으로 제공했다. 이런 사업은 금세 얼마 안 되는 정식 택시 운수 사업의 경쟁자가 되었다. 택시 운수 사업은 국유기업 소관이었으며 운전수의 보수도 몹시 낮았다. 운전수들은 승객을 받는 시간보다 점심 식사나 낮잠으로 흘려보내는 시간이 더 길었고, 그들의 서비스도 엉망이었다. 국세청의 조사에 따르면 1980년대 말에 1백만 명 이상의 개체호들이 있었다.

금기였던 전통이 **다시 나타나다**

전통이 다시 나타났다. 윈난 성의 스린 근처에서 볼 수 있었던 전통 장례도 그 한 예다. 스린은 하늘까지 닿을 듯한 기암들이 장관을 이루는 중국의 대표적인 관광 명소다. 이는 아마 베트남과 인접한 이 산악 지대가 원래는 바닷속이었고 그로 인해 완만한 침식작용이 일어났다는 증거일 것이다. 이곳의 장례 행렬은 마을 입구에서부터 풍악을 울린다. 징소리에 맞추어 단조롭고 구슬픈 곡소리가 울려 퍼진다. 노인이 향을 피워 그것을 흔들며 걸어간다. 마을 촌장 노모의 장례였다. 지관이 풍수지리에 따라 고인의 영을 모실 좋은 자리를 강을 바라보는 숲 기슭에 봐두었다. 장례가 끝나면 조문객들은 폭죽을 들고 상주의 집까지 행렬을 한다. 초록색, 파란색 옷을 입고 인민모를 쓴 농부들은 마당에 주저앉아 있는 상주 가족들을 남기고 돌아간다. 고인의 손자로 쿤밍에서 공부를 하던 22세의 청년은 장례식에 외국인 2명을 초대했다. 어쩌다 중국의 전통 장례식을

149

구경하게 된 외국인들은 소 두 마리의 콧김을 바로 옆에서 받으며—밧줄로 구역을 나누어놓았을 뿐 집 주인 가족과 소가 한 공간을 썼으므로—돼지고기 요리를 나누어 먹었다.

매장은 공식적으로 금지되었다. 공산주의 체제는 마을에서 가장 좋은 농지가 무덤으로 이용되는 현상을 막기 위해 화장을 보급하려고 애썼다. 그러나 중국에서 매장은 5천 년 이상 계속된 전통이었으므로 고작 공산주의 두 세대로 뿌리 뽑히지 않았다. 개혁과 더불어 공산주의 체제가 '봉건적'이라는 이유로 근절하고자 했던 전통, 이를테면 당사자의 의사와 상관 없는 집안 간의 혼약, 한 자녀 정책이 간접적으로 부추긴 여아 살해, 성대한 장례 풍습 등이 농촌에서 다시 나타나기 시작했다. 불교, 도교, 유교, 민간 신앙도 풍수지리나 조상숭배 등과 결합하여 다시금 등장했다.

중국의 **신미술운동**

1970년대 말에 다른 대학들과 함께 미술학교들도 다시 문을 열고 많은 학생들을 받아들였다. 정치적 개방으로 중국인들은 그들이 세계와 단절되어 있던 50년 동안 눈부시게 발전한 서구 미술을 접할 수 있게 되었다. 한편 중국 미술가들이 러시아 현대 미술을 처음 접할 수 있었던 시기는 고르바초프 시대가 열리고 소련이 해체된 1980년대 말이다. 1963년생으로 〈소리치는 남자〉로 중국 현대미술의 스타 작가가 된 팡리쥔은 이렇게 회고한다. "우리는 깜짝 놀랐습니다. 서구의 작품전 카탈로그와 미술 전문지를 접했던 것이지요. 모두 옷 속에 그런 자료를 숨겨 가지고 다니며 멀리 외국에서 발전한 다양한 미술 사조들을 이해하려고 애썼습니다."

1979년에 왕커핑, 마더성, 황루이가 주축이 되어 정치적 관용이 희

박한 중국에서 '싱싱화파(星星畵派)' 운동을 전개했다. 이때부터 중국의 현
대 화단은 크게 두 흐름으로 나뉘게 된다. 일단 '전통파'라고 하는 고전적
주제와 기법을 계승하는 이들이 있다. 이들은 여전히 두루마리에 풍경화
등을 그리며 대나무, 잉어, 작약 등의 단골 소재들을 일정한 작법에 따라
표현한다.

한편, 또 다른 부류는 싱싱화파를 계승하여 '아방가르드 현대미술'
을 낳았다. 이들은 체제선전적인 사실주의와 결별하되 그런 사실주의에
서 즐겨 다루었던 주제들을 차츰 새롭게 조명하는 경향을 보였다. 1980
년에 쓰촨 성 출신 화가 뤄중리는 사실주의에 충실하면서도 농민과 노동
자를 늘 건강하고 활기찬 모습으로만 그렸던 당의 선전 규약에 어긋나는
작품을 발표했다. 그의 작품 〈나의 아버지〉가 대표적이다. 대형 초상화 속
의 농민은 늙고 주름이 자글자글하고 애처로운 눈빛에 병색이 완연하다.
게다가 그의 앞에 놓여 있는 밥사발은 텅 비어 있다⋯⋯. 비슷한 시기에
화가나 지식인 출신으로 홍위병에 몸담았다가 재교육을 받고 도시로 돌
아온 이들의 그림들이 유행했다. 그들은 더 이상 당의 선전을 믿지 않았
고, 그들이 추구한 사실주의도 당의 선전이 추구하는 사실주의를 훨씬 뛰
어넘는 것이었다. 이제 진실은 화폭에서 드러났다. 이런 작품에는 고통과
인간미가 두드러졌다.

1980년대에 아방가르드 화가들은 서구미술이 몇십 년 전에 밟았
던 주요 단계들을 그대로 따라가 근대미술을 현대미술로 무사히 이끌었
다. 1983년에는 푸젠 성 샤먼에서 다다이즘 전시회가 열렸다. 초현실주
의, 신사실주의, 팝아트 등 중국의 미술학도들은 이 모든 것을 받아들였
다. '1985 미술운동' 혹은 '신미술운동'이라는 이름으로 중국 전역에서 전
시회, 토론 및 중요한 사건들이 일어났다. 10년도 안 되는 기간 동안 중
국 젊은이들은 이 모든 실험을 자기 것으로 만들고 독자적인 작품들을 선

151

보이기 시작했다. 어떤 작가들은 고전을 재해석하여 도발적이고 전복적인 작품을 내놓기도 했다. 예를 들어 왕광이는 루이 다비드의 〈마라의 죽음〉을 재해석하며 서구 미술의 신성한 이미지를 해체하였다. 원작의 금색과 적색 같은 따뜻한 색들은 왕광이의 작품에서 청색과 회색 같은 차가운 색들로 대체되었다. 1980년대 말에 이 소규모 예술가 집단은 자신들만의 정체성을 추구하기 시작했고 수많은 형식의 작품들이 나타났다.

문학계에서도 비슷한 변화가 일어났다. 1983년에 쉬싱은 상하이의 한 문예지에 《안경게》를 게재하고 나중에 정식 출간했다. 이 작품은 대학의 문학 강의에서 대단한 인기를 누렸다. 중국 성애문학의 대표작 《금병매》도 홍콩의 한 출판사에서 나왔다. 당시 중국 대학의 남자기숙사에서는 저녁마다 물을 받아서 발을 씻었었는데, 학생들은 대야에 물이 떨어지는 소음을 틈타서 금서의 한 구절을 낭독하는 장난을 치곤 했다.

변화는 영화계도 피할 수 없었다. 천카이거와 장이머우는 〈황토지〉라는 컬트 영화로 중국 '제5세대' 감독의 기수가 되었다. 이 영화는 공식적으로는 중국 인민의 위대함과 유서 깊은 황허를 조명하는 선전 주제를 다루고 있었다. 따라서 검열에서도 시나리오는 문제가 되지 않았다. 그러나 막상 완성된 영화는 장이머우의 예술적 촬영과 천카이거의 교묘한 편집 때문에 검열 때 기대했던 바와 크게 달랐다. 황토고원지대의 빈곤층 농민들의 삶을 거의 대놓고 고발하는 작품이나 다름없었던 것이다. 이 영화와 배경음악은 평등과 정의에 목마른 중국 신세대들의 환영을 받았다.

난투극, 시위, **불매 운동**

중국이 외부 세계에 개방을 시작함으로써 최초의 충돌도 일어났다.

1985년 5월에 중국 축구 대표팀이 홍콩 대표팀과의 시합에서 패하자 중국 국민들은 크게 분노했다. 베이징 공인체육관 주변에서 성난 시민들이 난투극을 벌였다. 대학생들은 일본 제품 불매 운동을 일으켰다. 1933년에서 1945년까지의 일제강점기를 경험한 이들이 아직 많았다. 대학생들은 또한 외국 학생, 특히 아프리카 학생들에게만 특별한 혜택을 준다고 들고일어났다. 아프리카 출신 유학생들은 대부분 제3세계 국가들을 휘어잡으려는 중국 정부의 초청을 받아 7~10년짜리 장기 교육 연수 과정을 밟고 있었다. 그러나 흑인 학생들은 중국 사회에서 잘 받아들여지지 못했다. 특히 아프리카 남학생들이 중국 여학생들과 함께 있는 모습을 보였다가는 주변 사람들이 가만 놔두지 않았다. 또한 과거 학생 출신으로 변방에 끌려가 재교육을 받아야 했던 이들이 우루무치에서 베이징이나 고향으로 돌려보내달라는 시위를 벌이기도 했다.

'86

최초의 학생운동

후야오방에 대한 **보수파의 공격이 거세지다**

당 총서기 후야오방의 측근들이 체제 민주화를 거론하는 일이 잦아졌다. 학자 출신으로서 후야오방과 가까웠던 옌자치라는 인물은 헌법 개정 가능성에 대해서도 생각하고 있었다. 중국 두뇌들의 집합소라 할 수 있는 중국사회과학원의 정치학 전문가들도 미국식 연방제가 각 지방 및 신장, 티베트, 대만 같은 변경의 자치구를 통합하는 '위대한 중국'을 재건해줄 수 있을지 고민하기 시작했다. 하지만 이는 공산당의 세력 약화를 뜻하는 것이었으므로 이런 낌새를 알아차린 당 간부들은 새로운 숙청을 두려워했다.

공산당 중앙위원회와 국무원이 있는 자금성 중난하이에는 다시 보수파에게 유리한 바람이 불기 시작했다. 후야오방의 이미지를 실추시키려는 소문이 나돌았다. 후야오방의 서구 선호 성향 때문에 중국 고유의 문자가 폐지될 거라는 소문도 있었다. 심지어 젓가락도 없앨 거라는 중상모략이 나돌았다! 1986년 8월 베이다이허에서 당 고위 지도자 연례 회의가 열렸을 때 논쟁이 가열되었다. 인플레이션, 사회의 불안과 부패가 나타나기 시작한 것이 문제였다. 보수파는 '부르주아 자유주의' 운운하며 개혁파를 비난했다. 이 표현은 어느새 서구화라는 사이렌에 너무 빨리 사로잡힌 중국인들을 꼬집을 때 사용하는 상투적 정치용어가 되어 있었다. 또한 후야오방을 공격하는 새로운 정치공작의 표어이기도 했다. 12월에 군인들은 보수파 쪽으로 기울어 후야오방이 덩샤오핑의 뒤를 이어 군사위원회 주석이 되는 것을 반대했다.

모든 금기, **섹스와 돈과 정치**

하지만 그동안에도 대학가는 허상에 빠져 있었다. 아직도 이들은 금욕적인 삶을 강요당했다. 베이징 주요 대학 기숙사는 6명에서 8명 정도가 한 방을 썼다. 남학생 기숙사와 여학생 기숙사는 건물이나 층을 달리하여 구분되어 있었다. 그들은 연애를 해서도 안 되었고 재학 중 결혼은 꿈도 못 꿀 일이었다. 샤워는 일주일에 한 번, 그것도 찬물로만 할 수 있었고 기숙사 식당은 형편없었다. 멀건 배춧국과 밥이 다였고, 어쩌다 비계나 찐빵이 나오는 정도였다. 그래도 당시 일반적인 국민들의 삶에 비하면 이 정도의 일상도 안락한 축에 들었다.

서구 바람이 불기 시작했다. 젊은이들은 서구를 모든 자유와 가능성의 상징처럼 이상화했다. 외국 잡지나 미국을 한창 뜨겁게 달구고 있었던 마돈나나 마이클 잭슨의 테이프를 구하려는 젊은이들이 늘어났다. 청바지가 날개 돋친 듯 팔렸다. 예전에는 정치 집회가 열렸던 커다란 홀이나 강당에서 이제 토요일 저녁마다 많은 사람들이 탱고나 왈츠를 추고 가끔씩 일종의 록 공연도 선보였다. 흥겨운 분위기는 쉽게 전염되는 법이어서 학생들을 감독하는 교수들도 가끔 한자리에서 어울리곤 했다.

특히 학생들은 밤마다 기숙사에서 촛불과 부싯돌에 의지하여 열띤 토론을 나누었다. 그들은 모든 금기를, 섹스와 돈과 정치를 이야기했다. 젊은이들은 꿈에 취했다. 덩샤오핑이 이제 곧 선거제를 실시하지 않을까? 대학생들은 그에게 '작은 병('작은 병小甁'의 중국어 발음이 바로 '샤오핑'이기 때문에)'이라는 장난기 어린 별명을 붙여주었다. 이 세대와 그들을 둘러싼 지식인들은 모든 희망을 개혁파에 걸고 있었다. 외국 학생들은 늘 출신 국가의 정부 조직, 정당, 또는 사회에 대한 질문을 받았다. 중국의 젊은이들은 일상의 모든 부분에 호기심이 가득했다.

"그 나라에도 새가 있어요? 그 나라 양로원은 어떻게 운영되나요? 자유로운 단체 결사가 가능한가요? 아, 그럼 복수 노조가 허용되나요? 변호사가 정말로 피고를 옹호하나요? 피임은 어떻게 하죠?"

또한 젊은이들은 미국, 영국, 프랑스의 라디오 방송 주파수를 잡으려고 애썼다. 이처럼 젊은이들이 새로운 관념에 엄청난 관심을 가지고 있는 것에 비해 학교 교육은 한참 괴리가 컸다. 아직도 마르크스주의 경제학과 역사학이 주를 이루었고 매주 정치교육도 실시되고 있었다.

최초의 학생 시위 주동자들, **공산당에서 제명되다**

팡리즈라는 학계 인물의 이름이 자주 사람들의 입에 오르내렸다. 천체물리학자이자 안후이 성 허페이 과학기술 대학 교수였던 그는 지식인의 정치적 역할에 대한 글을 발표했다. 젊은이들은 그의 글을 몰래 숨어서 읽었다. 아직 복사기는 없던 시대였다. 등사기도 선전 공작 지시가 떨어질 때에만 사용할 수 있는 귀한 물건이라서 등사실은 반드시 열쇠로 잠가두어야 했다. 그래도 몇몇 학생들은 교수들의 도움을 받아 밤에 몰래 등사실에 잠입하곤 했다.

1986년 11월 10일, 상하이 사범학교에 민주주의를 촉구하는 대자보가 나붙었다. 이 운동은 차츰 타이위안, 시안, 우한, 허페이로 확산되었다. 12월 중순에는 상하이에서 학생들이 일으킨 가두시위에 시민들까지 합세했다. 당시 상하이 시장이었던 장쩌민은 시위를 금지하여 많은 야유를 받았다. 하지만 톈진에서는 시위대가 경찰과 충돌하기까지 했다. 12월 29일, 드디어 수도 베이징에서도 학생 시위가 일어났다. 베이징의 주요 대학에는 대자보가 잔뜩 나붙었고 집회가 열렸다. 12월 31일에 학생들은 새해를 맞아 모든 대학에서 무도회를 열고 톈안먼까지 행진하기로 결의했다. 학생들은 한밤중에 학교에서 출발했고 그들의 행진은 3시간 넘게 계속되었다. 1월 1일 새벽에 톈안먼 광장에 도착해서는 서 있을 기운도 없었다. 공안 경찰이 물을 뿌려 광장은 빙판이 되어 있었다. 그 해 겨울은 유독 추워서 한밤에 기온이 영하 20도까지 떨어졌다.

그 시위는 그렇게 유야무야 넘어가는 듯했지만 사흘 후 주동자들은 공안에 불려갔다. 대학에 공안 경찰이 출동하여 각 과의 공산주의청년단 단원에게 시위 주동자들을 고발하도록 압력을 넣었던 것이다. 1월 중순에 작가 왕뤄왕, 기자 류빈옌, 물리학자 팡리즈가 공산당에서 제명되었다.

'87

보수파, 부활하다

후야오방의 사임과 **단속의 고삐**

학생 시위는 엄청난 여파를 불러왔다. 1월 16일에 후야오방이 사임했다. 이 소식은 단두대의 칼날처럼 지식인들을 내리쳤다. 2주 후, 정치국은 총서기 후야오방의 후임으로 자오쯔양을 임명했다. 이미 총리직을 맡고 있던 자오쯔양이 총서기까지 겸임하게 된 것이다. 덩은 보수파의 비위를 맞추기 위해 자신의 첫째가는 후계자를 경제개혁의 제단에 바치기로 결심했다.

단속의 고삐가 감지되었다. 개혁파 성향이 강했던 선전부장 주허우쩌는 골수 보수파 왕런즈로 교체되었다. 외교학원을 비롯하여 여러 대학의 총장도 경질되었다. 중국인과 외국인의 접촉은 더욱 어려워졌다. 그때까지 중국 학생과 외국 학생들이 공통으로 이수하던 강의들도 이제 분리되었다. 학생 식당에서도 외국 학생 자리가 따로 마련되었다. 이제 중국

학생들은 가벼운 손짓이나 눈짓으로 인사나 할 뿐 외국 학생들에게 감히 말을 걸지 못했다. 외국인 기숙사를 방문하려면 방문 이유를 서면으로 제출하고 허가를 받아야 했는데, 이런 요청은 골치 아픈 일을 불러오기 때문에 굳이 시도하는 학생은 극소수였다. 외국 남학생과 사귀는 중국 여학생은 퇴학당했다. 대학생은 물론 교수들도 매일 한 시간, 그리고 토요일 오후까지 정치교육 강의를 들었다. 이런 정치 교육은 '부르주아 자유주의'와 지난 몇 달간 급진전된 서구 취향과 그로 인한 '정신 오염'을 극렬하게 비난했다. 이듬해 여름, 중국 대학생들은 베이징 인근 부대에서 한 달간 재교육을 받았다. 강도 높은 신체 훈련, 엄격한 규칙, 선전 강연, 공산당에 대한 강의와 서구인들과의 관계에 대한 경고 등이 주요 내용이었다.

꼭두각시극 같은 **기이한 정치조직**

긴장은 차츰 완화되었다. 10월 말 중국공산당 제13차 전국대표대회에서 자오쯔양은 신중하게 정무 보고를 하면서 다시금 개혁을 들고 나왔다. 원로들은 이미 중앙정치국 상무위원직에서 물러나 있었지만 여전히 자신들이 밀고 있는 신임 위원들 뒤에 버티고 있었다. 이 기이한 정치 조직은 중국의 꼭두각시극이나 그림자극을 연상시키는 데가 있었다. 정치국 위원들이 아니라 그 뒤에 숨어 있는 실세가 결정을 내린다고 해도 과언이 아니었다.

의사 결정 과정에서 각 파를 대표하는 정치 세력들은 여전히 균형을 유지했다. 개혁파에서는 자오쯔양이 아직 버티고 있었고 후치리가 일시적으로 후야오방을 대신하고 있었다. 보수파의 주자로는 천윈의 지지를 받는 야오이린 부총리, 모스크바 유학파로서 계획경제와 대규모 사업에

159

주안점을 두었던 수력발전 전문가 리펑이 있었다. 리펑의 부친은 공산주의 혁명에 목숨을 바친 투사였으며, 리펑은 차후에 저우언라이의 양자가되었다. 사실 리펑은 저우언라이를 가까이서 알고 지냈다고 할 수 없지만그의 양자라는 사실만으로도 중요한 입지를 차지할 수 있었다. 마지막으로 어느 쪽이라고도 할 수 없는 중도 인사로서 당 내에서 한 단계 한 단계올라와 중앙보밀위원회의 수장이 된 차오스가 있었다. 덩샤오핑은 모든원로들을 이끌고 중앙정치국에서 물러나 자오쯔양이 활개를 칠 수 있도록 배려했다. 요컨대, 덩은 판을 새로 짠 장본인이면서도 중재자 같은 존재였다. 그러나 그는 신중을 기하는 차원에서 아직 군사위원회 주석 자리는 보전하고 있었다.

당 내의 다른 조직들도 이처럼 개혁파와 보수파의 균형을 추구했다. 자오쯔양은 공산당의 지휘권을 갖되 1987년 11월에 리펑이 총리가 됨으로써 정부의 지휘권은 넘겨주어야 했다. 1988년 3월, 개혁파의 완리가 평전 대신 전인대 의장이 되었다. 그러나 국가주석은 보수파에 가까운 양상쿤 장군이 차지했다.

개혁의 여파,
심각한 인플레이션

생필품 보조금은 **더 이상 없다**

그러나 개혁파의 과업은 결코 녹록지 않았다. 경제 변화에서 비롯된 문제들은 1985년부터 나타나기 시작해서 점점 더 심각해지기만 했다. 1988년 5월에 생필품 보조금이 중단되면서부터 물가가 폭등했다. 물가상승률은 평균 30퍼센트에 달했고 일부 상품에 한해서는 60퍼센트에 달했으니 국민들의 불만이 들끓지 않을 수 없었다. 임금은 그다지 오르지 않았고 어떻게 손을 써볼 방법도 없었다. 특히 비료 가격 인상은 화약에 불을 붙인 격으로 수십 건의 농민 폭동을 초래했다.

1980년대 초에 현대화의 첫 번째 수혜자였던 농민들은 급속도로 발전하는 도시를 보면서 박탈감을 느끼기 시작했다. 집단농업생산제가 해체된 후 일거리가 없어진 농민들도 많았다. 사실 농가 소유의 경작지는 워낙 협소해서 한두 명만 매달려 일해도 충분했다. 농촌 젊은이들은 점점 더 대도시에 대한 선망을 키웠고 1986년부터 이농 현상이 두드러졌다. 이 해에만 자신의 운을 시험해보기 위해 대도시로 떠난 젊은이가 백만 명이 넘었다. 이때부터 농촌을 떠나는 젊은이들은 점점 더 늘어나기만 했다.

사회 부패도 심해졌다. 그 전까지는 담배 한 보루, 아니 담배 한 갑이나 술 한 병으로도 느려터진 행정 업무에 편의를 구할 수 있었다. 하지만 이때부터는 상당한 액수의 돈, 해외여행 등을 제시해야만 했다고 사업가들은 증언한다. 고위 지도자들의 측근은 이런 저런 스캔들에 휩싸였다. 자오쯔양의 두 아들과 덩샤오핑의 장남으로서 문화대혁명 당시 홍위병에게 고문을 당해 불구의 몸이 된 덩푸팡을 둘러싼 추문이 나돌았다. 보수파들이 조장한 이런 추문은 모략이었지만 진실도 일부분 담고 있었던 것으로 보인다.

개혁파 **자오쯔양의 실각**

8월에 보하이 만을 따라 소나무 숲이 우거진 베이다이허에 위치한 저택에서 당 지도부 연례 회의가 있었다. 이 회의에서 덩샤오핑은 보수파의 압력에 굴하고 만다. 자오쯔양은 모든 경제 사업에서 손을 떼고 리펑과 야오이린에게 실권을 넘겨주었을 뿐만 아니라 자아비판까지 해야 했다. 정치적 분위기는 어두워졌다. 보수파는 2년 전에 후야오방을 실각시켰듯이 자오쯔양도 실각시키기를 원했다. 중국 정보부는 자오쯔양이 미국 첩보 조직과 공모했다는 보고서까지 내놓았다. 리펑과 야오이린은 자오의 실정을 덩샤오핑에게 낱낱이 올렸다. 하지만 덩은 아직도 자오쯔양을 후계자로 생각하고 있었기 때문에 신임을 완전히 거두지는 않았다.

보수파 **리펑의 부상**

1928년생으로 60세가 된 리펑은 계획경제와 시장통제를 추종하는 보수파 경제학자 천원의 지지를 받아 매우 빠르게 출세 가도를 달렸다. 리펑은 1948년에서 1955년까지 7년간 모스크바 대학에 유학하며 수력발전공학을 배웠고 러시아어를 완벽하게 구사했다. 그는 천원의 경제관에 전적으로 동의했다.

리펑의 부친은 국민당군에 암살당한 공산주의 혁명가였다. 자녀가 없었던 저우언라이는 전사한 혁명가들의 자녀를 입양하여 후원했는데 리펑도 그런 양자들 중 1명이었다. 리펑은 양아버지를 거의 만나지도 못했지만 '저우언라이'라는 이름은 고위 정치권으로 통하는 문을 열어주기에 충분했다.

1979년에 부부장으로 정계에 입문해서 금세 전력공업부 부장이 되었고 원자력발전에 크게 관심을 보였다. 중국 남부 다야완 원자력발전소 건설을 추진하면서 프랑스인들과 기술제휴 협정을 체결한 사람도 리펑이었다. 1983년에는 개혁파와 보수파의 세력 균형 추구에 힘입어 부총리가 되었다. 1985년에 정치국과 중앙위원회 상무위원이 되었고 임시총리도 되었지만 리펑의 야망은 더욱 컸다. 그는 자오쯔양을 제거할 꿈을 꾸고 있었다. 1988년 여름에 리펑은 그토록 원하던 경제적 실권을 거머쥐었다. 이때부터 새로운 정부 수장의 뜻에 따라 경제 분야에 규제가 많아졌다.

’89

톈안먼의 허상과
트라우마

1989년은 덩샤오핑이 시작한 개혁·개방이 잠시 멈추고, 중국 사회에 의미심장한 전환점이 되는 때였다. 톈안먼 사태 '이전'과 '이후'는 완전히 달라졌다.

이 책이 집필되고 있는 지금도 톈안먼 사태는 금기시되는 주제다. 톈안먼 사태 진압은 그 당시 정치의식을 가질 수 있을 만큼 성장한 모든 이들에게 은밀한 상처를 남겼다. 이 트라우마는 1960년대에 태어난 이들의 정체성의 일부이자, 한 시대의 종말, 즉 적극적인 정치활동의 시대가 마감되었음을 알리며, 중국 사회의 행동 양식을 완전히 바꾸어놓았다. 그러나 바로 이 해에 서방 세계는 동구권 국가들의 변화에 고무되어 이제 막 중국에 진정으로 관심을 갖기 시작한 참이었다. 그러나 중국 젊은이들이 공산주의 지배 체제를 무너뜨리리라는 것은 착각이었다. 이때부터 시작되는 오해는 20년 가까이 계속되었다…….

1989년 초에 정치 상황은 다시금 악화되었다. 개혁파는 사실상 어떤 주도권도 행사할 수 없었다. 보수파가 의사 결정 과정에서 그들을 배제했기 때문이다. 반면에 거리는 소란스러웠다. 도시와 농촌에서 불만은 점점 쌓여갔다. 분위기는 험악했다. 1988년에는 신장과 티베트에서 1년 내내 폭동이 끊이지 않았다. 베이징은 후진타오라는 젊은 책임자를 보내어 세계의 지붕 티베트를 봉쇄하고 철저하게 진압했다. 모두들 "무슨 일이 일어났다"고 생각은 했지만 실제로 어떤 일이 일어났는지는 알지 못했다. 거대한 폭우가 임박한 듯 하늘은 갑자기 어두워졌다.

중국에 민주주의를 **어떻게 심을 것인가?**

지식인과 대학생들은 거대한 변화가 오리라는 생각에 사로잡혔다. 1987년에 바짝 조여졌던 고삐가 다시 조금 느슨해지면서 최초의 학생운동이 일어나기 직전인 1986년 가을과 비슷한 점이 많아졌다. 그러나 그때와는 분위기가 달랐다. 이제는 그때처럼 춤 생각이나 하는 게 아니었다. 토론은 노골적으로 정치색을 띠었다. 교수와 저명한 지식인들을 중심으로 사상과 이념을 논하는 모임들이 늘어났다. 그들의 토론은 중국에 민주주의를 어떻게 심을 것이냐에 집중되어 있었다.

후야오방에게 헌법 개혁에 대한 조언을 했던 정치학 교수 옌자치는 자오쯔양 일파에 합류하여 연구를 계속하고 있었다. 그 밖의 지식인들도 개혁 성향의 단체를 조직하여 중국 정치의 현대화를 가속화할 방안을 연구했다. 총서기국에 있던 자오의 협력자 바오퉁, 천이쯔는 지식인들의 논쟁과 권력의 통로를 연결하는 구실을 했다.

1989년은 참으로 의미심장한 한 해였다. 천체물리학자 팡리즈는 1989년이 프랑스 대혁명 2백 주년이라는 데서 영감을 받았다. 1월 초에

165

그는 어느 공개 서한에서 "중국이 현대화되려면 인권 개념을 받아들여야한다"고 했다. 게다가 1989년은 중국의 젊은 지식인들이 현대화와 민주주의를 호소했던 5·4운동의 70주년이 되는 해이기도 했다.

'페레스트로이카'가 이끌어낸 **변화의 기운**

젊은이들은 다시 외국 라디오 방송을 듣기 시작했다. 화제는 단연 소련과 미하일 고르바초프가 이끄는 '페레스트로이카'였다. 정치개혁을 주창하고 나선 소련 지도자의 대담함과 전 세계 잡지 표지를 장식한 그의 멋진 아내 라이사를 바라보는 시각은 중국인들 사이에서 크게 엇갈렸다. 또한 폴란드의 공산주의 체제가 노조 세력에 의해 변했다는 소식, 헝가리도 사정이 달라졌다는 소식도 들려왔다.

그러나 무엇보다 인근 아시아 국가들의 개방이 관심을 끌었다. 그때까지의 독재 체제들이 갑자기 무너졌다는 소식은 그 어떤 소식보다 중국 젊은이들을 사로잡았다. 1986년에 필리핀에서 마르코스 정권이 무너지고 코리 아키노가 민주주의의 깃발을 흔들며 권좌에 올라섰다. 한국에서도 1988년에 전두환이 이끄는 군사정권이 물러나고 민주화가 시작되었다. 대만에서도 같은 변화가 일어났다. 장제스의 아들이 사망했다는 소식은 중국인들에게 각별한 감흥을 불러일으켰다. 그야말로 한 시대의 마감, 독재자들의 종말을 알리는 듯했다.

이제 중국인들은 국경 밖 소식도 쉽게 접할 수 있게 되었다. 꼭 라디오 방송이 아니더라도 대만과 한국의 사업가들이—아직 공식 수교는 이루어지지 않았지만—점점 더 많이 중국을 찾아왔기 때문이다. 그들이 토막토막 들려주는 소식은 금세 입에서 입으로 전해졌다. 해외 소식이 오랫동안 차단된 이 나라에서는 가장 오래된 커뮤니케이션 수단이 각별히 발달했다. 체제는 점점 약화되고 지도부는 신망을 잃는 듯했고 이제 중국인들은 고발을 두려워하지 않는 듯 대놓고 체제를 비판하기에 이르렀다.

후야오방과 함께 **자유도 가버린 것인가?**

4월 15일에 예기치 않게 후야오방이 세상을 떠났다. 그의 서거는 톈안먼 사태의 도화선이 되었다. 한때 당의 수장이었지만 최초의 학생운동이 일어난 후 1987년 1월에 실각한 후야오방은 아마도 권력의 중심부에서 가장 개혁의 이상을 실현한 인물이었을 것이다. 중국 관영 언론은 후야오방이 회의 중에 심장마비를 일으켰다고 전했다. 중국의 젊은이들은 망연자실했다. 결단력 있게 변화를 이끌어낼 인물을 정치 기관의 수장으로 세우겠다는 그들의 희망은 후야오방의 사망으로 물거품이 되었다. 그의 죽음은 쓰라린 회한을 불러일으키는 화제가 되었다. 베이징 대학에 등장한 대자보는 곧 모든 대학으로 퍼져나갔다. 즉석에서 토론이 이루어졌고 4월 18일에는 처음으로 톈안먼 광장까지 학생들이 가두 행진을 했다. 이 시위는 진압당하지 않았다. 다음 날 두 번째 행진이 있었다. 시위대는 공산당 고위 지도자들이 모여 사는 중난하이 앞에서 장시간 농성을 했다. 그 후 며칠간 행진은 계속되었고 후야오방의 추도식이 있었던 4월 24일에는 50만 명이 톈안먼 광장에 모였다.

끈끈하고 무더운 **대륙의 여름**

처음에는 저마다 자기 요구를 외치는 식의 일관성 없는 시위가 일어났다. 대학생들은 학생 식당과 기숙사 환경을 개선하고, 도서관 장서를 늘리고, 해외 유학의 문을 열어달라는 요구를 내세웠다. 베이징 시민들은 시위대에 속속 합류하여 몇 달 전부터 쌀과 기름을 사재기해야 할 만큼 심각한 물가 인상, 행정부 '하급 관리'들의 부당한 착복이나 관료주의를 고발했다. 5월 1일에 톈안먼에 모인 시위대는 2백만 명이 넘었고 그들의 슬로건도 정치화되었다. 짧은 봄날은 가고 어느새 끈끈하고 무더운 대륙의 여름으로 넘어가고 있었다. 시위대의 가슴도 뜨거워졌다.

톈안먼 광장에는 하루가 다르게 시위에 합류하는 사람이 늘었다. 경찰이나 당 공식 기관지에서 일하는 보수적 집단조차 모두 함께 노동단위 차량을 타고 광장에 와서 환호성을 질렀다. 사방에 깃발과 현수막이 나부꼈다. 어떤 이들은 '자유 민주'라고 쓴 하얀 띠를 이마에 두르기도 했다.

톈안먼 광장에서의 **단식 농성**

베이징은 아주 특별한 분위기였다. 50년 넘게 웃음을 잃고 살아온 회색의 나라에 환희가 넘쳐흘렀다. 사람들은 허물없이 이야기하고 서로를 포옹했다. 인민영웅기념비 아래 베이스캠프를 세운 대학생들의 외침을 들으며 시민들은 눈물을 흘렸다.

그중에서도 특히 뛰어난 연사가 2명 있었다. 철학자 같은 인상의 갸름한 얼굴의 왕단은 정치색이 강하고 다소 철학적이기도 한 연설을 했다. 또 한 명의 연사인 우얼카이시는 얼굴도 잘생겨서 톈안먼 광장의 스타라고 해도 과언이 아니었다. 그는 단순한 문제들을 이야기했지만 웅변가로서의 자질이 뛰어났다. 다소 냉소적인 그의 목소리가 격앙될 때마다 모든 여자들이 촉각을 곤두세웠다. 우얼카이시는 신장 출신으로 한족이 아닌 위구르족이었다. 소수민족이 공산주의 제국 내 민주화 운동에서 큰 역할을 차지하기는 그가 처음이었다.

4월 말에 해외 언론이 중국에 몰려와 있었고 대학생들은 이들의 표적이 되었다. 그들의 이상주의는 전 세계를 매료시켰다. 세계인들은 중국 민주화 운동을 연재소설처럼 흥미진진하게 지켜보았다. 미국 CNN은 첨단 방송 기술을 이용하여 중국 상황을 생중계했다. 톈안먼 광장에 모인 기자들만 해도 1천5백 명은 되었다. 그들은 톈안먼에서의 7주를 냉전 이후 가장 인상적이고, 가장 사람들의 입에 오르내리는 역사의 한 장면으로 만들 터였다.

중국에 체류하고 있던 외국인들도 자신들의 거주 구역에서 벗어나 중국인들을 새롭게 발견했다. 이제까지 감정도 없는 사람들 같았던 중국인들이 처음으로 그들에게 미소를 보내고 손짓 발짓을 해가면서 뭔가 이야기를 전하려 했다. 여름밤, 학생들은 광장에서 전기기타 사운드와 대만 가수의 노래를 틀어놓고 춤을 추었다.

5월 3일부터 차이링이라는 여대생의 주도 하에 3천 명 가까운 학생들이 단식 농성을 벌였다. 그는 곧 톈안먼 광장의 여성 혁명가로 떠오른다. 리펑과의 대담도 열렸다. 학생들은 리펑의 말을 마구 끊었다. 심기가 상한 총리는 더 이상 그들을 상대하지 않게 된다.

매일같이 베이징 역에는 지방에서 올라온 사람들이 쏟아져 나왔다. 그들은 고향에 전할 뉴스를 안고 돌아갔다. 민주화 운동은 지방까지 확산되었다. 4월 말부터 시안, 랴오닝, 창사에서 민중 봉기가 일어났다. 상하이 시와 항저우 시는 시위대를 진정시키느라 진땀을 뺐다. 광저우에서는

169

시위가 그리 활발하지 않았다. 광저우 사람들은 베이징 사태가 불러오는 생산성 저하에 더 신경을 쓰는 입장이었다. 하지만 베이징에서는 호기심에 이끌린 사람, 구경꾼, 시위대에 공감하는 사람 등등 모든 이들이 다 톈안먼 광장에 모였다.

개체호들은 '비호'라는 단체를 결성하여 톈안먼 광장에서 인스턴트 라면과 음료를 실어 나르는 일을 맡았다. 수많은 군중과 무더운 날씨에 청소도 잘 되지 않으니 톈안먼 광장에는 악취가 진동했다. 바람이 불면 비닐봉지, 일회용기, 쓰레기가 마구 날렸다. 그래도 베이징 시민들은 시위대를 지지했다. 5월 17일자 〈중궈칭녠바오〉에는 베이징 시민의 75퍼센트가 단식농성을 지지한다는 기사가 실렸다. 이튿날, 톈안먼 광장에서 중국 최초의 독립 노조인 베이징공인자치연합회가 발족했다. 카리스마 넘치는 젊은 노동자 한둥팡이 이 단체의 리더였다.

혼란한 베이징, **고르바초프를 맞이하다**

이 무렵 미하일 고르바초프 부부가 중국을 공식 방문하기로 되어 있었다. 고르바초프는 지난 30년간의 외교적 단절을 극복하고 두 공산주의 대국의 화해를 모색하기 위해 장기간 체류할 예정이었다. 외무부는 고르바초프의 방문 시기를 더 이상 늦출 수 없다고 했다. 결국 지도부는 5월 15일 오전에 고르바초프 부부를 맞이하기로 결정한다. 지도부는 민주화운동 이후로 줄곧 침묵을 지켜왔기 때문에 지도부에서도 내분이 있다는 둥, 다만 몇 시간이지만 덩샤오핑이 사망했다는 둥 별의별 소문이 다 있었다. 어쨌든 지도부는 이런 굴욕을 상상하지 못했다. 고르바초프가 톈안먼 광장에 접근하지 못하게 일정을 짰지만 그가 지나갈 때마다 군중이 박수갈채를 보내는 것까지 어쩔 수는 없었던 것이다. 당 기관 방송은 덩샤오핑과 고르바초프가 함께 정찬을 나누는 모습을 내보냄으로써 덩샤오핑이 위중하다는 소문을 불식시켰다. 그러나 전 세계 언론은 딱 한 장면, 84세의 덩샤오핑이 식사 도중에 젓가락을 떨어뜨리고 바로 그 옆에서 고르바초프는 우아하고 세련된 모습으로 젓가락질을 하는 장면만 집중적으로 내보냈다. 치욕도 이런 치욕이 없었다!

고르바초프가 떠나자마자 덩샤오핑은 분통을 터뜨렸다. 이제 시위대도 봐줄 수 없었다. 개혁·개방 정책으로 두 번이나 〈타임〉이 선정한 '올해의 인물'에 올랐던 그가 세계인의 눈앞에서 이런 모욕을 당했다는 것을 참을 수 없었다. 덩샤오핑은 이 정도로 정치를 개방할 생각이 없었다. 정치 개방은 21세기 중반쯤, 그러니까 중국이 충분히 발전한 다음에나 고려할 사안이었다. 게다가 보수파의 역습으로 그가 죽기도 전에 경제개혁에 종말을 고하게 되지 않을까 두려워했다.

하지만 약간의 피는 **반드시 봐야 한다**

지난 몇 주간 지도부의 내분이 몹시 악화되었던 것은 사실이다. 4월 말, 민주화 운동이 시작됐을 때 자오쯔양은 닷새간 북한을 방문하는 우를 범했다. 몇 달 전부터 예정된 일정이기는 했지만 중국공산당의 수장으로서 이 운동의 중요성과 끈질긴 정적 리펑을 너무 과소평가한 셈이었다. 자오쯔양이 평양에 가서 힘겹게 의사를 타진하는 동안, 리펑은 덩샤오핑을 찾아갔고 〈런민르바오〉에는 이 운동을 '반혁명적'이라고 규탄하는 사설이 실리게 된다. 민주화 운동을 반혁명적 운동으로 규정한 이상, 리펑은 강경 수단을 동원할 명분이 생긴 셈이다. 자오쯔양은 중국으로 돌아와

171

매우 곤란한 상황에 처했다. 덩은 자신이 이미 내린 결정을 뒤집을 수 없었기에 점점 더 자오쯔양과 거리를 두었다. 보수파는 덩의 자택으로 찾아와 그가 결단을 내리게끔 압박했다. 개혁파가 지난 10년간 온 힘을 다해 현대화한 헌법은 지켜지지도 않았다. 자오쯔양의 사후에 출간된 회고록 《국가의 죄수》는 덩샤오핑이 헌법 절차를 어떻게 피했는지 상세하게 설명한다.

5월 17일에 자오쯔양은 표결에서 패했다. 이틀 후, 그는 리펑과 함께 단식 농성자들을 찾아갔다. 자오의 아들도 그 현장에 있었다. 자오는 눈물을 흘리며 너무 늦게 와서 미안하다고 말하며 이제 강경 진압이 있을 것임을 예고했다. 당시에 자오쯔양을 수행했던 원자바오라는 젊은이가 사진에 함께 찍혔다. 그가 바로 2003년에 중국 총리가 될 인물이었다. 하지만 그들의 메시지는 받아들여지지 않았다. 아직도 대학생들은 자기들이 이겼다고, 자신들이 국가의 고위 지도자 두 사람을 광장으로 내려오게 했다고 착각하고 있었다. 하지만 그날 저녁 리펑은 자기 사무실로 돌아와 계엄령을 선포했다.

어영부영 며칠이 지났다. 5월 20일에 베이징 시민들은 군용 트럭이 수도에 진입하는 것을 막으려고 애썼다. 군 지휘관도 베이징 번화가에는 진입하지 않겠다고 약속했다. 베이징 인근에 주둔하는 장교들도 대부분 베이징 출신이어서 시위대의 가족이거나 친척이었다. 더욱이 인민해방군은 공산주의 체제가 설립된 이후 단 한 번도 시위 군중에게 발포한 적이 없었다.

불안한 사흘이 지나고 톈안먼 광장은 다시 활기를 되찾았다. 광장을 찾는 이의 수는 줄어들었지만 민주화 운동은 더욱 급진화되었다. 대학생들은 강경 진압을 걱정하여 순차적으로 철수하자는 우얼카이시의 제안을 거부했다. 가장 극단주의자였던 차이링은 '광장의 총사령관'을 자처했다.

톈안먼 광장에서 가까운 중앙미술학원 학생들이 자금성 입구 마오의 초상화 앞에 하얀색 폴리에스테르 수지로 만든 '민주의 여신상'을 세웠다.

그동안 표면상으로는 아무 변화도 없는 것 같았지만 덩샤오핑은 군인들을 집결시키고 있었다. 5월 20일에 덩은 우한에 가서 고급장교들을 만났다. 지방에 주둔하던 군인들이 베이징으로 향했다. 24일에 개혁파 자오쯔양과 후치리가 해임되었다. 상하이에서 시장 주룽지의 도움을 받아 시위를 큰 마찰 없이 진압했던 당 서기 장쩌민이 중앙의 부름을 받았다.

리펑 역시 톈안먼 민주화 운동을 회고록에 썼다. 2002년에 출간되었고 2010년에 홍콩에서 재출간되었지만, 그때마다 중국 정부는 이 책을 금서로 규정했다. 인터넷에 돌아다니는 발췌문을 참고하자면 '톈안먼의 도살자'로 비난받았던 리펑이 아니라 바로 덩샤오핑이 시위대에 발포 명령을 내렸던 것 같다. 덩샤오핑은 리펑 총리에게 진압을 명령하면서 "가급적 피해를 가볍게 하되 약간의 피는 반드시 봐야 한다"고 했다고 한다.

6월 3일에서 4일로 **넘어가는 밤**

6월 3일에 수천 명의 군인들이 베이징 얼환루(二环路, 북경은 도시를 에워싸는 순환도로 구조로 되어 있는데, 현재 가장 바깥쪽에 있는 도로가 6번째 순환도로인 류환루六环路이다)까지 접근했다. 그다음에 그들은 무기를 소지하지 않은 군복 차림으로 시내 중심가까지 행군했다. 시민들은 군대를 막으려고 몸싸움을 하거나 시위대의 평화적 성격을 강조하며 그들을 설득하려고 했다. 그러나 군인들은 겁에 질려 있었고 대부분 지방 출신이라서 북경 표준어인 '푸퉁화'를 할 줄 몰랐다. 그들은 광장 서쪽 인민대회당 주위에 몇 시간 정도 주둔해 있다가 철수했다.

시위대는 다시 안심했다. 며칠간 군인들을 피해 광장에서 떠나 있었던 시위대는 돌아왔다. 지방 학생들까지 가세해서 그 수는 더욱 불어나 있었다.

해가 저물자 베이징 서쪽에서 군용 트럭들이 다시 나타났다. 시민들은 군인들에게 음료와 먹을 것을 주면서 다시 한 번 그들을 설득하려고 애썼다. 그러나 푸싱먼 사거리에서부터 경기관총이 등장했다. 깜짝 놀라 분노한 군중을 헤치고 군대는 베이징 중심부 톈안먼 광장으로 전진했다.

톈안먼 광장에 모여 있던 사람들에게 총소리가 들리기 시작한 때는 거의 자정이었다. 그들은 몇 명이나 됐을까? 수만 명, 아니 백만 명쯤 됐을지도 모른다. 베이징 중심부는 공포에 사로잡혔다. 모두 서로를 밀치며 숨이 차도록 세계에서 가장 넓은 이 광장의 구석으로 달려갔다. 노란 가로등 불빛 사이로 자금성 아래쪽에서 장갑차들이 나타났다. 광장 주변에 설치된 스피커에서 즉각 해산 명령이 떨어졌다. 공포에 질린 학생들에게 최후의 순간까지 버텨야 한다는 차이링의 지령이 확성기를 통해 울려 퍼졌다. 마침내 가장 완강한 학생들이 진압에 견디다 못해 그 자리를 피하려고 서서히 천막에서 나왔다.

톈안먼 사태 최후의 순간에 대한 증언들은 다소 엇갈린다. BBC에서 5년간 증인들을 인터뷰하여 제작한 다큐멘터리에 따르면 장갑차가 본격적으로 밀고 들어오기 전에 이미 시위대는 광장을 떠났다고 한다. 이 다큐멘터리는 차이링의 극단주의에 초점을 맞추었다. 그러나 많은 기자와 학생들은 단식 농성을 하던 학생들의 상당수가 끝까지 천막에서 나오지 않아 죽임을 당했다고 증언했다. 여하튼 인근 거리에서 격전과 발포가 있었던 것은 사실이다. 인근 공연장 벽에 몇 달 동안이나 총탄 흔적이 남아 있을 정도였다.

그날 밤 얼마나 많은 중국인들이 죽었는가? 중국의 공식 발표는 7백 명이라고 하나 인권 단체들이 발표한 바로는 사망자는 2천 명, 부상자는 수천 명이 넘는다고 한다. 정확한 집계는 불가능할 것이다. 베이징 서쪽의 바바오산 혁명가 묘지에서는 사흘 내내 향을 피웠다. 그날 밤 아들을 잃은 한 부인은 희생자 집계를 내려고 힘겹게 노력했지만 유족들은 대개 보복이 두려워 아무 말도 하지 않았다.

6월 4일에 베이징은 찜찜한 뒷맛을 안고 깨어났다. 장갑차가 지나간 톈안먼 앞 거리 창안제는 군데군데 파였다. 공포정치의 회귀에 항거하는 시민들이 화재를 일으킨 곳도 많았다. 어떤 현장에서는 아직도 연기가 그치지 않고 있었다. 시민들은 군대의 진격을 막기 위해 버스와 자전거를 끌어다가 임시로 바리케이드를 세우기도 했다. 한 병사의 목은 시커멓게 탄 버스의 잔해에 매달려 있었다. 10여 명의 군인들이 목숨을 잃었다. 당선전부는 사망한 군인들의 이미지를 주모자를 색출해 체포하고 탄압하는 데 오랫동안 내세웠다. 공산당은 공식적으로 톈안먼 사태를 '부랑배와 반혁명분자' 몇몇이 일으킨 소요쯤으로 치부하며 역사를 조작하려고 했다.

카나리아 **작전**

학살의 그날부터 베이징은 열흘간 전면 봉쇄되었다. 감히 누구도 집 밖으로 나갈 생각을 못했다. 인구 천만 명이 넘는 대도시가 유령도시로 변했다. 외국인들은 대부분 군대가 개입하자마자 공포에 사로잡혀 본국으로 돌아가버렸다. 서방 국가에서는 동포들을 귀환시키기 위해 특별기를 편성하기도 했다. 군인들은 창안제 일대의 외교관 거주지 앞을 지나면서 외국인들의 주택에도 발포를 했던 것이다. 그래서 길가에 있던 집들은 창문이 깨졌다. 외국계 기업과 대사관들은 직원 수를 최소한으로 줄였다.

이렇게 외국인들이 대거 빠져나간 후부터 사람이 살지 않는 집에서 밤이면 어설프게 닫힌 문이 덜컹거리는 소리, 버려진 고양이들의 울음소리가 들렸다. 거리에도 헤드라이트 불빛 하나 보이지 않았다. 도시를 누비는 육중한 전차 소리, 군홧발 소리나 이따금 들릴 뿐이었다. 순찰대가 모든 지역을 돌며 어쩌다 마주치는 시민들과 야간에 운행하는 택시를 검문했다. 특히 차량은 트렁크를 꼭 열어서 수배 중인 대학생이 숨어 있지는 않은지 확인했다.

주동자 추적이 시작되었다. 톈안먼 학살 일주일 후에 모든 공식 언론은 21명의 블랙리스트를 발표했다. 물론 그중에는 톈안먼 광장의 주역 왕단, 우얼카이시, 차이링이 포함되어 있었다. 우얼카이시와 차이링은 여러 협력자들의 도움으로 국내에서 오랫동안 도주 생활을 하다가 중국 남쪽 국경을 넘는 데 성공했다. 두 사람은 프랑스에 잠시 체류했다가 미국으로 망명했다. 왕단은 체포되어 4년형을 선고받고 1995년에 석방되었으나 1996년에 다시 국가 전복을 기도했다는 혐의로 11년형을 선고받았다. 왕단 역시 나중에는 미국으로 망명했다.

서방 국가 대사들은 어려움에 처한 지식인과 대학생들의 비자 발급을 도와주었다. 약 2년간 '카나리아 작전'으로 불린 이 사건은 외국 기자, 중국 학자, 외교관 등이 모여서 중국 경찰과 실랑이를 벌여가며 톈안먼 사태에 관련된 지식인, 대학생, 민주화 운동에 동조하는 인물을 수천 명이나 해외로 빼돌렸다. 18개월간 계속된 이 작전은 부유한 거물 화교들의 자금 지원과 민주화 운동 탄압에 동의하지 않는 중국 남부 지역의 공무원들의 협조로 가능했다. 홍콩과 마카오의 해운회사들도 광둥 성 연안에서 홍콩까지 쾌속선으로 이들을 몰래 이동시키는 데 한몫했다. 나중에는 먼저 빠져나가 홍콩에 자리를 잡은 사람들이 동료들의 탈출을 돕게 되면서 외국인들에 대한 의존은 줄어들었다. 1989년에서 1991년 사이에 수천 명의 중국인들이 그렇게 프랑스나 미국으로 망명했다.

외부 세계와의 **완벽한 단절**

6월 말에 유럽공동체 가입 국가들은 중국의 무력 진압을 비난하고 대중국 무기 수출 금지 조치를 가결했다. 미국도 같은 조치를 취했다. 미국의 금지 조치는 첨단 기술 분야도 포함했다. 공식 방문도 중단되었다. 외국 라디오 방송 주파수는 그 어느 때보다도 잡히지 않았다. 그 때문에 가장 대담한 학생운동가들조차도 10월 말에 베를린 장벽이 무너졌다는 소식, 혁명의 물결이 동유럽 공산주의 체제들을 하나둘 무너뜨렸다는 소식을 뒤늦게야 접했다. 중국인들은 그 어느 때보다도 세상과 단절되고 말았다. 그들의 민주화 운동도 얼마간 자극이 되었을 세계적인 변화에서 정작 자신들은 소외된 것이었다.

'90

침체의 수렁에 빠지다

청년층의 두려움과 좌절 그리고 우울

공포가 도처에 감돌았다. 고발을 당할지도 모른다는 공포, 밤중에 경찰이 찾아올지도 모른다는 공포, 1989년 봄의 환희를 만끽하면서 톈안먼 광장에서 찍힌 사진 때문에 잡힐지도 모른다는 공포. 더 이상 음울할 수는 없었다. 서구 사상을 도입하여 중국 문화를 다시 한 번 꽃피우겠다는 희망에 부풀었던 지식인과 예술가들은 절망에 빠졌다.

그러나 1990년 1월에 계엄령이 선포되고 나서는 수감자들 일부가 석방되었다. 톈안먼 사태에서 지식인들의 정신적 지주였던 천체물리학자 팡리즈조차 석방되었다. 팡리즈는 아내와 미국 대사관에 피신했다가 조용히 미국으로 망명했다.

중앙미술학원은 특히 삼엄한 감시를 당했다. 이 학교 일부 학생들이 뉴욕 자유의 여신상을 패러디해서 민주의 여신상을 제작했기 때문이다.

이 '백색 테러' 시기에는 많은 사람이 불려가 심문을 당했고 전위예술가들은 선동가 취급을 받기 일쑤였다. 지식계와 예술계는 심한 탄압을 받았고 조국에 남기로 한 미술가들은 결국 작업실에만 처박혀 지냈다.

대학가와 지식인 사회는 슬픔과 우울함으로 가득 찼다. 중국 전체가 허탈감에 빠졌다. 1950년대 말에서 1960년대 초에 태어난 청년 세대는 모두 우울증을 겪었다고 해도 과언이 아니다. 1989년 여름 내내 대학가는 텅 비었다. 9월 신학기에도 좋지 않은 소식이 대학생들을 기다리고 있었다. 그들 모두가 1년간 '재교육'을 받아야 하며 재교육의 상당 부분은 군사훈련이 될 것이라고 했다. 토요일 저녁의 댄스파티도, 시인들의 클럽도, 문학회도 끝내야 했다. 학생들은 새벽부터 일어나 행군을 했다. 아침부터 저녁까지 똑같은 상투적 언사와 톈안먼 사태에 대한 선전부의 공식해석, 대학생의 순진함에 대한 야유를 들어야 했다. 노동단위에서 토요일 오전과 주중 저녁에 들어야 하는 정치 강의도 내용은 똑같았다. 게다가 텔레비전, 라디오, 신문까지 이 반복 교육에 가세했다.

중국인들의 대다수는 반복적인 주입식 교육의 결과로 어느새 소수의 선동자들에게 그들이 이용당했다고 믿기에 이르렀다. 하지만 톈안먼 사태의 중심에 섰던 청년 세대마저 정말로 체념했을까? 청춘을 뒤흔들었던 그 열망을 그들은 포기했을까, 아니면 목숨을 보전하기 위해 포기한 척했을 뿐인가? 톈안먼 사태에 열의를 쏟았던 학생과 교수 중에는 그 후 병이 나서 고향에 요양을 하러 돌아간 사람들이 많았다. 어쩌면 마음의 병이 정말로 몸의 병이 되어버렸는지도 모른다……. 어떤 이들은 실종되었다. 베이징에 장갑차가 들이닥친 그날로부터 영영 모습을 볼 수 없게 된 사람들이 있었다. 나중에 그들이 파리나 뉴욕에 있다는 소식을 전하는 비밀편지가 도착하곤 했다.

더 이상 누구도 톈안먼을 입에 올리지 않았다. 그 광장의 이름조차 사람들의 아픈 기억을 떠올리게 하는 탓에 금기시되었던 것이다. 사람들은 누가 듣는지 몇 번이나 확인하고는 그저 '6·4'라고만 말했다. 그것이 6월 4일의 참사를 뜻하는 중국인들의 암호, 공공연한 비밀이었다.

감옥에는 범죄자의 수가 크게 늘었다. 그들 중 상당수는 사형선고를 받았다. 가장 고집이 센 민주화 투사들을 처치하기 위한 수상한 방법은 아니었을까? 여러 인권 단체들의 보고서에 따르면 그렇다고 한다.

아무도 중국에 **투자하지 않다**

모든 경제활동도 중지된 듯했다. 이제 아무도 중국에 투자하는 것을 내켜하지 않았다. 외자 기업들은 중국 지사 규모를 대폭 줄였다. 1990년 6월, 톈안먼 사태 1주기에 미국, 유럽, 대만 등에서 해외로 망명한 민주화 투사들이 중국에 팩스 보내기 운동을 벌였다. 하지만 중국에 도착한 팩스는 기계에도, 책상에도 오래 머물지 않았다. 누구든 그런 팩스를 가지고 있다간 골치 아픈 일에 휘말리게 될 터였다. 팩스는 쓰레기통이나 청소부에게로 곧장 넘어갔다. 외부 세계의 부름에 중국은 그렇게 침묵으로 반응했다. 1990년 6월 4일, 톈안먼 민주화 운동이 처음 시작된 베이징 대학 기숙사 창가에는 그날 밤 수백 개의 촛불들이 밝혀졌다. 그러나 경찰차는 대학 주위를 계속 순찰하며 아무도 밖으로 나오지 못하도록 감시했다.

'91

공산주의, 이대로
사라지는 것인가?

베를린, 티라나, 모스크바…… **베이징마저?**

중국 지도자들은 빠르게 변하는 국제 정세를 주시하며 불안해했다. 톈안먼 사태가 일어나고 넉 달 후에 베를린 장벽이 무너지고 동구권 전체에 개방 도미노 현상이 나타나고 있었던 것이다. 냉전 체제가 공식적으로 끝나고 중국이 심한 고립을 느낄 때였다. 베이징 지도부는 중난하이에서 위성방송으로 해외 뉴스를 보면서 몸을 떨었다. 루마니아의 차우셰스쿠가 유혈 진압을 강행하다가 체포되어 처형당했고 1991년에는 옛 형제 소련이 붕괴되었다. 중국인들은 여전히 해외 소식을 정확히 듣지 못하고 있었고, 해외 라디오 방송도 차단되어 있었지만 각국 주재 중국 대사관에서 보낸 보고서들이 고위 지도자들의 책상에 쌓여갔다. 지도자들은 거대한 이웃의 급작스러운 해체를 불안하게 주시하며 그로부터 교훈을 얻었다. 이데올로기적인 문제가 다시 불거졌을 때 다른 나라들과 같은 재앙을 당하지 않기 위해서 덩샤오핑은 자신의 전략을 강화하기로 했다. 그는 그 어느 때보다도 소련과 다른 노선을 택해야 한다고 생각했다. 정치개혁보다는 경제개혁을 우선할 것, 정치적인 통제는 엄격하게 유지하되 생활수준의 향상과 기업 활동의 자유로 국민의 마음을 달랠 것.

중국, 집단 **우울증에 빠지다**

체제 내에서는 정치적 내분이 계속되었다. 덩샤오핑은 톈안먼 사태가 일어나는 동안 개혁파와 보수파의 싸움에서 리펑이 권력을 다지는 모습을 용인해야만 했다. 리펑은 1989년 5월에 자오쯔양을 실각시키고 잠시 당의 주요 직책과 총리직을 독식했다. 덩샤오핑의 두 후계자는 희생되었고 이제 새로운 얼굴들이 등장했다. 상하이 당 서기 출신으로 상하이에서 시위를 원만하게 진압했던 장쩌민은 1989년 6월에 중국공산당 총서기로 임명되었다. 덩은 중앙군사위원회에서 공식 은퇴하고 다른 보수파 원로들도 모두 은퇴시키기 위해서 장쩌민에게 주석 자리를 넘겼다. 그러나 덩샤오핑은 공식 석상에만 나타나지 않았을 뿐, 여전히 중국을 관리하고 발전시킬 전략을 구상하고 있었다.

개방의 아버지 덩샤오핑은 새로운 세대가 자신을 인정하지 않는 것을 참지 못했다. 그는 교묘하게 리펑에게 모든 책임을 전가했지만 청년층은 톈안먼 사태 유혈 진압을 결코 용서하지 않았다. 1991년 6월 4일 자정, 톈안먼 사태 2주기에 수백 개의 맥주병이 베이징 대 기숙사에서 창문으로 떨어졌다. 여전히 삼엄한 감시에 시달리던 대학생들이 절망에 못 이겨 저지른 행동이었다. '작은 병'은 한때 그들을 꿈꾸게 했으나 지금은 말을 잃게 만든 중국 지도자의 이름을 떠올리게 했으니……. 강경 진압을 명령했던 덩샤오핑은 비무장 시민들에게 총을 쏘는 군대와 전차의 이미지만 남기고 이렇게 물러날 수 없었다. 그는 이 기억을 만회해야 했다. 중국이 이 일을 잊고 자랑스럽게 여길 만한 업적, 자신의 공이 될 만한 업적을 남겨야 했다.

게다가 자기 생각을 속 시원히 말할 수 없는 문화 속에서 톈안먼 강제 진압은 중국인들에게 전례 없는 트라우마가 되어 중국을 집단 우울증에 빠뜨리고 있었다. 1990년에서 1991년까지 중국은 순수 공산주의도 체제의 급격한 민주화도 믿지 않았다. 그래서 다 같이 잘살아보자는, 교묘하게 정치색을 모두 빼버린 이런 메시지에도 국민들이 긍정적으로 반응할 수 있었던 것이다. 덩샤오핑의 계산에 따르면 중국이 경제성장으로 강대국의 위치에 올라가기만 한다면 현 체제는 공산주의의 가르침과 정치체제를 포기하지 않아도 될 것 같았다.

최초의 **예술인 마을**

1991년에 베이징의 미술가들은 이허위안 거리로 모여들기 시작했다. 그들은 이허위안 뒤쪽의 단층집을 빌려서 작업실로 개조했다. 지방에서 활동하던 미술가들도 최초의 '예술인 마을' 소문을 듣고 합류하러 올라왔다. 하지만 그들이 자리를 잡은 지 얼마 안 된 여름밤에 공안이 들이닥쳐 작품을 훼손하고 미술가들을 강제 이주시켰다. 미술가들은 그곳에서 약간 떨어진 동춘 마을으로 떠났다. 그러나 다시 몇 달 후에 새로운 터전도 파괴되었다. 이 특수한 시기는 가장 성숙한 예술가들을 사유와 고민에 빠뜨렸다. 어떻게 해야 최근에 습득한 기법을 표현할 수 있을까? 예술가의 사명은 무엇인가? 우리가 전하고 싶은 메시지는 무엇인가? 예술가는 사회에서 어떤 위치를 차지하는가? 그들은 하루 종일 그림을 그리거나 작품을 만들고는 저녁마다 모여서 소리를 죽여 토론을 했다. 베이징에는 아직 카페가 없었고 식당은 일찍 문을 닫았다. 무엇보다 가난한 예술가들은 그런 데 갈 돈이 없었다. 그래도 맥주나 백주 몇 병과 땅콩을 사서 친구들과 어울릴 수는 있었다. 이 시기에 윈난 성 출신의 마오쉬후이의 〈가위 인간〉 연작 같은 대규모 작품들이 나왔다. 마오쉬후이는 톈안먼 사태 며칠 후에 자화상을 그렸다. 삐쩍 마른 남자가 의자에 앉아 얼굴을 두 손에 묻고 있는 그림이었다. 그는 같은 주제를 계속 그리면서 상징적으로 변모시켰다. 남자가 벌리고 앉은 두 다리는 가위 날이 되었고 두 팔은 압제를 상징하는 듯한 가위 손잡이에 뒤덮였다. 1990년대에 체제 개방이 이루어지면서 그의 가위는 색감이 달라지고 바탕색도 밝아진다……. 또 다른 거장 팡리쥔은 '냉소적 사실주의'의 선두 주자가 되었다. 그도 1992년에 제작한 자화상에서부터 이런 작풍을 보여주었다. 머리를 박박 깎은 남자가 소리를 지르려는 듯 입을 크게 벌리고 있다. 남자가 고통에 울부짖는 것인지 저항의 외침을 내지르려는 것인지는 알 수 없다. 이 작품은 1994년 브라질의 상파울루 비엔날레에서 처음으로 해외에 선을 보였다. 그때부터 전 세계 미술 전문가들은 중국의 화가들을 주목하기 시작했다.

화교 큰손들의 **귀환**

광둥 성 경제특구 개방의 혜택을 맨 먼저 누렸던 홍콩의 재벌들도 톈안먼 사태를 곱지 않은 시선으로 바라보았다. 그들은 대단히 실용적인 관점에서 중국이 경제 발전에 전력을 다해야 할 때에 쓸데없는 시간 낭비를 했다고 평가했다. 이미 일본은 1990년 7월에 휴스턴에서 열린 G7 정상회담에서 서방 국가들의 중국 보이콧에 가담하지 않겠노라 선언했다. 도쿄는 중국 대륙과 너무 많은 이해관계로 얽혀 있었다. 아세안 국가들도 마찬가지였다.

그렇지만 홍콩의 민간인들은 톈안먼 강제 진압에 크게 동요했다. 더욱이 수배자들은 대개 미국이나 유럽으로 망명하기 전에 홍콩을 거쳤다. 1990년부터 매년 6월 4일에는 홍콩 빅토리아 공원에서 횃불을 들고 톈안먼 민주화 운동의 노래를 부르며 유혈 진압의 희생자들을 추모하는 행사가 열렸다.

그러나 홍콩 재벌들은 일단 사업가였다. 그들은 중국 남부의 정치 지도층과 다시 접촉할 계획을 세웠다. 중국 남부의 지도부는 홍콩인들처럼 광둥어를 쓰고, 베이징의 유혈 진압에 대해서도 매우 비판적인 입장이었다. 홍콩과 마카오에 어마어마한 부동산과 사업체를 소유한 억만장자 헨리 폭도 바로 그런 생각을 하고 있었다.

헨리 폭은 아주 특이한 사람이었다! 영국인들은 그가 1950년대 초부터 중국에 무기를 밀매해서 큰돈을 벌었을 것이라고 한다. 한국전쟁 당시 중국군이 사용했던 무기도 그가 판매한 물건이라고 한다. 1989년에 그는 중국의 탄압을 이기지 못해 홍콩으로 도망치는 민주화 투사들을 도와주었다고 한다. 헨리 폭은 늘 똑같은 황갈색 면바지에 낡은 폴로 티셔츠를 입고 다니는 키 작은 사내였다. 그는 광둥 성 판위 출신으로 그곳에 특별한 출입 수단들을 두고 있었다. 차림새는 별 볼일 없어도 주강 근처 고향 마을과 홍콩 중심가를 빠르게 연결하는 쾌속선단을 보유하고 있었던 것이다. 헨리 폭은 고향 땅을 엄청나게 사들이고 그곳에 난사라고 하는 새로운 도시를 건설하여 홍콩의 기능을 분산하려는 대대적인 계획을 품고 있었다. 20년 후, 실제로 강가 모래밭은 인구 20만의 도시로 변했다. 하지만 그 사이에 헨리 폭이 암으로 별세하면서 난사는 그가 꿈꾸었던 것과 같은 주거 도시, 문화 도시가 되지 못하고 부분적으로 광저우 지도부들의 바람대로 자동차 산업에 특화된 공업 지대가 되었다. 토요타 자동차도 난사에 최대 규모의 조립공장을 두고 있다.

1991년 여름만 해도 현재 난사의 자리에는 모래와 늪지뿐이었다. 그 밖에는 억만장자의 쾌속선들을 대놓는 등나무 부교가 있을 뿐이었다. 당시 폭 일행을 맞이하러 나온 환영 위원회가 굉장히 인상적이었다. 광둥성 고위층들이 모두 다 나왔다. 그들이 얼마나 우호적이었는지 홍콩 재벌과 동행한 외국인 기자의 비자도 확인하지 않았다! 폭 씨가 제공한 검정색 벤츠들이 1990년대 초 중국 광둥 성에서 흔히 볼 수 있는 건물에 집결했다. 헨리 폭은 지방 관리들과 자신의 직원들이 토론을 나누는 타원형 탁자에서 신문을 읽으면서 귀를 기울이고 있었다. 그는 열대 과일 롱옌을 먹으며 동의 혹은 반대를 표현하는 방식으로 자기 사람들 쪽이나 지역 공산당 책임자들 쪽으로 씨를 뱉곤 했다! 군 소속 기자 출신으로 헨리 폭의 전기를 집필하게 된 한 중국인은 쉴 새 없이 메모를 했다. 그는 벌써 세 번째 버전을 쓰고 있다고 불평했다. 중국 남부에 건설할 제국의 초기 이야기를 쓰기는 했지만 결코 헨리 폭을 만족시키지 못했던 것이다……

그 후 몇 달간 헨리 폭과 덩샤오핑의 측근들은 광저우에서 비공식 만남을 가졌다. 홍콩의 억만장자는 덩샤오핑에게 최대한 빨리 개혁의 흐름을 다시 타야 한다고 주장하며 중국이 다시 개방을 한다 해도 서구인들은 당분간 몸을 사리겠지만 화교들은 적극적으로 지원하겠다고 약속했다.

2부

중국, 세계 자본주의와 충돌하다

1992-1999

'92

경제개혁은 백 년간
계속되어야 한다

새해가 밝았다. 덩샤오핑이 공식 석상과 언론에서 사라진 지도 1년이 넘었다. 그러나 권력층 내에서는 이 늙은 지도자가 여전히 안 보이는 곳에서 손을 쓰고 있다는 것이 잘 알려져 있었다. 동그란 얼굴의 키 작은 노인과 사전에 상의하지 않고는 어떤 결정도 내릴 수 없었다. 이제 회의는 자금성 북쪽 골목에 위치한 덩샤오핑 자택에서 이루어졌다. 그곳은 경비가 삼엄했다. 88세의 덩은 여전히 브리지 게임을 즐기고 하루에도 몇 갑씩 담배를 피웠다. 보수파를 지휘하는 1세대 공산주의자들이 하나둘 세상을 떠나는 중에도 덩샤오핑은 건강했고 정신도 말짱했다.

덩샤오핑의 외침, "부자가 됩시다!"

1월 마지막 주에 홍콩 언론은 전에 없던 방식으로 정보를 얻는다. 덩분에 중국 남부를 돌아보고 있던 덩샤오핑의 방문 일정을 매우 자세히 파악할 수 있었다. 덩이 광둥 성을 방문한다는 것 자체가 의미심장했다. 영국의 식민지 홍콩과 포르투갈의 식민지 마카오와 연결되어 있는 이 지역은 중국에서 가장 먼저 외국에 개방된 곳이자 오랫동안 자오쯔양의 세력 기반이었다. 자오쯔양은 개혁파의 기수로서 1987년에 후야오방의 개혁 노선을 이어받았으나 보수파의 압력으로 톈안먼 유혈 진압 직전에 해임되지 않았던가…….

덩샤오핑이 1980년 여름에 해외 자본 유치의 길을 열었던 최초의 경제특구 선전을 방문한다는 것 자체가 매우 상징적인 행위였다. 지난 12년간 선전은 고층 건물과 고속도로, 교량이 들어선 인구 3백만의 현대적 도시로 탈바꿈해 있었다. 선전 공업 지대는 이미 대규모의 해외 자본을 유치한 상태였다. 바로 이곳에서 덩샤오핑은 그가 항상 꿈꾸었던 중국의 현대화를 촉구하는 최후의 연설을 남기게 된다.

이 노인이 더듬거리며 던진 한마디만으로도 온 중국이 마법의 지팡이에라도 맞은 듯 잠에서 깨어나 대대적으로 경제개혁에 뛰어들기에 충분했다. 덩샤오핑은 신세대를 향해 "부자가 됩시다!"라고 외쳤다. "경제개혁은 백 년간 계속되어야 합니다. 광둥 성은 20년 내에 아시아의 다섯 번째 용이 될 겁니다."

개혁은 신속하게 재개되었다. 몇 년 전부터 선전과 마찬가지로 조세 혜택, 노동시장 자유화 등으로 해외 자본을 유치할 수 있게 해달라고 요청한 지역들이 드디어 소원을 이루었다. 3월 중순에 국무원은 중국 남단에 위치한 하이난 성을 경제특구로 신설하고 1980년대에 지정된 경제특구들보다 더 많은 혜택을 주었다. 1992년 말에 국유 기업과 민영 기업의 은행 대출 한도는 중앙은행인 중국인민은행의 예상을 초과했다. 저축도 점점 늘어나 12월에는 1조 위안이 넘었다. 은행가들은 중국 국민들이 각

가정에 은행 예금 액수의 50~100퍼센트 정도 되는 재화를 비축했을 것으로 추산했다. 가격 경쟁은 일반화되었다. 당시 세계은행이 실시한 조사에 따르면 "중국에서 이루어지는 거래의 절반 이상이(아마 3분의 2 정도가) 시장가격에 따른 것"이었다고 한다.

식민지 폐허 **상하이의 재탄생**

덩샤오핑은 선전을 방문한 후 상하이로 향했다. 이곳은 덩이 각별히 아끼는 도시로, 그가 늘 설날을 보내는 도시이기도 했다. 1992년 2월 방문에서 덩은 1930년대에 전성기를 누렸던 이 "아시아의 별"을 다시금 깨우고 싶다고 선언한다. 그는 상하이 산업 조직을 재개발하여 중국 현대화의 교두보로 삼기 원했다. 상하이의 주요 인사들을 베이징으로 불러들임으로써 이 작업이 한결 수월해졌다. 상하이 시 당 서기 장쩌민은 1989년 자오쯔양 실각 이후에 새로이 중앙당 총서기가 되었고, 상하이 시장 주룽지는 이제 부총리로서 덩의 경제개혁 실무를 맡고 있었다. 또한 상하이는 지금까지 빈곤 지역을 지원하기 위해 재정수입의 80퍼센트를 베이징으로 보내야만 했지만 이제 훨씬 더 많은 몫을 자체 재정으로 묶어둘 수 있게 되었다. 늪지에 지나지 않았던 푸둥 지역에 대한 투자도 장려되었다. 당시에 푸둥은 황푸 강을 따라 와이탄을 거닐다가 페리를 타고 건너가 새우 잡이나 하는 곳이었다. 하지만 현재 푸둥은 세계적 건축가들이 설계한 고층 건물들의 집합소, 여러 개의 대교와 지하 터널로 상하이 구시가지와 연결된 아시아의 시카고가 되었다. 2010년 상하이 만국박람회도 이곳에서 열렸다.

그림자 **싸움**

4년 넘게 개혁을 중단하는 동안, 정치계는 오랜 세력 다툼의 결과로 급격한 방향 전환이 있었다. 물론 덩샤오핑의 세력권인 개혁파와 천원이 이끄는 보수파로 나뉘는 경향은 여전했다(천원은 덩샤오핑보다 2년 앞서 1995년에 사망한다). 보수파는 계획경제 체제를 유지하여 중국을 정통 공산주의 국가로 되돌리기를 바랐다.

덩샤오핑이 1992년 초 정계에 다시 모습을 나타내기로 마음먹었을 때만 해도 반대파를 설득하기 위한 그림자 싸움은 아직 승리가 요원했다. 덩은 대대적인 개혁을 추진하겠다는 의지를 피력하기 위해서 남부 지역을 방문할 때 국가주석이자 군부를 장악한 실세 양상쿤을 대동했다. 중국이 개혁 노선을 밟기 위해서는 군부의 지지가 꼭 필요했다. 2년 전 "중요한 때가 아니면" 자기 의견을 피력하지 않겠노라 했던 덩샤오핑은 이제 전심을 다하여 공공연히 방향 전환을 주장했다. 그는 2월 초 선전에서 "개혁·개방 정책은 중국의 유일한 활로"라고 말했다. "국가 안정을 도모하기 위해 경제를 발전시키고 새로운 생각을 끌어내야 합니다. 여기에 반대하는 사람은 누구든 정치판을 떠나야 할 것입니다."

덩의 메시지는 몇 주간 홍콩과 해외 언론으로 퍼져나갔다. 하지만 대륙 언론은 침묵을 지켰다. 정치적 힘겨루기가 사라졌다. 3월 초에야 중국 언론들은 조심스럽게 6주 전의 덩샤오핑 남순강화를 다루기 시작했다. 그리고 3월 13일에 〈런민르바오〉가 덩샤오핑이 이겼다는 기사를 내보냈다. "당 전체와 모든 간부들은 덩샤오핑 동지의 중국 특색의 사회주의 건설론을 진지하게 연구해야 한다." 3월 20일 전인대 연례 회의에서도 톈안먼 사태 이후 채택한 조처들 중에서 가장 규제가 심한 것들은 폐지되었다. 이미 남부 지역, 특히 광둥 성에서는 1년 전부터 규제를 피하기 위해 애쓰는 중이었다.

중국 특색의 **사회주의**

개혁을 공식화하는 마지막 단계가 1992년 10월 중국공산당 제14차 전국대표대회에서 이루어졌다. 덩샤오핑이 '중국 특색의 사회주의' 이론을 중국공산당 헌장에 집어넣음으로써 자신이 만들어낸 이데올로기의 승리를 제도화한 것이다. 당 공식 언론은 "중국식 사회주의를 건설하는 데 도움이 된다면 자본주의적 요소들도 차용해야 한다"고 설명했다. 이를 실현하기 위해 대폭적인 물갈이가 필요했다. 마오 시대의 노장들, 이를테면 〈런민르바오〉 사장 가오디, 문화부장 허징즈, 선전부장 왕런즈가 정치권에서 밀려났다. 전체적으로 당 중앙위원회를 차지하고 있던 309명의 원로들 가운데 절반 이상이 중국공산당 제3세대 기술 관료들로 교체되었다. 원로 보수파들의 모임이나 다름없던 '중앙고문위원회'는 아예 폐지되었다. 정치국에서도 8명의 원로 위원들을 해임하고 14명의 신임 위원들을 받아들였다. 그리고 신임 위원들 대부분은 경제개혁에 앞장서는 남부 연안 도시들의 당 서기국 출신들이었다.

국가주석 **양상쿤 일가의 몰락**

'양씨 집안의 장군'이라는 뜻의 '양가장'이라고 불릴 정도로 대단한 권세를 누리던 양상쿤의 일가가 무너진 것은 모두가 놀랄 일이었다. 국가주석 양상쿤은 정치국 상무위원직을 잃었고 이제 1993년 3월에는 국가주석직마저 장쩌민에게 넘겨주게 될 터였다. 양상쿤의 이복동생 양바이빙은 군사위원회 총서기이며, 군부 이데올로기를 장악하는 실세였다. 양씨 형제는 오랫동안 덩샤오핑을 지지해왔으나 덩샤오핑은 오랜 지지 세력의 실력 행사와 입장 선회를 두려워하고 있었다. 더욱이 양상쿤은 덩샤오핑과 같은 세대로서 혁명 투사로서의 이력을 지닌 당원이었으니, 여차하면 덩샤오핑의 대안이 될 수도 있는 인물이었다.

세대교체를 위한 **사전 작업**

마지막으로 중국공산당의 수뇌부라고 할 수 있는 중앙위원회 서기국을 구성해야 했다. 서기국에는 정치적 성향의 균형을 고려하여 7명의 위원을 둔다. 덩은 리펑 총리가 애매하게 개혁파 쪽으로 입장을 바꾸었기 때문에 몰아내지 못했다. 하지만 덩이 중국공산당 제3세대의 리더로 낙점한 장쩌민을 총서기로 임명하는 데에는 성공했다. 장쩌민은 1926년생으로 중국에 공산주의 체제가 설립되기 직전인 20세 무렵에 입당했다. 그는 그 세대의 명석한 공산당 청년들이 으레 그랬듯이 공학도의 길을 걸었고 1955, 1956년에는 모스크바의 자동차 공장에서 연수를 받았다. 장쩌민은 러시아어와 루마니아어를 완벽하게 구사했고 영어로도 웬만한 의사소통이 가능할 정도로 언어적 재능도 뛰어났지만 탁월한 중재 수완으로 이름이 높았다. 그는 1982년에 전자공업부 부부장이 되었고 이어서 부장이 되었다. 그 후에 상하이 시장이 되었고 톈안먼 사태가 터졌을 때에는 상하이 당 서기도 맡고 있었다. 장쩌민은 상하이에서의 민주화 시위를 평화적이지만 단호하게 진압하여 덩샤오핑의 주목을 받았다. 덩은 1989년 6월에 보수파에 실각한 자오쯔양 후임으로 장쩌민을 베이징에 불러들였다. 이때부터 덩샤오핑은 장쩌민을 후계자로 점찍어두고 그를 한 단계 한 단계 끌어올린다. 장쩌민은 군 출신이 아닌데도 덩샤오핑은 1990년에 군사위원회 주석직을 공식 은퇴하면서 그 자리를 장쩌민에게 물려주었다. 이제 중국인들은 텔레비전 방송에서 주요 공식 석상에 군복 차림으로 나타나는 장쩌민을 볼 수 있었다. 선전부는 장쩌민의 이미지 메이킹에 공을 들였다. 1993년에 장쩌민은 국가주석 자리를 차려놓은 밥상이나 다름없이 얻게 될 터였다. 장쩌민은 덩 일가의 지원과 조언을 받아들여 매우 신중하게 처신했다. 특히 덩의 자녀 가운데 정치적 성향이 가장 강했던 장녀 덩난이 장쩌민의 코치 역할을 맡았다. 그렇지만 장쩌민은 중앙보밀위원장 출신으로 1993년에 전인대 의장이 된 차오스와 손을 잡았다. 여기에 2명의 개혁파 기술 관료가 합류했다. 상하이 시장 출신인 주룽지는 경제개혁을 주도하고, 공산주의청년단 활동과 티베트 진압으로 인정받은 후진타오가 활약을 했다. 덩샤오핑은 중국의 개혁·개방이 한 세대 이후에도 계속 이어질 수 있도록 내심 후진타오를 중국공산당 제4세대의 지도자로 생각해두고 있었다. 마지막으로 세력 균형을 위해 두 사람이 더 필요했다. 특정 파벌에 속하지 않으며 군부의 신임을 받는 류화칭 사령관, 그리고 덩 일가와 가까운 정치협상회의 주석 리루이환이 그들이었다.

덩샤오핑은 덩난의 도움과 자문을 받아 중국공산당 제14차 전국대표대회를 마무리하면서 새로 꾸려진 중앙위원회를 자축하는 개선 행진을 한 셈이었다. 이것이 공식 석상에서 그가 보인 마지막 모습이었다. 늙은 지도자는 그의 목표를 완수했다. 중국을 위대한 개혁의 길에 올려놓겠다는 목표를……

정치적 견해가 무엇이든 간에 **중국으로 돌아오라!**

덩샤오핑은 1980년대 엘리트 계층에게도 호소했다. 톈안먼 사태로 인해 이 계층의 일부는 이미 해외로 망명해 있었다. 그는 고급 두뇌의 유출을 막기 위해 "정치적 견해가 무엇이든 간에 중국으로 돌아오라!"고 외쳤다. 그러나 그가 포용할 수 있는 범위는 그리 넓지 않았고 공안의 오랜 근성도 변할 리 없었다. 이 해 여름, 1989년 민주화 운동 투사였던 24세의 청년 선퉁이 망명해 있던 미국에서 중국으로 돌아가고자 했다. 선퉁은 베이징에 도착해서—순진했는지 도발을 하려고 했는지는 모르지만—자신이 망명 중에 중국 반체제 지하운동을 여러 차례 조직했음을 고백했다. 그는 즉시 체포되었으나 국제사회의 청원으로 9주 후 다시 미국으로 송환되었다. "경제개방은 예스, 정치개혁은 노"라는 중국 지도부의 메시지는 명확했다.

선퉁과 함께 체포된 4명의 중국인들은 수감되었다. 중국 공안은 정치범으로 구금되어 있는 인구가 약 4천 명이라고 밝혔다. 그러나 우파 정치범으로 분류되어 19년간 투옥되었다가 미국으로 망명한 해리 우의 주장에 따르면 1992년 말 기준으로 노동교양소에는 정치범, 일반범, 간수 및 그 가족을 포함해 1천2백만 명이 있었다고 한다.

경제 먼저, **이데올로기는 나중에**

비유를 좋아했던 덩샤오핑은 "창문을 열면 파리들이 돌아온다"는 말을 했다. 실제로 아시아의 여러 국가들이 베이징으로 되돌아왔다. 8월에 중국은 한국과의 수교를 선언하면서도 북한의 김일성 독재 체제를 계속 지원하겠다는 입장을 밝혔다! 당시 한국과 중국의 무역 규모는 이미 1백억 달러 이상이었다. 이제 중국 지도부는 이데올로기를 차치하고서라도 경제 발전에 성공한 국가들과 우호적인 관계를 맺고자 했다.

10월에 일본 천황이 중국을 방문한 일만 보아도 이런 외교 실용주의를 알 수 있다. 일본 천황의 중국 방문은 역사적으로 처음 있는 일이었다. 물론 1930, 40년대 일제강점기의 앙금이 다 풀릴 리는 없었다. 그래도 중국 언론은 신중을 기했고 불미스러운 일도 일어나지 않았다. 일본 투자자들이 대거 몰려와준다면 경제가 비약적으로 성장할 것은 뻔했다. 게다가 일본은 톈안먼 사태 이후 맨 먼저 중국에 대한 보이콧을 철회한 나라였고, 홍콩에 이어 두 번째로 큰 규모의 경제협력과 투자를 제공하는 나라였다. 당시 양국 간의 무역 규모는 2백억 달러 정도였다.

베이징은 그와 동시에 모든 이웃 국가들과의 관계를 정상화하고자 했다. 1960년대 이후 수교가 끊어진 인도네시아와의 관계가 정상화되었다. 싱가포르와 브루나이도 중국 체제를 인정했다. 1991년 11월, 베트남 지도층 인사들이 1979년 전쟁의 앙금을 털기 위해 베이징을 찾았다. 리펑 총리도 하노이를 방문하고 난사군도 영유권 분쟁을 원만하게 해결하고자 노력했다. 그러나 이 단계에서 별 성과는 거두지 못했다. 난사군도는 중국 남해에 위치한 전략적 요충지인 데다가 석유가 풍부하여 중국과 베트남뿐만 아니라 브루나이, 말레이시아, 필리핀, 대만이 이 섬의 영유권을 두고 다투고 있었다. 중국은 이미 이 섬들 중 한 곳에 '어업 기지'라는 명목의 유사 군사시설을 세운 바 있었다. 리펑은 인도를 방문하여 양국의 경제협력을 강화하고 20년 전부터 계속되던 중국과 인도의 국경 분쟁에 대한 협상을 재개했다. 카자흐스탄, 키르기스스탄, 우즈베키스탄, 타지키스탄, 투르크메니스탄 등 과거 소련에 속했던 5개의 중앙아시아 이슬람 공화국들도 중국과 수교했다. 국가 간 방문도 늘어났다. 12월 말에는 새로운 러시아 대통령 보리스 옐친이 중국을 방문하고 국가 안보 협력을 재개한 일도 양국 언론에서 크게 다루어졌다.

프랑스, 대만에 **무기를 수출하다**

한때 크메르 루주 체제를 지원했던 중국은 캄보디아 평화 협상에서 요령 있게 행동했고 제1차 걸프전에서도 중립을 지켰다. 이런 노력을 통해 중국은 다시 서방 국가들과의 외교에 나설 수 있게 된다. 1991년 10월 23일, 파리 평화 협정이 체결되었다. 이 협정에 조인한 18개 국가의 두 '대부' 중국과 프랑스도 화해의 움직임이 보이기 시작했다. 그 다음 달로 캄보디아의 시하누크 국왕은 프랑스, 중국, 북한을 거친 13년간의 망명 생활을 청산하고 고국으로 돌아갔다. 소련 붕괴 이후 중국의 정치적 움직임을 주시하고 있던 미국도 이제 베이징이 말썽을 일으키지 않으리라 판단했다. 대만, 홍콩, 중국 본토의 경제 관계는 날로 긴밀해졌다. 그러나 정치적 차원에서는 대만과 홍콩에 얽힌 문제로 영국 및 프랑스와 중국의 외교 관계를 악화시키는 위기가 발생한다.

영국은 새로운 총독으로 크리스 패튼을 홍콩에 파견한다. 상당히 활발한 성격의 정치가였던 패튼은 1997년 7월 1일로 예정된 홍콩 반환 일자가 닥치기 전에 이곳을 최대한 민주화해야 한다고 생각했다. 그러나 베이징은 이런 의견에 귀를 기울이지 않았다. 베이징과 런던 사이에는 점점 더 공격적인 성명이 오갔다. 1992년에 영국이 홍콩에 새로운 공항을 건설하겠다고 발표하자 양국은 경제적 이해관계를 두고 더욱 사이가 멀어졌다. 란타우 섬 일대의 바다를 메워서 국제공항을 건설한다는 이 사업을 두고 중국은 홍콩 반환이 이루어지기 전에 홍콩 재정이 바닥나는 것은 아닌가 염려했다.

　파리와의 관계가 악화된 것은 무기 판매 때문이었다. 1991년 8월에 프랑스 정부 및 외무성은 중국과 2년간의 협상을 거친 결과 톰슨-CSF 그룹이 라파예트급 순항함 6척을 대만에 판매해도 좋다는 허가를 받았다. 중국 정부는 이 순항함을 "무기를 장착하지 않은 선체 상태"로 팔아야 한다고 주장했다. 프랑스 외무성은 "대만 지도부와의 공식 외교 채널과는 무관한 순수한 상업적 거래"임을 명시했다. 순항함 6척이면 프랑스 로리앙 조선소에 최소한 2년간 일감을 보장하는 160억 프랑 규모의 거래였다. 그런데 첫 번째 선박 인도에서 중국 측이 제시한 조건이 지켜지지 않았던 것으로 보인다. 사실, 프랑스는 선박 규정에 대해 눈감아달라는 뜻에서 베이징에 상당한 경제적 지원도 했다. 중국이 고립된 상황에서 어떻게 경제를 다시 일으킬까 고민하던 시점에서는 매우 반가운 투자였다. 그리고 그 전에도 몇 달간 이탈리아, 벨기에, 독일 등의 유럽 국가들이 대만에 무기를 판매해도 좋다는 중국의 허가를 받아냈다.

　그런데 1992년에 미국이 대만에 F16 전투기 150대를 판매하자 상황이 예기치 않게 흐르고 만다. 중국은 세계 최고의 군비를 갖추고자 했다. 하지만 미국과는 1979년에 맺은 외교 협정상 미국이 대만에 최신 무기를 제공할 수 있다는 여지를 남겨두었으므로 대놓고 항의를 할 수도 없었다. 프랑스는 자신들도 미국과 입장이 다를 게 없다고 생각했기에 대만에 미라주 2000-5 전투기 60대를 185억 프랑에 판매했다. 하지만 프랑스 외무성은 이 거래에 크게 반대했었다. 중국 측에서 프랑스의 이런 처사를 못마땅하게 여긴다는 뜻을 여러 차례 피력했기 때문이다. 더욱이 이 계약은 진짜 군용 전투기를 판매하는 것으로 이전의 순항함 판매와는 차원이 달랐다. 중국 외무부장은 심지어 전투기와 1천5백 발 공대공 미사일 판매 계약이 성사될 경우 "그 결과에 대해 중국은 강경한 대응책을 취할 것이고 그 책임은 프랑스 정부가 져야 할 것이다"라는 예고까지 했다. 외무부장 대변인은 "중국의 심기가 편치 않다"고 강조했다……. 그 사이 국제 외교 관계도 변해 있었다. 이제 중국은 국제 무대에 복귀해 있었고 서구 국가들이 대만에 무기를 판매하는 것을 중국의 발전을 저지하려는 일종의 실력 행사로 받아들이고 있었다.

파리 외무성 장관 롤랑 뒤마는 결국 무기상들의 로비에 굴복하고 만다. 1992년 11월 18일, 미라주 전투기 판매 계약이 체결되었다. 계약서의 잉크가 마르기도 전에 베이징의 신랄한 항의가 쏟아졌다. 비슷한 시기에 무기를 판 미국은 민주당의 빌 클린턴이 대통령으로 선출된 지 얼마 안 된 탓에 아무런 항의도 받지 않았다. 중국은 다른 유럽 국가들이 비슷한 전철을 밟지 않도록 본때를 보여주기로 작정했다. 독일도 대만에 잠수함 판매를 고려하는 중이었다. 베이징은 이 계약을 자국 외교에 대한 심각한 "간섭"이자 "주권에 대한 침해"로 간주한다는 성명을 발표했다. 이 성명은 11월 26일 자 텔레비전 뉴스에 나왔고 다음 날 〈런민르바오〉 제1면에도 게재되었다.

정부는 보복으로 광저우 지하철 사업에서 프랑스 기업들은 전부 배제했다. 이 공사는 결국 독일이 따냈다. 게다가 정부는 광저우에 문을 연 지 얼마 되지도 않은 프랑스 총영사관을 폐쇄했다. 논의 중인 프랑스 쪽의 사업안은 투자든, 지점 개설이든 죄다 보류시켰다. 프랑스 대사 클로드 마르탱은 몇 번이나 정부에 불려갔고 양국의 교류는 차츰 줄어들었다.

1993년 3월에 프랑스에서는 에두아르 발라뒤르가 이끄는 좌우 동거 정부가 들어섰다. 두 달 후, 전 대통령 발레리 지스카르 데스탱이 중국을 찾았다. 그는 중국과 프랑스의 관계를 되돌리고자 노력했다. 6월에는 총리의 특별 자문 자크 프리드망이 중국을 방문하고 경제 부분 부총리 주룽지와 장시간 대담을 했다. 주룽지는 프랑스의 전 사회당 정부가 "대만에 무기를 판매하는 잘못된 결정을 내렸기 때문에 중불 관계의 토대가 무너졌다"고 일침을 놓았다. 이 해 여름에 중불 관계는 개선되는 듯 하더니 10월부터 상황은 더 악화되었다. 프랑스가 중국의 핵실험에 대한 보복으로 2년 전 대만과 계약한 순항함에 '무기 장착'을 허했기 때문이다. 11월 초에 홍콩의 친중계 언론 〈다공바오〉는 중국의 실망을 고스란히 드러내는 사설을 실었다. "파리는 과거의 배신행위를 사과하고자 했다. [⋯] 그러나 이제 프랑스는 중국과의 관계를 회복할 수 있는 기회를 저버렸으므로 두고두고 손해를 보게 될 것이다." 이 사설은 또 다른 외교적 항의가 있을 수 있음을 이렇게 시사했다. 주중 프랑스 대사관은 모든 코멘트를 거부했다. 1994년 1월이 되어서야 일말의 '화해'를 모색하는 공식 공동성명이 나온다. "중국 정부는 대만에 대한 모든 종류의 무기 판매는 자국의 주권, 안위, 통합을 해치는 행위로 여기며, 이런 처사에 단호하게 반대함을 다시 한 번 확인하는 바이다. 프랑스 정부는 중국 측의 입장을 감안하여 향후 프랑스 기업이 대만에 무기를 판매하는 일이 없도록 할 것이다⋯⋯."

4월에 에두아르 발라뒤르가 중국을 공식 방문했다. 그러나 이 '화해 여행'은 매우 긴장된 분위기에서 진행되었다. 중국 지도부는 프랑스 총리에게 작년 가을의 원한을 갚아주고 싶었던 것이다. 상하이에서는 프랑스 총리가 보는 앞에서 '예방 차원'으로 반체제 투사들을 체포하기도 했다. 총리는 자신과 동행한 프랑스 언론을 의식해서 당황한 기색을 감출 수밖에 없었다. 7월 초에 제라르 롱게 대외무역부 장관이 방문했을 때에야 비로소 이 갈등 국면에서 벗어나 경제적 사안이 다시 추진될 수 있었다. 신빙성이 높은 가설에 따르면 중불 관계가 악화되었던 20여 개월 동안 프랑스의 경쟁국들은 중국에 250억 프랑 상당의 무기를 팔았다. 이것은 프랑스가 대만에 무기를 판매해서 거둔 이익과 거의 비슷한 금액이다. 하지만 많은 기업들이 정치적 긴장 때문에 수지맞는 거래를 하지 못했다고 평계를 대고 있으므로 이런 추정을 사실로 확인하기는 힘들다. 어쨌든 프랑스가 정치적 대화라는 차원에서나 경제적 교역이라는 차원에서나 비싼 대가를 치른 것만은 분명하다. 이런 갈등이 하필이면 중국이 다시 개방을 추진하고 독일, 이탈리아, 미국 기업들이 중국과의 계약을 늘려나가던 시점에서 발생했기 때문이다.

중불 관계는 악화된 채로 계속될 수도 있었다. 하지만 1996년 8월 제네바에서 국제중재 재판에 에드먼드 콴이라는 사람이 톰슨을 고소하고 1991년 순항함 판매 중개비로 1억 5천5백만 프랑을 청구했다. 톰슨 경영진은 이 돈이 정치자금으로 이용될 것을 두려워하여 지불을 거절하고 오히려 콴을 사기죄로 맞고소했다. 바로 그 무렵, 롤랑 뒤마 외무장관 시대에 일어났던 석유회사 엘프의 스캔들에 대해서 예심 판사단은 로비스트이자 장관의 정부였던 크리스틴 드비에 종쿠르가 대만에 순항함을 팔 수 있도록 장관을 설득하는 과정에서 약 4천5백만 프랑을 받았을 것으로 보았다. 롤랑 뒤마도 뇌물 수수 혐의가 있었지만 이 단계에서는 프랑스 법정에서 개입하지 않았다. 2001년에 롤랑 뒤마도 정식 기소되어 실형을 선고받았으나 2003년 1월에 파리 고등법원에서 "비난받을 만한 행동이었으나 법적으로 처벌할 수는 없다"는 무죄 판결을 받았다.

1998년에 대만도 프랑스와 그 사이에 탈레스로 이름을 바꾼 톰슨에 항의하며 보상을 요구했다. 1991년 계약서에는 중개비에 대한 언급이 없었다. 그런데 드비에 종쿠르 재판에서 거액의 중개비가 오갔다는 사실이 밝혀진 것이다. 그래서 대만은 자신들이 속았다고 생각했다. 순항함 가격은 중개비 때문에 부풀려졌을 터였고, 대만은 그 차액을 보상하라고 나섰다. 이 사건은 여러 언론에 대서특필되었다. 중요한 증인들이 기이한 상황에서 실종되기도 했다. 2010년 5월에 파리 국제중재법원은 탈레스에게 대만에 6억 3천만 유로를 배상하라고 판결했다. 만약 이 판결이 확정된다

면 배상액의 70퍼센트는 국가가 부담하게 된다. 탈레스는 판결에 불복할
뜻을 밝힌 바 있다.*

---

* Hervé Gattegno, 《L'Affaire Dumas》, Paris, Stock, 2000. 자세한 내용은 〈르몽드〉 1992년
5월 13일 자 19, 20, 21면, 12월 30일 자, 1993년 1월 22일 자, 5월 9일 자, 20일 자, 1997년
2월 27일 자, 3월 12일 자, 12월 5일 자, 1998년 1월 25일 자, 3월 14일 자, 10월 23일 자,
2000년 11월 25일 자, 2002년 11월 5일 자, 2003년 1월 31일 자, 11월 7일 자, 〈르피가로〉
1998년 3월 14일 자를 참조하라. 최근 판결에 대해서는 2010년 5월 3일 자 〈르몽드〉, 〈르피
가로〉, 〈AFP〉를 참조하라.

'93

온 중국을 사로잡은
'부자 되기' 열병

덩이 경제개혁을 다시 이끌어낸 지 몇 달 만에 중국 사회는 눈부신 변혁을 이루어낸다.

신세대의 **투신**

톈안먼 사태의 주역이었던 대학생들은 정치 지도층의 메시지를 확실히 알아들었다. 지금 당장 정치체제의 변화를 꿈꿀 수는 없어도 최소한 개인적 삶을 옭아매는 노동단위의 굴레에서 벗어날 수는 있었다. 이때만 해도 대학생들이 자신의 전공조차 자유롭게 선택할 수 없었다. 수재들은 물리나 화학에 흥미가 없어도 무조건 이공계로 진학해야만 했다. 일단 학위를 받으면 국유 기업에서 거의 고정된 연봉을 받으며 일했고 형편이 크게 나아질 일도 없었다. 노동단위는 탁아소에서 양로원까지, 휴가에서 결혼까지, 모든 것을 책임졌다!

사람들의 눈이 다시 빛나고 대화가 활기를 띠기 시작했다. 탄압은 줄어들었다. 그 결과는 오래지 않아 나타났다. 1992년 말, 중국은 12퍼센트의 경제성장률을 기록했다! 각 행정구역과 중국 인구, 특히 1960년대에 출생한 신세대들은 집단적 열광 속에서 '투신'하기 시작했다. 여기서 '투신'이란 모험심 강한 이들이 낯선 분야에 뛰어들어 민간경제를 발전시키는 것을 뜻한다. 주로 연안 지역과 대도시 중심부에서 시작된 이 움직임은 계속 번져나갔다. 몇 달 만에 중국은 무기력에서 벗어나 거대한 작업 현장으로 변했다. 도로, 철로, 항공, 주거용 아파트와 오피스 빌딩, 짧은 메시지를 보낼 수 있는 무선호출기 등이 대도시를 중심으로 전국에 퍼졌다. 도심에는 식당, 옷가게, 식품점, 미용실, 에스테틱 살롱 등이 들어섰다. 시장에는 다양한 과일과 채소가 나왔고 품질도 점점 더 좋아졌다. 국제 언론도 이런 변화를 주목하기 시작했다. 1993년에 〈타임〉은 '더 넥스트 수퍼파워'라는 제목의 표지 기사에서 중국의 발전상을 조명했다. 하지만 지방, 특히 중부와 서부 지방 농촌은 거의 아무것도 변하지 않았다.

중국의 신세대들은 거의 예외 없이 개방의 물결에 몸을 던졌다. 그들은 불과 몇 달 사이에 중산층을 형성했다. 저마다 더 많은 돈을 버는 비결을 찾았다. 38세의 화학 교수 왕준은 강의 활동과 병행하여 화학 공장의 기술 지도를 맡고 실험용 제품을 판매하여 불과 1년 만에 소득을 다섯 배로 늘렸다. 대부분의 교수들이 그랬듯이 4년 전 톈안먼 민주화 운동에 참여했던 이 지식인은 "이제는 반체제 투사들이 뭘 원하는 건지 잘 모르겠습니다"라고 고백했다.

권력층의 도박은 성공했다. 청년 세대는 이제 부자가 되어 생활수준을 향상시킬 생각밖에 하지 않았다. 지역 언론은 민주화 투사 검거와 관련된 정보를 실었다. 가장 독종에 속하는 이들은 "국가 안정을 무너뜨리려는 소수의 인물들"로 소개되었다. 애국심을 강조하는 선전도 효과를 거두었다.

베이징에서 노동단위들은 규제를 완화하고 직원들을 풀어주기 시작했다. 중국의 대도시들은 '인력 교환 센터'를 설치했다. 이제 누구나 약간의 비용만 지불하면 기존의 노동단위에서 자신의 행정 서류를 받아 센터에 맡길 수 있었다. 센터는 일종의 행정적 사서함 역할을 할 뿐 회원들의 활동에 제재를 가할 수 없다. "일단은 하루가 다르게 향상되는 생활수준에 만족합니다. 그러니까 더 이상 정치 얘기를 하지 않는 겁니다. 2년도 안 되는 기간 동안 많은 부분이 자율화되었으니까요." 1993년에 천인이라는 청년은 이렇게 말했다. 그 역시 톈안먼 민주화 운동에 참여한 법대생이었으나 공안의 추적을 피해 30개월 이상 고향에 은거했다가 1992년에야 베이징에 돌아와 설립된 지 얼마 안 되는 개인 부동산 회사에 취직했다. 그는 한 달에 3천 위안을 벌었는데 당시로서는 꽤 좋은 조건이었다. 특히 부동산 부문은 비약적으로 성장하고 있었다.

실제로 1993년 초부터 중국인들은 부동산을 처분하여 재정을 확충하려는 과거의 노동단위들로부터 주택을 사들일 수 있게 되었다. 부동산이 그렇게까지 비싸지 않은 때였으므로 방 두 칸짜리 집은 1만~1만 5천 위안이면 구입이 가능했다. '중산층' 가정으로서는 충분히 감당할 수 있는 금액이었다. 게다가 지방 도시의 주택은 베이징에 비해 단위면적당 가격이 3분의 1 수준이었다. 주택 임대료도 여전히 저렴했다. 방 두 칸짜리 집을 빌리는 비용은 한 달에 50위안밖에 되지 않았다.

선견지명이 있던 도시인들이 자금을 끌어 모아 주택을 구입한 것은 잘한 일이었다. "당시에 내가 일하던 노동단위는 빨리 자금을 확보하려고 나한테 집을 세 채나 사라고 압박했습니다. 난 어찌나 화가 났는지 어떻게 해서든 주택 구입을 피해보려고 했습니다만 쓸모없는 짓이었지요."

2010년에 택시 기사 장 씨는 농담으로 이런 말을 했다. "그런데 지금은 그 사람들에게 절이라도 하고 싶다니까요! 택시 운전은 그냥 재미 삼아 하는 겁니다. 세 채 중에서 한 채는 팔아서 주식에 투자했지요. 수익이 짭 짤했어요. 집 두 채 중에서 한 채는 내가 살고 다른 한 채는 세를 주고 있 는데 나중에 아들이 결혼하면 물려줄 생각입니다."

주택 평당 가격은 1990년대부터 오르기 시작해서 2010년에는 연간 상승률이 25~30퍼센트에 이르렀다. 방 두 칸짜리 주택 기준으로 베이징 근교는 1평방미터당 5만 위안, 그보다 조금 더 벗어난 지역은 3만 5천 위 안, 많이 벗어나는 지역은 2만 5천 위안 수준이다. 이처럼 도심에서 벗어 날수록 부동산 가격이 낮아지며 베이징 중심가에 집을 갖는다는 것은 대 부분의 중국인들에게 꿈도 못 꿀 일이다. 일부 부촌과 호화 주택, 그리고 극히 일부의 잘 보수된 쓰허위안은 1평방미터당 가격이 8만 위안이니 서 구 대도시의 고급 주택보다 결코 싸지 않다.

축첩 습속이 **살아나다**

화교들은 중국을 떠나면서 축첩이라는 낡은 전통을 그대로 가져갔 다. 과거에서 부활한 듯한 축첩 현상은 1992년부터 중국 남부, 특히 광둥 성에서 다시 나타났다. 중국공산당은 정권을 잡은 1950년대 초부터 축첩 을 금지했다. 홍콩이나 대만의 기혼 남성들이 공장 투자나 그 밖의 사업 상 문제로 본토에 들어왔다가 젊은 중국 여성들과 관계를 맺는 일이 늘었 다. 그런 남자들은 일 년치 호텔비를 내주고 여자들이 예쁜 옷을 사고 미 용실에 갈 수 있도록 생활비를 대주었다. 그러다 나중에는 아예 집과 차 를 사주고 아이까지 낳아 기르게 하는 것이다.

머지않아 광둥 성 출신 부자들도 같은 전철을 밟기 시작했다. 중국의 신흥 부자들에게 본처는 처가로 돌아가고 본인은 첩과 산다는 것이 자랑스러운 성공의 표시가 되었다. 1993년부터 이런 현상은 상하이, 나아가 베이징까지 확산되었다. 1990년대 중반에는 중국 전역에서 축첩이 일반화되었다. 여대생을 비롯하여 수많은 젊은 여성들이 돈을 쉽게 얻을 수 있다는 유혹에 빠져 첩살이라는 과거의 구습을 따랐다.

그렇지만 과거의 축첩과는 분명히 다른 점이 있다. 오늘날의 둘째 부인은 공식적인 가족의 울타리에 들어가지 않는다. 공산당 체제가 축첩이라는 "봉건적이고 퇴폐적인" 습속이 되살아나지 못하게 하려고 애쓰기는 했다. 하지만 수천 년의 전통과 싸우기란 어려운 일일 것이다! 정치 지도자들도 반부패운동에서 '부도덕한 사생활'이나 '일부다처'라는 죄목으로 고발당한 사례가 아주 많았다. 1996년에 자살한 전 베이징 부시장도 그런 사례였다. 당의 금지에도 불구하고 축첩 현상이 너무 성행하여 여성 의원이 20퍼센트 이상을 차지하는 전인대에서 벌금 같은 실질적인 제재를 도입하여 이 현상을 막아보려는 시도도 나왔다. 2001년에 개정된 '혼인법'은 아내가 남편에게 둘째 부인이 있다는 이유로 이혼을 신청할 경우 남편 재산의 90퍼센트를 아내에게 귀속시킬 것을 예고했다. 하지만 무슨 수를 써도 소용이 없었다! 믿을 만한 통계는 나오지 않았지만 중국 사회학자들은 오늘날에도 첩을 두고 있는 남성들이 점점 더 늘어나고 있다고 본다.

군인들의 **비즈니스**

12년 전 덩샤오핑은 개혁·개방 정책에 군인들의 지지를 얻기 위해 군사 설비의 일부를 민간경제활동으로 전환할 수 있도록 허가했다. 덩의 메시지는 군인들에게 확실히 먹혔고 1980년대 말에 군은 이미 호텔, 식당, 자동차 산업을 위시한 여러 산업을 거느린 안락한 경제 제국이 되어 있었다. 하지만 사회의 나머지 구성원들도 '부자 되기' 경쟁에 미친 듯이 뛰어든 지금은, 관사나 공무용 차량, 의복, 식량, 장에서 볼 수 없는 상품들을 판매하는 특별 상점, 명문 학교에서의 자녀 교육 등 지금까지 군 장교들이 누리던 혜택이 상대적으로 보잘것없어 보였다. 게다가 군인들의 봉급은 거의 오르지 않았다.

온 중국을 사로잡은 '부자 되기' 열병, 군도 역시 예외는 아니었다. 군인들도 본격적으로 사업에 뛰어들었다! 1993년 말에 중국 내 조사에 따르면 중국 방위산업 수익의 70퍼센트는 민간 기업이 벌어들인다. 중국에서 가장 큰 군수 기업 북방공업공사는 산하에 157개 회사와 80만 명의 직원을 두고 있다. 이 그룹은 탱크와 탄약보다 소형 버스 분야에서 시장점유율이 더 높다!

정치 지도층은 군대 서열과 상관없이 성행했던 군수품의 불법 판매를 걱정했다. 군사 전문가들은 당 고위 간부 자제들이 막대한 양의 바오리 그룹의 수출품을 공식 통관절차를 피해 빼돌리는 비리를 저질렀을 것으로 보았다.

농민 **폭동**

중국의 9억 농민은 1979년 경제개혁으로 집단생산 체제가 해체되고 자유 시장이 등장했을 때만 해도 가장 먼저 수혜를 입은 사람들이었다. 하지만 이제 농민들은 이 두 번째 개혁의 물결에서 소외된 듯한 기분이었다. 후미진 농촌 지역은 현대화의 혜택을 입지 못했다. 아직도 6천만 가구는 전기도, 수도도 없이 살고 있었다.

더욱이 1992년부터 농민들은 현금을 지급받는 데 어려움을 겪고 있었다. 지방 은행 지점들은 국가가 매년 농산물을 수매하고 농민들에게 지급하는 돈을 좀 더 수익성 높은 곳에 투자하고자 했다! 우체국도 도시에 자리를 잡은 가족이 고향집에 부치는 돈을 투자로 돌렸다. 이 두 경우 모두 농민은 돈을 바로 찾지 못하고 기한이 명시된 지불 증서를 받았는데, 이 지불 기한조차 제대로 지켜지지 않기 일쑤였다. 중앙 정부에서 이런 악습을 막기 위해 노력을 기울였지만 별 성과는 없었다.

농촌은 지방자치가 강화되면서 늘어난 지방세 때문에 고통 받기도 했다. 농민들은 수목 관리, 상수도 설비 개선 등의 명목으로 이런저런 세금이 늘어나는 꼴을 봐야 했다. 그러나 사실 이 세금은 지방 관리들의 주머니로 들어가기 일쑤였다. 중앙 정부는 7월 22일 회의에서 쓸모없다고 판단되는 30여 가지 항목의 세금을 폐지하고 농민에게 부과되는 세금은 결코 소득의 5퍼센트를 넘어서는 안 된다고 다시 한 번 강조했다.

하지만 지방 관리들의 권력은 어마어마했다. 농민들이 그들의 직권 남용에 항의하기 시작했다. 1993년에 일어난 농민 폭동만 4백 건이 넘었다. 중앙 정부가 폭동을 자제할 것을 호소했지만 이런 현상은 점점 더 심해질 뿐이었다. 가장 최근의 통계는 2005년에 나왔는데 농민 폭동과 도시에서 일어난 시위가 연간 8만 5천 건에 달한다. 그렇다면 중국 전체로 보았을 때 하루에 230건 상당의 시위가 발생했다는 뜻이다.

시위가 가장 많이 발생한 지역은 쓰촨 성이었다. 또한 안후이 성, 광시좡족 자치구, 허난 성, 후난 성처럼 경제 발전의 수혜를 입은 지역과 인접한 빈곤 지역에서도 시위가 많이 일어났다.

'맹류 인구'의 **출현**

도시는 믿기지 않는 속도로 경제성장을 이룩했지만 농촌 지역의 발전은 크게 뒤처져 있었고 도농 간 소득 격차는 점점 더 크게 벌어졌다. 1993년에 도시의 생활수준은 12퍼센트 향상했지만 농촌에서는 5퍼센트밖에 향상되지 않았다. 1980년대에는 도시 근교의 농민들이 자기 소유의 땅 한 마지기에서 나오는 소출을 자유 시장에 내다팔 수 있었기 때문에 재미를 봤다. 그러나 1990년대에 이들은 새로운 딜레마에 빠졌다. 도시가 점점 농지를 흡수하며 확장되었기 때문에 자기 땅을 넘기든가 저항을 하든가 양자택일을 해야만 했던 것이다.

토지 보상 금액에 만족하는 농민들은 거의 없었다. 도로 및 고속도로 건설 같은 공공사업의 경우에는 중앙 정부 혹은 지방 정부가 시세에 맞는 금액을 지불했지만 이미 부패가 너무 심해서 그 돈이 고스란히 땅주인에게 들어오는 일은 거의 없었다. 개인사업자들은 촌장을 큰돈으로 매수해서 농민을 쫓아내기 일쑤였다. 이 경우, 정작 그 땅을 경작하는 주인은 거의 돈을 받지 못했다. 결국 가장 빈곤한 시골에서 도시의 신기루를 쫓아 상경하는 농민들은 점점 늘어날 수밖에 없었다. 그들은 중국에 우후죽순으로 늘어난 건설 현장이나 그 밖의 작업장에서 주로 육체노동에 종사하게 되었다.

1993년에 허난 성 농민 수백만 명이 고향을 떠나 상하이로 이주했다. 그들은 기차를 타고 이 거대 도시에 올라와 역 앞 '인력 시장'에서 몇 시간을 보냈다. 오른쪽에는 일용직보다 임금은 낮지만 좀 더 안정적인 '월 계약직' 희망자들이 줄을 섰다. 처음에는 월 3백 위안으로 시작했다. 왼쪽에는 임금이 조금 더 세지만(일당 20~30위안) 며칠 연속 일이 없을 수도 있는 일용직 희망자들이 줄을 섰다. 이들은 대부분 심하게 착취를 당

211

했고, 보수를 제대로 받지도 못한 채 힘쓰는 사람들에게 쫓겨나는 일도 허다했다…….

수백만 중국인들이 그들처럼 일자리를 찾아 맹목적으로 중국을 떠돌아다니는 '맹류(盲流)'에 합류했다. 이들의 수는 제대로 집계되지 않지만 1993년에 이미 2천만 명에 달했다. 주로 빈곤한 농촌 출신인 이들은 1995년에 7천만 명에 이르렀고, 여성과 국유 기업에서 낙오된 노동자들이 가세하면서 이 인구는 점점 늘어나 2010년에는 2억 3천만 명을 넘어섰다. 전 세계 어디서도 볼 수 없는 이 새로운 사회계층은 10년 동안 압축적으로 진행된 산업혁명과 인류사에서 가장 거대한 이농 현상의 결과로서 '민공(民工)'이라는 이름을 얻게 됐다.

1950, 60, 70년대에 태어나 2000년대 중반까지 주로 육체노동에 종사했던 이들의 꿈은 도시인들의 꿈과 아주 거리가 멀다. 이들이 당장 꿈꾸는 것은 월급을 제대로 받는 것, 그리고 가족을 만나는 것이다. 보통 1년에 한 번 설날에만 고향에 내려가 가족을 만나는데 그나마도 못 갈 때가 있다. 그 다음 목표는 아이들을 도시에서 교육시키는 것, 가족의 빚을 갚기 전에 병에 걸리지 않는 것이다.

리펑의 **와병**

리펑 총리에게 무슨 일이 있었던 걸까? 총리는 갑자기 정치계에서 종적을 감추고 4월부터 9월까지 뉴스에 단 한 번도 나오지 않았다. 외교적으로 필요한 자리에는 참석했지만 중요한 결정에는 더 이상 개입하지 않았다. 홍콩 언론은 중국 총리가 심장병을 앓는다는 기사를 내보냈다. 그러나 중국 공식 언론이 결국 단서를 제공했다. 총리가 "심한 감기"에 걸렸다는 것이었다! 중국 정치계의 관례상, 병명을 분명히 밝히지 않은 '건강 문제'는 정치적 고립을 암시한다. 리펑은 지도부에서 가장 보수적 인물로 통했고 지금은 개혁파가 승승장구하고 있었다. 덩샤오핑이 개혁파에 마지막 승부를 거는 이상, 톈안먼 유혈 진압의 무거운 짐은 리펑 총리에게 전가될 수밖에 없었다. 여론은 리펑을 대학살의 주범으로 몰아갔다……. 리펑은 톈안먼 사태를 기록한 일기를 통해 자신의 입장을 해명하고자 했다. 그러나 이 일기는 2002년과 2010년에 출간되자마자 금서 조치를 당했다.

'94
새로운 도전과
인민들의 기쁨

포스트 덩샤오핑 **시대의 시작**

이 해의 설날인 2월 9일에 수억 명의 중국 시청자들은 텔레비전에 나온 덩샤오핑을 보고 자기 눈을 믿지 못했다. 2년 전 중국 역사의 흐름을 다시 일으켜 세웠던 개혁·개방의 아버지 덩샤오핑이 이제 노망기가 보이는 늙은이에 지나지 않았다.

그렇지만 노인을 공경하는 전통에 따라 마오가 그랬듯이 덩도 마지막 숨을 거둘 때까지 아무도 반박할 수 없는 중국의 최고 권위자로 남게 될 것이었다. 하지만 이미 무대 뒤에서는 후계 경쟁이 시작되었다. 이 기묘한 시간은 3년 후 외교관과 기자들을 몇 번이나 긴장에 몰아넣었다가 마침내 덩샤오핑이 눈을 감을 때까지 계속되었다.

장쩌민은 이미 국가주석, 공산당 총서기, 군사위원회 주석이라는 가장 중요한 감투 세 개를 다 쓰고 있었다. 그는 외국을 자주 방문하며 자신

214

의 입지를 굳혀나갔다. 1993년 11월에는 미국을, 1994년 9월에는 러시아와 프랑스를, 11월에는 동남아시아 국가들을 방문하고 아시아태평양경제협력체 정상회담에 참석했다. 또한 당 내 고위직과 군대의 요직에 자신의 사람들을 임명했다.

리펑 총리도 '심한 감기'에서 벗어나 언론에 자주 등장하며 국제 무대에서 장쩌민을 압도하려고 애썼다. 그러나 리펑의 이미지는 톈안먼 사태에 대한 기억으로 너무 손상되어 있었다.

차오스는 '그림자 사내'라는 별명에 맞게 그동안 소리 없이 정부, 당, 전인대, 특수 기관에서 세력을 불려나가고 있었다. 차오스도 외국을 자주 방문했으며 동남아시아, 아프리카, 라틴아메리카를 주로 순회했다.

주룽지는 리펑이 정치권에서 잠시 떠나 있었던 1993년에 급부상했으나 이 해는 비교적 조용히 지내기로 작정하고 경제 분야에 전념했다.

한편 베이징 시장 천시퉁이 점점 더 자주 베이징 언론에 오르내리며 장쩌민 주석의 신경을 긁었다. 그는 새로 건설 중인 고층 빌딩들에 중국 특유의 기와지붕을 접목하여 '중국색'을 살리고자 한 인물로 명성을 얻었다. 베이징의 회계 보고는 불투명했지만 돈을 펑펑 쓰고 있는 것만은 확실했다. 사방에 고층 아파트와 상가 건설 현장이 들어섰다. 1990년 베이징 아시아경기대회를 계기로 베이징 시 구역이 더욱 확장되었다. 싼환루가 이제 베이징 시 경계가 되었다. 그러나 아직 농민들이 떠나지 않은 도로 건너편 들판도 불도저와 크레인을 맞이할 채비를 하고 있었다.

군은 몹시 조용했다. 그러나 권력 승계 과정에서 군의 역할이 결정적이라는 점은 누구나 알고 있었다. 미국은 중국에 대한 정치적 분석을 강화하기 위해서 10월 중순에 베이징과 군사 협력을 재개했다.

떠오르는 **상하이방**

장쩌민은 1989년에 상하이 시장과 당 서기로 일하던 당시의 주요 협력자들을 자기 곁으로 불러들였다. 장차 중국 정치계에서 중요한 역할을 할 인물들이 베이징으로 올라왔다. 상하이 당 서기 우방궈, 상하이 시장 황쥐가 1993년과 1994년에 차례로 중앙정치국 위원이 되었다. 이 두 사람 모두 2002년에는 중앙정치국 상무위원이 된다.

국무원 부총리 주룽지, 전인대 의장이자 보안부의 실세 차오스, 외무부장 첸치천도 거대한 산업 도시 상하이와 특별한 관계를 맺고 있었다. 그러나 이처럼 '상하이방'의 세력이 커지는 것을 베이징과 그 밖의 지역들은 곱지 않은 시선으로 바라보았다…….

중국 외교의 **황금시대**

1993년은 베이징이 올림픽 유치에 도전했다가 실패한 탓에 전국민적 실망을 맛보았던 해이기도 하다. 중국인의 '애국심'을 고취시키는 한편, 국제사회에도 올림픽 개최의 타당성을 강조하기 위해 대대적인 선전 활동이 몇 달간 이어졌다. 국제올림픽위원회 위원들은 중국에서 융숭한 대접을 받았지만 중국은 아직 그들의 눈에 그리 근사해 보이지 않았다. 한편 중국의 여자 육상선수들이 8월에 열린 슈투트가르트 세계육상대회에서 금메달을 대거 목에 걸었다. 그러나 결국 중국의 지나치게 완벽한 프로필은 되레 의심을 불러일으켰고, 국제 인권 단체들도 중국의 올림픽 개최를 반대하며 압력을 행사했다. IOC는 오스트레일리아 시드니를 개최 도시로 낙점했다. 베이징 시장 천시퉁이 이끄는 중국 대표단은 전 세계 텔레비전 카메라 앞에서 비통한 마음을 감추지 못했다. 마지막 순간까지 유치를 확신했던 중국인들은 '체면 구기는 결과'에 분노를 감출 수 없었다.

하지만 새로운 외무부장 첸치천은 대단한 전략가였다. 그는 젊고 유능한 인재들을 자기 사람으로 만들 줄 알았다. 중국 외교관들은 몇 달간의 실패를 교훈 삼아 국제 무대에서 크게 성장했다. 그들은 외국 투자자들이 솔깃해하는 매력을 잘 이용하여 대부분의 서구 국가들과 외교 정상화를 이루면서도 중국 측의 조건을 받아들이게 했다.

프랑스가 대만에 미라주 전투기를 판매했다는 이유로 18개월간 얼어붙었던 중불 관계가 1월 12일의 '공동성명'으로 풀렸다. 중국은 아직도 대만을 별개의 국가라기보다는 '변절한 지역' 정도로 간주하고 있었다. 9월에 장쩌민은 프랑스를 방문하고 열렬한 환영을 받았다.

한편 미국은 6월에 중국의 인권 문제와 무역을 별개로 생각하기로 마음먹었다. 미국은 처음으로 중국에 최혜국대우 조항을 갱신했다. 같은 해에 미국은 중국과 "건설적 관계"를 발전시켜 상호 방문과 군사 협력을 늘려나갔다. 중국은 분명히 미국 입장에서 외교적으로나 경제적으로나 많은 이익을 도모할 수 있는 상대가 되었다. 또한 중국 권력자들의 눈에도 말이 통하는 상대는 미국밖에 없는 것처럼 보였다.

반면에 영국과의 관계는 1997년 홍콩 반환 문제로 점점 더 악화되었다. 홍콩 의회는 6월 말에 크리스 패튼 총독이 제시한 민주 개혁안을 채택하여 중국의 분노를 부채질했다. 9월 홍콩 지방선거에서는 자유당이 승리했다. 그러나 영국과 중국은 국제공항 건설 재정이나 군 소유지의 민간 전환 추진 같은 기술적 사안에 대해서는 협력을 계속 이어나갔다.

10월에 대만 관련 문제로 일본과의 관계도 나빠졌다. 일본이 히로시마 아시아경기대회에 대만 부통령을 맞아들인 일이 중국의 심기를 건드렸다. 11월로 예정된 일본 총리의 중국 방문은 무기한 연기되었다.

　　1993년 4월에 '싱가포르 회담'으로 다소 좋아지는 듯했던 대만과의 관계도 악화되었다. 이 회담은 중국과 대만이 건국 후 처음으로 갖는 공식 접촉이었다. 1993년 8월 31일, 중국은 백서에서 대만의 지위 변화에 대한 '단호한' 반대 입장을 다시 한 번 확인하고 "대만에 대한 주권을 되찾기 위해 무력에 호소할 수도 있다"고 주장했다. 그동안 대만 정치계에서는 민진당의 입지가 커졌다. 1992년 국회의원 선거는 1949년부터 집권 여당이었으며 통일 지향적인 국민당의 지지 기반이 크게 줄어들었음을 보여주었다. 민진당은 제1야당이 되었다. 1994년 4월에 첸다오후 사건은 중국과 대만의 관계를 악화시키는 계기가 되었다. 30여 명의 관광객들이─그중 24명은 대만인이었다─저장 성 첸다오후에서 유람선을 타던 중에 화재로 모두 사망하고 만 것이다. 중국은 며칠 동안 이 사건이 단순 사고였다고 주장했다! 대만은 중국과의 모든 관광, 문화 교류를 중단하고 베이징이 사건의 진상을 조사하게끔 압력을 넣었다. 결국 3명의 중국인이 용의자로 체포되어 사형선고를 받았다. 그렇지 않아도 40년간의 반공 교육으로 중국에 대해 의심이 많을 수밖에 없었던 대만 여론은 이 사건에 크게 분개했다. 그래도 양국의 교류는 계속되었다. 대만은 국제적 입지를 다지기 위한 노력도 계속했다. 리덩후이 총통은 휴가를 핑계 삼아 동남아시아 국가들을 순회하며 각국의 지도자들을 만났다. 그러나 9월에 대만은 국제연합 재가입을 시도했다가 고배를 마시고 만다. 대만을 지지하는 국가는 불과 29개국, 그것도 대부분 제3세계 국가들이었다……

경제 개발의 **4대 암초**

2년간 중국 경제는 아주 근본적으로 변했다. 연안 지역은 모두 경제 개발 속도 경쟁에 뛰어들어 있었다. 중국은 해외 자본을 어마어마하게 유치하고—1993년에 260억 달러, 1994년에 3백억 달러—경제성장률 기록을—1993년에 14.5퍼센트, 1994년에 13퍼센트— 갱신했다. 중국은 지구상에서 가장 경제성장률이 높은 나라가 되었다. 중국은 장차 세계경제의 강대국이 될 것이 분명해 보였지만 이런 고속 성장은 여러 가지 탈선의 위험도 안고 있었다.

경제학자들도 경기과열의 위험을 경고하기 시작했다. 인플레이션은 이미 두 자릿수를 넘었다. 1993년과 1994년에는 이런 경고가 끊이지 않았다. 경제적, 사회적 위험은 현실이었다. 1988년에도 리펑 총리는 인플레이션 문제를 우려하여 첫 번째 개혁의 물결에 제동을 건 바 있었다. 당시의 긴축 정책은 물가 상승률을 즉시 잡지 못하고 국민들의 불만만 불러일으켜 톈안먼 사건의 원인이 되기도 했다. 이번에는 그때그때 문제가 발생하는 대로 해결하기로 했다. 폭풍 속에서도 큰 돛을 접지 않고 즉각적 효과를 볼 수 있는 방법을 취한다는 입장이었다. 차츰 경제지표들이 다시 개선되었다. 1994년 여름부터 다시 대출 규제가 실시되었다. 생필품 가격은 정부가 고정시키고 통제했다. 인플레이션은 경제성장률보다 밑도는 10퍼센트 수준으로 떨어졌고 다시 9퍼센트까지 떨어졌다. 경제학자들은 7, 8퍼센트 정도의 성장률이 유지된다면 급격한 경제성장으로 생기는 부작용이 그리 심각하지 않을 것이라고 보았다.

하지만 물가 상승 외에도 중국의 균형 발전을 위협하는 네 가지 구조적 문제가 있었다. 중국사회과학원은 1993년부터 정부의 요청에 따라 사회 경기 동향에 대한 백서를 매년 발간하는데 여기에 그 네 가지 문제들은 아주 분명하게 제시되어 있다. 백서는 전문가와 정책 입안자들을 위한 보고서로서, 선전부가 언론에 보내는 자료와는 완전히 다른 내용과 분석을 담고 있다.

첫 번째 문제는 중앙 권력과 지방 권력의 관계다. 베이징의 금고는 비었다. 1994년의 재정적자는 670억 위안으로 전년도보다 3배나 늘었다. 중앙 정부는 이제 교육 같은 국가의 기본 사업을 감당할 돈조차 없었다. 지방 정부는 국세청의 세금을 올리자는 요구에 응하지 않았고, 인플레이션을 잡기 위해 경기 둔화를 꾀하는 것도 싫어했다.

두 번째 문제는 베이징과 연안 지방 주요 10개 도시와 내륙 지방의 경제 발전 격차가 너무 심각하다는 것이다. 해외 자본의 70퍼센트가 수도와 10개 연안 지방에 집중되었고 내륙 지방은 별로 변한 게 없었다. 게다가 빈곤한 내륙 지방의 3분의 2는 티베트, 신장, 윈난, 네이멍구 등 '소수 민족'이 사는 변방의 산악 지대다. 이로써 지역 갈등은 더욱 심화되고 있다. 농촌에서의 폭동과 봉기는 자꾸만 늘어나고 이농 현상도 심각하다.

중국의 전통적인 병폐라고 할 수 있는 부패가 바로 세 번째 문제다. 부패는 일찍이 20세기 초에 청 왕조의 몰락을 가져왔고 1940년대 말에 국민당이 청렴하고 도덕적 이미지를 내세운 공산당에게 패배한 원인이 되었다. 1989년 톈안먼 시위대에서도 일부는 공산당에서 다시 나타나기 시작한 부패 현상을 척결할 것을 부르짖었다. 경제 발전에 박차를 가하는 1994년 당시, 부패는 더욱 심해져 사회 구석구석을 좀먹고 있었다. 그러나 10월 말에 공식 언론은 1년 전 시작한 부패 척결 운동으로 14만 명의 간부가 징계를 받고 수십 명이 처형을 당했다고 발표했다. 1990년대에 이런 유의 운동은 점점 더 활발해졌고 오늘날도 사정은 마찬가지지만 중국 사회의 부패는 그리 사라지지 않았다.

네 번째는 사회 질서의 문제다. 빈부의 격차가 커질수록 범죄가 늘어난다. 1930년대에도 버스, 기차 습격은 여러 차례 일어났다. 물론 서구의 대도시들에 비하면 중국 도시들은 안전한 편이었다. 그러나 중국의 도시들은 큰 마을 같았던 과거의 분위기를 잃었다. 정부는 실업과 물가 상승으로 인한 소요나 폭동을 무엇보다도 두려워했다. 파업이 잦아지고 국유 기업 근로자는 경제개혁 이후 20퍼센트 이상이 해고를 당했다. 1990년대 초에 중국 언론에 '실업'이라는 단어가 처음으로 등장했지만 사회보장체계는 전혀 마련되지 않았다. 노동부장은 2000년 현재 중국의 실업 인구는 2억 6천8백만 명이고 그중 6천8백만 명은 도시 거주인이라고 밝혔다. 지방 정부는 무슨 수를 써서라도 경제성장의 부작용을 억제하라는 지시를 받았고 베이징은 곤란한 문제들을 피하기 위해 국유 기업 민영화를 서서히 추진하기로 결정했다.

반체제 투사들을 '보이지 않게' 하다

1994년 초에 중국 국내선 항공편의 잦은 지연과 비행 취소에 견디다 못한 승객들이 소송을 걸어 승소한 사건이 있었다. 이 소식은 체포되지 않고 중국에 남아 있던, 톈안먼 운동에 참가했던 학생들에게도 알려졌다. 그들은 대부분 직장인이 되어 있었다. 법치국가를 건설하여 현 체제를 내부에서부터 민주화해야겠다는 생각이 싹텄고, 이런 생각은 공산당 내에서도 가장 깨어 있던 인물들에게 공감을 얻었다. 변화를 추구하는 세력은 중산층이 두터운 시민사회를 건설하는 것이 민주주의의 발전에 도움이 되리라 생각했던 것이다…….

중국이 권력 승계라는 상황에 있지 않았다면 중국의 지도층들은 이런 움직임을 그렇게까지 우려하지 않았을 것이다. 중국인들은 전통적으로 국가 지도자의 죽음을 기회로 삼아 불만을 표출하곤 했다. 1976년에 저우언라이가 서거했을 때 그랬고, 1989년에 후야오방이 서거했을 때도 그랬다.

1993년에 2000년 올림픽 유치를 위해 대규모 선전 운동을 전개하면서 반체제 투사들 몇 명이 석방되었다. 1982년에 공산당 1당 체제를 비난한 왕시저, 자오쯔양 총서기의 고문이었으며 1989년 계엄령에 반대하여 의회를 소집하고자 했던 가오산이 이때 석방되었다. 톈안먼 학생운동의 상징적인 두 인물 왕단과 궈하이펑도 석방되었다. 5월 말에는 '민주의 벽' 운동의 주도자였던 쉬원리가, 9월에는 1979년 봄에 덩샤오핑을 비난하고 '민주주의라는 다섯 번째 현대화'를 요구했던 중국에서 가장 유명한 정치범 웨이징성이 석방되었다.

그러나 중국은 올림픽 유치에 실패했고 1993년에 이에 대한 항의 운동이 시민의 자유, 정치적 자유를 구체적으로 개선해야 한다는 탄원의 형태로 전개되었다. 그러나 이 운동은 사실상 제대로 싹을 틔우기도 전에 죽어버린다. 1994년 3월부터 정권은 반체제 투사들을 다시 압박하기 시작했다. 그들이 사회적 불만을 정치적 움직임으로 표출할까 봐 두려웠던 것이다.

중국 공안의 새로운 전략은 가장 활발한 활동을 하는 민주주의의 옹호자들을 '보이지 않게' 하는 것이었다. 그래서 4월 1일에는 웨이징성이 톈진에서 베이징으로 차를 타고 이동하던 중에 실종되었다. 그가 어디에 수감되었는지는 전혀 알려지지 않았다. 웨이징성의 가족들은 석 달 후에야 그가 '무사하다'는 연락을 받았다. 1994년에는 중국에서 20여 명의 반체제 투사들과 노동운동가들이 같은 수법으로 '증발'했다고 국제사면위원회가 9월 보고서에서 밝혔다. 언론 통제가 강화된 것도 당시 권력층의 불안을 설명해준다.

그러나 그들이 걱정하는 동안에도 신세대는 전통적으로 매우 엄격하고 통제가 심했던 중국의 역사상 가장 큰 사회 변화를 견뎌내고 있었다.

인민들, **여가를 발견하다**

1994년 3월 1일에 새로운 노동법이 제정되면서 중국인들은 주말의 즐거움을 발견했다. 행정기관, 중국 및 외국 합작 기업 근로자들은 이제 일요일과 격주 토요일에 쉴 수 있었다. 1999년에는 토요일과 일요일을 모두 쉴 수 있게 된다. 지금까지는 토요일에도 항상 오전 근무가 있었다. 토요일 오후에는 근로자들은 의무적으로 정치 강의에 참석해서 마오 주석의 사상이나 덩샤오핑 주요 연설을 공부하며 꾸벅꾸벅 졸기 일쑤였다. 이런 '이데올로기 미사'는 차츰 줄어들다가 나중에는 폐지되거나 경영회계 강의로 대체되었다.

베이징 **최초의 바**

1994년에 프랑스 대사관이 위치한 동네에 베이징 최초의 서구식 바가 문을 열었다. 비슷한 바들이 금세 늘어났다. 1995년부터 술집과 식당 거리가 베이징 싼리툰에 조성되었다. 이 거리는 베이징의 밤 문화를 바꾸어놓았다. '술집 거리'는 몇 달 만에 외국인과, 돈을 좀 벌었으나 소비 욕구를 풀지 못하고 있던 신세대들의 단골 약속 장소가 되었다. 이곳에서 중국 청년들은 외국인과 어울리기 시작했고 중국인과 외국인의 교제도 차츰 늘어났다.

베이징 서쪽 대학가에도 또 다른 해방구가 생겼다. 1990년대 후반기에는 또 다른 번화가들이 생겨났다. 여기에는 중국의 신흥 중산층이 자주 드나들었다. 1990년대 말이 되자 베이징에 사설 식당이 들어서지 않은 거리는 하나도 없었다. 다른 대도시, 특히 광저우와 상하이에서도 비슷한 움직임이 나타났다. 식당에서 파는 음식 가격은 그리 비싸지 않았기 때문에 외식은 신세대 중국인들이 매우 선호하는 여가 활동이 되었다. 외출, 여가, 외식을 거의 즐겨보지 못한 장년, 노년 세대를 모시고 음식점을 찾는 이들도 많았다. 새로운 소비 사회에서 성장한 자식 세대는 점점 더 이런 식으로 가족 모임이나 연회를 자주 가졌다.

'다방'이라는 또 다른 여흥 장소들이 다시 문을 열었다. 자금성 남쪽의 첸먼 다방이 가장 인기가 좋았다. 1994년 봄, 무거운 빗장이 걸려 있는 거대한 붉은 문짝 뒤에서 등불이 바람에 흔들렸다. 불과 몇 달 전에는 상상도 할 수 없는 모습이었다. 희극배우 2명이 하얀색 소맷부리와 깃만 빼고 전부 다 갈색인 전통 복식을 갖추고 나와 공장에서 공포 분위기를 조성하는 공산당 반장 흉내를 내면 다방은 폭소와 박수갈채로 가득 찼다. 관객들은 삼십대, 사십대가 많았다. 그 정도면 신세대 축에 들었다…….

돈, 섹스, 노래방

"돈과 섹스는 중국인들이 가장 좋아하는 화제다." 1994년 10월, 상하이 공영방송 라디오가 10만 청취자를 대상으로 조사한 결과다. 이런 현상은 1993년부터 나타났다. 경제개방과 사회적 통제 완화는 중국의 욕망을 깨웠다! 1993년에 처음으로 중국의 모든 학교에서 성교육이 실시되었다. 또한 학부모들을 위한 특별 강좌도 마련되었다. 베이징 정보 라디오에서 밤 11시 이후에 성생활에 대한 조언을 하는 〈속삭임〉이라는 프로그램이 청취자 조사를 실시했다. 이 방송 청취자의 70퍼센트는 대학생이었다. 중국 대도시에 들어선 '아담과 이브'라는 의미심장한 이름의 섹스 숍은 지점이 2백여 개에 달했고 베이징에만 10개 지점이 있었다. 이런 가게에서는 포르노 잡지와 중국에서 전통적으로 정력에 좋다고 알려진 식품들을 팔았다. 9월에 베이징에서 성 박람회가 처음으로 열렸다. 하루 2천 명 이상의 관객이 두 사람이 서로 얼굴을 붉히며 서로의 눈을 바라보는 만화 속의 한 장면 같은, 매우 건전하게 성욕을 일깨우는 게시물을 보러 왔다. 성병 문제도 처음으로 다루어졌다.

　이런 현상이 생겨난 이유는 중국인의 사생활을 심하게 간섭하던 '노동단위'와 각 마을 '공안사무소'의 세력이 후퇴했기 때문이라고 할 수 있다. 주거 환경도 이런 식으로 차차 개선되었다. 1980년대에 베이징 시민 1인당 주거 면적은 평균 4평방미터에 불과했다. 이웃과 욕실, 주방을 공동으로 쓰면서 3대가 단칸방에 사는 경우도 허다했다. 전위파 감독 머우선이 연출한 연극 〈에이즈에 대하여〉는 1994년 12월에 베이징에서 초연되어 최다 입장 관객 기록을 세웠다. 활기찬 젊은 관객들 앞에서 배우들은 섹스를 하고 싶지만 주위 사람들 때문에 자꾸만 기회를 놓치고 마는 부부 역할을 연기했다. 극중에서 주인공 부부는 오십대가 되어서야 겨우 두 사람만의 시간을 갖게 되지만 그때에는 남편이 불능이 되고 만다. 베이징 인민 대학의 사회학과 교수이자 성애 전문가인 판수이밍은 이렇게 말한다.

　"중국에 정말로 성 혁명이 일어났다고 말할 수 있을 겁니다. 중국인들은 두 세대 동안이나 성이 억압되어 있었죠. 문화대혁명 기간에는 매사에 '성을 지워야만' 했습니다. 남자나 여자나 똑같이 품이 넉넉한 셔츠와 바지를 입었고, 혼인은 단순한 절차였으며, 낭만은 '부르주아적인 감상주의'라고 비판을 받았지요. 성애나 관능을 다룬 미술, 음악, 문학 작품들은 전부 파괴되었고요. 1980년대 초에 중국인들은 성과 관련된 가장 기본적인 단어들조차도 몰랐습니다. 성과 관련된 속어와 은어도 얼마 남지 않았지요. 성과 관련된 어휘는 사라지고, 대화에서도 배제되고, 교육상 엄하게 금지되었어요! 성을 금기시하는 것이 직접적인 금지보다 더 효과적인 수단이었지요."

하지만 중국은 전통적으로 성에 큰 비중을 두었다. 불과 8년 전에 대학생들이 기숙사에서 몰래 읽곤 했던 금서 《금병매》만 읽어보더라도 그 점은 분명하다. 그러나 1992년부터 이 작품은 길모퉁이 헌책방에서나 해적판으로 구할 수 있었다. 남색 교복, 하얀 발목 양말, 얌전하게 땋은 머리, 1960년대에서 1980년대까지 지켜지던 단정한 복장은 이제 보이지 않았다. 신세대는 청바지를 즐겨 입었고, 연인들은 길에서도 애정 표현을 했으며 한밤에 '테마 파티'도 열렸다.

1995년 2월에 한 삼십대 여류시인의 자택에서도 테마 파티가 열렸다. 집 주인은 공공연한 양성애자였다. 성애 전문가, 작가, 예술가, 기자들이 중국의 새로운 성 풍속과 성애 문학을 논하기 위해 그녀의 집에 초대받았다. 거실에는 거대한 마릴린 먼로 사진들이 걸려 있고 창문에 두꺼운 커튼이 드리워져 있었다. 몇 달 전만 해도 이런 모임을 갖고 이런 화제를 입에 올린다는 것은 상상도 못할 일이었다.

그날 파티에 참석했던 사람들 중에 화학 제품 공장에서 영어 번역 일을 하는 23세의 한 여성은 이렇게 말했다. "내가 고등학생 때에는 청바지를 입는 것도 몹시 도발적이고 성적인 행동이었어요. 청바지를 입은 애들을 보면 부러웠지만 정작 내가 사람들 앞에 그러고 다닌다 생각하면 어색하고 민망했지요."

1990년대 중반에 중국의 신세대와 기성세대는 근본적인 단절을 보였다. 신세대는 성과 정서의 자유를 발견한 반면, 기성세대는 여전히 몹시 점잖고 중매결혼을 선호했다. 권력층이 이런 사회의 근본적 변화를 깨닫기까지는 시간이 좀 걸렸다. 특히 시골에는 도시에서 가져온 불법 포르노 영화 복사본들이 돌았다. "중국인들의 대다수는 몰래 도는 포르노 잡지와 영화를 통해서 성을 배우죠. 그래서 자연스러운 본능, 관능, 성애와 포르노를 구분하지 못해요." 판수이밍은 안타깝다는 듯이 말한다.

권력층은 이런 분위기를 억압해야 할지, 방관해야 할지, 아니면 성교육을 실시해야 할지 갈피를 잡지 못했다. "당 지도부는 신세대가 자본주의의 성적 타락에 빠질까 봐 두려워했죠." 중국 전인대 부의장 우제핑은 말했다. 1994년 9월에는 베이징에서 동성애자들이 대거 검거되었다. 2백여 명의 게이들이 불려갔다. 문화대혁명 때처럼 노동교양소에 끌려가지는 않았지만 '집단적 파괴주의'로 고발당해 막대한 벌금을 물어야 하는 신세가 됐다. 섹스 파티 중에 불심검문을 당하는 경우도 중앙 텔레비전 방송에 보도되곤 했다. 앵커는 어떤 소식인지 소개도 하지 않았다. 그저 경찰들이 엄한 눈으로 지켜보는 가운데 서둘러 옷을 입는 20여 명의 중국인들이 몇 초간 화면에 나왔을 뿐이다! 1994년 12월 26일자 영문판 공식 기관지 〈차이나데일리〉는 기억할 만한 논평을 실었다. "중국인들은 못된 자위 습관을 버리기 위해서 아침에 잠자리에서 빈둥대거나, 너무 끼는 옷을 입거나, 너무 두툼한 이불을 덮지 않도록 해야 할 것이다!" 포르노그래피 추방 운동도 1990년대에 여러 차례 전개되었다.

하지만 그런 노력이 중국에서 일반화되고 있는 성 혁명을 막을 수는 없었다. 게다가 시골에서 상경한 젊은 여성들이 매춘으로 빠지는 경우가 적지 않았다. 도시에 안마 시술소와 이발소가 성행했다. 금전 사정이 그리 좋지 않은 민공들이 주 고객이 되는 건설 현장 근처, 고속도로 근처에 많은 업소들이 생겨났다. 특히 광시 좡족 자치구의 업소들은 분위기가 몹시 좋지 않았다. 미모가 뛰어난 여자들은 '샤오제(小姐)'가 되었다. 이 단어는 원래 말 그대로 '아가씨'라는 뜻이지만 사실은 전국적으로 늘어나는 술집, 노래방의 여종업원을 가리킨다. 2000년에 국제에이즈연합은 에이즈 방지를 위한 사전조사 결과 중국에 '등록된' 매춘업 종사 여성은 8백만 명이라고 밝혔다. 그러나 전문가들의 비공식 집계에 따르면 실제 매춘업 종사 인구는 그 3배에 달한다고 한다.

노래방은 중국 젊은이들이 즐기는 밤 문화가 되었다. 일본에서 처음 시작된 이 문화는 업소에서 노래 가사가 나오는 화면을 보면서 노래를 부르는 것이다. 노래방은 굉장한 인기를 끌었고 도시는 물론 작은 마을과 촌락까지 '가라오케'라는 간판이 파고들었다. 가족이 다함께 노래방에 가서 혁명가를 부르기도 했다. 남자들은 노래방에서 '샤오제'를 무릎에 앉혀 놓고 사업을 논하기도 했다. 1980년대에 그토록 토론에 열을 올리던 대학생들조차도 이제는 술과 담배에 찌든 채 노래방에서 목이 쉴 때까지 노래를 부르곤 했다.

성공적인 개혁,
어지러운 사회

경제대개혁을 추진한 지는 2년밖에 되지 않았지만 이미 그 첫 번째 성과는 눈에 띄게 나타나고 있었다.

중산층이 **나타나다**

1992년에 중국사회과학원은 중국 사회를 노동자와 농민이라는 두 계층으로 정의했다. 여기에 '지식인'이라는 한 층이 더 추가되었다. 마오 쩌둥 시대에 제시된 이런 도식은 공산당 간부나 군인처럼 혜택을 누리는 특수 계층이 전혀 고려되지 않은 분류법이었다. 중국 사회는 이제 대개혁과 함께 격변을 겪었다. '민공'이라는 유동 인구층이 출현했는가 하면 새로운 중산층도 등장했다.

1980년대 중반부터 '개체호'라는 이름으로 발전하기 시작한 민간 기업가들은 긴축재정 시기에 무거운 과세에 시달렸다. 그러나 다시 그들의 경제활동이 장려되었다. 민간 경제는 분야를 막론하고 크게 발전했으며, 중국 역사상 처음으로 젊은 여성들의 약진이 두드러졌다. 1995년에 중국 국세청은 '중산층'이 이미 7천5백만 명에 달한다고 발표했고, 2000년에는 2억 명에 달할 것으로 내다보았다. 하지만 중산층은 더 빠르게 늘어났다. 그리고 다음 10년 동안에는 차츰 상류층이 형성되었다. 2010년에는 상류층과 중산층을 합산한 인구가 3억 5천만 명을 넘어섰다. 이는 중국 인구의 4분의 1 이상이 넘는 숫자다.

1995년에 새로운 중산층은 소박하지만 국제적인 기준에 비추어도 그리 뒤지지 않는 삶을 누리기 시작했다. 중산층의 외적 표시는 주택 구입, 그다음에는 자동차 구입과 집에서 일하는 도우미를 고용하는 것이었다. 시골에서 대거 상경한 젊은 여자들이 이런 식모살이를 하는 경우가 많았다.

작업실을 나온 **예술가들**

개혁·개방과 함께 예술가들도 작업실에서 나오기 시작했다. 영화, 문학, 음악, 연극, 현대미술, 디자인 등 모든 분야에서 놀라운 창의성이 빛을 발했다. 중국은 유례없는 변혁을 겪고 있었으므로 이 모든 분야의 예술이 동시대인들에 대한 관찰을 통해 영감을 얻을 수 있었던 것이다.

1993년에 천카이거 감독은 〈패왕별희〉로 칸 영화제 황금종려상을 수상했고, 한 해 전에 장이머우 감독도 〈귀주 이야기〉로 베니스에서 황금사자상을 수상했다. 이로써 전 세계가 중국 영화를 주목하게 되었다. 이때부터 10여 년간 중국 영화는 대단한 붐을 일으키며, 그때까지 알려지지 않았던 중국 감독들이 주요 국제영화제의 상을 휩쓸게 된다. 배우 겸 감독 장위안은 2000년도 칸 영화제에서 심사위원 대상을 받았고, 궁리와 장만위도 여우주연상을 받았다. 또한 홍콩의 왕자웨이 감독과 대만의 리안 감독도 각기 〈화양연화〉와 〈와호장룡〉 같은 뛰어난 작품을 선보여 미국 아카데미 영화제에서도 인정을 받았다.

미학적 완성도를 추구하는 중국의 시네아스트들은 할리우드 영화와 프랑스 영화에 신선한 바람을 불러일으켰다. 중국 영화는 시적인 롱테이크를 즐겨 쓰고, 배우들의 연기가 뛰어나며, 〈화양연화〉를 보면 알 수 있듯이 영화음악도 상당히 매혹적이다. 〈홍등〉, 〈영웅〉 등을 만든 장이머우처럼 색감이 뛰어난 회화를 연상케 하는 장면 연출로 개성을 드러내는 감독들도 있다. 이들 영화감독들은 서구인들에게 중국 사회의 구체적인 이미지를 비롯해 중국의 역사와 신화의 단편들을 제시함으로써 그들이 중국 고유의 상상력과 문화적 토대를 이해할 수 있게 해주었다.

국제적으로는 조금 덜 알려졌지만 1990년대 말에 중국 시네아스트들의 두 번째 약진이 있었다. 이들은 도시를 배경으로 하는 좀 더 현대적인 시나리오와 저예산을 극복하기 위한 아이디어로 영화를 찍었다. 실제 자기 주변 인물들의 이야기를 영화로 찍은 장위안 감독도 그중 한 사람이다. 중국 다큐멘터리 영화는 사회학적·영화학적 관심을 동시에 보여주었다.

검열은 여전히 존재했으나 외국과의 합작, 로케이션 촬영 등을 이용하여 보다 폭넓고 다채로운 영화를 찍을 수 있게 되었다. 어떤 영화감독들은 검열을 의식해서 국내 개봉용 상업 영화와 국제영화제에서는 각광받을, 하지만 국내에서는 상영 금지 처분을 당할 예술 영화를 번갈아 만들기도 했다. 그러나 정식 상영이 금지된 영화라 해도 영화 애호가들은 푼돈으로 해적판 DVD를 구해서 볼 수 있었다.

1991~93년에 이허위안 근처와 베이징 근교에 예술인 마을을 꾸미

려 했던 화가, 조각가, 설치미술가, 행위예술가 들은 공안의 개입으로 뿔뿔이 흩어졌었다. 1995년에 그들은 베이징에서 동쪽으로 30킬로미터쯤 떨어진 둥셴이라는 마을에 터를 잡기로 한다. 마을 농민들은 건초를 말리기 위해 지붕을 높게 설계해서 작업장으로 안성맞춤인 집들을 기꺼이 빌려주었다. 그동안 중국 정부도 많이 달라져서 더 이상 예술가들을 추적하거나 하지 않았다. 예술가들의 메시지는 여전히 비판적이었지만 그래도 이제 그들은 반체제 투사들과 동일시되지는 않았다. 그들은 마침내 이 마을에 정착하여 자유롭게 창작에 전념할 수 있었다. 1995년의 초창기 멤버는 몇 명 되지 않았지만 이 소식이 각 지방 미술학교로 퍼져나가자 점점 더 많은 이들이 합류했고 일종의 집단의식도 생겼다. 예술가들은 낮에는 각자 작업실에서 작품 활동을 하고 저녁에는 영화감독, 음악가, 기자 등과 어울려 즐겁게 먹고 마시며 친목을 다졌다. 몽마르트르나 몽파르나스 같은 분위기가 그렇게 베이징에도 자리를 잡았다. 1996년에는 공항 가는 길 쪽 화자디에 두 번째 '예술촌'이 생겼다. 특징 없는 밋밋한 콘크리트 건물들이지만 아직 임대료나 매매가가 무척 저렴했기 때문에 예술가들은 큰 공간을 작업실로 쓸 수 있었다.

　　10년간의 실험과 수련, 톈안먼 사태의 트라우마, 2년간의 백색 테러를 거치고 이제야 중국 현대미술은 다양한 사조들의 발전을 볼 수 있었다. 그리고 그 사조를 처음 시작한 이들은 토론을 거쳐 참여 예술을 지향해야 한다는 결론을 보았다. 예술가들은 역사상 가장 큰 변화를 맞고 있는 동시대의 중국인들을 관찰하고 그들이 자기만족 없이 자신의 모습을 냉철하게 바라볼 수 있도록, 또한 그들이 자신의 뿌리를 잊어버리기 전에 스스로를 이해할 수 있도록 도와야 했다. 중국 예술가들이 1980년대에 처음 접하고 체득한 서구의 새로운 기법과 소재는 이제 그들의 메시지를 국경 너머까지 전파하는 밑거름이 되었다. 중국 예술가들은 처음부터 의식한 것은 아니었으나 현대 중국의 믿을 수 없는 변모를 세계에 이해시키는 역할을 담당하게 되었다.

1980년대 신미술운동에 투신했던 왕광이는 직설적인 정치 패러디 작품을 처음으로 발표하여 '정치적 팝 아트'의 기수가 되었다. 그의 작품은 1992년 상파울루 비엔날레에서 처음으로 국제 무대에 선보였다. 중국을 휩쓴 대기근 직전인 1957년에 헤이룽장 성에서 출생한 왕광이는 어린 시절 친근하게 접했던 선전 운동 포스터들을 재해석하기로 결심했다. 물론 이런 재해석에는 예술가의 신랄한 풍자가 담겨 있었다. 언뜻 보면 기존의 선전 포스터와 똑같아 보인다. 젊은 노동자와 농민은 건강하고 활기찬 모습으로 새로운 공산주의 사회가 그들을 이상 세계로 이끌어 주리라는 확신에 가득 찬 미소를 짓는다. 하지만 그들의 손에는 마오쩌둥 어록 대신에 휴대전화가, 총검 대신에 붓이 들려 있다!

'정치적 팝 아트'는 마오쩌둥 이미지의 재발견으로 더욱 풍성해진다. 1992년부터 고물상이나 골동품 시장에서는 중국인들이 빨리 버리고 싶어 하는 마오쩌둥 어록과 문화대혁명 기간에 넘쳐났던 마오쩌둥 모습이 들어간 배지, 포스터, 그림, 작은 석고상 따위를 쉽게 찾아볼 수 있었다. 이런 공산주의의 상징들이 서구 여행객들에게 기념품으로 잘 팔리자 중국의 모든 도시에서 선전 용품이 다시 등장했고 심지어 대형 슈퍼마켓 같은 곳에서조차 유통되기 시작했다!

많은 예술가들이 이런 상황에서 영감을 얻었다. 일찍이 청소년기나 청년기에 마오쩌둥 신격화를 경험했던 중진 예술가들은 이런 선전 용품을 비틀어 거대한 정치적 공작과 대중의 순진함이라는 문제를 부각시켰다. 한편, 1960년대에 태어나 문화대혁명 때에는 아직 어린아이였던 예술가들은 보다 상상력이 풍부한 작품을 보여주었다. 마오쩌둥이 할리우드에 가서 스타들을 만난다는 발상에서 작품을 만든 스신닝도 그 한 예다.

마오 시대의 끝자락을 어렴풋이 기억할 뿐인 젊은 작가들은 마오쩌둥의 상업적 이미지들을 작품에 담았다.

팡리쥔의 〈소리치는 남자〉는 1993년 제45회 베니스 비엔날레에서 대단한 주목을 받았다. 이 작품은 전 세계를 순회하며 전시되었고 '냉소적 사실주의'라는 사조를 열었다. 1994년부터 팡리쥔은 '투신'이라는 새로운 표현을 자화상으로 해석했다. 이따금 남자는 망망대해에서 헤엄을 치며 금방이라도 익사할 것처럼 보인다. 힘겨운 경제적 변혁의 시기를 우회적으로 표현한 것이다. '냉소적 사실주의'의 또 다른 거장으로는 웨민쥔이 있다. 웨민쥔 역시 자화상을 무한 반복하는 모습을 보여준다. 그러나 그의 인물은 이를 드러내고 과장되게 웃는 얼굴, 웃겨 죽겠다는 듯한 표정을 그리며 정신적 공허와 자조를 드러낸다. 또한 지식인과 예술가가 소비와 유행을 좇는 새로운 사회와 1980년대의 정신적 양식을 대하며 느끼는 권태를 드러내기도 한다. 정부의 선전에 여전히 민감한 국민들의 반응을 이렇게 비틀어 조소할 수도 있다. 웨민쥔의 초상화는 원색과 단순한 선 때문에 광고판을 연상시키며, 이는 단조로움, 모방, 비판 의식의 결여, 피상적인 분위기를 암시한다.

장샤오강은 중국 사회가 거쳐 온 지형을 가늠하기 위해 반드시 필요한 기억 작업에 매달린다. 예술가는 동시대인들이 잊고 싶어 하는 기억을 헤집는다. 그는 문화대혁명 시기부터 시작된 자신의 유년기야말로 반드시 후손들의 머릿속에 한 부분으로 남아야 한다고 생각한다. 1993년에 장샤오강은 우연히 오래된 가족사진을 발견했다. 그는 그 사진에서 영감을 얻어 '대가족' 연작이라는 매우 독창적인 작업에 매달린다. 이 작품들은 언뜻 보아도 문화대혁명 시기의 빛바랜 흑백사진을 떠올릴 수 있을 만큼 그 시대의 특징을 뚜렷이 담고 있다. 두드러진 잿빛 색조는 그 시대의 박탈감과 누구나 입어야 했던 단조로운 복장을 연상시킨다. 그러나 이따금 보이는 강렬한 색감은 그 작품들이 현대에 그려진 것임을 나타낸다. 생동감 넘치는 빨간색과 노란색으로 그려진 아이들은 이 암울한 세상에도 잠재적인 행복의 씨앗이 있음을 암시한다. 초상화들을 가까이서 보면 무덤에서 살아 돌아온 듯 평온하고 완벽한 얼굴들이 인상적이지만 불현듯 그 얼굴들이 하나같이 닮아 있다는 데 더욱 놀라게 된다. 화폭을 뚫고 나올 것 같은 인물들의 눈빛만이 무엇인가 끔찍한 일을 본 듯한 사연을 담고 있다. 인물들의 얼굴에 떨어져 있는 원색의 얼룩들이 마침내 눈에 들어온다.

"이 얼룩은 시대의 흔적이지요."

장샤오강의 설명이다. 고통스러운 과거의 자취를 상징적으로 표현했다고 할까. 이 '동지'들은 종종 아주 가느다란 붉은 실로 이어져 있다. 이 붉은 실은 혈연관계나 공동의 사연을 암시한다. 장샤오강의 이 작품들은 곧 '초현실주의적 사실주의'의 대표작이 되었다.

쩡판즈는 독일 회화에서 영감을 얻어 매우 '표현주의'적인 작품을 선보였다. 그는 병원 생활을 다룬 첫 번째 연작을 발표한 후인 1994년부터 정체성에 대한 기나긴 탐구를 시작했다. 그는 개인들이 새로운 사회의 게임에 뛰어들면서 쓰게 된 '가면'들을 작품 주제로 삼았다. 새로운 세상을 연극 무대처럼 묘사하고 싶었던 것이다. 나아가 넓은 의미에서는, 근대성의 발전을 나타내는 듯한 새로운 생활양식에 대한 비판이 될 수도 있었다. 그의 인물들은 대부분 하얀 가면을 쓰고 있다. 그러나 그렇게 얼굴을 가리고 있음에도 불구하고 인물들의 눈과 입은 엄청난 슬픔, 또는 분노를 표현하고 있다. 인물들은 억지웃음을 짓고 있는 것처럼 보인다. 그들의 거대한 고독, 진정한 인간관계를 맺지 못하는 무력감이 그대로 전해진다. 몸에 비해 매우 큰 손은 감정을 감추려는 의지를 내비친다. 또한 무엇인가를 억제하기 위해 주먹을 불끈 쥔 것처럼 불뚝불뚝 솟아 있는 핏줄이 인상적이다. 심한 좌절, 끊임없는 자기 억제를 엿볼 수 있다. 1997년

235

부터 쩡판즈 작품 속의 인물들은 조금 긴장이 풀린 듯이 보인다. 손도 예전처럼 과장되지 않고 종종 주머니 속에 들어가 있기도 하다. 또한 인물들은 그림 속에 더 깊이 들어가 있는 것처럼 보인다. 배경은 기묘하고 색깔도 어울리지 않아서 검붉은 바다를 연상케 한다. 이 낯선 배경은 공간을 더 비현실적으로 보이도록 하고, 장면 전체가 거짓으로 꾸며낸 것 같은 느낌을 준다. 인물 옆에 가끔 등장하는 동물들만이 진실하고 거짓 없어 보인다. 화가는 이렇게 설명한다. "나는 강요된 친밀감이나 즐거움을 강조하기 위해 이렇게 인물을 과장되게 그리고 색을 입힙니다. 사람들은 서로 간에 만들어낸 거리를 없애지 못합니다. 모두가 자신의 본성과 욕망을 감추기 때문에 속내를 털어놓는다는 것이 불가능하지요. 그러니까 공적인 자리에서 볼 수 있는 것은 서로의 외적 가면뿐입니다."

평정제는 신흥 부자들의 사치스러운 결혼 생활에 관심을 가졌다. 그는 '키치' 특유의 색감으로 20세기 말 신세대가 집착하는 정체성 찾기에 매달렸다.

1999년 베니스 비엔날레에서 국제 미술계는 중국 현대미술의 중요성을 깨닫게 되었다. 20여 명의 중국 미술가들이 이탈리아를 여행하며 대중의 관심을 끌었다. 이 예술가들의 작업을 통하여 전 세계는 상투적 이미지와는 다른 중국의 새로운 얼굴을 발견하기 시작했다. 왜냐하면 화가와 조각가, 비디오 아티스트와 그 밖의 설치미술가들은 중국 사회를 구성하는 복합적 정서—과거를 향한 그리움과 고통, 되찾은 자부심, 세계화와 국제적 경쟁에 대한 불안, 미래에 대한 의문, 중국의 현대화—를 고민하고 있기 때문이다. 또한 이들은 에로티즘, 시, 색채 등의 전통을 재발견해 표현하고 있으며, 위대한 중국 회화의 전통과 정서를 몇 가지 특징으로 표현하는 감각을 이어받았다. 다만 지금은 서구 회화의 기법을 완벽하게 터득하여 사용하고 있을 뿐이다. 중국의 예술가들은 이렇게 충격적인 주제와 기술적인 노하우, 미적 표현을 한데 조화시킬 줄 안다.

작가들도 다르지 않았다. 1990년대에 왕쉬는 베이징 은어를 과감하게 사용하는 대중적인 문체를 통해 자전적인 소설들을 발표했다. 그의 작품에는 과거의 홍위병들이 시골에서 도시로 돌아와 일자리를 구하며 겪는 괴로움이 잘 나타나 있다. 모옌도 자전적인 작품들을 내놓았다. 그는 우회적이고 유머러스한 문체로 변화의 시대를, 특히 지방 권력의 부패와 직권 남용을 은유적으로 묘사했다. 그의 작품《풍유비둔》은 자신의 어머니 이야기를 담고 있다.

음악계에서도 중국은 많은 변화를 거쳤다. 1980년대 말에 최초의 록 그룹들이 나왔고 추이젠은 젊은이들의 우상으로 떠올랐다. 추이젠은 1989년 민주화 운동의 투사이기도 했기 때문에 그의 노래들은 오랫동안 금지되었다. 그는 톈안먼 광장에서 수십만 시위대를 앞에 두고 붉은 띠로 눈을 가린 채 노래를 불렀다. 그와 같은 세대는 그가 불렀던 노래의 후렴구만 들어도 과거의 추억에 사로잡히곤 했다. 1990년대 초에는 록커들을 공안에서 곱게 보지 않았다. 이런 제약 때문에 '지하 록 밴드'들이 발달했고 공연도 베이징 시 방공호 같은 곳에서 입소문으로만 관객을 모아서 할 수밖에 없었다. 1990년대 중반부터는 테크노 음악이 유행하여 여름에 만리장성에서 '레이브 파티'가 열리기도 했다.

무용계는 진싱이라는 인물이 뛰어난 활약을 보였다. 그는 트랜스젠더라는 점에서 더욱 상징적 의미가 큰 인물이다. 인민해방군 출신이자 스타 무용수였던 진싱은 1995년에서 1998년까지 몇 차례나 수술을 거쳐 여자의 몸을 갖게 되었다. 그것도 베이징 군사병원에서! 1990년대 말에 상하이에 정착하여 현대무용단을 이끌며 매우 창의적인 공연을 선보여 만원사례를 기록했다. 아이들을 입양하여 우아하고 행복한 어머니로서의 삶도 살고 있는 것으로 보인다.

방방쥔, **대나무 막대기 짐꾼**

중국의 도시 사회가 급변하면서 도시민과 농민의 소득 격차는 점점 더 극심해졌다. 특히 쓰촨 성의 대도시 충칭에서 이 현상이 두드러진다. 1995년에 이곳에 사는 도시민은 4백만 명, 농민은 1천1백만 명이었다. 충칭은 2010년까지 계속 팽창하여 인구 3천만 명을 넘어섰다. "농민의 반은 일이 없어서 도시에 직장을 구하러 간다." 충칭 부시장 샤오쭈슈의 말이다. 농민들은 먹고살기 위해 하루 종일 기다란 대나무를 어깨에 메고 오만 가지 짐을 실어 날랐다. 이 수많은 농민들을 도시민들은 '방방쥔(榜榜軍)', 즉 '대나무 막대기 짐꾼'이라고 부른다. 방방쥔은 현대의 막노동꾼이다. 그들은 도시의 출입구 역할을 하는 터널을 빠져나간다. 트럭의 헤드라이트에 10여 명의 그림자가 비친다. 자정이 다 됐는데 어마어마한 케이블을 실어 나르는 사람들은 아무 말 없이 고개를 숙이고 일만 한다. 14세부터 60세에 이르는 방방쥔들은 모두 푸른색 인민복을 입고 어깨에는 대나무 막대를 지고 있다. 이튿날에는 벌써 수백 명이 부두에 나와 양쯔 강을 따라 내려갈 배를 기다린다. 배를 기다리지 않는 사람들은 역 앞 상점가에서 구매한 자재를 건설 현장까지 실어 나르려고 대기하고 있다…….

집단 에이즈 감염을 **불러온 매혈**

이런 분위기에서 1995년에 허난 성에서 에이즈 혈액 감염 사건이 터졌다. 1990년대 초에 병원과 제약회사에서 혈액 수요가 급증하자 일부 지역의 농민들이 피를 파는 데 나섰다. 그리하여 진짜 '매혈'이 자리를 잡았다. 헌혈차가 한 달에 두 번씩, 때로는 그보다 더 자주 시골 마을을 방문했다. 간호사들은 피를 팔겠다고 나서는 이들의 줄이 점점 더 길어지는 광경을 볼 수 있었다. 피를 한 번 팔면 20위안을 만질 수 있었기 때문이다. 가족의 1년 생계비 2백 위안을 벌기도 빠듯했던 농민들에게 그 정도면 큰돈 아닌가! 부모, 조부모, 이모, 삼촌 가릴 것 없이 온 마을 사람들이 피를 팔러 나섰다. 하지만 아무도 이렇게 채취한 혈액이 원심분리기에서 한데 합쳐진다는 사실에는 주의를 기울이지 않았다. 게다가 혈액에서 필요한 성분을 분리하고 난 다음에 남은 혈액은 지나치게 자주—심하게는 한주에도 몇 번씩!—매혈을 하는 농민들이 빈혈에 시달리지 않도록 다시 수혈되었다. 이 모든 과정에서 살균이라고는 전혀 이루어지지 않았다……. 광둥 성에서 윤락업소에 자주 드나들다가 마을로 돌아온 한 사람이 에이즈에 감염되었다는 사실이 밝혀질 때까지 이런 행태가 계속되었다. 몇 달 사이에 지역 전체가 재앙에 빠졌다. 수년간의 잠복기가 있는 에이즈는 당시까지 아직 잘 알려지지 않은 질병이었다. 그래서 지역 보건당국은 에이즈 집단 감염을 어떻게 해서든 숨기려고만 했고 가엾은 농민들에게 제대로 경고조차 하지 않았다. 지방 정치 지도자들과 의료계 종사자들도 스캔들을 덮는 데에만 급급했다. 매혈은 대단히 수익이 좋고, 지역 전체를 겨우 버티게 해주는 돈줄이나 다름없었던 것이다! 그러나 몇 달이 흐르고 농민들이 증상을 호소하기 시작했다. 몸에 기운이 빠지고 모든 감염에 대한 면역력을 상실한 농민들은 하나둘 죽어나갔다. 허난 성의 정저우에서 일하는 여의사 궈가 이 사태의 엄청난 규모를 가늠하고 용감하게 폭로했다. 그녀의 외침은 베이징에까지 도달했다. 궈의 폭로와 국제연합 에이즈 프로그램의 보고에 따르면 허난 성에서만 에이즈 감염인이 백만 명 이상, 중국 전체에서는 천만 명 이상이라고 했다. 사태의 진행을 살펴보면 안타깝게도 이런 비관적인 추산은 사실인 듯하다. 매혈 농민들에 대한 치료가 지시되기는 했지만 모두가 알다시피 에이즈 치료는 지금도 완치 방법이 없을뿐더러 비용이 몹시 많이 든다. 보건당국은 별 효과도 없는 전통적인 약품 몇 가지를 주는 것 외에는 아무것도 할 수 없었다. 지역 책임자들은 집단 감염이 일어난 마을을 봉쇄하는 조치를 취했고, 상당수 마을은 죽을 날만 기다리는 호스피스로 변했다. 외국 언론에 중국의 에이즈 집단 감염 사태가 알려지면서 국제적인 주목을 받게 된다. 세계보건기구도 나섰다. 그러나 사스 사태가 한 차례 휩쓸고 간 2003년 봄이 되어서야 겨우 중국 위생부장 '철의 여인' 우이는 에이즈 치료에 필수적인 약품을 중국에서 생산해 좀 더 저렴하게 보급될 수 있는 조치를 취한다. 그러나 에이즈 사태가 해결되기까지는 요원하다. 아직도 수많은 농민들이 의사의 진료를 받지 못하고 있다. 그들은 정부가 나눠주는 항생제만으로는 고통을 이기기에 너무 부족하기 때문에 차라리 치료를 포기하고 싶을 지경이지만 진통제를 구입할 여력이 없다. 궈 여사의 책이 쓰인 시점에서도 여전히 봉쇄된 마을들이 있었다. 연로한 궈 여사는 자택에서 거의 반(半)감시를 당하며 생활하고 있었다. 그녀의 책에 따르면 그때까지도 인근 지역인 산둥 성, 안후이 성, 산시 성에서는 여전히 허난 성과 비슷한 매혈 관행이 이루어지고 있었는데 아무도 손을 쓰지 않고 있었다고 한다……

늘어난 **사회 범죄**

경제개혁으로 나타난 사회적 간극은 범죄를 부추겼다. 중국의 범죄율은 지금도 서구 국가들과 비교하면 낮은 편이지만 1990년대에 크게 증가한 것만은 확실하다. 1995년 12월에 양쯔 강에서는 충칭에서 사흘 걸려 우한에 도착하고 다시 닷새 걸려 상하이에 도착하는 배가 매일 열 척씩 출발했다. 그중 한 척이 충칭에 도착하자 수십 명의 방방쥔들이 배에 올랐다. 방방쥔들은 화물칸이나 삼등칸을 이용했다. 중국의 신흥 부자들은 그들을 조롱했다. 졸부들은 하이힐, 모피코트, 경박한 웃음소리로 무장한 첩들을 거느리고 이등실과 삼등실을 연결하는 계단에 버티고 서서 더러운 천가방과 대나무 막대를 들고 있는 방방쥔들을 손가락질했다. 다음 날 새벽 3시 30분, 배는 어둠 속에서 조용히 강을 내려가고 있는데 시끄러운 고함소리와 사람들이 뛰어다니는 소리에 승무원들이 깨어났다. 방방쥔 한 사람이 어느 객실에 들어가 3천 위안 정도 들어 있던 지갑을 훔쳤던 것이다. 농민 한 사람이 그 정도 돈을 벌려면 매일 15시간씩 적어도 2년은 일해야 한다. 도둑은 배 안의 청원 경찰에게 붙잡혀 수갑을 찬 채 우한 경찰에 인계되었다. 범인의 이름은 정민젠, 펑밍의 음양이라는 작은 읍 출신으로 벌써 네 번째 우한의 건설 현장에 일자리를 얻으러 내려가는 38세의 노동자였다. 그는 돈을 벌기 힘들고 자식들을 교육시키기도 빠듯했는데 졸부들의 놀림을 받고 한탕을 노리게 되었다고 고백했다. 그는 지금 감옥에 있다…….

세계여성대회

중국 사회는 50년의 집단주의에서 벗어나면서 나름의 성과를 거둔다. 마오쩌둥이 정권을 수립 후 얼마 지나지 않아 지시한 '여성해방'은 중국 공산주의가 이룩한 부인할 수 없는 진보 중 하나다. 이미 중국 최초의 혁명인 1911년 신해혁명에서도 쑨원은 전족이라는 악습을 금지했다. 대도시에서는 전족이 사라졌지만 시골 여자아이들이 실제로 이 고문에서 벗어난 것은 1930년대의 일이다. 1949년에 공산당은 강력한 전족 폐지령

241

을 내린다. 이로써 전족을 풀고 나서 발이 몇 센티미터 더 커진 여성들도 더러 있었다.

그러나 공산주의 체제는 무엇보다도 가부장적 씨족사회의 전통적 구조를 깨뜨림으로써 여성들을 집이라는 감옥 밖으로 끄집어내는 데 공헌했다. 무상 의무교육은 남녀에게 똑같이 적용되었고 일자리도 남녀차별 없이 주어졌다. 중국의 임금 수준은 매우 낮았지만 적어도 남녀가 똑같은 임금을 받기는 했다. 1950년대 이후에 태어난 신세대 여성, 특히 도시 출신들은 상부에서 지시한 여성해방의 혜택을 톡톡히 보았다. 그런 여성들은 대부분 공부를 열심히 해서 좋은 성적을 거두고 대학교육도 받았다.

이런 경향은 오늘날까지도 이어지고 있다. 그렇기에 의지력이 강하고 교육을 잘 받은 중국의 신세대 여성들은 직업 생활을 잘 하고 있는 것이다. 그들은 재계, 특히 서비스 분야에서 중요한 직위를 차지하고 있다. 2007년도 여성연맹의 발표에 따르면 오늘날 중국 민간 기업의 45퍼센트 이상, 국유 기업의 20퍼센트 이상은 여성이 이끌고 있다. 중국 역사상 처음으로 새로운 여성 세대의 일부, 특히 도시 출신은 이렇게 경제적 독립을 거머쥐었다. 그러나 정치권에는 아직 여성들이 진출한 경우가 드물었다. 또한 시골 여성들은 도시 여성들과 같은 혜택을 누리지 못했다. 온 나라가 부를 좇으면서 축첩이나 매춘 같은 다른 문제점들도 나타나기 시작했다. 특히 이농 현상으로 인해 남자들이 도시로 떠나고 홀로 시집살이를 하는 여성들의 자살이 대폭 증가했다.

1995년 여름에 중국은 국제연합 제4회 세계여성회의를 11일 일정으로 개최하면서 여성해방의 커다란 성장 원동력을 얻고 국제사회의 인정도 받게 된다. 유치 작전은 치열했다. 베이징은 이 기회에 중국이 큰 국제 행사를 개최할 힘이 있음을 보여주고 싶었다. 2000년도 올림픽 유치에 실패한 만큼, 2008년 유치를 노리고 국제올림픽위원회 위원들에게 호소할 생각이었다……. 전 세계 정부 및 국가의 지도자급 여성 10여 명이 이 회의에 참석했다. 파키스탄의 여성 지도자 베나지르 부토와 프랑스 대통령 영부인 베르나데트 시라크를 위시하여 170개국 3천여 명 이상의 대표들이 중국을 방문한 것이다. 국제연합이 이런 대규모 회의를 열기는 처음이었다. 그러나 이 회의는 절반의 실패였다. 중국 관계자들은 이런 종류의 회의에는 각국 대표단과 함께 수백 명의 취재진과 천여 명의 비정부기구 관계자들도 따라온다는 사실을 뒤늦게 깨달았다. 게다가 비정부기구들은 정부 대표단보다 중국에서 일어나는 여성 인신매매—1994년도 통계를 보면 '성 노예'로 팔린 중국 여성이 1만 5천 명에 달한다고 한다—등 훨씬 더 민감한 토론 주제들을 다루었다. 중국 정부는 크게 우려를 표하며 비정부기구 포럼을 베이징 중심가에서 50킬로미터 떨어진 신도시 화이러우에서 열게 하고 각종 행정 및 공안 절차를 까다롭게 만들었다. 베이징과 화이러우를 연결하는 도로는 아직 아스팔트 포장도 제대로 되지 않았는데 회의 일정 내내 쉬지 않고 비가 내렸다. 하지만 전체 회의는 베이징 중심가에서 이루어졌다. 그래서 비정부기구 관계자들이 베이징에서 모여야 하는 날에는 그 형편없는 도로가 심한 교통 체증을 앓았다. 참가자들이 고의적 차별에 불같이 화를 내며 빈약한 지원 체계와 공안 감시를 이유로 회의에 불참하겠다고 나섰다. 참석자들은 폐회식까지 남기는 했지만 중국 관계자들과 미국 대통령 영부인 힐러리 클린턴 사이에 가벼운 충돌이 일어났다. 힐러리 클린턴이 전체 회의 자리에서 중국이 일부 인사들의 비자를 발급하지 않았다고 비난하며 교묘하게 인권 문제를 걸고넘어졌기 때문이다!

일반 국민들은 회의장에 접근할 수 없었기 때문에 이 대회를 전혀 알지 못했다. 언론은 그리 중요하지 않은 몇 가지 연설들을 발췌해서 보도하는 데 그쳤고 인공 유산이나 여아 살해 등 중국에서 문제가 되고 있는

243

사안은 다루지 않았다. 국제연합이 공안의 감시에 대해 "관계자들의 선의와 편의에 대한 배려"라고 언급하며 저자세를 취하긴 했지만 이 회의는 중국 체제의 국제적 이미지 개선에는 별 도움이 되지 않았다.

베이징 시장의 **대규모 부패 스캔들**

4월 말에 인민대회당과 베이징 시청, 그리고 그 바로 앞의 보안부를 연결하는 톈안먼 광장 일대에 심상치 않은 움직임이 나타났다. 고위층의 리셉션 장소로 자주 쓰이는 시청 건물에 정치인들이 서둘러 모였다. 모두들 심각한 표정을 지으며 단순한 질문이나 궁금해하는 눈길조차 피했다. 침울한 분위기였다. 덩샤오핑이 마오쩌둥의 옆으로 갈 것인가……. 그러나 공식 발표는 좀처럼 나오지 않았다. 5월 초가 되어서야 차츰 진상이 드러나기 시작한다. 노황제는 매우 쇠약해지긴 했어도 여전히 살아 있었다. 하지만 베이징 시장 천시퉁이 위태로웠다. 건강상의 문제가 아니라 정치적 생명의 문제이긴 했지만 말이다…….

천시퉁은 왕바오선 부시장이 자살하고 며칠이 지난 후인 4월 27일에 사임했다. 천시퉁과 왕바오선은 120억 위안의 비자금을 만들었다. 당시 이 돈은 어마어마한 금액이었다. 베이징 시장은 '중국의 바스티유'라고 하는 친청 교도소에 투옥되었다가 모든 외부 접촉을 차단하기 위해 네이밍구로 옮겨져 특별 감시를 받고 있다. 9월 말에 중국공산당 제14기 5중전회는 이 정치계 스캔들의 내막을 조금 더 밝혀주긴 했으나 그 구체적 내용은 여전히 베일에 싸여 있다. 천시퉁은 국가자문위원회에서 축출당하고 모든 당직을 박탈당했다. 장쩌민 국가주석의 5중전회 폐회 연설의 일부는 여전히 비밀리에 부쳐졌다. 그 내용은 베이징 시장에 대한 비난을 담고 있는 것으로 알려졌다.

물론 이것은 심각한 정치 부패 사건이자, 중국공산당 역사에서 가장 크게 문제가 된 사건이었다. 조사 결과 이 사건에는 정치권, 군부, 재계의 주요 가문이 연루되어 있음이 드러났기 때문이다. 1930년대에 쓰촨 성에서 태어난 천시퉁은 중국 대륙에 공산주의 체제가 막 들어선 1949년에 입당했다. 그는 뛰어난 육감으로 기회를 잘 잡아 출세 가도에 올랐다. 처음에는 베이징 시 남부 펑타이에서 경찰로 활동하다가 창핑에서 어느 공작기계 공장의 공산당 반장이 되었다. 중국이 경제개혁을 추진하던 1979년에 중국공산당 베이징 시위원회 상무위원이 되었고 1983년에 베이징 시장이 되었다. 이어서 국무위원에도 이름을 올렸다.

"그때까지 천시퉁은 정직한 사내였습니다."

중국의 한 기자는 그렇게 평가한다. 천시퉁은 베이징 시와 파리 시의 자매결연을 추진했다. 그는 프랑스를 좋아했고 파리 공식방문 때에도 로댕 박물관을 방문하고 클래식 공연을 보고 싶다는 요청을 하기도 했다.

"천시퉁의 인생은 1989년 톈안먼 사태를 계기로 완전히 뒤바뀌었습니다."

그의 측근 중 한 사람이 한 말이다. 천시퉁은 톈안먼 민주화 운동 진압 때에 베이징 시 인력을 군대의 지휘에 따르게 했다. 중앙 정부는 손해배상 차원에서 향후 3년간 베이징 시의 세금을 면제해주고 1990년 아시아경기대회 선수촌을 건설할 때 무상으로 군대 인력을 쓸 수 있게끔 조처했다. 당시는 수많은 화교 억만장자들과 지방 부호들이 베이징에 투자를 고려하던 시기였다.

"천시퉁은 돈벼락을 맞고 말 그대로 정신이 홀딱 나갔던 겁니다. 그때부터 사람이 교만해진 거예요."

한때 그의 협력자였던 인물의 증언이다. 이리하여 베이징 시장은 그동안 쌓아온 인맥을 자신의 이익을 쌓는 데 활용하기 시작한다. 문화대혁명 당시 함께 재교육을 받았던 친구가 바로 1988년에 건설부장이 되었다가 1992년에 부패 혐의로 사임한 린한슝이다. 그러나 친구가 부패에 연루되어 실각한 사건이 그에게는 전혀 경고로 다가오지 않았다. 천시퉁은 1995년 초에 사임한 수도강철 사장 저우관우와도 연루되어 있었다. 저우관우의 아들 저우베이팡이 2월에 비리 혐의로 체포되면서 제철소와 베이징 시의 연루 관계가 드러났던 것이다.

천시퉁은 이렇게 5년 동안 수도강철이 베이징에 소유하고 있던 땅에 부동산 투기를 하고, 치밀한 검토 없이 부동산 개발 업자들에게 도시를 내어주다시피 했다. 상하이 권력자들이 도시화 계획을 추진하면서 했던 짓거리와 똑같았다. 시 예산이 방만하게 사용되었기 때문에 1988년만 해도 인구 8백만, 현재는 2천만 명이 넘게 거주하는 거대 도시 베이징의 교통, 주거 문제를 해결할 자금이 남아날 리가 없었다. 베이징은 뒤늦게야 올림픽을 대비하여 지하철과 대중교통 네트워크를 만들기 시작했고 그제야 후퉁(胡同, 베이징의 옛 모습이 담긴 골목길) 같은 문화유산이 복원되기는커녕 훼손되었다는 것을 알게 되었다.

그러나 관찰자들은 속지 않았다. 천시퉁의 사임은 부분적으로는 막바지로 치닫고 있던 정권 교체 싸움의 일부였다. 천시퉁은 과오를 범했다. 최근 들어 베이징 시의 자율적 행보가 중앙 정부의 비위를 점점 더 긁었던 것이다. 1990년에 천시퉁은 중앙 정부의 허가 없이 베이징 도시화 계획을 추진했다. 1990년에 베이징이 2000년 올림픽 유치에 실패하면서부터 천시퉁의 운은 쇠퇴하기 시작했다. 천시퉁이 직접 올림픽 유치 대표단을 지휘했던 것이다. 게다가 그는 지나치게 후한 인심을 과시했다.

"그는 허구한 날 노보텔이나 홀리데이인 같은 호텔에서 자신의 정부와 함께 성대한 연회를 베풀곤 했습니다."

베이징에 체류 중이던 서구 사업가는 그렇게 회고한다. 천시퉁은 카리스마가 있는 사내였다. 중후한 저음, 포마드를 발라 뒤로 넘긴 머리, 만나는 상대에 따라 양복을 입기도 하고 인민복을 입기도 하는 패션 센스는 1930년대의 모험가 같은 인상을 자아냈다. 여자들은 그의 매력에 쉽게 무너졌다. 하지만 천시퉁은 보수파의 대표 인물이었으므로 그의 지나친 노출은 정치적으로 장애가 되었다. 그는 너무 눈에 띄게 부패를 저지른 탓에 이상적인 희생양이 되었던 것이다…….

그 후로 이어진 몇 달간 베이징의 대학과 모든 노동단위에서 천시퉁의 조력자였던 왕바오선 부시장의 부상에서 실각까지의 과정을 되짚어보는 〈추천〉이라는 제목의 연극이 상연되었다. 천시퉁 시장은 1997년에 11년 가택 연금형을 선고받고 당적에서 제명되었다. 공식 언론들은 그의 이름을 언급하는 것조차 삼갔기 때문에 오늘날의 신세대들은 천시퉁이 어떤 인물인지도 모른다…….

'96

대만과의 사정거리

4년도 안 되어 중국 경제라는 기계에는 순항함도 부럽지 않은 속도가 붙었다. 1996년 3월, 전인대 연례 회의에서 리펑 총리는 중국의 다음 목표를 선언했다. 중국은 2010년까지 세계 최고의 강대국들과 국내총생산 규모를 나란히 할 것이라고 말이다. 베이징 지도자들의 야심이 구체적으로 드러났다. 21세기 중반까지는 세계 최강이 된다. 그러려면 이 놀라운 성장과 함께 나타나기 시작하는 사회경제적 문제들을 해결하지 않으면 안 된다.

그러나 바로 이때에 위기가 터졌다…….

대만 및 미국과의 **심리전**

몇 달 전부터 대만에 대한 중국의 태도가 강경해졌다. 1995년 1월,

설날을 하루 앞두고 장쩌민 국가주석은 대만과의 '평화적 통일'을 강조하는 긴 연설을 했다. 그러나 대만 측의 반응은 전무했고 오히려 1995년 6월 대만 총통의 미국 방문이 서방 언론의 주목을 받았을 뿐이다. 대만은 1996년 3월 23일에 총통 선거를 실시할 것이라고 발표했다. 재선이 유력한 리덩후이 총통은 대만 독립주의에 호의적인 인물이었다. 이 선거는 대만에서 민주주의가 그만큼 발전했음을 보여주는 것이었다. 그리고 당시 대만의 경제 수준은 중국 본토보다 훨씬 앞서 있었다. 국민당이 공산당에 패하고 1949년에 대만 섬으로 도망간 이후로 자유선거가 실시되기는 처음이었다. 그런 와중에 중국은 대만을 자국 영토의 한 부분으로 요구하고 나선 것이다. 중국은 대만의 변화를 받아들일 수 없었다…….

1996년 1월 30일, 장쩌민의 1995년 연설로부터 정확하게 1년이 지났다. 평소 같으면 국가주석이 하는 신년 연설을 이번에는 리펑 총리가 맡았다. '심한 감기'에서 완벽하게 회복된 총리는 유례없이 강경한 어조로 "대만 문제를 해결하기 위한 중국 정부의 일관되고 지속적인 정책"을 강조했다. 1년 전 장쩌민의 연설보다 한결 더 고압적인 말투였다. 그는 7주 후로 예정된 대만의 총통 선거를 의식한 듯 이렇게 선언했다.

"대만의 지도자 선출 방식이 어떻게 바뀌는가는 별로 중요하지 않습니다. 현실은 변하지 않습니다. 대만은 중국 영토의 일부이고 대만의 지도자들은 중국 한 지역의 지도자들일 뿐입니다."

다음 날 〈런민르바오〉는 긴 사설로 쐐기를 박았다.

"우리는 국토에서 단 1미터도 떨어져 나가도록 내버려두지 않을 것이다. 우리는 반중국 외세가 내정에 간섭하는 것을 좌시하지 않겠다."

이 메시지는 선거를 준비하고 있는 대만인들과 그들을 지지하는 미국인들에게 보내는 것이었다. 외교관들은 "심리전"이라는 표현을 썼다. 실제로 베이징은 미국이라는 초강대국에 정면으로 대항하려는 야심을 드

96 대만과의 사정거리

249

러내기 시작했다. 중국 언론은 점점 더 자주 "새로운 냉전"에 대해서, 미국이 중국의 부상을 막기 위해 전개하는 "봉쇄 정책"에 대해서 발언하기 시작했다. 미국 해군이 원자력 항공모함 '니미츠'호를 12월 19일 대만 해협에 배치하기로 결정한 때였다. "악천후를 감안하여 공해(公海)에서 홍콩으로 가는 최단 코스를 택하는 것이 중요했다"고 미국의 제프 앨더슨 중령은 설명했다. 중국 측은 아무런 코멘트도 하지 않았다. 심리전에서는 척하면 다 아는 법이니까…….

대만을 향한 중국 **군인들의 위험한 도발**

3월 5일에 전인대 연례 회의가 열리는 자리에서 리펑 총리는 다시 한 번 중국은 대만에 무력을 행사할 가능성을 배제하고 있지 않다고 확인했다. 총리는 3천여 명의 인민대표들 앞에서 선언했다. "우리는 평화 통일을 원하며 지금까지 계속 그런 목표를 지향해왔습니다. 그러나 우리가 언제까지나 무력에 호소하지 않을 것이라고 약속할 수는 없습니다. 우리의 입장은 대만 동포들과 대치하는 것이 아니라 중국의 통일을 방해하는 외세와 대만 독립을 추구하려는 자들과 대치하는 것입니다."

같은 날, 중국 인민해방군은 3월 8일부터 15일까지 대만 봉쇄 작전을 모의하는 대규모 군사훈련을 실시하겠다고 발표한다. 미국의 첩보 전문가들은 대만과 마주보는 푸젠 성에 14만 명에서 30만 명의 군사가 모이고 전투기 1백여 대가 동원될 것으로 보았다. 3월 8일과 9일에는 난징 미사일 기지에서 단거리 탄도미사일을 대만 영해에 있는 두 개의 표적을 향해 네 발이나 발사했다. 첫 번째 표적은 수도 타이페이에서 40킬로미터 지점이었고, 두 번째 표적은 대만 남부의 경제 중심지인 항구 도시 카오

승 방향이었다.

"이 미사일 발사가 뜻하는 메시지는 분명하다. 중국군은 대만의 가장 중요한 두 항구 도시를 공격하여 섬 전체를 마비시킬 수 있음을 보여주고 싶었던 것이다. 미사일을 몇 킬로미터만 더 이동 조준하면 대만 봉쇄는 충분히 현실화될 수 있다."

서구의 군사 전문가는 이렇게 설명한다. 비록 모두들 중국이 설마 대만을 상대로 정말 전쟁을 벌이겠느냐 생각했지만, 가능성만큼은 엄연히 존재하니 불안해하지 않을 수 없었다.

중국이 이렇게 무력을 과시한 것은 다분히 대만 유권자들을 겨냥한 것이었다. 보수파의 새로운 실력 행사였을까? 아니면 정치 공작이었을까? 장쩌민 국가주석은 덩샤오핑의 권력을 계승할 때가 임박하자 자신의 입지를 강화하기 위해 군인들과 보수파들을 회유했다. 따라서 그는 덩샤오핑이 죽은 후에도 조국의 통일이라는 원대한 계획을 계속 추진할 의지가 있음을 보여주어야만 했을 것이다. 중국은 1997년에 홍콩, 계속해서 1999년에 포르투갈 식민지 마카오를 돌려받는 등 한 걸음 한 걸음 통일로 나아가고 있었다. 중국 군부는 이번 도발이 대만을 자극해서 3월 23일 선거 때 '비독립주의 후보'가 선출되기를 바랐다. 위험한 도박이었다.

그러나 중국은 대만처럼 자유화된 국가에서는 이미 여론이 성숙했다는 점을 간과했다. 대만은 1988년부터 민주화 절차를 밟았고 이미 언론의 자유가 어느 정도 보장되어 있었다. 대만 국민들은 중국 본토의 위협 앞에 더욱 강경하게 나왔다. 물론 대만 증시는 폭락했다. 하지만 정치적 선언은 더욱 단호해졌다. 심지어 지난 10여 년간 중국 본토, 특히 수많은 대만인들의 고향인 푸젠 성에 대대적인 투자를 했던 대만 기업가들마저 투자 활동을 중단했다. 대만인들의 투자를 유치해서 경제 발전을 가속화했던 샤먼, 푸저우의 지방 정부는 궁지에 빠졌다. 제8차 경제개발 5개년 계획(1990~95) 때 샤먼의 GDP는 25퍼센트, 무역 규모는 40퍼센트가 늘었다. 샤먼이 유치한 해외 자본의 50퍼센트 이상이 대만 기업에서 온 것이었다. 선거일이 다가오자 수백 명의 해외 언론인들이 역사적 선거를 취재하기 위해 대만으로 향했다…….

군사적 **긴장**

중국의 군사훈련 첫날이었던 3월 8일에 〈시드니모닝헤럴드〉는 중국이 대만과 군사적 충돌을 일으킬 경우 미국이 대만을 지원할 것이라는 오스트레일리아 정보국의 자료를 실었다.

3월 10일에 중국군은 12일부터 20일까지 실탄을 사용하여 대만 해협에서 항공 작전을 펼칠 것이라고 예고함으로써 무력 침공에 한 발짝 더 다가갔다. 해협 남쪽을 중국군이 봉쇄할 예정이니 외국 선박과 항공기는 군사훈련 기간 동안 이 지역을 피해달라고 경고했다. 이 군사훈련은 중국이 40년 만에 가장 큰 규모로 실시하는 해군 항공 작전이었다. 미국은 그에 대한 대응으로 미국 해군 제7함대—토마호크 미사일과 최신 정찰기기를 장착한 인디펜던스 기 편대가 있는 항공모함 두 대—가 조만간 대만 해협에 배치될 것이라고 선언한다. 미국 역시 최근 10년간 이 지역에 이 정도 규모의 군대를 배치하기는 처음이었다. 미국 국무장관 워런 크리스토퍼는 "만약 중국이 무력으로 대만 문제를 해결하고자 한다면 대단히 심각한 결과가 따를 것이다"라고 강조했다.

이 기간 동안 중국의 선전 공작은 극에 달했다. 3월 9일자 〈런민르바오〉와 〈제팡쥔바오〉는 대만이 중국 본토에서 이탈하고자 한다면 경제 파괴를 포함하여 "극도로 심각한 재앙"을 맞게 될 것이라고 경고했다. 대만 쪽에서도 유사시에 대비한 민간인 안전 보장 및 탈출로 확보에 들어가기는 했으나 대만 국민들은 대체로 차분했다. 대만 지도자들은 국민들에게 "중국의 수작"에 놀아날 위험을 설명하고 대비시켰다. 미국행, 캐나다행 비행기가 꽉 차고 대만 증시가 10년 만에 최저점으로 곤두박질치긴 했지만 대만 국민들이 동요하는 모습은 보이지 않았다. 그래도 선거가 열흘 앞으로 다가오고 중국의 군사훈련이 계속되자 심하게 불안해지지 않을 수 없었다.

서방 전문가들은 여전히 중국이 도발 정도에서 그칠 것이라고 생각했지만 신경전은 점점 심해졌다.

미국은 주일 대사 월터 먼데일을 통해 워싱턴이 "대만에 대한 의무를 다할 준비"를 하고 있다고 알렸다. 미국은 중국에게 국제적으로 긴장된 분위기를 완화하고 대만과의 대화를 재개하라고 호소했다.

대만 해협에 위치한 케모이 섬은 샤먼에서 3킬로미터, 중국 해안선에서는 불과 1.7킬로미터밖에 떨어져 있지 않다. 펑후 제도와 마쓰 섬도 대만보다 중국 푸저우에서 훨씬 더 가깝지만 냉전 시대에 대만 영토가 되어 전진 기지로 사용되고 있다. 중국 군인들이 이 섬에 발을 들일 것인가? 그렇게 되면 미국의 군사적 개입이 정당화되어 미국과 중국은 심각한 갈등에 들어갈 것인가?

냉전 시대에 케모이 섬은 이미 세 차례―1948, 1949, 1954년―중국군의 공격 표적이 되었으나 대만 영토로 남았다. 이미 이 섬은 지하 참호를 갖추고 5만 명 이상을 수용할 수 있는 요새가 되어 있었다. 1958년에 미국의 아이젠하워 대통령이 이 섬이 중국군의 손에 넘어가면 일종의 '도미노 현상'이 일어날 수 있으므로 핵무기로 보호할 필요가 있다고 평가함으로써 냉전 상황이 심화될 뻔한 적도 있었다······. 그리고 바로 1996년 3월에 대만군은 중국과 맞닿아 있는 섬에서 최대 경계 태세를 갖추고 있었고 지원군도 속속 도착했다.

중국군이 해군 항공 작전을 실시한 3월 12일에 케모이 섬의 순환도 로는 텅 비었다. 대만 군인들은 도로 옆쪽에서 모래주머니를 나르고 참호 를 팠다. 섬 인구가 3개월에서 6개월까지 버틸 만한 물과 식량, 전기 보 급이 이루어졌다고 한다. 이 섬 중앙에는 1970년대 초에 암석층을 깎아 서 만든 '화강암 병원'이 있다. 방탄 문으로 튼튼하게 막은 병원에 침대들 이 놓였다. 중국이 문화대혁명으로 침몰하던 1960년대 말에 파놓은 방공 호들도 그동안 쓸모가 없다가 이 기회에 지방 정부 지도자들의 방문을 받 았다. 어부들의 마을에서 지하 12미터 아래에 위치한 콘크리트 복도는 딱 사람 한 명이 지나갈 크기로 희미한 네온등이 켜져 있었다. 그동안 노인 들은 해협의 수호신 '시시예'에게 향을 피우고 제사를 올렸다. 할머니들은 돌사자상에 중국 문화에서 복을 불러온다고 여겨지는 붉은색으로 옷을 지어 입혔다.

3월 14일에 베이징 측에서 태도 변화를 보이기 시작했다. 중국 통신 사는 "중국은 공격 의도가 없으며 자국의 경제 발전을 위해 지역의 평화 가 필요하다"는 군사 관계자들의 발언을 인용했다. 미국 국방성도 중국이 "대만을 침공할 의도가 없다"고 알려왔음을 밝혔다. 중국 정부 대변인도 미국과 "건전하고 안정적인 관계"를 맺기를 원한다고 발표했다. 또한 리 덩후이의 미국 방문 이후 끊어졌던 연례 방미 일정을 재개하겠다고 밝혔 다. 중국과 미국의 외교 수장들은 4월 21일에 헤이그에서 만났고 국방부 장 치하오톈이 미국을 방문했다.

아마도 중국은 대만 문제에서 미국을 얼마만큼 압박할 수 있는지 일 종의 테스트를 해보고 싶었을 것이다. 그러나 이런 사태가 발발한 원인으 로 장쩌민 국가주석을 필두로 한 평화 통일을 지지하는 온건파와 강경파 의 대결 구도도 배제할 수는 없다.

대만 독립주의자들의 **집권**

중국의 위협 전략은 일단 실패했다. 그들의 태도가 누그러지자 73세 리덩후이의 선거운동은 크게 탄력을 받았다. 리덩후이는 중국과의 갈등이 완화된 때를 틈타서 하얀 테니스 셔츠 차림으로 태평하게 미소를 지으며 펑후 제도를 방문했다. 그는 중국에 대한 도발을 피하되 유권자들을 안심시키면서 대만어로 이야기했다.

"이것이 우리가 세상에 전하고 싶은 메시지입니다."

대만 정치 서열 3위의 쑹추위가 말했다.

"중국은 중국 하고 싶은 대로 하고 우리는 우리대로 민주주의를 누리겠다 이겁니다."

중국군은 그에 대한 대답으로 제3차 군사훈련을 실시하겠다고 나섰다. 이번 훈련 장소는 대만 해협 북쪽이었다. 이 군사훈련은 3월 25일, 그러니까 대선 이틀 후에 끝나게 되어 있었다. 마쓰 섬에서 1만 해리 떨어진 곳에서 벌어지는 군사훈련이라……. 중국은 애매한 발표들만 늘어놓았다. 중국은 외국을 침공할 뜻이 없으며 대만 주민들이 안전하기를 바란다면서도, 무기 사용을 배제할 수는 없다는 것이었다! 대만 해협은 여전히 극도로 팽팽한 긴장 상태에 놓였고 마쓰 섬의 민간인들은 모두 대피했다.

낡은 프로펠러기 한 대가 겨우 안개를 뚫고 마쓰 섬에 접근했다. 그러나 다음 날 이 비행기는 착륙 중에 파손되고 만다. 마쓰 섬에 접근하기는 무척 어렵다. 절벽 위로 비행한 후에 수직으로 하강해야 하고, 활주로도 아주 짧다. 3월 16일에 이 비행기에 타고 있던 사람은 대만 군인들과 외국인 기자 한 명뿐이었다. 일단 섬에 착륙을 해도 군도의 최남단, 즉 중국 군사훈련 지역과 가장 가까운 지점으로 가려면 페리를 타야 했다. 그 최남단 지역, 몇백 미터 길이밖에 되지 않는 작은 섬에는 터무니없게도

255

단 2명의 군인이 지키고 있었다. 납빛 하늘에 포성이 빗발쳤다. 그리고 바로 그 근처에서 2명의 대만 파수병은 서로 손을 꼭 잡고 불안한 미소를 짓고 있었다…….

중국 측에서는 계속 선전 공작을 펼치고 미사일 발사 작전이 "대성공"을 거두었다고 소개했다. 베이징의 통제를 받는 홍콩 언론도 미국 해군이 대만 해협에 병력을 배치한 것을 여러 차례 비난했다. 중국 정부는 미국의 군사력 과시를 비난하고 "대만은 중국에 속해 있으며 미국 보호령이 아니다"라고 주장하며 미국을 지역 갈등의 원인 제공자로 몰아세웠다.

하지만 베이징의 강경파는 이 내기에서 지고 말 것이었다. 3월 23일 선거에서 리덩후이는 압승을 거두었다. 중화권에서 국가원수가 직접·보통선거로 선출되기는 처음이었다. 베이징은 어떤 코멘트도 하지 않았다. 중국의 군사 도발도 중지되었다. 두 달 후인 5월 20일에 리덩후이는 취임 연설을 통해 중국에 손을 내밀었다. 그는 화해를 청하는 어조로 자신이 베이징을 방문하여 긴장을 완화시키고 싶다며, "지역의 평화와 안정, 번영을 도모하기 위해 중국과 대만이 소통하고 공조하는 새로운 시대"를 제안했다. 그는 또한 중국이 21세기에 '평화 통일'을 이룩할 수도 있을 것이나 "위협이 사라지지 않는 한 어떤 협상도 있을 수 없음"을 분명히 했다. 베이징은 이번에도 침묵으로 일관했다…….

미국을 압박하는 것은 **어렵다**

8월 말이 되어서야 분위기가 바뀌었다. 중국 지도부에서 과연 무슨 일이 있었던 걸까? 8월 22일에 〈런민르바오〉는 14개월간 중단되었던 대만과의 접촉을 재개할 것이라는 소식을 전했다.

"중국은 평화 통일을 원한다. 정치적 분쟁은 정치적 대화를 통해 풀어야 할 것이다."

이것은 우회적으로 군인들에게 그들의 기지로 돌아가라는 명령을 내리는 것과 같지 않은가! 베이다이허 휴양지에서 매년 여름 열리는 중앙정치국 위원들의 비공개 회의는 그 어느 때보다 뼈아픈 결론을 내렸다. 강경파의 전략은 실패했다.

그리하여 다시금 개혁파에게 순풍이 부는 듯했다. 사실 장쩌민은 상반기 내내 '미사일 위기' 대처를 리펑 총리와 군부에 일임하고 극도로 신중한 자세를 보였다. 그래서 일부 외교관들은 1993년의 '심한 감기'에서 회복된 리펑 총리가 정적 장쩌민을 누르고 권력을 승계할 것이라는 추측을 내놓기도 했다. 하지만 9월 초가 되자 국가주석이자 군사위원회 주석인 장쩌민이 다시 대만 사업가 가오칭위엔이 이끌고 온 대만 투자자들과 대학 관계자들을 맞이하는 레드카펫에 등장했다.

대만에 위협을 가하는 것은 베이징에게도 비생산적인 정책이었다. 이번 도발은 리덩후이가 선거에서 승리를 거두는 데 되레 힘을 실어주었을 뿐 아니라 국제적 위엄을 되찾으려고 노력하던 중국 공산주의 체제의 이미지까지 실추시켰다. 1990년대 초에 중국의 경제개혁 재개와 발전을 기대하고 투자했던 이웃 국가들도 불안해하는 눈치를 보였다. 특히 영국의 식민지 반환이 1년밖에 남지 않은 상황에서 중국이 호전적 태도를 보이자 홍콩 주민들은 공포에 휩싸였다. 3월 한 달 동안에만 영국 비자를 신청한 홍콩 인구가 10만 명이 넘었다. 지난 12년 동안의 비자 신청 인구보다 1996년 3월 한 달의 신청 인구가 더 많았다! 그때까지 홍콩인들은 '일국양제' 원칙을 믿고 홍콩이 대만 모델을 따르게 될 것이라고 생각했지만 이제 그 믿음이 흔들리게 된 것이다.

중국군도 애초에 미국이 베트남전 이후 가장 큰 규모의 함대를 보내리라고는 예상하지 못했다. 미국은 1979년에 대만과 단교하고 중국과 수교하면서 '대만관계법'을 제정하여 중국이 침공할 경우 대만을 지원한다는 입장을 밝혀두었다. 하지만 그때부터 중국과 대만의 화해 무드가 조성되었기 때문에 이 지역에서 실제로 갈등이 일어나면 미국이 어떤 입장을 취할지는 증명된 바 없었다.

1996년 '미사일 위기'는 미국의 입장이 분명하게 드러나는 계기가 되었다. 비록 제7함대 항공모함은 미사일 위기 중에 대만 해협에 진입하기를 조심스럽게 삼갔고 대만을 보호하기 위해 어느 정도까지 개입할 것인지 애매한 구석을 남겨두었지만 적어도 미국이 대만 편이고 이 지역의 분쟁에 개입할 수 있음을 분명히 했다.

일본과 영국은 '커다란 불안'을 표명하긴 했지만 다른 주변국들과 마찬가지로 중국의 위협 앞에 신중하게 침묵을 지켰다. 러시아만이 공개적으로 "중국의 국내 문제에 간섭하고 싶지 않다"고 밝혔다. '군사적 투명성'을 약속했던 과거의 '붉은 형제' 중국과 소련은 4월 말에 군사협정을 맺음으로써 한층 가까워져 있었기 때문이다.

이 '미사일 위기'는 중국 지도부에게 뼈저린 교훈을 남겼다. 그 때문인지 중국은 지금까지 대만에 이렇게까지 강경한 위협 정책은 구사하지 않고 있다.

새롭게 공표된 공산당의 윤리 규범: **정신문명**

1992년부터 시작된 애국 선전은 1996년 가을에 정점에 달했다. 장쩌민 국가주석이 다시 중국 언론에 자주 오르내렸다. 그는 1997년 가을로 예정된 중국공산당 제15차 전국대표대회를 앞두고 권력 승계를 원활히 하고자 대중들에게 이데올로기적으로 확실한 인상을 심어주고 싶었던 것이다. 노동, 가족, 조국과 도덕적 질서를 강조하는 권위적 체제를 정당화하기 위해 신유교주의가 동원되었다. 새롭게 공식적으로 공표된 윤리 규범은 '정신문명'이라는 이름을 얻었다. 물론 점점 더 노골화되는 민족주의도 이런 변화를 공고히 하는 데 도움을 주었다. 하지만 민족주의는 탈선의 위험, 특히 반일 감정을 부추길 여지가 있었다. 게다가 1996년 여름에 일본 극우파들이 중국의 댜오위다오(釣魚島, 일본어로는 센카쿠 열도尖閣列島)에 상륙해서 등대 설치를 시도한 사건이 있었다. 중국은 1895년에 일본과의 전쟁에서 패하고, 이 열도는 일본의 지배를 받게 되었다. 그러나 중국은 여전히 영유권을 주장하고 있다. 일본 측의 등대 설치 시도는 중국 언론의 뭇매를 맞았고 베이징은 화교들을 중심으로 저항 운동을 유도했다. 12월 18일, 일본군의 만주 정복 기념일에 중국 정부는 반일 감정이 폭발할 것을 우려하여 일본 대사관 근처의 외교관 구역을 봉쇄하는 것이 좋겠다고 판단했다……

'97

장쩌민 시대

덩샤오핑 '동지'의 죽음

비보는 한밤중에, 중국 통신사의 텔레타이프로 대수롭지 않은 듯 떨어졌다.

1997년 2월 20일, 새벽 2시경에 '긴급' 표시조차 붙지 않은 속보가 중국 공산주의 체제의 제2대 황제 덩샤오핑이 전날 밤 92세를 일기로 숨을 거두었다고 알려왔다. 이미 일주일 전부터 소문은 무성했다. 중국 정부는 개혁·개방의 아버지가 사망했다는 소식을 최대한 덤덤하게 전하려고 노력했다.

아침에야 이 소식을 접한 중국 국민들은 슬퍼하긴 했지만 크게 동요하지는 않았다. 아침 6시 30분 라디오 뉴스와 아침 7시 텔레비전 뉴스는 장례 음악을 내보냈다. 뉴스 앵커들은 검은 옷 차림으로 평소보다 천천히 비보를 읽어 내렸다. 덩샤오핑이 중난하이 북쪽에 위치한 인민해방군총

병원에서 몇 달간 사경을 헤매다 숨을 거두었다고—그는 말년에 파킨슨병을 앓았다—말이다.

덩샤오핑이 마지막으로 공식 석상에 나타난 때는 1994년 2월 9일이었다. 그때도 멍한 눈으로 딸의 부축을 받으며 나와서 사람들과 기계적으로 악수를 나누는 게 다였다. 그 후 덩샤오핑이 사망했다는 소문은 15번이나 고개를 들었다가 수그러들곤 했다. 나중에는 증권가나 국민들의 반응을 보기 위해서, 혹은 정치적 적수, 경쟁자들의 반응을 보기 위해서 중국 지도부가 거짓 비보를 흘린 적도 있었던 것 같다……. 그래서 마침내 그의 사망이 사실로 밝혀졌을 때에는 오히려 모두들 그러려니 했다.

그렇지만 이날은 중국공산당 역사에 길이 남을 만했다. 덩샤오핑이 사망함으로써 중국인들에게 각별한 1인 지배체제도 사라졌다. 이때부터 오늘날까지 중국 지도부는 강력한 1인자보다는 집단지도 체제를 유지하고 있다. 그로써 이들은 좀 더 합의와 제도적 절차를 중시하게 되었다. 더욱이 덩샤오핑 스스로가 직접 이런 정치 변화의 문을 열었다고 할 수 있다. 그는 자신의 사망을 4년 앞두고 공산주의 제3세대 지도부, 즉 장쩌민이라는 후계자가 주축이 된 집단지도 체제에 권력을 이양했다. 덩샤오핑의 목표는 정권 교체를 원만하게 이루어내는 것, 권력 투쟁으로 인한 분란이나 혁명을 피하는 것이었다. 개혁·개방 정책을 장기적으로 추진하기 위해서는 제3세대가 아니라 제4세대의 수장 후진타오까지 지명해두어야 했다. 그래야만 20년 가까이 경제 정책을 연속성 있게 밀고나갈 수 있을 테니까…….

국장 기간 5일 동안 중앙방송은 덩샤오핑 회고 프로그램을 내보냈으며 장례식은 2월 24일에 열렸다. 사망 소식이 알려진 직후 상하이와 선전 증권가는 타격을 약간 입었지만 금세 안정을 되찾았다. 베이징은 톈안먼 광장을 중심으로 집회가 일어나지 않도록 치안을 강화했다. 베이징 시민들은 이미 두 차례나 국가 지도자의 사망—저우언라이가 사망한 1976년, 후야오방이 사망한 1989년—을 계기로 톈안먼 광장에서 집회를 열었었다. 하지만 자발적인 추모 집회는 덩샤오핑의 고향인 쓰촨 성 파이방에서 열렸다. 추모 집회에는 하루 2만 명 이상이 참석한 것으로 집계되었다.

장례식 날 새벽 동이 트자 단춧구멍에 조화를 꽂은 수천 명의—자발적으로 나온 것처럼 연기를 하는—엑스트라들이 안개 속에서 등장하여 베이징을 동서로 가르는 창안제를 따라 걷기 시작했다. 하지만 병원에서 베이징 서쪽 끝 바바오산 혁명가 묘지로 이동하는 장례 행렬에 조의를 표하는 베이징 시민들이 차츰 합류했다. 중국 공안은 10만 명의 시민들이 덩샤오핑의 마지막 길을 함께했다고 집계했으나 실제로 창안제에 나온 시민들은 그보다 훨씬 많았다. 어쩌면 2, 3백만 명이 넘었을 수도 있다. 장례 행렬의 경비 상황은 매우 인상적이었다. 제복을 입은 경찰이 5미터마다 1명씩 버티고 서 있었고, 경찰관 5명당 1명꼴로 장교가 배치되었으며, 교차로마다 25명의 인력과 공무용 지프들이 버티고 섰다!

전날 텔레비전을 통해 공개된 자료 화면에는 흐느껴 우는 국민들의 모습이 주를 이루었으나 실제 베이징 시민들은 차분하고 위엄 있게 덩샤오핑을 보냈다. 거리에 모인 시민들은 50여 대의 버스와 자동차로 이루어진 행렬이 지나가기를 기다렸다. 과거 황제에게만 허락되었던 노란 꽃술로 장식된 흰색 소형 버스가 영구차 구실을 했다. 묘지에서의 추도식이 끝나자 행렬은 다시 떠났다. 시민들은 나무에 수천 송이의 흰색 조화를 매달아놓고는 조용히 흩어졌다. 마오쩌둥의 시신은 미라로 보존되어 톈안먼 광장에 안치되었지만 덩샤오핑은 자신의 유해를 화장해서 바다에 뿌려달라고 했다.

그날 저녁 텔레비전 뉴스를 통해 중국인들은 덩샤오핑의 모습을 마지막으로 한 번 더 보았다. 고인은 중국 전통에 따라 매끈하게 화장한 얼굴로 침상에 누워 있었다. 공식 언론의 카메라는 고인 앞을 지나가는 고관들의 눈빛을 잡았다. 명석하고도 횡포했던 황제의 마지막 표정을 바라보는 그들의 눈에는 놀라움과 경외감이 뒤섞여 있었다. 이미 몇 달 전부터 그의 모습을 볼 수 없었지만 그의 이름 석 자는 여전히 막대한 권력을 뜻했다. 영안실 뒤쪽에서 유족들만이 조용히 진심으로 슬픔의 눈물을 흘리고 있었다.

덩샤오핑의 장례식은 1976년에 있었던 마오쩌둥의 장례식과 크게 대조되었다. '위대한 키잡이'가 '마오 주석'이었다면 '작은 키잡이'는 '덩샤오핑 동지'였다……. 한 서방 외교관은 이렇게 평했다.

"덩샤오핑은 확실히 마오쩌둥보다 중국을 위해 더 많은 일을 했다. 그러나 공산당은 덩샤오핑을 일개 정치인으로 보는 반면 마오쩌둥은 신격화하고자 했다."

사실 1976년에 당 지도부는 문화대혁명과 '4인방'의 극좌파 이데올로기와 단절하기 위해 마오쩌둥의 죽음을 보다 극적으로 조명할 필요가 있었다. 그러나 1997년 집단지도 체제는 반대로 가급적 조용하게 정권교체를 마무리하고 연속성을 내세울 필요가 있었다. 그래서 이미 몇 달 전부터 정권을 거의 표 나지 않게 이양하는 방향으로 선전 공작도 펼치고 있었다.

그러나 '개혁의 위대한 설계자' 덩샤오핑의 죽음은 미완(未完)의 인상을 남겼다. 중국인들은 개방 15년간의 위업과 그동안 높아진 생활수준을 뚜렷이 의식했다. 공산주의의 활로는 경제적인 측면에서 "자본주의의 긍정적 요소들을 도입함으로써" 찾을 수 있었다. 그러나 변화와 함께 인플레이션, 실업, 유동 인구, 불평등, 부패, 범죄, 도덕적 가치 상실, 세대 간 단절 같은 새로운 문제들이 발생했다. 빈곤한 농민, 일자리를 잃은 국유기업 근로자, 퇴직자, 그리고 임금이 동결되어 있는 와중에 인플레이션으로 이중고를 겪는 공무원 등 중국의 여러 계층들이 개혁으로 인한 괴로움을 겪었고, 이들은 덩샤오핑이 책임을 져야 한다고 생각했다. 무엇보다 국민들의 원하는 '개혁', 즉 정치 개방은 아직 이루어지지 않았다. 중국의 청년 세대는 이 점을 무엇보다 안타깝게 여기고 정치적 자유의 부재를 비판했다. 역설적이긴 하지만 덩샤오핑이 늘 탄압했던 지식인 계층이 가장 균형 잡힌 시각을 가지고 있다. 중앙당교 교수 후전량은 덩샤오핑을 이렇게 평가한다.

"정치인에게는 정치사상을 만들어내는 자질이 중요하다. 그런 관점에서 마오쩌둥과 덩샤오핑은 위대한 정치 지도자들이라고 할 수 있다. 한 사람은 마오쩌둥주의를 만들었고 또 한 사람은 중국식 사회주의를 제창했으니까."

마오쩌둥주의는 이상주의, 나아가 비극적일 정도의 유토피아주의였다면 덩샤오핑의 사상은 실용주의였다. 한 사람은 이데올로기를 만들었다. 다른 한 사람은 현실적인 문제들을 해결했다…….

그러나 오늘날에는 마오쩌둥에 대한 기억이 더 짙게 남아 있다. 물론 베이징에서 한때 그토록 많았던 마오쩌둥 동상이 아직까지 남아 있는 곳은 두 군데뿐이다. 하지만 지금도 매일 1만 명이 마오쩌둥 미라를 보기 위해 톈안먼 광장을 찾고 있다. 또한 해마다 5백만 명 이상의 중국인들이 마오쩌둥의 고향 사오산을 순례한다. 그의 모습이 들어간 배지, 부적, 흉상, 티셔츠 따위의 관련 상품 시장 규모만 따져도 1억 달러를 넘는다. 1996년에 자금성 동쪽에서 몇백 미터 떨어진 곳에 개업한 훙타이 식당은 전면에 마오쩌둥의 거대한 초상을 걸어놓았다. 식당 내부에도 서로 다른 시기에 촬영한 마오쩌둥 사진들이 걸려 있다. 이때부터 식당들은 21세기식 마오쩌둥 숭배를 중국 전역의 주요 도시로 확산시켰다. 심지어 그중 몇몇 식당은 옛 홍위병 출신들이 모여서 향수를 달래는 만남의 장소로 굳어지기도 했다. 마오쩌둥은 정말 신화가 되었다. 일개 정치인이 아니라 반신(半神)과도 같은 존재가 된 것이다. 마치 중국 왕조들이 그 시조들에게 부여하던 지위와 비슷한 위상을 지니게 됐다고나 할까…….

1995년 1월에 〈중궈칭녠바오〉가 실시한 설문조사에 따르면 마오쩌둥은 사망한 지 20년이 됐는데도 40퍼센트의 득표율로 14세에서 34세 사이의 중국 청년층이 가장 좋아하는 정치인 1위로 꼽혔다. 저우언라이가 26퍼센트로 2위였고, 덩샤오핑은 10퍼센트 미만의 선호도를 보였다. 오늘날에도 중국 청년 세대는 공산주의 체제의 설립자에게 존경과 향수를 품고 있지만 개방과 근대화의 아버지 덩샤오핑은 결코 그런 후광을 누리지 못할 것으로 보인다.

전술가 **장쩌민**

덩샤오핑 서거 이후 몇 주 간 서방 언론들은 새로운 지도부에서 권력 투쟁과 숙청이 일어나지 않을지 의문을 품고 주시했다. 의문은 오래가지 않아 사라졌다. 1926년 장쑤 성에서 태어난 장쩌민은 큰 배경 없이 베이징 중앙 정부에 입성했지만 1989년 6월에 공산당의 수장이 되었고 그 이듬해에는 군부의 1인자가 되었다. 그는 정치적 공작을 꾸미는 법을 배웠다. 반대파들은 장쩌민이 1990년대 초에 마오쩌둥의 머리 모양과 옷차림을 흉내 낸다고 비웃었다. 하지만 장쩌민은 한때 마오쩌둥의 유력한 후계자로서 '마오 스타일'을 흉내 냈던 화궈펑보다 정치적 판단력이 뛰어났다. 그는 요란하지 않게 중화인민공화국 주석의 책임과 의무를 시대에 걸맞게 소화해냈고 자신이 쥔 패를 통찰력 있게 사용할 줄 알았다.

리펑, 차오스 등의 정적이나 훼방꾼이 그를 가만히 두지 않았지만 장쩌민은 신중하게 자신의 배를 지휘할 수 있었다. 특히 덩샤오핑의 측근들은 그에게 기대를 걸었던 고인의 유지를 받들기 위해 많은 조언을 해주었다……. 그것은 그들 자신의 안위를 도모하는 길이기도 했다! 장쩌민은 차츰 뛰어난 전술가의 면모를 보여주었다. 그는 우선 새로이 군 장성을 임명함으로써 군대에 자기 세력을 형성했고, 상하이 출신들을 정부기관에 대거 불러들여 '상하이방'을 형성했다. 정적들도 축출했다. 1995년 봄에 베이징 시장 천시퉁이 부패 혐의로 실각한 것도 이와 맥락을 같이 한다. 1997년 4월, 덩샤오핑이 사망한 지 2달이 채 되지 않아 군대는 장쩌민에게 충성을 서약했다. 장쩌민의 가장 커다란 적수 리펑 총리는 대결을 수락했다…….

'위대한 붉은 용', 홍콩을 구하다

7월 1일에 중국에 반환되기로 예정된 홍콩은 1월부터 집단적인 열병에 걸린 듯했다. 운명의 그날이 다가올수록 홍콩은 밤낮으로 광기 어린 축제의 시간을 보내고 있었다. 6월이 되자 6백만 홍콩 인구는 완전히 이성을 잃고 날뛰었다. 서구인들이 공공장소에서 술을 마시고 춤을 추는 동안 중국인들은 투기에 빠졌다. 증권, 부동산 할 것 없이 매일 상한가가 갱신되었다. 몇 달 사이에 가격이 150퍼센트로 치솟았던 것이다. 해피밸리 경마장에서도 그 어느 때보다 판돈이 올라갔다. 홍콩의 한 정신분석학자는 쇄도하는 환자들을 보고 이런 결론을 내렸다.

"미지의 것을 앞두고 나타나는 일종의 도피인 셈이지요. 나를 찾아온 사람들은 죽음, 불안, 배를 타고 홍콩을 떠나는 악몽 따위를 공통적으로 호소하고 있어요……. 겪을 일이라면 철저하게 겪고 한시 바삐 과도기를 통과하고 싶은 겁니다.”

그러나 6월 말에 홍콩 반환은 차질 없이 진행되었고 이미 4년째 권력을 쥐고 있는 새로운 중국 지도부가 과도기를 잘 넘길 것이라는 믿음이 강해졌다.

영국 측의 분위기는 더 이상 밝지 않았다. 6월 30일, 자정을 몇 분 앞두고 찰스 왕세자는 홍콩 컨벤션센터의 연단에 올라 영국의 아시아 식민 지배를 종결짓는 연설문을 읽어 내렸다. 그날은 하루 종일 무더위와 습기가 기승을 부렸다. 찰스 왕세자가 연설문을 읽기 시작할 때 무시무시한 폭우가 내렸다. 후덥지근하고 굵은 빗방울이 떨어지더니 잠깐 사이에 상점가를 휩쓸었고 경사면을 따라 빗물이 세차게 흘렀다. 찰스 왕세자는 굴하지 않고 6백만 홍콩 인구를 향해 연설문을 계속 읽어 내려갔다.

“여러분은 새로운 역사의 배를 타겠지만 우리는 여러분을 잊지 않을 것이며 경계의 눈길 또한 거두지 않을 것입니다.”

왕세자의 나머지 말은 수천 개의 우산 위로 떨어지는 빗소리에 가려 들리지도 않았다. 사방으로 흐르는 물이 그의 연설을 뒤덮어버렸고 연설문에서는 푸른 잉크가 흘러내렸다⋯⋯. 영국 왕실의 후계자는 완전히 흠뻑 젖었지만 연단에서 연설을 잘 마무리했다.

유니언잭이 내려가고 홍콩기와 중화인민공화국의 오성기가 올라갔다. 이로써 새로운 ‘홍콩특별행정구’가 들어섰다. 크리스 패튼 총독은 영국기를 거두어 만감이 교차하는 듯 가슴에 꼭 품었다. 장쩌민 국가주석이 나서서 평화롭고 원만한 이행을 준수하겠노라고 말했다. 그는 그 자리에 참석한 덩샤오핑의 부인을 생각해서 덩샤오핑을 추억하고 홍콩이 조국의 품으로 돌아온 것을 환영한다고 했다. 또한 홍콩의 새 헌법이 홍콩인들의 권리와 생활양식을 전적으로 보호할 것이며, 자신은 홍콩이 여전히 국제적인 번영의 도시, 자유 항구로 남기를 바란다고 했다.

찰스 왕세자와 장쩌민 주석은 잠시 주저하다가 악수를 나누었다. 그러나 중국 관계자 중에서 지난 5년간 베이징의 분노를 사면서까지 홍콩에 보다 민주적인 체제를 뿌리 내리기 위해 싸웠던 총독 크리스 패튼에게 눈길을 준 사람은 단 한 명도 없었다. 홍콩의 156년 식민지 역사에서 처음으로 도입한 민주화였다. 영국인들의 기대대로 자유주의의 씨앗들은 홍콩에서 금세 싹을 틔웠다. 영국은 반항아로 자라기를 기대하며 아기를 넘겨주듯 그렇게 홍콩을 중국에 넘겨주었던 것이다……. 크리스 패튼은 마지막 연설에서 영국이 홍콩에 남겨준 법치와 민주주의 대표제의 단초를 강조했다. 그는 자기 덕분에 1995년에 선거를 통해 구성된 입법의회가 이제 몇 시간 뒤에는 해산되고, 베이징이 지명한 국회가 들어설 것이며 내년에는 베이징의 반(半)감시 체제로 선거가 치러질 것임을 알고 있었지만 외교적 마찰을 피하기 위해 그런 발언은 삼갔다. 다만 교묘하게 홍콩의 가치가 보편적임을 강조함으로써 "아시아적 가치"라는 개념을 거부하고 이 작은 땅에서 성공을 거두었던 "정치와 경제의 자유"를 역설했다.

반환식이 끝나고 홍콩 출신의 억만장자이자 새로운 행정장관인 둥젠화가 지체 없이 의전을 수행했다. 찰스 왕세자는 영국 왕실 요트 브리타니아 호에 크리스 패튼과 함께 올랐다. 배가 몰래 도망치기라도 하듯 서서히 항구를 떠났다. 그 광경을 지켜보는 중국인과 영국인 군중은 만감에 젖었다. 꽃술로 장식한 중국 예선들이 먼 바다까지 왕실 요트를 배웅했고 그 다음부터는 범선 한 대만 그 뒤를 따랐다.

폭우는 그쳤다. 브리타니아 호는 홍콩 만에서 마지막으로 원을 그리고는 먼 바다로 나가더니 거기서부터 속력을 내기 시작했다. 중국인들은 고속도로 교각에 모여서 그 장관을 구경하며 왕실 요트 악단이 연주하는 〈석별의 정〉을 들었다……. 군중은 뺨을 타고 흘러내리는 눈물을 슬그머니 닦았다. 항구를 완전히 벗어난 영국 배는 마지막 인사로 무적(霧笛)을 길게 세 번 울렸다.

　같은 시각, 베이징 톈안먼 광장에 모인 사람들은 한 목소리로 홍콩 반환 카운트다운에 들어갔다. 거대한 불꽃놀이가 베이징의 밤하늘을 수놓았다. 몇 분 후, 홍콩 센트럴 광장은 열광에 사로잡혔다. 이제 막 해산된 의회 발코니에 몇 명의 사내들이 나타나 승리의 'V'자를 그려 보였다. 그들은 영국 식민지 치하에서 입법의회 의원으로 활약한 민주당파 인사들이었다. 변호사이자 민주당 대표인 마틴 리가 입을 열었다. 그는 홍콩뿐만 아니라 중국을 포함하는 아시아 전체의 민주주의를 부르짖었다. "우리는 우리가 중국인이고 홍콩이 영국의 지배에서 벗어났다는 사실에 자랑스러움을 느낍니다. 하지만 우리의 꿈은 중국이 모든 인간과 시민의 권리를 존중하고 법으로써 보호하는 진정한 대국이 되는 것입니다……."

　1997년까지 아시아에서 가장 자유로웠던 홍콩 언론도 신속하게 자기 검열에 들어가긴 했지만 중앙 정부는 '일국양제' 원칙을 존중했다. 시위와 집회도 허가를 받는 절차가 좀 복잡해지고 때로는 시위대보다 경찰의 수가 더 많아지기도 했지만 여전히 계속 용인되었다. 전반적으로 홍콩은 국제도시의 면모를 그대로 간직했다. 기자나 민주당 정치인들이 체포되는 일도 없었고, 종교의 자유도 그대로 유지되었다. 7월 1일자로 홍콩에 주둔하게 된 인민해방군은 개방의 제스처로 9월 한 달간 민간인들에게 부대를 개방하기도 했다. 군인들은 홍콩 거리에서도 신중하게 처신했다. 홍콩의 거리는 여전히 회색 양복을 빼입고 포마드를 발라 머리를 넘긴 여피족들과 수많은 관광객들로 넘쳐났다. 홍콩 반환 백 일 후에 자유주의 성향이 강한 홍콩 대학에서 설문조사를 실시했다. 6백만 홍콩 인구는 대체로 중국이 홍콩 반환 과도기를 잘 넘기고 있다고 답했다. '만족한다'는 응답은 전체 설문자의 49퍼센트, '그저 그렇다'는 30퍼센트, '불만스럽다'는 겨우 13퍼센트였으니까…….

그렇지만 예기치 않았던 방향에서 위기가 닥쳤다. 7월 3일에 태국에서 금융위기가 터지고 그 여파가 동남아시아 일대로, 나아가 한국과 일본에까지 퍼진 아시아 금융위기 사태가 일어난 것이다. 투기 자본의 공격을 받은 아시아 여러 국가들의 통화가치와 주가가 차례차례 폭락했다. 각 정부들은 자국 화폐를 절하했고, 여러 문제들이 연쇄적으로 발생했다. 수입 원자재 가격은 너무 비싸지고 수출 규모는 줄어들었다. 아시아 지역 국가들에게 수출은 특히 중요하다. 정치적 불안도 나타났다. 인도네시아에서 수하르토 정권이 무너졌다. 태국 정부는 거의 전면적 개각을 거쳤다. 홍콩이라고 예외일 순 없었다. 홍콩은 무역으로 먹고사는 도시이자 아시아에서 도쿄 다음으로 중요한 금융 중심지다. 폭풍 속에서도 홀로 성장세를 이어가고 있는 중국으로 모든 시선이 쏠렸다. 9월에 중국 정부는 홍콩인들의 마음을 살 방법을 찾았다. 중국은행이 투기 세력의 공격을 받는 홍콩달러를 지원하겠다고 나선 것이다! 10월에 새로운 홍콩 행정장관 둥젠화는 임시국회에서 홍콩의 이익을 강조하며 이처럼 불확실한 상황에서는 '위대한 붉은 용'의 보호를 받는 것이 좋겠다고 주장했다. 중국은 그렇게 차츰 세력을 강화하고 홍콩 언론 내에서도 긍정적인 평가를 받기 시작했다. 심지어 6개월 전까지 홍콩 반환을 우려하거나 마뜩찮게 여기던 사람들조차 상황을 다른 눈으로 보게 되었다.

마오쩌둥식 계획경제를 탈피하다

9월 12일에 베이징 인민대회당에서 2천 명 이상의 대표들이 모인 가운데 중국공산당 제15차 전국대표대회가 열렸다. 이 대회의 목표는 세 가지였다. 첫째, 정권 승계를 완수한다. 둘째, 국유 기업 개혁을 시작한다.

셋째, 반부패운동을 추진한다.

대회는 일주일 후 끝났다. 일단, 당내 서열 3위 차오스의 이름은 중앙지도부의 가장 낮은 직위에서도 찾아볼 수 없게 되었다. 차오스는 73세이니 '은퇴할 나이'가 되었다고 대표들은 말했다. 하지만 중앙위원회에는 그보다 더 나이가 많은 위원들도 버젓이 앉아 있었다……. 선글라스와 수수께끼 같은 미소로 유명한 중앙보밀위원회의 수장 차오스는 중국공산당 정보부의 설립자 캉성의 오른팔이었고 모든 이의 비밀을 손에 쥐고 있는 유력한 적수였다. 그러나 차오스는 톈안먼 유혈 진압을 주저한 탓에 호시탐탐 노리던 당 서기직을 장쩌민에게 빼앗겼다. 그 후 1993년부터 전인대 의장을 맡아 장쩌민 국가주석을 압박하는 데 힘을 기울여왔다. 차오스는 법치국가의 필요성을 역설했기 때문에 서방에서는 그를 민주주의적 시각을 보여준 중국 정치인으로 확대해석하는 경향이 있다. 차오스의 주요한 지지 세력인 런젠신 최고인민법원장도 정치권에서 밀려났다. 차오스는 이듬해 봄에 전인대 의장 자리까지 리펑에게 물려주면서 완전히 세력을 잃게 된다. 리펑 역시 기존의 총리직을 "개혁의 설계자"로 칭송받는 명석하고 권위적인 주룽지에게 물려주었다. 이로써 주룽지는 당내 서열 3위로 올라서게 된다.

장쩌민 국가주석에게 이런 변화는 덩샤오핑 사후 7개월 만에 중국 체제 내 1인자로서 후계를 굳힐 수 있게 한 중요한 승리였다. 그러니까 모든 것이 덩샤오핑이 바라던 대로 된 셈이다……. 게다가 장쩌민은 차오스를 무너뜨리기 전에 상대의 좋은 아이디어를 흡수했다. 전국대표대회는 만장일치로 당 체제를 제도화하기로 합의한다. 장쩌민은 자신의 가장 큰 정적 리펑과 손을 잡고 차오스의 세력을 처리하는 데 성공했다.

또 다른 극적인 변화가 있었다. 7명으로 구성되는 당 수뇌부에 군인이 단 한 명도 끼지 않게 된 것이다. 1992년에 임명된 중앙정치국 상무위원회에는 덩샤오핑이 장쩌민에 대한 군부의 지지를 확보하기 위해 집어넣은 류화칭이 있었다. 그러나 군인 세력이 절정에 달했던 1996년에 발생한 '미사일 위기'는 군대가 정치에 직접 개입해서는 안 된다는 교훈을 주었다. 이때부터 장쩌민은 군대는 자신이 이끄는 당 밑에 종속되어 있음을 자주 주지시켰다. 그는 또한 3백만 인민해방군에서 6분의 1에 달하는 50만 명을 감축시켰다. 그 대신 군사시설 현대화에 필요한 예산은 추가로 늘렸다.

상무위원회의 나머지 위원들은 1950년대의 모범 노동자 출신으로 정치협상위원회 주석이 된 리루이환, 제4세대 후계자 후진타오, 반부패 운동의 기수 웨이장신, 장쩌민 주석의 측근인 리란칭이었다. 공산주의 체제가 설립된 이래로 상무위원회가 각자 뚜렷한 역할을 담당하는 60대 기술 관료들로만 구성되기는 처음이었다.

그럼에도 불구하고 장쩌민은 경제 변화에 수반될 수 있을 점진적 정치개혁의 가능성을 차단함으로써 중국 지식인들의 희망을 꺾었다.

마지막으로, 가장 위험도가 높은 개혁, 바로 국유 기업이라는 거대 분야의 민영화에 청신호가 들어왔다. 중국의 8만 8천여 개 국유 기업들은 여전히 국내총생산의 55퍼센트를 담당하고 있었으며 그중 절반 이상은 부채가 심각했다. 따라서 이들의 재정을 담당하는 은행들도 재무구조가 취약해질 수밖에 없었다. 국유 기업, 하청업체, 은행이 빚으로 한데 묶여 한꺼번에 볼링 핀처럼 무너질 위험이 있었다. 중국 지도부는 다양한 형태의 지주제를 도입하되 지분의 상당 부분은 여전히 국가가 쥐고 기업에 대한 통제권을 지키는 방향으로 국유 기업을 개혁하고자 했다. 하지만 무너져가는 국유 기업에 몸담은 근로자가 1억 1천만 명 정도 되었으므로 엄청난 사회적 갈등과 대량 실업을 감수해야 할 터였다.

이 근본적 경제개혁이 성공한다면 중국은 마오쩌둥식 계획경제를 완전히 탈피하는 셈이다. 장쩌민이 그리 인기를 끌지 못할 이 개혁을 선전 구호처럼 상투적으로 언급했던 것도 체제 내 마지막 '좌파'들에게 트집을 잡히지 않기 위해서였다. 장쩌민은 "공산당은 마르크스레닌주의, 마오쩌둥 사상, 덩샤오핑 이론을 길잡이 삼아 나아갈 것입니다"라고 말하고 이 말을 덧붙였다. "중국은 이제 겨우 사회주의의 첫 걸음에 서 있을 뿐입니다. […] 사회주의에 기반한 중국의 부흥은 그 역사적 행보를 완수하기까지 최소한 백 년은 더 걸릴 것입니다."

주룽지의 분투

중국의 고르바초프, **주룽지 총리**

주룽지가 드디어 중국 정부의 수반인 총리가 되었다. 1928년에 후난성 창사에서 태어난 이 키 크고 마른 사내는 '독립사상가'라는 별명을 얻었으며 선견지명과 청렴함으로 이름이 높았다. 주룽지는 중국 체제의 격동기를 지켜보면서 40년 이상 개혁파로서의 소신을 지켰다. 1958년 당시 30세의 주룽지는 공직에 있으면서 '대약진운동'에 수반되는 지시들을 따라야 했다. 경제학적 식견이 뛰어났던 그는 금세 이 운동의 비현실적인 면과 그로 인한 엄청난 민생고를 깨달았다. 젊은 공무원에 지나지 않았던 그는 용감하게도 대약진운동을 드러내놓고 반대했다. 그는 당에서 요주의 인물로 찍혔다. '우파'라는 딱지가 붙어 자아비판을 하고 농장에서 재교육을 받아야 했다. 몇 달 후 다시 복권되었지만 1970년 문화대혁명의 소용돌이 속에서 다시 한 번 숙청 대상이 되었다. 50세가 다 된 1978년에 복권되어 국무원 석유부에서 개혁파로서의 면모를 보였다. 10년 후, 주룽지는 상하이 시장이 되었다. 당시 상하이 당 서기가 바로 장쩌민이었다. 주룽지는 관료제에 얽매이지 않고 외국 기업이 상하이에 지사를 여는 절차를 크게 간소화했다. 외국 기업인들은 주룽지의 효율적인 실용주의를 환영했다. 이리하여 덩샤오핑도 그를 눈여겨보고 중앙 정부로 불러들여 경제개혁이라는 까다로운 임무를 맡기기에 이른다. 주룽지의 지휘 하에 중국은 무겁고 비효율적인 계획경제 체제를 버리고 시장경제 체제로 나아가게 될 터였다. 주룽지는 중앙은행 지휘권을 쥐고 주요한 문제들을 해결해나갔다. 1990년대 중반에 그는 인플레이션을 잘 관리함으로써 '중국의 연착륙'을 달성하는 데 성공했다.

1993년부터 중국인들은 주룽지의 의사 결정을 높이 평가했다. 혹자는 그를 저우언라이에 비교하기도 했다. 근엄한 눈빛, 늘 피곤해 보이는 안색, 눈 아래 불룩한 지방이 인상적인 주룽지는 많은 이들의 존경을 받았다. 하지만 그의 아랫사람들은 그의 지나친 권위주의나 주위 사람들에게 요구하는 지독한 업무량을 이유로 들어 불만을 표하기도 했다. 주룽지 본인은 아무리 까다로운 사안이라도 대번에 집중해 그 내용을 소화할 수 있는 사람이었다. 그는 책상을 주먹으로 쾅쾅 내리쳐가며 중앙 정부의 결정을 말 안 듣는 지방 정부에게 전달하고, 무능하다고 생각되는 지방 관료는 바로 좌천시키는 것으로도 유명했다. 많은 업적을 쌓아 존경과 시기를 받는 그는 자신 또한 어떤 잘못도 용서받을 수 없다는 것을 잘 알고 있었다.

하지만 주룽지는 권력 그 자체를 탐내기보다는 자신이 권력을 잡게 된 것을 일종의 사명처럼 여겼다. 그는 냉전 말기부터 시작된 세계화와 시시각각 발달하는 통신의 세계로 중국을 인도하기로 마음먹었다. 또한 계획경제를 아무런 탈 없이 시장경제로 변환시키겠다는 원대한 목표를 세웠다. 엄청난 적자를 내고 있는 국유 기업들을 재정비하는 것, 관료제를 축소하는 것, 금융 체계를 개혁하는 것은 이 목표를 이루기 위한 수단이었다. 게다가 이 모든 과업을 아시아 금융위기가 몰고 온 사회불안과 디플레이션 속에서, 그것도 실업률이 가파르게 치솟는 와중에 해결해야만 했다. 주룽지는 총리 임기가 끝나는 2003년까지 개혁을 가속화하기 위해 최대한 힘을 쏟았다. 중국인들도 그 점은 잘 알고 있었다. 2009년에 그의 주요 발언과 인터뷰를 엮은 책이 출간되자마자 베스트셀러가 되었다. 그가 총리직에서 물러난 지 6년도 더 된 시점이었다.

1997년 9월 20일부터 25일까지 홍콩에서 국제통화기금 총재와 세계은행 총재의 회담이 열렸다. 바로 이 자리에서 서구인들은 주룽지라는 인물을 진정으로 발견했다고 할 수 있다. 폐회 기자회견이 열린 홍콩 컨벤션센터는 외국 기자와 기업인들로 가득 찼다. 그들은 모두 며칠 전 있었던 중국공산당 제15차 전국대표대회에서 체제 내 서열 3위로 올라선 인물에 대해 궁금해했다. 주룽지는 고급 맞춤 양복을 입고 나타났다. 늘 경직된 분위기의 전임 총리 리펑과는 딴판으로, 주룽지는 미리 써놓은 연설문 없이 즉석에서 기자들의 질문에 답변을 하면서도 미소와 유머를 잃지 않았다. 인사를 끝낸 '보스 주(주룽지의 별명)'는 어떤 질문도 피해가지 않았다. 몇 분 후, 통역이 숫자 부분에서 쩔쩔매자 신임 총리는 완벽한 영어로 직접 설명을 하기 시작했다. 이렇게 그는 기자회견장의 모든 이들을 단박에 사로잡았다! 평소보다 훨씬 긴 기자회견이 끝나자 서방 자본주의자들은 그에게 진심 어린 박수를 보냈다. 다음 날 모든 국제 언론의 헤드라인에 그의 이름이 올랐다. 뉴욕에서 도쿄까지, "중국의 고르바초프"니 "중국 개혁의 차르"니 하는 기사들이 쏟아져 나왔다. 6개월 후 중국 전인대 폐회식 기자회견에서 중국 고위층에서도 인기가 높은 홍콩 봉황위성의 여성 앵커가 주룽지를 인터뷰했다.

"총리님은 저의 우상이십니다. 총리님 덕분에 중국이 지속적인 개혁의 길을 걸을 수 있으니까요……."

대만 출신 여성 앵커는 이렇게 운을 떼며 질문을 던졌다. 주룽지는 기쁘지만 한편으로는 굉장히 어색해하면서 이렇게 말했다.

"저를 중국의 고르바초프라고 부르지 않으셨으면 합니다. 그건 과찬이니까요!"

그런 별명이 주룽지에게 도움이 되지는 않았을 것이다. 총리의 인기가 이렇게 하늘을 찌르면 장쩌민 국가주석의 마음이 편할 리 없으니까. 게다가 몇 달 전 장쩌민이 미국을 순방했을 때는 별로 국제 언론의 주목을 받지 못했다. 그에게는 주룽지 같은 자연스러운 카리스마가 없었다…….

주룽지는 장쩌민의 불편한 심기를 눈치 챘다. 그의 목표는 지속적으로 개혁을 잘 이끌어나가는 것이었기 때문에 국가주석과 긴장 관계를 풀어야 할 필요가 있었다. 주룽지는 기자회견에서 당의 위계 서열을 존중하는 태도를 보였고 경제에만 집중하기 위해 외교적 사안은 맡지 않을 것이라고 거듭해서 강조했다. 1998년 봄부터는 주룽지는 국제 언론에 더 이상 등장하지 않게 된다. 그는 자신을 기다리는 골치 아픈 사안들에 전념하기 위해 인터뷰 요청도 모두 거부했다.

아시아 금융위기, **중국을 비켜가다**

주룽지는 인민폐, 즉 위안화를 절하하지 않을 것이라고 몇 번이나 단호하게 말했다. 지금까지 중국에 대한 신중론을 견지하던 서구 금융인들은 중국이 아시아 금융위기에 휩쓸리지 않을 수 있다는 가능성을 보았다. 실제로 1997년 5월 18일에 태국에서 빨간 불이 켜지기 시작했을 때 전문가들이 예측한 것보다 충격은 더 컸다. 당시에 태국 은행들은 10년 전부터 부동산 부문에서 쌓이기 시작한 상환 불가능한 부채가 1천억 프랑 규모라고 발표했다. 그러자 수십억 달러의 투기 자본이 방콕에서 빠져나가면서 태국 증시는 5퍼센트나 주저앉았다. 투자자들은 태국 바트화가 달러화에 대한 고정환율제를 오래 유지하지 못할 것으로 내다보고 바트화 평가절하를 예상했다. 실제로 7월 2일에 방콕은 고정환율제 포기를 선언했다. 이때부터 사태는 걷잡을 수 없이 가속화되었다. 전 세계를 들뜨게 했던 아시아 경제의 성장세가 급격히 둔화되었다. 불과 몇 주 만에 아시아 지역의 모든 국가들은 손 놓고 돈이 빠져나가는 것을 볼 수밖에 없었다. 예외가 있다면 외환보유고가 충분했던 홍콩뿐이었다(9월 말 당시 880억 미국 달러를 보유). 신임 지도자들은 홍콩달러가 미국달러와 연동된 페그제를 유지할 수 있으리라 자신했다.

베이징에서는 심의회가 잇달아 열렸다. 중국 위안화는 여전히 잘 버티고 있었다. 중국은 10월 23일 '검은 목요일' 사태에도 불구하고—불과 며칠 만에 항셍지수는 40퍼센트가 하락했다!—홍콩에 대한 대규모 금융 지원을 약속했다. 아시아 금융위기의 파장은 중국을 제외하고, 도미노처럼 아시아 전체를 휩쓸고 지구를 한 바퀴 돌았다. 파리, 런던, 뉴욕 가릴 것 없이 전 세계 증권가가 악몽 같은 일주일을 보냈고 월스트리트는 11월 초에야 겨우 안정을 되찾는 기미를 보였다. 1929년 대공황, 1987년 경제 위기에 이어서 세 번째 일어난 위기였다. 중국 정부는 어려운 시기에 자국 경제를 뒷받침할 대규모 사업 계획을 발표했다. 중국의 수출은 1998년 말부터 회복세를 보였다. 홍콩의 경기 침체는 좀 더 오래갔다. 1998년 5월, 몇 달간 잘 버텨주었던 '홍콩특별행정구'는 다시 일본 엔화 폭락으로 주가가 반 토막 나는 참사를 겪는다. 경기 침체 직전에 지나치게 과열되었던 부동산 시장도 40퍼센트나 추락했다. 2001년이 되어서야 홍콩 경제는 완전히 되살아났다.

그러나 이때부터 홍콩인들이 중국을 보는 눈이 달라졌다. 과거 그들은 중국을 몹시 두려워했지만 이제 중국을 든든한 보호자이자 기회의 땅으로 보게 된 것이다. 홍콩 투자자들은 중국 본토로 몰려갔다. 광저우, 선전, 홍콩을 연결하는 삼각지대에 형성된 경제특구는 2000년대에 들어서 이 지역의 발전을 이끌 터였다. 이 지역의 수출 규모는 태국이나 말레이시아 같은 웬만한 국가의 수출 규모를 뛰어넘는다. 아시아 금융위기를 계기로 중국의 대외 이미지는 완전히 바뀌어 가히 존경을 받는 위치에 이르렀다. 베이징의 지도자들, 특히 주룽지 총리는 위안화를 절하하라는 국제통화기금의 압박을 잘 견뎌냈다. 이제 전 세계가 중국이 이제 막 자본주의 세계에 발을 들여놓았음에도 불구하고 위기 속에서 보여준 침착함과 뛰어난 통찰력에 감탄하고 있었다.

정신적인 해일, **국유 기업 민영화**

그러나 주룽지의 진짜 고민은 국내 문제였다. 8만 8천 개 국유 기업, 그중 40퍼센트는 비용만 많이 들고 생산성은 낮은 적자 기업이었다. 이 기업들을 어떻게 처리할까? 1997년에 국유 산업 부문의 누적된 손실액은 2백억 프랑 규모였다. 사회불안을 야기할 수 있는 개혁은 최대한 늦게까지 미루었지만 이제는 총리가 손을 쓰지 않을 수 없는 때가 온 것이다. 주룽지가 국민들에게 인기가 없는 국유 기업 개혁을 추진하는 데는 3년이 걸렸다. 국유 기업에서 일하는 1억 1천만 노동자들은 그들의 '노동단위'가 전환되는 모습을 불안하게 지켜보았다. 주룽지는 결연한 자세로 도산 기업들에게 신속한 대안을 찾든가 회사를 정리하라고 요구했다.

279

또한 1998년 하반기에 실시될, 공무원의 3분의 1을 감원하는 대대적 구조 조정을 준비했다. 당장 3월부터 국무부 41개 부처가 29개 부처로 줄어들었다! 주룽지는 이렇게 국무부를 축소함으로써 사실상 공산주의 계획경제의 마지막 잔재들을 몰아냈다. 물론 지나치게 많은 인력을 고용하며 돈을 잡아먹고 있는 공장들의 수익도 개선되었다. 어떤 공장들은 노동자만 35만 명이었으니 사실상 도시 안의 또 다른 도시라고 해도 과언이 아니었다. 그러나 공장뿐만 아니라 덩치만 크고 비효율적인 관료제를 축소하는 것 역시 중요했다. 주룽지 총리가 추진하려는 개혁은 중국인들에게 정신적인 해일이나 마찬가지였다.

역사의 희생양, 홍위병 세대

하지만 개혁의 대가는 무거웠다. 하루아침에 일자리를 잃게 된 노동자들은 대부분 4, 50대 가장들이었다. 이들이 민간 부문에 투신하여 활발한 경제활동을 하고 있는 1960~70년대에 태어난 세대들과 경쟁해서 다시 일자리를 얻으리라는 보장이 없었다. 게다가 이들은 대부분 홍위병 세대였다. 홍위병들은 문화대혁명으로 젊은 날을 방황 속에서 보내야 했고 시골에서 몇 년씩 재교육을 받느라 그 후 노동단위에 편입되는 과정에서도 고생을 많이 했다. 사회 변화에 대한 피해 의식이 많은 세대인 만큼, 그들은 새로운 변화를 두려워했다. 게다가 직장이 무너지면 주거, 건강보험, 연금보험까지 다 잃게 되어 있었다.

이리하여 '샤강(下崗)'이라는 신조어가 등장했다. 말 그대로 노동자가 '자기 일자리에서 내려온다'는 뜻으로 '구조 조정'이나 '명퇴'의 의미로 통한다. 공산당 선전부는 지나치게 높은 실업률을 공식적으로 발표하고 싶지 않았기에 이처럼 얼버무리는 표현을 만들어냈다. 노동단위가 구조 조정에 저항하면 일정 연령에 이른 근로자들을 모두 퇴직시켰다. 여성은 만 40세, 남성은 만 45세에 퇴직을 해야 한다니 기가 막힐 노릇이었다! 일부 지역, 특히 과거 만주 지역이었던 중국 동북부는 중공업 분야의 보루였고 거의 모든 산업이 국유 산업이라고 해도 과언이 아니었으므로 대량 해고가 큰 문제가 되었다. 하얼빈과 선양이 큰 타격을 입었다. 공식 집계에 따르면 이 지역의 실업률은 12퍼센트를 넘지 않는다. 그러나 행정부의 지시로 국유 기업의 개혁 과정을 총괄 감수한 중국의 많은 경제학자들은 실제 실업률은 40퍼센트도 넘을 거라고 고백한 바 있다…….

중국 정권은 이 희생당한 세대가 지역 사회에 편입되거나, 연안 지역으로 이동하여 일자리를 찾거나, 조용히 자식 세대에 희망을 거는 데 만족함으로써 과도기를 너무 큰 사회적 일탈 없이 넘기기 바랐다. 실제로 항의 시위는 거의 일어나지 않았다. 그런 움직임들은 한데 규합되지 못했고 공안은 모든 시도를 사전에 좌절시켰다.

네이멍구와의 경계에 있는 광산 도시 다퉁 같은 곳에서는 기막힌 현상이 생겨나기도 했다. 1월에 대량으로 해고된 수백 명의 국유 기업 여성 노동자들은 매일 아침 시청으로 나갔다. 아침 7시에 그들은 레이스로 장식된 치마를 입고 암막 커튼을 친 리셉션 홀에 모였다. 탱고와 차차차 음악이 흐르기 시작했다. 그 여자들은 지방 정부에서 해고당한 공무원들과 손을 잡고 춤을 추었다. 작은 도시에 이런 '댄스스포츠 교실'이 수십 군데나 있었다. 이렇게 춤에 빠진 사람들은 대부분 '희생당한 홍위병 세대'였다. 부조리한 체제와 인생의 부침에 시달려온 이 생존자들은 이제 베짱이처럼 살고 싶어졌던 것이다.

"우리 같은 사람들은 이제 할 일도 없어요."

세련된 화장을 하고 곱게 틀어올린 머리가 돋보이는 한 40대 여성이

281

말했다.

"춤추는 것밖에 할 일도 없다고요. 어쨌든 집에 처박혀 텔레비전만 끌어안고 사는 것보다는 낫잖아요!"

이들 중에서는 젊은 사람들처럼 자영업에 도전하는 사람은 드물다. 대부분은 완전히 폐인이 되거나 지푸라기라도 잡는 심정으로 시에서 정해준 구역에 좌판이나 펼쳐놓는 게 고작이다. 이들은 개혁에서 밀려나고 사회에 다시 편입되기 어렵기 때문이다. 그중 일부는 1999년에 공식 금지된 파룬궁 같은 단체로 유입되었다.

클린턴과의 '건설적 대화'

6월 25일에 미국 대통령 빌 클린턴 부부가 일주일간 중국을 방문했다. 1989년 톈안먼 사태 유혈 진압 이후로 백악관의 주인이 중국을 방문한 것은 처음이었다. 빌 클린턴으로서도 한 나라에 일주일이나 머물기는 처음이었다. 미국 대통령은 베이징과 "건설적 대화"를 나누겠다는 의도가 있었다.

"이번 방문의 목표 중 하나는 현재의 중국에 대한 미국인들의 시각을 바꾸겠다는 것도 포함되었다. 서구인들은 아직도 중국 하면 톈안먼 사태를 떠올린다. 그러나 10년 동안 중국은 어마어마하게 바뀌었으므로 대중이 그 점을 깨달아야 할 필요가 있었다."

클린턴에게 영향을 주었던 중국 전문가 데이비드 샘보의 설명이다.

중국도 미국이 더 이상 대만에 무기를 판매하지 않고 자신의 막강한 세력을 이용하여 대만이 중국과의 정치적 통일을 받아들이도록 촉구하기를 바랐다. 그러나 대만은 매우 활발한 로비를 펼쳤고, 미국은 대만 관련 문제에 대해 새로이 중미 협정을 맺어야겠다는 생각이 전혀 없었다. 미국 측은 경제적인 쪽에 좀 더 관심을 두고 있었다. 미국의 대중 무역수지 적자는 이미 5백억 달러에 달했다. 그러나 국제 정세의 변화는 우선순위를 뒤죽박죽으로 바꾸어놓았다. 인도와 파키스탄이 핵실험에 나섰다. 인도네시아에서는 늙은 독재자 수하르토가 밀려났다. 말레이반도에서 몰루카 제도까지 뻗어 있는 순다 열도에서 부상하는 세력은 이슬람 세계와 가까웠다. 한편 아시아 금융위기도 이 지역을 여전히 위협하고 있었다.

그러나 미국 대통령의 코앞에서 반체제 인사들이 체포되는 바람에 클린턴의 방중 일정은 첫 방문지인 시안에서부터 첫 단추가 잘못 끼워졌다. 공안의 이런 '예방' 조치에 몇 달 전부터 중미 관계를 가깝게 하기 위해 노력한 중국 외교관들마저 분통을 터뜨렸다. 중국은 다른 나라의 언론 앞에서 톡톡히 약점을 잡힌 셈이었다. 언론은 변화를 겪는 이 대제국에 여전히 남아 있는 경찰국가로서의 면모에 초점을 맞추었다. 그러나 클린턴은 일정을 계속 밀고나갔다. 베이징에 도착한 미국 대표단은 클린턴과 장쩌민의 만남을 고작 몇 분 남겨둔 상황에서야 이 장면이 사상 최초로 중국 텔레비전에 생중계된다는 사실을 알았다.

한 시간 동안 양국 정상은 정중하지만 단호한 어조로 톈안먼 진압, 반체제 인사들, 대만과 티베트 문제 같은 예민한 사안들에 대한 이야기를 나누었다. 클린턴은 "민주주의를 바라는 중국의 모든 세대들을 탄압했던 톈안먼 사태는 과오였습니다"라고 말했고 장쩌민은 그런 진압이 있었기 때문에 중국의 안정이 유지되고 오늘날의 경제 발전까지 이룰 수 있었노라고 응수했다. 클린턴은 또한 티베트의 정치적, 영적 지도자를 언급하기도 했다.

"달라이라마를 만나서 함께 시간을 보냈습니다. 저는 달라이라마가 아주 정직한 인물이라고 생각합니다. 장 주석께서도 그 사람과 한번 대화를 나눠보시면 서로를 존중하게 될 것입니다……."

중국 측에서 반체제 인사 체포 사건을 상쇄하려는 듯 막바지에 제안한 이 어이없는 TV 중계 회담을 끝내면서 백악관 대표들은 어안이 벙벙하긴 했지만 그래도 기쁜 듯했다. 백악관 안보 보좌관 샌디 버거는 이렇게 논평했다.

"5년 전까지만 해도, 아니 어쩌면 어제까지만 해도 중국의 이런 제스처는 상상할 수 없는 것이었다."

심지어 아직 체포되지 않은 중국의 반체제 투사들도 기뻐했다. 장쩌민의 여유로운 처신은 지켜보는 모든 이들에게 깊은 인상을 주었다.

"정권을 잡은 신세대 정치 지도자들은 과거와 확실히 근본적으로 달라 보였다."

한 서구 외교관의 말이다.

이런 처신은 비단 국제 언론을 의식한 것만은 아니었다. 중국 내정에서도 국가주석은 확실히 달라졌다. 다음 날 중국 언론들은 일제히 클린턴과 나란히 서 있는 장쩌민의 모습을 1면에 실었다. 두 사람의 키가 정확하게 똑같아 보이는 각도에서 찍은 사진이 선택되었다. 주룽지는 2면에야 겨우 나왔다. 리펑은 단체 사진에서나 찾아볼 수 있었다.

그러나 장쩌민 반대파는 중국 국가주석이 미국 대통령에게 충분히 단호한 태도를 취하지 않았다고 비난하기도 했다. 원칙주의자들은 장쩌민이 인권 같은 민감한 사안에 대해 비난받는 모습을 대중들 앞에 노출했다는 이유로 트집을 잡았다. 여론도 둘로 나뉘었다. 외국인과의 접촉에 익숙한 중국 지식인들은 개방의 제스처를 환영한 반면, 대다수의 대중은 국가적 자존심에 상처를 입었다고 생각해서 좋게 보지 않았다. 어떤 면에서 보면 이는 중국의 지도자들이 그들이 했던 봉쇄 정책과 민족주의 선전, 그리고 인민들에게 정치의식을 높이는 교육을 실시하지 않았던 것에 대한 대가를 치르는 셈이었다.

　클린턴은 베이징 방문의 마지막 일정으로 톈안먼 사태의 시발점이었던 베이징 대학을 찾았다. 미국 대표단은 TV로 중계될 학생들과의 토론에 들뜬 마음으로 참여했다. 하지만 클린턴 대통령은 미국의 가치를 자랑스럽게 떠벌리는 연설을 마치고 나서, 미리 선발된 '대학생'들에게 미국의 대만 정책, 미국에서의 인권 문제에 대해 심한 말을 듣게 된다. 그때까지 만족감에 젖어 있던 미국인들에게 찬물을 끼얹은 셈이었다. 불행히도 그 후로는 중국의 국가주석이 외국 정상을 만나는 자리는 결코 '생중계' 되지 않는다.

수해라는 **공공의 적**

　이 해 여름에 중국 남부와 북부에는 비가 많이 내려 강물이 크게 불었다. 주민과 군인은 한 달 가까이 양쯔 강 주변 3만 킬로미터의 둑이 무너지지 않도록 온 힘을 쏟았다. 양쯔 강은 수천 년 전부터 수시로 범람하는 강이다. 양쯔 강 유역 수해로 1931년에는 15만 명, 1954년에도 3만 명의 사망자가 발생했다. 1998년 수해로 인한 사망자는 '공식적'으로는 4,150명밖에 되지 않는다. 하지만 꼭 사망자가 아니더라도 이런저런 형태로 수해를 입은 인구는 2억 2천만 명에 달했다. 6,380킬로미터에 이르는 양쯔 강 유역에 거주하는 1천8백만 명 이상의 인구가 집을 버리고 대피해야 했다. 8월 초부터 중국 정부는 인구 7백만 명의 우한 시를 살리기 위해 넘쳐흐르는 강물을 농촌 지역을 보호하는 둑 너머로 보낼 수밖에 없다는 것을 알고 있었다. 수백만 농민들의 소중한 경작지와 주거지, 생계 수단을 희생시켜야 하는 고통스러운 선택이었다. 5만 명의 농민들이 대피했다.

285

둑 일대에 거주하던 이들은 섭씨 36도가 넘는 무더위 속에서 임시 피난
처로 떠났다. 1억에 가까운 인구가 식수를 구하는 데 어려움을 겪었고 각
종 수인성 전염병과 해충이 들끓었다. 파이저우에서는 둑이 갑자기 무너
져서 강 인근에 사는 주민 천여 명이 떠내려가기도 했다. 주룽지는 수해
피해가 가장 극심했던 후베이 성을 순방하고는 크게 걱정했다. 둑이 언제
무너질지 모르기 때문에 주야 교대로 보초가 섰다. 오랫동안 계속된 지독
한 홍수로 지반이 많이 약해져 있었다.

8월 중순부터 중국 동북부, 네이멍구과 헤이룽장 성의 경계 지역까
지 수해는 확산되었다. 특히 하얼빈과 다칭 유전이 큰 피해를 입었다. 실
제로 강물이 세 배로 늘어났지만 언론은 시민들이 평소와 다름없이 생업
에 종사했노라 전했다. 이 지역에서도 강둑을 살피기 위해 3만 명 이상의
민간인과 군인이 동원되었다. 언론은 수해로 집이나 가족을 잃은 사람들
의 소식보다는 군인들의 영웅적 구조 활동에 초점을 맞추었다.

당 선전부는 물에 둥둥 떠다니는 사체나 피난민 행렬 같은 비참한
광경들은 외면하고 몇 주 내내 구조 활동을 강조하는 등 사태에 어울리
지 않는 태도를 취했다. 게다가 장쩌민 국가주석이 군대에 7월 말부터 개
인적 활동을 중단하고 자기 부대로 돌아가라는 명령을 내렸는데 정확히
이때부터 군의 수해 복구 작업이 시작된 것은 우연의 일치일까……. 뒷
거래가 있었을 가능성을 배제할 수 없다. 정치권이 군대를 본래의 역할
로 돌려보내는 대신 어떤 복권을 약속했을 가능성 말이다. 왜냐하면 인민
해방군은 톈안먼 진압 당시에 비무장 민간인들에게 발포했다는 불명예
를 여전히 씻지 못하고 있었다. 군대의 수많은 부패 사건들과 1996년 대
만 '미사일 위기' 역시 군에게는 불명예스러운 일이었다. 따라서 인민해방
군은 이미지를 쇄신해야만 할 필요가 있었다. 군인과 민간인이 힘을 합쳐
수해라는 공공의 적과 싸우는 구조 활동은 군대가 중국 국민과 화해할 수

있는 절호의 기회였다. 이는 또한 당의 주요 직책에서 배제당하고 병력 감축이라는 쓴 잔을 마신 군 장성들의 마음을 달래줄 기회이기도 했다. 게다가 여름 내내 온 나라의 관심이 수해에 쏠려 있었기 때문에 국유 기업의 공장 폐쇄, 특히 중국 북동부 지역의 대량 해고는 상대적으로 덜 주목을 받았다. 사회적 결속을 다지는 절묘한 수법이랄까. 물론 수해로 인한 금전적 피해는 약 2천2백억 위안에 달했다. 그러나 중국 정부는 이번 수해에서도 나름대로 잇속을 챙겼던 셈이다.

민주당을 **설립하려는 시도**

6월에 저장 성 일대의 여러 지식인들이 새로운 정부의 정치개혁 의지를 시험해보러 나섰다. 그들은 중국 민주당 등록을 요구했다. 1949년에 공산당이 중화인민공화국을 건립한 이후로 중국은 일당 체제를 유지했고 공산당의 통제를 심하게 받는 8개 '민주' 정당들이 형식적으로만 존재했다. 놀랍게도 공산당은 저장 성, 안후이 성, 산둥 성, 후베이 성, 후난 성, 랴오닝 성, 지린 성, 헤이룽장 성 등 8개 지방에서 세력을 키워가고 있던 민주당파의 요청을 처음에는 매우 정중하게 받아들였다.

그러나 9월 말부터 공산당의 태도가 변했다. 민주당파 투사들은 차례차례 공안에 불려가 몇 시간씩 심문을 당했으며 집회를 금지당했다. 그러나 중앙 정부는 민주당파의 존재에 대해 아무런 언급조차 없었다. 11월 말에 드디어 전인대 의장 리펑이 새로운 정당의 등록 불가 방침을 선언했다. 외국 언론에 노출된 적이 거의 없는 리펑이 독일의 경제 전문지 〈한델스블라트〉와 가진 인터뷰에서 이 방침을 언급했으며, 이는 〈런민르바오〉 1면에도 실렸다. 머지않아 여러 도시에서 민주당파 투사들에 대한 표적 검거가 있었다. 톈안먼 민주화 운동에도 참여했던 민주당파의 대표 인물인 32세의 왕유차이가 항저우에서 체포되었고 베이징 민주당의 주석인 55세의 쉬원리 역시 체포당했다. 쉬원리는 일찍이 1979년 민주의 벽 운동으로 12년형을 선고받았던 중국 민주주의 운동의 대부다. 3월에 쉬원리는 친용민과 함께 인권 관련 매체 창간을 시도했다. 45세의 친용민 역시 체포되어 '국가전복기도죄'로 기소당했다. 이들은 모두 10년 이상의 구금형을 선고받았다. 당국의 메시지는 분명했다. 중앙 권력은 자신의 뜻을 거스르는 모든 민주화 운동을 좌시하지 않겠다는 선전포고를 한 것이다. 덩샤오핑의 유명한 말 "닭 몇 마리의 목을 따야 원숭이들을 겁줄 수 있다"가 다시 언론에 나돌기 시작했다. 1999년 2월에 새로운 민주화 운동이 일어났다. 중국 민주당이 허베이 성, 산시 성, 랴오닝 성, 허난 성, 후베이 성 등 5곳에 지부를 설립하고 23곳에서 천여 명의 당원을 추가 모집한 것이다. 하지만 민주당은 전략을 바꾸었다. 이제 그들도 더 이상 공식 정당으로 인정받을 생각은 하지 않았다. 이제 민주당파는 정권을 자극하지 않고 스스로 정당의 모양새를 갖추는 데 전념했다. 그런 와중에 워싱턴을 중심으로 반체제 망명 인사들은 중국 민주당이 3월 초 우한성에서 제1회 전당대회를 가질 것이라고 발표했다. 이 발표로 인해 다시 몇 명의 투사들이 공안에 잡혀갔다. 2월 말에 미국에 거점을 둔 반체제 망명 인사 조직 '프리 차이나'는 전당대회 취소를 공식 발표했다. 그때부터 지금까지 중국 내에서 민주적 정당을 공식 설립하려는 시도는 전혀 이루어지지 않고 있다……

정부가 반체제 인사들을 **망명시키다?**

그러나 중앙 정부도 국제적인 이미지 개선을 원했다. 그 방법으로 떠오른 것이 정권의 골칫거리인 유명 정치범들을 외국으로 내보내는 것이었다. 정부는 질병 치료를 핑계로 그들을 외국으로 보냈다. 확실히 이 죄수들을 미국이나 유럽 땅에 풀어주자 인권 단체나 외국 대표단의 항의는 줄어들었다. 타국에 있는 반체제 인사들은 중국 내에서 영향력을 끼치거나 세력을 규합하기가 어려워지니 중국 정부로서는 일석이조였다. 하지만 모든 정치범들을 풀어준 것은 아니다. 미국 인권 단체 '휴먼라이츠워치'의 발표에 따르면 1998년에도 중국 교도소에는 공식적으로 130만 명이 감금되어 있었고 그중 2천6백 명이 '반혁명세력', 즉 정치범으로 분류되었다. 하지만 미국에 살고 있는 중국 반체제 인사 해리 우는 이 무렵에 간수를 포함하여 교도소에 상주하는 인구가 6백만 명이었다고 주장한다. 이런 '특별 대우'는 정말로 유명한 반체제 인사들만 받을 수 있었다. 이 문제를 주시해왔던 한 서방 외교관은 이렇게 설명한다.

"특별 대우는 상당히 냉소적이면서도 효율적 전략이지요. 외국으로 망명한 반체제 투사들은 빠르게 변하는 중국의 현실에 대한 감각을 쉽게 잃어버리게 됩니다. 중국 선전부는 그 점을 이용하여 반체제 투사들의 가족들조차 그들을 믿지 못하게 만들어버리지요."

휴먼라이츠워치는 1995년 1월에 중국 귀국이 금지된 반체제 인사들의 블랙리스트를 입수했다. 1994년 5월에 공안에서 출입국사무소로 전달한 것으로 추정되는 블랙리스트에는 "외국에 거점을 두고 있는 반동 조직에 가담한 요주의 인물 49명"이 포함되어 있었다. 이 문건에는 반체제 인사들이 세 부류로 구분되어 있다. 첫째로는, 톈안먼 사태 주동자로 공개 수배를 당했으며 당시에 외국으로 도피했던 21명의 투사들이었다. "만약

이들이 중국으로 돌아오려는 시도를 한다면 당 지도부의 지시를 따라 그 즉시 체포되어 법에 따라 심판을 받고 그에 합당한 처분을 받게 될 것"이었다. 말하자면 차이링이나 우얼카이시 같은 인물들을 두고 하는 말이었다. 둘째로는, 합법적으로 중국을 떠났으나 외국에서 중국 반체제 운동에 합류한 투사들과, 중국 정부가 "외국에서의 병 치료"를 이유로 석방하고 외국으로 망명시킨 정치범들이 있다. 이 문건에서는 이들에 대해서 "중국에 입국하려 할 경우 즉각 망명국으로 돌려보낼 것"이라고 지시하고 있다. 그중에는 1924년생으로 프린스턴 대학에서 매달 소식지를 발간하고 있는 기자 류빈옌, 1962년생으로 톈안먼 광장에서 중국 최초의 독립 노조를 설립하려다가 체포되어 수감된 후 결핵 치료차 미국으로 망명한 한둥팡 같은 인물들이 있었다. 한둥팡은 그 후 홍콩에서 거주하며 인터넷을 통해 중국의 사회운동 소식을 유포하고 있지만 중국 정부는 그를 내버려두고 있다. 민주의 벽에서 덩샤오핑을 비판한 죄로 14년간의 옥살이를 끝내고 1993년에 석방된 웨이징성도 빼놓을 수 없다. 웨이징성은 1994년 봄에 다시 수감되었다가 1997년 11월에 미국으로 송환되었으며, 현재 미국과 프랑스를 오가며 반체제 운동을 펼치고 있다. 톈안먼의 이론가 왕단도 두 번 수감되었으나 질병 치료를 이유로 1998년 4월에 미국으로 송환되었다. 세 번째 부류는 위의 정치범들과 비슷한 행보를 보였으나 입국이 일시적으로 금지된 인물들을 가리킨다. 그래서 중국의 유명한 시인 베이다오는 1994년 11월 24일에 미국에서 돌아오면서 베이징 공항에서 장시간의 심문을 받아야만 했다. 허페이 과학기술 대학 총장을 지냈던 1935년생 천체물리학자 팡리즈도 1년간 주중 미국 대사관에 체류했다가 미국으로 망명했다. 홍콩 주재 신화통신 사장을 지낸 쉬자툰도 마찬가지 형편이었다…….

'99

공산주의 체제
50년을 맞다

톈안먼 10주년

톈안먼 민주화 운동 10주년이자 건국 50주년을 맞은 1999년은 그다지 좋지 않은 분위기에서 시작되었다. 아시아 금융위기는 아직 다 해결되지 않은 상태였고, 1월 중순 〈차이나데일리〉의 기사에 따르면 중국 내에서만도 3천만 명 이상의 도시 실업자들이 일자리를 구하는 중이지만 그중 절반 이상은 구직 희망이 없다고 했다. 여기에 도시에서 일자리를 구하겠다고 고향을 떠난 1억 6천만 명 상당의 이농 인구도 골칫거리였다.

사회 분위기도 몹시 경직된 상태였다. 여러 지방 도시에서 대량 실업으로 인한 시위가 빗발쳤다. 공장 사장들이 노동자들에게 급여를 지불하지 않은 채 잠적하는가 하면, 일한 사람들에게 돌아가야 할 수당을 관료나 도산한 기업의 책임자들이 착복하는 사례도 적지 않았다. 농촌에서도 시위가 점점 더 확산되었다. 그동안 억눌려 있던 폭동과 소요 소식이 차

291

차 수면으로 부상하기 시작한 것이다. 지방 언론은 여전히 진상을 외면하고 있었지만 이제 중국인들의 이동이 활발해졌을 뿐 아니라 인터넷과 휴대전화 같은 통신 수단이 발달했기 때문에 예전처럼 국민의 눈과 귀를 막을 수가 없었다.

홍콩에 거점을 두고 있는 '인권과 민주주의를 위한 정보센터(이하 인권정보센터)'는 이런 사례들을 수집한다. 이 센터는 1월에 석 달째 월급을 받지 못한 수백 명의 노동자들이 후난 성 창사 근처의 도시 창더에서 다리를 봉쇄하고 농성을 벌였다는 소식을 전했다. 시 대변인은 농성이 일어난 사실을 인정했다. 경찰이 진압에 투입되었고 시위대는 충돌 없이 해산했다고 했다. 며칠 후 인권정보센터는 후난 성 다오린에서 지방 간부들의 부패와 무리한 과세에 반발하는 4천여 명의 농민들이 폭력 시위를 벌였다고 전했다. 진압 과정에서 백여 명의 부상자가 나왔다고 중국 정부는 인정했다. 후난 성은 특히 구조 조정으로 인한 대량 해고가 심한 지방이었다. 이곳은 전형적인 농업 지역으로 수백만 명의 농민들이 할 일이 없는 상태지만 경쟁력을 잃고 망해가는 기업들도 수백 곳이나 되었다. 창사에서 노동자들은 아예 주기적으로 시 청사 앞에서 농성을 벌였다. 장쑤 성과 산시 성에서도 농민 시위가 많이 일어났다. 이번에 농민들이 들고일어난 이유도 촌장 부정선거 때문이었다…….

사회적 동요는 점점 더 심해졌다. 실제로는 태업이나 테러도 있었다. 1월 초에 랴오닝 성에서 버스 폭탄 테러 사건으로 18명이 사망했다. 마카오 근처 주하이에서도 쓰레기통에서 폭발물이 터져 4명이 사망했다. 후난 성에서 일어난 자동차 폭발 사건으로 37명이 중상을 입기도 했다.

이처럼 동요하는 사회 속에서 중앙 정부는 전반적인 규제를 강화할 수밖에 없었다. 고위층 지도자들은 사회질서를 강조했다. 보안부장이 부패 혐의로 경질되는 등 기강을 바로잡기 위한 해임 조치들이 나왔다. 전역했지만 군대와 비슷한 다른 조직들에 몸담고 있던 군인 출신들이 모든 도시에 배치되었다. 그러나 이들은 급료가 너무 적은 탓에 오히려 앞장서서 부패를 저지르기도 했다. 많은 노동운동가들이 체포당했고 '국가전복 기도죄'로 고발당했다. 중국 지도자들은 이 투사들이 국민들의 불만에 어떤 정치성을 부여할까 봐 두려웠던 것이다.

전인대 연례 회의가 열리는 3월에 주룽지 총리는 상당히 현실적 어조로 자신이 위기의 폭을 과소평가했노라 고백했다. 총리는 재정적자 정책을 펼치리라 선언하고 반부패·낭비 운동을 강경하게 밀고나가겠다는 의지를 피력했다. 하지만 2000년 말까지는 구조 조정을 계속 추진할 것이며 올해 1999년은 "결정적으로 중요한" 한 해가 될 터이니 인민들이 더욱더 노력해줄 것을 촉구했다.

회기를 마감하면서 인민대표들은 민간경제를 인정하는 헌법 개정안에 98퍼센트의 찬성표를 던졌다. 헌법이 개정됨으로써 상황이 변했다기보다는 이미 현실이 되어 있는 상황을 헌법이 인정했다고 할 수 있겠다. 그러나 이 몇 줄의 글은 1950년대 초에는 지주, 기업가, 부르주아를 없애는 데 전념했던 중국 체제가 그동안 어떠한 도정을 거쳐왔는지 말해준다. 한편, 주룽지는 지방 정부 구조 조정이라는 또 다른 대대적 개혁을—그 전면적 개정은 이듬해로 연기되겠지만—추진했다.

그러나 총리는 중국공산당 체제에서 경찰력을 동원하는 방법은 지양하고 "근본적인 문제를 해결하려면 단순하고 과격한 방법이나 권위를 동원하는 수단을 가급적 삼가고 설득이라는 길고 힘겨운 작업"을 거쳐야 한다고 권고했다. 이런 점에서 주룽지는 12월에 "사회적, 정치적 불안을 낳을 수 있는 문제는 그 싹부터 잘라버려야 한다"고 말한 바 있는 장쩌민 국가주석과는 다소 입장이 달랐다. 주룽지는 "대만 동포"들에게도 "적대 상태를 끝내고 관계를 개선하기 위해 진지한 노력을 경주해달라"고 말하는 등 다분히 타협적인 자세를 보였다.

파룬궁 **탄압 사건**

이처럼 불안한 사회 분위기 속에서 파룬궁이 급부상했다. 중국 고위
층 가운데 파룬궁의 승승장구를 정말 우려의 눈으로 바라본 사람은 없었
을 것이다. 이미 몇 년 전부터 아침이면 전국 각지의 공원에서 수련을 하
는 파룬궁 신도들을 볼 수 있었다. 1999년 4월 25일 일요일까지는 그랬
다. 이날 버스를 타고 베이징에 올라온 중국인 관광객들은 베이하이 공원
에 도착해 삼삼오오 중난하이 담장을 따라 걷고 있었다. 그들은 문득 걸
음을 멈추고 서로 악수를 나누었다. 불과 몇 초 사이에 중국 고위 집권층
의 거주지를 빙 둘러싸고 3킬로미터가 넘는 인간 담벼락이 형성되었다.
경찰과 기자들이 어안이 벙벙한 채로 급히 출동했다. 그곳에 모인 만여
명은 대부분 50대 정도의 타 지방 사람들이었다. 그들은 명상을 하거나
법열 상태에 빠진 것처럼 무슨 질문을 해도 완벽하게 침묵을 지키며 멍한
시선으로 답할 뿐이었다. 기자들은 경찰에게 그들이 파룬궁 신도라는 말
을 들었지만 그때만 해도 파룬궁에 대해서 일반인들에게 알려진 바는 많
지 않았다. 그날 낮에 중난하이에서 검정색 차량이 나오더니 천천히 그
주변을 돌았고, 그러자 그 일대의 차량 통행은 금지되었다. 그 차에 탄 사
람은 누구였을까? 꽤 믿을 만한 정보원에 따르면 주룽지 총리가 직접 사
태의 심각성을 파악하러 나왔다고 한다. 경찰은 파룬궁 신도들의 집회를
카메라로 찍어두긴 했지만 진압에 나서지는 않았다. 땅거미가 질 무렵,
신도들은 지시가 떨어지자 얌전하게 자신들이 타고 온 버스를 타고 돌아
갔다.

그 후 몇 주에 걸쳐 공안은 중앙 정부의 지시로 파룬궁에 대한 심층 조사를 실시했다. 관련 정보가 언론에 흘러들어갔다. 파룬궁은 1992년에 중국 북동부에서 시작되었다고 한다. 창시자 리훙즈는 48세로 공안이 조사를 시작한 시점에서 이미 2년 전에 미국으로 건너가 있었다. 파룬궁은 불교의 철학적 요소와 기공 수련법을 접목한 것이다. 무술의 원류라고 할 수 있는 기공에 대한 문헌 자료는 기원전 3세기까지 거슬러 올라간다. 기공은 오랜 시간 동안 중국의 위대한 스승들의 '비법'으로서 제자들에게 전수되었다. 이 기묘한 수련법은 신체 내 기운을 잘 조절하여 건강을 지키고 나아가 공간 이동이나 투시 같은 초인적 능력까지도 이끌어낼 수 있게 한다고 한다. 파룬궁은 선의를 강조하고, 세상의 종말이 임박했는데 파룬궁 신도들만이 종말의 화를 피할 수 있다는 메시지를 설파했다. 파룬궁 측에 따르면 그들의 신도는 중국에만 8천만 명, 외국에는 2천만 명 정도로 총 1억 명에 육박한다고 한다. 그러나 중국 공안은 그동안 간과했던 이 운동의 규모를 축소하기 위해 진짜 신도는 2백만 명에 불과하다고 일축하고 있다. 객관적인 관찰자들의 추산으로는 중국 내에만 2천만 명 정도의 신도들이 있는 것 같다.

그 후 몇 달간 파룬궁은 베이징에서 몇 번의 집회를 추진했고 이제 중국 지도층도 그들을 경계하며 방해 공작을 펼쳤다. 대학가인 중관춘 경기장에서 파룬궁 집회가 예정되었을 때에는 이 지역 모든 노동단위에 자동차를 경기장에 주차해달라는 공문을 보내기까지 했다. 6월 말, 중국 공안은 파룬궁 신도들이 집회를 열기로 한 허핑먼 구역을 포위했다. 파룬궁 신도들은 점점 더 늘어나는 듯했다……. 신도들은 공안이 파룬궁을 탄압하고 폭력까지 불사하며 수련 활동을 방해한다고 주장했다.

7월 19일에 공안은 여러 도시에서 파룬궁 주요 지도자들을 색출했다. 남부에서는 광저우와 선전, 북동부에서는 다롄과 진저우, 북부 광산

도시 타이위안, 그리고 중부 대도시 청두가 파룬궁의 거점 도시였다. 파룬궁 신도들은 이에 항거하여 베이징 고위 지도층의 주목을 끌기 위해 베이징에 올라와 시위를 벌였다. 7월 20일에는 베이징과 가까운 허베이 성 바오딩의 신도 천여 명이 베이징 서쪽 구역 스징산 경기장에 모였다가 강제 귀가 조치를 당했다. 이튿날에는 다양한 연령대의 신도 천여 명이 중난하이 근처에서 검문을 당했다가 다시 경기장에 모여 무장 경찰에게 포위되었다. 스징산 경기장 입구에는 일반인 출입 금지 공문이 나붙었다. 신도들은 귀가 조치를 거부하고 높은 사람들과 직접 이야기하겠다며 경기장 내에서 단식투쟁에 들어갔다. 그날 저녁쯤 시커멓게 차창을 선팅한 검정색 공무 차량들이 경기장 안으로 들어갔다. 그 안에 탄 교섭자가 누구인지는 알 수 없었다. 파룬궁 신도들이 모인 베이징 동쪽의 차오양 경기장에서도 같은 일이 벌어지고 있었다. 30대 농촌 여성의 말에 따르면 그날 신도들은 톈진에서 파룬궁 신도가 매를 맞고 심한 학대를 받은 데 항의하기 위해 모인 것이라고 한다. 한 60대 여성은 이렇게 한탄했다.

"어째서 우리를 잡아먹지 못해 안달입니까? 이 나라에는 파룬궁보다 훨씬 더 심각한 문제들이 많이 있잖아요! 우리는 아침에 공원에서 수련을 하는 것일 뿐입니다. 그건 건강에도 좋은 습관이고요!"

그녀는 자신만만하게, 그러나 간신히 이 말만을 외치고 난 후 강제로 버스에 태워졌다.

"4월 25일에 첫 번째 파룬궁 시위에 참석한 다음부터 공안에게 시달림을 당하고 있습니다. 우리 지역 공안위원회에 찍히고 만 겁니다. 공안에게 수시로 심문을 당하고 있고요. 그들은 파룬궁의 조직, 주요 인물들, 시위에 대한 정보를 수집하고 있습니다. 공산당원인 우리 남편은 나를 미친 여자 취급합니다. 나를 정신병원에 처넣을 거라고 하더군요. 어제도 나를 집에 감금했지만 간신히 빠져나와 이 자리에 참석했습니다!"

7월 22일에 파룬궁은 중국에서 공식적으로 금지되었다. 창시자 리훙즈의 목에는 현상금이 걸렸다. 정부 내각과 행정기관에서 특별 회의가 열렸다. 대대적인 선전 작업이 시작되었다. 중국의 모든 텔레비전, 라디오, 신문에서 아침저녁으로 매시간 파룬궁이 불법 조직임을 설명하는 보도와 성명이 나왔다. 행정기관 간부들과 당원들에게도 "무신론을 적극 홍보하고 미신과 '거짓 과학(파룬궁이라는 단어 자체가 금기였으므로 이렇게 지칭한 것)'에 맞서야 한다. 중국의 지도층은 정치적 안정을 유지하는 데 협조해야 할 것이다"라는 내용의 특별 공문이 내려왔다.

파룬궁 탄압도 초기에는 그리 심하지 않았다. 공안은 신도들을 여러 급으로 분류한 듯했다. 일단 평신도들이 있었다. 대부분 국유 기업 퇴직자, 농민, 아직 젊은데도 구조 조정에서 밀려난 전직 공무원들이었다. 이들은 착하게 살라는 메시지를 전파하고 신체 수련을 중시하는 파룬궁을 무해하고 건전한 종교활동으로 받아들였다. 경제활동을 박탈당한 그들에게 파룬궁은 건강과 사회적 관계를 지킬 수 있게 해주는 위안처였던 것이다. 그래서 대부분은 왜 느닷없이 그들이 박해의 표적이 되었는지 이해조차 하지 못했다. 언론 성명을 통해서도 "평신도들은 당장 파룬궁 활동을 그만두기만 하면 아무런 걱정을 하지 않아도 된다"라고 분명히 밝혔다. 한편 파룬궁의 지도자들은 좀 더 애매한 부류였다. 베이징은 그들이 정치적 동기를 가진 것으로 받아들였다. 당과 정부 내에도 파룬궁 추종자가 생겨났으며 그 '중국적 색채'에 매료된 지식인들도 적지 않았던 것으로 보인다.

공안의 조사에 따르면 파룬궁은 대단히 조직적이다. 종교 단체라기보다는 흡사 정당에 가까운 이 조직의 최상층부에는 미국에 거주하는 리훙즈와 베이징에 소재한 파룬궁의 총본산 파룬다파 연구회가 있다. 중국의 각 지역에 39개 지부와 1천9백 개 교육 본부가 있고 2만 8천 개 이상의 수련 센터가 있다. 파룬궁은 해외 여러 국가에도 지부를 두고 있다. 프랑스에도 5백여 명의 신도가 있는데 이들은 주로 신체 수련을 목적으로 한다. 무엇보다 파룬궁은 인터넷을 통해 매우 조직적으로 메시지를 유포하는 것이 특징이다. 게다가 미국에 막강한 금융 네트워크까지 가지고 있다.

"중국 지도자들은 국가기관에까지 닿아 있는 파룬궁 네트워크를 미국 CIA가 낱낱이 밝혀낼까 봐 두려워하고 있습니다. 공안의 조사에 따르면 전직 정부 각료와 퇴역한 군 장성도 파룬궁의 주요 활동 인물에 포함되어 있다고 합니다."

총리의 자문관은 이렇게 말했다.

반세기 동안 어떤 반체제 운동도 용납하지 않았던 공산당 체제의 눈에 비친 파룬궁은 실제보다 더 위험하게 다가오지 않았을까? 중국에서는 비밀결사나 종파가 기존 왕조를 전복시킨 사례들도 있으니만큼 그런 역사적인 교훈도 파룬궁을 금지하고 탄압하는 데 영향을 미쳤을 것이다. 사회적인 위기와 경기침체가 일어난 1999년과 비슷한 상황이었던 1851년에도 홍수전이 "예수의 형제"를 자처하고 태평천국운동을 펼치지 않았던가. 그는 실제로 수천 명의 투사들과 중국 남부에서 활동하던 비밀결사들의 도움을 얻어 난징을 점령하고 청 왕조에 대항했다. 태평천국의 난은 15년 넘게 지속되어 양쯔 강 계곡을 내전이나 다름없는 상황으로 몰아넣었고 청 왕조를 크게 압박했다. 또한 한 세기 전인 1899년에는 민족주의적 색채가 매우 강하고, 역시 무술 수련을 바탕으로 하는 비밀결사 '의화단'이 중국을 일대 혼란에 빠뜨리지 않았던가. 서태후는 외세에 대항하기 위해 베이징의 공사관 거리를 포위할 때 의화단을 이용하기도 했다. 석 달간 경고를 하기도 했다가 유화책을 펼치기도 했던 중앙 정부는 1999년 7월 말에 파룬궁이 신체 수련을 더 강화하기 전에 강경책을 취하기로 결정한 것이다.

리훙즈는 며칠간 신도들에게 탄압에 굴하지 말고 수련과 시위를 계속하라는 지시를 내렸다. 1999년 여름에 파룬궁은 홍콩 지부를 중심으로 매우 급진화되었다. 파룬궁 지도자들은 집회를 추진했으나 더 이상 가능한 상황이 아니었다. 파룬궁 활동을 그만두지 않은 신도들에게는 가혹한 탄압이 기다리고 있었다. 국제사면위원회의 보고에 따르면 5만 명 이상의 신도들이 노동교양소나 정신병원에 끌려갔으며 150여 명은 단식 농성이나 공안의 학대 때문에 구금 중 사망했다고 한다. 12월에는 중국 내 파룬궁 4대 지도자가 7년형에서 18년형에 이르는 중형을 선고받았다. 그럼에도 많은 퇴직자들은 그 이후로도 몇 달간 집에서 조용히 파룬궁 수련을 계속했던 것으로 보인다. 어쨌든 몇 주 만에 공원에서 수련하는 사람들의 무리가 사라졌다. 그러나 공안의 호출과 심문은 1년 넘게 계속되었다. 언론에서 파룬궁이라는 단어 자체를 볼 수 없었다. 리훙즈는 지하운동에 들어갔다. 11년이 지난 지금으로서는 실제 파룬궁 신도들이 얼마나 남아 있는지 추정하기 어렵다.

중국 지도자들은 마오쩌둥주의의 종말이 불러온 이데올로기의 공백을 개혁의 피해자들과 사회적 불만 세력을 유혹하기 딱 좋은 파룬궁이 대체하도록 내버려둘 수 없었다. 2000년부터 중국인들의 영적 탐구를 도울 수 있는 불교나 도교 같은 이른바 '민족' 종교는 어느 정도 허용되었다. 유교 운동도 장려되었다. 천주교도 비록 심한 감시가 따르기는 했지만 허용되었으며 중국 정부는 거의 지하 교회 활동이나 다름없는 신앙생활을 하고 있던 천주교 신자들을 양지로 끌어내려고 노력하기도 했다. 입문자가 크게 늘어난 개신교는 주기적으로 공안에 불려가곤 했으며 이슬람교도들도 비슷한 형편이다. 이처럼 종교활동은 용인하되 엄중한 감시를 통해 조금이라도 근본주의적 움직임이 보이면 바로 중단시키는 것이 중국 정부의 태도다.

베오그라드 중국 대사관에 떨어진 **미사일 세 발**

5월 8일 정오에 중국은 어이없는 일을 당해 처음에는 분노했고 그 후에는 서방 세계에 평화를 위협당하는 강대국의 심정을 맛보았다. 북대서양조약기구 연합군은 3월 말부터 코소보 사태에 종지부를 찍기 위해 세르비아 정부의 군사시설을 폭격하고 있었다. 이미 일곱 차례의 폭격으로 민간인 희생자도 나온 상태였다. 그런데 5월 7일에서 8일 사이에 미사일 세 발이 베오그라드 주재 중국 대사관에 떨어졌다. 3명의 기자가 사망하고 중국인 외교관과 공관 직원들 20여 명이 중상을 입었다. 중국 방송에서는 북대서양조약기구 회원국들의 해명, 사과, 위로 성명에 대한 보도를 내보내지 않았다. 중국 선전 당국은 교묘하게 미국이 계획적으로 오폭을 사주한 것이라는 의심을 자아낼 만한 보도만 내보냈다.

세 시간 후, 사전에 계획된 반미 시위가 주중 미국 대사관 앞에서 처음으로 일어났다. 그 다음 날부터는 국민들의 자발적인 반미 시위가 중국 전역에서 일어났다. 20여 개 도시에서 20만 명 이상의 대학생들이 가두행진을 했다. 시위대는 청두의 미국 영사관을 공격하고 불을 질렀지만 부상당한 외교관은 없었다. 베이징에서의 학생 시위는 매우 질서정연했다. 학생들은 교수의 인솔 하에 단체 버스를 타고 시위장에 모였다. 단체 등록한 시위자들만이 경찰의 가드라인을 넘어 영국 대사관에 돌을 던지거나 미국 대사관 유리창을 부수고 토마토, 달걀, 페인트 따위를 던질 수 있었다. 낮에만 2만 명 이상이 "눈에는 눈, 이에는 이", "제국주의자들은 본국으로 돌아가라"라는 구호를 외치고, 〈인터내셔널가〉나 중국 국가, 〈우리는 용의 아이들〉 같은 노래를 불렀다. 그러나 베이징에서 대사관 거리를 제외한 다른 지역은 잠잠했다. 외국인이 집 밖으로 나간다고 해서 위험할 일은 거의 없었다. 다음 날 미국과 영국의 대사관 및 외국인학교는 문을 열지 않았다. 프랑스인들의 경우에는 "물의를 일으킬 만한 행동을 자제하라"는 지침을 받았다.

이튿날 저녁, 36시간 동안 별다른 반응 없이 신중하게 침묵을 지키던 후진타오가 국영 텔레비전의 특별 방송에 모습을 드러냈다. 그는 질서를 해치지 않는 한 '합법적' 시위를 지지하지만 시민들에게 침착한 태도를 잃지 말 것을 호소하며, 정부는 중국에 거주하는 외국인들의 안전을 보호할 것이라 말했다. 후진타오의 메시지는 반복적으로 보도되었다. 대학생들에게는 학교 내에서만 시위를 해달라고 권유했다. 텔레비전에 시위 장면은 더 이상 나오지 않았고 모범 농민이나 모범 군인이 중국의 안정과 발전을 강조하는 내용만 나왔다. 중국인들의 민족주의가 너무나 강도 높게 드러났기 때문에 지도층도 상황이 걷잡을 수 없을 정도로 치달을까 봐 두려웠던 것이다. 이미 수천 명의 외국인들이 중국을 떠났고 해외여행객들은 여행을 취소했으며, 투자자들은 프로젝트를 중단하고 있었다.

그동안 외교관들이 움직였다. 빅토르 체르노미르딘이 보리스 옐친 대통령의 특사로 상황을 설명하기 위해 직접 중국을 방문했다. 러시아와 서구 연합군은 중국 대사관 오폭 사건이 일어나기 사흘 전에 코소보 사태 해결에 군사력을 동원하기로 합의했다. 중국은 유고슬라비아와 전통적인 동맹 관계에 있었으므로 북대서양조약기구 연합군의 개입에 반대하는 입장이었다. 중국은 북대서양조약기구가 동구권에서 세력을 확장하여 미국의 지배력이 강화되고, 예전처럼 미국이 티베트나 대만 문제에 간섭을 할까 봐 걱정하고 있었다. 하지만 그때까지 중국 외교관들은 발칸반도 사태에 끼어들 계제가 아니었다. 그러다 대사관 오폭 사건이 일어나자 중국 외교관들은 사태를 해결하기 전에 모든 군사적 공격을 중단해줄 것을 요구하고 나서면서 발칸반도 문제에 발언권을 높이며, 자신들의 이익에 맞게 상황을 이용했다.

중국 지도자들도 이틀간 침묵을 지키면서 나름대로 그들의 전략을 구상하고 있었다. 중국 정부는 반미 시위에서 배출구를 찾은 국민들에게 '체면'을 세우고 북대서양조약기구 회원국들에게 사과 성명을 요구했다. 사실 각국 정부는 오폭 사건 이후 즉시 사과 성명을 발표했지만 그들의 성명은 이 시점에야 비로소 중국 방송에 유포되었다.

베이징은 또한 '모욕당한 강대국'이라는 입장을 13년 전부터 추진했던 세계무역기구 가입 협상에 유리하게 써먹을 수 있다는 것을 깨달았다. 1998년 가을부터 중국과 미국의 관계는 악화되었고 산업 스파이 사건 때문에 미국 의회의 입장은 더욱 강경해져 있었다. 1999년 2월에 미국의 국무장관 올브라이트가 베이징을 방문했을 때에도 양국 관계는 좋지 않았다. 4월에 주룽지 총리가 긴 일정으로 미국을 방문했을 때도 일은 잘 풀리지 않았다. 총리가 여러 가지 양보와 타협을 했는데도 미국은 중국의 세계무역기구 가입을 지지하지 않았던 것이다. 이 때문에 총리는 국내에서의 입지가 몹시 곤란해졌다. 역설적으로 대사관 오폭 사건은 불화의 원인을 제거할 수 있는 계기를 마련했다. 미국은 중국에 보상금으로 2천8백만 달러, 유족에 대한 위로금으로 450만 달러를 지불했다. 베이징과 워싱턴의 관계는 차츰 정상화되었다. 나아가 마침내 워싱턴은 11월 15일에 중국의 세계무역기구 가입을 지지한다는 입장을 발표했다. 2000년 4월에 CIA는 미사일 조준을 잘못한 장교를 해고하고 다른 6명에게 징계를 내렸다. 중국도 중국대로 287만 달러를 들여 시위대가 파손한 미국 대사관과 영사관을 보수했다. 1년 후, 중국 정부는 오폭 사건 1주기 기념식을 최대한 간소하게 치름으로써 국민들의 분노를 부채질하지 않으려고 주의할 것이었다. 그리고 그 후에도 이 사건을 입에 올리는 일은 없을 것이었다.

그 이유는 그동안의 민족주의 선전 공작이 '한 자녀 세대'의 정신에 깊이 뿌리내렸음을 중국 지도자들이 확인했기 때문이다. 서구인들도 중국이 '서양 오랑캐'에게 짓밟혔던 19세기의 치욕적인 역사가 여전히 중국인들의 집단적 기억에 남아 있음을 깨달았다. 베오그라드 중국 대사관 오폭 사건 이후 중국의 민족주의 선전 운동은 다소 수그러들었다가 2000년대 중반부터 중국의 경제성장을 동기로 삼아 새롭게 일어난다.

세 번째 천년을 이끄는 **강대국**

중국인들은 1999년 10월 1일의 상징성을 좋아했고 선전 당국은 국민들에게 깊은 인상을 남기고 싶어 했다. 과거의 상처를 고통스럽게 후벼 파지 않되, 소련과 동구권을 무너뜨린 변화의 물결 속에서 꿋꿋이 버텨온 중국 체제를 자국민들에게 자랑스럽게 인식시키는 것이 관건이었다. 새로운 왕조나 다름없이 변해가는 공산주의 체제 50주년을 기념하기 위해서 중국의 지도자들은 세심하게 잔치를 준비했다.

베이징을 동서로 가르는 창안제에서 대규모 행진이 조직되었고, 행진은 텔레비전으로 중계되었다. 톈안먼 광장, 즉 자금성 입구의 마오쩌둥 주석 초상 아래에는 널찍한 단을 설치했다. 여기에 정부 각료, 홍콩 행정장관, 연말에 중국으로 반환될 예정인 옛 포르투갈 식민지 마카오의 대표단이 모여 앉았다. 공식 연단에는 몽골, 티베트, 위구르 등의 중국 내 소수민족 대표도 전통 복식을 갖추고 참석했고 국내외 귀빈 몇 사람이 초대되었으며 수많은 기자들도 참석했다.

장쩌민 주석이 기념식 개회를 선언하러 톈안먼 발코니에 등장하자 그 장면을 텔레비전으로 시청하던 온 중국이 깜짝 놀랐다. 현 정권의 1인자는 마오쩌둥 주석과 놀랄 만큼 닮아 보였다! 마오쩌둥이 좋아했던 인민복과 흡사한 회색 옷을 입고 머리모양까지 똑같이 하고 나타난 장쩌민은 중국 공산주의 체제를 계승하는 자신의 존재를 국민들에게 각인시키기로 작정한 기색이 역력했다. 군대를 사열하고 자신의 축성을 음미하기 위해 중국산 고급 자동차이자 의전용 리무진 '홍치'에 오른 사람도 장쩌민 한 사람뿐이었다. 잠시 후 기념 행렬은 세 점의 초상화를 떠받들고 나타났다. 하나는 마오쩌둥 초상화, 또 하나는 개혁·개방의 아버지 덩샤오핑의 초상화, 그리고 마지막은 1997년부터 중국 공산주의 제3세대 지도층의 우두머리로 군림한 장쩌민의 초상화였다.

군대의 행진은 엄청난 군사력을 과시하려는 것처럼 보였지만 위협적으로 보이지는 않았다. 190센티미터 정도 되는 장신의 전투부대 군인들이 총검을 앞세운 채 행진했고 그다음에는 장갑차, 군용 차량이 다양한 종류의 미사일을 싣고 나타났다. 그동안 유난히 새파란 하늘에서는 최신형 전투기들이 건국 50주년 축하 비행을 펼쳤다.

베이징은 세 번째 천년이 임박한 이때에 강대국으로 우뚝 서고자 하는 그들의 의지를 보여주려고 했다. 두 시간 넘게 관중과 취재 카메라 앞에서 펼쳐진 이 행진은 중국의 중흥이라는 꿈을 담고 있었다. 물론 가장 중요한 것은 세계에서 가장 많은 인구를 자랑하는 이 나라 국민의 화합이었다. 전통 복식을 입은 아름다운 티베트족 여인들이 잘생긴 한족 청년들과 손을 맞잡고 춤을 추었다. 또한 경제 발전의 상징으로 푸른 작업복을 입고 열심히 일하는 노동자들도 등장했다. 볼을 발갛게 칠하고 나온 귀여운 아이들은 교육을 상징했다. 흰 가운을 입은 의사들은 연구를 의미했다. 나아가 우주 정복의 상징도 등장했다……. 끝에 등장한 두 대의 수레는 홍콩과 마카오를 상징했다. 특히 마카오 수레에 실린 거대한 시계는 12월 20일로 예정되어 있는 반환 일시를 카운트다운하고 있었다. 행렬의 가장 마지막에 나온 수레는 거대한 섬 모양을 보여주었다. 그 섬 위로 "일국양제", "평화통일", "중국은 하나" 같은 의미심장한 말들이 눈에 띄었다.

그리고 이런 말들을 이해하지 못한 사람들에게 쐐기를 박으려는 듯 "대만 독립 불가"라는 노골적인 메시지가 마지막으로 떠올랐다. 요컨대 '위대한 중국' 통일의 마지막 목표는 대만이라는 뜻이었다.

아직도 일부 계획경제가 남아 있는 체제 내에서 지도자들은 새로운 세기를 앞두고 더 이상 미래에 대한 비전을 선명하게 보여줄 수 없었다. 대중 앞에서 이날 구체적인 모든 것을 보여주었지만 그런 비전만은 보여주지 못했다. 어쨌든 다음 날 중국의 젊은이들은 국민들의 자긍심을 한껏 높여준 국경절 기념 행렬에 대한 기쁨을 표했다.

마카오 **반환**

마카오는 12월 19일 자정에 4세기에 이르는 포르투갈의 식민 지배에서 벗어나 하루짜리 기념식을 거친 후 중국의 품으로 돌아오게 되었다. 홍콩은 제1차 아편전쟁에서 영국에 패한 후 빼앗겼던 영토지만 마카오는 중국이 1557년에 자발적으로 포르투갈인들의 정착을 허용한 영토. 당시 해상무역 강국이었던 포르투갈은 중국이 해적을 소탕하는 데 도움을 주었다.

포르투갈의 식민 지배 정책은 영국과 크게 달랐다. 마카오에서는 포르투갈인과 중국인이 진정으로 융합했고 '매캐니즈(Macanese. 중국, 포르투갈의 혼혈인이나 마카오의 특별한 문화, 음식 등을 이르는 말)'라는 혼혈 인종도 생겨났다. 마카오 반환 시점에 2만 8천여 명의 매캐니즈들은 자신의 정체성에 대해 고민하고 있었다. 마카오 출신으로 브라질, 오스트레일리아, 캐나다에 흩어져 사는 사람들은 10만 명이 넘었다. 마카오가 중국에 반환된 후에도 계속 남기로 작정한 포르투갈인은 5천명 정도였다. 반면, 마카오 인구의 96퍼센트를 차지하는 중국인들은 1997년 홍콩 반환을 지켜보고서 바로 근처에 있는 홍콩 섬의 사정이 비교적 순조로운 데 안심하는 편이었다. 따라서 마카오 반환은 홍콩인들이 식민지 시절을 그리워하는 것과는 사뭇 다른 분위기에서 이루어졌고, 포르투갈인들은 12월 19일에 포르투갈의 대표적 민요인 파두 선율과 함께 이곳에서 물러났다.

반환을 며칠 앞두고, 한때 포르투갈 군인들의 클럽이었지만 이제는 지역사회의 만남 장소가 된 마카오 밀리터리 클럽은 식민지 시대를 마감하며 마지막 연회를 열었다. 모슬린 드레스나 턱시도를 우아하게 갖춰 입은 지중해 사람들과 유라시아 사람들이 서로 정답게 포옹을 나누었다. 손님들은 포르투갈의 전통 대구 요리 '바칼라우'의 냄새를 맡으며 침을 삼켰다. 하얀 장갑을 낀 종업원들은 포르투칼의 화이트와인 비뉴 베르데 병을 땄다. 백 년이 넘은 이 클럽에서 열린 성대한 파티들을 추억하는 빛바랜 사진들이 벽면을 장식했다. 거대한 홀에서 손님들은 와인을 마시며 담소를 나누었다. 삼합회(三合會, 청 왕조를 반대하는 비밀결사에서 유래했다고 하는 홍콩, 마카오 일대의 폭력 조직) 소탕을 책임졌던 히랄데스 대령은 마카오 정부 대변인 아폰수 카몽이스와 이야기를 나누었다. 두 사람 모두 12년 전 마카오에 몇 달만 있을 예정으로 왔다가 그대로 눌러앉았다. 갑자기 만족스러운 "아!" 소리와 박수갈채가 터져 나왔다. 이제 얼마 후면 마카오특별행정구 행정장관으로 공식 임명될 에드문드 호가 연회장에 모습을 나타냈기 때문이다. 포르투갈 정부의 바스코 호아킴 로샤 비에이라가 일어나 그를 맞이했다. 에드문드 호는 그랜드피아노에 기대어 연회장을 바라보았다. 44세의 에드문드 호는 사업가이자 타이펑 은행 행장 출신으로 마카오의 중국인 사회에서 몹시 존경받는 항일 영웅이자 오랫동안 중국과 마카오 사이의 비공식 대사로 활동했던 허셴의 아들이기도 하다.

12월 19일 밤은 서늘했다. 안개가 보름달을 가리는 밤이었다. 마카

306

오 베이를 내려다보는 공식 연단에서 포르투갈 대통령 조르즈 삼파이우가 먼저 연설을 했다. 그는 포르투갈이 마카오에 남긴 자유와 권리라는 유산을 강조하며 이곳이 앞으로도 아시아와 유럽의 가교가 되기를 바란다고 했다. 그러나 장쩌민은 삼파이우 대통령이 연설을 하는 동안 몇 번이나 손목시계를 들여다보았고, 마이크를 이어받은 후에는 포르투갈 대통령과 전혀 딴 방향의 연설을 하면서 명백히 대만을 겨냥한 메시지를 보냈다.

"홍콩과 마카오에 적용된 '일국양제' 원칙은 대만 문제를 해결할 때에도 매우 중요한 본보기로 적용될 수 있을 것입니다. 중국 정부와 국민은 대만 문제가 조속히 해결되어 통일이 될 것을 의심치 않습니다……."

12월 20일 아침에 베이징에서 파견한 엘리트 부대가 마카오에서 시가행진을 하고 다리 건너편 주하이에 배치되었다. 이 당당한 풍모의 군인들은 당 중앙군사위원회 직속부대 소속이었다. 중국 남부 군인들은 삼합회와 결탁했다는 의심이 팽배해 있었기 때문에 일부러 그들을 이용하지 않고 베이징에서 직속부대를 파견했던 것이다. 마카오 사람들은 부패 없이 청렴하기로 이름난 이 군인들을 환영했다. 이미 3년 전부터 삼합회의 여러 파벌들이 카지노 사업을 쥐락펴락하고 있었기 때문에 직속부대가 이 깡패들과의 전쟁에 종지부를 찍어주기 바랐던 것이다. 마카오 행정장관 에드문드 호는 삼합회 소탕이 그의 선결 과제 중 하나라고 분명히 밝혔으며 GDP의 60퍼센트 이상을 카지노 산업에 기대고 있는 마카오 경제를 다각화하기 위해 노력할 것이라고 말했다. 실제로 2000년대에 들어서서 마카오는 다시 안정을 찾고 유례없는 관광 특수를 누리게 되며 부동산 투기의 표적이 된다. 이번 반환으로 마카오는 주강 삼각주 일대 경제권으로 편입되어 아시아 전체에서 가장 높은 경제성장률을 보일 터였다. 에드문드 호는 마카오 주민들에게 '특별행정구' 장관으로서의 뛰어난 역량을 인정받았다.

1999년의 마지막 나날, 20세기의 마지막 나날에 중국의 새로운 시대는 마카오에서 상징적으로 떠오르고 있었다. 아시아에서 유럽의 식민지 배는 완전히 끝났고 이제 중국이라는 제국은 깨어나기 시작했다…….

3부

화평굴기(和平崛起)

2000-2010

강대국을 향한
노골적 야망

세 번째 **천년의 첫 날**

미신을 좋아하는 중국인들에게 새로운 천년의 시작은 대단히 상징적으로 다가왔다. 1999년 12월 29일에 대서양 연안에서부터 유럽으로 강력한 태풍이 불었다. 태풍은 프랑스의 삼림과 도시에 막대한 피해를 입히고 구대륙 안쪽까지 파고들었다. 바로 그 순간, 중국 도시의 젊은이들은 지금까지 지키지 않았던 양력설을 근대화의 상징으로 이제부터 지키게 되었다고 들떠 있었다. 1999년 12월 31일에 중국의 모든 도시는 성대한 축제를 벌였다. 춤, 소란, 불꽃놀이가 한밤중부터 새벽까지 이어졌다. 유럽이 상처를 싸매는 동안 중국의 젊은 세대는 이처럼 삶의 즐거움에 대한 갈증, 넘치는 에너지를 발산하고픈 충동에 취해 있었다.

2000년의 설날은 2월 6일이었고, 그 해는 용의 해였다. 중국의 십이간지에서 용은 번영을 상징하지만 가장 예측하기 힘든 동물이다. 실제로 중국 역사에서는 굵직굵직한 사건이 용의 해에 일어난 경우가 많다. 언론은 유명한 점쟁이들이 올해는 번영과 동요의 해가 될 것이며, 특히 대만과의 관계에서 그런 변수가 많을 것이라고 예측한 것을 대대적으로 기사로 실었다. 실제로 이 해 3월에는 대만에서 총통 선거가 있을 예정이었다. 주룽지 총리는 1999년의 마지막 날 연설에서 홍콩과 마카오가 돌아왔으니 이제 "대만을 모국 영토로 귀속시키는 것이 가장 중요하고 신성한 임무"라고 말하며 대만 문제가 "최대한 신속하게" 해결되기를 바란다고 밝혔다.

대만의 **도전**

중국 전인대 연례 회의 의제는 코앞으로 다가온 대만의 3월 18일 총통 선거였다. 투표를 이틀 앞두고 주룽지 총리는 폐회를 선언했다. 총리는 TV로 중계되고 있는 폐회식에서 대만의 1천5백만 유권자를 겨냥하여 단호한 어조로 이렇게 말했다. "대만인들은 매우 중요한 역사적 갈림길에 서 있습니다. 그들에게 두 번째 기회는 주어지지 않을 터이니 부디 신중하게 처신하기를 바랍니다! 이제 중국이 일어났습니다."

주룽지는 이렇게 또 덧붙였다.

"우리가 어떻게 대만이 중국에서 떨어져나가도록 두고 볼 수 있겠습니까? 군사적 균형을 주시하며 중국이 설마 무력을 쓰지는 않을 것이라고 예측하는 사람들이 있습니다. 하지만 그런 사람들은 우리 중국의 역사를, 중국인들은 조국의 위엄을 지키기 위해 자신의 피를 온전히 바칠 수도 있다는 것을 이해하지 못하고 있는 것입니다."

주룽지의 어조는 1년 전 전인대 폐회 연설 때와 근본적으로 달라져 있었다. 그 사이에 국내 정치 무대에서 그의 입지가 많이 약해진 것은 사실이었다. 천수이벤이라는 독립주의자가 선거에서 승리할 것으로 유력시되는 이 시점에서, 주룽지는 체제 내 보수파와 대만과의 싸움에 다시 뛰어든 군인들에게 단호한 의지를 보여주어야 했다. 중국 내 강경파들은 총리가 너무 무르게 나갔기 때문에 대만인들이 미국의 꼬임에 넘어가 독립을 꿈꾸는 것이라고 입방아를 찧어댔다. 총리는 대만의 총통 입후보자 누구라도 "대만 독립을 포기한다는 조건 하에서" 대화를 나눌 준비가 되어 있노라 말했다. "우리는 타협을 비롯해서 어떤 이야기든지 나눌 준비가 되어 있습니다."

그러나 총리는 미국에 대해서는 강경한 입장을 보였다.

"어떤 나라에는 우리 중국에 맞서려는 사람들이 있는 줄 압니다. 중국은 그들에게 가상의 적이고 그들은 중국에 대항하기 위해 대만을 이용하고 있습니다." 그러나 "미국은 대만 카드를 이용하여 중국이 강대국으로 부상하는 것을 막고 있다"고 고발한 〈제팡쥔바오〉에 비하면 주룽지 총리는 다소 누그러진 어조를 취한 것이라고 할 수 있다.

그러나 위협 정치는—비록 말뿐인 위협일지라도—대가가 없지는 않았다. 3월 18일에 대만인들은 유례없는 도전의 제스처를 보여주었다. 중국이 기탄없는 경고를 퍼부었던 바로 그 후보, 49세의 천수이벤이 대만의 총통으로 선출된 것이다. 천수이벤은 대만에서 출생했고 대만 독립의 의지를 숨김없이 피력해왔다. 게다가 그는 민진당 후보였다. 천수이벤의 당선으로 국민당 집권 50년이 마감되고 처음으로 대만에서 정권교체가 이루어진 것이다. 중국공산당은 내전과 40년간의 냉전 시대를 거친 탓에 국민당에 대해서는 잘 알았다. 그러나 이번 선거는 대만에서 12년 전 중국의 신경을 건드리며 첫 발을 내딛었던 민주주의가 더욱더 진보했음을 보여주었다.

천수이볜은 다른 두 후보를 근소한 차로 물리치고 당선되었다. 대만인들의 여론이 그만큼 제각각이라는 뜻이었다. 당선자 천수이볜은 39.3퍼센트의 표를 얻었는데 그의 가장 유력한 경쟁자 제임스 숭은 36.7퍼센트의 표를 얻었다. 한편 국민당 소속이자 중국과의 통일을 지향하는 전 부총통 롄잔은 23퍼센트의 득표율에 그쳤다.

천수이볜은 이런 여론의 분열을 고려하여 교묘하게 개표 방송 직후의 당선 소감부터 준비했다. 가난한 집안에서 태어나 자수성가한 변호사 출신인 그는 미국의 권고를 감안하여 베이징이 이성을 잃고 반응하지 않도록 '독립'이라는 단어를 삼갔다. 심지어 5월 20일 취임식 전에 베이징을 방문하고 싶다며 중국에 손을 내밀기까지 했다. 양국 관계를 안정시키기 위해 지금까지 대만이 금지했던 직접무역과 교통 문제에 대해 협상할 마음도 있다고 했다. 하지만 천수이볜은 "대부분의 대만인들은 중국이 제안하는 '일국양제' 통일 모델을 받아들이지 않는다"고 하면서 "대만의 주권을 지키고 싶다"는 뜻을 표했다. 중국 정부는 기관지 한 귀퉁이에 사진 없이 성명만 내걸었을 뿐 어떤 반응도 보이지 않았다. 중국은 대만의 독립은 어떤 형태로든 인정할 수 없으며 신임 총통의 언행을 각별히 주시할 것이라는 내용이었다.

그 후 몇 주간 여전히 '평화통일'을 주장하는 중국공산당의 공식 발표와는 다르게 군의 호전적인 움직임이 관측되었다. 어쩌면 강경 노선을 지향하는 군부와 정치 지도자 사이에 대립이 있었는지도 모른다. 중국의 정치 지도자들은 끊임없이 "중국은 한 나라"라는 원칙을 대만 정부도 인정해야 한다고 부르짖었다. 실제로 대만 국민당은 그 원칙을 받아들이고 모든 협상의 문을 열어놓고 있었다. 그러나 신임 타이페이 정부는 여러 가지 제안으로 선의를 입증하려 애쓰면서도 중국이 기다리는 그 말은 끝내 해주지 않았다. 중국 체제는 이 완강한 기다림 속에서 슬슬 경직된 태도를 보이기 시작했다. 중국의 인터넷 포털 '소후'의 설문조사에 따르면 조사에 응한 네티즌의 82퍼센트가 무력을 동원하는 데 찬성한다고 했다. 중국 정치인들은 그들이 씨를 뿌린 민족주의에 발목을 잡힌 셈이다!

5월 20일 천수이벤의 취임 연설로 다시 한 번 분위기가 누그러졌다. 대만의 신임 총통은 평화통일의 논리를 받아들이되 그런 통일은 장기적으로 추진되어야 할 것이라고 말했다. 그러나 그의 발언은 너무 애매했기 때문에 중국의 극단주의자들도, 대만의 극단주의자들도 만족시킬 수 없었다. 이틀 후 장쩌민은 군사위원회에서 가장 호전적인 위원들에게 반대하는 입장을 밝혔다. 타이페이, 워싱턴, 베이징 사이에서 밀사들이 부지런히 오갔다. 중국은 여전히 세계무역기구 가입을 원했고 5월 19일에 유럽연합의 승인을 얻는 데 성공했다. 따라서 미국 의회의 승인까지 얻어내려면 대만에 대한 태도를 어떻게 하느냐가 관건이라는 점을 알고 있었다.

'연차'가 **생기다**

2000년 5월 1일에 중국인들은 처음으로 일주일의 유급휴가라는 것을 경험했다. 프랑스에서 유급휴가제가 도입된 지 64년이나 지나서의 일이다. 공산주의 체제 역사상 처음으로 모든 이들의 대화에 휴가 계획이라는 주제가 등장했다. 중국 도시 인구의 15퍼센트는 이 첫 번째 '골든위크'를 이용하여 국내 여행을 떠났고 7퍼센트는 해외 여행을 떠났다. 주요 여행지는 태국이나 베트남이었지만 오스트레일리아, 유럽, 미국처럼 먼 곳으로 여행을 간 사람들도 더러 있었다. '여행 허가 국가'의 수는 갈수록 늘어났다. 과거에는 소수의 특권층만이 비자를 발급받을 수 있었지만 이제 누구나 절차를 밟기만 하면 비자를 받았다. 유일한 장벽은 돈이었다. 세계관광기구는 2015년에는 중국인 관광객이 1억 명에 육박할 것이라고 내다보았다. 2010년 현재 중국인 관광객은 연간 5천만 명 규모다.

국내를 여행하는 사람들은 일단 베이징이나 상하이를 구경하고 싶어했다. 특히 자금성, 만리장성 같은 유적지와 태산 같은 전통적 명승지를 선호했다. 1999년에도 이미 7억 명의 국민들이 관광객으로서 자국의 숙박업소를 이용했다. 호텔 같은 숙박업소를 이용할 돈이 없는 이주 농민들을 제외하더라도 인구의 대이동이 있었다는 뜻이다!

1994년부터 격주로 토요일까지 쉬게 되면서부터 사회 분위기는 크게 변했다. 1996년부터는 아예 주 5일 근무가 정착되었고 이때부터 연간 휴무일은 점점 늘어났다. 공장, 국유 기업, 행정기관은 법정공휴일로 정해진 설날에 추가로 며칠을 더 쉬어서 내리 엿새를 놀기도 했다. 웬만큼 수입이 되는 중산층의 숫자가 늘어났기 때문에 시장을 자극하는 '바캉스 경제'라는 이름으로 자유화를 밀어붙일 수 있었던 것이다.

2000년대에 연간 휴무일은 계속 늘어났다. 그러나 2008년에는 교통 체증과 교통사고를 줄이기 위해 5월 노동절과 10월 국경절을 다른 주말로 이동시키는 등 당국의 특별 조치가 따랐다. 청명절이나 단오절 같은 전통적 축일은 그때그때 시류에 맞게 지켰다. 그 대신 공공기관이나 기업에서 회사에 오랫동안 근속한 노동자에게 1, 2주 정도 특별 휴가를 주는 관례가 확산되었다.

하지만 모든 이들의 일상생활이 사회적 불평등 없이 이처럼 뚜렷하게 개선되었다고 생각해서는 안 된다. 수백만 여행객들이 베이징을 빠져나가느라 끔찍한 교통 정체가 일어난 이 5월 첫째 주에도 건설 현장에서는 하루 몇 위안의 품삯을 받는 민공들이 밤낮 없이 일하고 있었다…….

316

휴대전화와 인터넷의 **대중화**

2000년대는 또한 새로운 통신수단이 돌풍을 일으킨 시대이기도 하다. 2000년 말 당시 휴대전화를 소유한 중국인은 6천만 명밖에 되지 않았다. 하지만 중국인들은 유선전화 단계를 뛰어넘어 바로 무선전화 단계로 진입했다. 집전화도 없는 상태에서 휴대전화를 갖게 되는 경우가 그만큼 많았던 것이다! 이리하여 중국은 세계 최대의 휴대전화 시장이 되었다. 중국이 세계무역기구에 가입함으로써 중국 시장의 진입 장벽이 낮아지자 세계 최고의 휴대전화 브랜드들이 이곳에서 각축을 벌였다. 2010년 현재, 7억 6천만 명 이상의 중국인들이 휴대전화를 소지하고 있다. 중국 인구의 절반 이상은 핸드폰이 있다는 뜻이다.

인터넷 사용에 있어서도 마찬가지 현상이 나타났다. 2000년대 초에 중국의 인터넷 사용자는 3천만 명에 불과했다. 중국어로 된 웹사이트도 거의 없었거니와 중국인들의 소득 수준에 컴퓨터는 너무 비쌌다. 그래서 중국 젊은이들은 컴퓨터 한 대를 서너 명이 나눠 쓰거나 PC방을 자주 이용했다. 그러나 임금이 오르고 컴퓨터 가격은 떨어지면서 신세대 도시 주민 가정에 컴퓨터는 으레 있는 물건이 되었다. 2010년 현재 중국의 컴퓨터 사용자는 4억 명 이상으로 집계되었다. 2008년부터는 미국을 누르고 중국이 세계에서 컴퓨터 사용 인구가 가장 많은 나라가 되었다.

역사상 가장 큰 규모의 **인구조사**

중국은 11월 1일에 역사상 가장 큰 규모의 인구조사를 단행했다. 이 작업에는 1년 이상이 소요되었다. 세대 방문 조사를 위해 동원된 조사원들만 6백만 명에 달했다. 중국 최초의 인구조사는 기원전 2200년에 있었다. 당시의 중국 인구는 1천3백만 명이었다. 기원후로 넘어와 한 왕조 때에 이르러 중국 인구는 6천만 명이 되었고 1949년 공산주의 체제가 설립될 당시에는 5억 명 정도였다. 그때부터 정책은 계속 변했다. 마오쩌둥은 인구가 국력으로 이어질 것이라고 생각해서 중국인들에게 다산을 권했다. 덩샤오핑은 반대로 1978년부터 중국이 후진국에서 벗어나는 유일한 길은 산아제한뿐이라고 생각해서 '한 자녀 정책'을 실시했다. 어쨌든 2000년 인구조사 결과 중국의 인구는 13억 7천5백만 명으로 집계되었다. 그러나 집계가 부정확하다는 점과 한 자녀 정책에 위배되어 호적에 올리지 못하고 숨겨서 키우는 아이들을 감안한다면 실제 인구는 15억 정도에 육박할 것으로 추산된다.

중국 **서부대개발**

1999년부터 지도자들은 중앙 정부의 재정을 쏟아 부어서라도 중국 서부 지역 개발에 박차를 가해야겠다는 생각을 했다. 장쩌민 주석은 이를 "중대한 국가적 개발 전략"이라고 했다. 1999년 11월에 주룽지 총리도 싱가포르 개발에 대한 강연을 하면서 서부대개발을 덩샤오핑이 20여 년 전 피력했던 전략과 연결 지었다. 당시 중국 개혁·개방의 아버지는 중국의 개발을 두 단계로 나누어 구상했다. 우선 외국 투자자들을 끌어들이기 위해 연안 지방을 먼저 개발하고 이 지역이 경제 발전의 견인차 노릇을 할 만큼 충분히 성장한 다음에는—덩샤오핑은 대략 20세기 말까지 이 작업이 완료될 것으로 내다보았다—중부와 서부의 내륙 지방 개발에 총력을 기울인다는 것이 덩샤오핑이 구상한 계획의 골자다. 이제 그 계획을 실행할 때가 됐다! 20년간의 개혁을 통해 이미 중국 동부 지역 경제는 크게 발전했다. 중국 인구의 70퍼센트는 동부 연안 지방에 살고 있었다. 사회적 불안 요인인 내륙 지방과 연안 지방의 경제 수준과 소득 격차를 좁히기에 지금보다 더 알맞은 때는 없는 것 같았다. 1999년 당시 중국 내륙 지방의 GDP는 중국 전체 GDP의 15퍼센트 정도다.

2000년 3월 전인대 연례 회의에서 서부대개발은 새로운 슬로건으로 떠올랐다. 여기서 서부란 북서부의 산시 성, 장시 성, 닝샤 성, 광시 성, 신장 자치구와 남서부의 쓰촨 성, 윈난 성, 구이저우 성, 티베트 자치구를 아우르는 광대한 영토다. 이 지역은 중국 전체 면적의 56퍼센트를 차지하지만 중국 인구의 4분의 1 정도인 3억 6천만 명이 산다. 이 지역들은 대개 신장이나 티베트처럼 소수민족들이 모여 사는 일종의 보호령으로서 비교적 뒤늦게 중국에 병합되었다. 따라서 서부대개발은 소수민족들을 좀 더 중국 사회에 통합시키려는 목표도 띠고 있다. 또한 중국 내륙 지방에는 석유, 천연가스, 물, 석탄, 각종 광물 등 자원의 절반 이상이 분포하고 있기 때문에 경제 발전에 꼭 필요한 원자재 확보라는 관점에서도 서부대개발은 의미가 있다.

국가계획위원회 주임 쩡페이옌은 동부 개발 때와는 달리 서부 지역은 개발과 환경보호를 같이 고려해야 한다고 강조했다. 사실 동부의 경제 성장은 엄청난 공해를 대가로 치렀다. 그러니 이제는 지속가능한 개발을 생각할 때였다. 윈난 성, 구이저우 성, 쓰촨 성의 삼림지대를 재조성하려면 10년이 걸린다. 신장 자치구도 심하게 말라버린 타림 강을 재정비해야만 했다. 중앙 정부는 이곳에 국내외를 가리지 않고 자본, 기술, 고급 인력을 유치하기 위해 특혜 조치를 실시하고 국채를 발행하여 재정을 충당하기로 했다.

대규모의 인프라 현대화 사업이 시작되었다. 신장에서는 송유관, 수

319

력발전 댐, 도로, 철도 건설 사업이 시작되었다. 산시 성에서는 시안교통대학을 세계적인 수준의 대학으로 발전시키는 등 교육 부문을 강화하기로 했다. 마오쩌둥 시대의 산업중심지였던 충칭 시는 1만 곳 이상의 국유 기업을 현대화해야만 했다. 2000년대에 1만 5천여 개 외국 기업들이 중국 서부에 진출했다. 그 자본 규모는 7백억 달러에 달한다. 칭하이 성에서는 도로 건설이 가장 중요했다. 윈난 성에서는 부동산 투기 붐이 일었고 토목 및 관광 산업이 경제성장의 원동력이 되었다. 전체적으로 초기 인프라 구축을 위한 70개 사업에 2천5백억 위안 이상이 투입되었다. 그 가운데에는 카자흐스탄 분지에서 신장의 타림 강을 거쳐 상하이까지 연결되는 4천2백 킬로미터의 가스관 설치 사업도 포함되어 있었다.

그러나 서부대개발은 이륙에 도달하기까지 시간이 걸렸다. 연안 지방에서 멀리 떨어져 있는 이 지역의 현대화는 예상보다도 훨씬 더 까다로웠다. 상하이, 베이징, 광저우의 고급 인력들은 의식구조가 거의 변하지 않은 내륙 지방에 일하러 가기를 꺼렸다. 외국인들도 이곳으로의 진출을 망설였다. 2003년에 중국 전인대는 서부대개발 사업에 1천3백억 위안을 추가 투입하기로 결의한다. 고질적인 지방 관리들의 부패는 별 수 없었다. 2004년 7월에 충칭에서 공금을 횡령하여 마카오 카지노에서 탕진한 죄로 2명이 불려갔다. 충칭 시 선전부장과 이동통신사 사장이라는 자들이 1억 위안 이상의 돈을 부당하게 빼돌려 날려버렸던 것이다…….

2004년부터 광둥 성 노동 시장에 이상기류가 나타났다. 해외 투자자들에게 가장 개방적이던 이 지방에서 많은 민간 기업들이 노동력이 훨씬 더 저렴하고 근무 조건에 대한 요구도 까다롭지 않은 중부와 서부로 대거 이전했기 때문이다. 이런 민간경제 부문의 성장은 인프라 구축과 맞물려 충칭 같은 도시를 비약적으로 발전시켰다. 현재 충칭의 인구는 3천만 명이 넘는다. 같은 내륙 지방 도시인 시안과 청두도 최근 매년 13퍼센트가 넘는 경제성장률을 보였다. 그러나 연안 지방 역시 그 이상의 성장 가도를 달렸기 때문에 지역 간 격차가 좁혀졌다고 말하기에는 무리가 있다.

6월에 거얼무에서 라싸를 연결하는 철로가 개통되었다. 세계에서 가장 해발고도가 높은 지역을 가로지르는 철로다. 1천1백 킬로미터가 넘게 뻗어 있는 이 철로는 해발 3천 미터가 넘는 티베트 고원과 쿤룬, 탕굴라 산맥을 지나가며 그중 가장 높은 고개는 해발 5천2백 미터에 이른다. 1만 1천 명 철도 건설 노동자 가운데 4분의 1은 고산병으로 입원 치료를 받아야 했을 정도로 노동 환경은 열악했다. 더욱이 이 철로는 티베트 사회에 논란을 불러일으켰다. 어떤 이들은 철도 건설을 티베트족을 한족에 융합시키기 위한 전략이라고 보았다. 실제로 2008년 봄의 대규모 시위가 일어나고 티베트 지역에 1년 이상 여행이 금지되기까지 중국의 다수 민족인 한족은 '세계의 지붕'으로 대량 이주했다.

글로벌 경제위기로 인해 2008년 말에 4조 위안 규모의 경기 부양책이 나오면서 서부대개발에 다시 한 번 막대한 자금이 투입될 것이다. 그러나 라싸 폭동이 일어난 지 16개월 후인 2009년 7월에 신장에서 우루무치 사태가 일어나자 중앙 정부는 서부대개발 정책에 그토록 많은 돈을 퍼부었지만 그 실질적 성과는 지역 주민들이 아니라 한족 이주민들에게 돌아가고 있다는 것을 깨닫는다.

6월에 중앙 정부는 서부대개발 10년을 결산하면서 인구 2천1백만여 명인 신장에 대한 새로운 개발 계획을 들고 나왔다. 이 계획은 2015년까지 이 지역의 국내총생산을 중국 평균 수준까지 끌어올리고 사회간접자본을 확충해 지역 주민들이 혜택을 볼 수 있게 하겠다는 것이 목표이다. 관광, 첨단기술, 무역을 주력 산업으로 삼고 2012년까지 사회보장도 강화할 계획이다.

'이

올림픽, WTO
그리고 중국의 세계화

힘센 놈이 **이기는 법!**

이미 2년 전부터 중국과 미국의 관계는 긴장 상태에 놓여 있었다. 그런데 이 해 4월 1일에 중국과 미국의 전투기가 교전 상태에 들어가 모두를 놀라게 하는 사건이 일어났다.

미국 해군 첩보기 EP3 한 대가 하이난 섬 남동부 상공에 진입했다. 이곳에 중국은 대규모 해군 기지를 건설하는 중이었다. 1970년대부터 중국 남해 지역의 섬들은 석유가 풍부하고 교통량이 많은 지역에 위치하고 있다는 이유로 여러 나라가 탐내는 전략적 요충지가 되었다. 베트남, 필리핀을 위시하여 대만, 브루나이, 말레이시아, 그리고 물론 중국까지 서로 이 섬들이 자기 영토라고 주장했다. 이렇게 여러 나라들이 영유권 분쟁을 벌이는 가운데 중국은 주권 문제는 차일로 미루고 일단 자국의 부를 이용하는 전략을 취했다. 달리 말하자면, 힘센 놈이 이기는 법이라는 뜻이다!

　　일본 오키나와의 미국 해군 기지에서 이륙한 첩보기는 최첨단 감청 장비를 갖추고 있었다. 그런데 중국 추격기 두 대가 나타났다. 정확히 무슨 일이 일어났던 것일까? 중국 측의 설명과 미국 측의 설명은 엇갈린다. 미국 측은 자신들이 하이난 섬 연안에서 1백 마일이나 떨어져 있었다고 주장하는데 중국 측은 미군기가 분명히 중국 영공을 침범했다고 주장한다. 또한 미국 첩보기와 중국 추적기 한 대가 충돌했고, 추적기가 곧장 바다로 떨어졌다는 것이다. 중국인 조종사는 공식적으로는 실종자로 처리되었지만 육해공군을 망라한 그 어디에서도 순국열사로 추대되지 않았다. 10년이 지난 지금, 서구의 군사 전문가들은 그 중국인 조종사가 중국 선박에 구조되지 않았을까 짐작하고 있다……. 어쨌거나 미국 조종사들은 하이난 섬 동쪽 연안의 링수이 공군 기지에 불시착할 수밖에 없었다. 여성 3명을 포함한 24명의 승무원들은 그곳에서 2백 킬로미터 떨어진 감옥에 수감되었다.

　　협상은 팽팽하게 계속되었다. 미국은 실종된 중국인 조종사 수색에 협조하겠다고 제안하고 자국의 첩보기를 중국 측 전문가들이 조사하지 않게 해달라고 요구했다. 그럼에도 불구하고―미국 승무원들이 최근 기록과 주요 장치를 불시착하기 직전에 파기했던 것 같기는 하지만―미국의 첨단기술에 관심 있는 중국인 전문가들은 미국 첩보기를 철저하게 조사하고 연구했다. 양국의 어조가 강경해졌다. 워싱턴은 미국인들의 즉각 석방을 요구했지만 베이징은 일부러 시간을 끌었다.

　　1998년 가을부터 양국 관계를 악화시키는 사건들이 여러 건 일어났다. 일단 산업 스파이 사건이 있었다. 우선 실리콘밸리의 대만인 연구자가 인민해방군에 중대한 기밀을 넘겼다는 혐의로 CIA에 체포됐다. 그다음에는 1999년의 베오그라드 중국 대사관 오폭 사건이 있었다. 파룬궁 탄압 사건 때에는 미국에 살고 있던 창시자 리훙즈가 인권 문제를 걸고넘어지며 미국에게 중국을 압박해달라고 호소하고 나섰다. 그리고 바로 그 직후 조지 W. 부시 대통령의 대선이 있었다. 부시 대통령은 "건설적 대화"를 역설했던 전임자 빌 클린턴 대통령과는 완전히 다른 행보를 보였다. 그는 공화당 대선 후보로서 중국이 자신의 경쟁자인 민주당 대선후보의 선거 자금을 대고 있다고 비난했을 뿐 아니라 중국은 장차 미국의 '라이벌'이 될 것이라고 공공연히 주장했다. 중국인들은 어떤 면에서 그들이 그만큼 힘을 키웠다는 증거를 확인한 셈이기 때문에 1999년 가을에 백악관 주인으로 당선된 '아들 부시'의 공격에 으쓱해하기도 했다. 하지만 신임 대통령은 그의 아버지와 매우 달랐다. '아버지 부시'의 경우에는 중미 수교가 정식으로 이루어지기 이전인 1974~75년에 짧게나마 베이징 주재 미국 연락사무소에서 일했기 때문에 중국에 대해 잘 알았고 중국 지도자들 사이에서 평판도 좋았다. 마지막으로 대만 문제가 있었다. 미국 국방성은 대만에 정기적으로 무기를 지원하고 있었다. 미국 첩보기 피랍사건이 일어나기 직전에도 언론은 이지스 레이더를 장착한 구축함 4척이 대만으로 인도될 예정이라고 보도했다.

중국 인터넷은 반미 감정으로 들끓었다. 체제 내 강경파는 하이난 섬 상공에 미군기가 침입했다는 사실을 이용하여 그들의 세력을 강화하려고 했다. 그러나 중국 정치가들과 외교관들은 "새로운 냉전" 분위기를 오래 끄는 것이 이롭지 않다고 판단했고 그보다는 세계화로 나아가기를 원했다. 중국은 2008년 베이징 올림픽 유치와 세계무역기구 가입 등 중요한 다른 작전들도 진행하고 있었다. 이 두 건의 성사 여부는 미국의 태도에 달려 있었다.

4월 11일에 주중 미국 대사관은 양국의 충돌에 대해 미국이 "진심으로 사과한다"는 서한을 마침내 중국 정부에 전달했다. 선전부도 민심을 수습하러 나섰다. 그러나 대만 문제는 여전히 활로가 보이지 않았다. 2주 후, 미국은 대만에 구축함과 무기를 약속대로 넘겼다. 하지만 약삭빠르게도 이지스 대공 방어 시스템 판매는 유예하는 수를 썼다. 대만과 중국의 갈등이 다시 일어나지 않는 한, 이 최첨단 레이더는 판매하지 않기로 한 것이다……

노동자와 농민의 당, **자본가들에게 문을 열다**

정치인들은 외교적, 군사적 갈등을 마무리하고 계속 앞으로 나아갔다. 7월 1일 공산당 창당 49주년 기념일을 맞이하여 중대한 개혁이 단행되었다. 중국공산당이 개혁이 낳은 새로운 엘리트 계층, 특히 자영업자들에게 문을 열기로 결정한 것이다. 이 '온건한 혁명'은 두 가지 요구에 부응했다. 우선 장쩌민 국가주석은 전임자들을 본받아 나름대로 공산주의 이데올로기에 공헌을 해야 했다. 마오쩌둥은 '마오쩌둥주의'를 창안하여 소련의 공산주의 노선과 차별화되는 독자적 공산주의를 이끌었다. 그 후 덩샤오핑은 '사회주의 시장경제'를 만들었다. 그래서 장쩌민은 '3개 대표' 사상을 제안했다. 그는 2002년 퇴임을 앞두고 이 애매한 사상을 중국 헌법에까지 집어넣게 된다. '3개 대표'란 공산당이 3개 계급의 대표들로 구성되어야 한다는 이론이다. 요컨대 공산당이 자본가를 뜻하는 선진 생산력, 지식인을 뜻하는 선진 문화 그리고 인민의 근본 이익을 대표해야 한다는 것이다. 정통파로서는 이 이론을 반박하고 싶은 마음이 없지 않았을 것이다. 기본은 여전히 노동자, 농민 같은 인민이지만 이제 여기에 개혁이 낳은 새로운 사회계급들을 추가할 필요가 있다는 주장으로 볼 수 있다. 그렇지만 1950년대 중국공산당이 그렇게나 없애려고 노력했던 부르주아와 중산층을 대놓고 거론하는 것은 시기상조였다.

또 다른 요구는 좀 더 실용적인 것이었다. 1990년대에 소련이 붕괴하고 중국공산당도 약화되는 과정을 지켜본 당 내 고문들은 고심했다. 1980년대에는 이제 막 부상하는 인재들이 공산당 개혁을 꿈꾸고 입당했다가 외국으로 떠나거나 톈안먼 유혈 진압을 계기로 공산당에 등을 돌리고 민간 부문으로 진출하는 경우가 많았다. 중국공산당이 세계화 파도 속에서도 살아남으려면 새로운 현실에 적응하고 변화해야만 했다. 물론 중국 내에서 공산당 일당 체제는 계속될 테지만 그렇더라도 새로운 중국인들을 대표할 수 있어야 했다.

공산당 지도자들의 판단에는 분명한 근거가 있었다. 2001년 개혁을 단행하고 얼마 지나지 않아 최초의 자영업자들이 이쪽 인맥이 사업에도 유리하리라는 속내를 품고 공산당에 입당했다. 현재 민간 기업 대표의 3분의 1은 공산당원이다. 공산당 지부들도 명문 대학이나 상공회의소 같은 곳에서 당원 후보를 물색하기 시작했다. 이처럼 입당 권유를 받는 것은 꽤 명예로운 일이기도 했고 입당을 하면 현실적 이익도 챙길 수 있었으므로 거절하는 사람은 거의 없었다. 이리하여 2001년에 당원이 6천5백만 명도 되지 않았던 중국공산당은 현재 전체 인구의 5.8퍼센트에 이르는 8천만 명까지 그 몸집을 불렸다.

80대 원로들이 떠나고 젊은 당원들이 대거 들어오면서 중국공산당은 매우 젊어졌다. 5명 중 1명꼴로 여성 당원이 늘어나고, 1949년 당시에 0.3퍼센트에 불과했던 대졸자는 이제 전체 당원의 3분의 1이 넘는다. 베이징 중앙당교는 간부 양성 기관이자 중국 전역에서 가장 인기 있는 교육 기관이 되었다. 반면에 상하이 간부학원은 교화보다는 무역 분야에 특화되었다. 이런 학교에는 전통적인 마르크스주의 교육 외에도 금융, 경영, 언어, 정보과학에 대한 강의와 중국을 방문한 외국 저명인사들의 특별 강연이 마련되었다. 중국공산당은 "민중을 위한 민중의 당"을 계속 자처하지만, 사실상 엘리트주의가 팽배한 당으로 변했다. 이제 당원 중 노동자와 농민은 40퍼센트에 불과하다. 오죽하면 2008년 전인대에서 '아래'로부터의 비판에 부응하기 위해 '민공' 대표들이 더 나와야 한다는 주장이 나왔을까. 이 문제는 이미 언론에서도 크게 다루어졌다.

　이때로부터 몇 주, 몇 달간 벌어진 사건들 덕분에 중국인들은 비로소 그들이 '세계 시민'이 되었다는 자각을 갖는다. 2001년은 그런 시각의 변화가 이루어진 해로 평가될 수 있을 것이다.

베이징, 2008년 **올림픽 개최지로 결정되다**

　7월 13일에 베이징 시민들은 텔레비전 앞에서 국제올림픽위원회의 투표 결과 발표를 초조하게 기다렸다. 2000년 올림픽 유치전에서 시드니에게 패배하는 바람에 찬물을 뒤집어쓴 경험이 있었으므로 선전부도 이번에는 신중한 자세를 취했다. 그러나 국영 방송의 특파원이 베이징이 2008년 올림픽 개최지로 선정되었다고 전하자 한밤중에 함성이 울려 퍼졌다. 남녀노소를 불문하고 시민들은 자발적으로 거리에 뛰쳐나왔다. 모두들 울고, 웃고, 춤을 추고, 모르는 사람과 얼싸안으며 기뻐했다. 어둑어둑한 베이징의 구시가에서도 노인들이 부채를 들고 춤을 추었고 아이들이 기뻐하며 뛰어다녔다. 그러다 모두가 이 기쁨을 중국의 심장부 톈안먼 광장에서 나누자는 생각에 하나둘 거리를 행진하기 시작했다.

　행진은 몇 시간이고 계속되었다. 베이징 도처에서 남녀노소 다양한 시민들이 모여들었다. 시내버스와 지하철은 만원이었다. 한꺼번에 2백만 명을 수용할 수 있는 세계 최대의 광장이 사람들로 빽빽하게 가득 찼다.

대학생들은 가로등을 타고 올라가 큰소리로 "중국 만세! 올림픽 만세!"를 외쳤다. 광장 주위에는 경찰과 구급차가 배치되었다. 그러나 경찰관들도 모두 흥분해서 눈물을 글썽이며 웃고 있었다. 축제는 무더운 여름밤 늦게까지 이어졌다가 시민들이 질서정연하게 귀가함으로써 마무리되었다. 사고는 단 한 건도 일어나지 않았다. 1989년 톈안먼 사태 이후로 이 광장에서 시민들이 이처럼 자유롭게 집회를 열고 자신의 감정을 숨김없이 표현하기는 처음이었다.

중국인들이 축구 **세계에 등장하다**

석 달 후인 10월 7일에 스포츠계의 또 다른 사건이 중국인들을 흥분에 몰아넣었다. 중국 축구 대표팀이 역사상 처음으로 월드컵 아시아 지역 예선을 통과하고 본선에 진출하게 된 것이다. 베이징, 란저우, 상하이, 광저우를 비롯하여 중국의 모든 주요 도시가 축제 분위기에 휩싸였다. 밤새 얼마나 소리를 질러가며 응원을 했는지 사람들은 죄다 목이 쉬어 있었다. 그렇지만 바로 그날 밤 미국은 중국 서부 국경에서 아프가니스탄 전쟁에 돌입했다…….

그 후 8달 동안 중국인들은 어디를 가나 월드컵 본선 이야기를 하며 열을 올렸다. 중국인들은 1980년대 초부터 축구를 시작했지만 이미 1억 명 이상의 축구팬들이 있었다. 그러나 이제 온 중국이 '축구 세계'를 발견하고 19세기 말 '영국 오랑캐'가 만든 이 스포츠에 열광하게 되었다.

중국 축구 팬들은 반세기의 기다림 끝에 중국 대표팀 감독 보라 밀루티노비치와 6명의 코치들이 이뤄낸 마법을 볼 수 있었다. 중국인들은 대표팀 감독에 열광하며 '밀루'라는 애칭으로 불렀다. 몇 주 사이에 밀루는 중국의 우상이 되었다. 오랜 제국의 면모를 지닌 중국에 새로운 세계가 어떤 변화를 미쳤는지 보여주는 예라고 하겠다. 거의 매일 저녁 텔레비전에서 밀루 감독을 볼 수 있었다. 그러나 감독이 꼭 선수들을 훈련시키는 일만 했던 것은 아니다. 밀루 감독은 지체 높은 중국인의 전통 복식을 갖추고 나와 스포츠 음료 광고를 하거나, 그의 은빛 머리칼을 더욱 빛나게 해준다는 샴푸를 광고하곤 했다.

축구는 대중의 이성을 마비시킨다는 점에서 종교와도 곧잘 비교되는 스포츠다. 그러나 중국은 국민 대다수가 무신론자이고 기본적으로 여가나 기분 전환, 정신적 위안을 갈구하며 인정받고자 하는 욕구가 있다. 축구가 예기치 않게 중국에서 엄청난 인기를 구가할 수 있었던 이유는 여기에 있다. 또한 축구는 애국심과 국가적 단합을 표현하는 수단이기도 했다. 여가생활이 마땅치 않았던 10년 전에는 정치 집회에 참석했지만 이제 주말에 축구장을 찾아 경기를 관람하는 일이 그 자리를 대신하게 되었다고나 할까.

2002년 6월에 월드컵 본선을 직접 보기 위해 한국에 입국한 중국인들은 10만 명이 넘는다. 중국 대표팀은 조별 예선에서 탈락했는데 이에 중국인들은 크게 실망했다. 그러나 선전부는 국제 대회 첫 출전에서 너무 많은 것을 기대할 수는 없는 법이라고 국민들을 잘 달랬다. 하늘 높은 줄 모르고 인기가 치솟았던 밀루 감독은 졸지에 희생양이 되어 대표팀 감독직에서 물러났다…….

그러나 중국의 관심은 재빨리 다른 문제로 넘어갔다. 2002년 12월에 새로운 사건이 중국의 젊은이들을 춤추게 할 터였다. 상하이가 2010년 만국박람회 개최지로 선정될 테니까.

고급 두뇌들이여, **돌아오라**

1999년부터 중국 정부는 '고급 두뇌'의 귀국을 장려하기 시작했다. 이때까지 외국에서 활동하다가 중국으로 돌아온 인재들은 계속 당국의 의심을 받으며 생활했다. 해외파는 중국 국내외 '땅거북'에 대비되는 개념으로 '바다거북'이라고 부르곤 했는데, 이들은 귀국하고 나서 해외에서 쌓은 학문과 경험을 제대로 살릴 수 있는 일자리를 구하는 데 어려움을 겪었다. 하지만 중국의 중흥을 위해서는 그들의 역할이 중요했다. 이스라엘이 1970년대부터 미국에서 활동하는 자국 출신의 인재들을 잡으려고 노력했던 것처럼 중국 지도부도 해외파 인재들에게 매력적인 조건을 제시하며 귀국을 장려했다.

개혁·개방 이후로 해외유학을 떠난 중국인들은 2001년 현재 38만 명으로 집계되었다. 그러나 중국으로 돌아온 인재는 35퍼센트뿐이었고 나머지는 모두 해외에 삶의 터전을 마련하고 공산당 체제를 경계하고 있었다. 베이징, 상하이, 광저우, 톈진 같은 대도시들이 먼저 귀국 장려 조치에 들어갔다. 외국에서 귀국한 학생들은 신기술 분야의 창업에 대단히 유리한 지원을 받을 수 있었고 해외에서 취득한 학점을 중국에서 그대로 인정받을 수도 있었다. 해외파는 국유 기업에 입사해서도 평균보다 높은 연봉을 받았다. 또한 해외파가 기술 자문이나 기술 제휴의 대가로 받는 보수는 세금을 물리지 않았으며 심지어 외국 계좌에 외환으로 지불해 주기도 했다. 과학자들에게는 최신 연구 환경을 제공함으로써 자국에서 연구를 계속할 수 있도록 장려했다. 실제로 많은 연구원들이 외국에 생활 기반을 두고 있지만, 중국에 입국해서 연구를 계속하기도 했다.

상하이 제2의대의 성후이전 박사도 그런 경우다. 그녀는 1979년에 루이진 의대에 입학해서 1984년에 학위를 취득하고 호주 멜버른으로 유학을 떠났다. 그곳에서 5년간 경화증에 대한 연구를 하고 다시 미국으로 떠나서 메릴랜드 국립건강연구소에서 1999년까지 유전학을 연구했다. "1996년에 복제양 돌리가 탄생한 다음부터 우리는 유전학 연구가 질병 치료에 이용될 수 있다는 점을 깨닫게 되었지요. 그러던 중에 우연히 상하이 대학 총장을 만났어요. 총장님이 워싱턴에 여행을 오셨는데 저에 대해 알고 계시더라고요. 그래서 한 번 더 만나는 자리를 가졌고 제 연구 작업에 대해 말씀드렸죠. 보름 후 중국으로 돌아와서 상하이에 연구소를 세우지 않겠느냐는 제안을 받았어요. 제 일이나 미국에서의 생활에 만족하고 있었기 때문에 좀 망설였지요. 그래서 가족은 메릴랜드에 남겨놓고 저만 중국으로 들어가기로 했어요. 연구소를 세우고 비싼 실험 장비들을 구입하기 위해 처음에는 상하이 정부 지원금을 받았고, 그다음에는 중앙 정부와 사회과학원 지원금을 받고 있어요. 지금도 중국과 미국을 왔다 갔다 하면서 생활하고 있고요."

1970년대 말부터 해외로 떠난 중국인들의 수를 모두 고려한다면 2005년 현재 그중 45퍼센트가 귀국했다. 그러나 1990년대 초에 해외로 나간 중국인들만 따져서 성 박사처럼 '절반만' 돌아온 경우까지 포함한다면 60퍼센트 이상이 귀국했다고 볼 수 있다.

2000년대 이후에 외국으로 나간 학생들, 특히 1978년 이후에 태어난 저 유명한 '한 자녀 세대'는 정부에서 굳이 귀국을 장려할 필요도 없었다. 그들은 대부분 서구 사회에 편입하는 데 따르는 어려움과 중국의 발전 가능성을 고려하여 자발적으로 돌아오는 편이다. 사회과학원의 보고서에 의하면 중국 유학생들의 '정상적인' 귀국 비율, 다시 말해 중국 여권을 소지한 상태에서 학업 기한을 마치고 돌아오는 비율은 2004년 22퍼센트에서 2006년 32퍼센트로 늘어났다고 한다. 그리고 체류 기한을 연장하는 학생들도 여행을 하거나 연수를 받는 등의 용무를 마치고 나면 자발적으로 귀국하는 추세다.

　세계화와 더불어 외국 유학은 보편화되었다. 이제 중국의 젊은이들은 서구의 젊은이들과 똑같이 미국, 유럽, 아시아 등지를 활발하게 돌아다녔다. 금전적 제약 외에는 아무런 제약도 없었다. 또한 국제적 교육을 받으려는 학생들은 갈수록 늘어나고 있다. 사회과학원의 조사에 따르면 2000~01학년도에 유학을 떠난 중국 학생은 8만 5천 명이 넘는데 그중 70퍼센트 이상이 미국 대학으로 갔고 프랑스 대학을 선택한 경우는 5퍼센트에 불과했다. 2006~07학년도 유학생은 13만 4천 명이고 유럽 대학을 택한 학생들도 크게 늘었다. 따라서 미국을 택한 학생은 55퍼센트, 프랑스를 택한 학생은 9퍼센트를 차지했다. 하지만 두 번째 중불 관계 위기가 시작되고 유럽 경제가 크게 둔화되었기 때문에 2009년에 들어서 프랑스 대학의 선호도는 다시 떨어졌다. 2010년에 프랑스 학생 비자를 받은 중국인이 1만 명으로 늘었으므로 양국 간의 교류는 금세 재개되었다고 볼 수 있다.

　현재 서구 대학들은 우수한 중국 학생들을 유치하기 위해 경쟁을 벌이고 있다. 중국인 부모는 대개 외동자녀의 교육에 많은 돈을 투자할 준비가 되어 있기 때문이다. 하지만 2010년 가을에 프랑스에서는 학부부터 시작하는 중국 유학생들의 자질에 대한 논란도 있었다. 미국이나 자국의 명문대 입시에 실패하고 진지하게 학업을 계속하기보다는 프랑스의 높은 생활수준을 누리기 위해서 도피성 유학을 택한 학생들이 많기 때문이다. 게다가 툴롱 대학은 중국인 학생들에게 가짜 학위를 판매하여 대학의 이름에 먹칠을 하기까지 했다. 공정하게 실력으로 학생을 선발하는 그랑제콜들은 물론 상관없다. 독일은 중국인 학생에게 학부 입학 허가를 줄이고 있지만 어느 정도의 학업 수준을 보장하는 석박사 과정 입학 허가는 늘리는 추세다. 해외파는 중국에 돌아가서도 자연스럽게 자신이 해외 생활에서 체득한 문화적 태도를 드러낸다. 그래서 중국과 외국의 합작 기업은 이런 해외파 인재를 선호하며, 해외파들은 중국과 외부 세계 사이의 교류에 이바지할 수 있었다. 그러나 교육은 물론, 경우에 따라서는 상당한 장학금까지 제공하며 미래의 인재로 키운 나라 입장에서는 낭패가 아닐 수 없다. 처음부터 역량이 그리 뛰어난 학생이 아니라면 그래도 괜찮다. 하지만 중국은 교육열이 숨이 막힐 정도로 높은 나라이고 자국 대학의 입시도 무척 까다롭기 때문에 중국에서는 그저 평범한 수준이었던 학생이 한결 자유로운 외국의 교육 환경에서 창의성을 크게 발휘하는 경우도 많다. 프랑스가 중요하게 생각하는 문제는 중국 학생들의 거주 형태다. 중국 학생들은 기숙사나 집단생활에 익숙해서인지 일단 혼자 지내는 데 익숙지 않아 보인다. 그래서 프랑스에 유학 온 중국 학생들 중에는 문화적 충격과 외로움을 이기지 못해 우울증에 빠지거나 심하게는 자살을 기도하는 이들도 더러 있다. 게다가 프랑스 고등교육의 약점은 일단 유학생들이 본국으로 돌아가면 모든 연결 고리가 사라진다는 것이다. 미국이나 다른 유럽 국가의 대학들은 이런 면에서 훨씬 더 조직적이고 체계적으로 유학파 동문을 관리하여 학생들에게 끈끈한 인맥을 마련해준다. 현재는 중국 대학들도 발 벗고 나서서 학업 수준이 높은 외국 학생들을 연구 프로그램에 영입하려는 노력을 하고 있다. 과학 및 기술적용 중·불 협력재단(FFCSA)에서 중국인 박사후과정 지원자들을 담당하는 자크 캉은 2010년에 상하이 푸단 대학과 저장 대학으로부터 우수한 프랑스인 학생들을 보내줄 수 없느냐는 부탁을 받기도 했다. 이 재단은 매우 수준 높은 중국인 과학자들을 이미 백여 명이나 양성했다. 이 프로그램 출신 과학자들은 과거의 프랑스인 동료 연구자들과 긴밀한 관계를 유지하고 있으므로 공동 연구, 협력 연구 프로그램도 검토할 수 있다.

WTO 가입, 자본주의 **세계에 발을 들여놓다**

　　2001년 말에 중국 지도부는 또 다른 경사를 맞았다. 중국이 드디어 세계무역기구에 가입하게 된 것이다. 13년간의 협상은 오랜 싸움이나 다름없었다. 주룽지 총리와 유럽과 미국을 발로 뛰며 협상을 추진했던 여성 부총리 우이는 커다란 승리에 드디어 안도의 한숨을 내쉴 수 있었다.

　　중국은 세계무역기구에 가입함으로써 명실상부한 자본주의 세계에 발을 들여놓았다. 개방 정책은 원활한 해외 투자를 이끌었다. 이미 중국은 미국에 이어 전 세계 자본이 두 번째로 많이 몰리는 나라였고, 세계무역기구 가입을 계기로 이제 1위로 올라설 것이다. 까르푸 같은 대형 유통업체는 이제 중국에서 제한 없이 매장을 열 수 있게 되었다. 과거에는 외제 자동차에 100퍼센트 이상의 세금이 붙었지만 2006년부터 25퍼센트밖에 붙지 않게 되었다. 외국계 보험회사와 은행의 진출도 점진적으로 허가되었다. 관세가 낮아지면서 식품, 특히 유럽연합의 주력 수출품인 포도주와 양주의 가격이 낮아졌다. 주류 관세가 200퍼센트에서 20퍼센트로 떨어지면서 사실상 밀수는 사라졌다. 그러나 중국은 여러 산업 분야에서 어려움에 봉착했다. 특히 농업은 서방의 농업 강국과 치열한 경쟁을 벌이게 되었다. 이와 관련한 피해를 최소화하기 위해 중국은 공공 시장, 농업, 기술 분야에서 여러 가지 부가 협정을 맺어놓았다. 이는 서방 기업들이 현재 중국 내수 시장에 진출하는 데 걸림돌이 되고 있다.

　　주룽지 총리는 세계 시장경제 체제에 중국이 진입하는 것이 현대화 과정에서의 불가피한 개혁이라고 역설했으나 사실 국민들은 꼭 달가워하지만은 않았다. 마오쩌둥식 계획경제, 즉 각 지역의 자립 경제를 중시하여 지역의 고용 창출 효과를 내는 산업을 중심적으로 육성해왔지만 이제 고용 창출보다 수익성이 더 중요해져서 대형 공장들이 구식으로 전락한 것이다. 중국이 세계무역기구에 가입하고 나서 몇 달 동안 거대 국유 기업의 재정비가 이루어졌고, 지역별로 산업을 특화하는 경제 구조 전환이 일어났다. 우선 기업 간의 합병이나 인수가 늘어났다. 2001년에 중국에는 자동차 제조 업체만 120곳이 있었지만 차츰 옥석이 가려지면서 경쟁력 있는 5, 6곳만이 남게 되었다. 또한 2002년 첫 번째 조류독감 사태 이후 오리 사육업자들이 전업을 택하면서 철강 산업 분야의 경쟁이 치열해졌다. 중국에는 아직도 시멘트 회사가 8천 곳 정도 있는데, 이는 중국을 제외한 전 세계 시멘트 회사 수의 5배에 달한다.

권력 제4세대

지방의 요직 **나눠 먹기**

2002년 11월로 예정된 중국공산당 제16차 전국대표대회는 1920년대 말~1930년대에 태어난 3세대 지도부의 퇴진을 이끌고 1940년대에 태어난 4세대로 정권을 이양해야 했다.

이미 지방에서는 정치적 결산과 직위 교체가 다양하게 이루어지고 있었다. 2001년 초에 푸젠 성 샤먼에서는 풍기 문란과 부패를 이유로 대대적 물갈이가 있었다. 또한 4월에 랴오닝 성 선양에서 230여 명이 폭력 조직과 연루된 혐의로 불과 이틀 사이에 면직당했다. 윈난 성 쿤밍 정부도 부패로 걸려들었다. 1999년 쿤밍 세계원예박람회 때에 도시 전체를 부동산 개발업자들에게 내어주다시피 한 결과였다. 박람회를 찾은 전 세계 관광객들이 쿤밍의 독창적 건축물과 도시 설계에 찬사를 보내기는 했지만, 쿤밍 시 재정은 거덜 날 지경이었다.

정치 계파 사이의 알력, 떠오르는 신진 정치인에 대한 시험, 공직자의 부패나 폭력 조직과의 유착에 대한 징벌 등 모든 문제는 함께 얽혀 있었다. 그리하여 지방 관료의 70퍼센트 이상이 물갈이되었다. 그리고 새로 등용된 정치인들은 모두 문화대혁명과 떼려야 뗄 수 없는 세대에 속해 있었다.

행정부 공무원들, **평가를 받다**

주룽지 총리는 약속을 지켰다. 쓸모없는 직책을 대거 정리하여 행정부의 규모를 절반으로 줄인 것이다! 지난 4년간 중앙 정부, 지방 정부, 산하기관에 이르기까지 공무원을 150만 명 이상 감축했다. 총리는 꼭 필요하다고 생각되지 않는 11개 부처와 2백 개 과를 아예 없애버렸다. 일차적 효과는 긍정적이었다. 국가의 예산 부담이 그만큼 줄어들었기 때문이다. 또한 단호한 개혁 정책으로 중국이 계획경제의 속박에서 벗어날 수 있었다고 평가할 수 있다.

노골적으로 내세우지는 않았지만 공무원 선발 방식을 획기적으로 바꾸었다. "전문가보다는 공산주의 사상의 충성분자"를 더 높이 쳤던 마오쩌둥 시대는 갔다! 이제 반대로 정치적 행보보다는 능력 위주로 공직자를 등용했다.

공무원 선발 시험이 제도화되었다. 행정기관장급까지 모두 일반 대중에게 시험으로 개방된 것이다. 공무원 선발 시험은 곧 엄청난 반향을 일으켰다. 또한 지방 공무원들은 이제 '민주 평가'라는 것을 거쳐야만 했다. 이들은 직장 상사들에게만 품행을 평가받는 것이 아니라 동료와 시민들의 평가도 받게 되었다. 네이멍구 바오터우에서는 30여 명의 기관장들이 낮은 평가 점수로 인해 공직에서 물러나고 공무원으로 받을 수 있는 혜택도 모두 잃는 등 톡톡히 쓴맛을 보고 말았다. 이제 그들은 시장경제의 혹독한 현실과 부딪쳐야 할 터였다!

분노한 **노동자들**

세계무역기구 가입 이후 산업 재편이 가속화되면서 북동부 헤이룽장성, 지린 성, 랴오닝 성에서는 매우 조직적인 파업과 시위가 일어나고 있었다. 과거 계획경제 시절에 이곳은 중공업의 중심지였다. 그러나 지금은 주로 1950년대 초에 소련의 기술 지원을 받아 세워진 거대 국유 기업들이 고통스러운 구조 조정 과정을 겪고 있었다.

3월에 랴오닝 성 랴오양과 다칭 유전에서 노동자들의 항거, 아니 차라리 절망의 몸짓이라고 해도 좋을 대규모 시위가 있었다. 매일 랴오양 시청 앞에 2만여 명의 노동자들이 집결했다. 가엾은 노동자들은 임금 체불 때문에 시위를 벌였는데, 더러는 2년 넘게 임금이 체불된 경우도 있었다! 또한 법적 해고 수당은 월 120위안으로 턱없이 적었다. 이 지역에서는 경제활동 인구의 40퍼센트 이상이 실업자인데도 공식 통계는 현실을 은폐하는 데 급급했다.

분노한 노동자들은 공장 폐쇄와 관련한 관행에 맞서 들고일어났다. 어떤 업체가 도산하면 재고 상품이나 공장 설비 등은 주로 지역 폭력조직과 결탁한 경영진의 손으로 넘어가는 것이 관행이었다. 이렇게 자산을 처분한 돈은 해고 수당을 지급하는 데 턱없이 부족했다. 힘없는 노동자들은 이런 상황을 그저 바라보고 있을 수밖에 없었다. 노동자들이 해고 수당을 요구하면 오히려 포기하라는 협박을 당하기가 일쑤였다. 남부 지방에서는 국유 기업이 민영화되는 과정에서 경영진이 일부러 회사의 잔존 가치를 낮게 매겨 헐값에 지분을 매입하는 수법이 매우 성행하고 있었다. 시청 등 지방 정부의 청사 앞에서 노동자들이 시위를 벌인 것은 중앙 정부의 주목을 받으려는 목적도 있었다. 중앙 정부가 이런 직권 남용을 여러 차례 엄벌에 처한 것을 알고 있었기 때문이다.

중앙 정부는 서둘러 조사단을 파견했다. 중앙 정부의 압박으로 지방 정부도 해고 수당을 일부 지급했다. 그렇지만 시위를 주도한 4명의 노동자 대표들은 체포당했고 '사회 혼란을 방조했다'는 죄목으로 5~7년형을 선고받았다. 중앙 정부는 해고자들의 요구를 들어주고 시위가 더 과격화되지 않도록 조처를 취했지만 사회적 불만을 집단행동으로 이끌어낼 수 있는 인물들은 좌시하지 않았다. 중국 언론은 이 사태에 대해 거의 침묵으로 일관했다······.

평화적인 정권 이양, **후진타오의 등장**

11월 8일부터 14일까지 중국공산당 제16차 전국대표대회가 열렸다. 많은 이들이 원하는 평화적인 정권 이양의 순간이 드디어 온 것이다. 중국에서 국가 지도자가 사망하거나 혁명이 일어나지 않고, 지도층이 단순히 헌법에 명기된 임기를 채우고 권력에서 물러나는 경우는 처음이었다. 헌법은 연임만을 인정하고 있으므로 임기를 다 마친 지도부가 이제 퇴각하는 것이다.

베이징 중심부 톈안먼 광장에 운집한 수천 명의 인민들은 공안의 노란 테이프에 저지당한 채 전국대표대회가 열리는 인민대회당으로 하나둘 들어가는 정치인들의 모습을 지켜보았다. 늦가을의 파란 하늘에 나부

끼는 거대한 오성홍기만이 국민들의 기다림에 답하는 듯했다. 거대한 원형 회당에 2백여 명의 당 중앙위원회 위원들이 검은 양복 차림으로 연단에 자리를 잡았다. 그들 앞에 2천여 명의 대표들은 이 자리에 오게 된 것에 대해 자부심을 느끼고 있었다. 거대한 오성홍기는 이곳이 과연 1949년 이후로 흔들림 없이 유지된 '공산주의 왕조'의 나라임을 일깨워주었다. 이층 발코니에서는 전 세계 언론이 플래시를 터뜨리느라 여념이 없었다.

바로 이 자리에 중국 정부의 수뇌부가 다 모여 있었다. 연단 가장 앞줄에 앉은 7명의 머리 위로 조명이 비치고 있었다. 이제 임기가 끝난 공산당 중앙정치국 상무위원들이었다. 그중 한가운데에 앉은 한 명이 입을 열었다. 중국공산당 서열 1위 장쩌민이었다.

"이제 헌법 개정을 표결에 붙이겠습니다."

스피커에서 헌법 전문을 낭독하는 여성의 목소리가 울려 퍼졌다. 표결은 거수로 이루어졌다. 수많은 손들이 올라갔다.

"기권은 없습니까?"

장쩌민의 질문에 주위는 조용해졌다. 회의 진행자들이 대표석을 살폈다. 오른쪽을 돌던 진행자가 "기권 없습니다!"라고 외쳤고 왼쪽에서도 이내 "기권 없습니다!"라고 외쳤다. 대표석 뒤쪽, 또 다른 쪽에서도 연달아 "기권 없습니다!", "기권 없습니다!"라는 소리가 메아리쳤다……. 이런 분위기에서 누가 감히 "저는 기권합니다!"라고 말할 수 있겠는가? 아무도 그러지 못할 것이다. 그리고 기권을 해봤자 무슨 소용이 있겠는가? 그 점은 모두 잘 알고 있다. 의사 결정이 이런 식으로 이루어지는 게 어제오늘의 일도 아니니……. 장쩌민이 다시 입을 열었다.

"동지 여러분, 이번 전국대표대회는 큰 성공을 거두었습니다. 이번 대회는 통일, 승리, 나아가 진보의 대표대회입니다……. 이로써 중국공산당 제16차 전국대표대회의 폐회를 선언합니다."

인민대회당 2층에 자리 잡은 군악대가 〈인터내셔널가〉를 연주하기 시작했다.

그 다음 날 장쩌민은 인민대회당에서 부채꼴 대형으로 모여 앉은 대표들 앞에 자신의 후계자를 소개했다. 희끄무레한 후광을 받으며 후진타오가 장쩌민을 따라 레드카펫으로 걸어 나오는 이 모습은 텔레비전으로 전국에 생중계되었다. 후진타오의 나이 쉰아홉이었다. 몇 분 후, 연극이 새로운 막으로 넘어가듯 후진타오가 완벽한 군복 차림으로 갈아입고 장쩌민을 따라 막강한 군사위원회 앞에 등장했다. 당시 후진타오는 군사위원회에서 부주석 자리를 차지하고 있었다. 새로운 국가 지도자는 마지막으로 동료 8명의 수행을 받으며 전 세계 언론 앞에서 자기소개를 했다. 그는 다소 수줍어 보이는 예의 바른 미소를 머금고 자신과 함께 일할 지도부를 간략하게 소개했다.

새로운 중앙정치국 상무위원회는 종전보다 1석이 늘어난 9석으로 구성되었다. 새로이 서열 1위가 될 후진타오 다음을 서열 순으로 꼽아보면 우선 상하이방 소속으로 주룽지 총리의 측근이라 할 수 있는 60세의 우방궈가 있다. 우방궈는 칭화 대학에서 무선전자공학을 공부한 엔지니어 출신으로 리펑을 대신하여 전인대 의장을 맡게 되었다. 그다음은 1980년대에 자오쯔양 총리와 특히 가까웠던 또 다른 개혁파 원자바오이다. 1989년 5월 톈안먼 사태 당시에 원자바오가 자오쯔양 총리와 시위대를 설득하러 갔다가 나란히 찍힌 사진이 남아 있다. 새로운 지도 체제에서 총리를 맡게 된 원자바오는 톈진 출신으로 대학에서 지질학을 공부했고 나이는 후진타오와 동갑이다. 그다음은 장쩌민의 총애를 받는 베이징 시장 및 지역당 서기 출신 자칭린이다. 62세의 자칭린은 2001년 샤먼의 부패 스캔들에 아내가 연루되었지만 시의적절하게 이혼을 함으로써 간발의 차로 정치 생명을 지켜냈다! 역시 62세인 쩡칭훙은 장쩌민의 인맥이었고, 할 수만 있다면 장쩌민은 그를 후계자로 삼고 싶었을 것이다. 쩡칭훙은 강력한 국가가 관리하는 현대식 자본주의라는, 싱가포르식 성장 모델에 크게 고무된 인물로서 군대와 석유부에서 이력을 쌓으며 많은 개혁파들과 교류했다. 상하이 시장과 지역 당 서기를 거치며 정치적 이력을 쌓은 63세의 황쥐는 서열 6위가 되었다. 황쥐는 전 국가주석 장쩌민과 매우 가까웠지만 국민들에게 인기가 없었다. 상하이 시민들은 황쥐가 자신의 후임 상하이 시장 쉬쾅디를 정치적으로 제거한 일을 결코 용서할 수 없었던 것이다. 그만큼 쉬쾅디는 청렴하고 대중적 신망이 두터운 정치인이었다. 게다가 황쥐와 그의 아내는 비리 혐의가 짙었다. 심지어 과거 공산당 전국대표대회에서 황쥐의 선출을 두고 보기 드물게 반대 3백 표와 기권 수백 표가 나오기도 했다. 새로운 국가주석 후진타오도 황쥐를 못마땅하게 여기는 기색이 역력했다. 그래서 허울뿐인 부주석 자리를 주고 황쥐의 일거수일투족을 감시했다. 황쥐는 2006년 9월에 상하이 사회보장 기금 비리 사건이 터지고 그의 후계자 천량위가 상하이 당 지도부에서 실각한 후 정치적 입지가 크게 약화되었고 2007년 6월에 결국 암으로 운명을 달리했다.

한편, 후진타오의 측근이자 '청렴 씨'로 이름 높은 63세의 우관정은 반부패운동을 책임지는 중앙기율검사위원회 서기가 되었다. 58세의 리창춘은 장쩌민의 또 다른 심복으로서 "질서의 수호자"라는 평판을 듣고 있었다. 그는 1998년에 광둥 성 당 위원회 서기로 임명되어 내려갔다가 이번 기회에 다시 중앙 정부로 부름을 받았다. 마지막으로, 66세로 나이가 가장 많은 뤄간은 과거 동독에서 수학한 인물로서 상무위원 중 유일한 유학파였다. 그는 리펑의 측근으로 법무와 보안 문제의 전문가였다. 그러니 중국공산당 내의 각 파벌들은 골고루 자신들의 대표를 상무위원회에 두게 된 셈이었다. 그러나 1980년대나 1990년대에 비해 보수파와 개혁파의 구분은 그리 분명하지 않았고 이념 대립이 심하지도 않았다. 이제 전반적인 방향과 시장 사회주의의 발전에 대해서는 합의가 이루어져 있었다. 그보다는 권력에 대한 야망과 정치인의 청렴성에 대한 견해 차이 때문에 서로 개인적인 정적 관계가 되었을 뿐이었다. 따라서 파벌에 대한 소속도 각자의 이해관계에 따라 결정되고 변화될 수 있는 문제였다. 한 가지 확실한 점은 정권 이양 초기에 새로운 국가주석은 전임 지도부의 측근들에게 포위되어 있다시피 했다는 것이다. 9명의 상무위원 중 6명이 전임 지도부와 밀접한 관계에 있는 인물이었다.

후진타오는 자신의 지도하에 중국이 계속 개혁·개방의 길을 걸으리라는 뜻을 천명했다. 그 후 9명의 상무위원들은 질의응답 과정 없이 차례로 퇴장했다. 중국의 의전은 이러했다. 공산주의 체제는 비밀 엄수를 제국의 전통으로 지켜오고 있었다.

하지만 상하이에서 1942년에 떠돌이 차 장수의 아들로 태어난 후진타오는 어떻게 크게 이목을 끌지도 않고 차례차례 성공 가도를 밟아 중국 공산주의 체제의 1인자로 올라설 수 있었을까? 후진타오는 대중적으로 잘 알려진 정치인이 아니었다. 그에 대해서 아는 사람은 기껏해야 스무 명 남짓, 어쩌면 그보다 더 적은 수의 중앙정치국 전, 현직 위원들뿐이었다. 자금성 서쪽 중난하이에 기거하는 극소수의 정치인들만이 후진타오의 정치적 이력을 소상히 알고 있었다. 당 조직은 체제의 후계자에 대한 '평가 보고'를 실시하기 위해 중앙정치국 위원들을 파견했다. 중국의 모든 정치인들은 이런 식의 '내사'를 거친다. 상무위원회의 다른 위원들, 때로는 과거의 세력가들까지 포함하여 중재를 거쳐 합의에 도달한다. 그들은 무엇을 우려하는가? 체제의 후계자는 족벌주의나 비리 혐의가 없는 인물이라야 한다. 조금이라도 구린 데가 있는 인물이면 당 내의 파벌 싸움에 덜미를 잡혀 무슨 이유로 자리를 물러나게 될지 모른다. 또한 중국에서는 전통적으로 지도자들의 사생활도 평가 대상이다. 그러나 새로운

343

상무위원회에 황쥐와 자칭린이 끼어 있는 것으로 알 수 있듯이 부패의 혐의가 짙다는 의혹만으로는 후보자를 제거하기에는 충분치 않다. 바로 그렇기 때문에 여론의 비판을 피하기 위해 체제 내 사정을 투명하게 공개하지 않는 것이다. 논란의 여지가 많은 두 사람이 상무위원이 된 것을 두고 중국 내 인터넷 게시판에서 들끓었던 비판 역시 검열을 통해 철저하게 차단되었다.

그렇지만 중국공산당 역사상 처음으로 홍콩의 〈신바오〉가 이런 검열을 피해 쭝하이런이라는 필명을 쓰는 인물이 기고한 비판을 게재했다. 그는 나중에 이를 바탕으로 《제4대(第四代)》라는 책을 출간하기도 했다. 미국인 중국학자 앤드류 네이선과 기자 브루스 길리는 이 책을 영어로 번역하고 해설을 수록하여 중국공산당 제16차 전국대표대회를 한 주 앞두고 뉴욕에서 《중국의 새로운 지도자들: 비밀 기록(China's New Rulers: the Secret Files)》이라는 제목으로 출간했다. 이 책에 수록된 정보들이 다 정확한 것은 아니다. 예를 들어 저자들은 장쩌민이 제16차 전국대표대회에서 군사위원회를 사임할 것이라고 내다보았지만 실제로는 그렇게 하지 않았다. 그러나 현 지도부가 신임 지도부를 지명하는 과정과 그에 얽힌 내부 싸움 등에 대한 소소한 이야기들은 매우 흥미롭다. 또한 후진타오를 공산주의 체제의 서열 1위로 키워내는 과정이 무려 30년 전으로 거슬러 올라간다는 것도 알 수 있다!

그러니까 1974년의 일이다. 문화대혁명과 마오쩌둥의 시대가 어느덧 막바지로 치닫고 있었다. 공산주의 혁명 원로 중 한 명이었던 쑹핑은 공산당이 얼마나 오래갈 수 있을까를 두고 걱정이 많았다. 바로 그 무렵, 쑹핑은 32세의 청년 후진타오를 만났다. 후진타오는 간쑤성의 바판샤라는 작은 수력발전소에서 일하고 있었다. 늘 공손하고 어려운 일을 마다하지 않아 상관들의 신망이 두터웠다. 쑹핑은 후진타오를 무척 좋게 보아

그때부터 주위의 시선을 의식하지 않고 고속 승진을 시켰고, 속히 베이징으로 불러들였다. 새로운 당 서기 후야오방은 후진타오를 시험하기 위해 구이저우 성과 티베트에서 각기 까다로운 임무를 맡겼다. 바로 이때 후진타오는 티베트 독립운동을 엄중하게 진압함으로써 자신의 결단력을 입증했다. 이로 인해 후진타오에 대한 당의 신임은 더욱 두터워졌다.

1992년에 늙은 덩샤오핑이 정치 무대를 완전히 떠날 준비를 하면서 쑹핑과 그 밖의 원로 위원들을 자택으로 초대했다. 그들은 공산주의 체제의 존속을 위해 잠재적 후계자들을 물색했다. 그때 덩샤오핑에게 소개된 유망한 후보들이 우방궈, 원자바오, 후진타오, 리창춘이다. 앞에서 보았듯이 이 4명 모두 2002년도에 정치국 상무위원회에 이름을 올린다. 당시 덩샤오핑은 "후계자 후보의 나이는 반드시 50세 아래여야 한다"고 했다. 후진타오는 당시 49세였고 정치적으로 유연한 태도를 지닌 인물로서 잠재적 후계자군에서 단연 두각을 나타냈다.

후진타오는 1992년 중국공산당 제14차 전국대표대회에서 처음으로 정치국 위원에 들었고 그때부터 정치계의 떠오르는 별이 되었다. 그는 온갖 파벌들의 표적이 되기 십상인 처지에서 계속 살아남기 위해 각별히 신중을 기했고 청탁 압력을 피하기 위해 과거의 가족들, 특히 일찍 모친을 여읜 그를 자식처럼 키워준 늙은 고모와도 인연을 끊다시피 했다. 그에게는 쩡칭훙과의 힘겨루기가 기다리고 있었다. 쩡칭훙은 장쩌민이 각별히 신임하여 내심 국가주석 후계자로 키우고 싶어 했던 인물이다. 그러나 결국 후진타오의 끈기와 신중함이 승리했다. 지도부 측근은 후진타오를 국가주석으로 추대한 데 대해 "(장쩌민을 제외한) 지도자들은 선대 지도부의 혜안을 믿고자 했다"고 설명했다. 그리고 최근 몇 달간에도 다른 상무위원들은 '내사'를 실시하고 파벌 사이의 토론을 거친 후 합의에 이르는 절차를 똑같이 밟았다.

후진타오는 장쩌민이 국가주석을 맡고 있던 시절에 그의 그늘에서 벗어나거나 자기가 주목을 받는 일이 없도록 신중을 기했다. 그는 장쩌민의 비위를 맞추며 자신의 때가 오기를 기다렸다. 후진타오가 지나치게 온화하기만 한 인물일까? 후진타오를 자주 만나는 중국 TCL 그룹 대표의 설명에 따르면 그렇지 않다.

"후진타오를 과소평가하면 안 됩니다! 그는 아주 똑똑한 사람입니다. 믿기지 않을 만큼 기억력이 뛰어나지요……. 좀처럼 속을 드러내지 않는 사람이고요……. 하지만 그는 묵묵히, 그러나 독단적으로 결정을 내리는 사람입니다. 2년만 있으면 후진타오는 권력을 착실히 다지고 지금 자기가 갖지 않은 패를 장쩌민에게서 받아낼 겁니다. 군사 통수권이라는 패 말입니다!"

시간이 흐르면 이 말은 사실로 밝혀질 것이다…….

'03

베이징 사스 사태

　넉 달 후, 예정대로 전인대 연례 회의가 열렸다가 3월 16일에 폐회했다. 완전히 바뀐 차기 지도부의 인물들이 배치되었다. 장쩌민은 후진타오에게 중화인민공화국 국가주석 자리를 넘겨주었다. 주룽지는 원자바오에게 총리 자리를 넘겨주었다. 리펑은 전인대 의장 자리를 우방궈에게 넘겨주었다. 정부와 각 부처도 1940년대에 태어난 새로운 정치 세대의 인물들로 채워졌다.

　장쩌민은 군사 통수권을 2년 더 쥐고 있을 것이다. 덩샤오핑도 정치에서 물러난 후에도 중앙군사위원회 주석 자리는 1년 더 유지했다. 그러다가 2005년에 중앙군사위원회 주석 자리도 후진타오에게 넘겨주게 될 것이다. 그때 비로소 후진타오는 중국 권력의 3대 구성 요소인 당, 행정부, 군대를 모두 장악한 새로운 서열 1위, 공산당 정치 지도부 제4세대의 명실상부한 수장이 될 것이다.

영문 모를 병에 걸린 **사람들이 죽어나가다**

　　새로운 후진타오-원자바오 집단지도 체제가 첫 번째 위기를 맞았다. 두 사람이 공식 취임하던 바로 그 즈음에 중국 남부에서 전염병이 발생한 것이다. 이 병은 그때까지 알려지지 않았던 새로운 바이러스가 일으키는 비전형성 폐렴으로 흔히 사스라고 부른다. 광둥 성 일대에서 맨 먼저 발병 사례가 보고된 사스는 금세 홍콩으로 퍼졌고, 여행자들이 바이러스를 옮김으로써 중국 전역으로 확산되었다. 특히 인구대이동이 일어나는 설날, 즉 2월부터 사스가 급속도로 확산되었다.

　　초기에는 새로운 정치 지도부가 이 문제를 덮으려 했다. 그래서 국제 언론과 이미 여러 건의 발병 사례가 보고된 홍콩 언론을 제외하면 중국에서는 전혀 사스에 대한 정보가 알려지지 않았다. 수백 명이 입원을 하고, 그중 10여 명이 사망했으며, 학교들은 휴교에 들어갔다. 외국에도 사스 발병 사례가 보고되고 사람들이 두려워하기 시작했다. 프랑스와 캐나다에서는 홍콩과 베트남을 여행하고 돌아온 사람들이 사스에 감염되어 사망하기도 했다. 3월 말에 세계보건기구는 전 세계 보건 당국에 비상경계령을 내렸다. 그리고 이 질병과 관련된 중국의 현황을 파악하는 데 어려움이 있다고 밝혔다. 중국인 의사 몇 명이 익명을 보장받고 입을 열었다. 그들은 사스가 이미 수도 베이징에 상륙했고 그로 인한 피해가 심각하다고 했다. 프랑스인 학교를 위시하여 중국 내의 모든 외국인학교는 4월 초부터 휴교에 들어갔다. 외국계 기업과 대사관도 직원을 줄였다. 중국에 체류하는 직원의 가족은 본국으로 들어가기도 했으나 본국 쪽에서도 환영하는 분위기는 아니었다. 귀국한 사람들 중 상당수가 10일간의 강제 격리 검역을 거쳐야 했던 것이다. 그동안 베이징 시민들은 크게 걱정도 하지 않고 평소와 같은 생활을 하고 있었다. 중국 언론은 국민들을 공포에 몰아넣어서는 안 된다는 이유로 계속해서 사스 문제를 대수롭지 않게 다루고 있었다.

그러나 새로운 지도부는 세계화라는 문제를, 또한 중국을 방문했던 여행자들이 이미 30여 개 국가에 이 병을 퍼뜨렸다는 현실을 감안하지 않을 수 없었다. 중국 정부는 세계보건기구의 압박에 못 이겨 결국 사태를 투명하게 밝히기로 했다. 4월 20일, 중국은 사태의 심각성을 인정하고 죽음의 바이러스가 베이징까지 확산되었음을 확인했다.

그다지 걱정을 하지 않던 베이징 시민들은 갑자기 겁에 질렸다. 지방 출신들과 아직 본국으로 돌아가지 않았던 외국인들이 서둘러 수도에서 빠져나갔다. 그러나 국제선 항공과 선박, 공항의 검역은 철저했다. '베이징에서 온 사람들'은 결코 환영받지 못했다. 당시 베이징 인구는 1천7백만 명 정도였는데 그중 3분의 1이 사흘도 안 되어 빠져나갔다. 건설 현장에서도 작업이 중단되었다. 베이징 공항에서는 서로 항공편을 구하느라 밀치고 난리도 아니었다. 기차역, 버스 터미널도 아수라장이었다. 민공들과 그들의 아내나 누이였던 수만 명의 '식모'들은 모두 고향으로 돌아갔다. 또한 사회적으로 좀 더 성공하여 이제 막 형성된 부르주아 계급에 속하는 지방 출신들도 자가용을 이용하여 출신 지역으로 돌아갔다. 2, 3일이 걸려 간신히 고향으로 돌아갔지만 그들을 기다리는 것은 냉대뿐이었다. 공식적으로 사스 발병 사례가 보고되지 않은 다른 도시들은 행여 바이러스가 잠입할까 봐 신경을 곤두세웠다. 외국인들은 겁에 질려 중국 여행 예약을 취소해버렸다. 여러 나라 정부에서 자국민들에게 중국과 동남아시아 여행을 자제할 것을 요구했다. 심지어 같은 해 봄으로 예정된 해외 국가 수장들의 공식 방문 일정도 취소되었다. 다만 이 와중에도 프랑스 총리는 "중국 국민들에 대한 우애의 표시로" 방중 일정을 예정대로 강행했다. 평소보다 축소된 규모의 프랑스 대표단이 4월 25일에 도착했다.

모두 마스크를 쓰고 소독 병을 들고 있었다. 하지만 베이징의 프랑스인 공동체가 평소와 다름없이 지내려고 애쓰는 모습을 접하자 대표단의 긴장도 풀어졌다. 중국 지도부는 장 피에르 라파랭 프랑스 총리의 "우애와 용기를 보여준 행동"에 두고두고 감사를 표했다.

베이징에서 우루무치까지, 나아가 윈난 성이나 네이멍구 국경 지역까지 모든 문이 폐쇄되었다. 기적적으로 사스 사태에서 제외된 티베트 지역은 국내선 항공편 운행을 중단했다. 상하이는 감염 지역에서 온 모든 여행자들에게 검역을 실시했다. 평일 기준으로 매일 최소 7만 명 이상이었다. 사스 공포는 중국 각지의 지방 정부를 뒤흔들었다. 다만 광둥 성만은 이미 사태가 진정되는 조짐이 보이고 있었다. 모든 공공장소를 폐쇄하라는 조치가 떨어지자 공포 분위기가 더욱 강화되었다. 시장, 전시회, 공연, 업계 모임, 운동경기 등 모든 행사가 취소되었다! 심지어 마을마다 바리케이드를 쌓기도 했다.

베이징에서 북쪽으로 50킬로미터 떨어진 밍스싼링 계곡에서는 농민들이 베이징 시민들이 자신들의 마을로 들어오지 못하게 도로를 막아버렸다. 베이징 등록 번호판을 단 차들은 온갖 저주를 받았다. "가! 가버려!" 황량한 마을 입구에 나타난 노인이 베이징에서 온 자동차를 보고 외쳤다. 노인은 도로를 막아놓은 지점에서 꾸벅꾸벅 졸다가 자동차가 나타날 때마다 막대기에 매단 깃발을 흔들며 차량 진입을 막는 것이었다. 그는 마을 촌장이었다. 베이징에서 온 차가 빨리 돌아가지 않고 꾸물대면 노인은 떨리는 목소리로 "안 가면 우리 모두 여기서 죽소. 베이징 사람들은 감염됐잖소. 우리 마을에는 보건소도 없단 말이오. 우린 병에 걸리면 병원에 갈 돈도 없소!" 지나친 불안, 지나친 걱정으로 노인의 눈은 이상하리만치 번득이고 있었다…….

베이징 내부에서도 시민들은 자신의 동네를 벗어날 수 없었다. 이미

10년 전에 자취를 감추었던 감시위원들이 다시 붉은 완장을 차고 나타나 골목 입구에서 낯선 이가 나타나지는 않는지 보초를 섰다. 사스 발병 사례가 한 건도 보고되지 않은 베이징 구시가에서도 큼지막한 붉은 글자로 써놓은 표어들이 난무했다.

"사스가 우리 동네에 들어오면 안 된다! 사스가 우리 집에 들어와선 안 된다!"

대학생들은 캠퍼스 밖으로 나갈 수 없었고 외부인이 캠퍼스에 들어갈 수도 없었다. 마지막 남은 노동단위들, 일부 작업이 진행 중인 건설 현장도 외부와 단절되었다. 어디서나 사람들은 집에만 틀어박혀 지냈다. 일부 노인들은 자식이나 손자가 찾아오는 것도 마다했다. 밖에 외출할 때에는 누구나 하얀 면 마스크를 착용했다. 또한 자기 앞 승객이 사스 감염자일지도 모른다는 두려움 때문에 택시를 이용하는 손님이 뚝 끊겼다. 택시 외의 다른 대중교통 수단도 마찬가지였다. 평소 콩나물시루처럼 복잡하기로 악명 높은 베이징의 시내버스가 텅텅 비었다. 이제 낮에는 새소리, 회오리먼지를 일으키는 바람 소리, 그리고 이따금 구급차 사이렌 소리밖에 들을 수 없었다……

5월 초에 베이징은 그렇게 텅 비다시피 했다. 온 중국이 공포에 휩싸여 6주간 마비되었다. 50년간 때려 부수고, 지어 올리고, 투자하고, 소비하고, 먹어 치우기 바빴던 중국에 액운이 떨어진 것 같았다. 15억 중국이 한없이 거대한 성채에 틀어박혔다…….

'돈보다 사람 목숨이 중요하다'는 **말을 듣는 건 처음**

톈안먼 민주화 운동 탄압과 1992년 개혁 재개 이후 중국이 이처럼

351

정지 상태에 들어간 것은 처음이었다. 중국은 11년간 미친 듯이 달리기만 했고 그동안 경제성장률 세계기록을 끊임없이 갈아치웠다. 하지만 그러는 와중에 중국 사회는 지표들을 잃어버렸고 이 어쩔 수 없는 정지 상태에서 드디어 자기 자신을, 위기 상황을 제대로 직면했다. 많은 청년 세대에게 이 시간은 자기 자신을 돌아보는 계기가 되었다. 1961년생인 한 변호사는 이렇게 말했다.

"우리가 10년간 걸어온 길을 보십시오! 참으로 먼 길을 걸어왔습니다만 앞으로 갈 길이 더 멉니다. 우리의 보건 체계를 보십시오. 완전히 엉망이고 국민의 건강이 위험에 빠져 있습니다……. 우리는 강대국이 되었지만 아직도 후진국 수준인 부분도 많습니다."

자동차를 이용해 쓰촨 성으로 피신해 있던 화가 장샤오강은 한층 더 강도 높은 비판을 던졌다.

"중국인들은 두려워하고 있습니다. 그래서 집에서 한 발짝도 나오지 않는 등 지나치게 민감한 반응을 보이고 있는 겁니다. 단순한 위험으로 설명되지 않을 만큼 강박적 태도지요. 중국인들이 두려워하는 것은 그저 사스라는 질병만이 아닙니다. 불현듯 우리가 걸어온 길을, 10년간 가치관을 잃고 헤매어 왔다는 사실을 깨닫고 만 것입니다. 그리고 앞으로 무슨 일이 있을지는 모른다는 것도요. 지금까지는 온 나라가 그런 의문을 무시하고 앞으로 나가기 바빴습니다. 하지만 이제 그 의문이 우리 앞에 놓여 있습니다."

모든 계층에서 의문과 반성이 터져나왔다.

"돈보다 사람 목숨이 중요하다는 말을 듣는 건 처음이에요."

40대 여성 택시 기사는 필자에게 간단하지만 인상적인 말을 남겼다.

"우리는 항상 개인보다 집단이 중요하다고 배우며 자랐지요. 그런데 지금 모두들 실제 삶은 그 반대라고 깨달은 거예요. 우리는 홀로 질병에,

죽음에 직면하게 됐지요……."

중국사회과학원 경제학자이자 신좌파의 우두머리인 쥐다페이는 다음과 같이 지적한다.

"사스 위기 후에 중국인들은 확실히 좀 더 개인적으로 변했다."

인터넷 게시판이나, 경제학자이자 정부 자문인 후안강 같은 지식인들의 인터뷰에서 여러 가지 발상이 나왔다. 미국처럼 국가 혹은 각 지방 정부 단위로 긴급 위기관리 본부를 설치해야 한다는 의견도, 법치국가로서의 발전상에 대한 반성도 나왔다. 또한 여행자들이 30개국에 바이러스를 확산시켰다는 점을 설명하면서 "세계시민으로서의 중국인" 같은 새로운 개념들도 국민들에게 알렸다.

"과거의 우리는 생산만을 생각했습니다. 안락한 삶, 상품의 질이 얼마나 중요한지는 생각할 겨를도 없었죠. 이제서야 우리는 교훈을 얻은 겁니다!"

중국사회과학원의 금융 전문가 리양의 설명이다.

미디어에서는 '사스 퇴치 운동'을 전개했다. 특히 텔레비전에서는 매일 저녁 문화대혁명 시대에서 튀어나온 것 같은 춤과 노래를 볼 수 있었다. 선전 당국은 중국인들을 바이러스라는 보이지 않는 공공의 적에 맞서 단결시키고자 전력을 다했다. 라디오방송도 사기를 북돋우는 가사를 후렴구에 넣은 오페라 가수들의 노래를 수시로 내보내며 민족주의를 자극했다.

"중국은 이 시련으로 더욱더 강해져서, 더욱더 하나가 되어서, 더욱더 무장을 갖추고 초강대국으로 거듭나리라……."

중국인들은 집에 틀어박혀 있게 되면서 신문을 읽을 시간이 생겼다. 정부가 사스 관련 정보를 공개하기로 결정하면서부터 신문은 물론, 텔레비전 뉴스도 유례없이 투명하게 사태를 보도했다. 일부 외국 분석가들이

"중국의 글라스노스트"라고 불렸던 이 시기는 사스 사태가 일단락되자 더 이상 지속되지 않았다.

중국 영토 95퍼센트의 지역에서 시청 가능한 국영 방송이 이 두 달간의 격리 기간 동안 독특한 연속 기획 프로그램을 황금시간대에 방영했다. 1911년 신해혁명, 청 왕조 몰락, 쑨원의 중화민국 건설 등 중국 근현대사의 주요 장면들을 50회에 걸쳐 조망한 〈공화국을 향하여〉라는 이 프로그램은 당시에 쑨원이라는 선각자가 추진하고자 했던 대개혁을 돌아볼 수 있는 기회를 마련했다. 이 방송은 1925년에 쑨원이 사망하고 국공내전이 일어났으며 그 후 공산주의 체제가 들어서고 오늘날에 이르렀지만 당시에 꿈꾸었던 개혁이 다 실현되지는 않았음을 강조했다. 2주간 방송이 나가고 나자 중국 지식인들은 어디서나 그 얘기밖에 하지 않았다. 서로 만날 기회가 없으면 전화로 이야기를 나누거나 문자메시지를 보냈다. 이미 중국의 유·무선 통신 가입자는 4억 명이 넘었고 인터넷 사용 인구도 1억 명에 육박했다.

"정권이 어떤 메시지를 보내려 한 걸까?"

"누가 이 다큐멘터리를 만들었지?"

"과연 이 방송이 끝까지 나갈 수 있을까?"

방송은 계속되었다. 마지막 회에는 기묘한 에필로그가 붙었다.

"신해혁명으로부터 백여 년이 흘렀지만 공화국의 꿈은 아직도 요원하다……."

이 프로그램은 이 해 여름 지방 방송을 다시 탔지만 마지막 몇 회는 방송되지 않았다. 초기에는 DVD로 본 방송 버전이 잠깐 유통되었지만 금세 자취를 감추고 다분히 편집된 버전이 새로 나왔다. 선전 당국과 정권이 뒤에서 손을 썼는지에 대해서는 밝혀진 바가 없다.

무책임한 지도자는 **경질될 수도 있다**

사스 퇴치를 위해 의사들이 분투하고 있는 동안 베이징 시민들은 저녁이면 병원의 금속 차단기 아래로 과일이나 과자를 넣어주면서 그들을 응원했다. 한편 정치계에서는 또 다른 폭풍이 불고 있었다. 위생부장과 베이징 시장이 사스 사태를 '은폐'하려 했다는 이유로 경질된 것이다. 한 서방 외교관의 말마따나 물론 그들은 "희생양"일 뿐이었다.

"중국의 정치 체계에서 한 명의 장관이나 시장이 자기 행동에 전적인 책임을 진다는 건 말이 안 된다. 그도 자기보다 윗선의 지시를 받아서 움직이기 때문이다."

하지만 중국인들의 생각은 좀 달랐다. 그들은 공산주의 체제 설립 후 처음으로 무책임한 행동을 한 지도자는 경질될 수도 있다는 것을 깨달았던 것이다. 지방에서도 징벌이 잇달았다. 5월 한 달 동안에만 백여 명의 '관료'들이 사스와의 전쟁에 제대로 대처하지 못했다는 이유로 옷을 벗었다. 후진타오-원자바오 집단지도 체제는 이 기회를 이용하여 구정권이 앉혀놓은 지방 지도자들을 대폭 몰아내고 자기 사람을 심을 수 있었다.

사스 위기는 한편으로 중국 경제성장의 커다란 약점을 드러냈다. 경제성장 수준에 걸맞게 공공서비스의 질이 향상되었는가를 따져보게 된 것이다. 20년간 불모지나 다름없이 방치되었던 중국의 보건 분야가 백일하에 치부를 드러냈다. 그리고 그 밖의 열악한 분야들도 하나둘씩 드러났다. 역사의 아이러니랄까, 새로운 지도부는 애당초 개혁이 낳은 불평등과 불균형 해결을 강조했다. 이렇게 사스라는 위기를 맞고 나니 중국공산당 지도부 제4세대는 더욱더 그런 방향으로 정책을 펼칠 수밖에 없었다. 사스 위기는 중국의 또 다른 골칫거리, 즉 수도와 지방의 관계도 뚜렷하게 드러냈다. 중앙 정부의 지시에도 불구하고 각 지방은 나름의 방식으로 사

355

스 위기에 대처했다. 지방 관료들의 정치 생명을 끊어버리는 강경책을 써야만 지시가 그나마 먹히는 정도였다!

하지만 무엇보다 사스 사태는 농촌 지역의 분노를 부채질했다. 광둥 성의 민공들은 자기들이 바이러스에 감염됐다는 사실도 모른 채 설날을 맞아 의료 시설이 제대로 갖춰져 있지 않은 고향 마을로 돌아갔다. 또한 베이징에서도 한창 전염병이 기승을 부리던 4월 말에 수많은 민공들이 겁에 질려 고향으로 내려갔다. 허난 성 에이즈 집단 감염 사건은 이미 농촌 보건 체계의 열악함을 드러냈다. 그러니까 사스 사태를 겪으며 밍스싼링 마을 촌장이 그렇게까지 해야 했던 것도 당연하다……. 안후이 성과 청더, 톈진 부근에서는 감염 환자를 격리하는 검역 센터 설치에 항거하여 농민 폭동이 일어났다. 사스 위기는 개혁으로 부자가 된 사람들과 그렇지 못한 나머지 사람들의 절망적인 간극을 보여주었다. 당시 갓 위생부장으로 임명된 우이는 사스 사태 해결에 힘을 쏟았다.

새로운 정치 지도부는 비록 뒤늦게 각성을 하긴 했지만 대체로 사스 사태를 잘 추스른 편이었다. 6월 말에 세계보건기구는 사스 경계령을 해제했다. 아마도 사스 바이러스는 여름 무더위에 약한 것으로 추정된다. '공식 집계'에 따르면 이 바이러스로 중국에서는 7백 명, 중국 외 세계 전 지역에서는 9백 명밖에 사망하지 않았다고 한다. 그러나 사스와의 전쟁은 정신적인 감염이라는 또 다른 감염을 낳았다. 자유주의 경제를 발견하고 도입하는 초기 단계를 갓 넘어선 중국, 특히 새로운 정치 지도부는 사스 사태를 계기로 또 다른 단계로 넘어서야만 했다. 톈안먼 사태 이후 14년 만에 중국은 두 번째 성장의 진통을 겪었다.

심판대에 오른 **중국의 외교력**

6월에 중국은 이념적 방향을 크게 바꾸어 프랑스 에비앙에서 열리는 G8 정상회담에 참석하기로 결정했다. 이때까지 중국은 G8 정상회담을 "부자 나라들의 기분 전환"이라며 경멸했다. 공식적으로 중국은 '확대 정상회담'에 초청받은 데 지나지 않았으나 사실상 후진타오 국가주석은 이번 회담에 참석해 각국 정상들을 만남으로써 사스 사태에서 새로운 국면으로 나아갔다고 할 수 있다.

1998년 아시아 금융위기 이후로 중국은 좀 더 국제적 조직에 참여하고픈 바람을 피력했다. 물론 거기에는 무역을 활성화하려는 목적도 있지만 자존심을 회복했다는 일종의 표시이기도 했다. 중국에서 가장 자유로운 언론에 속하는 〈난팡저우모〉의 한 기사는 이렇게 말한다.

"우리가 언제까지나 개발도상국에 머물러 있을 수는 없다. 우리의 목표가 선진국이 되는 것임을 부정할 수는 없을 것이다."

중국이 그동안 G8을 외면했던 데에는 심리적 이유가 더 컸다. G8에 속하는 국가들은 청 왕조를 수탈하여 중국인들에게 치욕을 안기고 '의화단운동'이라는 외세배척 운동의 원인이 된 바로 그 서구 열강들이었기 때문이다.

"그러나 오늘날의 서구는 당시의 서구와 전혀 다르며 그동안 중국도 발전했다. 우리가 그 역사적 치욕을 씻고자 한다면 우리도 힘 있는 부자 나라가 되어야 한다. 그래야 위대한 중국의 복권이 이루어질 수 있다."

베이징 대학 국제관계학 교수 예쯔청의 분석이다.

대부분의 중국인들이 이와 같은 생각이었다. 같은 해 6월, 중국이 외교 활동 재개에 들어가기 시작했을 때 중국의 젊은 외교관들은 베이징에 장기 체류 중인 외국 기자들을 비공식 오찬에 초대했다. 이제 겨우 40대

357

에 접어든 외교관들은 새로운 정치 세대에 속한 인물들로 대개 유학을 마치고 귀국하여 새 정부에서 출세 가도를 달리고 있었다. 그들은 윗선의 지시에 따라 중국이 자국과 관련된 국제 문제에 개입할 경우―예를 들어 북한 문제라든가―서방이 어떤 반응을 보일지 미리 떠보려는 듯했다.

사실 중국 정부는 이 야단스러운 동맹국의 핵무기 프로그램 추진 때문에 골머리를 앓고 있었다. 중국은 이제 북한의 유일한 동맹국이었다. 평양의 독재 정권은 고립에서 벗어나 미국과 수교하기 원했지만 워싱턴은 단칼에 거절했다. 중국은 자신들과 국경을 접한 나라에서 전쟁이 일어나 북한 난민을 받아주어야 하는 상황도 싫었고, 그렇다고 한국이 미국의 비호 하에 강력한 통일국가로 성장하는 꼴도 보고 싶지 않았으므로 계속 침묵으로 일관했다. 하지만 이제 전략을 바꿔야 할 때였다.

1980년대 초부터 중국은 국제연합에서 논의되는 국제적, 지역적 분쟁과 거리를 두고 오로지 자국의 경제성장에만 몰두했다. 중국은 1991년 제1차 걸프전이나 2001년 아프가니스탄 전쟁에도 일절 개입하지 않았다. 중국은 이라크전을 비난하기는 했으나 안전보장이사회 상임이사국으로서 거부권을 행사하지는 않았다. 베이징은 다른 나라의 내정에 끼어들고 싶지 않다는 뜻을 내세웠다. 그리고 다른 나라들도 중국의 까다로운 국내 문제―대만 문제, 신장과 티베트 문제―에 간섭하지 않기를 바랐다.

그렇지만 이번에는 중국도 태도를 바꾸어 2003년 8월 27일에 북한 문제의 평화로운 해결을 도모하고자 '6자회담'을 제안한다. 6자회담으로 한국, 북한, 러시아, 일본, 미국, 중국이 베이징에서 한자리에 모였다. 이 회담은 몹시 까다로운 사안을 다루며, 비록 2009년 이후로 중단 상태에 있지만 지금까지도 계속되고 있다. 중국 협상가들이 북한을 달래거나 미국을 설득시켜 겨우 자리를 지키게 하는 등 난항을 겪고는 있으나 어쨌든 그들이 대화를 나누게 되었다. 사실 북한과 미국은 의견 차를 좁히기 어렵고, 이들은 따로 논의를 진행할 필요가 있다.

지금까지 중국의 이런 중재가 구체적 결실을 거둔 것은 없다. 그러나 미국과 북한이 입장 차를 좁히기 위해 이 정도라도 외교 활동에 나섰고, 대화를 하게 됐다는 점, 그리고 이 과정에서 중국의 공이 크다는 점은 분명하다. 비록 서구인들은 중국이 좀 더 적극적으로 나서줄 수도 있을 거라고 생각할 때가 많지만 말이다.

2003년 말에 중국은 세력을 교묘하게 키워서 민감한 주제를 건드리지 못하게 하는 전통적인 '갈등 우회' 수법을 쓴다. 중국 외교관들은 "합의가 이루어지지 않은 주제는 제쳐놓고 협정을 맺는" 데 선수들이다. 예를 들어 중국은 필리핀과의 영유권 분쟁이 해결되지도 않은 상태에서 난사군도에 시설을 세우고 있다! 베이징은 또한 미얀마 랑군 의회와 비밀리에 경제적, 군사적 관계를 맺고 인도양에서 큰 성과를 거두는가 하면, 베트남과 화해하고 이 나라를 경제개혁의 길로 이끌기 위해 애쓰고 있다. 또한 인도와도 상호 경계를 늦추지 않으면서 점점 더 손발을 잘 맞추고 있고, 러시아, 파키스탄과도 긴밀한 관계를 유지하며, 중앙아시아 국가들과 손을 잡고 이 지역의 안정을 보장하기도 한다. 2001년 가을에 시작된 아프가니스탄 전쟁은 중국과 국경을 접한 곳에 대규모 미군이 주둔하는 결과를 가져왔다. 중국은 미국이 자국에 대한 포위 작전을 펼치는 것으로 간주하여 마치 바둑을 둘 때처럼 중앙아시아, 러시아와 협력하여 '반테러 투쟁'에서의 주요 거점을 차지한 것이다. 2001년 9·11 사태 이후로 조지 W. 부시 대통령이 내세운 '테러와의 전쟁'에 중국은 이렇게 반응했다. 하지만 이런 핑계 덕분에 중국은 신장 자치구의 독립주의자들에 대한 탄압을 조용히, 지속적으로 추진할 수 있었다.

'04

세계의 공장

중국에는 모든 **브랜드**가 있다

사스 사태를 털고 일어난 후 중국은 전보다 더 열기에 휩싸였다. 2003년 7월에 세계보건기구는 사스가 물러났다고 선언했다. 인민들의 삶은 다시 활기를 띠었고, 그들은 불안했던 봄을 보내고 여름과 가을을 활기차게 살았다. 이제 그들은 더 이상 멈추지 않을 것이었다! 잃어버린 시간을 만회하기 바쁜 듯했다. 다시 상점가에는 인파가 들끓었고, 맛집에는 손님들이 끊이지 않았으며, 수출은 기록을 갱신했다. 중국은 8퍼센트의 경제성장률을 기록하며 2003년을 마감했다!

이미 세계 6위에 도달한 중국 경제는 확실히 성장에 가속도가 붙고 있었다. 남부 연안 지방의 부가가치가 낮은 '조립 공장'들은 매년 노동자들을 채용하여 계속해서 생산량을 늘렸다. 조립 공장에서 일하는 노동자들의 수는 약 3억 명 정도로 추정된다. 150만 곳 민간 기업들과 42만 5천

곳 외자 기업들이 등록되어 있었다. 중국에는 무역흑자가 쌓였다. 대미무역 천억 달러라는 심리적 벽도 넘어섰고 대유럽무역도 이미 6백억 달러에 이르렀다. 중국은 미국, 일본, 독일 다음으로 세계 제4위의 수출 국가가 되었다.

중국의 거대 그룹들도 세계화 전략을 펼치기 시작했다. 2003년 11월에 거대 전자 업체로서 선전에 근거를 두고 있는 국유 기업 TCL이 합작 기업을 찾고 있던 프랑스 톰슨 그룹의 자회사인 TV 생산 업체의 지분을 인수했다. 이들이 설립한 합작 회사의 지분 67퍼센트는 TCL의 것이다. 톰슨 그룹은 이번 합작으로 상당한 재정 부담을 덜었다. 그러나 아직도 일요일 아침에 전략 회의를 연다는 것은 상상할 수 없는 프랑스 직원들은 중국식 인사관리를 잘 받아들이지 못했다……. 새로운 중국의 기업 경영자들도 국제화와 더불어 문화적 차이를 깨달았다. 2004년 12월에는 중국 최대 컴퓨터 업체 레노보가 약 17억 5천 달러에 IBM의 PC 사업 부문을 인수했다. 이 인수 건은 미국인들에게 엄청난 심리적 충격을 안겨주었다. 그러나 젊은 신임 회장 양위안칭은 국제경영팀과 미국, 중국, 유럽으로 삼분화된 기업경영 체제를 수립함으로써 다문화 기업을 문제없이 경영하는 모습을 보여줄 것이다.

외국 기업과의 협력 없이 세계화를 추진한 중국 기업들도 있다. 산둥성 칭다오에 거점을 두고 있는 가전 업체 하이얼은 중국 국내 시장 점유율 40퍼센트를 차지하며 가전업계 1위로 올라섰다. 하이얼은 소형 냉장고로 미국 시장에서 대박을 터뜨리고 유럽 시장, 아프리카 시장을 차례로 공략했다. 1988년에 선전에서 장교 출신 기업가가 설립한 화웨이도 휴대전화 생산량의 3분의 1 이상을 수출했다. 이 업체의 제품은 경쟁사 제품의 절반 가격, 심하게는 5분의 1 수준 가격밖에 되지 않았다. 중국 철강 산업의 스타이자 정부가 지분 백 퍼센트를 소유하고 있는 바오스틸은 이미 세계 제5위의 철강 업체이다.

중국에 진출한 외국 기업들도 두드러진 성장세를 보였다. 예를 들어 로레알 그룹은 모든 중국 여성들이 립스틱을 바르게 하겠다는 야망을 품고 진출하여 2003년에 사스 사태에도 불구하고 중국에서 70퍼센트의 성장을 달성했다. 로레알 중국 지사의 매출액은 1억 6천억 유로로 전 세계 지사를 통틀어 1위로 올라섰다! 이 그룹의 브랜드 중 하나인 메이블린은 높은 관세로 인한 비싼 소비자 가격에도 불구하고 화장품 업계 1위로 도약했다. 중국 가격이 프랑스 가격보다 20퍼센트 정도 비쌌지만 새로운 부르주아 중산층 중국 여성들은 서구, 특히 프랑스의 사치품을 선망했다. 2004년에 로레알은 중국의 견실한 화장품 업체들을 인수하며 더욱더 시장점유율을 높인다. 아시아 여성들의 취향에 맞는 색조 화장을 제안하는 웨사이와 피부 관리 브랜드 미니너스가 로레알 그룹 소유가 되었다.

이제 세계 산업의 유명 브랜드들은 거의 모두 중국에 진출했다. 프랑스의 알카텔사는 부품 제조 업체 상하이벨을 인수했다. 이 중국 계열사는 곧 '기능이 단순화된' 휴대전화 제조에 들어가 아프리카 시장에서 대박을 터뜨렸고 곧 모회사 알카텔의 제품과도 경쟁을 벌였다! 에어리퀴드는 중국에 18개 공장을 두고 있으며, 생 고뱅은 23개 공장을 두고 있다. 까르푸는 중국 전역에 36개 매장을 두고 있다. 로디아, 발레오, PSA, 미쉐린, 슈나이더 등의 그룹은 말할 것도 없다⋯⋯. 다만 르노는 전 세계 기업들이 몰려드는 이 신흥 시장에서 철수하기로 결심했다. 2004년에 프랑스의 중소기업들도 이탈리아 중소기업들의 성공에 자극을 받아 중국 시장에 대거 진출하여 큰 성과를 거두었다. 그러나 어디까지나 비디오게임 업체 위비소프트, 화구 생산 업체 페베오처럼 중국인의 요구에 부응하여 틈새시장을 잘 공략했든가, 탁월한 마케팅 전략을 갖고 중국 시장에 진출한 경우에 한해서였다. 준비가 제대로 되지 않아서 중국에서 쓴맛을 본 업체들도 그만큼 많았다…….

중국도 언제까지나 티셔츠나 장난감만 생산하고 싶을 리 없었다. 전 세계 완구의 70퍼센트가 중국산이긴 하지만 말이다. 2000년대에 들어서 정부와 기업들은 연구개발 투자액을 크게 늘렸다. 2001년 당시 중국의 연구개발비는 6백억 달러에 달했다. 또한 중국은 연구 인력이 대단히 풍부했다. 중국의 연구 인력은 75만 명으로 미국과 거의 비슷한 수준이었다. 2004년에 중국은 연구개발 분야에서 미국, 일본에 이어 세계 3위를 차지했다. 그 이후로도 중국의 연구개발 분야는 더욱 활성화되었다. 통계를 보면 급속한 성장세를 쉽게 알 수 있다. 현재 PSA나 로디아 같은 다국적기업들도 앞으로는 상하이나 베이징에서 새로운 트렌드를 선도할 것이라는 전망 하에 중국에 연구 센터를 열었다.

하지만 이처럼 중국이 부상하면서 이를 가는 이들이 나타났다. 세계무역기구 가입 이후로 전 세계 자본이 가장 많이 몰리는 나라가 된 중국은 외국 기업이 진출할 때마다 중요한 기술이전을 요구하고 나섰다. 자동차, 항공, 그 밖의 모든 신기술 분야에서 차츰 새로운 중국 업체들이 나타났다. 유럽은 중국이 기술 격차를 따라잡으려면 아직 멀었다고 짐작했기에 오랫동안 잠잠했던 반면, 미국 노조는 이런 문제를 놓고 자주 들고일어났다. 그만큼 공장 이전의 여파가 감지되기 시작했던 것이다. 미국에서 조지 W. 부시 대통령 임기가 시작된 이후로 3백만 개의 일자리가 사라졌다. 이와 관련하여 미국 정부는 주기적으로 중국 정부에 무역 전쟁의 형태로 압력을 행사했다. 사실 중국 노동자들의 임금은 여전히 매우 낮았다. 위안화의 평가절하도 지난 10년간 중미 관계에서 끊임없이 불거졌던 사안이다.

서부대개발: **우한과 우루무치**

　　서부대개발 추진 5년 만에 가시적인 성과가 나타나기 시작했다. 후베이 성의 성도이자 인구 8백만의 대도시 우한은 놀랄 만큼 현대화되었다. 도산한 국유 기업들, 수해, 도시 난개발, 여름의 숨 막히는 무더위로 유명했던 우중충한 도시가 완전히 새로운 모습으로 수많은 프로젝트들을 추진하고 있었다.

　　우한은 1998년 수해로 침수될 뻔했지만 그 후 양쯔 강을 따라 높고 튼튼한 방벽을 쌓았다. 그때 강둑 위에 조성된 쾌적한 산책로는 연인들의 밤 산책 명소가 되었다. 비위생적인 화물 창고들도 철거되었다. 과거 개항 당시에 외국인들이 거주했던 조계지(租界地) 전체가 복원되었다. 우한은 선구적인 개화파 장지둥에 의해 19세기 말에 가장 먼저 근대화된 중국 도시 중 하나였다. 장지둥은 우한을 일찍부터 산업화하고 근대적 교육 제도도 도입했다. 그래서 20세기 초만 해도 우한은 상하이 다음으로 번성한 중국 제2의 도시였다. 그래서 영국인, 독일인, 벨기에인, 러시아인, 일본인, 프랑스인들은 우한의 조계지에 아름답고 웅장한 석조 건물을 지었다. 우한은 중국 최초의 혁명이 싹튼 본거지이기도 하다. 1911년에 쑨원의 주도 하에 청 왕조에 종지부를 찍은 신해혁명도 바로 이 도시에서 태어났⋯⋯. 이로 인해 안전을 걱정한 외국인들은 우한보다 바다와 인접한 상하이를 더 선호하게 되었다. 프랑스는 1943년까지 자그마한 조계지를 떠나지 않았다. 이 구역은 반세기 넘게 방치되었지만 2000년대 초부터 오래된 빌라들이 멋진 식당과 호텔로 개축되었다. 심지어 옛 교회는 술집으로 변했다. 밤이면 록 가수들이 중앙 홀에 매달린 아기 천사상의 시선을 받으며 허리를 흔들어댔다.

　　우한은 1990년대 중반에 철강 산업에 특화된 중공업 중심지로서 심각한 구조 조정 후유증에 시달렸다. 10년간 50만 명 이상의 노동자들이 해고를 당했다. 그 결과, 지방 정부의 관리들은 중국의 중심부라는 이 도시의 지리적 위치를 이용하여 교통 요충지로서의 변화를 꾀하기로 했다. 벌판에 도로와 고속도로가 놓였다. 우한은 도로들의 교차점이자, 기차나 비행기를 갈아타기 위해 으레 들러야 하는 곳이 되었다. 프랑스의 PSA 그룹은 이곳에 거대한 자동차 공장을 세웠고 그 후로 닛산 같은 외국 제조업체를 비롯하여 20여 곳의 제조 업체들이 들어섰다. 그리하여 우한은 중국 자동차 산업의 거점 도시가 되었다. 아시아의 시카고 같은 도시라고 할까. 또한 이를테면 광섬유 같은 첨단기술 분야에 대규모의 투자를 시작했다. 의학 분야에서도 우한의 초현대식 연구 센터가 유명하다. 이로 인해 여러 외국 기업을 유치하기도 했다. 48개 대학, 63만 명의 대학생, 프랑스어 교육기관, 과학기술대학, 그리고 매우 명성이 높은 수학전문학교를 보유한 이 도시는 결코 인재가 부족하지 않다.

　그렇지만 우한은 대규모의 이농 인구를 관리해야만 했다. 2000년에서 2004년 사이에만 90만 명 이상의 농촌 인구가 우한으로 와서 품삯 몇 푼에 움직이는 민공이 되었다. 그래서 우한 시 정부는 우한 인근의 인구 5~10만 수준의 소도시들을 좀 더 발전시키고자 했다. 우한의 경제성장률은 매우 높기 때문에 지도자들의 전망은 낙관적이다.

　"여러분은 우리가 5년 동안 해낸 일을 보았습니다. 우리에게 10년만 더 주십시오!"

　2004년 4월에 우한시 부시장 녜위춘은 그렇게 호소했다. 2008년 말, 글로벌 금융위기가 터지고 중국 남부의 공장들이 문을 닫을 때에 우한에만 3백만 명 가까운 인구가 몰리면서 어려움에 봉착했다. 하지만 우한은 경기 부양책의 한 축이었던 인프라 구축 사업으로 고용을 늘려 제2의 성장 동력을 찾았다. 2010년에 우한은 고속철 사업으로 중국의 다른 도시들과 연결되었다. 이제 베이징이나 광저우에서 고속철로 3시간이면 도착할 수 있으므로 우한은 더욱 매력적인 도시가 되었다.

신장의 성도 우루무치도 변했다. 1999년만 해도 우루무치는 베이징에서 낡은 러시아제 투폴레프 항공기로 상당히 오랜 시간을 들여야 겨우 갈 수 있는 내륙의 먼지투성이 도시였다. 그러나 이제 최신형 보잉이나 에어버스로 중국의 다른 대도시들은 물론, 외국 도시들과도 직항으로 연결된다. 우루무치 시장은 중국어를 구사하는 위구르인으로서 이 도시를 중앙아시아와 연결되는 교통의 중심지로 만들고자 했다. 신장위구르 자치구는 프랑스의 3배 크기이며 인구는 약 2천만 명이다. 이중 1천1백만 명은 이슬람교도이며, 위구르족, 카자흐족, 타지크족을 포함한 46개의 소수민족이 이슬람교도의 대부분을 차지하고 있다. 이곳에 철로와 공항 네트워크가 집중 개발되었다. 고속도로는 상품을 운송하는 차량들로 넘쳐났고 이제 '사막의 길'이 저 유명한 타클라마칸 사막을 남북으로 가로지르게 되었다. 또한 휴대전화와 인터넷의 발달로 이 지역은 외부 세계와 완벽하게 연결되었다. 이제 사막 한복판을 걸어다닐 수도 있게 되었다! 하지만 이런 외부와의 연결 수단들이 2009년 7월의 유혈 시위 이후 거의 1년간 중단되기도 했다. 위구르족들이 집단행동을 하는 데에 인터넷이 큰 역할을 했다는 판단 때문에 탄압 차원에서 그런 조치가 단행되었던 것이다.

통제되지 않는 변방: **신장, 홍콩, 대만**

1997년에 신장에서 분리주의자들의 시위가 일어나자 중국 정부는 강력 진압에 나섰다. 신장 자치구의 독립 시도는 인근의 이슬람교 국가들, 카자흐스탄, 키르기스스탄, 우즈베키스탄, 타지키스탄, 투르크메니스탄이 1991년에 구소련 체제에서 독립한 데 자극을 받은 것이다. 신장 자치구는 이슬람교를 믿으며 중국의 거대한 서부를 차지하고 있다. 이 지역은 과거에도 중국에 조공을 바치기는 했으나 1884년에야 비로소 청 왕조의 영토로 병합되었다. '신장(新疆)'이라는 명칭 자체가 '새로운 국경'이라는 뜻이다. 이 지역은 1944년에서 1949년까지 동투르키스탄 공화국이라는 이름으로 짧게나마 독립을 누리기도 했다. 따라서 베이징 중앙 정부의 눈에 이곳은 늘 '반란 지역'으로 비쳤다.

신장 자치구에는 국제적 테러 조직과 연루된 몇몇 파벌들이 종종 폭동을 일으키고 있다. 이런 폭동과 테러로 1990년에서 2004년 사이에 3백여 명이 사망했다. 아프가니스탄과 파키스탄에서 발달한 이슬람 과격 사상이 이 지역에도 침투해 있다. 1996년 4월에 중국은 지역 안보에 협력한다는 목적으로 러시아 및 인근 국가들과 '상하이 협력 기구'를 결성했다. 1998년에 중국 공안은 신장 자치구 남서부 허톈에서 아프가니스탄 탈레반 세력이 무기를 지원하여 훈련시킨 6백여 명 규모의 테러 조직을 적발했다. 2001년 뉴욕에서 9·11 사태가 일어난 후부터 탄압은 더욱 광범위해졌다. 미국은 아프가니스탄 탈레반 무장 세력 중에서 위구르족 전사들을 60명이나 찾아냈다. 그들은 관타나모 수용소에 투옥되었다가 2009년에 이 수용소가 폐쇄될 것이라는 말이 나오면서 유럽 여러 나라의 수용소들로 이송되었다.

중국은 그와 동시에 '한족화' 정책에 박차를 가했다. 1949년부터 이 정책을 실시하기는 했지만 1980년대에 다시 한 번 활기를 띠었다. 중앙 정부는 '서부대개발'과 병행하여 중국 인구의 95퍼센트를 차지하는 다수 민족인 한족을 서부로 대거 이주시켰다. 1949년 당시의 신장 자치구에서는 위구르족이 가장 많은 수를 차지했지만 2004년에는 45퍼센트에 지나지 않는다. 위구르족은 특히 남쪽 지역, 파키스탄과 아프가니스탄의 접경 지대에 주로 거주한다. 우루무치 같은 도시에서는 민족 간 비율이 완전히 바뀌어버렸다. 신장 자치구의 성도인 이 도시는 이제 인구의 80퍼센트가 한족이고 중심부에만 위구르족 거주 지역이 더러 남아 있다. 대부분의 소수민족들은 우루무치의 변두리로 내몰린 셈이다.

당시 이 지역의 당 서기 왕러촨은 지나치게 강압적인 탄압을 일삼았다. 철통같은 탄압으로 1990년부터 반발을 불러일으켰던 왕러촨은 결국 2010년 우루무치 폭동 사태 이후 경질되었다. 필자는 2004년에 신장 자치구를 방문했을 때 이슬람 사원에서 종을 쳐서 기도 시간을 알리는 일반적인 관습조차 금지되고 있음을 확인했다. 허톈에는 체포당하거나 목숨을 잃은 남자 한 명쯤 없는 위구르족 가정이 거의 없을 정도였다. 게다가 위구르족 젊은이들은 중국어를 할 줄 모르기 때문에 이 지역 경제활동에 편입하지 못하고 있다. 겹겹의 장벽 때문에 한족화를 거부한 이슬람교도 젊은이들은 더욱더 종교에 빠질 수밖에 없다. 중앙 정부도 오랫동안 그 점을 의식하고 있었다. 중앙 정부는 현대적 인프라 구축이라는 당근과 강경 진압이라는 채찍을 함께 쓰면 이 지역이 안정되리라 생각했다. 하지만 2009년 7월에 일어난 우루무치 폭동은 그런 생각이 틀렸다는 것을 증명했다……. 그래서 2010년 6월에 발표된 새로운 신장 개발 계획은 지역 주민의 생활 보호와 사회적 편입을 처음으로 고려하게 되었다.

한편 중국 정부는 홍콩에서 2003년 여름에 '반전복(反顚覆)법'을 통과시키려고 했다. 이 법은 상당히 확대 해석할 여지가 있다. 하지만 홍콩은 1997년 아시아 금융위기가 불러온 암울한 불황기를 거치는 중이었다. 석 달간 사스와의 전쟁을 치르면서 홍콩의 상황은 더욱 나빠졌다. 기업들이 줄줄이 도산하고 홍콩 역사상 처음으로 실업률이 8.5퍼센트에 달했다. 여기에는 홍콩 행정장관 둥젠화의 무능도 한몫했다. 둥젠화 정부는 이런 상황에서 어떤 사회적 지원 체계도 구상하지 않았으며 점점 더 중앙 정부의 비위만 맞추려는 듯 보였다. 그런 와중에 '반전복법'을 만든다고 하니 난리가 났다. 노조 단체들과 민주당파는 홍콩 반환 6주년 기념일을 기하여 대대적 시위를 조직했다. 6주년 기념식에 참석하러 온 원자바오 총리는 시위 규모를 보고 깜짝 놀랐다. 이 정도로 홍콩 시민들의 불만이 클 줄은 예상하지 못했던 모양이다. 50만 명 이상의 시민들이 가두시위를 벌였는데, 홍콩 인구가 680만 명이라는 점을 감안하면 이는 엄청난 숫자다. 시위 주동자의 한 사람인 36세의 리처드 초이는 이렇게 말한다.

"2003년의 시위는 홍콩 사람들이 자기들의 힘을 자각하게 되는 계기였습니다."

반전복법의 입법 절차는 곧 중단되었고 중앙 정부는 민심을 달래기 위해 경제를 돌보는 데 매진하라는 지시를 내렸다. 중국인들도 홍콩에 여행을 갈 수 있게 되었다. 그러자 1년도 안 되어 6백만 명 이상의 본토 인구가 홍콩을 방문했다. 홍콩을 찾는 사람들의 40퍼센트가 중국 본토인이 된 것이다. 중국인 관광객들은 명품 쇼핑을 즐겼고 몇 달 사이에 홍콩 상권의 주요 고객으로 등극했다.

그러나 경제로 모든 것이 해결되지는 않는다. 2004년 7월 1일에 홍콩에서 다시 한 번 대규모 시위가 일어났다. 이번 시위의 주축은 홍콩 정부를 몹시 강도 높게 비판하는 젊은이들이었다. 그들의 불만은 쌓일 대로 쌓였다. 둥젠화는 2007년부터 보통선거로 행정장관을 선출할 가능성에 대한 언급을 거부했다. 4월에 중국 전인대는 당분간 그럴 가능성은 없다고 확실히 쐐기를 박았다. 예산 지출을 감축한다는 핑계로 빈민들에 대한 지원을 중단한 것도 홍콩에서 상당한 영향력이 있는 주교를 분노하게 했다. 여름 직전에 홍콩인들이 각별히 아끼는 라디오 토론 프로그램 진행자가 '해임'당한 일로도 시끄러웠다. 앨버트 챙은 공직자들에게 입바른 말을 잘 하는 진행자였다. 매일 아침 홍콩 사람들은 그의 유머러스하면서도 신랄한 비판을 듣기 위해 숨을 죽이고 라디오에 귀를 기울이곤 했다. 그런 진행자가 갑자기 잘렸으니 사람들이 가만있을 리 없었다. 2004년 9월 12일에는 홍콩 입법의회 선거가 있었다. 의석의 절반만 지역구에서 선거로 뽑고 나머지 절반은 베이징 중앙 정부에 호의적인 단체들이 지명한 직능 대표들로 채워진다. 그런데 선거에서 당선된 지역구 의원 30명 가운데 25명이 민주당파였다……. 민주당파의 대표 인사 크리스틴 로는 이를 두고 "홍콩에서 정치의식이 싹트는 중이다!"라고 했다. 그 후 홍콩 행정장관은 도널드 창으로 교체되었다. 그는 전임자에 비해 좀 더 유능한 모습을 보여주기는 했지만 2010년 홍콩 시위에서 알 수 있듯이 이곳에서는 여전히 민주 성향이 지속되고 있다.

대만은 2004년 3월 19일에 총통 선거를 실시했고 그 결과 현 총통 천수이벤이 아슬아슬하게 재선에 성공했다. 2000년 5월에 천수이벤이 총통에 취임한 후로 중국과 대만의 대화는 중단되었다. 천수이벤은 직항 노선을 개설하자는 등 개방의 제스처를 보여주었으나 중국이 기대하는 "중국은 하나"라는 말은 결코 입 밖에 내지 않았다. 그래서 중국 정권은 팔짱을 끼고 버틴 채 대만의 입장이 한층 과격해지고 천수이벤이 대만의 정체성이라는 위험한 카드를 쓰게끔 밀어붙였다. 2004년 봄, 중국과 대만의 긴장 상태가 폭발하고 만다. 천수이벤이 대선과 병행하여 중국과의 협상 재개를 두고 국민투표를 실시하자고 제안했기 때문이다. 반대파는 투표 반대 운동을 전개했고 투표율이 50퍼센트가 되지 않아 이 안은 기각되었다. 그러나 베이징은 이런 시도를 대만 독립을 추진하려는 첫 걸음으로 보았다. 천수이벤이 2006년에 다시 헌법 개정을 두고 국민투표를 실시하겠다는 발언을 했기 때문에 더욱더 그렇게 볼 수밖에 없었다. 아이러니하게도 이런 와중에 대만과 중국의 무역은 그 어느 때보다 활발했다.

신장 자치구, 홍콩, 대만은 모두 중국의 변경에 해당한다. 이 세 곳의 문제에는 공통점이 있다. 중앙 정부가 자국 영토 내의 현실 상황을 파악하는 데 어려움을 겪고 있는 것이다. 물론 중국은 굉장히 큰 나라이므로 각 지역의 정보는 상당히 걸러져서 중앙 정부에 도착하게 된다. 전통적으로 권력은 고립되기 마련이라 해도 공산주의 지도자들은 문화적 차이가 있는 지역의 여론을 전혀 이해하지 못하고 있음을 여러 차례 보여주었다. 중국의 지도자들은 이 지역들을 반드시 성공적으로 통치하겠다는 결의를 다지고 몇 년간 특사를 보내어 반대파 인사들의 주장에도 귀를 기울이는 제스처를 취했다. 홍콩 주교 조지프 젠 추기경도 중국 정부에 쓴 소리를 아끼지 않는 인물이다. 그러나 중국 정부가 자신들에 대한 비판을 잘 곱씹는지는 의문이다.

프랑스와의 **문화 외교**

2004년 1월 말에 프랑스 대통령 자크 시라크는 파리에서 후진타오 중국 국가주석을 성대하게 맞이했다. 프랑스는 후진타오에게 최대의 예우를 갖추었다. 샹젤리제에는 중국의 설날을 맞아 오성홍기들이 나부꼈고 에펠탑의 야간 조명도 일주일 내내 붉은색으로 바꾸었다. 엘리제 궁에서의 환영 연회도 그 어느 때보다 성대했다.

1년 전 프랑스는 중국에게 2004, 2005년에 양국의 문화 교류를 증진하여 양국 국민들이 서로를 더 잘 알 수 있는 계기를 만들자고 제안한 적이 있었다. 교류 기간 동안에 베이징에서는 인상파 화가들의 전시회가 열렸으며 베르사유 궁에서는 루이 14세와 동시대인인 강희제의 보물들이 전시되었다. 또한 프랑스 현대미술가 다니엘 뷔랑의 전시회가 중국 톈탄 공원에서 열리기도 했다. 중국과 프랑스에서 백 개 이상의 행사들이 치러

371

졌으며 막대한 예산이 동원되었다. 프랑스는 일부 기업들이 지원한 금액을 포함해서 4천억 유로가 넘는 자금을 투입했다. 양국의 문화 교류는 큰 성공을 거두었고 상대 국가에 대한 관심이 급격히 커졌다. 중국에서 프랑스로 떠난 유학생과 프랑스에서 중국으로 떠난 유학생의 수가 크게 늘어난 것만 보아도 알 수 있다.

이런 문화 교류는 대중적 차원 이외에도 중국과의 관계를 건설적으로 이끌려는 자크 시라크 대통령의 태도를 잘 드러낸다. 시라크 대통령은 동양 미술에 조예가 깊어 중국에도 관심이 많을 수밖에 없었고 중국 지도자들은 그런 점을 흡족해했다. 프랑스 대통령 부부는 각국 지도자들과 인간적 관계를 맺고 신뢰를 구축해야만 여러 가지 문제들을 더 잘 이해할 수 있다고 생각하는 사람들이었고, 중국 공산주의 지도자들이라고 해서 예외로 치지 않았다. 중국과 프랑스는 잇달아 장관급 대표단의 교류도 추진했다. 프랑스는 이라크 전쟁에서 미국 편에 서기를 거부한 후로 미국과의 관계가 급격하게 악화되었으므로 중국이라는 신흥 강대국 카드를 더욱더 요긴하게 쓸 필요가 있었다. 당시 미국은 '프랑스 때리기' 분위기가 고조되어 있었다. 중국도 아랍권 국가들과 좋은 관계를 유지할 필요가 있었으므로 프랑스와 손을 잡는 편이 이로웠다. 이렇게 중국과 프랑스는 다극화, 다문화를 지향한다는 점에서 공통된 세계관을 서로 발견할 수 있었다.

그러나 양국의 기대가 엇갈리는 부분들도 있었다. 프랑스는 중국 시장을 좀 더 많이 차지하기 원했다. 중국은 프랑스에 '큰 계약'을 몇 건 넘겨주긴 했지만 어쨌든 가장 큰 혜택을 주는 쪽과 거래를 한다는 실용적 노선을 견지했다. 한편, 중국은 1989년 톈안먼 사태 이후로 유럽공동체가 적용한 대중국 무기 수출 금지 조치를 프랑스가 풀어주기를 바랐다. 하지만 프랑스는 성공시키지 못했다.

그럼에도 불구하고 첫 '문화 외교' 경험으로 베이징은 대외적 영향력을 높여야 할 필요성에 눈을 떴다. 또한 지금까지 구사했던 정치적 수단 외의 다른 수단으로도 영향력을 제고할 수 있음을 깨달았다. 그래서 프랑스와의 교류 기간이 끝나자 중국은 러시아, 그리스, 이탈리아와 차례로 문화 교류를 맺게 된다.

'05

예기치 않은 탈선은
모조리 피할 것

예기치 않은 탈선은 모조리 피할 것. 이것이 베이징의 새로운 지령이 되었다. 도처에서 긴장과 갈등이 불거지고 있었기 때문이다. 집권 2년을 맞는 중국 정부는 '조화'를 새로운 슬로건으로 내세웠다. 그러나 '조화를 꾀한다'는 것이 꼭 모든 요구를 만족시킨다는 뜻은 아니다. 그보다는 요구 자체가 나오지 않게끔, 필요하다면 불만분자들의 입을 막아서라도 그렇게 해야 했다. 하지만 인터넷과 휴대전화가 보편화된 시대에 그런 조치를 취하기란 점점 더 어려워졌다…….

자오쯔양의 서거, **사그라든 불꽃**

1980년부터 1988년까지 중국 총리를 지내고 1987년부터 1989년까지 공산당 총서기를 지냈던 자오쯔양이 1월 17일 월요일 새벽에 85세를 일기로 사망했다. 자오쯔양은 덩샤오핑의 지도하에 맨 먼저 개혁의 물결을 일으켰던 인물이다. 그는 1989년 5월 계엄령이 선포되기 직전에 톈안먼 무력 진압 원칙에 반대했다는 이유로 해임되었다. 그는 당시에 원자바오를 대동하고 상당히 동요하는 모습으로 톈안먼 광장에 나타나 시위 학생들을 설득해보려고 애썼다. 그 이후로 자오쯔양은 가택 연금 생활을 해왔다. 베이징 구시가 왕푸징 거리에 위치한 그의 자택 앞에는 공안들이 늘 보초를 섰다. 그래도 2003년에 그의 수하 원자바오가 중국의 새로운 총리가 되지 않았는가…….

지도부는 자오쯔양의 장례를 어떻게 치러야 할지 고민했다. 정권은 추도식을 계기로 대형 집회가 일어날까 봐 노심초사했다. 1989년 4월에도 자오쯔양의 전임자였던 후야오방을 기리는 추도식이 있었기 때문에 톈안먼 사태가 일어나지 않았던가?

결국 자오쯔양의 장례는 바바오산 혁명가 묘지에서 유족과 측근만 모인 채 격식을 갖춰 치렀고 공식 추도식은 생략했다. 중국 언론도 보도를 최소화했다. 정부는 톈안먼의 기억을 다시 들쑤시지 않기 위해 CNN의 중계방송을 차단하고 인터넷에 나도는 이미지들을 검열했다.

하지만 이런 식으로 '조화'를 꾀한다고 해서 자오쯔양이 자신의 생각을 드러내지 못한 것은 아니다……. 그는 유고를 남겼다. 삼엄한 감시에 둘러싸여 지내면서도 손자들의 동요 카세트테이프를 이용하여 육성 회고를, 특히 톈안먼 사태에 대해서 매우 흥미로운 기록을 남긴 것이다. 자오쯔양의 측근들은 이 테이프들을 조금씩 홍콩으로 빼내서 내용을 다시 정리했고 이것을 다시 바오푸라는 영리하고 대담한 편집자가 책으로 엮었다. 바오푸는 자오쯔양과 가장 가까웠던 협력자 바오퉁의 아들이기도 하다. 바오퉁은 7년이나 구류를 살면서도 개혁가로서의 소신을 결코 저버리지 않은 인물이다.

텐안먼 사태 20주기를 며칠 앞둔 2009년 5월에 자오쯔양의 회고록 《국가의 죄수》는 홍콩에서 출간되어 엄청난 파문을 일으켰다. 파문을 일으킬 만한 회고록이긴 했다! 자오쯔양은 회고록에서 선각자라기보다는 실용주의자의 면모를 드러냈고, 덩샤오핑이 자기 자신이 제정한 헌법을 피해가는 등 얼마나 전제주의적인 태도를 버리지 못했는지도 폭로했다. 텐안먼 무력 진압도 중앙정치국의 결정이라기보다는 덩샤오핑과 그를 둘러싼 원로들의 주도로 일어난 일이었다. 당시에도 공산당 체제 설립부터 함께한 원로들은 보이지 않는 곳에서 자신의 끄나풀들을 조종하며 세력을 행사하고 있었다.

원전 기술 도입 프로젝트

이제 중국의 연안 지방, 특히 남부 연안과 상하이 일대의 공업 생산량이 너무 커서 전력 생산이 뒷받침해주지 못할 지경이 되었다. 가장 산업화된 지방 중 하나인 저장 성에서는 2000년부터 정전 사태가 잇달아 일어났다. 정전은 점점 더 자주 일어나 아예 고질적 현상이 되었다. 2004년 여름은 냉방 시설까지 가동하다 보니 일주일에서 평균 사흘이 단전될 정도였고, 그 때문에 생산 활동에도 차질이 있었다. 그래서 많은 공장들이 자가 발전 설비를 갖추어야만 했다. 지방 정부 담당 관리들은 몹시 난색을 표하며 새로운 발전소들이 건설 중이지만 2006년은 되어야 이 지역의 전력량 수요에 겨우 맞출 수 있을 것이라고 설명했다. 아무도 이 지역이 그렇게까지 급속하게 발전하리라고는 예상치 못했던 것이다. 2004년 한 해에만 저장 성의 전력 소비량은 15퍼센트나 늘었으니까!

그러나 저장 성의 발전 과정을 보면 알 수 있었다. 상하이 홍차오 공항에서 진산까지의 들판을 가로지르는 150킬로미터 남짓한 고속도로 주변은 최근 10년간 크게 변했다. 이제 논도, 물소 한 마리도 찾아볼 수 없다. 1995년부터 농민들은 농사를 그만두고 섬유 공장이나 건전지 공장에 노동자로 취직했다. 그렇게 해서 소득이 늘어난 이 지역 인구는 원래 갖고 있던 작은 땅에 삼 층짜리 단독주택을 짓고 텃밭을 꾸미게 되었다. 이제 경작지는 보이지 않고 하얀 타일을 붙인 벽과 파르스름한 창문 일색의 좁고 높은 변두리 주택들만이 끝없이 펼쳐져 있다. 군데군데 공장들이 보인다. 가계 생활수준이 높아지고 가전제품을 많이 사용하게 된 것도 전력 소비량이 대폭 늘어난 이유가 될 것이다.

중앙 정부는 구소련의 체르노빌 원전 사고 이후 계속 원자력 발전을 경계해야만 했다. 2004년 말에 2020년까지 원전을 2, 3곳 더 신설한다는 계획에 청신호가 켜졌다. 원자력 발전소는 원자로, 각종 계측 장치, 원자로를 둘러싼 안전 설비 및 냉각 장치, 전력 설비를 포함한다. 프랑스도 1970년대에 설비 개발 프로그램을 추진한 적이 있지만 이렇게 개발을 급속도로 밀어붙인 적은 없었다. 중국은 하룻밤 사이에 세계에서 가장 큰 민간 핵 시장이 되었다. 앞으로 25년간 지어질 원전의 80퍼센트는 중국에 있다. 프랑스의 아레바를 위시하여 외국 원전 전문 기업들은 쾌재를 불렀다. 안 로베르종이 이끄는 아레바의 경쟁자는 두 업체밖에 없었다. 일본과 제휴한 미국의 웨스팅하우스는 AP1000 원자로를 제안했는데 이 원자로는 아직 1천 메가와트 이상을 생산할 수 없다는 한계를 안고 있었다. 한편 러시아는 중국에서 원전 건설을 해본 경험이 있다는 것과 저렴한 건설 비용을 내세웠으며, 심지어 공사 대금을 전자 제품으로 받아도 괜찮다는 제안을 해왔다! 하지만 아레바의 유럽형 제3세대 원자로 EPR은 이미 핀란드와 노르망디에도 설치되었다.

하지만 중국이 핵심 기술을 사들이기만 하던 시대는 끝났다. 이제 중

377

국은 두 가지 생각을 품고 있었다. 이미 중국에는 다야만 원전을 비롯하여 1980년대에 프랑스의 기술로 건설한 제2세대 원전들이 있었다. 중국은 이 기술을 이용하여 자국의 힘으로 제2세대 원전을 건설하고 싶었다. 그러면서 지금 시장에서 얻을 수 있는 가장 좋은 상품, 즉 최신형 제3세대 원자로도 중국에 들여오고 싶었다. 미래를 보고 달리는 중국은 이제 일류 제품이 아니면 상대하지 않았다. 중국 입장에서는 합리적 전략이었지만 서구는 그렇게 중대한 기술을 전수해주고 싶을 리가 없었다. 팽팽한 줄다리기가 몇 달이나 계속되었다. 안 로베르종은 그룹이 막대한 투자를 통해 일궈낸 제3세대 원자로 기술, 2030년까지 자사가 세계 시장에 공급해야 할 그 기술을 넘겨줄 수 없었다. 미국은 결국 중국의 요구를 승낙하고 계약을 따냈다. 미국은 2007년까지 AP1000 원자로 설계도를 중국에 넘겨주기로 합의했다. 아레바는 중국 타이산 원전에 EPR 원자로 두 개를 파는 데 그쳤지만 그 대신 캐나다에 소유하고 있는 우라늄 광산 생산량의 35퍼센트를 중국에 팔 수 있을 것으로 예상하고 있다. 후진타오 국가주석은 2010년에 프랑스를 방문하여 이 협약을 재확인했다. 프랑스는 중국에 앞으로 10년간 연 1만 톤의 우라늄을 공급하게 된다. 또한 중국에 재처리 시설을 만들어 핵연료 재활용에 협력하기로 동의했다. 그리고 제4세대 원자로 개발을 위한 공동 연구 프로그램 역시 검토 단계에 있다.

마구잡이 **개발**

제2의 경제개혁의 물결이 일어났던 1992년 당시만 해도 중국에는 놀라운 문화유산들이 있었다. 물론 백 년 동안 대부분의 도시는 격랑에 시달리느라 한 번도 복원 작업을 벌일 겨를이 없었고 문화대혁명 기간 동안 역사적 유적이 상당수 파괴되기도 했다. 그렇지만 기본적인 건축양식은 놀랄 만큼 잘 남아 있었다. 중국인들은 오랜 역사를 이어오며 뛰어난 건축물을 많이 만들어낸 민족이다.

그러나 1990년대 중반부터 강요된 현대화로 인해 구시가지는 무참히 파괴되었고, 부동산 개발업자들은 마구잡이로 개발을 시작했다. 당시에는 아직 도시계획이라는 것도 없었다. 다만, 상하이만은 2000년부터 2010년의 축소 모형을 그려가며 계획적 개발을 추진했다. 우한도 이런 모범을 따랐다.

쿤밍에서 하얼빈까지, 항저우에서 시안을 거쳐 카스에 이르기까지 어느 곳에서나 서둘러 고층 건물을 세우느라 불도저가 도시 미관을 고려하지 않은 채 수백 년 된 유산을 갈아엎기 바빴다. 지진이 많이 발생하는 지역임에도 내진 설계 규정이 제대로 지켜지지 않는 경우가 허다했다. 그 점은 2008년 쓰촨 성 지진으로 많은 인명 피해가 있었던 것만 보아도 알 수 있다.

다행히 사찰과 '중요' 건물들은 국가문물국의 지시로 보전되었다. 하지만 이제 국가문물국은 어찌할 바를 몰랐다. 부패가 너무 심해서 시 행정기관 전체가 일을 제대로 처리하지 않는 경우도 있었다. 쿤밍 시는 옛 건물은 단 한 채도 남겨두지 않았다.

수도인 베이징의 경우는 더 심각했다. 베이징은 얼환루 안쪽의 구시가를 완전히 쓸어버리다시피 했기 때문이다. 이곳에는 높은 진회색 벽돌담과 붉은 대문으로 유명한 중국의 전통 가옥들이 모여 있는 후통이 있었다. 중국의 전통 가옥인 '쓰허위안'은 안마당을 둘러싼 형태로 지어진 아름다운 단층 목조건물이다. 이런 전통 가옥은 베이징에서 가까운 탕산에 대지진이 일어난 1976년에 이미 한 번 큰 피해를 입었다. 당시 피난민들은 베이징에 정착해서 쓰허위안 안마당에 임시변통으로 오두막을 짓고 살았다. 보기 싫은 대피소 같은 집들이 오늘날까지도 남아 있다. 이 집들을 철거하고 무단 거주자들을 후퉁 밖의 새로운 건물들로 이주시킨 후 집 주인들의 바람대로 쓰허위안을 제대로 복원하는 사업도 가능했을 것이다. 하지만 그런 조치는 전혀 없었다. 격동의 세월 속에 원래 집 주인들이 계속 소유권을 갖고 있는 경우는 드물었다. 부동산 개발업자들은 건설 계획을 추진하기 위해 옛 가옥들을 싹 밀어버리는 쪽을 택했고 고집쟁이 주민들을 몰아내기 위해 용역 깡패를 쓰는 짓도 마다하지 않았다.

2000년에서 2005년 사이에 자금성 동쪽에 위치하며 상업이 활발한 구시가 둥단도 이렇게 부분적으로 철거를 당했다. 당시 일부 소유주들은 반발했다. 한 노인은 삽과 곡괭이를 든 민공들이 들이닥치는 꼴을 보고 자기 집 지붕에 올라가기도 했다. 다른 집들이 다 철거된 중에도 몇 주간 홀로 버티고 있던 작은 집을 차지하러 온 자들이었다. 불도저는 매일 밤 쉬지 않고 움직였다. 텔레비전, 전화, 전기가 차례차례 끊겼다. 그러다 결국 날카로운 곡괭이를 든 민공들이 울타리를 부수기 시작하면 입주민들도 포기하고 마는 것이었다.

한때 마르코 폴로가 찬탄했던 이 도시에 이제 진짜 중요한 문화유산은 몇 점 남아 있지 않다. 다행히도 2000년대 후반부터 문화유산을 보호하자는 목소리가 높아졌고 중국 미디어도 이 문제를 집중적으로 조명했다. 시 책임자들은 무분별한 난개발이 관광 자원을 훼손하고 있으며, 이는 장기적으로 손해라는 점을 깨닫기 시작했다. 얼마 남지 않은 쓰허위안은 외국인들과 중국인 갑부들 사이에서 유행하면서 가격이 천정부지로 솟았다. 문화유적 분류 계획도 제대로 세워졌고 유명한 건축가들의 흥미로운 건물들이 나타나기 시작했다. 폴 앙드뢰의 베이징 국가대극원, 아이 웨이웨이와 헤르초크 & 드 뫼롱이 공동 설계한 베이징 올림픽 주경기장, 노먼 포스터의 CCTV 타워 등이 그 예다. 그러나 중국 정권은 보상금도 제대로 받지 못한 채 건물을 수용당한 소유주들이 정당한 권리를 행사하려고 할 때마다 계속 그들을 탄압했다…….

불만이 **싹트다**

　중국 성장의 모순들은 점점 더 극렬하게 드러났다. 2005년에만 중국 전역에서 8만 5천 건의 시위가 집계되었다. 그렇다면 하루에 230건 상당의 시위가 발생했다는 뜻이다. 부패한 지방 관료들의 토지 수탈이나 강제 수용이 주된 이유였다. 도시에서는 부동산 광풍이 불어 구시가지 중심가에 살던 주민들이 시장 가격보다 낮은 보상금을 받고 부동산 개발업자들에게 쫓겨나 같은 동네에 집을 구하지 못하고 외곽으로 이동하게 되었다. 시골에서는 촌장들이 마을 공동 토지를 공장이나 부동산 개발업자들에게 임의로 팔아넘겨 보상금도 못 받고 경작지도 빼앗긴 농민들이 속출했다. 환경 문제도 중국인들에게 경종을 울렸다. 2005년 봄과 가을에 저장 성에서 큰 폭동이 일어났다. 농민들은 건전지 공장에서 무분별하게 수은을 방출하여 지하수가 오염됐다고 분개했다. 광둥 성에서는 발전소 건설에 반대하는 시위가 일어났다.

　그와 동시에 1995년 허난 성에서 일어났던 에이즈 감염 혈액 사건이 베이징과 일반 대중들에게도 차츰 알려지고 있었다. 베이징에서 불교 운동가 후자는 어른들이 매혈을 하다가 에이즈에 집단으로 감염된 마을의 아이들에게 각별한 관심을 기울였다. 어른들은 에이즈 바이러스 보균자로 살아가다 하나둘 세상을 떠났다. 후자 부부는 그런 아이들을 고아원에서 찾아내어 입양했다. 지방 정부는 집단 감염이 일어난 마을을 봉쇄하는 조치밖에 하지 않았다. 그런 촌락들은 말 그대로 죽을 날만 기다리는 사람들의 집합소가 되었다.

에너지 넘치는 우이는 위생부장으로 재직하던 2003~07년에 3개 항바이러스를 결합한 에이즈 치료법을 일반화하고 그때까지 터부시되었던 에이즈에 대한 정보를 공개했다. 그제야 중국인들은 시름시름 앓다가 죽는 괴병의 정확한 명칭을 알게 되었다. 그러나 에이즈는 민공, 매춘부, 약물 중독자들의 이동에 따라 점점 더 확산되었다. 그 사이에 용감한 여의사 귀는 가택 연금 상태에 들어갔고 후자는 2008년 1월에 체포되었다. 후자는 3년 6개월 형을 선고받았고 최근에야 형을 마치고 풀려났다. 또한 후자가 구금된 동안 그의 아내는 에이즈 고아들을 지원하는 자선 기구를 강제로 폐쇄할 수밖에 없었다.

체포된 '사이버 반체제 투사들'

이처럼 불거진 긴장과 불만이 더 이상 확산되지 않도록 중국 체제는 2005년 봄부터 정치적 규제를 강화했다. 3월에 전인대는 대만을 겨냥한 '반분리법'을 통과시켰다. 이 법은 대만이 '법적' 독립을 주장할 경우 중국이 최후의 수단으로 무력을 동원할 수도 있음을 밝히고 있다. 2,898명의 인민대표들 가운데 단 2명만이 기권했다. 투표 결과에 인민대표들은 박수갈채를 보냈고 그 박수의 여운은 타이페이까지 생생하게 전달되었다. 천수이볜 총통은 즉시 항의 시위를 하자고 부르짖었으나 국민당 출신의 타이페이 시장 마잉주—2008년에 새로운 대만 총통으로 선출될 바로 그 사람—는 중국과의 대화를 재개해야 한다고 주장했다.

인터넷 검열과 통제가 특히 두드러졌다. '사이버 반체제 투사들'이 상당수 체포되어 5~12년에 이르는 중형을 선고받았다. 비정부 단체 대표들, 인권변호사들, 검열과 위협 속에서도 진실을 알리고자 노력한 언론인들도 이런 통제를 피해갈 수는 없었다. 2006년 초에 〈중궈칭녠바오〉의 부록이자 공산당에 비판적이던 신문 〈빙뎬〉이 정간당하고 기자 한 사람이 면직되었다. 지금도 30여 명의 기자들이 수감 중이다. 지방에서는 더 과격한 방법으로 언론 탄압이 진행되었다. 2005년 5월 18일에 광둥 성 중산의 유력지 〈난팡두스바오〉 편집국장은 자택에서 괴한 2명에게 습격을 당했다. 괴한들은 그를 구타하고 오른손 엄지와 검지를 절단하여 가져갔다. 그가 비록 삼합회에 대해 취재를 하는 중이기는 했지만 그의 신문은 몇 달 전부터 정치권을 겨냥하는 기사를 지속적으로 실었다. 또한 그는 2003년에 중국 정부가 사스 사태를 은폐하려 했다고 고발하기도 했다. 이 기사 때문에 주간과 편집장은 부패와 공금 횡령이라는 죄목으로 각각 11년형, 12년형을 선고받았다. 2006년 2월에는 항저우의 한 기자가 지방 경찰의 부패에 대한 기사를 썼다가 폭행을 당했고 결국 그 후유증을 이기지 못해 사망했다. 2006년 이후로 중국의 시위, 집회에 대한 집계는 더 이상 공개되지 않고 있다.

아무르 강 **벤젠 유출 사건**

2005년 말에 아무르 강 사태는 환경오염의 심각성과 지방 책임자들의 태만을 드러냈다. 러시아는 중국과의 국경을 가르는 아무르 강의 수질을 주기적으로 검사했는데, 11월 어느 날 벤젠 수치가 규정치보다 백 배나 높아진 것을 알았다. 벤젠은 무색무취이지만 동물이나 인간의 몸에 흡수되면 백혈병과 간암을 일으키는 무서운 화학물질이다. 시베리아의 대도시 하바롭스크가 위험했다. 모스크바는 베이징에 해명을 요구했다. 베이징은 몹시 당황하며 실태 조사에 나섰다. 중국 정부는 비밀리에 조사를 추진했고 지역 언론과 외신기자들도 자체적으로 취재에 나섰다.

벤젠 수치가 높아진 이유는 열흘 전 지린의 한 화학 공장에서 폭발사고가 일어났기 때문으로 추정되었다. 이 공장은 아무르 강의 지류 중 하나이며 하얼빈을 가로지르는 쑹화 강에서 360킬로미터 떨어진 상류 지점에 있었다. 우발적 위험에 대해 심문을 받은 공장 책임자와 하얼빈 관리는 "5명이 사망한 가벼운 사고였을 뿐이며 벤젠이 방출된 일은 없다"고 사태를 축소하려고만 했다. 그러나 하얼빈은 만약의 사태에 대비하기 위해 닷새간 식수 공급을 중단했다. 강이 얼었기 때문에 맑은 물이 다시 흐르게 되기까지 시간이 많이 걸렸다. 하지만 이 강에서 고기를 잡는 수천 명의 어부들과 이 강물을 관개용수로 쓰는 농부들에게 경고를 할 필요가 있다고 생각한 사람은 아무도 없었다.

지린 시의 조사 결과 '가벼운 사고'는 예상보다 더 큰 사고였음이 드러났다. 지린 화학 공장은 강의 한쪽 연안을 다 차지할 만큼 큰 공장이었다. 필자는 폭발 사고가 일어난 지 2주가 지난 시점에 그곳을 방문했는데, 기차에서 내리기 전부터 숨이 턱 막힐 만큼 도시 전체에 시큼하고 지독한 냄새가 진동하고 있었다. 택시 운전수들은 마스크와 아스피린을 소지하고 주황색 연기를 헤치며 공장으로 달려가 공장 직원들을 병원으로 실어 나르느라 바빴다고 증언했다. 부상자가 수백 명에 달했다는 목격자들의 증언도 나왔다. 공장 상태만 보아도 사고의 규모를 가늠할 수 있었다. 폭발 사고가 일어난 벤젠 탱크에서 반경 1천5백 미터 내에 멀쩡한 유리창이 하나도 없었다……. 그런데 조사가 계속되던 중에 사건의 책임자인 지린 시의 부시장이 자택에서 자살을 해버렸다.

총리는 노발대발하며 아무르 강 정화 사업을 지시하고 러시아에 중국 정부의 사과를 전달했다. 또한 전국적으로 산업 설비에 대한 사찰을 실시하여 미연의 위험을 파악하도록 했다. 이듬해 1월 말 총리는 조사 결과를 받아보고 오랫동안 부르르 떨게 될 것이다. 중국에 세워진 공장의 절반 이상은, 역사의 아이러니랄까, 1950년대에 소련의 기술 지원으로 세워진 것으로 이제 설비 노후로 인해 사고 위험이 높았다. 더 심각한 문제는, 이런 노후 공장 설비의 70퍼센트가 하천, 호수, 지하수층 근처에 있어 중국의 수질 오염을 가속화하고 있기 때문에 국민들의 건강에 큰 위협이 되고 있다는 것이다.

'하얼빈 사태'는 중앙 정부가 상황의 심각성을 인식하는 계기가 되었다는 점에서 의미가 있다. 베이징에서 환경보호부 부부장 판웨가 싸움에 뛰어들었다. 판웨는 이미 몇 년 전에도 비정부 기구 및 자선 단체는 국가가 미처 보살필 수 없는 부분을 채워주는 조직들이므로 정권이 관용을 베풀어야 한다고 주장한 인물이다. 그런 그가 환경 문제와 정면으로 마주보게 되었다. 2006년 3월 전인대 연례 회의가 끝나고 각 지방 정부에는 위험한 공장들을 폐쇄하고 산업 시설을 재정비하라는 지시가 떨어졌다. 앞으로 지어질 공장은 좀 더 엄격한 환경보호 규정을 따르게 될 것이다. 이 계획은 비용도 많이 들고 규모도 크기 때문에 최소한 20년은 지속적으로 추진해야 할 것이다. 그러나 중앙 정부는 지방 정부가 지시를 따르지 않아 곤혹을 치르고 있다. 지방 정부는 자신들의 도시에 공장 굴뚝 수로 성공을 가늠하고 있으므로 이런 중앙 정부의 지시는 곧 일자리 감소를 의미하기 때문이다. 이듬해에 원자바오 총리는 '녹색' 국내총생산이라는 새로운 통계 지표를 내세우고자 노력한다. 중국 여론, 특히 한 자녀 세대의 젊은이들은 점점 더 환경 문제에 예민해지고 있지만 지방 정부 관리들의 역량은 아직 미흡한 상황이다.

'06

중국 방식의
세계 평화

우리는 더 이상 국제적 **비판을 두려워하지 않는다**

중국인들은 콘셉트를 좋아한다. 중국사회과학원 소속으로 후진타오의 자문역을 맡고 있는 정비젠은 2000년대 중국의 발전을 '평화롭게 우뚝 일어선다'는 뜻의 '화평굴기(和平崛起)'라는 표현으로 정리했다. 이 새로운 용어는 2003년 11월 3일에 보아오 포럼에서 처음 나왔다. 그 후 중국에서는 가장 적당한 용어를 찾기 위한 논쟁이 활발하게 싹텄다. 중국의 정치와 야망을 가장 잘 표현하되 악의적 해석의 여지가 없는 콘셉트가 필요했다.

중국인들의 기준은 분명했다. 21세기의 여명기에 공산주의 체제는 다시 찾은 힘을 보여주고 8세기에 커다란 번영을 이루고 중국 문명의 황금기를 구가했던 당 왕조와의 연결 고리를 찾고 싶었던 것이다. 과거의 영화를 연상시키는 것이라면 무엇이든 좋았다. 당 왕조를 조명한 다큐멘

386

터리가 황금시간대에 텔레비전으로 방송되어 8억 명 이상이 시청했다. '위대한 문명'을 환기시키는 연설들이 마구 등장했다. 2008년 5월에 후진타오가 일본을 방문했을 때에도 일본의 최신식 건축물에 감탄하기보다는 나라의 사찰인 도쇼다이지를 찾은 것도 다분히 의미심장한 행동이었다. 이 사찰은 710년에 당나라에서 건너간 고승 감진이 세운 것이었기 때문이다. 감진은 당나라의 문헌, 건축, 의술, 인쇄 기술을 일본에 전해주었다고 한다. 8세기에 중국의 장안은 세계에서 가장 세련된 문화를 자랑하는 수도로서 일본 최초의 수도였던 나라에 많은 영향을 주었다. 후진타오의 이런 '문화 여행'은 이중의 메시지를 던졌다. 우선 일본인들에게는 일본 문화의 뿌리가 중국에 있으며 1천2백 년 전에는 두 나라가 우호 관계였다는 점을 일깨웠다. 하지만 중국 여론을 의식한 이번 상징적 행동은 중국인들의 자긍심을 자극하려는 의도도 있었다. 오랜 세월 정부의 선전에 길들여진 중국인들은 중국이 천 년도 전에 누렸던 세계의 중심이라는 위치를 되찾는 것이 아주 당연하다고 생각한다. 젊은 세대들이 보기에 중국의 발전은 부정할 수 없다. 그들은 자국이 빠른 속도로 발전하는 모습을 자신의 눈으로 보고 있다. 몇 년 전까지 체제를 비판하던 중국인들조차도 자국의 성과를 보며 자부심을 느끼기 시작했다. 1980년대에 서구를 동경하던 지식인과 예술가들이 바로 그런 경우다. 정작 그들이 서구에 진출했을 때에는 자본주의 세계의 발전이 둔화되는 시기였으므로 실망을 맛본 경우가 적지 않았다. 1990년대에 그들은 중국으로 돌아오기를 꿈꾸었고 다시 찾은 조국은 생판 딴 나라라고 해도 좋을 만큼 변해 있었다. 그러다 그들이 다시금 조국에서 인맥과 기반은 쌓은 2000년대 중반에는 중국인이라는 자부심을 느끼고 조국의 발전을 기뻐할 수 있게 된 것이다.

그렇지만 서방에서 보기에 '화평'이라는 말이 붙는다 해도 '굴기'라는 표현은 우려를 자아냈다. 중국은 확실히 자기들이 어떤 나라, 지역, 상품에 관심을 기울일 때 야기하는 혼란을 잘 알고 있었다. 중국은 수단, 나이지리아, 미얀마, 북한처럼 대외적으로 폐쇄적인 국가들에서도 영향력을 공공연하게 드러내지 않았고 오스트레일리아, 캐나다, 브라질 같은 개방 지역에서도 도자기 가게에 들어온 코끼리처럼 조심스럽게 행동했다. 중국은 자신의 경제 규모와 소비 시장 규모, 여기에 이처럼 빠른 적응력까지 더해 국제 경쟁에 뛰어들었다.

원자바오 총리는 중국의 부상이 서구인들에게 불러일으키는 묘한 감정을 의식했기에 '평화적 발전'이라는 좀 더 완화된 구호를 선호하게 되었다. 이 두 번째 구호는 2005, 2006년에 자주 눈에 띈다. 그러나 2007년 10월 중국공산당 제17차 전국대표대회에서 "중국의 르네상스"라는 세 번째 은유적인 표현이 국가주석의 입을 통해 나온다. 이번에는 보좌관들이 적절한 표현을 찾은 듯하다. 특히 이 표현은 중국 지식인들의 마음을 사로잡았다.

이제 중국은 경제적으로나 외교적으로나 명실상부한 강대국이 되겠다는 야심을 드러내도 좋을 만큼 성장했다고 느꼈다. 2005년 3월에 원자바오 총리는 그런 생각을 명시적으로 표현했다.

"우리는 더 이상 국제적 비판을 두려워하지 않습니다."

총리는 어떤 미국 기자가 전인대에서 거의 만장일치로 통과시키고 중국 언론의 박수를 받았던 반분리법의 의미에 대해 질문하자 위와 같이 대답했다. 콘돌리자 라이스 미국 국무장관은 다소 난감해하며 이렇게 대꾸할 수밖에 없었다.

"중국은 국제 관계에서 떠오르는 강국입니다. 그렇다 보니 좋은 면과 당황스러운 면이 함께 나타나지요……."

'상하이 병'에 걸린 **대만인들**

중국은 대만을 설득하기 위한 다양한 접근을 시도했다. 2000년도 이후로 '상하이병'에 걸린 대만인들은 허다했다. 대만 투자자의 60퍼센트는 중국을 투자처로 선택했다. 일부 기업들은 생산 설비 4분의 3을 중국으로 이전했다. 타이페이 명문가에서 태어난 1950, 60년대 생들은 대부분 상하이 부호 가문의 후손이었다. 따라서 '동양의 진주'가 잿더미에서 소생한 이때에 가문의 뿌리를 찾아 돌아가고자 하는 붐이 일어났던 것이다.

상하이에서 차로 한 시간이 걸리지 않는 쑤저우 근처의 작은 도시 쿤산은 특히 대만인들의 관심을 끌었다.

"1992년에 처음 쿤산을 찾았을 때만 해도 이 촌 동네가 개방되고 이처럼 급속도로 현대화될 거라곤 상상도 못했습니다."

조립 공장을 운영하는 치다오푸의 말이다. 치다오푸는 쿤산 대만기업연합회 회장을 맡고 있다. 2006년에 중국에 진출한 대만기업들은 1만 곳이 넘었으며 특히 신기술 분야에 집중되어 있다. '국제' 타워에 위치한 치다오푸의 사무실에서는 새로운 시 중심가가 내려다보인다. 초현대식 시청, 넓고 깨끗하며 가로수가 심어져 있는 광장, 번쩍번쩍한 새로운 과학기술문화 전람센터 건물까지.

"이제 우리는 시 행정 책임자들과 같은 생각을 하고 있습니다. 우리는 서로 자주 만나고 지방 관료들이 경영 자문을 해주기도 하지요. 심지어 저녁 8시 이후에도 쿤산 시장 휴대전화로 전화를 걸 정도니까요!"

실제로 쿤산 시는 "대만 기업들을 통해 대만 기업들을 끌어들이자"를 모토로 삼고 있다. 그리고 이 전략은 효과가 있었다. 쿤산 해외 자본 투자의 75퍼센트는 대만이 차지하고 있으며, 대만 기업들은 지방 조세 수입의 86퍼센트를 담당하고 있다. 그러니 대만인들이 인프라 개선을 건의

하거나 관세 철폐 구역을 만들어 수출입을 활성화하자고 제안하면 지방 정부는 귀를 기울이지 않을 수 없다. 전 상하이 시장 쉬쾅디는 이런 성과에 깊은 인상을 받고 각료들에게 "쿤산 시 모델을 보고 배우라"는 말을 했을 정도다.

"대만 투자자는 돈을 많이 벌어 좋고 시는 세금을 많이 걷어 부자가 되어 좋고, 모두가 만족합니다."

새로운 과학기술문화 전람센터 관장 쉬유빈은 그렇게 요약한다. 쿤산 시의 역동적 발전의 증거로, 2000년에서 2006년 사이에 이곳 공장에 일자리를 얻으러 온 민공의 수는 60만 명이 넘었다. 그들은 이 새로운 도시 인구의 4분의 1을 구성하고 있다.

그러나 정말로 새로운 현상은 쿤산에 사는 대만인들이 전부 다 공장 운영자들만은 아니라는 데 있다. 대만기업연합회 사무실과 같은 층에는 일종의 회의실 같은 곳이 있다. 나이가 지긋한 대만 사람 3명이 그 사무실로 들어간다. 이어서 한 젊은이가 수줍은 듯 들어간다. 역시 대만 출신의 여비서가 "대만 투자자들의 계모임이라고 할 수 있지요"라고 설명한다. 기업 대표들은 모여서 가장 돈이 궁한 사람에게 돈을 몰아준다. 때가 되어 자기도 좋은 금리로 다른 계원들에게 돈을 빌릴 때가 올 것을 알기 때문이다. 대만인들은 공산주의 치하의 은행을 아직 경계하고 있어서 가급적 자기들끼리 돈을 융통한다. 같은 이유에서 이들은 쿤산에 대만계 보험회사를 유치하려고 노력 중이며, 병원도 건설했다. 2000년부터는 가족 전체가 중국으로 이주해서 대만보다 부동산이 저렴한 이곳에 집을 마련하는 경우가 많았다. 치다오푸 씨의 아들도 쿤산에 와서 살고 있다.

"그 애는 대만보다 이곳에서 미래를 보는 것 같습니다."

치다오푸는 흡족한 기색으로 이렇게 말한다. 대만기업연합회 부회장을 맡고 있으며 인테리어업을 하고 있는 모시스 유 씨도 아내와 아이들을 모두 쿤산으로 불러서 함께 살고 있다고 한다.

2001년 8월에 이런 '이주 가정' 자녀들을 위한 대만 학교가 두 나라 정부의 축하를 받으며 중국에서 문을 열었다. 광저우 근처 둥관에는 이미 몇 달 전에 최초의 대만 학교가 문을 열기도 했다. 쿤산과 상하이 중간 지점에 위치한 '동중국대만사립학교'는 이 지역 일대의 대만 출신 아이들을 받아들였다. 이 학교는 1천5백 명의 학생을 수용할 수 있다. 음악이나 미술 같은 '교양' 과목 교사들은 쿤산 출신도 더러 있지만 대부분의 교사들은 대만 출신이다.

"우리는 정치 이야기는 하지 않습니다. 우리가 쓰는 교재나 수업에서 이념은 완전히 몰아냈지요."

교장 선생님의 말이다. 실제로 이 학교의 대만 아이들은 지역사회에 더 잘 적응하기 위해 쿤산 방언을 배우는 수업까지 받고 있다.

하지만 대만의 정체성에 애착을 지닌 천수이벤 총통은 2004년까지 첫 번째 임기를 보내며 국민들도 그러하기를 바라며 노력했다. 그런 노력은 반대파인 국민당을 무력화시키려는 수단이기도 했다. 중국은 이제 구체적 군사 위협은 하지 않았지만 여전히 공격적 발언을 일삼고 있었다. 중국은 천수이벤과의 대화를 거부하고 그를 고립시켜 재선에 실패하게 하려 했다. 그러나 천수이벤은 2004년에 재선에 성공했다. 중국 정부는 그 어느 때보다 이 변호사 출신의 대만 총통과 말도 섞지 않으려 했다.

이처럼 대화의 통로가 닫히자 천수이벤의 입장도 과격화되어 대만의 '법적' 독립을 꾀하기에 이른다. 양안에서 긴장이 고조되었다. 2005년 3월에 중국 전인대는 대만이 어떤 형태로든 독립을 선언하면 무력을 불사하겠다고 명시하는 '반분리법'을 통과시켰다. 그와 동시에 중국군은 푸젠 성 연안에 대만을 향한 미사일을 배치하고 해군력, 특히 잠수함들을 현대화하는 데 총력을 기울였다. 대만의 의지를 꺾겠다는 전략인지 더 부추기겠다는 전략인지는 알 수 없으나 아마도 현실적 위협은 되고도 남았을 것이다. 하지만 언젠가 중국이 무력을 쓴다면 집중 폭격을 택하기보다는 대만 봉쇄 작전을 전개할 가능성이 더 클 듯하다.

그 사이에 천수이볜은 자신의 수를 모두 드러내고 말았다. 그는 임기가 끝나는 2008년 3월 전에 헌법을 개정하기 위해 국민투표를 제안할 생각이었다. 하지만 대만은 경기침체에 접어든 반면, 중국은 계속해서 놀라운 경제성장률을 보이고 있었다. 천수이볜 행정부는 여러 가지 부패 사건에 연루되어 있었고 대만의 실업률과 물가는 치솟았으며 주가는 곤두박질쳤다. 2007년부터 추진한 국유 기업들의 '대만화(주요 국유 기업 명칭에서 '중국', '중화'라는 표현을 모두 '대만'으로 고친다는 정명正名 운동)'도 국민들에게는 인기가 없었다. 중국석유공사의 이름이 대만석유공사로 바뀌자 노조는 이런 '정치적' 결정으로 회사 로고가 바뀌면 아프리카 시장에서의 기업 인지도에 나쁜 영향을 미친다고 들고일어났다. 실제로 아프리카에서 중국 기업들과의 경쟁은 치열했고 '중국'이라는 단어의 애매성이 그들에게는 유리하게 작용하고 있었던 것이다……. 사실 대만인들은 민주화의 성과를 지키면서, 중국을 어렵잖게 방문할 수 있고 교역도 얼마든지 할 수 있는 현 상태에 만족했다. 천수이볜의 지지도는 크게 추락하여 2007년 가을에는 28퍼센트 아래로 떨어졌다.

2007년 10월 중국공산당 제17차 전국대표대회에서 후진타오 국가주석은 새로운 '손 내밀기' 전략을 전개하기 시작한다. 그는 60년 이상 지속된 내전 상태를 공식적으로 종결짓는 대만과의 평화 협정을 제안한다. 사실 이런 제안은 1990년대에 대만 총통 리덩후이가 먼저 했었다. 하지만 당시에 베이징은 이런 식의 접근법을 무시했다. 그러나 그 이후로 새로운 세대가 중국의 정치 지도부가 되었고, 중국 정부도 세련되고 교묘한 작전을 구사하게 되었다. 1997년부터 군인들이 중앙정치국 상무위원회에 들어오지 않고, 군대는 당에 복속되었다. 사실, 후진타오의 특징 중 하나가 바로 적들의 뛰어난 아이디어를 자기 것으로 만드는 것이다. 후진타오가 자신의 전임자들에게서 배운 이런 수법은 매우 '중국적'이기도 하지만 '공산주의적'이기도 하다.

대만과의 대화가 불가능하다고 보았던 중국은 2005년부터 같은 논리에 입각하여 정반대의 수법을 구사하고 있다. 중국은 대만이 통일 원칙에 합의하면 얼마나 달콤한 시간을 보내게 될지 보여주려는 듯 국민당 총재 렌잔을 중국에 초청하여 성대하게 맞아들였다. 또한 '주권'의 문제, 다시 말해 '하나의 중국' 이야기는 얘기는 빼놓고 나머지는 그 무엇이라도 논의할 수 있다는 듯이 유연한 태도를 보였다. 1993년에 중국과 대만은 처음으로 싱가포르에서 고위급 회담을 가진 바 있다. 당시에 양국 특사들은 '하나의 중국'이라는 말을 서로 다른 뜻으로 쓰고 있다는 결론에 도달했다. 중국인들은 공산주의 체제로의 통일을 생각했지만 대만인들은 '민주적 기반'에서의 통일을 원했다. 하지만 이 '차이'만 제쳐놓는다면 나머지는 무엇이든지 논의할 수 있었다.

2008년 1월에 대만 국민당은 입법의회 선거에서 다수 의석을 차지했다. 천수이볜의 정치에 반대하는 민심이 표출된 것이다. 천수이볜은 민진당 총재를 사임하게 된다. 중국 정부는 이로써 새로운 전략에 자신감을 갖게 되었지만 잠자코 있을 터였다. 이제 3월 22일에 있을 대선에서 국민당 후보가 당선되기를 기대해야 할 때였다. 중국은 그간의 경험을 거울삼아 이번에는 어떤 논평도 하지 않았다. 중국으로서는 다행스럽게도 국민당의 마잉주 후보가 58퍼센트의 득표율로 차기 총통이 되었다. 1950년생으로 미국에서 공부하고 타이페이 시장을 지낸 마잉주는 선거운동 기간에 '화해'를 강조했다. 그러나 대만이 대선을 치르던 바로 그때 티베트 사태가 터졌다.* 마잉주 총통은 중국의 티베트 유혈 진압을 비판하고 자신

393

이 즉시 중국을 방문하는 일은 없을 것이라고 말했다. 하지만 통일에 대한 논의는 뒤로 미루더라도 중국과의 화해 정책은 계속 밀고 나갈 것이라고 했다. 화해 정책은 모든 사업가들이 바라던 대로 중국-대만 직항 노선을 설치하는 것으로 빠르게 구체화되었다. 또한 양안의 교역 및 문화 교류가 더욱 활발해졌다. 뛰어난 전략가들이 모인 중국 지도부는 글로벌 경제위기에 대처하여 지역 내 경제적 영향력을 강화하기 위해 아세안 회원국과의 관계를 강화했다. 2010년 1월에 중국과 아세안의 자유무역 협정이 발효되었다. 대만은 고립을 우려하여 중국과 무역 협정을 체결하겠다고 나섰고, 그리하여 2010년 6월에 중국과 대만은 경제협력 기본 협정을 체결한다. 이로써 중국의 대만 투자자들은 좀 더 유리한 조건을 얻게 되지만 이제 대만의 경제는 중국의 경제와 긴밀하게 맞물려 돌아가게 된다. 게다가 대만은 중국의 동의가 없으면 이와 같은 조건의 무역 협정을 다른 국가와 맺을 수 없다. 대만과의 통일을 장기적인 목표로 삼고 있는 중국은 이와 같은 전략으로 인근 아시아 지역에서 평화를 보장하고 미국이 암암리에 반중 세력을 결탁할 위험을 예방할 수 있게 되었다. 그리고 아세안, 대만, 중국이 만든 자유무역 지대는 20억 명 이상의 인구, 즉 세계에서 가장 많은 인구가 집중된 곳이다. 후진타오의 실리적 접근이 결실을 거두고 있는 듯하다.

일본과의 경제협력 그리고 **외교적 마찰**

중국이 갈등 관계에서 벗어나지 못한 나라는 일본밖에 남지 않았다.

* 2008년도 내용을 참조할 것.

1930, 40년대에 일본이 중국을 침략했던 역사의 무게가 여전히 해소되지 않았기 때문이다. 독일과 달리, 일본은 주변 국가에 단 한 번도 명시적으로 사과한 적이 없다. 중국인들도 일본인들의 후회 어린 발언을 고의적으로 모호하게 받아들이며 사과를 받지 못했다고 주장했다. 그래야만 사죄의 뜻으로 금융 지원이나 일본 기업의 투자를 요구할 수 있기 때문이다. 중일 관계는 일본 총리가 누가 되느냐에 따라 달라졌다. 고이즈미 준이치로가 총리직에 있었던 2006년 9월까지 양국 관계는 상당히 껄끄러웠다.

2005년 초에 일본의 극우파 집단이 정부의 지지 하에 교과서를 개정하면서 상황은 화약에 불을 붙인 격이 되었다. 새로운 교과서는 일본의 식민지 건설을 찬양하고 1937년 난징대학살 같은 만행은 수록하지 않거나 크게 왜곡해서 실었다. 일본군이 10~30만 명의 중국 민간인을 학살했는데도 '사소한 마찰' 정도로만 표현하고 넘어간 것이다. 곧 중국의 민족주의자들이 들고 일어났다. 베이징, 상하이, 광저우, 선전의 거리에서 대학생들은 시위를 벌였다. 1989년 톈안먼 사태 이후로 가장 많은 대학생들이 시위에 참여했다. 그러나 이번 시위는 아주 자발적이지만은 않았다. 학생들은 대학에서 지원하는 버스를 타고 시위 장소에 모였고 공안의 감시 하에 거리 행진을 했다. 시위에서 사고는 단 한 건도 일어나지 않았다. 역사 왜곡이라는 사건 이외에도 미국이 일본, 한국과 함께 하는 '포위' 정책에 대한 중국의 두려움, 미국의 정책이 대만을 부추기지 않을까라는 두려움이 함께 민족주의적인 반응으로 표출되는 것이다. 이후 중국은 미국의 영향을 많이 받는 이웃 국가들을 자기 쪽으로 끌어들여 포위를 푸는 데 집중적으로 외교 활동을 펼칠 것이다. 무역으로 얻는 이익이 그 어느 때보다 중요해졌기 때문이다. 중국과 일본의 무역 규모는 2004년에 2천억 달러를 넘어섰다. 만다린과 사무라이는 계속 설전을 벌이는 와중에도 거래는 제대로 하고 있었던 것이다!

2006년 9월에 아베 신조가 총리직을 차지한 후 중일 관계는 상당 부분 개선되었다. 2008년 5월에 후진타오가 일본을 방문했을 때에도 분위기는 좋았다. 후진타오는 아키히토 일본 천왕과 후쿠다 야스오 총리를 만났다. 2008, 2009년 글로벌 경제위기로 양국 관계는 더욱 긴밀해졌다. 중국에서 손을 떼고 인도나 다른 아시아 국가에 투자를 시도했던 일본인들은 현 단계에서 중국만큼 경제성장 전망이 있는 나라는 없다는 점을 깨닫고 중국으로 돌아왔다. 1990년대 초만 해도 톈안먼 사태로 국제적으로 고립되었던 중국은 거대한 내수 시장을 무기 삼아 차츰 아시아 지역의 중심이 되었고 이제 그 이상까지 바라보게 되었다.

유럽이 버린 땅, **아프리카를 공략하다**

중국의 새로운 관심은 아프리카에 쏠려 있었다. 중국은 1950년대부터 아프리카 및 아랍 국가들과 좋은 관계를 유지해왔다. 1956년에 이집트의 주도로 이 국가들은 중국, 인도와 반둥회의를 열고 '비동맹' 그룹을 결성하고자 하는 등 동서 진영의 냉전 체제 속에서 또 다른 길을 모색했다. 시도는 허사가 되었지만 그래도 이들에게는 공동의 기억과 공모 의식이 남아 있었다. 중국은 이들과 특별한 관계를 맺고 있었고 1970년대에 거대한 경기장이나 대통령 관저를 지어주기도 했다. 1980년대에는 대학생들만 오가는 수준으로 교류가 줄어들었다. 그러나 1990년대 말부터 원유 가격이 치솟았고 중국은 점점 더 게걸스럽게 변해가는 경제에 원자재라는 연료를 제공해야 했기 때문에 무역 및 물물교환이 크게 늘어났다.

중국의 지도자들은 정치적, 경제적, 문화적 차원에서 아프리카 대륙에 반드시 진출해야 한다는 점을 깨달았다. 아프리카 대륙은 천연자원이 풍부하고 2010년 현재 10억 인구라는 큰 시장을 가지고 있지만, 서구인들은 잦은 분쟁과 사회 불안, 각종 질병과 빈곤, 이로 인해 발생한 난민 등을 핑계 삼아 이 대륙을 제쳐놓은 상태였다. 중국은 2005년까지 신중한 태도를 보이다가 서구 국가들이 아시아로 눈을 돌릴 때 아프리카에 포석을 깔기 시작했다.

2006년 11월에 중국은 베이징에서 중국-아프리카 정상회의를 개최하며 자신들의 입장을 공개적으로 드러냈다. 아프리카와 아랍의 53개 국가 정상들이 한 명도 빠짐없이 초청을 받았다. 대만과 단교하지 않은 일부 국가와 리비아만 불참했고, 48개국 정상들이 참석하겠다는 의사를 밝혔다. 톈안먼 광장에 자리한 인민대회당 안에서 벌어진 환영식 연출은 완벽했다. 아프리카 정상들은 엄밀한 시간 배정에 따라 차례로 대회당 계단 아래 도착해 차에서 내렸다. 한 사람씩 레드카펫 위를 걸어서 대성당만한 식장에 도착하면 후진타오 주석이 따뜻하게 악수하며 맞아주었다. 중국의 텔레비전 방송은 이 과정을 생중계했고 환영식 사진은 전 세계로 퍼져나갔다……. 완벽하게 준비된 이 작전 덕분에 중국은 불과 사흘 만에 외부 세계와 자국민들의 눈에 아시아 지역의 강국에서 전 세계의 강국, 남반구 국가들을 이끌고 보호하는 대국의 이미지를 갖게 됐다!

아프리카 지도자들은 중국의 등장을 비교적 호의적인 눈으로 바라보았다. 중국이 아프리카 국가들의 발전을 도왔고, 서구 국가들에게 아프리카에 대한 관심을 일깨웠기 때문이다. 정상회의 주제 '평화 발전'은 아프리카 국가들에게 중요한 공감을 불러일으켰다.

"중국은 우리를 사로잡습니다. 이 나라는 의욕을 불러일으키는 성장 모델을 제공하니까요!"

1963년생 카메룬 출신의 뤽 방자의 설명이다. 그는 중국에서 수련을 하고 쿵푸 세계 챔피언이 되었다. 자신과 같은 시대를 사는 중국 젊은이들의 역동성에 매료된 그는 베이징에 정착해서 영화에서 스포츠 의류 사업까지 다방면에서 활동을 펼치고 있다.

중국은 아프리카에서 다진 입지를 이용하여 자국 제품을 수출하고 군사적 역할까지 키우려고 한다. 건설 분야는 중국인들이 꽉 잡고 있는데 대개 같은 중국 팀들과 함께 작업을 한다. 중국해외공정유한책임공사는 아프리카 건설 작업의 70퍼센트를 담당하고 있다. 중국항만공정유한책임공사도 아프리카 사업을 우선시하고 있다. 중국은 이때 2010년까지 아프리카 대륙과의 교역을 천억 달러 수준으로 늘리는 것을 목표로 잡았는데, 이는 2008년에 조기 달성된다! 2010년 말에 중국 상무부장은 중국이 아프리카에 이미 백억 달러 이상을 투자했다고 밝혔다. 확실히 2000년대 후반부터 중국의 아프리카 투자는 크게 늘어났다. 중국-아프리카 정상회의와 같은 시기에 열린 무역 박람회에 참석하고자 베이징을 방문한 모하메드 두구 씨는 이렇게 설명한다.

"딱 봐도 비교가 되기 때문입니다. 아프리카 국가가 발전을 위해 구체적 지원을 요구하면—이를테면 병원 건립이라든가—유럽 사람들은 실현 가능성을 검토하지요. 그들은 지원을 요구한 나라가 인권이나 그 밖의 기준을 잘 준수하고 있는지, 요컨대 지원을 받을 자격이 있는 나라인지부터 살핍니다. 그러니까 절차를 밟는 것도 몹시 느리고, 때로는 2년씩 걸리기도 하는데, 그 사람들이 꼭 도와준다는 보장도 없습니다! 그런데 중국인들은 2, 3달 만에 뚝딱 병원부터 지어놓습니다. 그러고 나서 석유라든가 다른 천연자원을 대가로 요구하지요. 중국인들은 그런 원자재를 수송하는 고속도로까지 자기들이 알아서 만듭니다. 그 도로는 아프리카 국가에 계속 남아서 지역 발전에 도움을 주고요!"

그러나 아프리카에서 중국의 입지가 강화된 것이 꼭 긍정적인 면만 있는 것은 아니다. 가봉에서는 중국이 광물을 수송하기 위해 건설한 고속 도로가 국립 생태 보호 구역 한가운데로 지나가는 바람에 지금까지 잘 보존되던 동물상(動物相, 특정 지역이나 수역水域에 살고 있는 동물의 모든 종류)과 생태계가 교란에 빠졌다. 서방 국가의 정부들, 특히 프랑스 정부는 중국의 거침없는 자금 운용을 우려했다. 이미 금융 상황이 좋지 않은 아프리카 국가들의 채무가 더욱 늘어나고 부패가 만연할 위험이 있기 때문이다. 아프리카 국가 중 경제 발전을 이룬 남아프리카공화국은 중국의 입김이 점점 더 세지는 것을 실감했다. 리비아도 마찬가지였다. 리비아의 카다피 장군은 중국의 부상을 그리 곱게 보지 않았다. 2006년 봄에 잠비아의 야당 지도자 마이클 사타는 대선 운동의 일환으로 "이 나라에 진출한 중국인들이 지역 인구에게서 일자리를 훔쳐가고 있다"며 반중 시위를 주도했다.

　　아프리카에서 영향력을 키워가던 중국은 수단에 진출하여 어려움과 마주치게 된다. 1990년대 말부터 베이징은 수단 하르툼 정부가 석유 산업을 발전시키는 데 도움을 주면서 이 나라의 가장 주요한 고객이 되었다. 그러나 서방 국가들은 25만 명 이상의 사망자와 백만 명에 달하는 난민을 발생시킨 다르푸르 지역의 내전 사태 때문에 수단을 보이콧했다. 2006년 여름부터 중국은 국제사회의 압력에 시달렸다. 하르툼 정부는 국제사회의 중재나 인권 단체의 개입을 거부했으므로 국제사회는 중국이 수단에서 영향력을 발휘하여 길을 터주기 바랐던 것이다. 중국 정부는 오랫동안 이런 청원을 못 들은 체하다가 베이징에서 중국-아프리카 정상회의를 열면서 이 문제를 다루었고, 국제연합은 드디어 2007년 11월에 수단에 평화유지군을 파병할 수 있었다. 중국 외교관들은 자국이 수단 정권을 점진적으로 개방시키기 위해 신중한 정책을 구사하고 있다고 주장했다. 하지만 석유가 풍부한 이 나라에 서구인들이 다시 들어오는 일이 베이징의 이해관계에 이로울 리 없다. 게다가 다르푸르에서 자행된 학살을 막기 위해 노력하는 할리우드 스타들도 중국이 수단의 평화를 위해 충분히 노력하지 않았다고 비판했다.

2007년 11월, 프랑스 대통령 니콜라 사르코지는 중불 관계가 대단히 원만한 상황일 때 중국을 방문했다. 외무부 장관 베르나르 쿠슈네르는 아프리카에서의 중국 세력 확장에 대한 자신의 견해를 피력했다.

"중국인들이 함께 힘을 써줘야 합니다. 〔…〕 우리도 당연히 할 수 있다고 생각합니다만, 중국은 충분히 우리와는 다른 수단이나 다른 효과적인 방법을 쓸 수 있지 않습니까? 그러니까 함께 힘을 써봅시다. 우리 뜻에 꼭 맞지는 않아도 옳다고 생각해서 드리는 얘기입니다."

이미 2005년에도 중국 해외여행객의 5퍼센트는 아프리카 대륙에 속한 나라를 행선지로 택했다. 대만 측의 조사에 따르면 2백만 명 이상의 중국인이 아프리카에 체류하고 있으며 장기 체류도 적지 않다. 그러나 정식 등록된 중국인 체류자는 25만 명에 불과하다. 중국과 아프리카의 무역은 2004년과 2005년 사이에 35퍼센트나 늘었다. 중국국제항공이 나이지리아와 짐바브웨 직항 노선을 개설하면서 아프리카에서 중국인들의 입지는 계속 커지고 있다. 그러나 아프리카는 쉬운 곳이 아니다. 나이지리아 유전에서 중국인 전문가 납치 사건이 일어나는 등, 이제 중국인들은 여러 가지 어려움에 부딪치고 있다. 다른 국가들에서도 중국 기업들이 아프리카 노동자들에게 주는 임금 액수가 적고, 근무 환경도 열악하며, 현지인보다 의사소통이 쉽고 문화 차이가 없는 중국인들을 더 선호하는 점 등에 반발하여 반중 감정이 생겨나고 있다. 실제로도 지난 10년간 아프리카의 건설 현장에서는 대부분 중국인 노동자들이 일을 했다. 그들은 2, 3개월 단기 체류로 현장에 와서 팀이 바뀔 때까지 집중적으로 일하고 떠나는 것이었다.

미국의 앞마당, **라틴아메리카로**

중국은 또 다른 곳으로 눈을 돌리기 시작했다. 중국의 관심을 끄는 남반구의 비동맹국가들, 이미 중국이 어느 정도 세력을 행사하고 있는 그 국가들 중에는 라틴아메리카 대륙이 있다. 아프리카가 유럽인들의 관심 밖이었듯이 라틴아메리카도 잦은 쿠데타 때문에 미국의 관심에서 다소 벗어나 있었다. 미국인들은 오히려 아시아, 특히 중국에 집중적으로 투자를 했다. 그러나 중국은 계속 원자재와 에너지원을 찾고 있었으므로 파나마 운하 이남에 손을 뻗었다. 게다가 대서양과 태평양을 이어주는 이 운하 주위의 적재 사업, 항만 사업에 홍콩 기업들은 대규모 투자를 하고 있었다.

중국은 라틴아메리카, 특히 페루 같은 태평양 연안 국가들과는 문화적으로 통하는 점이 있는 듯했다. 사실 페루는 이미 중국계가 인구의 15퍼센트를 차지하고 있지 않은가? 19세기 말에 라틴아메리카에 상륙한 '치노(Chino)'들은 농장의 인부가 되거나 철도, 도로 건설 현장에서 일했다. 그들은 대부분 이곳을 삶의 터전으로 삼았다. 중국 주재 페루 대사도 중국계 이주민의 후손이었기 때문에 양국의 교류는 더욱 수월해졌다. 2009년 4월에 페루는 라틴아메리카 대륙에서 가장 처음으로 중국과 비관세지역을 만들기로 합의하는 자유무역 협정을 체결했다. 그러자 칠레를 비롯한 다른 국가들도 페루의 선례에 관심을 보였다. 특히 중국과 브라질의 교역은 좋은 결실을 거두었다. 룰라 대통령은 중국의 성장 모델에 매료되어 점점 더 명시적으로 중국과의 직접 무역을 장려했다. 사실 이 두 신흥 국가는 놀랄 만큼 상호보완성이 좋았다. 중국은 석유, 원자재, 농산물을 엄청나게 사갔을 뿐만 아니라 브라질 북부의 경작지에도 투자했다. 브라질은 중국의 신기술과 자동차, 여객기, 그리고 태양열 발전을 비롯한

401

모든 청정에너지를 탐냈다. 중국 기업들은 태양열 발전 분야의 제품을 미국 기업보다 더 저렴하게 제공했으니까. 쿠바조차도 중국에 관심을 보였다. 쿠바는 1958년에 체 게바라와 피델 카스트로가 바티스타 친미 정부를 몰아내고 공산주의 혁명을 이끌었다. 하지만 쿠바는 1960년대에 소련 모델을 채택했고, 그리하여 미국으로부터 통상 금지 조처를 당했다. 그러나 1990, 1991년에 소련이 붕괴하면서 상황은 변했다. 쿠바는 2000년대 중반에 러시아의 원조가 끊기면서 유례없는 곤궁에 빠졌기에 중국 화물선을 기쁜 마음으로 환영했다. 당시에 쿠바의 항구에 들어오는 배는 중국 배와 베네수엘라 배밖에 없었다. 아바나의 오래된 차이나타운은 중국인들의 투자 덕분에 2008년부터 급속도로 현대화되었다. 도시를 가로지르는 번쩍번쩍한 새 버스도 중국이 준 것이다. 언론 노출이 거의 없는 피델 카스트로의 아들 알렉스 카스트로는 2009년 11월에 인터뷰를 통해 쿠바도 중국의 성장 모델에 관심을 갖고 있으며 같은 노선을 걷기 원하지만 만인을 위한 교육과 사회보장이라는 차원에서 이뤄낸 자국의 성과를 지키고 싶다고 밝혔다.

아프리카에서 그랬듯이 라틴아메리카에서도 중국은 대안을 제시하고 신세대에게 기회를 주었다. 수천 명의 라틴아메리카 젊은이들이 중국으로 유학을 가고 있다. 중국 도시의 젊은이들 사이에서도 모히토와 시가는 물론, 스페인어, 탱고, 살사가 유행한다. 스페인어와 문화를 보급하는 교육기관인 세르반테스 문화원은 중국에 진출하여 아주 성황을 누리고 있다.

그러나 미국과 가깝고 라틴아메리카에서의 영향력에 대한 야망을 가진 멕시코와의 관계는 좀 더 까다로웠다. 또한 에콰도르처럼 '토착적인' 작은 국가들도 중국인 고용주들이 광산 노동자들을 착취한다는 이유로 감정이 좋지 않았다. 그래서 2009년에 에콰도르에서는 반중 시위가 일어

나기도 한다. 그렇지만 2000년대 말에 라틴아메리카에서 중국의 영향력
은 비약적으로 커졌다.

미국을 긴장시킨 **중국의 우주정복 계획**

서방의 군사 전문가들은 1995년부터 연 12~15퍼센트씩 급증하는
중국의 국방 예산을 주시하기 시작했다. 그들은 실제로는 발표한 액수
보다 더 많은 예산이 투입되었을 거라고 짐작한다. 중국의 국방 예산은
2008년도에 4천억 위안을 넘어섰다. 하지만 실제 투입된 예산은 3배 이
상일 것으로 추정된다. 하지만 국방 예산이 5천억 달러에 달하는 미국에
비하면 그래도 낮은 편이다. 중국은 매년 '백서'에서 자기들의 군사 전략
은 '방어'라는 점을 강조한다. 중국은 다른 나라들을 위협하지 않는다. 대
만은 자국 영토라고 생각하기 때문에 예외다. 실제로 2008년까지 중국의
군비 확충은 주로 대만을 겨냥한 미사일 배치에 집중되어 있었다. 중국군
은 대만 봉쇄 작전을 염두에 두고 잠수함과 항공모함 전력을 강화하려는
목표도 갖고 있었다. 하지만 2008년에 대만 정권이 교체되고 대륙과의
'화해'를 지향하는 마잉주 총통 체제가 시작되면서 양국 관계의 긴장은 완
화되었고 중국의 국방 정책도 다른 방향을 바라보게 되었다. 중국으로서
는 해군과 공군의 설비를 현대화하고 2009년 7월 우루무치 폭동 같은 사
태가 재현되지 않도록 서부 내륙 지방의 안보를 강화하는 것이 중요했다.
하지만 중국인들은 또 다른 지리적 정복, 바로 우주정복에 온 힘을 쏟고
있었다.

2004년에 중국의 로켓 '창정'은 중국 최초의 우주인 양리웨이를 탄생
시켰다. 양리웨이는 며칠 후 무사히 귀환했다.

1965년생인 양리웨이는 선전부의 완벽한 지원에 힘입어 중국의 국민 영웅이 되었다. 귀환 후 몇 달 동안 중국의 도시와 대학을 돌아다니며 강연을 했고 홍콩에서는 스타 대접을 받았다. 하지만 이런 성과는 미국이나 러시아보다 35년이나 뒤늦게 이뤄낸 것이다. 1969년에 서구 국가의 어린이들은 인간의 우주여행에 열광했지만 또래의 중국 아이들은 그런 사실조차 몰랐고 달나라를 선망하지도 않았을 것이다. 결국 이번 우주개발의 성과는 다분히 중국인들에게 다시 찾은 국가적인 영광을 보여주고 공산주의 체제에 대한 믿음을 불러일으키기 위한 것이었다.

서구인들, 특히 지금까지 우주정복의 선두에 있던 미국인들은 갑자기 우주개발 프로그램을 활발하게 재추진하기 시작했다. 미국은 1980년대 초부터 비용이 많이 드는 우주개발에 대한 투자를 중단했다. 소련이 붕괴한 후부터는 딱히 미국의 경쟁자도 없었기 때문이다.

2007년 1월에 인민해방군은 자국의 낡은 관측 위성을 폐기하는 미사일을 쏘아올림으로써 또 다른 전기를 마련했다. 항공학계와 방위업계가 엄청난 흥분에 휩싸였다. 중국인들이 그 정도 기술 수준까지 올라왔단 말인가? 그들은 어디까지 나갈 생각인가?

12일 동안 침묵이 계속되자 별의별 추측이 다 나왔다. 특히 인도, 일본, 미국의 군 수뇌부는 격렬히 반응했다. 워싱턴은 베이징에게 우주개발 계획을 투명하게 공개하고 의도를 밝힐 것을 요구했다. 중국 외교부 대변인 류진차오는 여러 나라들의 기다림에 종지부를 찍고 "중국은 다른 나라를 위협할 의도가 없으며 우주를 군사적으로 이용할 뜻도 없다"고 밝혔다. 그러나 중국은 몇 주 후에 2009년부터 달 탐사 계획을 추진할 것이라고 선언했다.

"중국의 전형적인 전략입니다."

서구의 한 외교관은 이렇게 말한다. 군사 전문가인 그는 다음과 같이

404

설명한다.

"베이징 정부는 일부러 불투명한 입장을 취하면서 온갖 가설이 난무하게 내버려둡니다. 인민해방군의 현대화가 어느 수준까지 이루어졌는지 파악하지 못하게 말입니다……. 그런 정보의 불균형 속에서 상대가 나가떨어지기를 노리는 전략이지요."

인민해방군은 여러 분야에서 자신들이 어떤 점이 뒤처져 있는지 잘 알고 있다. 하지만 중국은 서구의 국방비 증액이 지연되고 있는 틈을 타서 그런 차이를 뛰어넘으려 노력하는 중이다.

"중국은 비용이 많이 드는 군비 경쟁에 뛰어들기를 원치 않지만 어떤 부분들을 확실히 발전시키려고 합니다. 그래야만 미국이 이 지역에 개입할 일이 있을 때—특히 북한과 대만에 관련하여—그들이 부딪히게 될 위험을 고려해보게 될 테니까요. 이처럼 불균형한 군사력을 보여줌으로써 상대에게 커다란 의심을 불러일으키는 겁니다."

이 외교관은 이렇게 판단한다. 중국은 구식 위성을 파괴함으로써 미국이 독점하다시피 했던 영역에 자기들도 진입할 수 있다는 점을 과시하는 것이다…….

전 세계에 **중국어 열풍이 불다**

중국의 외교적·군사적 '화평굴기'는 집중적인 문화 발전 프로그램과 맞물려 있다. 2003년부터 2005년까지 중국과 프랑스는 문화 교류를 통해 매우 긍정적인 성과를 거두었다. 이로써 중국 정부는 문화 외교를 더욱 장려해야 할 필요성을 깨닫게 되었다. 문화 외교의 일환으로 외국에서의 중국어 교육을 활성화했고, 마침 외국에서도 중국어 열풍이 불었다. 많은

외국 젊은이들이 중국의 경제 발전에 자극받아 중국어를 배우고 싶어 했
던 것이다. 베이징 정부는 프랑스의 알리앙스 프랑세즈, 독일의 괴테 인
스티튜트, 영국의 브리티시 카운실 등의 모델을 본떠서 전 세계에 '공자
학원' 350곳을 설립하여 외국인들에게 중국어와 중국 문화를 가르친다는
야심찬 프로그램을 시작했다. 프랑스 푸아티에 공자학원은 가장 먼저 문
을 연 곳 중 하나다.

"프랑스에서 중국어를 배우는 학생 수는 2004년부터 폭발적으로 증
가했습니다."

프랑스 교육부에서 중국어 교육을 담당하고 있는 조엘 벨라상은 이
렇게 말했다. 중국어 강의를 수강하는 학생은 해마다 30퍼센트씩 증가하
고 있다. 역사상 이런 예가 한 번도 없었기에 중국학자들조차도 '대지진'
이라고 표현할 정도다. 이런 현상은 정부 간의 문화 교류로 중국 문화에
관심을 갖게 된 프랑스 젊은이들에게서만 나타난 것은 아니다. 미국, 캐
나다, 오스트레일리아, 그리고 대부분의 유럽 국가와 러시아에서도 비슷
한 변화가 나타났다. 중국어는 뉴욕 프랑스 고등학교에서 필수과목으로
지정되었다. 미국의 대학은 학생들을 베이징이나 상하이의 중국어 연수
프로그램에 학생들을 보내고 있으며, 특히 프린스턴 대학에서는 중국어
가 스페인어 다음으로 가장 많은 학생들이 배우는 외국어이다. 2005년에
이집트 고등학생 중에서 제2외국어로 중국어를 선택한 학생은 1만 명이
넘었다. 베이징에 유학하는 아프리카 학생들이 2005년부터 매년 20퍼센
트씩 늘어나는 것은 우연이 아니다. 한 중국 외교관은 이 현상을 두고 이
렇게 말한다.

"우리의 목표는 중국의 신세대가 미래의 아프리카 지도자들과 교류
를 쌓게 하는 것입니다."

중국으로 **몰려드는 외국인들**

1980년 초에 중국에 체류 중인 외국인은 전국을 통틀어 몇백 명밖에 되지 않았다. 그중 프랑스인은 50명에도 미치지 못했다. 1980년대에 외국 기업들이 중국에 진출하면서 외국인들의 수는 계속 늘었다. 그러다 1989~91년의 민주화 운동 탄압을 계기로 중국 체류 외국인들의 수는 다시 줄어들었다. 1990년에 상하이의 프랑스인 거주 지역에 프랑스인이 50명 정도밖에 없었다. 그 후 10년간 외국인들의 수는 차차 늘어나다가 2000년대에 외국 유학생들과 중국 시장의 발전 가능성을 보고 몰려든 중소기업들에 힘입어 폭발적으로 증가했다.

공식 집계에 따르면 중국 영토 내에 거주하는 외국인은 2008년 기준 50만 명이다. 상하이와 베이징에는 거대한 규모의 외국인 공동체가 있다. 이 도시에 사는 외국인들은 1930년대에 조계지에 살던 외국인들보다 훨씬 많다. 그래도 글로벌 경제위기 이후에 그 수가 조금 줄기는 했다. 중국 측 자료에 따르면 2010년 현재 공식적으로 등록되어 있는 외국인들은 44만 명이다. 이 외국인 가운데 3분의 1만이 경제활동을 하고 있다. 지금까지 중국에 진출한 서구 기업들은 주재원에게 매력적인 조건을 제공했지만 이제 그런 비용을 줄이고 교육을 잘 받은 중국 현지인을 고용하거나 단신 부임이 가능한 독신자들을 선택하는 경향이 생겨났다. 중국에 체류하는 외국인은 30퍼센트로 일본인이 가장 많고, 특히 상하이에 집중적으로 거주하고 있다. 그다음으로는 미국인, 유럽인, 한국인, 싱가포르인 순이다. 중국의 프랑스인 공동체는 2000년 당시 1만 명 규모였는데 10년 동안 5배가 증가했다. 그러나 영사관에 등록되지 않은 체류자들을 감안하면 실제로는 이보다 더 많을 것으로 보인다.

외국인들은 한곳에 모여 사는 경향이 있다. 도시와 '타운'들이 이렇게 형성되었다. 베이징의 리탄 공원 근처의 러시아인 타운이나 왕징의 한 인 타운, 일본인들이 선호하는 상하이의 홍차오 거리가 다 그렇게 조성되 었다. 프랑스인들은 상하이 옛 조계 지역이나 베이징 공인체육관에서 싼 리툰까지의 구역을 선호한다. 미국인들은 보안 시설을 갖춘 도시 외곽의 고급 빌라를 좋아한다. 중국에 거주하지 않고 왔다 갔다 하는 경우까지 포함하면 중국에 있는 외국인들의 수는 더 많다. 그들의 수는 대만인까지 포함하여 2006년 기준으로 베이징에만 150만 명, 중국 전체로는 4천4백 만 명에 이른다.

　　사업이나 학업 때문에 중국에 온 외국인 외에 여행자들도 있다. 중국 관광청 통계에서 알 수 있듯이 2008년까지 중국을 찾은 관광객들의 수는 크게 늘어났다. 2000년에는 '비중국인' 관광객, 즉 홍콩, 마카오, 대만 거 주자가 아닌 관광객이 천만 명 선을 넘어섰는데, 이 수는 2007년의 경우 와 비교하여 두 배로 늘어난 것이다. 그러나 글로벌 경제위기 후 2008년 올림픽을 계기로 비자 심사가 까다로워지고 치안이 강화되면서 외국인 관광객의 수는 다소 줄었다. 그럼에도 불구하고 세계관광기구는 중국이 2015년에 전 세계에서 관광객을 가장 많이 유치하는 나라가 될 것으로 전망한다. 해외여행을 떠나는 중국인들도 해가 다르게 늘고 있다. 세계관 광기구는 2015년에 중국인 해외관광객이 1억 명에 달할 것이라고 내다보 고 있다.

　　활발한 교류를 통해 중국인들의 의식구조는 상당히 바뀌었다. 1920~30년대에 짧게 상하이 지역이 개방되었던 것을 제외하면 중국 문 화는 사실 '코쟁이'들과의 교류가 거의 없었다. 다만 7세기 당나라 초에 중국은 실크로드를 통해 외국 문물의 영향을 받고 다양한 외국 종교를 수 용한 적이 있었다. 불교도 그런 식으로 인도에서 중국으로 전해졌다. 당 나라의 수도 장안은 국제적인 도시였고, 중국인과 인도, 말레이시아, 페

르시아 같은 인근 국가 사람들과의 혼혈 인구도 늘어났다. 그 때문에 9세기 중반에는 모든 외국인을 추방하고 외래 종교를 금지했다. 오늘날 중국 대도시의 거리에서는 외국인을 흔히 볼 수 있다. 베이징 시는 시민들에게 올림픽을 앞두고 외국인들을 상대할 때 지켜야 할 예의를 교육했고 이 노력은 좋은 성과를 거두었다. 1980년대 초에는 중국에서 외국인이 상점에 들어가거나 나올 때 인사를 하는 사람이 없었고, 문을 잡아주거나 미소를 보내는 사람도 없었다. 외국인을 대하는 태도가 그처럼 거칠었던 중국이지만 이제는 보다 매끄럽게 바뀌었다. 언어 장벽이 남았지만—본질적 장벽이긴 하지만—중국에 살면서 중국어를 할 수 있는 외국인도 크게 늘었다. 특히 1960년대 이후 출생으로 서구에서 중국어 교육 프로그램의 혜택을 입은 사람들이 그렇다.

1990년대 중반부터 국제 커플이라는 새로운 현상이 생겨났다. 초기에 이런 커플들은 주로 서구 남성이 비서나 통역 역할을 하는 중국 여성을 유혹해서 이루어졌다. 남자 쪽에서는 이국적 환상 때문에, 여자 쪽에서는 여권과 더 나은 생활수준을 노리고 사귀게 되는 경우가 많았다. 그래서 커플 사이에 연령차나 사회적 격차가 꽤 있었다. 하지만 1980년대 말에 외국으로 유학을 간 중국 학생들은 대학에서 자기와 비슷한 또래를 만나 이해관계, 경제 수준과 상관없이 평등한 관계를 이룬다. 외국에서 직장 생활을 하다가 중국으로 돌아온 이들은 귀국 후에도 외국에서의 인간관계를 이어나가곤 했다. 그래서 유럽과 아시아의 혼혈 인구도 늘어났는데, 베이징 프랑스 학교 학생들의 경우만 봐도 950명 중 절반 이상이 유럽과 아시아의 혼혈이다. 하지만 중국 남성과 결혼하는 서구 여성의 수는 여전히 매우 적다. 2006년에 상하이 시 민정국 조사에 따르면 국제결혼은 2005년에 23퍼센트가 늘어 2,960쌍에 이르렀다. 20년 전의 국제결혼 등록 건수는 고작 824쌍이었는데 말이다……

'07

터져나오는 성장통

인민을 달래야 한다

서민층의 불만이 쌓이기 시작했다. 사스 사태를 오랫동안 투명하게 공개하지 않았던 것을 포함하여 정부가 새로운 지도부의 비위를 맞추기에만 급급하고 '민중'을 무시한다는 비판이 일어났다. 이에 정부는 가장 취약한 사회 계층에 대한 관심과 사회적 긴장이 위기로 폭발하기 전에 해결하려는 의지를 보여주고 싶었다. 선전 당국은 후진타오 국가주석과 원자바오 총리를 민심에 귀를 잘 기울이는 이미지로 부각시켰다. 특히 총리는 수시로 광산이나 낙후된 마을, 에이즈 환자 병동을 찾아 위로하는 행사를 갖곤 했다.

2006년 3월에 전인대는 농민들의 소득을 늘려줄 수는 없으므로 부담이라도 덜어준다는 목표로 '신사회주의 운동'을 전개했다. 2000년 만에 처음으로 농민에 대한 모든 세금이 철폐되었다. 또한 농촌에서는 남자아이, 여자아이를 불문하고 중학교까지 무상 의무교육이 실시되었다.

2007년 3월에 전인대는 다시 '물권법'을 채택한다. 이 법에 따르면 도시민은 토지 소유권을 70년간 가질 수 있다. 그러나 농촌의 토지 문제는 훨씬 더 까다롭다. 1950년대에 토지의 집단화는 공산주의 개혁의 중심 과제였다. 하지만 이제는 농민과 지방 관료의 이해관계가 엇갈려 있기 때문에 이데올로기보다는 경제 논리가 우선이다. 지방 관료들은 부동산 개발업자들에게 도시 근교 채소 재배지의 공동 토지를 마구잡이로 팔아넘겼고 그 때문에 도시는 자꾸만 확장되고 있었다. 그런데도 농민들은 쥐꼬리만 한 보상금조차 제대로 받지 못했다. 중앙 정부는 지방 관료들만 부를 축적하고 수백만 농민들은 경작지를 잃어버린 상황에 봉착했다.

부패 관료에 대한 일대 조사가 시작되었다. 2007년 1월에 베이징에서 파견한 조사단은 싼샤 댐 건설 지역 농민들의 말이 진실임을 밝혀냈다! 5년 동안 세계에서 가장 큰 댐을 짓느라 침수된 촌락들 중 수십 가구를 무작위로 조사한 결과, 그 농민들은 삶의 터전을 잃고 강제 이주를 당하면서도 보상금을 전혀 받지 못한 것으로 드러났다. 하지만 보상금을 주는 싼샤개발공사가 부정을 저지른 것은 아니었다. 싼샤개발공사는 분명히 지방 관료들에게 보상금을 전달했다. 지방 관료들이 각 마을 촌장에게 보상금을 나누어주는 과정에서 엄청난 액수를 횡령한 것이다. 과거 농민들의 마을이 있던 자리를 뒤덮은 지름 660킬로미터에 이르는 인공호 주위에 들어선 오성급 호텔과 호화 청사, 번쩍번쩍하는 공무용 차량을 보건대 2004~05년 예산에서 증발해버린 어마어마한 돈이 어디에 쓰였는지 짐작하기란 어렵지 않다. 싼샤 댐 프로젝트에는 9백억 위안이 투입되었으며 3백만 명 가까운 인구가 강제 이주를 당했다.

인민을 **통제하다**

그러나 중국 정부는 사회적 탈선을 막고 '조화'를 추구한다는 명목으로 모든 종류의 사회운동 지도자들을 계속 탄압했다.

2006년 6월에 정부는 허난 성 정저우에서 일어난 학생 시위를 매우 강경하게 진압했다. 공안은 부유한 화교가 재정을 지원하는 성다학원에 경찰을 배치했다. 자신들의 학위가 가치를 인정받지 못하게 된 상황에 화가 난 학생들은 교실 집기를 부수고 거리로 뛰쳐나왔다. 교육부의 조사가 실시되었지만 성다학원은 사태가 진정될 때까지 외부와 단절되었다. 학생들은 기숙사 밖으로 나가지 못했으며 휴대전화를 정지당하고 블로그까지 폐쇄당했다. 중국 언론은 성다학원 사태를 다루지 말라는 지시를 받았다. 정부는 성다학원 사태가 중국 전체의 불만과 좌절이 분출되는 사회운동으로 커질까 봐 두려웠던 것이다. 1989년 톈안먼 사태를 떠올리는 일은 전적으로 금기시되고 있으나 그 기억은 아직도 생생했다.

2007년부터 통제는 더욱 강화되었다. 여러 가지 사회문제가 동시다발적으로 터져 나왔으며 중국 정부는 반항 세력들 간의 규합을 막기 위해 노력했다. 때로는 주동자들을 체포하는 강경책을 쓰고, 때로는 사태를 진정시키기 위해 반대파의 요구 사항을 들어주는 유화책을 쓰는 등, 저항운동을 막기 위한 모든 수단을 동원했다. 중국 정부의 목표는 조직적으로 연계된 대규모 운동이 일어나지 않도록 막는 것이었다.

2007년 12월 말에 에이즈로 부모를 잃은 고아들을 보호하던 인권 운동가 후자가 자택에서 체포당한 것도 같은 맥락으로 보아야 한다. 인권이나 사회적 문제 등을 해결하기 위해 싸우고 중국의 실태를 세상에 널리 알리는 지식인이 탄압을 당한 한 예라고 할까. 후자는 진솔하고도 절제 있는 화법으로 국제사회에도 잘 알려진 인권 운동가였다. 45세의 이 가냘픈 중국인은 독실한 불교 신자이자 그 자신도 간 건강이 좋지 않은 환자이므로 혁명을 주도할 만한 인물은 아니다. 그보다는 자신이 일상에서 마주치는 가난하고 헐벗은 사람들, 에이즈로 가족을 잃은 가엾은 고아들을 힘써 돌보고, 그 아이들을 부유한 가정에 입양시키거나 학교를 지어주기 위해 기금을 모으는 등 조용한 활동을 했다.* 그러나 체제 내 일부 인사들은 후자가 2007년 9월에 인터넷에 올린 '중국에 필요한 것은 올림픽이 아니라 인권'이라는 글을 문제 삼았다. 열띤 논란 끝에 후자는 2008년 3월 18일에 3년형을 선고받는다. 바로 그때 원자바오 총리는 연례 기자회견에서 중국이 개혁·개방의 머나먼 장정을 계속할 것이라고 다짐하고 있었다. 외신 기자들만이 후자 문제를 거론하고 나섰다. 후자의 이름은 이미 외국 대표단이 제시하는 중국 정치범 리스트에 올라 있었다. 하지만 대부분의 중국인들은, 더군다나 가장 급진적이라는 사람들조차도 후자가 체포당했다는 사실을 모르고 있었다. 중국 언론은 단 한 번도 후자의 이름을 언급하지 않았고 인터넷에 어쩌다 올라오는 정보는 즉시 삭제되었기 때문이다.

후자처럼 정부의 탄압을 받는 약자들을 눈에 띄게 옹호하고 나선 용감한 몇 명의 변호사와 기자들도 투옥되거나 목숨을 잃었다. 2006년에 〈중궈칭녠바오〉 저장 성 지국 책임자들이 농민 시위를 보도했다는 이유로 6~10년의 중형을 선고받았다. 선전의 한 신문도 지방 정부의 비리를 보도한 후에 폐간당했다. 〈신장징지바오〉의 한 기자는 2002년부터 월급을 받지 못한 노동자들을 취재한 내용을 기사로 썼다가 해고당했다……. 그렇지만 언론사의 수는 갈수록 늘어났다. 1990년대 초에 신문, 잡지 등의 종이 매체는 10여 종에 불과했으나 이제는 2천 종이 넘는다. 언론의 자유

* 허난 성 에이즈 집단 감염 사태에 대해서는 이 책 1995년도 부분을 보라.

를 조금씩 늘려나가며 관습을 바꾸고자 하는 신세대 언론인들에게 정부의 조치는 너무 가혹했다. 언론 탄압은 공산당 내에서조차 논란이 될 정도였다. 2006년 2월에는 전 선전부장을 위시한 당내 원로 10여 명이 언론 탄압을 비판하는 공개서한을 발표하는 일까지 있었다! 또한 뛰어난 변호사들이 탄압받는 이들을 옹호하고 나서는 것도 문제였다. 마을 인근 공장의 심각한 공해를 고발하거나 집이나 토지를 강제로 수용당한 이들이 항거하는 사태가 연달아 일어났다. 이들을 돕는 변호사들도 협박이나 폭행을 당하는 일은 부지기수였고, 심하게는 변호사 자격을 박탈당하거나 함께 감옥에 끌려가기도 했다……. 지금도 30여 명의 기자와 15명의 변호사가 약자의 권리를 옹호했다는 이유로 구금 생활을 하고 있다.

하지만 중국 국민은 용감한 소수의 저항에 대해 전반적으로 무지하거나 무관심하다. 지식인들조차 대부분은 체제의 비판자라기보다는 자문역이 되었고, 새로운 중산층은 정치 엘리트들과 같은 입장을 가지고 있다. 서민들은 19세기 중반부터 다사다난한 혁명과 사회운동을 거치며 지칠 대로 지쳐 있었으므로 대개 안정 속에서 경제성장을 이어나가 생활수준을 향상시키고 싶은 마음밖에 없다.

사실 2007년은 투기로도 부자가 될 수 있는 가능성이 엿보이기 시작한 해라고 할 수 있다. 젊은이든 은퇴한 노인이든, 중산층이든 택시운전수든, 중국인이라면 누구나 재산을 크게 불릴 궁리밖에 하지 않았다…….

부자 되기 열풍, **주식 투기**

사회보장제도가 없는 상태에서 점점 더 많은 중국인들이 높아만 가는 물가와 교육비 지출을 따라잡기 위해 이자가 거의 붙지 않는 은행예금을 해지하고 주식 투자라는 유일한 합법적 도박에 뛰어들었다. 상하이 주식시장에 투자하고 있는 한 40세의 여성은 하루에도 몇 번씩 주가를 확인한다.

"담당 브로커가 컴퓨터에 주식거래 시스템을 깔아줬어요. 정말 굉장해요! 중국 어디에서나 와이파이 접속만 가능하면 언제라도 내 계좌를 확인할 수 있지요. 공항에서나, 치과 대기실에서나, 낮이나, 밤이나 문제없어요. 나는 주식시장의 흐름과 내 수익률을 보고 클릭 한 번으로 매도 혹은 매수를 결정할 수 있지요. 나도 노후를 생각해야 하지 않겠어요. 게다가 이건 마작만큼 재미가 있어요. 아시죠, 우리 중국인들에겐 도박 본능 같은 게 있답니다!"

그녀는 이렇게 덧붙이고는 큰소리로 웃음을 터뜨린다. 부잣집에서 태어나 좋은 직업을 가진 남편을 만난 그녀는 하나뿐인 아들과 그들 부부가 입양한 딸의 교육에 전념하기 위해 전업주부가 되었다. 그리고 노후 대비도 하고 소일거리도 삼을 겸 2007년 초부터 주식투자를 하고 있다고 한다.

수천만 명의 중국인들이 그녀처럼 지극히 자본주의적인 기쁨을 발견했다. 광저우의 한 택시 기사는 핸드폰에 이어폰을 꽂고 하루에도 몇 번씩—빨간 신호등을 무시하고 지나가면서도—주식을 사고팔라는 지시를 내린다. 그는 소득의 3분의 1을 주식에 투자하고 있는데 수익이 꽤 짭짤해서 가계에 도움이 된단다. 이런 '부자 되기' 활동은 그 밖의 세대들까지 끌어들였다. 잠옷 바람으로 증권거래소 입구 의자에 앉아 꾸벅꾸벅 조는 한 가장은 전광판에 뜨는 주가 동향을 보려고 매일 이곳을 찾는다고 했다. 그는 전 재산은 물론, 생명보험까지 주식에 투자했다고 한다. 베이징에서는 칭화 대학 재학생 4명이 매일 밤 컴퓨터 앞에 모였다. 하지만 그들은 공부를 하거나 대자보를 쓰기 위해 모인 것이 아니었다. 그들은 넷이서 공동 계좌를 개설해서 어느 정도 수익을 거두면 그 돈으로 다시 주식을 매입하는 데 골몰했다. 심지어 부모들이 식비로 쓰라고 따로 보낸 돈도 주식투자에 쏟아 부었다. 2007년 5월에는 교육부가 급기야 대학생들에게 학업에 전념하는 것이 우선이라고 호소하기까지 했다. 명문대 학생들의 4분의 1 이상이 주식에 빠져 있는 형편이었다. 베이징에 사는 45세의 전업주부 왕 씨도 남편과 합의하여 지난 2년간 26만 위안을 주식에 투자했다고 한다. 생활비를 아끼고 군수 공장에서 명예 퇴직할 때 받은 퇴직금을 합쳐 주식에 투자한 것이다.

"수익률이 30퍼센트는 되지만 정확히 어떤 종목에 투자를 해야 하는지는 모르겠어요. 버스 기사인 남편이 증권 흐름을 파악하고 있긴 하지만요……."

이미 1억 명 이상의 인구가 상하이와 선전의 증권거래소에 투자하고 있다. 이는 중국 인구의 8퍼센트에 해당한다. 그중 절반 이상은 소위 '개미' 투자자들인데 그 수가 눈에 띄게 늘어나고 있다. 개인이 개설한 주식거래 계좌는 2007년 상반기 6개월에만 3천만 개가 늘었다. 요컨대 하루에 17만 명꼴로 신규 투자자가 늘었다는 얘기다. 주식투자 붐은 5월 말에 정점을 찍어 단 하루에 45만 5천 개의 신규 계좌가 개설되기에 이른다! 1천 4백 개 업체가 상장되었고 자본 규모는 3조 달러로 중국의 1년 치 국내총생산에 맞먹는 금액이다. 그렇지만 뉴욕과 런던에서부터 발생한 금융위기로 2007년 가을부터 주식시장은 몹시 불안정해졌다. 불과 몇 달 사이에 시가총액의 30퍼센트가 날아갔다. 하지만 그렇다 해도 중국 주식시장의 수익률이 좋았던 것만은 사실이다.

상하이와 선전 증권거래소는 1992년에 설립되었고 1997년 대폭락 이후 근근이 버티다가 2005년부터 크게 살아나 2년 이상 고공 행진을 계속했다. 상하이 지수는 2005년 7월에서 2007년 9월 사이에 5배 올랐다.

2006년에는 130퍼센트, 2007년에도 90퍼센트 이상 성장한 것이다. 15년째 중국에 거주하고 있는 비엔피파리바 은행 수석자문 장-미셸 피브토는 이렇게 지적한다.

"소액 투자자들은 크게 세 차례에 걸쳐 주식시장에 유입되었습니다. 2006년 중반까지는 주식 입문자들, 그다음에는 투기 세력, 2007년 봄 이후는 개인 투자자들이 주가 되었지요."

2007년에 중국 은행들은 고객들의 예금 해지가 잇달아 천문학적인 금액을 내어주어야 했다. 은행들은 5백억 위안을 현금으로 뱉어내야 했는데, 이 돈은 대부분 부동산이나 주식으로 흘러들어갔다. 심지어 중국은행에서는 직원들에게 새로운 예금 고객들을 유치하라는 할당 목표를 주기도 했다! 소액 투자자들은 중국 경제를 주시했다. 중국의 경제성장률은 10년째 평균 8퍼센트 이상을 기록했으며 무역흑자도 쌓여만 갔다.

"돈이 중국 안팎을 도는 거라면 중국 주식시장도 당연히 국제적인 경기침체에 영향을 받겠지요. 하지만 중국은 아직도 폐쇄적인 시장입니다. 위안화가 자유 태환화폐가 아닌 데다가 아직도 중국 주식에 투자하는 외국인들은 아주 소수입니다."

프랑스 대사관의 금융 자문 장-파트릭 야니크의 설명이다.

중국 소액 투자자들의 선택 기준은 아직 상당히 무모하고 허술한 편이다. 재무제표를 제대로 파악하거나 일부러 그런 시간을 내는 투자자들은 매우 적다. 그들은 대개 최근 몇 달간의 성과만 보고 종목을 택하곤 한다. 거래 지시는 대부분 구두로 이루어지며 증권회사 직원들의 부정행위도 적지 않게 발생한다. 게다가 소액 투자자들이 그런 비리를 꼭 알게 된다는 법도 없다.

"다행히도 난 정보통이 있죠. 우리 사촌이 그쪽에 있어서……."

광저우의 택시 기사가 호들갑스럽게 자랑한다.

2008년 초에 중국 주식시장이 폭락하면서 주식 투자도 침체되었다. 하지만 대부분의 투자자들은 그동안 쌓아놓은 수익이 있으니 당분간 버티며 사태를 관망하겠다는 입장이다. 중국의 소액 투자자들은 정부가 예상한 것보다 훨씬 침착한 태도를 보여주었다. 정부도 물가 인상을 따라잡기 위해 주식시장을 살리려고 노력할 것이다. 정부는 증권가의 심각한 장기 침체가 사회적 불만을 일으키고 정치를 위협할 수 있다는 사실을 깨달았다. 그러나 중국은 시장경제에서 도입한 이 새로운 도구를 실험한 결과, 국가가 50퍼센트 이상의 주식(공기업 및 준 공기업)을 갖고 있기 때문에 자신들이 시장을 살릴 수도 있고 침체시킬 수도 있다는 점도 알았다.

"정부의 목표는 완만한 착륙을 이끄는 것입니다."

비엔피파리바 은행 아시아 본부의 수석 경제학자 천싱둥의 의견이다. 정부의 넉넉한 외환 보유액은 소액 투자자들이 패닉 상태에 빠질 만큼 시장이 침체될 때 주가를 견인하는 역할을 할 수 있을 것이다.

6월에 중국 정부는 은행에게 갑자기 큰돈을 인출하는 고객들에게 주의를 주라는 지시를 받았다. 하지만 한창 주식 투자로 재미를 보고 있던 중국인들에게 이런 경고는 잘 먹히지 않았다. 중국인들은 엄청난 폭락장도, 서구인들의 집단 무의식에 깊이 뿌리 내리고 있는 1929년 대공황도 몰랐기 때문이다.

중국 GDP의 4분의 1, **부동산**

부동산 분야에서도 비슷한 열풍을 볼 수 있었다. 중국은 15년째 밤낮을 가리지 않고 건물 짓기에 바빴다. 중국 국내 경제활동의 4분의 1은 부동산 개발과 관련이 있을 정도다. 베이징, 상하이, 광저우의 풍경은 끊임없이 변했고 그 다음은 각 성의 성도들 차례였다. 우한, 선양, 쿤밍, 항저우, 시안, 톈진⋯⋯. 심지어 칭다오나 쑤저우 같은 중소 도시들도 크게 변모했다.*

부동산 개발은 또 다른 투기를 조장했다. 부동산 투기에는 두 부류의 사람들이 모였다. 한 부류는 1990년대 이전에 노동단위에서 아주 낮은 가격으로 주택을 매입한 사람들이고 다른 부류는 부동산을 구입할 만큼 재력이 있는 사람들이었다.

일단 첫 번째 부류는 멋모르고 횡재한 셈이었다. 중국의 대도시에서 '괜찮은' 노동단위에 근무하던 노동자들은 1990년대에 노동단위가 자산을 처분할 때 헐값에 집을 살 수 있었다. 1998년부터 부동산 가격이 크게 올라 그때 집을 사지 않았던 사람들은 두고두고 후회했다.

인상폭도 처음에는 매년 10~15퍼센트 수준이더니 2003년에 외국인도 중국에서 부동산 취득이 가능해지면서 매년 20~30퍼센트 수준으로 뛰었다. 중국의 모든 도시에서 1평방미터당 주택 가격이 폭등했다. 올림픽 개최지로 확정된 베이징에서 가장 먼저 부동산 투기 붐이 일었다. 베이징 중심부 호우하이 호수 주변의 일부 전통가옥들은 3천만 위안 정도에 거래된다. 청년층, 지방 출신은 우환루 바깥, 즉 톈안먼 광장에서 반경 30킬로미터 떨어진 곳에나 겨우 집을 살 수 있다. 하지만 이곳의 주택 가격도 이미 1평방미터당 8천 위안에 이른다. 만국박람회 때문에 외국인 투자자들이 대거 몰려든 상하이도 사정은 비슷하다. 항저우 같은 휴양도시에서는 별장 가격이 치솟았다. 그나마 중서부는 부동산 가격이 조금 덜 올랐다고는 하지만 각 성의 성도들도 주택 가격이 많이 올랐다.

이 때문에 중국인들은 부동산으로 자산을 불리는 경향이 있다. 우선

* 2005년도 '마구잡이 개발' 부분을 보라.

금전적 여력이 있는 사람들은 정치인들과의 교류를 통해 개발 예정 지역의 땅을 사들인다. 한때 중국공산당의 전도유망한 기대주였으나 톈안먼 사태 이후 당 조직에서 물러나 경제계로 진출했지만 아직도 당내 인사들과 교분을 맺고 있던 사람들 중에서 이런 방법으로 큰 재산을 모은 이들이 많았다. 소호 차이나 설립자인 판스이와 장신 부부처럼 새로운 콘셉트를 제안하여 성공을 거둔 이들도 있었다. 이들은 1990년대 말부터 국제적 명성의 건축가들을 영입하고 매혹적인 디자인의 현대적 건물, 소비자들과의 원만한 소통, 부동산 구매자들의 구미를 당길 만한 금융 조건 등을 내세운 부동산 개발로 승승장구했다. 하지만 소호 차이나가 가장 최근에 싼리툰 대사관 거리에 지은 오피스 빌딩은 1평방미터당 가격이 5만 위안을 넘는다! 게다가 이 건물의 사무실 최소 규격은 5백 평방미터다! 중국은 건축가들의 천국이 되었다…….

중앙 정부는 '부동산 거품'을 걱정해서 투자를 좀 더 생산적인 분야들로 돌리려고 노력 중이다. 정부는 또한 경작지가 부동산 개발에 흡수되는 현상을 걱정하고 있다. 이미 중국은 인구에 비해 경작지가 매우 적은 편이다. 또한 비양심적인 개발업자들이 농민들을 강제로 이주시키거나 도심의 오래된 가옥을 철거하고 입주자들을 강제로 몰아내기 때문에 문제가 되고 있다. 시·군 행정단위도 부동산 개발을 통제하는 데 힘을 쏟고 있다. 이들의 목표는 모든 사회계층이 주거 문제를 해결할 수 있게 되는 것이다. 주택 임대료도 많이 올랐지만 그래도 매매가에 비하면 아직 납득할 만한 수준이다. 1993년에는 방 두 칸짜리 집을 빌리는 월 임대료가 50위안밖에 되지 않았다. 현재 베이징 중심가에서 방 두 칸짜리 집을 빌리려면 그 백 배, 약간 외곽으로 벗어나도 60배를 지불해야 한다. 정부는 부동산 투기 광풍을 잠재우기 위해 2007~09년에는 중국에 거주하지 않는 외국인은 부동산을 취득할 수 없다는 조치를 발표했다. 또한 내국인도 이미

소유하고 있는 주택에 저당권이 설정되어 있으면 두 번째 주택을 취득할 수 없게 했다. 2008~09년 글로벌 경제위기로 중국 부동산 시장도 많이 침체되었지만 얼어붙은 정도는 아니었다. 중국 부동산은 2009년 하반기부터 다시 오르기 시작했다. 막대한 이농 인구와 전반적인 생활수준 향상 때문에 대도시의 주택 수요는 여전히 크다. 모든 중국인들이 자기 집을 갖기를 꿈꾼다. 노후 보장이 열악하고 금리가 지나치게 낮다는 점도 부동산 가격 상승의 또 다른 요인이다. 그래서 중국 인구의 대부분은 부동산 구입을 노년을 위한 일종의 보험처럼 생각한다.

베이징은 30년도 안 되어 몸집을 폭발적으로 불렸다. 1984년에 베이징의 옛 성곽을 따라 얼환루가 조성되었다. 1991년에 싼환루가 좀 더 확대된 베이징 시의 경계가 되었다. 2000년에 5킬로미터 바깥쪽으로 쓰환루가, 2004년에는 그보다 더 바깥쪽의 우환루가, 2006년에는 여기서 다시 15킬로미터 벗어난 류환루가 조성되었다. 현재 치환루가 건설 중이다. 채소 따위를 재배하던 과거의 시 외곽 지역은 이제 고속도로, 수백 채의 고층 건물, 상가, 학교가 빽빽하게 들어섰다. 2008년 올림픽 요트 경기가 열린 칭다오에도 바다를 마주보는 고층 건물들로 된 벽이 생겼다. 상하이나 원저우, 나아가 내륙 지방의 중국인들도 칭다오에 와서 바다를 조망할 수 있는 고층 아파트에 투자했다. 샤먼, 주하이, 나아가 베트남과의 국경 지대인 베이하이에 이르기까지 중국의 모든 해안 도시에서 같은 현상을 볼 수 있다.

하지만 새로운 문제가 발생했다. 인구가 밀집되어 있는 이 거대 도시들을 관리하기란 쉽지 않았다. 인구가 2천만 명이 넘는 도시만 해도 최소 4곳이다. 베이징, 상하이, 광저우, 게다가 충칭은 인구가 3천만 명도 넘는다. 1980년대에 중국 인구는 대부분 농촌 인구였고 도시민은 25퍼센트에 지나지 않았다. 하지만 2030년에 중국의 도시 인구 비율은 70퍼센트에

이를 것으로 전망된다. 따라서 중국의 도시들은 다음 세대에 걸쳐 최소한 4억 명의 농촌 인구를 더 흡수하게 될 것이다! 도시가 폭발적으로 커지면서 교통, 식수와 식품 보급, 쓰레기와 하수 처리, 공공 위생 문제도 끝없이 늘어났다. 1990년대 중반 이후로 중국 정부가 지방 중소도시 개발에 힘을 쏟은 이유도 이농 인구를 분산 수용하기 위해서였다.

정부는 그와 동시에 내륙 지방의 경제성장을 견인하기 위한 인프라를 구축해 인상적인 성과를 거두었다. 전역에서 고속도로, 공항, 철도 건설 공사가 진행되었다. 중국은 확실히 이런 공공 건설 분야에서 비약적 성장을 보여주었다. 이제 훌륭한 고속도로망이 전국을 연결하고 있다. 2008년 4월에 항저우와 닝보를 연결하는 세계에서 가장 긴 해상 대교가 착공에 들어갔다. 36킬로미터 길이의 해상 대교 덕분에 상하이에서 닝보까지의 거리는 120킬로미터나 단축될 것이다. 1980년대의 시원찮은 열차들도 시속 250킬로미터까지 낼 수 있는 최신 전기 기관차로 교체되었다. 시속 350킬로미터를 낼 수 있는 고속열차도 베이징-톈진, 베이징-상하이, 베이징-우한, 우한-광저우, 상하이-항저우 등 여러 구간에서 운행 중이거나 운행이 예정되어 있다. 또한 중국의 모든 대도시에서는 호텔, 식당, 테마파크 등의 관광 시설도 개발되었다. 1980년대에 외국인들에게 불과 호텔 3곳만을 개방했던 베이징이지만 이제 이곳의 호텔은 9백 곳이 넘고 그중 70퍼센트가 소규모 민간 사업체다!

새로운 '지역' 일자리들도 나타났다. 이런 일자리들은 젊은 민공 또는 국유 기업이나 노동단위에서 해고당한 노동자를 흡수하여 도시의 역동적 성장에 도움이 되었다는 의의가 있다. 먼저 정부에서 마련한 일자리들이 있다. 예를 들어 베이징 공항 제3터미널에서는 인부에서 출입국 사무소 경비에 이르기까지 모든 직원이 만 45세 이하이다. 외국 관광객들은 뉴욕이나 파리 공항 직원들의 태도와 확실히 비교되는 이곳 직원들의 친절한 태도, 신속한 일처리, 뛰어난 서비스에 감탄했다. 그 밖에도 사업 수완이 좋은 이들은 미국, 이탈리아, 뉴질랜드의 모범적 사례와 아시아적 실용주의를 결합한 서비스를 도입했다. 예를 들어 생수를 사고 싶다면 필요한 시간에 딱 맞춰 배달을 해준다든가, 급히 도시 반대편에 전달해야 할 서류가 있을 때 퀵서비스 기사가 집까지 찾아와서 약간의 수수료를 받고 서류를 받아 전달해주는 식이다. 또한 아파트 같은 공동주택이나 오피스 빌딩에는 관리사무소에서 월급을 받는 제복 차림의 경비들이 일한다. 이들은 외부인의 출입만 관리하는 것이 아니라 어디서 물이 샌다든가 복도의 전구를 갈아 끼워야 할 때 재빨리 손을 써주는 서비스센터 역할도 한다. 백화점이나 대형 상점에서도 소비자가 구입한 물건을 배달해준다. 어쩌다 택시에 우산이나 소포 꾸러미를 놓고 내렸다면 택시 회사에 전화를 걸어 운전수에게 받은 티켓에 나와 있는 자동차 등록번호를 불러주기만 하면 대체로 분실물을 무사히 되찾을 수 있다. 중국의 대도시에서는 24시간 영업하는 식당들도 점점 늘어나고 있다. 백화점, 거대한 상가, 주택가 근처에 밤에만 열리는 노점 등 중국에는 온갖 종류의 상점들이 있고 어느 곳이나 물건이 넘쳐난다. 종업원들은 매우 젊은 편으로, 대부분이 1980년대에 태어난 한 자녀 세대에 속한다.

새로운 황금 거위, **중국 현대미술 작품**

투기 붐이 일어난 세 번째 분야는 중국 현대미술이다. 이 분야에서 가장 심한 가격 폭등이 일어났다고 볼 수 있다. 2008년 가을 파리 국제아트페어에서 아트프라이스가 발표한 연례보고서에 따르면 중국 현대미술 작품은 10년 사이에 가격이 1,050퍼센트나 폭등했다. 하지만 비록 최근 몇 년간 미술 애호가들뿐만 아니라 새로운 투기 세력이 중국 미술품을 노리게 되었다 해도 여전히 중국 현대미술 시장은 소수의 전문가들에게만 열려 있다.

1999년에 국제 미술계는 베니스 비엔날레를 통해 중국 전위예술가들을 말 그대로 '발견'했다. 그때까지 중국 현대미술 작품은 외교관이나 외신 기자들, 또는 중국 문화에 관심 있는 스위스, 벨기에, 이탈리아, 프랑스 사람들에게만 지지를 받고 있었다. 특히 중국에 근무한 바 있는 전 스위스 대사 울리 지그는 최초의 중국 현대미술 작품 컬렉터라고 할 수 있다. 당시에 중국인으로서 자국의 현대미술 작품을 수집하는 사람은 대여섯 명에 불과했다.

중국의 현대미술은 1980년대 초에 개방과 더불어 뒤늦게야 나타났다. 초기 10년 동안 젊은 미술가들은 중국이 서구의 영향을 받지 않았던 반세기 동안 유럽과 미국에서 발전했던 모든 예술 사조와 기법 들을 발견하고 자기 것으로 만드는 데 몰두했다. 이들은 톈안먼 사태가 일어나고 1990년대 초가 되어서야 비로소 자신들만의 기법, 자신들만의 유머와 정서를 통해 예술을 사회와 정치 비판의 도구로 삼고 온갖 모순으로 가득한 현대의 중국을 묘사할 수 있게 된다. 이때부터 외국에서 중국 작가들의 전시회도 열리기 시작했다.

1999년부터 해외에서 중국 작가들의 전시회가 늘어났다. 중국계 프랑스인으로 미술품 감정사 일을 하고 있던 청신동은 중국 현대미술을 전세계에 알리고자 노력했다. 그는 프랑스 갤러리에 이어 페리그 미술관, 피카르디 미술관을 차례로 설득하여 중국 작가 특별전을 열었다. 유럽을 순회하면서 여러 전시회가 열렸다. 2007년에 청신동은 드디어 모스크바 트레티야코프 미술관이 중국 현대미술의 스타 작가 40명을 초청하여 러시아 미술가들과의 만남을 주선하게 하는 데 성공했다. 이와 비슷한 시도가 2008년에는 그리스에서, 2009년에는 쿠바에서 결실을 보았다. 하지만 청신동은 중국 정치인들에게도 이제 막 태어나는 중국 현대미술의 중요성을 일깨워주어야 한다고 생각했다. 베이징 밀레니엄 현대미술관이 2001년에 처음으로 문을 열었다. 2000년대에 베이징, 상하이, 광저우에서 비엔날레나 트리엔날레가 여러 차례 열리면서 중국 현대미술은 점점 더 국제적으로 인정을 받았다. 이제 중국 전위미술에 관심을 보이는 자국 및 외국의 미술품 감정사나, 화랑 관계자, 수집가와 전 세계 미술관은 크게 늘어났다.

중국 현대미술이 크게 주목 받는 가장 큰 이유는 1999년부터 작품 가격이 연 15~20퍼센트씩 꾸준히 상승했기 때문이다. 2004년에 과거 군수 공장 지대였던 베이징 동북부에 '다산즈 798 예술구'라는 화랑가가 조성되었다. 2008년 베이징 올림픽 때에는 자금성보다 이곳을 더 많은 관광객들이 찾았다고 한다! 2005년 봄에 미술품 경매 회사들은 덩실덩실 춤을 추었다. 2005년에 소더비 홍콩 지사에서는 중국 현대미술의 대표작가 웨민쥔의 작품이 35만 달러에 거래되었다. 모든 미술계 종사자들의 시선이 중국 현대미술 작가들에게로 쏠렸다. 가을에 크리스티 경매에서는 미술품 시장의 새로운 열풍을 다시 한 번 확인했다. 2006년 3월에 뉴욕 소더비 경매에서는 심리적 상한선까지 무너졌다. 중국 현대미술의 설립자 중 한 사람인 장샤오강의 작품이 드디어 백만 달러까지 올라갔던 것이다. 이때부터 중국 현대미술 작품의 가격은 천정부지로 올랐다. 웨민쥔의 다른 작품들은 런던에서 3백만 유로 이상에 팔렸다. 쩡판즈의 작품들도 비슷한 가격에 거래되었다. 미국 투자 기금들도 미술품 시장에 관심을 보였다. 전 세계의 미술품 수집가들은 물론, 중국의 젊은 부르주아들도 애국심 반 투기 심리 반으로 옛 조상들의 수집 취미를 이어갔다. 2007년에 벨기에의 기 울렌스 & 미리암 울렌스 남작 부부는 베이징 다산즈 798 예술구에 상설 전시 공간을 열었다. 이들 부부는 오래전부터 중국 미술에 조예가 깊었다. 2001년에 파리 에스파스 카르댕에서 그들의 소장품으로 멋진 전시회를 열기도 했다. 도쿄 미술관 관장을 지낸 제롬 상스가 중국인 감정인들과 함께 미술관 설립을 준비했다. 울렌스 센터는 곧 다산즈 예술구의 빠질 수 없는 명소가 되었다. 미국의 페이스 갤러리, 이탈리아의 콘티누아 갤러리도 이곳에 문을 열었다. 또한 중국인이 설립한 또 다른 미술관 투데이아트도 2002년에 문을 열었다. 이 미술관은 중국 디자인과 외국에서 활동 중인 중국인 예술가들의 작품 위주로 매우 흥미로운 전시들을 열고 있다.

2008년 11월에 글로벌 경제위기가 발생하면서 미술품 시장은 급격히 얼어붙었다. 경매에 나온 작품들의 절반 이상은 거래가 이뤄지지 못했다. 러시아와 미국의 미술품 구매자들 중 3백 명 정도가 전 세계 부호 명단에서 사라지게 될 터였다. 미술계 행사도 대거 취소되었다. 그러나 2009년 봄부터 미술품 시장은 살아나기 시작한다. 이제 아시아 컬렉터들과 외국 및 중국 미술품 경매회사들이 시장을 주도하고 있다. 그들은 3년 사이에 매우 전문화되었다. 베이징에 설립된 폴리 옥션과 가디언 옥션은 세계 5대 경매회사의 반열에 올랐다. 2007년부터 홍콩과 베이징은 뉴욕과 런던에 이어 세계 3위의 미술품 시장이 되었다. 또한 2009년도에 세계에서 가장 작품이 비싸게 거래되는 현존 작가 25명 가운데 10명이 중국 작가였다.

'세계의 공장'에서 **벗어나려는 노력**

그러나 중국 시장에 진출한 서구 사업가들이 꼭 잘나가기만 했던 것은 아니다. 게다가 그들이 시장조사를 한 결과 몇 달 전부터 또 다른 난관이 드러났다. 중국에서 '경제 애국주의'가 발달하기 시작했던 것이다. 2006년 봄에 프랑스의 주방기구 제조 업체 SEB는 냄비를 제조하는 중국 업체를 인수하려고 했다가 지역 언론의 뭇매를 맞았다. 인수 경쟁 업체인 중국 회사는 SEB가 시장을 독점하려 한다고 비난하며 '경제 애국주의'라는 이름으로 여론을 부채질했다. 몇 달간 프랑스 변호사 사무소는 외무부 장에게 SEB는 절대로 시장을 독점하고 있지 않으며 이 상황은 어디까지나 민간 기업끼리의 경쟁으로 보아야 한다고 주장했다. 마른하늘에 날벼락을 일으켰던 중국 경쟁 업체는 사실 SEB가 처음에 인수를 생각했던 회사이기도 했다. 그들은 SEB의 제안에 응하지 않았지만, SEB가 다른 경쟁사를 인수한다고 나서니까 위협감을 느꼈던 것이다. 중국 정부는 오랫동안 양측의 주장을 듣고 조사한 뒤 2007년 4월에 SEB의 손을 들어주었다.

　　그러나 SEB의 사례는 예외적인 것이 아니다. 2006년부터 외국 기업이 중국 기업을 인수하는 일은 전쟁 같은 과정이 되었다. 2005년 10월에 전 세계 기업을 대상으로 M&A를 추진하는 미국 투자 그룹 칼라일이 기중기와 그 밖의 공작기계를 제조하는 중국 쉬궁 그룹의 지분 85퍼센트를 3억 7천5백만 달러에 인수하려고 나섰던 일이 그 시발점이 되었다. 이 협상은 무려 18개월이나 계속되었다. 칼라일 그룹은 두 번이나 지분율을 낮추고 주가는 올려준 후에야 겨우 타협을 볼 수 있었다. 결국 쉬궁 그룹은 약 2억 달러에 지분을 45퍼센트밖에 넘기지 않음으로써 회장과 4개 자회사의 사장을 임명할 수 있는 경영권 방어에 성공했다. 우한보일러 지분을 많이 갖고 있던 알스톰, 라이우강철을 인수하고자 했던 세계 최대의 철강 업체 아르셀로 미탈, 허난 성의 소시지 제조 업체를 인수하려 했던 모건스탠리가 모두 몇 달간 진통을 겪으며 협상 조건을 수정해야 했다. 그 후에는 프랑스 식품 그룹 다논과 중국의 합작 파트너 와하하의 법정 투쟁이 몇 달을 잡아먹으며 외국 투자자들을 불안하게 했다. 민족주의자들의 태도는 강경했다.

"지금은 중국이 외세에 수탈당하던 그 시대가 아니다."*

항저우에서 설립된 와하하의 카리스마 넘치는 사장 쭝칭허우가 한 말이다. 그가 7월 초 기자회견을 가졌을 때 중국 기자들은 박수갈채를 보냈다. 쭝칭허우는 다논과의 기나긴 법적 투쟁에서 승리했고, 2010년에는 영국인 루퍼트 후그워프가 매년 발표하는 중국 부호 백 명의 순위 〈후룬 바이푸〉에서 개인 자산 8백억 위안으로 당당하게 1위에 이름을 올렸다.

이런 산업 전쟁은 공산당 내에서 '신좌파'로 분류되는 정치계 인사들과 영향력 있는 지식인들의 주장에 힘을 실어주었다. 신좌파는 외국인들이 핵심 산업을 좌지우지할까 봐 걱정했다. 반대로 원자바오 총리와 후진타오 국가주석을 위시한 '자유파'는 개방의 지속적 추진을 강조했다.

신좌파 경향을 보이는 중국사회과학원 부원장 허판은 다음과 같이 설명한다.

"정책의 우선순위가 달라졌습니다. 1980년대와 1990년대에는 개방과 외국인 투자 유치가 우선이었죠. 그러나 오늘날 중국은 세계에서 외환을 가장 많이 보유한 나라입니다. 이제 우리의 생각도 바뀌어야 합니다. 외국인 투자가 정말로 중국의 연구개발을 촉진하고 있는지 생각해봐야 합니다……. 앞으로 몇 년 후에 순수 국내 기업들이 사라지지는 않을지 걱정입니다. 중국은 다국적 기업도, 유명 브랜드도 아직 부족합니다."

2007년에도 중국 수출의 80퍼센트는 여전히 부가가치가 낮은 산업에 몰려 있었고 또한 60퍼센트는 외자 기업에서 이룩한 것이었다. 하지만 외자 기업이라 해도 대부분 중국인들이 더 많은 지분을 갖고 있는 조인트

---

* 1900년도 의화단운동을 암시하는 발언

벤처들이다. 중국인들은 돈, 인력, 그리고 세계경제에 멋지게 합류하기 위해 꼭 필요한 기술을 끌어올 수 있었다. 중국 수출품을 보면 전자, 반도체, 마이크로칩 등 상당히 복잡한 제품들도 다수 있다는 것을 알 수 있다. 하지만 중국인 노동자들이 담당하는 작업은 아직도 부가가치가 낮은 조립 수준에 머물러 있다. 이 때문에 정부는 중국이 차츰 '세계의 공장' 상태에서 벗어나는 데 도움이 될 만한 기술을 육성하는 정책을 펴고 있다. 독자적 특허 개발을 장려하는 동시에 외자 기업의 소유권 지분을 낮추는 것도 검토하고 있다.

경제 애국주의에 대한 논쟁은 2004년에 외국 기업이 중국 기업을 대거 인수하면서 불거졌다. 2006년 12월에 중국은 반독점법을 채택하여 외국 기업들의 인수 협상을 더욱 어렵게 만들었다. 그래도 어쨌든 SEB의 사례에서 보았듯이 궁극적으로는 공정한 판단을 내려주었다. 이제 증권이나 부동산 같은 투기적 성격이 강하거나, 환경을 파괴할 위험이 있는 외국인 투자는 저지되었다. 그러나 연구개발 콘텐츠를 제안하는 외국인 투자는 장려되었다. 물론 위험부담은 외국 기업이 진다는 조건에서 말이다!

중국은 자국 기업의 자회사들을 발전시키기 원한다. 2006년 중앙 정부는 베이징-상하이 구간 고속열차 프로젝트를 수주하려고 10년 가까이 경쟁을 벌여온 외국 기업들에게 자체 기술로 고속열차를 만들 것이라고 선언했다. 2008년 여름에 베이징-톈진 구간이 첫 번째로 개통했다. 이때 객차와 설비 일부는 독일 지멘스와의 기술제휴로 만들어졌다. 그러나 독일인들은 자국 상표를 노출시키지 않는 데 합의했다. 그래서 중국 고속열차는 공식적으로는 중국이 만든 것이 되었다. 이는 애국심을 충족시키는 또 다른 방법이었다. 항공기술 분야에서도 비슷한 현상이 나타났다. 중국 항공 산업은 여러 차례의 기술제휴와 이전을 통해 자체적으로 여객기를 만들어내기 시작했다. 중국의 기술력으로 제작될 C119는 2015년 이전에 운행에 들어갈 예정이다. 자동차 산업도 중국 국산차가 차츰 젊은 고객층을 중심으로 시장점유율을 높이고 있으며 전기자동차 분야에서도 큰 성공을 거두었다. 중국 정부가 외국과의 기술제휴로 지은 제2세대 원전 기술을 습득하기 위해 노력하고, 웨스팅하우스에서 제3세대 원자로 설계도를 사들인 것도 같은 이유에서다.

중국인들은 기술 독립을 실현하는 중이다. 그 첫 번째 이유는 보안 문제 때문이기도 하지만, 일단 어떤 분야들에서 선두가 되면 막대한 내수 시장 덕분에 세계 전체에 중국의 기준을 내세울 수 있다는 점을 깨달았기 때문이다. 예를 들어 통신기술, 3G 휴대전화, 변압기, PC, 디지털 텔레비전 등의 분야가 특히 그렇다. 중국이 미국의 강권에서 벗어날 수 있는 수단이랄까. 그러나 그런 방법을 쓸 줄 몰랐던 유럽은 원래 주인을 떠나 새 주인에게 붙어야 할 신세가 되었다…….

이런 변화는 프랑스에 특히 불리하게 작용한다. 그 이유는 중국 전부가 '자국화'하려는 전략 분야가 교통, 원전 등 대부분 프랑스가 특화한 산업 분야와 일치하기 때문이다. 따라서 프랑스는 중국의 경제 애국주의로 인한 여파를 다른 서구 국가들보다, 특히 독일에 비해 더 많이 겪는다. 사실 독일은 중국이 자국 기술로 생산하기보다는 믿고 구매하는 데 그치는 산업 분야에서 선두를 달리고 있다.

중국에서 오래 사업을 계속하고 싶은 기업들은 자국의 색깔을 최대한 죽이고 합작을 통해 중국 기업의 탈을 쓰는 수밖에 없다. 세계 최고의 수(水) 처리 서비스 기업 베올리아는 바로 이 전략을 써서 중국 정부가 기술 독립을 추진하는 분야임에도 신장 자치구 우루무치에서 큰 계약을 따낼 수 있었다. 알카텔의 자회사 상하이벨도 같은 방법으로 아프리카 시장에 성공적으로 진출했으며 토탈은 중국의 유전 회사들과 합작하여 아프리카에서 원유 공동 채굴 사업을 펼치고 있다. 그러나 중국에 투자하는 외국 기업들은 투자에 따르는 위험 부담, 산업 스파이가 판치는 이 나라에서 자발적인 기술 이전뿐만 아니라 산업 기밀을 유출당할 수도 있다는 가능성을 항상 염두에 두어야 한다.

중국식의 '소프트 파워'

2007년 10월 22일에 중국공산당 제17차 전국대표대회는 모두의 예상대로 후진타오 국가주석과 원자바오 총리의 임기를 5년 더 연장하기로 결정했다. 집단지도 체제는 각 각료들이 2002년도보다 좀 더 정책에 충실할 수 있게 되었다는 점에서 승리를 거둔 셈이었다. 또한 후진타오는 그의 가장 큰 경쟁자이자 장쩌민의 자문역이었던 쩡칭훙을 정계에서 은퇴시킬 수 있었다. 비록 쩡칭훙의 측근들이 중앙정치국과 상무위원회에 남아 있긴 했지만 장쩌민과 각별한 관계에 있던 '상하이방' 세력은 후진타오 측근 세력인 '공산주의청년단' 출신 세력에 비하면 소수에 지나지 않았다. 아직 1990년대에 중국을 이끌었던 구세력과 연계된 인물이 3명 있었다. 우선 전인대 의장 우방궈가 체제 내 서열 2위를 지키고 있었다. 리창춘도 선전부장을 맡고 있었으며 자칭린은 중국의 상원이라고 할 수 있는 정치협상위원회의 주석을 맡았다. 국가주석의 새로운 수하들로는 중앙기율검사위원회 서기로서 반부패운동에 앞장서게 될 허궈창과 공안부장을 맡게 된 저우융캉이 있었다. 그리고 1950년대에 태어난 젊은 피 두 사람이 합류했다. 각각 차기 국가주석과 총리로 예상되는 시진핑과 리커창이 그들이다. 중국 공산주의라는 왕조의 전통에 따라 새롭게 등장한 이 인물들은 정권 교체가 예정되어 있는 2012년까지 5년간 여러 가지 어려운 사안들을 처리하며 국무를 익히고 그들의 역량을 입증해야 할 것이다.

그러나 제17차 전국대표대회는 미묘한 분위기에서 치러졌다. 일단 이전의 전국대표대회에 비하면 이념적 색채가 거의 눈에 띄지 않았다. 후진타오가 "과학의 발전"이라는 말을 헌법에 넣음으로써 족적을 남겼다고는 하지만 그 정도로는 약했다. 이번 대회에서 소개된 차세대 내각의 구성원이 될 인물들이나 2012년까지의 우선적인 정책 과제를 보면 중국의 제4세대 지도자들이 베이징 올림픽 전까지는 어떤 탈선도 바라지 않는다는 점을 분명히 알 수 있다. 하지만 그와 동시에 중국 체제가 정신없이 축제를 준비하는 기간 동안 느끼는 불안감도 보여주었다.

9월에 다보스 포럼에서 중국의 '소프트 파워'에 대한 의문이 제기되었다. 제17차 전국대표대회에서 그 의문에 대한 답변의 골자를 볼 수 있다. 중국의 소프트 파워란 무엇인가? 그것은 중국의 '르네상스'에 대한 정부의 시각에 담겨 있다. 베이징이 내세우는 야심은 21세기 중반까지는 세계 최고의 강대국이라는 위치를 되찾겠다는 것이다. 그렇다면 세계에서 통하는 모델들을 관찰하는 것이 중요하다. 중국인들은 관찰을 통해 배우는 능력이 뛰어나다. 그리고 그들이 찾은 기준은 현재 세계 제1의 대국인 미국이다. 미국의 소프트 파워를 구성하는 요소들, 요컨대 코카콜라, 맥도널드, 로큰롤, 팝아트, 할리우드 영화가 전 세계를 휩쓸고 있다. 반면에 베트남전이나 이라크전은 '하드 파워'의 가장 극단적인 예다. 그런데 지난 30년간 미국은 무력 분쟁으로 나타나는 하드 파워보다 소프트 파워에 힘입어 세계를 지배했다고 볼 수 있다.

"이토록 영향력이 큰 미국의 소프트 파워에 맞선 중국의 대안은 무엇입니까?"

미국 기자가 다보스 포럼에서 질문을 던졌다. 이 포럼에 북미와 남미 지도자들은 많이 참석했지만 유럽인들은 별로 참석하지 않았다. 중국인들은 대답하기가 난처했다. 하지만 이 질문은 후진타오 국가주석의 귀에까지 들어갔다. 사실 그 답은 여기저기 흩어진 채 이미 나와 있었다. 중국어, 중국 전통의학, 중국 요리, 불교, 쿵푸 열풍에서 답을 찾을 수 있다. 좀 더 현대적인 것을 들자면 중국 현대미술도 넣을 수 있을 것이다. 하지만 아직 그 어떤 것도 교육기관이 제대로 조직되어 있지 않았다. 따라서 그런 조직화 작업을 추진해야 했다.

그 중요한 수단의 하나인 공자학원은 전 세계에 빠르게 진출하고 있다. 후진타오의 측근이자 교육부 자문역을 맡고 있는 류옌둥이 공자학원을 이끌고 있다. 2009년 11월에 설립된 현대미술관도 가장 잘나가는 현대미술가 20명을 영입했다. 15년 전에 중국 공안의 감시에 시달리던 바로 그 미술가들이다! 또한 정부는 기업들에게 고급 브랜드를 개발할 것을 독려하고 있다. 중국은 세계화와 강대국이 되려는 자국의 야심을 실현하려면 문화적 기반이라는 강대국의 중요한 특징을 충족시켜야 한다는 것을 불현듯 깨달은 것이다.

올림픽 대장정

2008년 8월 올림픽 개최는 중국이 그토록 원하는 '소프트 파워'의 일
환이자 2000년대의 정점이 될 것이 분명했다. 2001년 7월에 베이징이 하
계 올림픽 개최지로 선정되면서 선전부는 이를 전면에 내세웠다. 중국인
들의 자부심을 고취시키고 개혁을 정당화하는 것이 관건이었다. 모두가
건설 현장에서, 공장에서 열심히 일했다……. 해가 다르게 치솟던 경제
성장률이 2007년에는 11.4퍼센트를 넘어섰다. 그러나 이 해 2008년에 일
어나는 사건들은 중국의 계획이 원만하게 진행되지 않으리라는 점을 보
여준다.

유례없는 악천후

중국 남부에서 유례없는 악천후가 계속된 탓에 2008년은 시작부터

순조롭지 않았다. 겨울에도 기후가 온화한 이 지역에 한파가 불어닥친 것이다. 도로는 빙판으로 변해 3주 가까이 교통이 끊겼고 항공기는 이착륙을 할 수 없었으며 철로가 거대한 눈 더미에 막혀 열차 운행도 중지되었다. 심지어 전선이 무겁게 쌓인 눈을 감당하지 못해 전기마저 끊겼다. 고된 노동에 시달리다가 일 년에 딱 한 번 설날 휴가에 고향을 찾는 6천만명의 민공들은 공항과 기차역에서 발이 묶였다. 총리는 여러 차례 폭설 피해 지역을 시찰하고 그들을 위로했다. 또한 대대적인 인력 동원을 명했다. 인민군은 공항이나 역에서 대기 중인 여행자들에게 이불, 비상식량, 뜨거운 물을 나눠주었다. 열흘이 지나도록 상황이 나아질 기미가 보이지 않자 정부는 민공들에게 고향 방문을 포기하는 것이 어떻겠냐고 제안했다. 예정보다 빨리 공장 문을 다시 열 테니 일터로 돌아가면 추가 수당이 지급될 것이라고 했다. 다른 나라 같으면 엄청난 불만이 쏟아져 나왔겠지만 중국 노동자들은 차분하게 받아들였다. 고향에 가지 못하는 슬픔에 빠졌던 노동자들은 공항이나 기차역에서 하나둘 공장 기숙사로 발길을 돌렸다. 2월 중순에 폭설이 주춤해지자 중국 남부에도 안정이 찾아왔다. 모두들 이미 불만을 참으며 일하고 있었다. 민공들은 워낙 특수한 상황이었고 국가가 제대로 돌아가려면 자신들이 좌절을 감내해야 한다는 것을 이해했다. 그리고 솔직히 선택의 여지도 없었다! 중국은 아직 국민들이 사회적인 요구를 내세울 만한 분위기가 아니다. 중국의 2008년 상반기 경제성장률은 10.8퍼센트를 기록했다.

물가냐, **성장이냐**

글로벌 경제위기가 심화되는 이 시점에서 중국 정부는 수출주도형의 경제성장에서 보다 안정적인 발전으로 넘어가기 위해 내수 시장을 키우기 원했다. 원자바오 총리는 2008년 3월에 그 점을 다시 한 번 강조하며 2008년은 꽤 힘겨운 한 해가 될 것이라고 예고했다.

실제로 중국 정치 지도자들은 경기과열을 우려하고 있었다. 2007년부터 물가는 계속 오르기만 했다. 특히 식료품 가격이 폭등했는데, 폭설과 한파로 2주 이상 교통과 수송이 마비되었던 2008년 겨울에만 20퍼센트 이상 올랐다. 유가와 원자재 가격 상승도 이런 인플레이션을 부채질했다. 총리는 국제 곡물가가 폭등하고 있는 이때에 비양심적인 공무원들이 곡물을 임의로 내다 팔까 봐 걱정하여 곡물 비축에 대한 통제를 강화했다. 또한 정부는 생필품 가격 인상을 금지했다. 언론에 발표된 곡물 비축 조사관들의 공식 보고에 따르면 중국의 식량 자급률이 충분히 양호해 큰 문제가 없는 것으로 나타났다. 하지만 비공식적인 보고는 그렇게 만족스럽지 못했다. 아마도 암암리에 관련자들에 대한 처벌과 정리가 이루어졌을 것이다.

어쨌든 국민들은 물가가 오른 것이 불만이었다. 경제학 관점에서 보면 생필품 가격이 오를 때 국민들의 소비 욕구가 낮아져 내수 시장은 침체된다. 그래서 중앙 정부는 물가를 잡아야 한다. 그러나 거시경제 지표는 대체로 좋게 나왔기 때문에 중국 정부는 미국을 비롯한 전 세계가 금융위기에 빠진 이때에도 눈부신 성과를 내는 자국 경제를 멈추게 하기보다는 다소 위험하더라도 계속 끌고 나가기로 결정한다.

하나의 세계, **하나의 꿈**

모두가 베이징 올림픽 공식 슬로건 "하나의 세계, 하나의 꿈"을 떠올리며 전진했다. 텔레비전 광고에서, 과자 봉지에서, 학교 입구에서, 버스 정류장에서, 공사장 말뚝에서, 언제 어디서나 이 구호를 볼 수 있었다. 얼마나 많이 보고 들었는지 아예 뇌리에 글자들이 박혀버린 기분이었다. 이 정도로 올림픽은 중국 정부가 추진하는 '중국의 르네상스'에서 가장 중요한 단계였다.

1990년대에 중국 정권은 공산주의 이데올로기가 힘을 잃어가는 상황에서 애국 운동을 들고 나왔다. 중국의 아이들은 유치원에서부터 서구 열강에 수탈당했던 19세기 역사 이야기─아편전쟁, 개항, 1860년 영·불 연합군의 위안밍위안 약탈과 방화, 1930년대 일제강점기 등─를 듣고 자랐다. 중국 선전부는 텔레비전, 영화, 라디오, 언론, 광고 등 모든 수단을 동원해서 최소 15년 이상 민족주의적 메시지를 반복적으로 주입했다. 이 메시지를 피하는 것은 불가능했다. 중국인이라면 누구나 기묘한 수치심을 느끼지 않을 수 없을 정도였다.

그러나 2000년대에 중국은 놀라운 경제성장과 세계화를 일궈냈고, 국제적으로 인정받으면서 하나의 전기를 마련했다. 선전부는 끊임없이 올림픽을 이 빛나는 시대의 정점으로, 중국의 시대가 될 21세기를 성공적으로 열 수 있는 수단으로 소개했다.

1999년 베오그라드 중국 대사관 오폭 사건 항의 시위, 2005년 반일 시위에서 불거졌던 과격 민족주의는 애국 운동의 한계를 분명히 보여주었으며 중앙 정부의 우려를 낳았다. 베이징은 목표를 바꾸려고 노력했다. 중국의 관용을 보여주는 것보다 '화평굴기' 정신을 더 잘 구현할 수 있는 방법이 어디 있겠는가? 과거에 대한 복수나 앙갚음을 말하기보다는 경쟁자들을 절묘하게 설득하여 동맹으로 삼는 중국의 위대한 전통을 살리는 것이 좋지 않을까? 후진타오 국가주석이 전 세계 지도자들을 베이징 올림픽 개막식에 초청한 것은 분명히 이런 의미에서였다. 이는 중국-아프리카 정상회의의 연장선이기도 하다. 은유적이고 암시적인 메시지를 좋아하는 중국에게는 그들이 되찾은 힘을 '외세'에 보여줄 수 있는 수단이었다. 그와 동시에 경제 발전을 내륙 구석구석까지 확산시키고 문화와 학술의 꽃을 피우기 위해서 반드시 필요한 평화의 시대를 여는 수단이기도 했다.

물론 중국이 오만한 인상을 주지 않은 것은 아니었으며, 이는 중국 특권층의 고질적 약점이다. 그래서 오히려 약간의 순진함이 엿보이기도 한다. 마치 옛 중국 황제가 대국의 위용을 보여주기 위해 주변국의 사신들에게 성대한 연회를 마련했듯이 중국 지도층은 외국 대표단들을 맞는다는 생각에 확실히 들떠 있었다. 중국 국민들도 즐거운 축제 생각에 들떠 있기는 마찬가지였다. 마치 이 올림픽이 중국이 150여 년간 감내해야 했던 혼란의 시대를 마감할 것처럼. 2008년 봄까지 중국의 야망과 이 나라 젊은이들의 희망은 그러했다.

티베트를 덮친 **심란한 봄**

하지만 이 해에는 아무것도 예상대로 되지 않았다.

1월에 중국 정권은 국제사회의 보이콧에 직면한다. 영국의 찰스 왕세자는 중국의 티베트 정책을 이유로 들어 베이징 올림픽을 보러 가지 않을 것이라고 선언했다. 몇 주 후에는 중국의 장이머우 감독과 올림픽 개막식을 함께 준비하던 할리우드의 유명 영화감독 스티븐 스필버그가 올림픽 예술 고문직을 사임했다. 스필버그는 수단의 가장 중요한 경제협력국인 중국이 다르푸르 사태를 해결하기 위해 좀 더 노력해야 한다고 생각했다. 그 이튿날, 하르툼 정권에 중국이 영향력을 행사해줄 것을 촉구하는 노벨상 수상자 8인의 탄원서가 날아들었다. 중국 정부는 올림픽이 이처럼 '정치화'될 것을 예상치 못했기 때문에 몹시 당황하며 오랫동안 답변에 뜸을 들였고 그 때문에 항의의 목소리는 더욱 높아졌다. 중국 네티즌들은 이런 공개적 논쟁에 익숙지도 않았고, 다르푸르 사태에 대해서도 잘 몰랐기 때문에 분노로 반응했다.

3월 10일에 티베트의 수도 라싸에서 승려들이 움직이기 시작했다. 이날은 중국 인민해방군이 세계의 지붕을 점령한 지 얼마 안 되어 일어났던 티베트 봉기의 날 49주년 기념일이었다. 중국은 1959년에 티베트 봉기를 몹시 혹독하게 진압하여 달라이라마를 망명길에 오르게 한 바 있었다. 2008년 당시, 티베트는 20년째 비교적 조용한 분위기를 지켜오고 있었다. 매년 3월 초가 되면 으레 승려들의 시위가 일어났고 그때마다 끌려가는 사람들이 나오긴 했지만 사실 정부는 티베트보다 신장 자치구 쪽을 더 걱정하고 있었다. 이 지역의 이슬람교도들이 올림픽을 기하여 베이징에서 테러를 일으키지 않을까 우려하고 있었던 것이다. 한편 2005년부터 티베트 자치구의 새로운 공산당 당 서기로 군림한 장칭리는 강경노선을 펼쳤다.

그러나 이번만은 라싸의 분위기가 심상치 않았다. 라싸에서 10킬로미터 떨어진 드레풍 사원에서 4백 명의 승려들이 달라이라마의 옛 거처 조캉 사원까지 행진을 했다. 그들은 종교적 교육에 대한 선전을 완화하라고 요구하다가 체포된 세라 사원 승려 25명을 석방해달라고 부르짖었다. 또한 5개월 전 달라이라마가 미국 의회에서 황금 메달을 받을 때 체포당한 다른 승려들의 석방도 요구했다.

3월 14일 오후에 머리에 주황색 띠를 두른 티베트 젊은이들이 공안을 향해 돌을 던지기 시작했다. 공안은 최루가스로 대응했다. 시위는 곧 폭동으로 변했다. 티베트 젊은이들은 조캉 사원 주변의 산책로인 바코르에서 한족들이 운영하는 가게에 들어가 집기를 부수고, 물건을 들고 나와 기름을 붓고 불을 질렀다. 양장점에서 일하던 5명의 한족 직원들이 가게에 불이 나는 바람에 죽었다. 선전부는 진압 과정에서 이 한족 사망자들의 이름을 지속적으로 부각시킨다. 티베트인들은 한족이나 최근 이 지역에 진출한 후이족(주로 중국 북서부에 거주하며 이슬람교를 믿는 민족)의 가게만 골라서 공격했다.

시내의 한 호텔에 머물던 미국인 관광객은 이렇게 증언한다.

"많은 티베트인들이 창밖으로 하얀 두루마리 화장지를 던졌습니다. 매우 상징적인 행동이었지요. 흰색은 '하타'를 연상시킵니다. 가이드가 티베트인들은 환영의 뜻으로 손님들의 목에 흰색 스카프 하타를 둘러준다고 그랬거든요. 하지만 화장지는 50년 가까이 억지로 받아들여야만 했던 이 손님들에 대한 티베트인들의 마음을 짐작케 하지요……."

쌀 창고 방화는 또 다른 반중 감정의 상징이었다. 티베트인은 한족과 달리 쌀을 주식으로 삼지 않기 때문이다. 그날 밤부터 도시에는 산발적으로 총성이 울렸다. 라싸에서 사망자는 10여 명으로 집계되었다. 군대가 라싸에 투입되었다는 사실은 기관총과 자동소총 소리로 알 수 있었다. 군대가 바코르에 주둔했다. 다시 침묵이 찾아왔다.

다음 날 라싸 주민들은 바코르와 시장 근처까지 탱크들이 밀고 들어온 데 경악했다. 특등 사수들이 테라스를 타고 이 집에서 저 집으로 설치고 돌아다녔다. 호텔업자들은 관광객들을 외부로 내보내지 말라는 지방 정부의 전화를 받았다. 이제 감히 아무도 거리에 나가지 못했다. 저녁에 경찰이 거리를 돌아다니며 검문과 가택수색을 실시했다. 많은 이들이 자기가 왜 체포당하는지도 모르는 채 군용 트럭에 실려 갔다. 공안은 어제의 폭동으로 큰 피해를 입은 후이족의 반격을 우려하여 미연의 사태를 피하기 위해 이슬람교 사원을 주변을 포위했다. 이틀 후, 신분증을 지닌 여자들만 밖으로 나와 장을 보는 것이 허락되었다.

하지만 시위는 끝나지 않았다. 라싸에서 수백 킬로미터 떨어진 광대한 티베트 고원—사실 과거의 티베트는 현재의 '자치구'보다 훨씬 더 광대한 영토를 지녔다. 오늘날 간쑤 성, 칭하이 성, 쓰촨 성, 윈난 성 같은 중국의 여러 성으로 나뉜 해발 2천5백 미터 이상의 히말라야 북쪽 지대가 모두 티베트의 영토였다—곳곳에서 티베트인들은 들고일어났다. 라싸 밖에 거주하는 티베트인들은 자신의 가족이나 친척에게 라싸에서 무슨 일이 일어났는지 전화로 모두 소식을 들은 것이다. 중국 정부는 티베트 고원 전체를 '봉쇄'함으로써 대응했다. 라싸행 열차는 운행이 중단되었고 항공편도 끊겼다. 란저우나 청두에서 도로를 이용해 라싸에 가려 했던 기자들도 경찰의 바리케이드에 발길을 돌려야 했다. 기자들은 불쾌한 대우를 받지는 않았으나 '악천후'를 핑계로 사실상 진입을 금지당했다. 인터넷사이트와 미국 CNN을 비롯한 전 세계 언론도 중국 내에서 검열을 당했다. 뉴스가 티베트 사태 보도로 넘어갈 때면 갑자기 텔레비전 화면이 시커멓게 변하곤 했다. 중국 언론은 폭동에서 시작된 라싸 사태를 달라이 라마 측근인 일부 극단주의자들의 소행으로밖에 여기지 않았다. 중국 정부 대변인은 "몰지각한 승려들이 소수의 지지 기반을 믿고 불법행위를 저질렀다"고 표현했다.

그렇지만 중국어를 할 줄 아는 일부 외신 기자들은 원자바오 총리의 허가를 얻어 간난 티베트족 자치주에 들어갈 수 있었다. 이곳은 중국이 1720년부터 영유권을 주장하다가 1953년에 자치주가 되었고 1958년에 간쑤 성에 귀속되었다. 이 지역을 장악하기 위한 중국인과 티베트족의 투쟁 이야기는 거의 천 년 전까지 거슬러 올라간다.

외신 기자들은 유목민들과 승려들이 살고 있는 티베트 고원 북부(암도Amdo 지방이라고도 불리는 지역이다. 과거 티베트 문화권은 3곳으로 나뉘며 현재 티베트 자치구 지역은 우창Ü-Tsang 지방, 칭하이성 일대는 암도 지방, 티베트 자치구 동쪽과 쓰촨 성 지역은 캄Kham 지방이라 한다)에서 상당히 심각한 사태가 일어났음을 알 수 있었다. 해발 4천 미터에 위치하며 허저우에서 3시간을 차로 달려야 도착할 수 있는 인구 3만 명의 마취 현에는 서부영화 같은 분위기가 감돌았다. 마취는 1950년대에 간쑤 성에 귀속된 뒤 '군사 지역'으로 분류되었다가 1999년에 비로소 외국인들에게 개방되었다. 3월 16일부터 이 마을은 공포에 휩싸여 있었다. 라싸 사태가 일어나고 이틀 뒤인 일요일 오후에 쓰촨 성에서 티베트 젊은이들이 도착했다. 그들은 충칭 군수 공장에서 할리 데이비슨을 본 따서 만든 번쩍번쩍한 오토바이를 타고 왔다. 이 지역 젊은이라면 누구나 선망하는 오토바이였다. 자동차보다는 저렴하면서 현대적인 느낌을 주는 대형 오토바이는 그들의 아버지 세대가 애지중지하던 종마를 대신했다. 그들은 검은 가죽 재킷이나 짙은 색 코트를 입고 비단 띠를 둘렀다. 얼굴은 긴 스카프와 선글라스 때문에 잘 보이지 않았다.

"한 번도 본 적 없는 젊은이들이었어요."

2년 전부터 마취에 살았다는 31세 후이족 여성의 말이다. 그는 원래 250킬로미터 정도 더 북쪽에 위치한 이슬람 자치지역 린샤 출신이지만 정부 지원을 받아 이 도시 초입에 작은 식당을 차렸다.

외지에서 온 티베트족 젊은이들은 후이족과 한족이 운영하는 상점의 유리창과 문짝을 전부 부쉈다. 상점들은 재빨리 문을 닫았다. 그날 오후에 구경하고 있던 수백 명의 주민들과 수십 명의 승려들이 가세하여 경찰서, 지방 정부 청사, 우체국, 농업은행 등 중국의 지배를 연상시키는 것들을 죄다 공격했다. 후이족 갑부 여성이 운영하는 슈퍼마켓과 식당 여러 곳도 피해를 입었다.

"2백 명 정도가 폭동에 참여한 것 같아요. 그 이상은 아니었어요."

1년 전부터 마취에 살고 있다는 티베트 여성이 말했다. 그녀는 자신의 휴대전화로 촬영한 동영상을 조심스럽게 보여주었다.

"보시오. 한족 건물을 박살내고 싶을 만큼 티베트인들을 압박하지 말 았어야지. 얼마나 원한이 깊으면 이랬겠소……."

과격 행위에 반대했던 한 티베트 노인의 설명이다.

"물론 한족들은 우리에게 도로, 학교, 병원을 지어주었소. 삶의 조건 을 많이 향상시켜주었지. 하지만 황허의 첫 번째 물굽이에 해당하는 이곳 은 티베트인들에게는 신성한 땅이오. 한족들이 이곳을 관광지로 개발해 서 돈을 벌어들이는 것은 참을 수 없소."

3월 16일에 무장경찰은 밤이 되기를 기다리다가 공공건물 방화가 일 어나자 진압을 시작했다. 그들은 상황을 동영상으로 찍었다. 이제 새로운 지시가 떨어질 때까지 이 지역 거주자가 아닌 사람은 모두 출입이 금지되 었다.

"우리는 이 지역이 확실하게 안정되고 나면 내국인 및 외국인 관광객 을 다시 받아들일 것입니다"라고 경찰서장이 말했다. 장신인 그는 결코 모자를 벗는 법이 없었다.

이때부터 마취에 사는 모든 민족들은 서로 다른 이유에서 두려움에 떨었다. 티베트족은 폭동에 실제로 참여한 사람들을 색출하려는 경찰들 에게 수시로 검문을 당했다. 한 아름다운 티베트 처녀는 짜증을 내며 말 했다.

"우리가 경찰에게 무슨 할 말이 있겠어요? 우린 모르는 사람들이었 다고요."

티베트인들끼리는 밀고를 하지 않는다는 불문율이 있는 듯했지만 진 압이 계속되는 동안 불안감이 팽배했다. 한편, 후이족 여성은 분명한 계 획을 세웠다. 그는 보상금을 받는 대로 안전한 다른 고장으로 이주할 것 이라고 했다.

443

"이제 오후에는 식당 문을 닫고 있어요. 후이족 사람들이 경영하는 이웃 식당들도 마찬가지고요. 전에는 저녁까지 장사를 했지만 지금은 너무 무서워서 어쩔 수 없네요."

한족들이라고 해서 안심할 수 있었던 것은 아니다! 공식적으로는 학교도 다시 문을 열고 원래 생활이 돌아왔으나 이제 마쳐에 사는 한족들은 반드시 여러 명이 함께 다녔고 벽에 바싹 붙어 다녔다.

"우리는 라싸 폭동이 일어난 후로 이런 일이 있을 거라 예상하고 있었습니다. 하지만 이 정도로 사태가 커질 거라곤 생각지 못했지요."

간난 티베트족 자치주의 주장 마오성우는 인정했다. 마른 잔디에 불이 번지듯 간쑤 성의 티베트족 자치주 8곳 중 6곳이 3월 14일에서 19일까지 차례로 폭동에 휩쓸렸고, 사태는 쓰촨 성까지 확산되었다. 샤허 같은 일부 도시에서는 승려들과 티베트족 주민들이 거리에서 시위를 벌이는 정도로 사태가 원만히 수습되었다. 그러나 쥐니 같은 곳에서는 무력충돌이 있었다. 경찰차와 공공건물이 불길에 휩싸였으나 사망자는 발생하지 않았다. 중국 공안이 외국 대표단들에게 보여준 자료 화면에 따르면 폭도들은 매우 정확하고 능숙한 동작으로 지프차를 무너뜨리고 불을 붙였다.

"이건 절대 우발적인 사건이 아닙니다. 폭도들이 중국이나 외국에서 전문적 훈련을 받았는지 밝혀내기 위한 조사가 현재 진행 중입니다."

이런 이유로 원자바오 총리는 20여 명의 외국인 프리랜서 기자들에게 이 지역에 들어올 수 있도록 허가를 내준 것일까? 취재단은 하루 종일 경찰을 대동하고 움직여야 했지만 밤에는 호텔 출입이 자유로웠고 티베트족, 후이족, 한족 목격자나 증인을 찾아다닐 수 있었다. 폭동을 주도한 티베트 청년들을 전에 이 마을에서 본 적이 있다는 사람은 아무도 없었다. 그들은 정말로 일부 한족들이 주장하는 것처럼 미국 CIA에서 훈련받은 캄바족 청년들이었을까? 캄바족은 매우 호전적인 티베트 부족으로 주로 쓰촨 성으로 이주당했으며 1959년에도 폭동을 주도한 바 있었다. 어쩌면 그 오토바이족들은 1959년 폭동 진압에 희생당한 이들의 손자뻘인지도 모른다……. 하지만 선글라스와 스카프로 얼굴을 가리고 있었으니 그들의 모습을 확실히 알아볼 수는 없었을 것이다. 총리의 명을 받은 사람들은 취재단이 마취 마을에서 3시간 정도 떨어져 있는 사찰에 꼭 가보아야 한다고 주장했다. 그곳에 오토바이를 타는 청년들이 왔다. 한 사람의 두건이 우연찮게 벗겨졌는데 군인 특유의 박박 깎은 머리가 눈에 띄었다. 이 지역에서 유행하는 머리 모양이었을까, 아니면 일종의 위장이었을까? 현 정권이 지나치게 자유주의적이라고 불만을 품은 일부 정치 세력에게는 티베트 지역에 혼란스러운 상황이 발생한 것이 꽤 요긴한 카드가 되지 않을까? 혹은 오래전부터 강경파들이 주장한 규제 강화를 정당화하는 구실이 될 수도 있지 않을까? 이 질문에 답할 수 있는 사람은 없다. 그러나 해발 4천 미터 지역에서 어둠을 틈타 어떤 수작이 일어났을지 모른다는 점을 감안하면 그 어떤 가능성도 배제할 수 없다.

한 가지는 확실하다. 2008년 티베트 사태는 절대로 승려들이 주도한 것이 아니다.

마오성우는 티베트 사태가 터진 바로 그 2월 말에 간난 자치주 주장이 되었다. 칭하이 성 출신의 티베트족이고 경제학을 공부한 45세의 이 젊은 지도자는 한시바삐 이 지역의 안정을 회복하고 관광지를 다시 개방하는 것이 목표였다. 소득 수준이 매우 낮은 이 지역에서 관광산업은 총소득의 10퍼센트를 차지할 만큼 비중이 높았다. 마오성우는 폭도, 독립주의자, 시위대를 확실히 구분했다.

"폭동을 주도한 것으로 의심되는 승려는 없습니다."

그는 그 점을 분명히 해두고 싶어 했다.

샤허 근처 라브랑에서 라브랑 사원 설립자의 여섯 번째 환생이자 '생불(生佛)'로 추앙받는 잠양 로상 지그미 투브다인 초이기 니이마가 유감을 표했다.

"이런 일이 일어나기 전에는 승려들이 존경을 받았습니다. 이제 모두가 승려를 폭도와 다름없이 여기고 있습니다……. 나는 속히 사태가 수습되어 우리가 발전의 꽃을 피우게 되기를 바랍니다. 승려들은 절대로 폭동에 가담하면 안 됩니다. 그랬다가는 우리의 상황이 더욱 곤란해질 것입니다……."

잠양은 기자들의 카메라 세례를 받으며 금빛 찬란한 정전에서 한 마디 한 마디 힘주어 말했다. 하지만 그 말이 끝나기 무섭게 20여 명의 승려들이 자기 방에서 튀어나왔다. 그들은 티베트 기를 흔들며 달라이라마의 이름을 외치고 중국의 통제 완화를 외쳤다. 3월 15일 시위에서 라브랑 사원 소속 승려 7명이 체포당했다고 한다. 2주 전 라싸에서 그랬듯이 취재단과 동행한 중국인 책임자들은 승려들이 자유롭게 떠들도록 내버려두었다. 승려들은 카메라에 노출된 채 시위를 벌이다가 나중에 각자의 처소로 돌아갔다. 라브랑 사원의 원로들은 이 소식을 듣고 큰일 났다는 표정을 지었다. 사원의 규칙을 어긴 승려들은 중국 법에 따라 처벌을 받는다는 것이다. 그날 저녁 중국 공영 텔레비전은 기습 시위를 벌이는 승려들과 티베트 기를 화면에 그대로 내보냈다. 다음 날 기자단을 수행하는 한 중국인이 말했다.

"이제 기자 여러분도 승려들의 진짜 동기를 부인할 수 없을 겁니다. 이들은 독립을 요구하는 겁니다. 온 중국이 어제 저녁 텔레비전에서 똑똑히 봤다고요……."

조작일까, 교묘한 만회일까? 사실 중국은 꽤 오래전부터 승려들의 수를 제한하려고 노력했다. 사찰을 불만분자의 온상으로 간주했기 때문이다. 현재 티베트족 가정은 다른 소수민족들과 마찬가지로 자녀를 2명까지 둘 수 있다. 중국 정부는 티베트족에게 정착 생활을 강요하여 유목민들의 수가 크게 줄었다. 또한 정착하면서 아이들도 정규 교육을 받게 되어 티베트족들은 이제 어린 사내아이들을 사원에 맡기는 경우가 드물어졌다. 하지만 정부는 이처럼 장기적인 '한족화' 전략을 실시하면서도 이전과는 전혀 다른 티베트 신세대가 등장하리라고는 예상치 못했다. 오랜 역사적 전통을 자랑스러워하지만 현대 사회에 편입되지 못한 이들은 중국 선전부의 표현을 따르자면 '무법자'들이다. 그리고 그들의 형제나 사촌 격인 젊은 승려들은 함께 저항운동에 뛰어들 것인가, 아니면 위대하신 달라이라마의 가르침대로 비폭력 원칙을 따를 것인가 고민하고 있다…….

티베트 신세대는 그들의 시야가 자꾸만 좁아지는 데 염증을 느끼고 있다. 쓰촨 성의 티베트족 지역 더거에서 태어난 36세의 진거도 그런 경우다. 그가 어렸을 때 그의 부모는 아들의 장래를 위해 한족 동화 정책에 보조를 맞추었다. 그래서 그는 한족 학교를 다녔다. 하지만 한족 학교는 쓸쓸한 기억밖에 남기지 않았다. 한족 친구들은 항상 그의 말투가 이상하다고 놀려댔다. 1989년에 티베트 사태 강제 진압이 일어나고 이 지역에 몇 달간 계엄령이 선포되었을 때 그는 자기 또래의 티베트 청년 20여 명과 인도까지 도보 여행을 떠났다. 그가 열아홉 살 때였다. 그는 티베트 망명정부가 있는 다람살라에서 1년을 지냈고 그때 영어를 배웠다. 그 후 델리에서 10년간 티베트 상품 무역 일을 했다. 하지만 고향이 그리워 결국 라싸로 돌아와 관광 가이드가 되었다. 얼마 후, 그가 망명정부에서 영어를 배웠다는 사실을 안 정부는 그의 일자리를 빼앗았다. 그는 몇 달간의 중노동형을 살고 베이징에 정착했다. 그곳에서 다시 티베트 상품을 파는 일을 시작했다. 그때부터 그는 아주 비관적인 눈을 갖게 되었다.

"우리 티베트인들은 평화적인 대안을 찾고 있습니다. 그런데 정부는 우리가 내민 손을 절대 잡아주지 않아요. 우리는 그게 불만입니다. 우리에게 중요한 문제는 종교적 정체성을 인정받는 건데 저들은 우리에게 달라이라마의 사진조차 보여주지 않고 있죠. 좋은 옷을 입고 부자가 되는건 관심 없어요. 우리는 우리 식으로 집을 짓고 티베트인으로서 살고 싶습니다. 공산당은 소수민족의 한족 동화 정책을 재고해야 해요. 내가 자식을 낳아 키운다면 그 애가 티베트어를 배웠으면 좋겠어요. 난 내가 우리 조상님들의 말을 배우지 못했다는 사실이 너무나 안타깝습니다……."

티베트 신세대의 좌절은 다른 민족, 특히 후이족이 이 지역에 대량 이주하면서 더욱 불거졌다. 2006년에 베이징과 라싸를 잇는 철도가 개통되면서 외부인들의 이주는 더욱 가속화되었다.

이번 폭동은 한족들의 분노를 샀다. 한족 대부분은 티베트에 한 번도 가보지 못했고 정부의 검열로 이 지역의 사정에 어둡기 때문에 티베트인들의 좌절감을 이해하지 못한다. 한족들은 자신들이 티베트 지역을 근대화했다는 정부의 주장에 익숙해 있기 때문에 되레 티베트인들이 배은망덕하다고 생각하는 입장이다. 이번에도 선전부는 은근히 베이징 올림픽과 중국의 화평굴기를 방해하려는 서구 열강이 티베트 지역의 폭동을 방조했다는 뉘앙스를 풍겼다. 따라서 인터넷을 중심으로 민족주의적인 반응들이 나오지 않을 수 없었다. 일부 지식인들과 주기적으로 외국을 드나드는 한족들만이 중국 정부가 티베트 지역에서 계속 지배권을 행사하려는 동기에 대해 의구심을 품었다. 한 여배우는 이런 말을 했다.

"한족들은 높은 곳을 싫어합니다. 티베트인들은 우리와 전혀 다른 문화를 갖고 있고요. 어째서 그 가엾은 사람들을 그냥 내버려두지 않는 걸까요?"

2007년 여름까지 달라이라마와 비밀 협상을 추진하던 정부 밀사 중한 사람의 말에 따르면 사실 정권 내에서도 티베트에 대한 입장은 크게 엇갈리고 있다고 한다. 2008년 3월 30일에 원자바오 총리는 라오스 비엔티안 연설에서 달라이라마가 자신의 영향력을 티베트 지역을 안정시키는 데 사용하고 티베트가 중국의 일부임을 확인해준다면 대화의 문을 열 수도 있다고 했다. 티베트의 영적 지도자는 곧 긍정적인 답변을 보냈다. 하지만 중국 지도자들은 서로 입장이 달랐으며 정부 측의 선전 효과로 인해 달라이라마에 대한 여론이 이미 악화되어 있었기 때문에 어떻게 해볼 수 있는 여지가 별로 없었다.

열쇠는 군대가 쥐고 있다. 티베트는 아시아에서 가장 고도가 높은 지역이다. 따라서 미사일 배치나 위성 감청 등에 유리하고 가까운 인도를 감시하기에도 좋은 지역이다. 게다가 티베트는 수자원, 광물자원이 몹시 풍부한 지역이다. 아시아에 흐르는 큰 강의 발원지는 대부분 세계의 지붕인 이곳에 있다. 지구온난화가 심각해지고 있는 이때에 수자원은 이미 전략적 소비 물자가 되어버렸지 않은가……

베이징 올림픽을 무사히 치르고 난 후, 티베트 사태는 수많은 회의에서 주요한 안건으로 등극한다. 익명을 요구한 중국인 교수는 티베트 문제 전문가로서 이렇게 말한다.

"정부에게 티베트 폭력 사태는 일종의 위험 신호입니다. 그 지역의 문제가 해결되지 못한 채 그대로 남아 있음을 보여주지요. 한족 지도자들이 강조하는 현대화에도 불구하고 티베트인들은 정부에 원한을 품고 있습니다. 그러므로 티베트 정책은 사회, 경제 및 문화 기반을 다시 한 번 생각해봐야 합니다. 하지만 티베트인들도 지금 위험한 처지에 놓여 있습니다. 폭력에 호소하는 것은 그들에게도 꼭 좋은 전략은 아니지요. 그랬다가는 외국의 지지 세력과 단절될 위험이 있습니다. 특히 유럽인들은 지금까지 티베트의 비폭력 정신을 매우 높이 사고 있었으니까요."

올림픽 성화 **봉송 소동**

국제 여론은 티베트에 호의적인 쪽으로 기울었다. '설국(雪國)'은 서구인들의 의식 속에 강렬한 영적 의미로 다가왔다. 외국 언론은 종종 티베트 승려들과 중국공산당의 싸움을 다윗과 골리앗의 싸움에 비유하곤 했다. 공산당은 문화대혁명을 방불케 하는 선전 공세로 달라이라마를 사악한 이미지로 그려냈지만 달라이라마의 비폭력 투쟁과 유머 감각, 평온한 행복론에 감화된 프랑스 지식인들에게는 그런 선전이 먹히지 않았다.

중국인들은 정부의 검열 때문에 티베트 폭동으로 18명의 한족 개척자들이 산 채로 불에 타죽거나 돌에 맞아죽었다는 소식밖에 듣지 못했다. 티베트 위기는 2주 사이에 서구와 중국 사이에 거대한 몰이해의 벽을 만들었다. 바로 이런 상황에서 4월 초부터 오래전부터 예정되었던 올림픽 성화 봉송이 유럽에서 시작되었다.

중국은 올림픽 성화를 자신들만의 상징물처럼 여겼다. 베스타 신전의 꺼지지 않는 불로 여겨졌던 성화는 이제 중국 '르네상스'의 상징이 되었다. 올림픽 조직위는 '서양 오랑캐'들이 성화 봉송에 박수갈채와 미소를 보내주리라 상상했다. 중국 정부는 치욕의 세기가 끝났음을 보여줌으로써 외국인들뿐만 아니라 국민들의 마음도 얻고자 했다. 공산주의 왕조와 중국식 사회주의를 인정받는 건설적이고 '문명화'된 하나의 방식이랄까.

그리스에서 성화가 출발할 때부터 껄끄러운 일들이 없지 않았지만 분위기가 변하기 시작한 것은 런던에서부터였다. 티베트 행동주의자들이 성화를 인수인계하는 지점에서 기다리고 있다가 욕설을 퍼부었던 것이다. 그 때문에 경찰관들이 몇 번이나 개입을 해야만 했다. 성화는 이튿날인 4월 7일에 파리에 도착했다. 파리 경찰청은 원래 일정대로 성화 봉송을 지원했다. 성화는 에펠탑에서 출발하여 센 강을 따라 파리 시청에 도착해서 파리의 차이나타운인 13구로 향했다. 중국 정부는 런던에서의 일을 교훈 삼아 체격이 특히 좋은 제복 차림의 최정예 경찰관을 배치해달라고 요구했다. 성화와 성화 봉송 주자를 둘러싼 경찰관들의 모습은 올림픽 성화가 본래 취지에서 벗어나 중국의 뜻대로 이용되고 있다는 인상을 더욱 강화했다. 많은 프랑스인들이 전제주의, 혹은 그 정도는 아니더라도 경찰국가로 인식되고 있는 중국의 공권력이 어떻게 자유의 나라 프랑스에서 이토록 버젓이 설치고 다니느냐며 불쾌해했다. 프랑스에 망명 중인 티베트인들도 트로카데로 광장에 모였다. 성화가 에펠탑 2층에서 12시 35분에 출발하기로 되어 있었기 때문에 티베트 기를 든 이들은 그 시각에 맞춰 에펠탑 근처에서 시위를 하고자 했다. 그러나 프랑스 AFP 통신사의 사진에서 알 수 있듯이 경찰은 티베트인 시위대에게 국기를 거두고 철수할 것을 명했다. 반면에 중국 국기와 프랑스 국기는 반입이 허가되었다. 성화 봉송을 보러 온 중국인 관광버스에 함께 타고 있던 한 프랑스인 목격자에 따르면 성화가 출발하자마자 봉송 주자에게 야유와 욕설이 쏟아졌다고 한다. 60여 대의 경찰 차량이 앞선 가운데 성화는 트로카데로 광장을 떠났다. 시위대는 성화가 지나가는 것을 보고 야유를 퍼부었다. 샹젤리제 거리 초입에서 티베트를 지지하는 대학생들과 중국 학생들 사이에 충돌이 일어났다. 여기서 아주 씁쓸한 사고가 발생했다. 시위대의 한 남자가 성화 봉송 주자였던 중국 장애인 펜싱 선수 진징을 공격했던 것이다. 진징은 성화를 죽기 살기로 붙잡으며 저항했고 푸른 제복 차림의 경호원과 프랑스 경찰이 바로 괴한을 체포했다. 그렇게 해서 성화 봉송단은 그럭저럭 파리 시청까지 도착할 수 있었다. 그러나 중국 측 성화 봉송단은 '국경 없는 기자회'가 올림픽 오륜기를 연상시키는 검은 바탕 위에 수갑이 그려진 깃발을 들고 있고, 파리 시청 내부에서도 환경단체 대표들이 티베트 기를 펼쳐놓고 있다는 소식을 전화로 들었다. 게다가 시청 근처에

451

서 봉송단은 군중의 야유에 가로막혔다. 봉송단장은 이런 모욕에 깜짝 놀라며 멈추지 말고 계속 전진하라고 명했다. 시청에서 예정되었던 30분간의 기념식도 취소되었다. 그래도 성화 봉송을 구경하러 온 사람들은 박수를 치며 성원을 보냈지만 버스는 성화를 싣고 그날의 최종 목적지로 향했다. 이날 오후에도 친티베트 시위대와 친중 시위대는 최종 목적지인 샤를티 경기장 근처에서 충돌을 일으켰다. 양측 시위대는 서로에게 공격적인 구호를 외치다가 결국 몸싸움까지 벌이고 말았다. AFP 통신은 결국 공권력이 투입되어 사태가 일단락되었다고 전했다. 프랑스 내무성 장관의 성명에 따르면 총 18명이 '기물파손 및 공무집행 방해'로 체포되었다. 전날 영국의 고든 브라운 총리는 성화 봉송이 껄끄러운 분위기에서 진행된 것을 만회하려는 듯한 제스처를 보였다. 총리가 직접 관저에서 나와 성화 봉송단에게 박수를 보냈던 것이다. 하지만 성화가 출발할 때 샴페인을 터뜨리기로 되어 있던 프랑스 체육부 장관 베르나르 라포르트는 막바지에야 행사 참석을 취소했고 중국 대사관은 부랴부랴 장 피에르 라파랭에게 대타를 부탁할 수밖에 없었다. 비록 라파랭 전 총리가 곧바로 오기는 했지만 그런 제스처로는 충분하지 않았다.

실제로 티베트 사태로부터 열흘 후, 그리고 성화 봉송단이 파리를 지나가기 2주 전에 니콜라 사르코지 대통령은 타르브를 방문하던 중에 중국의 티베트 정책에 이의를 제기하는 뜻에서 베이징 올림픽을 보이콧할 의향이 있는지 질문을 받았다. 사르코지 대통령은 일단 "달라이라마도 서방 국가원수들에게 올림픽 보이콧을 부탁하지 않았다. 그러므로 굳이 그래야 할 이유가 없다"고 대답했다. 하지만 나중에 기자들이 강경하게 나오자 "모든 가능성은 열려 있다"며 자신은 어떤 가능성도 배제하지 않는다고 말해두었다. 엘리제 궁은 즉시 사르코지 대통령은 자신의 개회식 참석 여부를 두고 한 말이며 프랑스 대표팀이 올림픽 자체에 불참한다는 뜻은 아니라고 밝혔다. 사르코지는 나중에 언론과의 인터뷰를 통해 이런 말을 덧붙였다.

"나는 후진타오 국가주석에게 나의 중요한 관심사에 대해 이미 말했다. 나는 그에게 신중한 자세를 취할 것과 티베트와의 대화를 재개할 것을 청했다. 내게는 달라이라마의 최측근들과 좋은 관계를 유지해온 밀사가 있다. 나는 대화가 재개되기를 바라며 나의 대답 또한 중국 정부의 대답에 따라 달라질 것이다."*

이틀 뒤 사르코지 대통령은 런던에서 유럽연합의 다른 국가정상들과 상의하여 올림픽 보이콧 여부를 결정하겠다고 말했다.

"나는 올림픽 개막식 때 유럽연합의 순회 의장을 맡게 되어 있다. 따라서 다른 나라의 입장을 참고해야 개막식 참석 여부를 결정할 수 있다."

그는 영국 총리와의 공동 기자회견에서 분명히 이렇게 말했다.

"티베트 사태가 어떻게 진전되는지 지켜보는 동안은 개막식 참석 여부도, 그 밖의 조치 여부에 대해서도 대답을 유보하겠다."

4월 6일에 라마 야드 인권 담당 국무장관은 〈르몽드〉와의 인터뷰에서 사르코지 대통령이 올림픽 개막식에 참석하기 위해 필요한 세 가지 조건을 조목조목 제시했다.

"대통령이 개막식에 참석하려면 세 가지 조건이 충족되어야 합니다. 첫째, 티베트인들에 대한 폭력 종식과 정치범 석방, 둘째, 티베트 사태에 대한 해명, 셋째, 달라이라마와의 대화가 그것이지요."

그러나 이런 선언은 외교관들의 항의를 불러일으켰고 라마 야드는 성명을 발표하기에 이른다.

"2008년 4월 6일자 〈르몽드〉에 실린 인터뷰에서 '조건'이라는 용어

여기에 세로쓰기 텍스트: '08 올림픽 대장정

---

* 〈르몽드〉 2008년 3월 25, 27일자, 4월 6, 8일 자.

는 내가 사용한 것이 아닙니다. [⋯] 티베트 위기 발생 초기부터 나는 프랑스의 입장을 명확하게 피력하고 싶었습니다. 프랑스 공화국 대통령은 모든 가능성은 열려 있다고 말했고 티베트 사태가 진전되는 양상을 보아 개막식 참석 여부를 확정할 것입니다."

라마 야드는 유럽 1 채널에서 "신문에서 제시된 세 가지 조건은 내각의 희망 사항이며 프랑스 대통령에게 반드시 적용되는 것은 아니다"라고 한 번 더 설명하기도 했다.

그러니까 파리에서는 이런 분위기에서 성화 봉송이 진행되었던 것이다. 중국에서의 보도 내용에는 중국 정부의 검열이 작용했다. 중국 책임자들은 프랑스와 마찰을 빚고 싶지 않았다. 1994년에 중불 외교 정상화 이후로 양국의 관계는 더할 나위 없이 좋았다. 중국의 영자지 〈차이나데일리〉에는 "추운 런던에서의 따뜻한 환대⋯⋯. 프랑스도 열정적으로 성화의 파리 입성을 축하하다"라는 기사를 실었다. 중국 국내 텔레비전 뉴스에서도 시위대들의 충돌 장면은 전혀 나오지 않았다. 뉴스 앵커들은 성화 봉송 소식을 간략하게 전하고 빨리 다른 주제로 넘어갔다. 중국인들은 그렇게나 대대적인 선전을 해놓고 성화 봉송 뉴스를 간략하게 다루는 데 놀라긴 했지만 사실 다른 가설을 세울 겨를도 없었다. 그러다 인터넷을 통해 차차 뉴스와는 다른 정보들이 나돌기 시작했다.

하지만 4월 8일에 니콜라 사르코지는 공식적으로 올림픽 보이콧을 선언할 태세를 취했다. 그는 자신의 참석에는 몇 가지 요소가 전제되어야 하는데 그중 첫 번째가 "중국과 티베트의 대화 재개"라고 했다. 그는 이런 요청을 이미 후진타오 국가주석에게 서면으로 전달한 상태였다. "대화의 재개 여부에 따라서 내가 현재 유럽연합 의장으로 있는 만큼 우리들의 참석 여부가 결정될 것입니다"라고 설명했다. 또한 성화 봉송을 언급하면서 분위기를 누그러뜨리기 전에 "아직 몇 달이 남았지만 더 이상 지체할 시간이 없습니다. 이번에 일어난 일로 중국은 자존심에 상처를 입었을 것으로 생각합니다. 확실히 긍정적인 이미지는 아니었지요. 〔…〕 올림픽을 평화롭게 치르려면 대화가 필요합니다. 〔…〕 서로의 입장을 듣고 극도로 민감한 문제들을 두고 올림픽 성화를 인질로 삼는 일은 어떤 식으로든 피해야 할 것입니다"라고 한 번 더 쐐기를 박기까지 했다.

다음 날 아침, 베이징의 어조는 확 바뀌었다. 주요 언론들은 모두 니콜라 사르코지의 '보이콧 협박'을 대서특필했다. 중국 책임자들은 그동안의 울분을 마음껏 표출했다. 그들은 파리 측에서 성화 봉송의 위험을 간과하고 안전을 보장해주지 않았다고 굉장히 화가 나 있었다. 프랑스 정부도 눈에 거슬렸지만 베르트랑 들라노에 파리 시장이 친티베트 시위대의 현수막을 시청에 내걸도록 허가한 것도 그들로서는 도저히 이해할 수 없었다. 중국인들은 프랑스인들이 조금이라도 친티베트 시위대에게 여지를 주었다 싶으면 시시콜콜 따졌다. 그런 와중에 프랑스 대통령이 자신의 올림픽 개막식 참석을 조건으로 걸고 달라이라마와 대화를 하라고 압박하니 완전히 꼭지가 돌아버린 것이다. 베이징 정부는 프랑스가 끼어들 문제가 아니라고 생각했다. 중국 지도자들은 오히려 독일의 앙겔라 메르켈 총리처럼 선을 분명하게 긋는 태도를 반겼다. 메르켈 총리는 올림픽은 정치적 사안이 아니라고 선언하고 재빨리 체육부 장관을 보냈다. 영국의 고든 브라운 총리도 개막식에는 참석하지 않지만 2012년 런던 올림픽을 위해 성화를 이어받는다는 의미로 폐회식에는 참석하기로 했다. 심지어 미국의 조지 부시 대통령조차도 개막식에 참석하겠다는 기존 입장을 바꾸지 않았다. 한 중국 외교관은 "프랑스가 최근에 쓸데없는 소리를 일삼다가 졸지에 희생양이 되었다"며 안타까워했다.

이에 검열을 해제하라는 명령이 떨어졌다. 선전부가 얼른 배턴을 이어받았다. 저녁 뉴스에서 파리 성화 봉송 당시의 아수라장, 특히 낯선 괴한이 장애인 펜싱 선수 진징을 공격하는 장면이 드디어 전파를 탔다. 중국의 수억 시청자들은 어이가 없어 입을 다물지 못했고 몹시 실망했다. 그들은 입을 열지도 못한 채 눈물만 글썽였다. 2주간 텔레비전에서는 같은 장면이 반복적으로 나왔고 이어서 인터넷에서도 유포되었다. 중국인이라면 그 일을 모르려야 모를 수 없었다. 며칠이 지나자 서럽고 불편한 기분은 상처와 분노로 바뀌었다. 진징을 공격한 괴한이 미국인으로 귀화한 티베트인이라는 사실이 밝혀지고 그의 주소와 자택 사진까지 인터넷에 공개되었는데도 중국인들의 분노는 프랑스로 향했다. 주중 프랑스 대사 에르베 라드수는 한밤중에 심한 질책을 당했다. 그다음에는 외신 기자들에게로 화살이 돌아갔다. 베이징 정부는 외신 기자, 특히 프랑스 기자들이 티베트 사태에 대한 국제 여론을 중국에 불리하게 조장했다고 비난했다.

"서방 언론과 반대파들이 중국인들에게 보내려 하는 메시지는 무엇인가? 성화는 사람들을 한데 모아야 했다. 올림픽의 메시지란 평화의 메시지다."

〈차이나데일리〉의 편집국장인 취잉푸는 논설에서 그렇게 한탄했다. 베이징의 사정거리에는 프랑스의 '국경 없는 기자회'가 들어와 있었다. 특히 이 단체의 사무총장 로베르 메나르는 다분히 강경한 어조를 취한 바 있었다. 베이징 주재 특파원 중에서 협박 편지를 받은 이들이 상당수 있었다. CNN도 사옥 보안을 한층 더 강화해야만 했다.

무엇보다 특기할 사항은 잠깐 사이에 중국의 분위기가 확 바뀌었다는 점이다. 축제처럼 들뜨고 유쾌한 분위기는 사라졌다. 이제 서구인, 특히 프랑스인들에 대한 원한이 팽배했다. 이제 외국인들은 거리에서 아무리 손을 들어도 택시조차 잡을 수 없었다. 식당과 상점에서도 외국인들은 푸대접을 받았다. 오래전부터 프랑스인들과 교류하던 중국인들조차 언짢은 기색, 심하게는 공격적인 태도를 보였다. 그들은 더 이상 입도 벙긋하지 않고 시선을 피했으며 프랑스 회사에서 근무하는 중국인 중에서 사직서를 제출한 이들도 많았다.

"올림픽은 중국의 화평굴기를 상징했을 겁니다. 중국인들은 올림픽 개최를 무척 자랑스러워했지요. 그런데 서구의 반응이 중국을 배격하는 듯 보이니까 과거에 겪었던 치욕을 되풀이한다는 생각이 들었던 겁니다. 긍정적 분위기로 새로운 세기를 열기는커녕 다시 한 번 따귀를 맞은 느낌이었던 거죠."

중국에 오랫동안 근무한 아랍 외교관의 논평이다.

장 피에르 라파랭 전 총리는 프랑스 대통령의 첫 번째 밀사 자격으로 베이징을 방문해 산산이 흩어진 조각들을 다시 추스르려고 노력했다. 그는 "중국의 오랜 친구"로서 원자바오 총리에게 격에 맞는 환영을 받았다. 하지만 1964년에 샤를 드골 대통령이 중화인민공화국을 공식 인정했고 자크 시라크 대통령이 전략적 파트너십 정책으로 양국의 문화적·지적 교류를 강화한 덕분에 중국인들의 마음속에 특별한 나라로 자리 잡았던 프랑스가 그 후광을 잃고 말았다는 사실은 라파랭도 금세 파악할 수 있었다. 라파랭은 이렇게 말했다.

"중국인들은 프랑스를 깊고 진실한 감정으로 대했다. 그들의 반응은 연인에게 버림받은 것과 같다. 감정은 단순한 계약 관계를 훨씬 넘어선다. 중국 청년 세대의 실망을 가볍게 여겨서는 안 된다. 프랑스에게 실망했다는 중국 젊은이들이 하나둘이 아니다……."

중국 출신으로 에콜 폴리테크니크를 졸업하고 컨설팅 기업을 설립한 55세의 앙드레 쳉은 이렇게 분석한다.

"중국인들은 프랑스인들과 공감대를 형성했다고 생각했습니다. 그래서 더 배신감을 느끼는 것이지요. 독일인들이나 영국인들은 그저 무역 상대로만 보기 때문에 중국인들도 절대 그런 식으로 반응하지 않습니다."

특히 인터넷에 크게 영향을 받는 젊은 세대의 실망이 컸다. 인터넷을 중심으로 프랑스 제품 불매운동이 일어났다. 까르푸 불매운동이 가장 활발했다. 까르푸는 중국 전역에 112개 매장을 두고 있었다. 프랑스색이 두드러진 화장품 브랜드 디올도 공격 대상이었고, 푸조 자동차는 3개월 동안 중국 내 매출이 15퍼센트나 떨어졌다. 칭다오에는 까르푸 매장 앞에서 프랑스 국기를 불태우는 일까지 벌어졌다. 우한에서도 1만여 명이 프랑스에 항의하는 시위를 벌였다. 하지만 1만 명이라는 숫자는 중국 공안의 집계를 따른 것이고 프랑스 영사관 측에서는 시위대 규모가 천 명 정도였다고 밝혔다. 그 밖에도 시안, 지난, 하얼빈, 다롄, 허페이, 쿤밍에서 대학생들을 중심으로 시위가 일어났다.

중국에 사는 프랑스인들이 생활하기도 쉽지 않았다. 프랑스 여론은 여전히 중국에 호의적이지 않았다. 중국에 체류하는 프랑스인들이 시내에서 저녁식사라도 할라치면 곧잘 시비에 휩싸이거나 때때로 '적국의 협력자' 취급까지 당했다는 사실은 수십 명이 증언할 수 있을 것이다.

프랑스의 밀사들이 연달아 베이징을 방문했다. 프랑스 상원 의장 크리스티앙 퐁슬레는 괴한의 습격에도 불구하고 성화 봉송의 책임을 다해 중국의 국민 영웅이 된 장애인 선수 진징에게 사르코지 대통령이 보내는 꽃다발과 편지를 전달했다. 사르코지 대통령의 외교 자문 장 다비드 레비트는 외교 담당 국무위원 다이빙궈를 만났다. 중국은 5월과 6월에 연달아 달라이라마 측 대표들과 두 번의 만남을 마련했지만 논의에 진척은 없었다. 베이징은 이런 노력에 사르코지 대통령이 바로 반응을 보이지 않아서 놀랐다. 중국의 이미지가 크게 실추될까 봐 염려한 정부는 중국과 공적 관계에 있는 외국 기업 총수들에게도 올림픽 초청장을 돌렸다. 그러나 거절 의사를 밝힌 기업들도 많았다. 확실한 효과를 보려면 중국의 티베트 정책을 재천명하든가 달라이라마의 측근들과 협상을 공개적으로 재개해야 하는데 그동안의 선전 정책이나 정부 내 의견 대립 때문에 지금 당장 그러기란 불가능했다.

이런 와중에 베르트랑 들라노에 파리 시장은—프랑스 밀사들이 또 다시 베이징 땅을 밟은 바로 그날—달라이라마를 파리 '명예시민'으로 위촉한다고 발표했다. 그는 10월로 예정된 사회당 당수 경쟁에서 승리하기 위해 티베트 사태에 매우 민감한 좌파 유권자들의 환심을 사고 싶었던 것이다. 하지만 베이징은 파리 시장의 결정을 일종의 도발로 해석했다. 주불 중국 대사관은 명예시민 심사위원 한 사람 한 사람에게 편지를 보냈다. 그러나 심사위원단은 이런 처사를 프랑스에 대한 내정 간섭으로 간주했기 때문에 오히려 역효과가 나고 말았다. 양국의 외교관들과 정치인들은 모두 극도로 흥분해버렸다.

베이징 시장은 화가 나서 파리 시장에게 조만간 이 대가를 치르게 될 거라는 식의 편지를 보냈다. 베르트랑 들라노에는 왜 달라이라마를 명예시민으로 위촉하게 됐는가를 설명하는 답장을 보냈다. 베이징 정부는 곧 국민들에게 파리 관광 보이콧을 명했다. 하지만 중국 정부 내에서도 이 처사는 너무 심하다며 못마땅하게 여기는 이들이 있었다. 베이징 시장은 프랑스와 중국의 화해가 조속히 이루어지지 않을 경우를 대비한 '예방책'이라고 변명했다. 2007년에 프랑스를 방문한 중국인 관광객은 70만 명이고 주로 명품 쇼핑을 하는 이들의 1일 평균 소비액은 많게는 1천5백 유로였다. 파리 시와 베이징 시의 전쟁은 상황을 더욱 악화시켰다. 몇 주간 모든 수준에서 해명이 이루어진 후에야 차츰 중국 정치인들도 프랑스 민주주의에서는 시장이 정부가 원하는 방향과 상이한 결정을 내릴 수도 있다는 것을—더욱이 시장이 야당 출신이라면—이해했다. 또한 자유 여론이 스스럼없이 표출되고 가장 고위층의 권력에까지 영향을 미칠 수 있다는 점도 이해했다.

사업가들은 유감을 표했다. 한 사업가는 "우리는 15년 가까이 중국에서 신뢰라는 자본을 쌓아왔습니다"라고 했다. 중국에 체류 중인 프랑스인들도 계속 불안해했다. 여전히 긴장된 분위기가 이어졌지만 일부 정치권 인사들은 불장난을 오래 하면 안 된다는 자각을 갖기 시작했다. 한때 불매운동을 촉구하는 인터넷 글과 휴대전화 문자메시지가 빗발쳤지만 이제 젊은 중국인들도 서로 자제를 권하기 시작했다. 이때 중국의 휴대전화 가입자는 5억 5천만 명, 네티즌은 2억 명에 달했다.

7월 9일에 사르코지 대통령은 '현실 정치'를 고려하여 오사카에서 열리는 G8 정상회의와는 별도로 중국 외무성에 올림픽 개막식에 참석하겠다는 의향을 전했다. 엘리제 궁의 간략한 공식 성명은 사르코지가 프랑스 대통령이자 유럽연합 순회 의장이라는 두 가지 자격으로 개막식에 참석할 것임을 다시 한 번 확인시켜주었다. 이튿날 중국 언론은 이를 보도했지만 논평은 하지 않았다. 중국인들이 몇 주 동안 기다리던 이 소식은 긴장을 완화시켰다. 베이징은 파리와 마찰을 일으키지 말고 올림픽 개막식에 참석할 80개국 정상들을 맞을 준비에 전력을 기울이라는 명령이 떨어졌다. 중국 언론도 속히 다른 주제로 넘어갔고 민심은 차츰 가라앉았다. 검열은 '인터넷 청소'까지 실시했다. 프랑스를 비난하는 글들은 더 이상 중국 검색 엔진에서 찾을 수 없었다.

하지만 청년 세대가 받은 타격은 컸다. 프랑스가 중국과의 관계를 다지기 위해 여러 수단을 쓰고 있는 지금까지도 부정적인 인상은 지워지지 않았다. 그 때문에 2009년에 중국인 프랑스 유학이 급감했던 것이다.

"실제로 일어났던 일은 중요하지 않아요. 중요한 건 계속 남는 인상이랄까요."

35세의 사회과학원 교수이자 '사이버 민족주의' 전문가 예하이린의 진단이다.

　"청년들이 가지고 있는 프랑스에 대한 부정적인 인상은 그들이 중국의 지도층이 될 20~30년 후에 의사 결정이나 전략 선택에 영향을 미칠 것이다."

　민족주의적 성향이 강한 〈환추스바오〉의 한 기자도 이렇게 논평했다. 한편 베이징 자오퉁 대학에서 미디어 연구를 하고 있는 56세의 쉬쥐빈 교수는 "이 모든 일이 프랑스의 세력 약화에 일조할 것이다. 중국의 젊은이들은 프랑스를 고만고만한 크기의 나라로 여길 뿐이다. 프랑스가 중국을 싫다고 하면 그들이 그러거나 말거나 무시하면 그만이다"라고 평했다.

　사르코지 대통령은 약속을 지켰다. 그는 최소 규모의 방문단을 이끌고 올림픽 개막식에 참석했고 다른 국가원수들보다 체류 기간도 짧았다. 사르코지는 어린 아들 루이와 로즐린 바슐로 체육부 장관, 베르나르 아쿠아예 하원의장, 그 외 몇몇 스포츠 스타들을 대동하고 8월 8일 오후에 베이징에 도착했다. 영부인 카를라 브루니 사르코지는 동반하지 않았다. 사르코지 대통령은 후진타오 국가주석의 환영을 받는 자리에서 "흔들리지도, 무너지지도 않는 오랜 우정"을 환기할 기회가 있었다. 베이징도 화해 카드를 썼다. 모든 의식과 시합에서 올림픽 공식 언어로 프랑스어를 가장 먼저 쓰고 그다음에 영어와 중국어를 썼다. 그리고 며칠 후 프랑스 전력 공사는 중국의 원전 사업 계약을 따냈다……

　사르코지는 신속하게 베이징을 방문하여 중국인들의 마음을 달래고 프랑스에 대한 비난이 가라앉기를 바랐다. 그러나 중국 정치인들은 프랑스의 이런 대중국 정책에 언짢아하는 눈치가 역력했다. 한 중국 외교관은 프랑스의 정책이 "일관성이 없다"고 꼬집었다. 게다가 달라이라마가 8월에 다시 한 번 프랑스를 방문했다. 베이징은 프랑스가 달라이라마를 공식 환영해서는 안 된다고 주장했다. 엘리제 궁은 달라이라마가 프랑스 대통령과의 회담을 요청하지 않았지만 연말 전에 또 다른 만남의 자리가 있을 것 같다는 식으로 여지를 남기며 두루뭉술하게 빠져나갔다. 결국 8월 말에 대통령 대신 영부인과 외무성 장관 베르나르 쿠슈네르가 몽펠리에 근처의 한 수도원에서 달라이라마를 만났다.

글로벌 금융위기가 터진 이 해 가을에 사르코지 대통령은 유럽연합 순회 의장 직위를 이용하여 하나의 유럽을 건설하는 데 프랑스가 특별한 역할을 하고 있음을 강조했다. 프랑스는 중국에서 특별한 위치를 다소나마 되찾았다. 사르코지는 미국을 방문하고 임기가 거의 끝나가는 조지 W. 부시 대통령을 설득하여 G8을 좀 더 확대한 정상회의를 열고 "강대국들끼리" 금융위기 및 국제금융 제도 개혁에 대해 논의하자고 설득했다. 이리하여 10월 24, 25일에 아시아유럽정상회의가 베이징에서 열렸다. 사르코지 대통령과 베르나르 쿠슈네르 외무성 장관이 이 회의에 참석하여 중국 정치 지도자들과 논의를 나누었다. 중불 관계에는 다시 순풍이 부는 듯했다.

하지만 2주 후인 11월 13일에 니콜라 사르코지는 바르샤바 유럽정상회의가 열리는 12월 초에 달라이라마를 만날 뜻을 밝혔다. 파리 중국대사관은 여러 차례 이 만남을 취소시키려고 애썼다. 베이징에서도 프랑스 외교관들이 불려갔다. 사르코지의 계획은 변함이 없었다. 중국 지도자들은 속이 부글부글 끓었다. 이번에는 그들도 진짜 배신감을 느꼈다. 파리와의 접촉 정상화에 공을 들였던 원자바오 총리는 입장이 난처해졌다. 그는 불같이 화를 내며 일주일 후로 예정되었던 파리 방문을 취소해버렸다. 그 이튿날 11월 27일에 리옹에서 12월 1일에 열리기로 했던 중국-유럽 정상회의를 연기한다고 선언했다. 이 정상회의와 함께 열릴 예정이던 수십 개의 실무 회담도 동시에 취소되었다. 12월 6일에 사르코지는 달라이라마를 만났다. 공식적으로 촬영한 사진에서 프랑스 대통령과 달라이라마는 나란히 앉아 있었고 배경에는 유럽 국기들과 티베트 기가 함께 걸려 있었다. 27개 유럽연합 회원국 가운데 여러 지도자들이 달라이라마와의 회담이 지나치게 미디어의 집중 조명을 받는다고 항의했다. 그들은 중국과의 관계를 불편하게 만들 수도 있는 이번 회담과 거리를 두고자 했던 것이다. 중국 외무부장은 화가 나서 유럽 대사들을 한밤중에 불러들였다. 하지만 그들 중 상당수는 이 부름에 응하지 않았고 "유럽은 중국과 싸우려는 것이 아니다"라는 뜻을 전했다.

며칠 후 중국 언론은 책임 소재를 분명히 했다. 그들은 니콜라 사르코지 개인에게 화살을 돌렸다. 프랑스 대통령을 비난하는 언사와 캐리커처가 연달아 나왔다. 〈환추스바오〉는 "프랑스 대통령은 사생활에서도 알 수 있듯이 참으로 변덕이 심하다"라고 꼬집었다. 인터넷에서는 프랑스 영부인이 모델 시절에 찍은 속옷 광고 사진들이 나돌았다. 하지만 이번에는 프랑스 국민들에 대한 비난은 없었다. 사실 프랑스 국민들은 물론, 프랑스 정부 내에서도 베이징과의 새로운 마찰을 바라보는 시선들이 엇갈렸다. 정부 내에서도 대통령의 발표가 있기 전에 달라이라마와의 회담에 대해 알고 있던 이들은 극히 소수였다. 봄에는 프랑스를 옹호하는 입장이었던 중국 외교관조차도 이번 일은 좋게 보지 않았다.

"신중하고 조심스러운 만남을 가졌더라면 우리도 이해했을 겁니다. 우리도 서방 지도자들이 여론에 신경 써야 한다는 것 정도는 안다고요. 하지만 그렇게 국기들을 늘어놓고 만나다니, 이건 완전히 도발 아닌가요. 중국 황제가 화를 삭이기를 기다리는 것 외에는 다른 방도가 없습니다."

프랑스는 몇 달을 기다려야 할 것이다. 2009년 1월에 원자바오 총리는 유럽 여러 국가와 주요 구매 계약을 체결했지만 프랑스는 교묘하게 빠트렸다. 중국과 다른 유럽 국가들과의 관계는 차츰 정상화되었다. 2009년 5월에 다시 한 번 정상회의가 열린다. 이제 프랑스는 유럽연합 순회 의장 자리를 넘겨주었다. 그동안 중국 언론은 반 사르코지 캠페인을 전개해왔다. 글로벌 경제위기가 실물경제로 확산되면서 파리와 베이징이 다시 한 번 대화를 가져야 할 필요성이 대두되었다. 두 도시는 국제금융 체제를 좀 먹는 이 사태를 해결하기 위한 방법에 대해 비슷한 생각을 가지고 있었다.

2009년 4월 1일, 런던 G20 개막을 몇 시간 앞두고 베이징은 마침내 프랑스와의 위기에 공식적으로 종지부를 찍는 공동성명을 체결한다. 다시금 '현실 정치'가 우위에 선 것이다. 협상의 용어 하나하나를 두고 몇 주간 논의가 오갔다. 협상가들은 드골 장군의 1964년도 중국 승인 문서를 그대로 따랐기 때문에 티베트를 중국 영토로 인정한다는 점에 대해서 아무런 이의도 없었다. 그러나 "상호불간섭 원칙을 존중하여 프랑스는 티베트 독립에 대한 모든 형태의 지원을 거부한다"는 조항은 다양한 해석의 여지를 남겨두었다. 어쨌든 이 조항 덕분에 양측은 난관을 극복하고 그 어느 때보다 절실한 대화를 이어나갈 수 있었다……. 사실 그 사이에 중국은 글로벌 경제위기를 대단히 잘 넘겼을 뿐 아니라, 이를 미국, 일본에 이은 세계 제3위 경제 대국으로 올라서는 기회로 삼았다. 전문가들은 이제 중국이 2012년이 되기 전에 2위가 될 것이라 관망하고 있다.

쓰촨 성 **대지진**

그러나 2008년은 다사다난했다. 5월 12일에 리히터 규모 8.6의 지진이 쓰촨 성 서부를 강타했다. 운명의 서글픈 아이러니인지 모르지만 티베트 고원과 중국 평원 지대가 만나는 바로 그 지점이었다. 북동쪽으로 1천5백 킬로미터도 넘게 떨어진 베이징과 남쪽으로 2천 킬로미터 떨어진 태국의 수도 방콕에서까지 진동이 느껴질 정도로 강력한 지진이었다. 진앙지에 위치한 작은 관광 도시 원촨은 완전히 초토화되었다.

그곳에서 37킬로미터 떨어진 작은 마을 한왕에서 시계는 오후 2시 28분에 멎었다. 바로 그 시각에 어마어마한 지진파가 이곳을 휩쓸어버렸던 것이다.

"오빠와 거실에 있었는데 갑자기 땅이 솟으면서 건물 전체가 뒤로 넘어갔어요. 소파가 벽에 처박혔죠. 우리는 바깥으로 나올 수밖에 없었어요. 하지만 밖에 나와서도 갈 데가 없었어요. 이웃 집도 우리가 보는 앞에서 모두 무너져버렸으니까요."

28세의 젊은 여인 장린의 증언이다. 인구 5만 3천 명의 한왕 마을은 80퍼센트가 파괴되었다.

군대가 즉시 투입되었다. 장린과 그 오빠처럼 구조당한 사람들은 군용 텐트로 만든 임시 대피소로 피했다. 산악 지대에서 내려오는 도로들의 교차로에 위치한 도시 장위는 5월 20일 현재 인구 90만 명 중 40만 명이 집을 잃었다. 의복, 식수, 식량 보급은 이루어졌지만 의사들은 이재민들의 보건 위생 환경에 우려를 표했다. 이 지역에서는 여름에 계속 비가 내리고 무더위가 기승을 부린다. 샤워 시설, 위생 시설이 심하게 부족했다. 괴저병으로 이미 30여 명은 신체 일부를 절단하는 수술을 받아야 했다. 가족들은 모여서 사망자를 파악하려고 애썼다. 실종된 아이들의 사진과 이름이 저녁마다 뉴스에 나왔다. 무사한 사람은 의료 센터를 돌면서 잃어버린 가족을 찾기 바빴다. 장린과 그의 오빠도 매일 한왕 마을에 아버지를 찾으러 갔다. 그들은 유령 마을처럼 처참하게 변해버린 동네를 침울한 눈으로 돌아보곤 했다.

군인들이 마을마다 배치되어 비극이 일어난 시각에 한창 사람들이 가득했던 학교, 공장, 대형 상점을 수색했다. 레이더를 든 척후병들이 앞장서며 잔해 속에 매몰된 이들을 찾았다. 생존자가 있는 것 같은 기미가 보이면 군인들이 달려들어 구조에 전력을 쏟았다.

참사가 일어나고 나흘이 지나자 끔찍한 죽음의 냄새가 대기를 감쌌다. 마스크로 코와 입을 막지 않고는 한왕 마을에 들어갈 수 없었다. 의사들은 전염병이 퍼질까 봐 걱정했고 군인들은 길에서 소독약으로 샤워를 했다. 마을에는 마지막 남은 부상자들을 실어 나르는 헬리콥터와 구급차 사이렌 소리 말고는 어떤 소리도 들리지 않았다.

주황색 작업복을 입고 하얀 마스크를 쓴 소방관들이 들것을 가지고 좁은 보도로 달려왔다. 들것에는 시커먼 플라스틱으로 덮인 사람의 형체가 누워 있었다.

"비키세요! 비켜요!"

장린 남매는 불안해했다. 소방관들이 멈춰 서서 얼굴 부분을 가린 천을 잠시 들추었다. 장린 남매의 부친이 아니라 이웃집 사람이었다. 소방관들은 바로 들것을 들고 그 자리를 떴다.

"제일 끔찍한 곳은 유치원이었습니다."

허난 성 소방대 소속 소방관이 말했다.

"땅이 흔들리기 시작했을 때 유치원은 낮잠 시간이었어요. 그날은 무척 더웠지요. 아이들은 티셔츠에 팬티 바람으로 잠들어 있었어요."

그는 더 이상 말을 잇지 못했다. 그의 입술이 부들부들 떨리고 눈에는 눈물이 고였다. 소방대장이 즉시 그 대원을 타일렀다.

"우리도 다 자식이 있으니 자네 심정도 이해해. 하지만 우리에겐 임무가 있지 않은가. 조금이라도 희망이 있는 한, 생존자를 구하기 위해 힘써야 하네."

소방관들은 고개를 숙이고 웅크린 채 잠깐 쉬었다가 다시 종종걸음으로 떠났다. 바로 옆 거리의 고등학교는 천여 명의 학생들과 함께 무너져 내렸는데 아직까지 매몰되어 있는 교사와 학생만도 2백 명이었다. 거기서 조금 떨어진 다른 학교도 7백 명의 학생 중에서 450명만 겨우 목숨을 건졌다. 반면에 이 지역의 터빈 공장은 6천 명의 직원이 일하고 있었지만 실종자는 160명에 불과했다. 여진이 매우 심했기 때문에 구조 작업은 지연될 수밖에 없었다.

진앙에서 20킬로미터 거리에 있는 인구 1만 4천6백 명의 징화정 마을은 최후의 심판을 연상케 했다. 거대한 돌덩이들이 도로와 철로를 가로막고 있었다. 결국 낙하산 부대가 동원되었고 첫 번째 구조대는 쏟아지는 장대비 속에서 몇 시간을 걸어 그곳에 도착할 수 있었다. 도로 양옆에는 쓰러진 나무, 하얀 타일, 콘크리트 덩어리가 한데 쌓여 있었다. 무너지지 않은 건물은 1958년에 세웠다는 화학 공장뿐이었다. 한 남자가 얼빠진 표정으로 자기 오토바이에 올라탄 거대한 곰을 바라보고 있었다. 그의 이름은 루카이우이고 나이는 40세라고 했다.

"지난 월요일까지 나는 행복한 사람이었습니다. 작은 식품점도 있고, 예쁜 아내도 있고, 아들도 둘이나 있었지요. 지진이 일어난 시각에 나와 아내는 밖에 나와 있었습니다. 나는 곧장 큰아들이 있는 작업실로 달려갔지요. 그 애는 이미 숨을 거둔 후였습니다. 그다음에는 미친놈처럼 아홉 살짜리 작은아들이 다니는 학교로 뛰어갔지요. 학교에 도착해보니 4층짜리 학교 건물이 폭삭 주저앉아 있더군요. 자식을 구하러 온 부모들로 아수라장이었습니다. 나도 그 애 교실이 있던 자리에 가서 우리 아들 이름을 크게 불렀습니다. 그런데 그 애가 대답을 하는 겁니다. 돌덩이와 잔해를 치우며 그 애를 구해내려고 애쓰는 동안에도, 두 시간 가까이 그 애는 살아 있었고 나한테 얘기도 했습니다. 아이는 점점 말하기가 힘든 것 같았습니다. 그러고는 그게 마지막이었지요……."

732명이 재학 중인 훙바이 학교의 생존자는 백 명이 채 되지 않았다. 루는 눈으로 아내가 어디 있는지 찾는다. 이제 이 부부는 어떻게 할까?

그건 그들도 모른다…….

커다란 재앙 앞에서 중국은 유례없는 단결을 보여주었다. 자발적인 반응이었다. 쉬슈관은 대학 동창의 생사를 확인하기 위해 상하이에서 청두까지 비행기를 타고 날아갔다.

"그 친구가 베이촨에서 직장을 잡았거든요. 거기가 이번 지진으로 가장 피해를 많이 입은 마을 중 하나입니다."

23세의 청년은 그렇게 설명했다. 청두 공항에는 다른 친구 한 명이 마중 나와 있었다. 그들은 빨간 소형차에 이재민들에게 나눠줄 생수와 비상식량을 잔뜩 싣고 대학 동창들이 십시일반으로 모은 성금 봉투를 들고 곧 출발했다. 그들처럼 수많은 중국인들이 자발적으로 지진피해 복구에 동참했다. 이들은 대부분 1980년대에 태어난 한 자녀 세대로서 지금까지는 개인주의, 물질주의 성향으로 유명했다. 이들은 특히 원자바오 총리가 지진 발생 직후 피해 현장을 찾는 모습에서 감동을 받았다.

후진타오 국가주석도 현장을 방문했다. 선전부는 즉시 이런 움직임을 이용했다. 5월 18일에 지진 피해 복구를 위해 성금을 모으는 프로그램이 방송되었다. 단 2시간 만에 15억 유로 상당의 성금이 모였다! 이 다사다난한 해에 국민들의 결속을 다지는 좋은 방법이었다. 희생자들은 3일간의 국장으로 기리기로 했다. 지진 발생 후 딱 일주일이 지난 5월 19일 오후 2시 28분에 온 중국은 잠시 9만 명의 사망자들을 생각하며 묵념했다. 모든 병영과 공장은 사이렌을 울리고 선박, 열차, 자동차도 3분간 경적을 울려 추도의 뜻을 표했다. 어디서나 행인들은 발길을 멈추고 눈물을 글썽였다. 중국 공산주의 역사상 인민과 어린아이들이 이처럼 안타까움과 염려의 대상이 되기는 처음이었다…….

비극적인 사건으로 인해 모든 중국인들이 애국심을 표현하는 상황에서 두 고위 지도자에 대한 국민들의 신뢰는 더욱 두터워졌다. 특히 원자바오 총리는 이번 지진에서 신속한 대응으로 국민들의 성원을 받았다. 티베트 사태에 대한 총리의 입장이 정권 내에서 비판당하고 있었기 때문에 국민들의 지지는 아주 유용했다. 사실 원자바오 총리는 달라이라마와의 대화에 호의적인 편이었으나 그와 같은 입장은 체제 내에서 소수파였다. 그러나 총리는 어린 아이들이 "원자바오 할아버지"라고 부를 만큼 국민들에게 인기를 얻으면서 다시금 발언권을 키울 수 있게 되었다.

그러나 생존자들의 증언에 따르면 군대의 구조 활동이 꼭 효과적이지는 않았다고 한다. 언론에서는 이에 대한 비판에 입을 다물었다. 인구의 80퍼센트가 매몰되었을 만큼 피해가 극심했던 베이촨에서 군인들은 낮게 깔린 구름 때문에 낙하산을 이용할 수 없었다. 그래서 그들은 산 하나를 걸어서 돌아와야 했고 36시간 동안 비를 맞으며 진흙탕을 걸어오다 보니 현장에 도착했을 때에는 이미 기진맥진해 있었다. 차라리 도착하기 전에 조금이라도 기운을 차리고 왔으면 좋았을 것을, 군대는 도착하자마자 이틀 전부터 고군분투하던 피해자들이 보는 앞에서 잠을 잤다. 아주 초보적인 실수였지만 이로써 군대의 이미지는 크게 실추되었다. 사실 군대는 일분일초가 중요한 자연재해 구조 작업에 대해서 훈련이 그리 잘 되어 있지 않았다. 목격자들은 군대가 우악스럽고 거칠게 매몰자들을 끌어냈다고 비난했다. 사령부는 이 경험에서 교훈을 얻어 현재 재해 구조 작업을 집중 훈련하는 최정예부대를 양성하고 있다고 한다. 2010년 4월에 일어난 위수 지진도 2천8백 명의 사망자가 발생하기는 했지만 인민해방군의 구조 작업이 한층 나아졌음을 보여주었다.

중국 정부는 두 달 전 티베트 봉쇄에 쏟아진 국제적 비난에 대응하듯 쓰촨 성 지진을 유례없이 투명하게 보도했다. 지진 발생 후 3분 만에 중국의 국영통신사는 긴급 속보로 이 소식을 전했고, 외신 기자들의 현장 취재도 아무 제약을 받지 않았다. 자력으로 취재하든 군대나 총리 일행과 동반하든 기자들은 자유롭게 취재할 수 있었다. 사실 지금까지 이런 경우는 없었다. 초반에 해외 언론은 중국인들의 자발적 구조 활동을 매우 긍정적으로 다루었다. 미얀마가 태풍으로 큰 피해를 입은 직후에 이번 지진이 발생했기 때문에 더욱 그랬다. 미얀마 정부는 모든 국제 원조를 거부하고 가엾은 이재민들을 방치하고 있었다. 미얀마 반도 남쪽으로 몰래 잠입한 외신기자들이 그런 인재(人災)를 폭로했다. 하지만 중국은 기자들에게 문을 열어두고 있었다. 이런 대조적 상황은 중국 정부에 꽤 유리하게 작용할 수밖에 없었다. 체제 내 개혁파들은 흡족해했다. 언론의 자유가 강경파들이 걱정하는 것처럼 꼭 부정적 결과로만 이어지지 않는다는 것을 보여줄 수 있었기 때문이다.

그러나 며칠이 지나자 논란이 일어났고, 그 논란은 날이 갈수록 거세졌다. 생존자들은 공공기관 건물과 부자들의 개인 주택은 무너지지 않았는데 왜 학교와 병원 건물이 맨 먼저 무너져 무고한 아이들이 죽어야 했는지 해명을 요구하고 나섰다. 실제로 2006년에 무상 의무교육이 실시되면서 최근에 서둘러 지은 학교 건물 7천 곳은 모두 무너졌다. 건설부장은 책임자들을 색출하여 엄중하게 처벌하겠다고 했다. 아이를 잃은 부모들은 폐허 앞에 모여 억울함을 호소했다. 조사 결과, 지방 관리들의 대부분이 비리와 연루된 것으로 밝혀졌다. 중앙 정부는 다시 한 번 '조화'를 택했다. 올림픽 개막식이 임박했으므로 다른 이들에게까지 불만이 확산될까 봐 두려워 항의자들의 입을 막기로 한 것이다. 아이를 잃은 부모들의 시위는 금지되었다. 그 대신 부모들은 보상금과 24개월 내에 새로이 자녀를 가져도 좋다는 특별 허가를 받았다. 몇 달 동안 충격에서 헤어나지 못한 부모들의 이야기를 들어줄 심리 치료사들도 대거 파견되었다. 외신기자들은 피해 지역 출입이 금지되었고 중국 기자들도 반드시 관리자 입회하에서만 취재를 할 수 있었다. 차츰 검열이 강화되었다. 비판적 기사들은 차츰 자취를 감추더니 아예 인터넷에서 찾아볼 수 없게 되었다. 이런 상황을 고발하는 데 가장 열심이었던 미술가 아이웨이웨이는 개인 블로그까지 폐쇄당했다. 아이웨이웨이는 올림픽 주경기장 '냐오차오' 디자인을 한 유명 예술가인데도 엄중한 감시에 시달리게 되었다. 중국 정부는 그 대신 최근에 지은 공공건물, 특히 학교와 병원의 설계에 대해 전국 차원에서 조사를 실시했다. 피해 지역에도 차츰 안정이 돌아왔다. 비리를 저지른 고위 책임자들은 올림픽이 무사히 끝난 다음에 처벌을 받았지만 대부분은 지금까지도 자리를 보전하고 있다. 베이촨은 피해가 너무 심해서 아예 15킬로미터 떨어진 지역에 도시 자체를 새로 건설하고 비극의 현장은 그대로 남기기로 했다. 쓰촨 성 지진으로 사망한 사람은 총 9만 2천 명에 달한다.

2008년 8월 8일 저녁 8시 8분, 베이징 올림픽의 **막이 오르다**

마침내 그토록 기다리던 올림픽이 열렸다. 2008년 8월 8일, 저녁 8시 8분에 베이징 냐오차오 주경기장에서 제29회 올림픽 개막식이 시작되었다. 중국에서는 8을 길한 숫자로 여기기 때문이었다. 주경기장은 거대하고 압도적이다. 지면에서 백 미터 높이까지 뻗어나간 콘크리트 다발과 광대한 원형 관중석은 약 9만 명의 인원을 수용할 수 있다. 무더위에도 빈 좌석은 하나도 없었다. 모두들 장이머우 감독이 구상한 개막식을 보고 싶어 했기 때문에 입장권은 금세 동났다. 장이머우는 지난 몇 달간 엄청난 중압감에 시달렸다. 그가 충족시켜야 할 조건은 몹시 까다로웠다. 전통적으로 진행되는 운동선수들의 행렬을 강한 인상을 남길 만한 쇼로 탈바꿈시켜야 했다. 중국인들의 거대한 인정 욕구도 채워줘야 했고, 전 세계인에게 이제 '르네상스'를 맞은 옛 제국의 평화적 의도도 전달해야 했다.

개막식 행사는 마지막까지 비밀에 부쳐졌다. 개막식에 참여하는 사람은 누구나 개막을 알리는 폭죽이 터질 때까지 공연 내용에 대해서 일체 함구한다는 서약서를 써야 했다.

장이머우의 노력에 합당한 명예가 주어졌다. 지금까지 그 어떤 연출자도 그토록 광대한 무대와 많은 관객을 꿈꿀 수 없었을 것이다. 게다가 80여 명의 국가원수와 정부 지도자들이 관객으로 와 있었다. 후진타오 국가주석은 물론이요, 미국의 부시 대통령, 유럽연합 순회 의장 사르코지 프랑스 대통령, 푸틴 러시아 총리, 후쿠다 일본 총리가 모두 참석했다. 영국과 독일의 총리들이 교묘하게 이 자리를 피해가기는 했다. 그러나 국제 올림픽위원회는 전 세계 40억 인구가 텔레비전이나 컴퓨터를 통해 베이징 올림픽 개막식을 시청했을 것으로 집계했다. 이 특별한 구경거리는 중국과 전 세계 텔레비전으로 생중계되었다. 역사적 기록이었다. 프랑스 여론조사 기관 소프레스는 중국에서만 8억 4천2백만 명이 올림픽 개막식을 시청했다고 집계했는데, 이는 시청률 90퍼센트에 해당한다. 게다가 사거리마다 설치된 대형 스크린으로 개막식을 지켜보기 위해 거리로 나온 국민들까지 감안하면 전 국민이 개막식을 보았다는 얘기가 된다.

엄청난 물량 공세였다. 2004년 아테네 올림픽에 비하면 최소한 3배, 선수 행렬을 쇼처럼 연출한 최초의 올림픽이었던 1984년 로스앤젤레스 올림픽에 비하면 10배의 자금이 투입되었다. 주요 출연진과 엑스트라, 선수들 수를 합치면 투입된 인력만 해도 3만 명이 넘는다.

장이머우 감독은 1980년대 후반에 각종 국제영화제에서 두각을 나타내며 어떤 길을 걸어왔던가. 〈붉은 수수밭〉이 베를린 국제영화제에서 황금곰상을 수상하면서 그는 젊고 아름다운 여배우 궁리를 세상에 선보일 수 있었다. 궁리는 그 후로 10년간 그의 뮤즈로 남았다. 장이머우 감독은 1989년 톈안먼 사태로 크게 충격을 받고 오랫동안 역사적 알레고리에 대한 작업을 해왔다. 탐욕스럽지만 사내 구실을 못할 만큼 늙은 영감에게 강제로 시집가는 젊은 처녀의 이야기를 그린 〈국두〉는 1989년 시카고 영화제에서 작품상을 받았지만 중국 내에서는 검열에 걸려 상영을 금지당했다. 가부장제에 매몰된 한 여성의 싸움을 그린 〈홍등〉도 검열에서 퇴짜를 맞았다. 남편이 촌장에게 살해당한 후 한 임신부가 정의를 실현하기 위해 분투하는 영화 〈귀주 이야기〉는 당초 예상과 달리 검열을 통과했는데, 그 이유는 당시에 중국 지도부가 반부패운동을 시작한 참이었기 때문이다. 그러나 장이머우 감독은 1995년부터 침체기에 빠졌다. 그의 신작 〈트라이어드〉는 촬영이 중단되었고, 뉴욕 영화제에서는 당국의 압력으로 물러나야 했으며, 아름다운 궁리는 홍콩 사업가의 품으로 떠났다. 두 사람의 이별을 지켜본 프랑스 사진작가 마르크 리부는 이렇게 술회한다.

"장이머우는 일에만 파묻혀 살아서 무심했지요. 궁리는 그가 감당해야 하는 수많은 역할을 이해해주지 못했어요. 장이머우가 그렇게 했기에 그녀도 스타가 될 수 있었던 거죠. 그 사람 나름대로는 그게 그녀를 사랑하는 방식이었지요."

비밀스럽고 소심한 장이머우는 영감을 주는 배우가 떠나자 대규모 공연 연출로 눈을 돌린다. 1997년에 그는 이탈리아에서 오페라계의 국제적인 스타들을 기용하여 〈투란도트〉를 연출했고 이듬해 그 공연을 자금성 무대에 올린다. 전용 비행기를 타고 여행을 다니는 젯셋(Jet-set)족들은 10시간의 비행과 2천 달러에 달하는 VIP석 입장료를 마다하지 않고 몰려왔다. 중국 정부는 그제야 그가 대단한 연출가라는 사실을 깨닫고 장이머우 감독을 눈에 띄게 추켜올린다. 공산주의 체제는 개혁 이후 태어난 신세대를 끌어들이려고 노력하던 때에 장이머우와 궁리를 나란히 정치협상

473

회의 위원으로 임명한다. 2000년부터 장이머우는 사극을 주로 만들기 시작한다. 〈영웅〉은 오스카 상을 받았다. 〈연인〉은 기원전 859년을 배경으로 한 사극이다. 그리고 다시 한 번 궁리를 기용한 〈황후화〉는 중국 박스오피스 기록을 모조리 갱신했다. 감독의 연출은 완벽했고, 호수 위로 날아다니는 단검이나 비현실적인 활솜씨 등은 궁극의 미학적 이미지로 승화되었다. 촬영 세트는 더 이상 화려할 수 없었다. 이제 장이머우의 영화에는 엄청난 자본이 투입되었다.

하지만 그의 초기작을 사랑했던 팬들은 어째서 늘 궁중의 음모에 직면한 포악한 황제를 내세우는 시나리오가 별 의미 없는 배경에 불과한지, 왜 그의 영화가 초기작에서 볼 수 있었던 힘을 잃고 밋밋한 메시지만을 전하는지 의아해한다. 장이머우 감독은 신중한 사람으로 항상 자기 작품을 정치적으로 해석하는 데 반대했다.

"관객은 자신들이 원하는 대로 해석할 수 있다."

그는 오랜 세월 우회적 메시지를 전하는 데 익숙해진 중국의 예술가나 지식인들과 마찬가지로 그렇게만 말한다.

올림픽 개막식도 그런 식으로 해석할 수 있을까? 일부 지식인들은 그렇다고 본다. 특히 개막식 첫 장면에서 흰옷을 입은 1만 군사가 북을 치며 춤을 추었다. 전문가들에 따르면 이때 쓰인 악기들은 사실 고대 중국에서 장례식을 치를 때 쓰던 것이라고 한다. 요컨대, 망자들의 혼을 기리기 위한 하나의 방법이랄까. 하지만 워낙 교묘한 메시지라서 중국 정부도 문제 삼지 못했을 것이다……. 공연은 매우 장엄했고 모든 관객에게 압도적 인상을 남겼다. 베이징 정부는 중국이 다시 깨어났다는 사실을 강력하게 전하고 싶어 했으니까! 올림픽의 나머지 부분은 힘을 쥐었다는 점을 인정받고자 하는 의지를 드러내는 것에 불과했다. 중국 정부의 염원대로 중국 선수들은 엄청난 기량을 발휘하여 가장 많은 금메달을 거머쥐었다.

중국은 금메달 51개로 금메달 36개의 미국을 멀찌감치 따돌렸다.

그러나 올림픽의 축제 분위기는 찾아보기 힘들었다. 티베트 사태 이후로 중국 정권은 테러리스트들의 공격을 몹시 우려했다. 그래서 보안이 지나치게 삼엄했고 각국 응원단조차 상당수는 중국 입국 비자를 받지 못했다. 그래서 중국 선수가 출전하지 않을 때에는 관중석이 텅텅 비기 일쑤였다. 선수의 사기도 문제지만 스폰서 입장에서도 낭패가 아닐 수 없었다! 베이징 시민들은 올림픽 기간에 특별 휴가를 받았는데 대개 집에서 텔레비전으로 경기를 보는 쪽을 선호했다. 그래서 시내는 한산했다. 활기찬 축제 분위기는 쓰환루 밖의 다산즈 예술구에서나 겨우 찾아볼 수 있었다.

베이징이 환경오염 단속에 나섰다는 것이 유일하게 긍정적인 점이었다. 베이징 시내에서 150킬로미터 내에 위치한 공장들은 모두 7월 20일부터 가동을 중지했다. 공무 차량도 절반씩 나눠서 운행했다. 개인 차량도 2부제를 실시하여 이틀에 하루만 몰게 했다. 그 결과, 베이징 시민들은 1980년대 이후로 영영 사라진 줄 알았던 푸른 하늘을 오랜만에 다시 볼 수 있었다. 2008년 가을에 베이징 교통이 정상화되면서 중요한 논쟁이 일어났다. 많은 네티즌들이 베이징이 오염으로 뒤덮이는 것을 마뜩찮게 여겼던 것이다. 글로벌 경제위기로 문을 닫은 공장도 많았기 때문에 베이징의 맑은 공기는 몇 달이나마 연장될 수 있었다. 하지만 경기 부양이 이루어지고 2009년부터 베이징은 다시 공해로 뒤덮였다. 그러나 올림픽 시기에 환경오염을 단속했던 것은 중국의 젊은이들에게 환경오염의 심각성과 가능한 대안들을 생각해보게 하는 계기가 되었다.

베이징 올림픽은 '이전'과 '이후'를 확실히 나누는 분수령이 되었다. 대다수의 중국인들은 29회 올림픽을 계기로 커다란 안도감과 자부심을 느꼈다. 중국은 7년 전부터 올림픽을 준비해왔다. 올림픽을 핑계로 공동의 이익을 내세우며 개인을 부정하고, 주민들의 강제 이주나 보잘것없는 민공의 임금 등 개인의 희생을 정당화할 수 있었다. 여론은 그럴 만했다는 쪽으로 기울었다. 개막식은 개혁 30년을 중국의 르네상스라는 새로운 전망 속에 다시 부각시켰다. 대회 운영 책임자들은 뛰어난 인프라 구축과 경기 운영에 대해 사방에서 칭찬을 들었다. 지역, 세대, 계층을 막론하고 모든 중국인들은 이렇게 쏟아지는 찬사와 축하에 감동을 받았다. 한 시청률 조사 기관의 발표에 따르면 "중국의 8억 시청자들은 올림픽이 치러지는 17일간 하루 평균 3시간 이상 올림픽 중계를 지켜보았다"라고 한다. 올림픽 개최라는 경험은 중국인들에게 일종의 전기충격과도 같았다. 한 서방 외교관은 이렇게 말한다.

"150년간 의혹과 열등감에 시달리던 중국인들은 이제 자신감을 찾았다. 이제야 그들은 아편전쟁에서 한 페이지를 넘기고 미래를 바라볼 수 있게 되었다."

30년 이상 중국에서 정신과 전문의로 일한 프랑스 여성은 이렇게 비유했다.

"중국인들은 자기 자신과 화해했다. 육체를 유린당한 여성이 자신의 몸과 화해하듯이. 상징을 좋아하는 중국 문화에서 영광을 차지한 운동선수의 아름다운 신체 이미지와 그 배경으로 연주되는 자국의 국가는 깊은 인상을 남길 것이다."

한편 중국 체제는 올림픽을 성공적으로 치러냄으로써 새로이 적법성을 찾았다. 올림픽은 세계인이 중국을 바라보는 시선도 바꾸어놓았다. 세계는 중국을 새로운 강대국으로 바라보았고 각국 정치 지도자들도 이제 중국을 존중하지 않을 수 없었다.

장애인올림픽은 올림픽의 흥분이 가라앉은 후 다소 조용하게 치러지는 것이 관례다. 그러나 중국은 장애인올림픽도 비중 있게 다루기로 결심했다. 시적이고 감동적인 장애인올림픽 개막식도 장이머우 감독이 연출했다. 5억 시청자들은 몸이 성치 않은 젊은 여성 선수가 달을 따려고 애쓰는 장면을 보며 크게 감동을 받았다. 학교와 노동단위 단체 관람객이 관중석을 채웠다. 그동안 장애인 문제에 대해 무관심했던 중국인들의 의식 변화에 좋은 기회를 마련했다는 점에서 긍정적 면을 볼 수 있었다. 사실 중국인들은 장애인을 집안의 수치로 여겨 숨기기에 급급했다. 가족이 장애 아동은 돕기는커녕 몰래 유기하는 일도 적지 않았다. 장애인들의 고통과 용기를 다룬 기사들이 대폭 늘어났다. 엄청난 통계 수치가 나왔다. 중국에서 장애로 고통 받는 인구는 거의 1억 명에 달하는 것으로 보인다. 출산이나 사고로 인한 장애, 그리고 노년층의 경우에는 문화대혁명의 후유증으로 인한 장애도 적지 않았다. 선전은 효과를 거두었다. 대회가 시작되고 중국 선수들은 장애인올림픽에서도 가장 많은 금메달을 거둬들였다. 낯선 얼굴, 성치 않은 신체를 가진 이들이 중국 도시에 모습을 드러냈다. 장애인들은 처음에 겁을 냈지만 차차 주변에 익숙해졌다. 시민들도 장애인들의 존재에 익숙해졌다. 장애인들도 오래전부터 그곳에 있었지만 이제야 얼굴을 드러낸 것이다. 중국 사회는 아직도 장애인에 대한 배려가 미비한 편이지만, 베이징 장애인올림픽은 장애인들의 처우와 관련된 커다란 인식의 변화를 이루어냈다.

멜라민 분유 파동과 **인터넷**

올림픽이 끝나고 전국의 행정기관이 오랜 준비와 긴장된 시간을 보상하는 휴가를 즐기고 있을 때 인터넷에서 새로운 사태가 폭로되었다. 허베이 성에 사는 부모들은 신생아용 분유에서 심각한 유독 성분이 검출되었다고 보고했다. 위생부장 천주는 즉시 진상 조사를 지시했다. 그는 프

477

랑스에서 자크 캉 교수 밑에서 수학한 의학박사 출신으로 중국 과학원 원장을 거쳤다. 그는 공산당원이 아닌데도 순전히 실력만으로 부장으로 발탁되었다. 비 공산당원 출신으로 부장까지 올라간 인물은 단 2명인데 그 중 한 명이 그였다. 그는 사태를 매우 투명하게 공개했다. 정보는 금세 언론에까지 전달되었다. 소규모 분유 제조업자들이 분유의 단백질 함량을 높이기 위해 멜라민이라는 화학물질을 첨가한 것이 문제였다. 하지만 멜라민은 연약한 아기들에게는 치명적 물질로서 급성 신장결석을 일으킨다. 실제로 여러 아기들이 이 분유를 먹고 신장결석으로 사망했다. 위생 부장은 노발대발하며 조사를 전국으로 확대하라고 지시했다. 멜라민 분유는 5개 성에서 유통되었다. 위생부 조사 결과, 30만 명에 달하는 아기들이 이미 멜라민 분유를 먹었고 그중 5만 2천 명이 입원 치료를 받았으며 10여 명은 사망했다. 위생부는 가장 작은 상점들에 이르기까지 분유 재고를 회수했고 관련 책임자들은 체포했다. 뉴질랜드 회사 폰테라가 지분 43퍼센트를 갖고 있는 분유 회사 싼루의 사장은 종신형을 선고받으며, 회사는 문을 닫았다. 원유에 멜라민을 첨가한 실무자 2명은 사형선고를 받았다. 관련 정치인들도 처벌을 받았다. 스자좡 시장, 지역 당 서기, 부시장, 식품안전국장이 모두 해임되었다. 위생부는 멜라민 분유로 병을 얻은 아기들을 무상으로 진료했고 이 분유를 먹은 적이 있는 아기들 모두에게 검진을 실시했다. 그러나 신속한 조치에도 불구하고 국민의 불만은 쉬이 가라앉지 않았다. 멜라민 분유를 먹고 병이 났다가 완치된 한 아이의 아버지는 이미 6개월 전부터 싼루와 이 회사의 주식을 보유한 폰테라, 지방 관리들에게까지 사태의 심각성을 호소했지만 소용이 없었노라고 인터넷에 폭로했다. 이번에도 권위적이고 복잡한 행정 체계와 지방 공무원의 부패가 비극을 불렀던 것이다.

멜라민 분유 파동은 한층 성숙한 중국 여론을 보여주었다. 이제 중국인들은 환경오염이나 식품 안전에 좀 더 관심을 갖게 되었다. 또한 국민들이 나서서 정부가 이 부분에 대한 감시와 통제를 확대할 것을 요구하고 있다. 그러나 무엇보다도 인터넷을 통한 여론이 커다란 파급력을 갖게 되었다는 점에 주목할 필요가 있다. 2007년의 충칭 '딩쯔후(釘子戶, 부동산 개발 예정 지구에 소규모의 땅을 매입해 비싼 값에 팔아넘기려는 투기 방법. 속칭 '알박기'로 번역할 수 있다. 그러나 중국의 경우 부동산 개발 회사가 정부와 결탁해 헐값에 토지를 수용하는 경우가 많아 딩쯔후는 거주민 권익 보호 차원의 움직임으로 인식되기도 한다)' 사건은 이런 인터넷 여론 형성의 시초가 되었다. 한 행인이 불도저에 둘러싸인 작은 집 한 채의 사진을 찍어서 인터넷에 올렸다. 주위의 집들은 다 철거당했는데 그 집 주인들만 철거를 거부하며 버티는 중이었다. 그 사진은 전국 언론에 오르내리면서 커다란 반향을 일으켰다. 결국 집 주인들은 그들이 요구한 적정 수준의 보상금을 받을 수 있었다. 2008년 6월에 구이저우에서 한 소녀가 살해당했다. 이 사건은 중국인들이 검열 당국에 도전한 첫 번째 사건이기도 했다. 네티즌들은 하루 종일 이 사건에 대한 소식을 웹에 올리고 또 올렸지만 공안은 글을 계속 삭제했다. 그래도 네티즌들이 포기하지 않자 결국 검열 당국도 두 손을 들었고 결국 공식 언론매체들이 달려들기에 이르렀다. 멜라민 분유 파동은 인터넷이라는 가상 통로가 부패한 책임자들에 대한 체포와 징벌이라는 구체적 성과까지 얻어낸 첫 번째 사건이었다. 위생부장은 국민들의 분노를 예견하고 긴급 대책반을 마련하여 식품 관련 사고를 담당하게 했다. 그만큼 중국 정부는 여전히 개인들이 마땅히 그럴 만한 근거가 있더라도 사회적 불만을 집단적인 움직임으로 표출해서는 안 된다고 여기고 있었다. 그 때문에 멜라민 분유 피해자 대표였던 한 아기의 아버지는 2010년 11월에 '공공질서 교란죄'로 2년 6개월 형을 선고받았다. 하지만 이 결정에 국민들은 물론, 정권 내에서도 일부 인사들이 분노를 표현했다.

닳고 닳은 자본주의자들의 **박수를 받는 중국 총리**

몇 달 전부터 우려되던 서브프라임 모기지론 사태가 결국 2008년 여름 미국에서 터지고 말았다. 미국 은행은 약 10년 전부터 활발한 거래를 위해 다양한 부동산 파생 금융 상품을 개발했다. 상환 능력도 없는 이들도 빚을 내서 주택을 구입할 수 있었고, 위험 부담이 큰 채무가 이 기관에서 저 기관으로 넘어갔다. 그러다 악성 대출이 쌓이고 쌓여 결국 금융체계 자체가 공멸하고 만 것이다. 9월 15일에 미국 연방준비기금은 엄청난 빚더미에 올라앉은 리먼 브라더스에 대한 지원을 거부했다. 하지만 지극히 자유주의적인 이 결정이 시장을 공황 상태로 몰아넣었다. 리먼 브라더스는 미국 금융계를 떠받치는 기둥 중 하나였다. 갑자기 국제금융 체제 전체가 심하게 흔들렸다. 사슬처럼 물리고 물린 채무 관계는 국경을 초월했다. 서브프라임 모기지론도 여느 금융 상품과 마찬가지로 유럽은 물론 전 세계에서 주거니 받거니 하고 있었다. 중국은 비교적 피해가 적었다. 중국의 금융가들은 이제 막 파생 금융 상품에 관심을 보이기 시작한 때였다. 그래서 중국은 1조 8천 억 달러의 외환보유고 중에서 부실채권의 비중은 15퍼센트 정도로 아주 낮았다.

9월 말에 열리는 하계 다보스 포럼이 이번에는 중국 톈진에서 열렸다. 원자바오 총리는 자신 있는 모습을 보이고 싶어 했다. 그는 전 세계 사업가들 앞에서 선언했다.

"우리는 위기를 넘어설 역량이 있으며 자신도 있습니다……. 중국은 개방을 계속 추진할 것입니다. 해외 투자 자본 유치는 우리가 세계경제 안정에 이바지하는 한 방법이 될 것입니다. 중국은 아직 빚이 적고 경제 구조가 건실합니다. 따라서 중국 경제는 글로벌 금융위기에 크게 영향을 받지 않을 것입니다."

중국 총리가 닳고 닳은 자본주의자들의 기나긴 박수갈채를 받는 장면은 뭔가 초현실주의적이었다. 해고를 당하거나 침체에 빠진 많은 금융인들이 뉴욕과 런던을 떠나 상하이에서 컨설턴트 자리를 얻으려 애썼다.

하지만 중국은 예상보다 훨씬 빨리 타격을 입었다. 우선 그리 강도 높은 위협은 아니었지만 은행권이 금융위기의 영향을 직접적으로 받았다. 리먼 브라더스 파산으로 홍콩은 패닉 상태에 빠졌다. 홍콩 최대 은행인 동아은행 고객들은 예금을 인출하러 달려왔다. 동아은행이 리먼 브라더스 지분을 너무 많이 가지고 있어 위험하다는 소문이 돌았기 때문이다. 벨기에와 네덜란드의 포르티스 금융 그룹도 심각한 위기에 빠졌는데 중국 제2의 보험회사 핑안 보험이 이 그룹의 지분을 4.9퍼센트나 가지고 있었다. 단 하루 만에 주가는 10퍼센트나 떨어졌다. 그리고 10월 6일부터 일주일 동안 홍콩과 상하이의 주가는 뚝뚝 떨어졌다. 홍콩은 중국 본토보다 타격이 더 컸다. 홍콩 금융은 이미 국제금융 체계에 통합되어 있었기 때문이다. 2008년 1월에 비하면 주가는 반 토막이었다. 홍콩으로 몰리던 많은 자본이 철수했다. 홍콩 인근 주강 삼각주 일대에는 문을 닫은 공장들도 있었고, 연초부터 1천6백억 달러 이상을 중국에 투자했던 투기 자본도 위축되었다. 홍콩을 경유하여 미국이나 걸프로 되돌아가는 자본도 마찬가지였다. 홍콩은 이처럼 국제금융의 흐름에 중요한 역할을 하고 있었기 때문에 홍콩 달러는 오르는 추세에 있었다. 홍콩 금융 당국은 달러 페그를 유지하기 위해 끊임없이 미국 달러를 매수해야만 했다. 게다가 홍콩은 일종의 지원 기반 도시이므로 국제무역의 위축에 영향을 받지 않을 수 없었다. 더욱이 중국과 대만의 항공·선박 직항 시대가 열리면서 양안 간의 무역이 크게 활기를 띠며 홍콩의 역할이 줄어드는 추세였다. 이제 홍콩은 20년 이상 누렸던 무역 및 금융 중심지로서의 특권을 잃어버린 것이다.

10월 중순에 미국과 유럽은 정신없이 당하고 있었지만 중국은 오히려 금융위기에서 승점을 따냈다. 중국의 금융 체제는 아직 완전히 개방되지 않았으므로 금융위기를 잘 버텼다. 중국의 거대 금융 기업들은 위험 상품에는 별로 손을 대지 않았다. 공식 발표에 따르면 손실액은 불과 1백억 달러, 중국 전체 금융자산의 1퍼센트에 불과했다. 중국 은행이 그나마 가장 많이 손을 댄 축에 들었다. 위안화는 3년 동안 달러에 대해 20퍼센트 절상되었지만 여전히 자유 태환화폐가 아니다.

"따라서 중국은 1997년 아시아 금융위기 때와 마찬가지로 '만리장성'으로 공포의 확산을 막을 수 있다."

비엔피파리바 은행 수석자문 장-미셸 피브토의 분석이다. 게다가 중국은 미국의 채권국이다. 2008년 말 기준으로 외환보유액 1조 8천 억 달러 가운데 3분의 2는 미국 국채와 미국 정부가 지급 보증하는 채권에 투자되어 있었다.

베이징은 안심시키는 메시지들을 보냈다. 인민은행은 금리를 낮추고 미국과 국제금융계를 지원하기 위해 계속 달러를 사들였다. 중국의 국고는 2007년에 2천 억 달러를 보유하고 있었으며 그리 이목을 끌지 않았다. 미국 펀드에 대한 초기 투자의 결과는 참담했다. 서브프라임 모기지론 사태가 터지기 몇 주 전에 블랙스톤 지분의 10퍼센트를 사들였고, 2008년 4월에는 모건스탠리 지분의 10퍼센트를 지나치게 비싼 가격으로 인수했다. 중국 금융계 인사들은 서구 기업 인수에 성공한다 해도 그들이 직접 경영·관리하기가 어렵다는 점을 깨달았다. 그러니 지금은 호재가 생기기를 손 놓고 기다릴 수밖에 없다. 장-미셸 피브토는 말한다.

"중국인들은 군밤이 잘 익기를 기다렸다가 불에서 꺼낼 시간이 아직 충분합니다. 몇 달 후면 전 세계가 중국을 필요로 할 테니, 그들은 유리한 입장에 서게 되겠지요."

베이징은 활발한 경제성장을 이어나가기로 했다. 중국의 목표는

2008년에 10퍼센트, 2009년에 8퍼센트의 경제성장률을 달성하는 것이었다. 원자바오 총리는 10월 25일 베이징에서 열린 아시아유럽정상회의에서 "그것이 우리가 세계경제 안정에 이바지할 수 있는 방법일 것입니다"라고 말했다. 지구 인구의 반 이상을 차지하는 아시아와 유럽 45개국의 정상들은 베이징에 모여 글로벌 금융위기의 구체적 해법을 찾기 위해 노력했다. 2008년 12월 31일까지 유럽연합 순회 의장을 맡게 되어 있는 사르코지 대통령은 외무성 장관 베르나르 쿠슈네르를 대동하고 참석했다. 사르코지는 1944년부터 미국 달러를 국제 기축통화로 군림하게 했던 브레턴우즈 협정의 재고가 필요하다고 주장했다. 미국의 조지 W. 부시 대통령은 11월 15일 정상회의를 원칙적으로 수락했지만 프랑스가 요구한 대로 12, 13개국 정상이 모이는 대신 20개국 정상이 모여야 한다고 했다. 프랑스는 원래 G8에 중국, 인도, 러시아, 브라질, 스페인 같은 신흥강국들만을 추가하고 싶어 했다. 미국은 기존의 영향력을 유지하고 싶었다. 프랑스는 중국과 미국이 초청한 다른 아시아 국가인 한국과 인도네시아의 지지를 얻고 싶었다. 24시간 동안 인민대회당의 거대한 회의실에서 지도부 회의와 실무진 접촉이 이어졌다. 모든 참가국은 워싱턴에서 열릴 G20에 참여하겠다고 약속했지만 중국만은 신중한 태도를 보였다. 최대한 빨리 금융시장 감독제를 조정해야 한다는 프랑스의 분석에는 동감했지만 미국을 만나기 전에 중국이 쥔 패를 모두 보여주고 싶지 않았고, 미국의 정권 교체가 임박한 상황에서 중미 관계를 악화시킬 수 없었기 때문이다. 원자바오 총리는 다른 국가들과의 '실용적 협력'을 논할 준비가 되어 있다고 했다. 그러나 늘 그렇듯 사전에 준비된 최종 발표문은 매우 일반적인 내용에 그쳤다. 금융위기 관리는 일시적으로 유럽의 단결을 촉구할 수 있었으므로 사르코지 대통령은 미국을 상대하기 전에 유럽 측의 제안을 구체적으로 수정할 수 있도록 11월 7일에 파리에서 또 다른 27개국 정상회의를 갖자고 제안한다. 유럽 국가들만큼 관계가 긴밀하지 않은 중국, 일본, 한국 및 아세안 회원국을 비롯한 13개국도 비공식 오찬 모임에서 8백억 달러 규모의 공동 기금을 마련하고 독립적인 아시아 금융시장 감독 기구를 두기로 합의했다. 불과 몇 시간 사이에 최강 미국의 시대는 막을 내리는 것처럼 보였다. 다극적 세계 질서가 베이징에서 이제 막 탄생하듯이……. 중국은 경제성장의 야심을 이루기 위해 11월 초에 4조 위안 규모의 경기 부양책을 발표한다. 물론 여기에는 부풀려진 면도 일부 있었다. 이번 경기 부양 예산의 3분의 1 가량은 이미 쓰촨 성 지진 피해 복구와 2007년부터 고려하고 있던 내수 시장 활성화에 할당되어 있었다. 그렇다 해도 중국의 대응, 또한 이 예산이 미국이나 유럽처럼 구제금융에 쓰이는 것이 아니라 구체적 사업에 쓰인다는 사실은 자국민들과 세계 여론에 중국이라는 새로운 힘에 대한 믿음을 심어주기에 충분했다.

미국발 경제위기, **중국에 도착하다**

그러나 가을부터 중국은 흔들렸다. 미국과 유럽은 크리스마스를 앞두고 제품 주문을 확 줄였다. 특히 대형 슈퍼마켓들은 재고 효율화에 나섰다. 중국은 수요 감소, 즉 수출 감소에 어느 나라보다 취약했다.

중국 남부 지역의 공장들은 대다수가 수출 상품 생산에 매달리고 있었으므로 크게 타격을 입었다. 매년 10월 말이면 전 세계 바이어들을 맞이하는 광저우 박람회도 예년에 비해 방문객이 줄어들었다. 서구인들보다는 중동 상인들이 더 많았다. 1975년 홍콩에서 설립된 금속 회사로서 주로 전자제품에 들어가는 부품을 공급하는 맨스필드의 공장장 리는 이렇게 말했다.

"우리 회사의 주 고객은 미국과 일본이었는데 그쪽은 다들 워낙 타격을 입어서요. 매주 우리의 계획에 차질이 생기고 있습니다. 물품 인도는 2009년까지 연기되었고 일부 계약은 취소되었어요."

글로벌 금융위기는 1년 전 광둥 성에서 자발적으로 시작된 산업 이전 현상을 가속화했다. 광둥 성은 중국 수출의 3분의 1을 책임지며 이곳에 있는 공장들만 150만 개가 넘는다. 그런데 광둥 성에 있는 기업들은 90퍼센트가 민간 중소기업이다. 2007년 가을부터 지방 정부는 생산 부가가치를 높이고 고급 기술 인력을 양성하기 위해 '조립 공장'을 제한하는 정책을 폈다. 사실 내륙의 빈곤 지역에서 일자리를 찾으러 떠난 3천만 명 이상의 노동자들이 광둥 성에 몰려 있었으므로 교통, 주거, 사회보장, 치안 등의 문제가 끊이지 않았다. 원자재 가격 인상, 위안화 절상, 조세 혜택 철폐의 압박 속에서 노령연금, 노동자의 건강과 실업에 대한 규정을 포함하는 새로운 노동법이 발효되면서 생산비용도 30~40퍼센트나 올랐다. 2008년 1월에서 9월 사이에 광둥 성에서는 8천 개 가까운 공장이 문을 닫았다. 더 값싼 노동력을 얻을 수 있는 베트남, 방글라데시, 혹은 중국 내륙 지방으로 생산 라인을 이전하려는 것이었다. 하지만 2008년 9월부터 40퍼센트나 급감한 주문은 치명타였다. 이제 재정이 악화된 공장은 이전할 겨를도 없이 그냥 도산해버렸다. 이렇게 공장들이 연쇄적으로 도산하면서 수많은 노동자들은 실업자가 되었다.

광둥 성의 주요 공업 도시 중 하나인 둥관은 11월 초부터 침통한 분위기에 빠졌다.

"보세요, 이 공장도 문을 닫았네요. 여기서 일하는 직원이 4백 명이었대요. 그리고 저기, 저 공장은 직원이 6백 명이었어요. 사장이 대만 사람인데 납품 업체 돈을 몽땅 챙겨서 야반도주했대요. 하지만 이제 어디서 그 인간을 찾겠어요? 여긴 이런 일이 한두 건이 아니랍니다……."

택시 기사 자오가 도시를 구경시켜주면서 씁쓸하게 내뱉는다. 둥관은 지난 15년간 홍콩과 대만의 투자 덕분에 눈부시게 발전했다. 1992년에 130만 명에 불과했던 인구도 이곳 공장들이 한창 잘나가던 2007년에는 민공들이 대거 유입되어 1천3백만 명까지 불어났다. 바로 이곳에서 중국을 가리키는 "세계의 공장"이라는 표현이 나왔다. 그러나 불과 1년 만에 둥관의 인구는 절반으로 줄었다. 하얀 타일, 푸른색 유리 건물의 도시는 더 이상 아무런 매력도 없었다. 쾌적한 도시를 만들기 위한 노력은 거의 찾아볼 수 없었다. 광활한 공장 지대에는 화교들이 신발, 장난감, 의복, 전자 공장만 수천 개씩 세웠다. 그다음에는 본토의 기업인들이 이곳에 공장을 세웠다. 홍콩 기업인 에디 륭이 회장으로 있는 홍콩중화총상회 둥관지부에 따르면 10월 중순 조사 결과 공장의 4분의 1이 이전했고 6퍼센트는 문을 닫았다고 한다.

"4백 개 공장 및 창고가 지금 비어 있습니다."

둥관 중심부에 위치한 센츄리 부동산 중개소의 앨리스 왕도 인정한다. 경기침체를 입증하듯 주변의 작은 가게들도 문을 닫은 곳이 많았다. 그러나 3천5백 개 기업들이 가입해 있는 대만투자협회 데이비드 차이 회장은 "이 위기는 경쟁력 없는 기업들을 퇴장시킬 것"이라고 본다. 그는 2009년 하반기 경기 부양책에 기대를 걸었다.

"우리의 이윤 폭은 2퍼센트로 줄어들었지만 판매는 계속 호조를 보이고 있습니다. 살아남기 위해 비용 감소와 품질 개선에 주력해서 그 분야 최고가 되어야 합니다."

둥관 시 책임자들은 위기에 맞설 역량이 있으며 이미 8월부터 구체적 조치에 들어갔다고 주장한다. 둥관 부시장은 44세의 신세대 미국 유학파로 기업가들의 말에 매우 귀를 잘 기울이는 편이다. 둥관 시는 중소기업 대출, 신기술 구매, 다양한 세금 감면책을 위해 약 4천억 위안에 달하는 예산을 투입할 것이다.

변화는 보이는 것 이상으로 복잡하다. 물론 이 지역 무역산업청은 광둥 성 전체에서 올해 6만 7천 개 기업과 공장이 문을 닫았지만 그 대신 같은 기간에 10만 개 공장이 새로운 문을 열었다고 한다. 새로운 노동법 적용을 피해 폐업을 했다가 더 값싼 노동력을 모아 새로운 간판을 걸고 문을 연 공장들도 있었다. 2008년 1월 1일에 정부는 고용주들이 크게 반발할 만한 노동법을 발효했다. 이제 고용주들은 모든 직원들과 고용계약서를 써야 하고, 직업군에 따라 최저임금을 고려해야 한다. 또한 건강보험, 퇴직연금, 주거 및 교통 수당 등 고용주 부담 비용도 임금의 30퍼센트 수준으로 크게 높아졌다. 임금과 수당의 체계가 명시적으로 확립되었다. 도시의 한 자녀 세대 젊은이들은 금세 이 노동법을 받아들이고 취업 때부터 이런 조건을 당당하게 요구했다. 이렇게 보면 사회의 진보가 저절로 이루어지는 것은 아니라는 것을 알 수 있다. 이전 세대에 비해 요구는 많지만 애사심은 없는 젊은 대졸자들은 점점 더 취업에 어려움을 겪었다. 천만 명 가까운 대졸자들이 실업 상태에 놓이게 된다. 어떤 이들은 '틈새'를 파고들거나 새로운 활동 분야를 개척했다. 하지만 지방 정부는 이런 강제적 변화를 나쁘게 보지 않는 듯하다.

"광둥 성이 겪은 경제위기는 우리가 원하는 대로 서비스와 첨단기술 중심 사회로 나아가는 과정을 더욱 단축시킬 것이다."

이 지역의 유력 일간지 〈난팡르바오〉는 11월 24일자 사설에서 이렇게 지적한다.

지금으로서는 수출 중심 산업구조를 가진 광둥 성, 저장 성, 산둥 성이 경제위기의 여파를 집중적으로 받고 있다. 하지만 이 지역의 도시들이 모두 같은 타격을 입은 것은 아니다. 광둥 성에서는 공업 도시 둥관과 포산이 가장 피해가 컸다. 광저우나 선전 같은 대도시에서는 경기침체가 비교적 희미하게 감지될 뿐이었다. 타격이 큰 산업 분야도 확실히 구분되었다. 완구 제조 공장은 절반 이상, 신발 공장은 3분의 1이 문을 닫았다. 하지만 이 두 업종은 중국 전체 수출액의 5퍼센트 미만에 해당한다. 반면에 수출의 반 이상을 차지하는 교통 설비, 전자 제품, 금속 제품은 계속해서 매달 20퍼센트 이상 성장했다. 신에너지, 원전, 환경 관련 기업 같은 정부가 중점적으로 육성하는 산업 분야는 그 어느 때보다 잘나갔다. 무엇보다도, 외국으로 옮겨간 부가가치가 낮은 '조립 공장'은 주로 홍콩이나 대만 기업인들의 소유였다. 중국 본토 기업가들은 아직까지 공장 해외 이전을 고려하지 않고 있었다.

내륙 지방에서도 수출에만 전력투구하는 기업들의 수가 많이 줄어들었지만 아직 경제위기의 여파가 여실히 느껴질 정도는 아니었다. 청두 프랑스 영사관에 근무하는 자크 뒤마지 영사도 "중국은 생각보다 훨씬 완충력이 뛰어나다"고 평했다. 청두는 쓰촨 성, 구이저우 성, 윈난 성의 경계 지역에 있다. 이 곳의 인구를 합치면 2억 명에 달한다.

"광둥 성에서 일어나는 현상을 일반적 사례로 볼 수 없습니다. 중국 내륙은 주로 내수를 담당하고 있지요. 2007년의 경우, 중국 국내총생산에서 수출이 차지한 비중은 15퍼센트였고요!"

우한에서도 비슷한 시각을 보인다.

"중국 내륙은 지리적으로 고립된 탓에 세계화의 회로와 직접 연결되지 않았습니다. 그런 약점이 이번 경제위기에서는 오히려 중국 내륙 지방을 보호하는 강점이 된 겁니다."

인구 1억 7천만 명의 허베이 성, 후난 성, 장시 성을 관할하는 우한 주재 프랑스 영사 미셸 프레뮈트의 분석이다. 중국의 경기 부양책이 내륙 지방의 인프라 구축에 집중되어 있다는 점도 무시할 수 없다.

그렇더라도 중앙 정부는 애초에 생각했던 것보다는 경기가 크게 둔화되었으므로 걱정하지 않을 수 없었다. 원자바오 총리도 11월 중순에 "경제위기가 생각보다 심각하다"고 인정했다. 무엇보다 경제위기는 예상보다 너무 빨리 중국까지 퍼졌다. 이 또한 세계화의 결과였다! 3/4분기에 공업 생산량 증가율은 16퍼센트에서 8.2퍼센트로 떨어졌는데, 이는 최근 7년간 최저치에 해당한다. 중앙 정부가 올림픽 기간 동안 사고를 최소화하고 생산을 통제하기 위해 7월 20일부터 9월 20일까지 경제활동을 제한했다고는 하나 꼭 올림픽 때문에 일어난 결과라고 보기는 어렵다. 국내총생산 성장률도 11.5퍼센트에서 9퍼센트로 추락했다. 또 다른 증거로 9월부터 전력 소비가 줄어들었다는 점을 들 수 있다. 하지만 10월에도 무역수지는 여전히 350억 달러 흑자를 기록했다. 수출뿐만 아니라 수입도 둔화되었고 원자재 가격이 하락했기 때문으로 보인다.

중국에서 가장 부유한 지방인 저장 성은 연쇄 도산이 일어날 확률이 가장 높은 곳이었다. 저장 성에 위치한 기업들은 70퍼센트가 민간 기업이다. 이 기업들은 몇 달 전부터 기업 대출이 제한되는 바람에 기업 간 대출 계약을 맺거나 다른 기업이 대출을 받을 때 보증을 서주곤 했다. 지방 정부는 이런 대부업체들을 합법화하고자 노력했다. 지방 및 시 관리들이 어려움에 빠진 회사가 고비를 넘길 수 있도록 돈을 빌려주되 사장이 해외로 도망치지 못하도록 여권을 압수하는 사례도 더러 있었다!

사회 안정은 중국 정부의 또 다른 고민거리였다. 공식적으로 중국의 실업률은 4.5퍼센트, 인구 수로 따지면 3천5백만 명에 불과하다. 하지만 이 통계는 대도시와 연안 지방에 일자리를 구하러 간 1천6백만 명의 민공을 넣지 않은 숫자다. 민공들은 주로 건설 현장, 제조업 등에서 일한다. 광둥 성의 해고 노동자 중 상당수는 더 낮은 임금을 받는 조건으로 재취업했다. 심하게는 월급이 30퍼센트나 깎인 사람들도 있다. 지방 공무원들은 이처럼 노동법이 악용되는 것을 못 본 체했다. 수만 명의 민공들이 애초 계획보다 빨리 시골로 돌아가기로 결심했다. 2008년 초에 그들은 한파와 폭설로 발이 묶여 설날에도 고향을 방문하지 못했다. 많은 이들이 고향에 돌아가 10월 초에 통과된 토지개혁안(사회주의 국가인 중국은 모든 토지의 소유권이 정부에 있고 농민들은 경작권만 가지고 있는데, 토지의 부분적인 소유권을 인정하여 토지 경작권을 매매하거나 담보로 삼을 수 있도록 법령을 개정하였다)에 대해 알아보고 싶어 했다. 광저우 역에는 예년보다 두 배 가까운 여행객들이 몰렸다. 허베이 성의 기록에 따르면 연안 지방으로 떠났던 9백만 명 중에서 140만 명이 이 기간에 돌아왔다.

"지방 정부는 이 노동력을 자기 지방에서 흡수할 수 있느냐라는 문제에 대해 그리 걱정하지 않는 것 같습니다. 내륙 인프라 구축 사업에 엄청난 자금이 투입될 거라는 전망 때문이지요."

미셸 프레뮈트 영사의 말이다. 이미 2009년에 백억 유로 가량이 투입되었고 향후 5년간 천억 유로가 더 들어갈 테니까…….

1990년대에 연안 지방으로 일자리를 구하러 갔던 1세대 민공들은 경제위기를 이용하여 고향에 돌아와 그동안 모은 돈으로 작은 가게나 식당을 열기로 했다. 34세의 주푸췐도 진저우에 돌아와 작은 국수 가게를 열고 싶다고 말한다.

"간호사로 일하는 아내와 계산을 해봤습니다. 이곳 선전은 물가도 비싸고 스트레스도 너무 많아요. 이제 고향에 돌아갈 때인가 봅니다. 그곳에 가면 생활비도 덜 들지요. 이미 110평방미터짜리 아파트도 한 채 샀고 저축의 반을 식당 개업하는 데 쓸 수 있어요. 아내도 일을 그만두고 여덟 살짜리 딸아이를 보살피는 데에만 전력을 쏟을 수 있을 겁니다…….."

중국 정부는 바로 이런 국민들의 행동 방식에 기대를 걸고 내수 시장을 키우려 했다.

하지만 1990년대 초에 태어난 신세대 민공들은 문제가 심각했다. 이 새파란 젊은이들은 이제 막 공장 노동자의 절대다수를 차지한 참이었다. 둥관에서도 점심시간이면 공장 앞 보도에 앉아 있는 이 젊은이들을 볼 수 있다. 이들은 아직 어른이라기보다는 청소년에 가까워 보이는 솔직하고 밝은 세대다. 이들은 모든 면에서 도시의 또래 젊은이들과 비슷해 보인다. 도시 젊은이들처럼 청바지를 입고 염색을 한 그들은 고향 마을로 돌아갈 생각이 전혀 없다. 휴대전화를 들고, 저녁이면 PC방에서 키보드를 두들기는 이들이 전국 규모의 비공식 노동시장에 진입했다. 중국은 취업 경쟁이 다시 불붙을 때에 이전 세대와는 전혀 다른 이 신세대 민공들에 대한 대책을 마련해야 할 것이다.

이처럼 녹록지 않은 상황에서 중국 정부는 2009년을 맞이했다. 추운 겨울을 벗어나 힘든 봄을 보낼 준비를 사회적 차원에서 다져야 했다. 더욱이 새로운 중산층은 행정 관료의 세력이 커지고 부패가 더 심화될 수 있다는 이유로 경기 부양책에 비판적이었다. 확실히 어떤 면에서 세계화의 이 첫 번째 위기는 중국에게 새로운 시대의 문을 열어주었다. 상하이 주가가 2008년에 70퍼센트나 떨어졌다지만 대부분은 다음 10년은 중국이 힘의 기반을 '다지는' 시기가 될 것이라는 낙관적 전망을 내놓았다. 그리고 2008년 말이 되자 글로벌 경제위기가 경제뿐만 아니라 전략 지정학의 변화도 가속화했음이 드러났다. 사르코지 대통령과 달라이라마의 12월 6일 회동이 불러온 중국과 프랑스의 갈등은 중국이 일시적으로 프랑스보다 영국, 독일, 이탈리아, 스페인에 특혜를 주면서 유럽 국가들의 대립을 부추기는 결과로 이어졌다. 중국은 이렇게 미국이 피해갈 수 없는 대화 상대로 떠올랐다. 미국은 버락 오바마가 이제 막 대선에서 승리를 거둔 참이었다. 하지만 그와 동시에 아시아 국가들도 유럽연합처럼 제도화되지는 않되 공생적인 관계를 맺으려는 움직임을 보였다. 중국, 일본, 한국은 12월 13일에 "글로벌 경제위기에 협력 대응하고 통합과 협조를 강화하기 위해"

삼자 정상회담을 가졌다. 정치 및 금융에 대한 대화, 자연재해 대책, 환경보호, 투자, 학술문화, 세무 협력, 건강, 스포츠, 관광, 그리고 '젊은 인재들'의 교환 및 파견 등 여러 분야를 망라하는 회담이었다. 중국은 2007년에 이미 일본과 한국의 첫째가는 무역 상대국이다. 이들의 회담은 1999년부터 아세안 정상회의와 같은 시기에 별도로 개최되었지만 중국, 일본, 한국이 독립적으로 아프리카 경제개발 정책, 북한 문제, 국제연합 개혁, 핵 억제 정책 같은 전략적 문제를 함께 논의한 것은 이번이 처음이다. 중국-대만 직항 노선 개설, 중국-앙골라 직항 노선 개설 등도 세계적인 경기침체로 인해 몇 년 전부터 논의만 되던 사안들이 얼마나 신속하게 현실화되었는지 보여준다.

'09

글로벌 경제위기, 역사의 가속화

꺾이지 않는 **믿음**

겨울이 오면서 수출 감소는 더욱 두드러졌다. 주문은 미국에서도 유럽에서도 늘지 않았다. 전년 대비 성장률은 1월에는 마이너스 17퍼센트, 2월에는 마이너스 26퍼센트를 기록했다. 그러나 수입도 많이 줄고 원자재 가격도 수요가 줄면서 함께 떨어졌기 때문에 무역수지는 나쁘지 않았다. 1월 통계 발표에 따르면 중국 성장의 또 다른 원동력이었던 외국인 투자가 지난 1년 사이에 32퍼센트나 줄었기 때문에 경제활동의 위축은 더욱 민감하게 받아들여졌다. 같은 기간 동안 기업 이윤도 37퍼센트나 줄었다. 섬유, 강철, 알루미늄, 석유, 항공 같은 분야들이 특히 타격이 컸다.

베이징에 모인 중앙당 간부들은 중요한 대책을 강구하기로 했다. 중국이라는 거대한 여객선의 방향을 내수 시장으로 돌리기로 했다. 수출은 과잉 생산을 해결하기 위한 수단으로만 삼고 기업가들에게는 국내 투자를 장려했다. 중국의 경기 부양책은 좀 더 뚜렷하게 가닥을 잡기 시작했다. 4조 위안은 중서부 지역의 인프라 구축 사업, 어려움에 처한 기업들에 대한 지원 사업, 혁신 분야 연구개발 사업, 2020년까지 전 국민 의료보험 확대—위생부장이 전력을 쏟고 있다—를 위시한 각종 사회보장 사업에 투입될 것이다. 일단 2012년까지 진행될 의료제도 개혁 1단계에 9백억 위안의 예산이 편성되었다.

경기 부양을 위한 각종 조세 혜택도 마련했다. 중국 정부는 2009년에 약 천억 유로의 재정적자를 예상했다. 2008년에 글로벌 금융위기를 잘 피해 상당한 수익을 올린 중국 은행권에는 대출 공급을 늘리도록 했다. 베이징은 처음에 5천억 위안 정도를 예상했다.

사회적 불만이 폭발하지 않도록 조치하는 것도 급선무였다. 2월 설날에 공장 15만 곳이 문을 닫으면서 수많은 하청업체들이 나락에 빠졌다. 공업도시의 행정부는 사장이 도주한 공장의 노동자들에게 근무일을 정확히 계산해서 임금을 지불하라는 지시를 받았다. 실제로 문을 닫은 공장들에서 사장이 남은 돈을 들고 도주한 경우는 10퍼센트에 달했다. 또한 극도로 형편이 곤란한 가정들에게는 최저생계비를 지급하기로 했다.

겨울이 되자 수십만 명의 민공들이 고향으로 돌아갔다. 그중 절반은 고향에 남아 경기가 좋아질 때까지 기다리기로 결심했다. 2009년 설날에 중국 북부에는 눈이 많이 내렸고 남부는 안개가 자욱했다. 선전부는 설날 휴가에 국민을 안심시키는 역동적이고 활기찬 이미지를 계속 내보냈다. 가족들이 한데 모이는 명절 기간 내내 국민들이 웃을 수 있도록 가수, 영화배우, 만담가, 희극인들이 총출동했다. 일주일 가까이 중국인들은 실컷 먹고 아침부터 저녁까지 텔레비전 앞에서 빈둥댔다. 섣달 그믐날 밤 시간대에는 9억 명의 시청자가 텔레비전을 보았으니 가히 기록적인 시청률이었다. 텔레비전 뉴스는 경제위기가 중국 바깥에서만 일어나는 것처럼 보도했다. 기자들은 중국에 대해서는 신기술 개발 계획만을 심층적으로 다루고 정부가 제공하는 세제 혜택, 사회적 지원을 일일이 설명했다. 프로그램 사이사이에는 힘든 시기를 침착하게 보내자고, 반드시 빛나는 미래가 따라올 것이라고 애국심에 호소하는 공익광고가 나왔다. 중국인의 대다수는 이런 정보들밖에 얻지 못했다. 중국식 자기암시 요법은 이롭게 작용한 편이다. 국민들은 마음 한구석이 불안했지만 그래도 국가의 보호와 배려를 받고 있다고 느끼며 편안하고 낙관적인 태도를 가질 수 있었다. 덕분에 대규모 노동자 시위 따위는 일어나지 않았다.

하지만 실업률은 결코 낙관적으로 볼 수준이 아니었다. 3월에 공식적으로 집계된 '도시 실업자'는 3천만 명이 넘었다. 여기에 집계되지 않은 수백만 민공들도 더해야 한다. 사상 처음으로 2천3백만 명의 민공들이 연안 지방에서 일자리를 찾지 못했다는 통계가 나왔다. 하지만 이 통계도 이미 몇 년 전부터 한 공장에 적을 둔 민공들만을 고려한 것이다.

3월 초 전인대 연례 회의에서 원자바오 총리는 "꺾이지 않는 믿음"을 기조로 하는 개회 연설을 했다. 총리는 이 힘든 시기를 지나가려면 믿음이 꼭 필요하다고 강조했다.

"중국은 이 위기에서 새롭게 태어나는 첫 번째 국가가 될 것입니다."

그는 3천여 명의 인민대표 앞에서, 이어서 외신 기자들 앞에서 확신을 갖고 주장했다. 그의 메시지는 전 세계로 전달되었다. 4월 7일에 세계은행은 중국 경기가 여름부터 살아나 2010년에는 더욱 성장할 것이라고 전망하면서 원자바오 총리의 손을 들어주었다. 부동산, 증권, 자동차, 명품, 보석 분야가 조금씩 살아났다. 새로운 대중이 기술 박람회나 문화 행사에 등장했다. 하지만 규모는 달라졌다. 2009년 봄에 재개된 베이징 미술품 경매에서 볼 수 있듯이 이제 바이어들은 가치가 확실한 작품, 가급적 중국에서 인증된 작품만을 원했다. 1960년대, 1970년대에 제작되었지만 전통 동양화 기법을 따르는 대형 작품들이 수백만 유로에 팔려나갔다. 뉴욕과 런던 경매에서도 미국 팝아트를 선호하는 서구 수집가들은 줄어든 반면 동양적 색채가 강한 작품을 찾는 중국의 신흥 부자들은 늘었다.

위안화가 달러를 대체한다?

4월 1일에 런던에서 G20 정상회의가 예정되어 있었다. 이때를 즈음하여 중국 인민은행 총재는 국제금융계를 크게 뒤흔들 거대한 돌을 던졌다. 인민은행 웹사이트에 게재된 총재의 담화문에는 미국 달러가 국제 기축통화로서 계속 살아남을 수 있을 것인가라는 의문이 담겨 있었다. 이 내용은 몇 시간 후 중국 언론에서 보도되었고, 이어서 인터넷을 통해 전 세계로 퍼졌다. 총재는 여러 가지 가능성을 제시하면서 달러의 지배가 곧 끝나고 '통화바스켓' 제도를 채택하거나 국제통화기금이 발행하는 특별인출권 같은 좀 더 중립적인 국제 기축통화로 넘어가야 한다는 뉘앙스를 풍겼다.

총재의 발언을 두고 중국 경제학자들 사이에 논란이 분분했다. 학자들의 절반 정도는 총재가 지나치게 앞서나갔다고 비난했다. 그들은 경제 위기를 타개하고 기존 금융 체계를 안정시키는 것이 우선이라고, 따라서 모든 것을 개혁하기 이전까지는 달러의 역할이 중요하다고 보았다. 3월 전인대 연례 회의에서 원자바오 총리가 한 미국인 기자 앞에서 달러의 평가절하 위험을 언급하며 중국이 보유한 달러의 안전성을 걱정하긴 했지만 중국 중앙 정부도 기본적으로는 이쪽 입장이었다. 다음 날 원자바오 총리는 오바마 대통령에게 아직은 달러를 믿어도 된다는 말을 들었다. 하지만 이런 선언 자체가 중국인들의 의식 속에 미국의 지배에 대한 의심의 씨를 뿌린 셈이었다. 한편, 좀 더 젊고 신좌파에 가까운 성향을 지닌 나머지 경제학자들은 인터넷을 중심으로 위안화를 국제화하고 태환 가능하게 하여 달러를 대체해야 한다는 과격한 주장을 내놓았다.

인민은행 총재의 발언은 중국 통화의 흐름에 전 세계의 이목을 집중시켰다. 인민은행은 2009년 초부터 한국, 인도네시아, 홍콩, 말레이시아 같은 인근 국가들과 위안화 스와프(swap) 협정을 체결했다. 하지만 중국이 뻗치는 손길은 지정학적으로 훨씬 더 멀리 떨어진 나라, 이를테면 국제통화기금이 구제 금융을 거부한 벨로루시나 아르헨티나에까지 도달했다! 이 국가들은 위안화로 돈을 빌리는 대가로 중국산 상품을 구매해야 했다. 베이징은 시험 삼아 통화 외교의 간을 보고 있었던 것이다……. 4월 말에 중국 정부는 상하이, 광저우, 선전, 둥관, 주하이 등 5개 도시에서 대외 무역을 위안화로 거래할 수 있게 하는 '파일럿 프로그램'을 실시했다. 중국의 수출 기업들은 이렇게 해서 환전에 따르는 수수료나 위험을 크게 줄일 수 있었다. 홍콩과 마카오 등도 이미 10년 전부터 위안화를 지불 수단으로 써왔다. 그래서 공식적으로는 불환 화폐인 위안화를 취급하는 환전소가 군데군데 설치되어 있다. 이제 위안화를 국제 통화로 확립하기 위한 첫 번째 발걸음이 중요했다. 중국 정부는 조심스럽게, 나름의 방식으로 위안화가 자유 태환화폐가 될 경우의 이점과 제약을 따져보고 검토했다. 실험 결과가 긍정적으로 나오면 파일럿 프로그램은 다른 도시들, 다른 특정 활동 분야들로 확대될 것이다. 하지만 중국의 조심스러운 행보는 지도부 내에서도 이 문제에 대한 입장이 크게 엇갈린다는 사실을 반증한다. 사실 이미 두 차례나 위안화의 불환성은 국제금융 체계가 동요하는 상황에서 든든한 장벽이 되어주었다.

이처럼 달러에 대한 공격이 중국을 유리한 입장으로 올려놓는 와중에 런던에서 G20 정상회의가 열렸다. 프랑스는 그 점을 여실히 경험한 첫 번째 국가였다. 중국과 프랑스의 화해는 중국 대표단이 투숙한 런던의 호텔에서, 그러니까 정상회의가 열리기 하루 전에야 이루어졌다. 외교관과 현지 주선자들은 니콜라 사르코지와 달라이라마의 회동이 불러일으킨 넉 달간의 불화에서 양국 정상이 모두 벗어날 수 있도록 몇 주 전부터 적당한 표현과 양식을 찾기 위해 심혈을 기울였다. 베이징은 2월 이후로 대화를 재개하겠다는 신호를 조금씩 보내왔다. 파리는 더욱더 수세에 몰렸다. 그러나 정치적 현실주의가 득세했고 최근 인민은행 총재의 발표는 이런 현실주의에 더욱 힘을 실어주었다. 경제위기를 진단하고 그 해결책을 모색하는 과정에서 중국과 프랑스의 분석은 기묘하게 일치했다. 두 나라 모두 제2차 세계대전 직후, 요컨대 미국의 세력이 막강했던 시기에 브레턴우즈에서 탄생한 국제금융 제도에 개혁이 필요하다고 주장했다. 프랑스는 이제 중국이 국제통화기금이나 세계은행의 세력권에서 주축이 되고자 한다면 기꺼이 지원을 하려는 듯했다. 이런 상호 이익을 발판으로 두 나라는 공동 전선을 구축하게 된 것이다.

"국제연합 안전보장이사회 상임이사국인 중국과 프랑스는 근본적인 변화가 일어나고 있는 현재의 정치경제 상황에서 세계 평화를 유지하고 경제 발전을 견인하는 무거운 책임을 맡고 있다."

프랑스 외무성의 성명은 이렇게 밝혔다.

"양국은 대화를 활발히 하고 글로벌 금융위기와 같은 전 지구의 과제들을 함께 해결하기 위해 협력할 것을 강조했다."

중국 기자들은 성명이 조인되는 현장에 취재를 허가받았다. 중국 선전부로서도 망설일 이유가 없었다. 성명서 하단에 들어간 프랑스 대통령의 서명은 항복의 표시로 제시되어야 했으니까. 중국 텔레비전은 뉴스 보도에서 니콜라 사르코지가 성명서에 정성껏 서명을 하는 장면을 오랫동안 내보냈다. 프랑스 쪽에는 이 장면이 나가지 않았다. 엘리제 궁의 대표단과 동행한 프랑스 기자들은 문 밖에서 기다려야 했다…….

하지만 중국이 그토록 기다렸던 G20은 큰 성과를 거두지 못한다. 미국이 국제금융 제도의 근본적 개혁을 차단했기 때문이다. 논쟁의 불똥은 '조세 천국' 문제로 튀었다. 중국은 홍콩 때문에 수세에 몰리는 기분이었지만 최종적으로 홍콩은 감시가 강화될 조세회피지역 블랙리스트에서 제외되었다.

글로벌 경기 부양의 **견인차**

9월 중순, 다롄에서 열린 세계경제포럼 연례 정상회의는 첫 번째 종합평가의 기회였다. 글로벌 경제위기가 발발한 지 1년이 지난 이 시점에서, 중국은 이 거대한 혼돈에서 승리한 국가들 중에서 단연 선두를 달리고 있었다. 경제 분야에서 비록 수출이 연초에 비해 40퍼센트 감소했다고 하나 중국이 무역수지 흑자를 기록하고 매우 긍정적인 연말 결산에 이르는 데에는 문제가 되지 않았다. 중국 국내 경제활동도 살아났다. 산업 지수도 1년 사이에 12퍼센트 이상 성장했고, 원자바오 총리가 1년 전에 세웠던 국내총생산 8퍼센트 성장이라는 목표도 달성을 눈앞에 두고 있었다. 인구 6백만 명의 도시 다롄을 예로 들자면 2009년에 14퍼센트의 경제성장률을 기록했다. 2년 전 같은 박람회장에서 세계경제포럼이 열렸던 이 도시는 얼핏 보기에도 눈부시게 현대화되어 있었다. 2년 전 이곳 주위는 온통 공사 구역이었다. 이제 그 공사 구역이 아름다운 건물과 가로수들이 늘어선 쾌적한 거리로 변해 있었고 녹지도 풍부하게 조성되어 있었다. 한때 '포트 아서'라는 이름으로 통했던 옛 일본 조계지는 항구의 수심이 유난히 깊어서 아시아 북부에서 가장 큰 컨테이너 부두를 유치할 수 있었다. 첨단기술 분야의 수십 개 연구소들이 들어선 다롄 개발구는 미국 대학 캠퍼스처럼 넓고 쾌적하다. 이곳의 조명 회사인 루밍은 차세대 조명 기술로 시의 공공 조명을 책임지고 있다. 다롄 시 책임자들은 세계경제포럼에 즈음하여 공장 방문이나 수소 스쿠터 시승 행사를 추진했다. 다롄은 중국 정부가 주력 산업으로 키우려 하는 환경보호 기술과 지속가능한 개발의 첨병에 서기로 한 도시이기 때문이다.

목이 마르다고 **독약을 들이켠다?**

그러나 봄부터 시작된 중국인 전문가들의 논쟁은 이 포럼을 계기로 한층 격렬해졌다. 4월에 민족주의적 성격이 강한 신문 〈환추스바오〉가 신화 통신 지국에서 개최한 심포지엄의 일부가 외신 기자들에게 공개되었다. 이 심포지엄은 국고의 사용에 대해 중국 내에서도 의견이 크게 엇갈리고 있음을 잘 보여주었다. 일부 소장파 경제학자들은 2천억 달러에 달하는 돈을 핵심 산업 분야의 서구 기업을 인수하는 데 써야 한다고 주장했다. 그러나 정치권에서는 신중한 태도를 보이며 섣불리 나서지 않았다.

다롄에서도 특별 사업과 은행 대출을 활용한 경기 부양책이 처음으로 공개적으로 도마에 올랐다. 실제로 연초 은행권이 시장에 푼 돈은 5천억 위안에서 두 배 이상으로 불어나 있었고 전문가들은 인플레이션을 걱정했다.

"정부는 미친 듯이 돈을 풀고 있습니다. 목이 마르다고 독약을 벌컥 벌컥 마시는 거나 다름없는 짓이죠."

상하이 CEIBS 교수 쉬샤오녠은 이렇게 꼬집는다. 그는 기탄없이 과잉 투자, 과잉 생산 능력의 위험을 강조한다. 국가발전개혁위원회 부주임

장샤오창은 정부를 대변하는 입장임에도 이런 주장에 동의하며 "자본 과잉을 크게 우려하고 있다"고 인정했다. 하지만 민간 기업가들은 중국 국내총생산의 절반 이상을 담당하고 일자리의 70퍼센트를 공급하고 있는데도 이렇게 남아도는 자본을 이용하지 못하고 있다. 6월에 중국의 인기 포털 시나는 "경기 부양책과 관련된 대출의 70퍼센트는 공기업이 독점하고 있다"고 폭로했다.

"현재 대부분의 중국 은행은 국가가 장악하고 있다. 따라서 민간 기업들은 국유 기업에 비해 대출을 받기가 어려워서 불평등이 빚어진다."

중국 칭화대와 미국 예일대에서 강의를 하고 있는 천즈우 교수도 자신의 블로그에 이런 글을 올렸다. 중국 부동산 업계의 여왕 장신도 이 해 봄에 사업을 확대하기 위한 자금 대출을 신청했다가 은행에서 거절당한 뒤에 분노하며 이렇게 주장했다.

"우리는 중국의 경기 부양책에서 완전히 소외되어 있다. 이래서는 새로운 거품이 끼게 마련이고, 현재 자유화되면서 비리가 싹트기 시작하는 산업 분야에서 국가의 통제력만 강해질 것이다."

확실히 새로운 거품이 조성되고 있기는 했다. 2008년에 시가총액의 절반이 날아갔던 상하이 증시는 2009년 1월 이후로 30퍼센트 이상 오르며 회복세를 보였다. 20퍼센트 떨어졌던 부동산 가격도 6월부터 다시 오르기 시작했고 도로에는 번쩍거리는 신형 세단들이 넘쳐났다.

예년처럼 서구 자본주의자들 앞에서 중국 정부 계획을 발표하러 다롄의 세계경제포럼에 참석한 원자바오 총리는 정부 정책을 옹호하기 위한 싸움에 뛰어들었다.

"혹자는 중국의 경기 부양책이 4조 위안 투자에 그칠 것으로 단순하게 생각합니다. 그건 완전히 오해입니다……. 우리의 경기 부양책은 당면 문제와 장기적 필요를 모두 고려하여 경기회복과 경제성장을 동시에 추구하고 있습니다."

총리의 자문 한 사람은 이렇게 말한다.

"중국은 이제 점점 꺾이고 있는 수출 대신 내수를 키워서 지속가능한 개발을 하고 싶어 합니다. 하지만 그런 성과를 보려면 몇 년, 아니 10년쯤 걸릴 겁니다. 중국 농촌의 소비를 일으키려면 먼저 농촌 인구를 안심시켜야 합니다. 불안해서는 지갑을 열 수가 없죠!"

실제로 중국의 저축률은 47퍼센트로 세계에서 가장 높다. 교육비와 의료비가 높고 퇴직연금 제도가 없기 때문에 중국인들은 항상 돈을 모으기만 한다.

"그렇기 때문에 이미 새로운 특권층으로 부상한 젊은 부자들이 못마땅해 하더라도 정부는 공공 지출을 늘릴 필요가 있습니다!"

총리 자문은 이렇게 덧붙인다.

그러나 민간 부문이 불만을 품었다는 사실은 곧 중앙 정부의 귀에 들어갔다. 중앙 정부는 개혁에서 태어난 새로운 엘리트층과 충돌하지 않기 위해 그들의 의견을 철저하게 참고하여 받아들인다. 5월부터 국가발전개혁위원회는 실태 파악을 위해 민간 기업들이 가장 많이 몰려 있는 지방을 대상으로 광범위한 조사를 실시했다. 2009년 상반기에 민간 투자는 쓰촨 성에서 12퍼센트, 후베이 성에서 13퍼센트, 광둥 성에서 1퍼센트 감소했다. 8월에 위원회는 조사를 재개하고 20가지 권고 사항을 함께 내놓았다. 에너지, 교통, 인프라, 보험, 건강, 교육 등 5개 부문은 국유 기업의 독점을 풀고, 행정 절차를 간소화하며, 민간 기업들을 위해 소규모 대출 전문 금융기관을 만들고 세금을 감면하기로 했다. 이로써 민간 기업들은 수익을 연구개발이나 국가가 육성하는 산업 분야에 재투자할 수 있을 것이다.

중국에서는 곧잘 그렇듯이 새로운 규정은 잉크도 마르기 전에 현실에 적용되었다. 많은 중소기업 대표들이 연초에 대출을 거절당했지만

9월에는 대출을 해주겠다는 은행의 전화를 받을 수 있었다. 새로운 조치가 나오고 얼마 지나지 않아 민간 기업가들의 불만도 가라앉았다. 그러나 2009년 가을은 2012년 정권 교체를 앞두고 있는 시점에서 지도부 내에서의 논쟁이 점점 더 치열해지고 있음을 알 수 있었던 시기였다.

중국과 **이슬람 세계의 충돌**

또 다른 사건이 중앙 정부의 발목을 잡았다. 신장 자치구는 이 해에 유난히 혹독한 여름을 보냈다. 7월 6일 월요일 아침에 신화통신은 신장 자치구 우루무치 근교에서 지난 밤 "약간의 충돌"이 일어나 80명의 부상자가 발생했다고 전했다. 하지만 6일 낮에 부상자 수는 천여 명으로 늘어났고 사망자도 수십 명에 달했다. 여러 외신 기자들은 베이징에서 첫 비행기를 타고 4시간 후에 현장에 도착했다. 도착해 보니 통행금지 상태였다. 개인 차량도, 거리의 행인도 볼 수 없었다. 신장 자치구 정부는 버스를 대절하여 공항에서 기자들을 태우고 검문소를 지나 우루무치 시내까지 안내했다. 기자들은 중국인, 외국인 할 것 없이 모두 인민 광장 근처의 그랜드 호텔에 모였다. 인터넷과 전화를 계속 쓸 수 있는 곳은 그 호텔뿐이었기 때문이다. 이 지역 주민들의 통신 수단은 모조리 끊겼다. 짧은 문자메시지조차도 전파 방해로 제대로 전달되지 않았다! 자율적으로 움직이기 위해 다른 호텔을 알아보던 외국인 기자들도 결국 정보를 전송하기 위해 그랜드 호텔로 옮겨야 했다. 불과 20시간 전에 발생한 사태에 이처럼 조직적으로 대응하다니 놀라울 따름이다. 그랜드 호텔 리셉션 룸에는 인터넷 접속이 가능한 기자실이 마련되었다. 지방 공무원 한 사람은 기자들이 도착하자마자 보도 자료를 건네주었다. 봉투 속에 든 CD는 지방 뉴스에서 당일 방송된 보도 화면이었다. 위구르족 청년들이 어슴푸레한 어둠 속에서 한족이나 후이족을 몽둥이로 후려치는 잔인한 장면이었다. 기자들은 왜 경찰이 그들을 당장 잡지 않고 이렇게 동영상을 찍었는지, 어떻게 이렇게 급박한 상황에서 공무원들이 CD 복사본을 많이도 만들어놓을 수 있었는지 의아해했다……. 그 후로 일부 외신 기자들은 독립적으로 취재를 하려고 노력했고, 지방 정부는 같은 호텔 내에 기자실을 늘리고 버스로 그룹 취재를 지원했다. 중국 국내와 아시아 지역 기자들은 권고에 따라 독자적으로 인민 광장을 벗어나는 일은 삼갔다. 그러나 일부 서구 기자들은 부상자와 의사들의 증언을 듣고 사태를 재구성하고자 우루무치 제2병원을 찾았다. 한족 출신의 24세 여성 퉁웬은 의식이 돌아와 있었으므로 자기 이야기를 들려줄 수 있었다.

7월 5일 일요일 저녁에 퉁웬은 남편과 우루무치 공항에 도착했다. 그들 부부는 상하이로 신혼여행을 갔다 온 참이었다. 퉁웬의 집안은 3대째 신장 자치구에 살고 있었고 그녀는 새신랑을 데리고 친정으로 향했다.

"공항에서 시내로 들어가는 버스를 탔어요. 밤 11시쯤 됐는데 뭔가 이상한 일이 일어나는 걸 봤어요. 주변에 여러 대의 버스가 세워져 있었고, 어떤 버스는 불에 타고 있었어요. 바로 그때 다른 버스 한 대가 우리 버스로 달려오는 거예요! 우리는 허겁지겁 버스에서 내렸지요. 스무 명쯤 되는 위구르족 청년들이 마구 소리를 지르며 우리를 때렸어요. 나는 머리를 세게 맞고 그대로 정신을 잃었고요. 정신이 들었을 때에는 사방이 컴컴했어요. 아무도 없고 쥐죽은 듯 고요했지요. 다만, 옆에서 한 여자가 겨우 꿈틀거리고 있었어요. 그 여자가 자기 집이 바로 그 근처라고 해서 우리는 비틀거리며 그 집으로 갔어요. 그 여자는 후이족이었어요. 밖에서 또 고함 소리가 들리기에 우리는 불을 끄고 셔터를 내렸지요. 새벽 1시쯤 됐는데 그 여자가 날 깨우더라고요. 순찰대가 돌아다닌다고요. 그 여자가 순찰대를 불러서 나를 병원으로 데려가라고 했어요."

퉁웬은 머리에 큰 상처를 입고 양손도 다쳤으며 얼굴에도 타박상을 입은 채 4인실에서 누워 지냈다. 이틀이 지났지만 남편의 소식은 듣지 못했다. 남편에게 우루무치는 완전히 낯선 도시인데……. 우루무치에서 가장 큰 이 병원에만 360명 이상의 부상자가 입원해 있었다. 그들 모두 피해자였다. 피해자의 70퍼센트는 한족이었다. 중상자 20명은 결국 목숨을 잃었다.

"한족은 폭도들에게 두들겨 맞은 거고, 위구르족은 경찰의 총에 맞은 겁니다."

한 외과의사는 솔직히 말했다. 퉁웬과 같은 병실을 쓰는 환자들도 비슷한 이야기를 했다. 그들은 모두 7월 5일 저녁에 곤봉을 든 위구르족 청년들이 버스를 습격했다고 증언했다.

7월 7일 화요일 정오가 지나자 기자들이 모여 있는 그랜드 호텔 로비에 웬 한족 여자가 소리를 지르며 뛰어들었다.

"위구르족이 또 공격해요!"

그녀는 사색이 되어 위구르족 폭도들이 인민 광장에서 5백 미터 거리도 되지 않는 시내 대형 상가에 나타났다고 했다. 외신 기자들 몇이 그곳으로 바로 달려갔다. 상가는 문을 닫는 중이었고 주변은 조용했다. 한족 경비원들이 문 앞에 버티고 있었다. 위구르족을 봤다는 경비원은 한명도 없었다. 상인들은 뒷문으로 나가는 중이었다. 그 상인들도 대부분 한족이었다. 상가에서 상인들에게 빨리 가게 문을 닫으라고 방송을 하긴 했지만 그들은 폭도는커녕 위구르족 손님조차 보지 못했다고 했다. 위구르족은 7월 5일 사태 이후로 시내 중심가에서 꽤 떨어져 있는 거주 구역에서 벗어나지 않았기 때문이다. 상가 사람들이 이런 증언을 하는 동안, 우루무치 최고 번화가에 자리 잡은 인근 상점들도 하나둘 문을 닫았다.

폭도가 나타났다는 거짓 소문을 들었거나, 남들을 따라 조심하는 차원에서 장사를 접는 것이었다. 몇 분 사이에 중국은행과 보험회사, 지방 청사가 위치한 시내 중심가 전체가 이렇게 문을 닫았다. 어떤 주인들은 빗자루, 쇠막대, 둘둘 만 발 따위를 들고 가게 앞을 지켰다. 한 사람은 몹시 흥분해서 "위구르 놈들이 쳐들어오면 우리 가게를 지켜야지요"라고 내뱉었다. 오후 3시였다. 아스팔트가 녹을 정도로 무더운 날, 평소 같으면 북적댈 거리에 무거운 침묵이 감돌았다. 한족 젊은이들이 우르르 나타나 조금 떨어진 곳에서 위구르족과의 충돌이 또 일어났다고 했다. 그러자 가게 주인들은 문을 완전히 닫아 걸고 젊은이들이 가리키는 방향으로 걸어가기 시작했다. 10명이 50명이 되고, 금세 백 명이 되고……. 몇 분 만에 시내에 거주하는 수천 명의 한족들이 복수심에 불타서 위구르족 구역으로 떼를 지어 걸어갔다. 건설 중인 건물 위에서 민공들은 그들의 행렬을 볼 수 있었다. 쓰촨 성이나 허난 성의 빈곤 지역에서 온 민공들은 현장에 굴러다니는 쇠파이프 따위를 들고 그 분노의 행렬에 합류하기도 했다. 위구르족이 그들 눈에 띄어 좋은 꼴을 볼 리 없었다. 위구르족 행인은 얼른 숨거나 도망갔다. 서구 기자들도 욕을 보았다. 흥분한 한 남자는 갓길에 서 있던 CNN 취재팀에게 으르렁거렸다.

"당신들, 중국 사람이 화내는 거 보고 싶어? 어디 해봐! 카메라로 찍어보라고!"

군중은 다른 광장으로 집결했으나 경찰에 저지당했다. 경적을 크게 울리며 차 한 대가 도착했다. 작고 통통한 한 남자가 진땀을 흘리며 차에서 내렸다. 그가 바로 우루무치 시장이었다. 시장은 확성기를 들고 자동차 지붕 위로 올라가 한족 시민들을 진정시켰다.

"소문일 뿐입니다……. 위구르족을 상대로 돌이킬 수 없는 일을 저질러서는 안 됩니다……. 우리는 모두 한 가족입니다."

차츰 군중은 차분해졌다. 저마다 옆 사람을 돌아보며 꿈에서 깬 듯 정신을 차렸다. 모두들 피곤하고 당황한 기색으로 몽둥이나 막대기를 내려놓았다. 한참동안 침묵이 흐른 후, 인파는 흩어지기 시작했다. 사람들은 하나둘 광장을 떠났다. 그러나 군중이 거의 해산할 즈음 끝까지 남아 있던 이들이 경찰의 방어선을 뚫고 위구르족 구역으로 향했다. 현장에 나와 있던 경찰들은 투명 방패를 들고 바들바들 떠는 신출내기 젊은이들이 대부분이었다. 이튿날, 제2병원에는 30여 명의 새로운 부상자들이 입원실이 없어서 대기하고 있었다. 이들은 7월 7일 오후 한족의 보복으로 일어난 두 번째 폭력 사태의 피해자들이었다. 그래서 이번에는 부상자의 대부분이 위구르족이었다. 그들은 크게 충격을 받은 상태라 취재에 응할 수 없었다. 3명은 이미 사망했다. 하지만 이 두 번째 인종 탄압의 공식 집계 사상자 수는 결코 나오지 않을 것이다.

무슨 일이 일어났기에 우루무치 시는 이처럼 인종 간 난투극에 빠지게 되었을까?

"그럴 만한 일은 아무것도 없었습니다. 문화대혁명 때조차도요."

우루무치가 고향이라는 48세의 한족 택시 기사 장의 주장이다. 신장 대학에 재직 중인 38세의 위구르족 교수는 익명을 요구하며 사태의 추이를 설명했다.

"사오관 사건 때문에 갑자기 갈등이 심화된 겁니다."

앞서 6월 26일 밤에 광둥 성 사오관에 위치한 직원 1만 8천 명의 대형 완구업체 공장 기숙사에서 난투극이 일어났다. 사오관은 우루무치에서 3천 킬로미터도 넘게 떨어져 있는 도시다. 두 달 전, 소수민족 노동자들이 연안 지방에서 좀 더 많은 월급을 받고 일할 수 있게 하는 '노동력 이전' 프로그램에 따라 8백 명의 위구르족 노동자들이 이 공장에 들어왔다. 그러나 경제위기 때문에 자신들의 일자리도 안심할 수 없는 한족 노동자

507

들이 신참들을 곱게 볼 리 없었다. 이때 2명의 위구르족 노동자가 한족 여성 수습사원을 강간했다는 소문이 화약에 불을 붙였다. 나중에 소문은 사실이 아닌 것으로 밝혀졌지만, 당시 수백 명의 한족 노동자들이 한밤중에 위구르족 노동자들의 기숙사를 급습했다. 3시간 후 출동한 경찰은 2명이 죽고 수백 명이 부상을 입었다고 발표했다. 하지만 위구르족 청년 하나가 쇠파이프에 맞아 죽는 눈 뜨고 볼 수 없는 참혹한 광경을 찍은 휴대전화 동영상들이 인터넷 게시판에 올라와 급속도로 퍼졌다. 사망자와 부상자가 훨씬 더 많고, 경찰은 졸속 수사를 했다는 말이 나돌았다.

"위구르족 사회에서 불만의 소리가 높아지기 시작했지요. 6월 말에는 재수사를 요구하는 편지가 돌았고요. 그러나 지방 정부는 아무런 대응도 하지 않았습니다."

중국 외무부에서 사태를 자세히 설명한 보고서를 받은 유럽 외교관들에 따르면, 7월 5일 오후 6시에 우루무치 제팡루에서 위구르족 대학생과 지식인이 주축이 되어 2백 명이 평화 시위를 벌였다고 한다. 그 후에 무슨 일이 일어난 걸까? 공식 보고서는 속 시원히 밝히지 않고 있다. 재외 위구르족들은 경찰이 아마도 평화 시위를 무력으로 진압했을 것이라고 본다. 한편, 우루무치 시는 시위대가 2, 3명씩 무리를 지어 흩어졌을 것이라고 한다. 그렇게 흩어진 이들이 7월 5일 밤의 폭동을 일으켰을까? 별로 신빙성이 없는 얘기다.

"부상자 중에 위구르족 대학생은 하나도 없었어요."

제2병원 간호사의 증언이다. 공격을 당한 한족들도 모두 20여 명의 청년 폭도 얘기만 하고 있다. 누가 이런 폭동을 일으킬 수 있었을까? 한족으로서는 대답하기 어렵다.

"워낙 불시에 당한 일이니까요. 어두운 밤이기도 했고……. 위구르족들은 다 비슷비슷해 보이거든요."

집으로 돌아가다가 몽둥이에 맞았다는 여교사의 말이다.

"수백 명의 폭도들"이 불을 놓아 50대의 차량이 파손되었다는 질리 자동차 판매 대리점은 폭도의 무리 중에 이웃사람들도 끼어 있었다고 주장했다. 몇 시간 후에 경찰은 그 동네에 거주하는 18세에서 30세 사이의 위구르족 남성을 모두 체포했다. 이튿날 기자들이 시 당국의 안내에 따라 시커멓게 탄 창고를 방문하고 있을 때 수백 명의 위구르족 여성, 아이, 노인들은 과감하게 집 밖에 나와 눈물을 흘리며 체포당한 남성들의 결백을 주장하고 있었다. 5백여 명의 민간인들은 30분가량 경찰과 용감하게 대치하며 외신 기자들의 질문에 대답하고는 자기 집으로 돌아갔다.

"우리가 그 가게에 불을 질러서 득 될 게 뭐가 있겠소! 나도 그 가게가 있어서 먹고사는데!"

3년 전 카슈가르에서 왔다는 42세의 위구르족 남성 아민은 분통을 터뜨렸다. 그는 자동차 판매 대리점이 있는 거리에 차량 정비소를 차렸다. 식품점을 운영한다는 42세의 위구르족 주부는 좀 더 상황을 자세히 설명했다.

"7월 5일 저녁에 바람을 쐬려고 가게 밖에 잠깐 나갔는데 웬 위구르족 청년들이 아주 흥분해서 오더라고요. 그 사람들이 우리 가게에 한족이 있느냐고 묻기에 난 없다고 대답했지요. 난 가게 문을 닫고 가게에 있던 한족 손님들을 뒷문으로 몰래 내보냈어요. 하지만 누가 일러바쳤는지 조금 있다 그 청년들이 쇠파이프를 들고 또 왔어요. 전에는 한 번도 본 적 없는 청년들이었어요. 대학생 같진 않았어요. 노동자나 백수 같았어요. 모두들 행색이 꾀죄죄했거든요. 그들에게 죽도록 맞았지요."

2008년 봄 티베트 사태와 마찬가지로 우루무치 사태는 많은 부분이 베일에 싸여 있다. 실제로 6월 말에 일어난 광둥 성 완구 공장 기숙사 사건이 발단이 되었다면 인터넷 검열이 심한 중국에서 인터넷 게시판에서 일어난 위구르족들의 격렬한 논쟁을 왜 열흘 가까이 방치했을까? 어째서 지방 정부는 위구르족들의 수사 요구에 응답하지 않았을까? 후진타오 국가주석이 G8 정상회의 참석차 이탈리아에 가 있을 때 우루무치에서 폭동이 일어난 건 그저 우연일까? 후진타오는 이탈리아에 도착하자마자 보고를 받고 이틀간 전화로 논의를 한 후 방문 일정을 단축하고 7월 8일 밤에 베이징으로 돌아갔다. 그는 몹시 고대하던 신임 미국 대통령 버락 오바마와의 첫 만남과 경기회복을 위해 협력을 추진 중인 다른 국가 정상들과의 모임을 모두 포기해야 했다. 그런데 왜 우루무치 사태가 터진 그날 저녁에는 국가주석 외에도 중국 정치의 수뇌부라고 할 수 있는 중앙정치국 상무위원 8명이 모두 지방에 가 있거나 부재중이었을까? 2008년 지진과 티베트 사태 당시 그토록 자주 모습을 드러냈던 원자바오 총리나 차기 국가주석으로 거론되는 시진핑 부주석은 왜 우루무치 사태가 터지고 국가주석이 귀국할 때까지 이틀 동안 전혀 나타나지 않았을까? 순전히 의전상의 문제일까, 의사 결정 체계가 제대로 돌아가지 않아서일까? 국가주석이 돌아온 후에야 비로소 군대다운 군대가 우루무치 거리에 들어올 수 있었다. 간쑤성 병력 1만 명이 우루무치로 투입되었다. 이들은 몇 시간 만에 구역을 나누어 인력을 배치하고, 바리케이드를 설치하고, 상황을 정리했다. 하지만 그들은 이곳이 낯설었기 때문에 지도를 펼쳐놓고 보면서 일을 해야 했다. 그럼, 이 지역 내에서 폭동을 진압할 수 있는 무장 병력은 다 어디로 갔을까? 우루무치는 국경과 가까운 전략적 요충지이니 당연히 병력이 많이 주둔해야 하지 않을까? 어째서 사태 초기에 투입된 병력은 죄다 진압 경험도 없고 제복을 걸친 지 얼마 안 된 신출내기들이었을까?

중국 정부는 정말로 '대중 운동'을 관리할 능력이 없었던 것일까, 아니면 체제 내 보수파들의 주장대로 규제를 강화하기 위해 일부러 사태가 악화될 때까지 방치한 것일까? 만약 그렇다면 누구에게 책임을 물어야 할까? 신장 자치구? 국가주석 자문역이 넌지시 암시하듯, 사태의 발단이 된 사오관 공장이 있는 광둥 성? 이 자문역은 후진타오가 반부패운동을 지시한 지 얼마 되지 않았음을 지적한다. 반부패운동으로 남부 지방에서만 90명 이상의 공무원이 옷을 벗었다. 후진타오가 권좌에 오른 후부터 살고 있는 중난하이의 담장 너머에서 비리를 찾을 일이 없는 이상 반부패운동을 부르짖을 수 있는 것은 당연한 일이다. 선전부는 처음에 위구르족 여성 기업가 레비야 카디르를 몰아세웠다. 10년째 미국에서 망명 생활을 하는 그가 외국에서 이 폭동을 주도했다는 것이다. 달라이라마가 티베트 사태의 배후로 지목당했던 것과 마찬가지다. 레비야 카디르는 1953년생으로 1980년대에 커다란 명예를 누렸다. 그는 인민대표로 선출되기도 했다. 당시에 레비야 카디르의 성공은 '소수민족'이 중국 사회에 잘 동화된 모범 사례로 간주되었다. 하지만 과거 소비에트 연방에 속해 있던 중앙아시아의 이슬람 국가들이 독립을 쟁취할 즈음부터 레비야 카디르는 위구르족 형제자매들의 문화적 요구를 지지하고자 나섰고 결국 공산당 체제의 감시대상이 되었다. 그는 탈세 혐의로 고발당해 투옥되었다가 석방되어 미국으로 망명했으나 지금도 그의 두 아들은 중국에서 수감 생활을 하고 있다. 하지만 달라이라마와 마찬가지로 레비야 카디르도 작년에 모든 종류의 폭력을 비난하며 테러 행위와 분명히 거리를 두었다. 그는 카리스마가 넘치는 인물도 아니고 자신의 공적 역할을 확대할 생각도 없다. 중국의 위구르족들을 사주해서 폭동을 일으킬 만한 인물로는 보이지 않는다.

반면에 우루무치 사태는 지금까지 중국과 좋은 관계를 맺고 있던 이슬람 세계의 의혹을 불러일으켰다. 강력한 위구르족 공동체가 있는 터키를 위시한 여러 국가들이 머나먼 중국 땅의 동족을 지지하고 나섰다. 우루무치 사태 일주일 후 터키 총리 레셉 타입 에르도간은 중국에 사는 위구르족의 처지를 일종의 "집단 학살"에 비유했다. 베이징은 이 일에 심기가 매우 불편해졌다. 중국 언론은 투르크족(위구르족은 투르크족의 일족이다)이 20세기 초에 자행한 아르메니아인 학살을 언급하며 반발했고 중국 외교부 대변인 친강은 이렇게 대응했다.

"이것이 무슨 집단 학살인가? 1949년에 신장에 거주하는 위구르족은 329만 명이었다. 현재 그들의 인구는 천만 명, 60년 사이에 3배나 늘었다."

하지만 친강은 같은 기간 동안 신장에 거주하는 한족은 26만 명에서 850만 명으로 더 크게 늘었다는 점은 언급하지 않았다. 그런데 이런 신장 자치구의 '한족화' 정책이야말로 위구르족들이 불만을 품는 이유 중 하나다. 이란에서 대 아야톨라(이슬람 시아파의 고위 성직자) 나세르 마카렘 시라지는 테헤란 정부가 신장 자치구 사태에 대해 침묵을 지킨다고 비난했다.

"중국 정부와 국민이 우리나 다른 이슬람 국가와 경제적으로 긴밀한 관계를 맺고 있는 것은 사실이다. 하지만 그 사실이 우리 위구르 형제자매들에 대한 끔찍한 탄압을 정당화할 수는 없다!"

중국 외교관들은 이슬람회의기구 회원국 대사들이 신장 자치구 위구르족 문제로 특별 회의를 열려는 움직임을 저지했다. 그러는 동안에도 이슬람 국가인 말레이시아, 인도네시아에서도 과격하지는 않지만 중국 위구르족을 지지하는 시위가 일어났다.

"현실 정치와 경제적 요인 그리고 중국이 60년간 제3세계 국가들과 맺어온 우호적 관계 때문에 강경한 반응은 나오지 않았지요. 오늘날 아프리카·아랍 대륙 전체가 중국과는 긴밀한 관계에 있으니까요."

아프리카의 이슬람 국가의 대사 한 사람은 그렇게 말했다. 알카에다, 곧 뉴욕 9·11 테러를 자신들이 일으켰다고 주장하는 빈 라덴의 과격파 집단은 진짜 위협을 가했다. 런던에 소재한 위험 자문 회사 스털링 어신트는 알카에다의 북아프리카 지부가 우루무치 사태에 대한 보복으로 북아프리카에 거주하는 중국인들을 위협하고 있다는 보고서를 중국 통신사에 전했다. 6월에 알카에다 알제리 지부는 중국인 엔지니어들의 신변을 보호하는 24명의 알제리인들을 자기들이 살상했다고 발표했다. 이렇게 되자 중국은 위협을 심각하게 받아들일 수밖에 없었다. 알제리에는 5만명 이상의 중국인들이 주로 건설 현장과 원유 채굴 시설에서 일하고 있기 때문이다. 알제 주재 중국 대사는 중국인들에게 각별히 조심할 것을 당부했다. 튀니스 주재 중국 대사도 자국민 보호에 힘썼다.

　서구 외교관들은 이슬람 세계의 반응에 전혀 놀라지 않았다. 유럽의 한 군사 자문위원은 이렇게 말한다.

　"지금까지 중국은 특별한 위치를 한껏 누려왔지요. 전 세계경제와 정치에서 주도적인 역할을 했지만 제3세계 국가들의 눈에는 그저 자신들과 같은 하나의 국가일 뿐입니다. 중국이 강대국이 되고 싶다면 이런 안보 문제에 부딪히는 것도 당연한 겁니다."

　또 한 서구 외교관은 다음과 같이 평가한다.

　"중국 정부가 7월 5일 폭동 사상자의 인종 분포를 재빨리 밝히지 않은 건 실수한 겁니다."

　희생자의 70퍼센트가 한족이라고 밝혀지기까지 사흘이나 걸렸다. 현장을 취재한 외국 기자들도 그 점은 사실로 확인할 수 있었다. 그 사흘 동안 위구르족 망명 인사들은 위구르족 희생자와 억울하게 체포된 사람들이 훨씬 더 많다고 주장했다. 지금 단계에서는 그들의 주장을 확인할 방법이 없다. 공식적인 최종 집계는 2백 명이 사망하고 1천8백 명이 부상당했다고 나왔다.

　결과적으로 재외 중국인들에 대한 공격은 발생하지 않았다. 이후 몇달간 중국 지도자들은 아랍 국가들을 달래는 듯한 제스처를 보여주었다. 2010년에 베이징은 전략적 가치가 높은 신장 자치구의 지배 정책을 재고하기 시작했다. 후진타오 국가주석의 측근이지만 지나친 강경책으로 위구르족의 불만을 사던 이 지역 당 서기 왕러촨이 4월에 경질되었다. 6월에 중앙 정부는 신장 자치구 특별 개발 계획을 공식 발표했다. 이 계획에서는 처음으로 지역 주민들에 대한 생활 보호가 검토되었다.

하지만 이 계획이 민심을 달래기에 충분할까? 한 가지 확실한 것은, 우루무치 폭동 사태가 이 지역 토착민 위구르족과 카자흐족이 한족 지배자들과 부딪치면서 오랫동안 쌓아온 좌절 때문에 일어났다는 것이다. 이미 중국 사회 전체를 좀먹고 있는 빈부 격차는 신장 자치구에서 더욱 심하게 나타났다. 개발의 결실이나 부가 재분배되지 못했다. 소수민족들이 경제 발전 과정에서 더욱 소외되었음은 물론이다.

"1997년 독립주의자들이 일으켰던 폭동이 실패하면서 부유층 위구르족들의 태도가 변했습니다."

1988년생으로 우한 대학에서 재정학을 전공하고 있는 아민은 이렇게 말한다.

"제 초등학교 동창 위구르족 친구들은 지금 모두 대학에 다닙니다. 그들 집안에서 중국 사회에 동화되기로 결심한 거죠……."

하지만 이런 선택을 할 수 있는 위구르족은 20~30퍼센트에 지나지 않는다. 공부를 많이 하지 못한 위구르족 노동자나 농민은 중국어에 서툴기 때문에 이류 시민으로 차별받고 있다고 느낀다. 그리고 이런 갈등은 경제위기와 함께 더욱 첨예해졌다.

이 지역 토착민들은 피해를 입었다. 위구르족들만 1년 가까이 불심 검문을 당하거나 공안에 여러 번 불려가기만 한 것이 아니다. 오래전부터 이곳에 정착하여 위구르족과 함께 살 만한 가치가 있다고 생각했던 한족들도 이제 회한에 차 있다. 경제 발전을 중시하고 중국 사회에 동화되려고 결심했던 위구르족 지식인들은 말할 것도 없다. 신장 대학 교직원으로 일하는 50세의 위구르족 여성 아이샤는 말한다.

"어떻게 미래를 생각하겠어요? 이제 무서워서 캠퍼스 밖으로 나가지도 못하는 상황인데……."

이곳 주민들은 2010년 봄까지 모든 통신 수단을 차단당한다. 신장 개발 전략과 지방 정부의 새로운 정책이 불러온 효과를 평가하려면 당분간 더 두고 봐야 한다. 그러나 이 책을 쓰고 있는 시점에서 위구르족과 한족의 관계는 여전히 의혹과 오해로 얼룩져 있다.

다시 찾은 **대국의 위상**

'대화합'의 신화는 티베트와 신장에서의 폭력 사태, 경제위기와 관련한 사회적 긴장으로 흔들리고 있었다. 지도자들은 그 어느 때보다도 단합의 계기를 찾았다. 마침 공산주의 체제 60주년 기념일은 시의적절한 계기가 되었다. 선전부는 다시 한 번 10월 1일 국경절을 성대하게 기념하여 애국심을 고취하고 민심을 하나로 모으고자 전력을 다했다.

건국 60주년 기념 행진에 참가하는 고등학생과 대학생들은 여름 내내 베이징의 혹서와 싸우며 연습을 거듭했다. 그러나 당사자에게나 가족들에게나 톈안먼 광장 퍼레이드에 한몫을 담당한다는 것은 대단한 명예로 여겨졌다. 이번 행사에는 외국 지도자들을 거의 초대하지 않았다. 캄보디아의 시아누크 국왕과 모니크 왕비 정도만 중국의 고위층 인사들과 함께 국경절 행사에 참석했다. 그들은 톈안먼 발코니에서 장대한 기념식을 지켜보았다. 이번 행사는 무엇보다도 중국 국민들의 자긍심을 끌어올리기 위해 준비된 것이었다.

톈안먼 광장의 보안은 극도로 삼엄했다. 정부는 그 어느 때보다도 테

러에 대한 우려가 컸다. 그래서 외국인은 소수 외교관과 기자들에게만 참
석을 허가했다. 외국인 참석자들은 국경절 아침 일찍 모이기로 되어 있었
는데 허가증은 당일 새벽 2시에야 겨우 발급되었다. 베이징 시민을 비롯
한 15억 중국 국민들은 텔레비전으로 기념식을 지켜보았다. 2009년 8월
1일, 베이징은 시내에 차가 한 대도 없는 죽음의 도시 같은 분위기를 풍겼
지만 기념식은 성대하게 치러졌다.

　　군대의 행진도 1983년과 1999년 행사에 비해 규모가 더 크고 본격
적이었다. 1989년 기념식은 톈안먼 사태를 일깨우지 않기 위해 조용히 넘
어갔다. 2009년 기념식은 중국이 되찾은 힘을 강조했다. 기념식을 지켜
본 군사전문가들은 항공, 우주 기술의 발전과 대양해군 편성을 과시한 것
외에는 딱히 새로운 점이 없다고 평가했다. 군대 행진이 끝나고 공산주의
제4세대 지도부의 수장인 후진타오 국가주석이 등장했다. 톈안먼 광장을
가로지르는 대로에 대형 초상화를 실은 공무 차량이 등장했다. 공산주의
체제의 설립자 마오쩌둥을 필두로 개혁·개방의 아버지 덩샤오핑, 중국
을 국제사회에 편입시킨 국가주석 장쩌민, 그리고 현 체제의 일인자 후진
타오의 얼굴이 차례로 나타났다. 거대한 유화들은 흡사 시간 여행을 하는
기분을 불러일으켰다. 후진타오가 리무진 지붕을 열고 직접 상체를 내밀
어 관객들에게 인사를 하며 기념식 1부를 마무리했다. 절묘한 연출과 작
은 텔레비전 화면의 효과 덕분에 후진타오는 마치 이제 막 공산주의 왕조
의 적통 후계자로서 현대 중국사에 단단히 자리매김한 것 같은 인상을 주
었다. 중국의 최고위층은 겉으로 보기에는 잘 화합하고 있는 듯했다. 어
쨌든 국영 방송이 전달하고자 하는 메시지는 그랬다. 카메라는 현 정부
인사들이 전임자들과 미소를 지으며 서로를 격려하는 장면을 오랫동안
비추었다. 시청자들은 공산주의 체제의 안정과 연속성이라는 메시지를
은연중에 받아들일 수밖에 없었다.

하지만 다음 10년에 대한 중국 지도자들의 비전을 보여주는 것도 중요했다. 2부의 민간인 퍼레이드는 상징적으로 모든 것을 말해주었다. 1999년 기념식 퍼레이드에서도 중국 정부는 카니발 행렬의 형태로 그들의 당면 과제들을 암시했다. 세계화 진입, 과학의 발전……. 과제들은 그사이에 대부분 실현되었다. 대만과의 통일이라는 바람만이 여전히 오랜 숙제로 남아 있다. 중국은 건국 60주년을 맞아 평화적 중흥을 강조했다. 농촌 현대화를 상징하는 수레들이 앞장을 섰다. 수레에는 거대한 벼 이삭과 토실토실한 암소들이 실려 있었다. 그다음에는 '산업'을 상징하는 노란 모자의 노동자들이 등장했다. 다음은 고속열차, 항공기, 전기자동차 등의 신기술 차례였다. 풍력 발전기와 태양열 집열판을 장착한 '청정에너지' 수레도 등장했다. 과학 연구, 우주 정복, 해양 탐사의 수레 다음에는 법치국가 건설을 암시하는 법관들과 인민대회당 축소 모형이 나왔다. 이는 중앙정부가 전인대의 역할을 강화하려는 의도를 갖고 있음을 뜻한다. 맨 마지막 수레에는 아무도 이 평화로운 세계의 꿈을 의심할 수 없게끔 꽃을 한 아름 안은 아이들이 나왔고 비둘기와 풍선이 유난히 푸른 하늘로 날아올랐다. 이튿날 성대한 퍼레이드에 반발하는 사람은 아무도 없었다. 중국 도처에서 기념식 생중계를 지켜본 국민들은 애국심에 불타올랐다.

텐안먼 사태 이후 1990년대 내내 가장 체제비판적인 태도를 보였던 지식인과 예술가들조차 차츰 조국이 되찾은 힘에 매혹되었다. 이제 공산주의 체제에 정당성을 부여하는 것은 바로 그 힘이었다. 유명 영화배우와 가수들도 9월부터 10월까지 상영되는 '애국' 장편영화에 출연하기로 했다. 이 영화는 각종 흥행기록을 새로 썼다. 대학교, 고등학교, 그리고 아직까지 남아 있는 노동단위에서 입장권을 무료 배포하기는 했지만 말이다. 어쨌거나, 선전 공작은 대단한 성공을 거두었다. 중국이 경제위기에서 오히려 힘을 얻고 여러 가지 개발 계획을 세우던 2009년 말에 국민 대부분은 되찾은 대국의 위상에 자부심을 느끼고 있었다.

오바마의 **중국 방문**

미국 대통령으로 선출된 지 1년 만인 2009년 11월 중순에 버락 오바마는 중국을 처음으로 공식 방문한다. 미국 대선 운동 당시 중국의 젊은이들은 전 세계 다른 나라 젊은이들과 마찬가지로 오바마의 열광적인 지지 세력인 '오바마니아(obamania)'에 경도되었다. 인터넷 생중계로 미국 최초의 흑인 대통령이 당선되는 모습을 지켜본 중국인은 3억 명이 넘었다. 취임식도 검열 없이 생중계되었다. 그 후 인터넷 게시판에는 많은 의견들이 올라왔다.

"중국은 사회주의 민주정이라지만 그렇더라도 미국은 우리보다 훨씬 앞서 있다……. 중국이 소수민족 출신의 젊은 정치인을 국가 정상으로 뽑게 되는 날은 과연 언제일까?"

포털사이트에서도 이런 글을 볼 수 있었다. 중국 지도자들도 미국의 신임 대통령이 지닌 자연스러운 카리스마가 두려웠던 걸까? 백악관 일부 인사들이 넌지시 비난하듯, 중국 정부는 최근 몇 년 사이에 살아난 중국 고위층 특유의 거만한 태도로 오바마를 대했나? 오바마의 주변 사람들은 중국의 거만한 태도를 인종차별로 해석했을까? 오바마의 방중은 중국도 학수고대하던 기회였으나 이번 방문을 둘러싼 분위기는 몹시 무거웠다.

베이징에서 가진 공동 기자회견에서 버락 오바마와 후진타오는 상호 협력의 뜻을 강하게 피력했다. 새로운 의전에 따라 기자들의 질문은 허락되지 않았다!

"전 지구적인 과제들과 직면한 이때에 세계 안정과 평화를 통해 공동의 이익을 나누어야 합니다."

후진타오는 이렇게 주장하고 미국과의 협력을 전개할 부문들을 길게 나열했다. G20 내에서의 경제적 지배, 기후 변화, 민간 항공, 우주 탐사, 고속열차, 북한과의 대화…… 미국 대통령이 마트에서 장 볼 물건 주워 섬기듯 음울한 목소리로 나열한 부문들도 거의 일치했다. 언변이 뛰어난 오바마로서는 이례적인 일이었다. 오바마는 이란, 파키스탄에 대한 군사적 견제(핵 확산), 아프가니스탄 문제(테러리즘)를 목록에 추가했다.

"미국과 중국이 협력하지 않으면 해결할 수 없는 전 지구적인 과제들이 많습니다. 21세기 초라는 이 시점에서 한 나라가 다른 나라들을 희생시키며 성공할 수 있다고는 생각지 않습니다. 미국은 국제사회에서 중국의 역할이 확대되는 것을 기꺼이 환영합니다……."

두 사람이 하는 말은 비슷했지만 생각의 차이는 그대로 드러났고 양국 정상의 관계는 냉랭해 보였다. 딱 보기에도 둘은 통하는 게 없었다. 오바마는 중국에 가서 구체적으로 얻은 건 하나도 없다고 비난하는 미국 언론의 표지 기사에 기분이 상해 있었다. 그는 기자회견 내내 불만스러운 표정으로 후진타오를 내려다보고 있었다. 후진타오는 오바마가 중국 정부와 달라이라마 특사들의 대화 재개, 위안화 절상, 보편적 인권에 대해 이야기하는 동안 무표정한 얼굴로 앉아 있었다.

두 정상의 만남을 하루 앞두고 중국인 시사평론가들은 이번 만남이 'G2'라는 이름만 붙지 않을 뿐 그와 다르지 않을 것이라고 전망했다. 그러나 미국 방문단이 떠나자마자 중국 언론은 G2는 거론하지도 않았고 중국은 그 어느 때보다 다극적 세계론을 지지한다고 강조하기 급급했다. 중국은 확실히 미국 외의 다른 파트너, 특히 유럽과 아프리카 대륙과도 손을 잡고 싶어 했다. 이후 몇 달간 중미 관계가 갈등에 빠지면서 두 강대국의 소통이 쉽지 않다는 점은 여실히 드러날 것이다……

'10

G2 시대

교묘한 금융 외교로 **10년의 시간을 벌다**

중국은 몇 달 사이에 세계 무대에서 눈부시게 성장했다. 일본, 미국, 유럽이 정신없이 당하는 동안, 중국은 경기 부양을 무리 없이 이끌고 교묘한 금융 외교를 펼친 덕분에 10년 가까운 시간을 벌었다. 경제위기는 중국 지도자와 경제학자들이 도약할 수 있는 발판 구실을 했다. 이제 중국의 성장은 폭발적이었다. 모든 일이 매우 빠르게 진전되었다.

2010년 7월에 중국은 공식적으로 일본을 제치고 세계 제2의 강대국이 되었다. 물론 이런 평가에는 주관적인 면이 있긴 하다. 중국과 일본의 격차는 아주 근소하다. 또한 삶의 질, 상품의 품질, 환경보호, 사회보장 등 여러 면에서 일본 기업은 아직 중국 기업보다 훨씬 더 성숙했다. 더욱이 구매력 평가기준 1인당 GDP로 따져보면 중국은 세계 99위로 처진다. 중국의 성장은 부동산과 금융시장의 거품, 고질적인 과잉 생산, 그 어느 때보다 심각한 사회적 불안의 위협 때문에 여전히 취약하다. 하지만 중국 정부는 모든 요구의 싹을 잘라버리고 다양한 원조를 실시하며 부패를 몰아내고자 노력함으로써 나라를 단속하는 데 성공했다. 현실적으로 그런 성과들은 아직 제한적일지언정 선전 활동으로 확산된 담론은 신세대들의 긍정적 평가를 끌어내고 체제의 정당성을 굳혀주었다. 3월 5일 전인대 개회 연설에서 원자바오 총리는 "2009년은 중국이 21세기에 들어와 겪은 가장 힘든 한 해였습니다. 그렇지만 중국은 세계가 경제성장률 1.5퍼센트를 겨우 달성하는 이때에도 9.1퍼센트 성장을 기록했습니다……"라고 했다. 하지만 총리는 위기의 한 해가 있었기에 "중국의 대대적 쇄신"이 가능했다는 말도 잊지 않았다.

대만조차 중국에 한 발짝 더 다가왔다. 중국은 2010년 1월에 발 빠르게 아세안 회원국들과 자유무역 협정을 맺었다. 대만은 아세안 가입국이 아니다. 글로벌 경제위기의 타격을 크게 입은 대만은 중국이 무역과 산업의 주요 상대국으로 부상한 이때에 무역 협정에서 소외된 것을 걱정했다. 양안 협상은 순조롭게 진행됐다. 6월 29일에 중국과 대만은 역사적인 자유무역 협정을 체결한다. 이로써 대만은 중국이 아시아 지역에 형성한 거대한 무역 네트워크에 들어갈 수 있게 되었다. 타이페이 정부는 심지어 대만이 다른 나라와 이 같은 자유무역 협정을 맺을 때에는 중국의 동의를 구해야 한다는 조항까지 받아들였다! 비록 정치적 통일은 이루지 못했지만 사이 나쁜 자매는 이제 공식적으로 경제적 이익에 의해 묶인 셈이다. 신임 대만 총통이 허가한 상호 투자와 관광, 그리고 직항 노선과 직통 우편 개설에 이어서 이 자유무역 협정까지 체결되었으니까. 2008년 3월 마잉주 총통 체제가 시작되면서 확실히 양안 관계는 원만해졌다. 5월에 인민해방군 총사령관은 프랑스 기자단 앞에서 대만과의 관계가 완화된 탓에 전술가들은—물론 최악의 경우도 준비해야 하겠지만—대만 봉쇄 작전 말고 다른 쪽에 관심을 갖게 됐다고 말했다. 특히 군은 이슬람 과격파가 파고들기 쉬운 서부 국경 지대의 안보에 중점을 둘 수 있게 되었다. 9월 중순에 대만 함대와 중국 함대가 사상 처음으로 공동 작전을 전개했다. 샤먼 시 앞바다에서 해양 사고 모의 구조 작업을 공동으로 실시한 것이다. 이 훈련에는 각별한 의미가 있다. 2010년에 이 해협을 통해 중국과 대만을 오간 컨테이너 화물선, 여객선 등의 선박은 2만 척에 달했다. 양국 사령관들의 협력을 꾀하는 이 공동 작전은 매년 새롭게 거듭나며 양국 공식 언론을 통해 위대한 성과로 소개될 것이다. 하지만 대만 여론의 과반수를 차지하는 독립주의자들은 이렇게 대만이 중국의 그물망에 점점 더 얽혀 들어가는 양상을 몹시 걱정스럽게 보고 있다.

중국식 **동거 정부**

2009년이 "열광을 자아내는 특별한" 한 해였다면 2010년은 "결정적인" 한 해가 될 것이라고 총리는 전인대 개회 연설에서 밝혔다. 무엇을 염두에 둔 말이었을까? 일단은 경제면에서, 하지만 사회정치적 안정이라는 면에서도 맞는 말이었다. 중국 정부의 목표는 위기를 발판 삼아 성장 모델을 바꾸는 것이었다. 중국이라는 거대한 여객선은 수출이라는 옛 목표에서 방향을 틀어 내수 활성화라는 목표로 나아가야 한다. 인적 자원, 에너지, 원자재를 마구 소모하는 공해 배출형 경제에서 환경을 존중하는 성장으로 바뀌어야 한다. 원자바오는 3천여 명의 인민대표들 앞에서 "글로벌 금융위기는 새로운 산업 기술 혁명을 탄생시키고 있다"고 강조했다. 중국이 지속가능한 개발과 청정에너지 관련 산업 분야에서 도약할 수 있는 좋은 기회였다. 중국은 새로운 발견에 탄력을 받아 "중국식 사회주의 노선을 지키면서도" 연간 8퍼센트 수준의 경제성장률을 유지할 것이다…….

원자바오는 프로젝트를 자세히 소개했다.

"이 새로운 전략 산업의 발전이 우리나라의 미래를 결정할 겁니다."

총리는 이 거대한 프로그램을 지원하기 위해 이 분야에 진출하는 중국 기업들을 장려하는 특별 기금을 만들겠다고 발표했다. 또한 대대적인 산업 구조 조정이 있을 것이라고 했다. 정부는 분야별 독점 현상과 지역별로 폐쇄적인 산업 구조를 인수합병을 통해 거대 기업이 탄생하기를 바라는 입장이었다. 그러면서 상품의 품질이나 혁신도 살펴야 했다. 생물학이나 나노테크놀로지, 양자제어, 정보네트워크, 기후 변화, 항공학, 우주공학, 해양학 등의 분야에 무게가 실릴 것이다. 그 밖의 개혁은 농촌을 대상으로 한다. 농업 인프라 구축 사업, 지방 중소기업 지원, 민공들이 도시에서 정착할 수 있도록 처우를 개선하는 방안…….

정부는 이런 변화를 뒷받침하고자 '국가 쇄신'에 들어갔다. 2020년까지 공산주의 체제 수립 이후 가장 대대적으로 시도되는 교육 개혁안이 추진될 것이다. 총리는 "우리의 정신을 해방해야 한다"고 힘주어 말했다.

"새로운 경험을 북돋우고, 가르치는 내용과 교수법과 평가 방식을 모두 바꿔야 합니다……. 우리는 개인이 자아를 실현할 수 있는 교육을 발전시키고자 합니다!"

이 개혁안에 따라 낙후된 농촌 지역 아이들이 다닐 학교와 장애인 특수교육기관이 설립될 것이다. 무엇보다 새로운 개혁안은 대도시에 자리를 잡은 이농 인구의 자녀들이 부모와 함께 살면서 학교를 다닐 수 있도록 지원했다. 이 문제는 매우 민감한 사안인데 개혁안에 분명하게 규정되어 있지는 않았다. 하지만 2010년 9월부터 농촌 출신 민공의 첫째 자녀는 베이징과 상하이의 명문 중학교에 다닐 수 있게 되었다. 많은 학부모들이 비판하듯이 대도시에서 중등교육을 받으려면 굉장히 돈이 많이 든다. 도

'10 G2 시대

523

시민들조차 교육비를 감당하기가 힘들 지경이니 도시에 취업한 농촌 출신들 가운데 그럴 수 있는 사람은 극소수다. 대부분은 교육환경이 열악한 변두리 학교에 보내거나—그러나 도시가 확장되면서 이런 지역의 학교가 갑자기 없어지는 경우도 많다—고등학교에 입학할 시기가 되면 자녀만 고향으로 돌려보낸다. 중국 언론에서 취재한 바와 같이 민공의 자녀는 설령 시내 중학교나 고등학교에 들어가더라도 다른 친구들이나 교사에게 무시당하거나, 급식 메뉴의 차별을 받거나, 과외활동에서 제외되는 등 학교생활이 쉽지 않았다. 특히 상하이에서 이런 현상이 심하다고 한다.

중앙 정부도 소득격차가 사회적 불만의 핵심이라는 것을 의식하고 있었다. 원자바오 총리는 신기술 개발 프로젝트를 발표하기 전에 건강보험, 노령보험을 위시하여 이후 10년간 추진될 사회 보장 정책을 열거하는 데 오랜 시간을 할애했다. 그러나 15억에 가까운 인구를 만족시키려는 것 자체가 무모한 도전이다! 지금까지는 총리가 폭넓은 요구들을 한꺼번에 수용하기 위해 이처럼 노골적으로 힘을 쏟은 적은 없었다. 이제 지도부 내에서 뚜렷이 갈라지는 두 노선이 병존하는 것을 볼 수 있었다. 사회적 안정을 유지하는 데 주안점을 두는 공산당 내 다수파 노선이 있는가 하면, 무한 자유주의를 불사하고서라도 중국을 현대화해야 한다는 과학기술부와 국가개발개혁위원회 노선이 있었다. 총리는 정부 정책을 선택하면서 항상 이 두 노선을 중재하고 양측의 합의를 끌어내려고 애써야 한다. 일종의 중국식 동거 정부랄까…….

9월 초에 전문가들은 경제의 연착륙을 주장했다. 인플레이션은 이미 일어나고 있었지만 공식적으로는 3.5퍼센트 수준으로 관리되고 있는 듯했다. 전국에서 경제활동이 살아났다. 2009년 초부터 농촌 지역에 저가형 가전제품을 보급한다는 계획은 큰 성공을 거두었다. 자동차 보급도 크게 늘었다. 이로써 교통 정체나 공해 같은 다른 문제들이 발생했다. 그러나 한 가지 불안 요소가 있었다. 중국 부동산은 2008년 말에 잠시 정체된 이후로 계속 오르기만 했다. 2010년 4월에 정부는 부동산 가격을 규제하려는 의지를 보였다. 현실적으로 가격 상승폭이 중하층이나 결혼 적령기에 접어든 한 자녀 세대가 집을 산다는 것이 불가능할 정도로 크기 때문이다. 중국 사회는 집이 없는 남자한테 시집갈 여자도 없거니와 여자는 그렇다 쳐도 여자 쪽 집안에서 허락하지 않는다는 매우 구시대적인 생각에 젖어 있다. 공산주의 체제에서 완전히 사라졌던 여자의 지참금 문제도 2000년대부터 중국 사회가 부유해지면서 다시 대두되었다. 집값은 교육 문제, 건강 문제 다음으로 중국 가계의 주된 관심사이자 불만 요소가 되었다. 그러나 집값을 안정시키려는 정부의 의지에도 불구하고 부동산 가격은 계속 올랐다. 9월에 톈진에서 열린 세계경제포럼에서 원자바오 총리는 부동산 투기를 억제하고 사회 주택 공급 계획을 더욱 발전시키겠다는 뜻을 다시 한 번 확인했다. 그러나 11월 초에 다시 물가가 심각하게 치솟았다. 이번에는 생활 소비재 물가가 심상치 않게 올랐다. 10월의 공식 물가상승률은 전년 대비 4.4퍼센트였으나 실제 가계가 체감하는 물가는 일부 상품에 한하여 2009년 말보다 60퍼센트나 올라 있었다. 베이징은 미국 연방준비기금이 달러를 방어하기 위해 미국 국채를 6천억 달러어치나 매입했기 때문에 세계경제에 달러가 지나치게 많이 풀렸다고 비난했다. 중국 정부는 투기 자본 유입을 단속하고 중국 상업 은행들에게 지급준비율을 높이라고 지시했다. 또한 전국으로 시장조사단을 파견하여 필수 식품 가격을 단속하게 했다. 사실 중국 지도부는 1988년 인플레이션을 아직도 기억하고 있었으므로 무슨 수를 써서라도 사회적 불만을 자극할 연쇄 상승은 막으려고 애썼다.

희토류 수출 제한, **중국의 부를 보호하다**

경제 전략의 변화는 자원관리 부문에서 두드러졌다. 중앙 정부는 거대한 대륙의 자원을 마구 훼손하거나 외국에 헐값으로 넘기던 시대에서 완전히 벗어나기를 원했다. 희토류가 바로 그런 자원의 한 예다. 희토류는 란탄, 세륨, 디스프로슘 같은 생소한 명칭을 가진 비철금속으로서 1794년에서 1907년 사이에 우라늄 광산이나 모나즈석 광맥에서 발견되었다. 이 금속들은 오랫동안 '지질학적으로 흥미로운 물질'로만 여겨졌다. 그러나 1944년에 미국인들이 캘리포니아 마운틴패스에서 희토류를 캐기 쉬운 광산을 발견했다. 미국 연구자들은 새로운 금속의 놀라운 속성을 금세 파악했다. 17개 희토류 중 하나인 유로퓸은 최초의 컬러텔레비전 제작에서 없어서는 안 될 적색 형광체로 쓰였다. 지금까지도 유로퓸을 대체할 물질은 찾지 못했다. 1966년에 미국은 희토류의 주된 생산국이었다. 1980년대 중반까지도 그 자리를 지켰다.

그러나 희토류 추출은 여러 가지 용매를 필요로 하며 심각한 공해를 일으킨다. 환경보호 단체들은 용매가 마운틴패스를 지나는 물을 오염시킬 수 있다며 들고일어났다. 게다가 연구자들도 희토류 추출 과정에서 방사능이 검출된다는 사실을 알았다. 희토류 중에서 가장 잘 알려진 광물인 모나즈석은 일반적으로 토륨 함량이 높다. 토륨은 미량의 방사능을 방출할 뿐이지만 라듐처럼 조작을 가하면 강한 방사능을 방출하는 다른 물질과 함께 사용되는 경우가 많다.

1985년부터 중국인들은 자국 영토에서 희토류 광맥을 찾아냈다. 1992년 봄에 덩샤오핑은 개혁·개방을 재개하기 위해 남순강화를 하던 도중에 이 지역에 다량 분포하는 희토류가 무엇에 쓰이는지 설명을 요청하기도 했다. 희토류는 매우 강력한 화학적 레이저 전사 효과를 높이거나, 자기(磁氣) 냉동 소재로 쓰이거나, 다양한 색상들을 빚어낸다. 덩샤오핑은 87세였지만 설명을 듣고 이 자원의 중요성을 단박에 알아차렸다.

"중동은 석유가 있지만 중국은 희토류가 있군……."

덩샤오핑은 이렇게 말하고 희토류 추출에 더욱 박차를 가하라고 지시했다. 중국의 투자는 곧 크게 확대되었다. 오스트레일리아와 스웨덴에서도 희토류 광맥이 발견되었지만 개발이 잘 이루어지지 않았다. 중국의 희토류 광산은 추출이 좀 더 수월하다. 게다가 중국은 노동력도 더없이 풍부하다. 지금까지 알려진 희토류 자원의 60퍼센트를 보유한 중국은 1999년부터 전 세계 생산량의 95퍼센트를 담당했다. 중국산 희토류는 아주 낮은 가격에 거래되었다. 2000년대 초에 미국과 오스트레일리아는 채산성도 낮고 환경론자들이 반대한다는 이유로 자국의 희토류 광산들을 폐쇄했다.

덩샤오핑의 선견지명 덕분에 중국인들은 우세한 입장에 서게 됐다. 그 사이에 희토류는 모든 신기술 분야에 사용된다. 희토류는 휴대전화, 에어컨, 컬러텔레비전, 자동차 배터리에도 소량 들어간다. 우리를 둘러싼 대부분의 가전제품에도, 심지어 신생 산업이나 초정밀 무기 제작에도 희토류가 이용된다. 따라서 희토류 수요는 점점 늘어나는 추세다. 대중은 희토류에 대해 아직 잘 모르지만 정치 지도부와 신기술 분야의 기업가들은 희토류가 얼마나 중요한지 정확하게 알고 있다. 지난 몇 년 사이에 희토류는 전략 상품이 되었다! 게다가 1970년대 초에 석유가 그랬던 것처럼 기본적으로 중요성을 띠는 상품이기도 했다.

2002년부터 미국 내무성은 우려하기 시작했다. 미국 지질학연구소의 보고서는 희토류 보급에 있어서 중국에 대한 의존도가 너무 크다고 경종을 울렸다.

"유럽과 북미는 희토류 변환 기술에서 전문적인 노하우를 너무 많이

양도했다. 덕분에 중국은 이 분야 산업을 크게 발전시키고 희토류 생산에 있어서나 정련 제품에 있어서나 다른 국가들을 완전히 따돌렸다. 〔…〕 희토류는 안보적으로도 중요성이 높아지고 있다. 희토류는 전투기 엔진이나 그 밖의 항공기 부품, 미사일 유도 시스템, 해저 광맥 탐지 장치, 대미사일 방어, 인공위성에 기반한 통신 시스템에도 찾아볼 수 있다."

이 보고서는 2010년 3월에 다시 중요해진다.

베이징 쪽에서도 희토류 생산에 신중을 기하고자 했다. 2000년에 중국은 바이어, 주로 유럽연합 국가의 바이어들과 처음으로 희토류 수출 쿼터 협상을 했다. 처음에는 물량이 많아서 수요에 충분히 대응할 수 있었다. 그러나 희토류의 전략적 성격이 드러날수록 중국은 수출 쿼터를 줄였고 급기야 유럽연합과 소송까지 붙었다. 많은 서구 기업들이 수출 쿼터 문제를 피해가기 위해 중국에 진출하여 현지 업체와 제휴를 맺는다. 세계 제1의 희토류 가공업체 로디아는 두 회사를 인수했다. 바오투에 있는 한 회사는 희토류 가공을 통해 유리를 연마하는 제품을 만든다. 저장 성 리양에 있는 또 다른 회사는 발광소자를 생산한다. 최근에 로디아는 상하이에 이 두 분야를 집중 개발하는 연구 센터를 세웠다. 로디아 대표는 이렇게 설명한다.

"시장이 이 지역에 있으니까요. 중국은 전 세계 전구의 60퍼센트를 생산하는데 물량의 대부분은 아시아 시장에서 소화되고 있습니다."

서구의 여러 전문가들도 중국의 수출 쿼터 정책 때문에 많은 기업들이 중국에 첨단기술을 이전하게 된다고 우려한다. 덕분에 중국 산업의 도약은 더욱 가속화되고 중국 내 일자리도 늘어났다. 그러나 관련 기업들은 자신들이 산업 기밀을 보호할 능력이 있으니 괜찮다고 주장하며 이런 우려를 반박한다. 중국 지도자들은 또한 생산자들을 재편성하여 무분별한 개발을 막고자 노력하고 있다.

2008년 9월에 베이징 대학 소속 연구자 칭옌은 잔잔한 호수에 돌을 던졌다. 그는 중국에서 가장 자유로운 시사지 〈난팡저우모〉에 장문의 글을 기고했다. 그는 "중국이 자원을 탕진하고 있다"고 고발했다. 또한 국가의 보이지 않는 손이 개입하지 않기 때문에 중국 생산자들이 무분별한 경쟁으로 희토류 가격을 너무 낮게 책정하고 있다고 꼬집었다. 칭옌은 세금을 높게 매겨 수출량을 제한하고 자원을 관리하는 이중의 전략이 필요하다고 역설했다. 두 달 후인 2008년 11월에 첫 번째 '파동'이 일어났다. 베이징은 형광등 제조 원료로서 가장 수요가 높은 금속(이트륨, 유로퓸, 디스프로슘, 테르븀)에 25퍼센트의 세금을, 그 외 희토류 금속에는 15퍼센트 세금을 물렸다. 기준 가격이 엄청나게 올랐다. 1980년대에 발견되어 초강력 자기 효과 덕분에 풍력 발전이나 자동차의 하이브리드 엔진에 두루 이용되고 있던 네오디뮴, 프라세오디뮴도 2008년에서 2010년 사이에 가격이 네 배로 껑충 뛰었다. 중국의 새로운 5개년 계획(2010~15)은 수출 쿼터를 절반인 연간 3만 5천 톤으로 감축하기로 했다. 유럽연합, 미국, 멕시코는 이에 맞서 2009년 12월에 중국이 원자재 수출을 제한하여 자유 경쟁을 침해하고 있다고 세계무역기구에 제소한 바 있다.

그러나 중국 시장을 재편한다는 것도 쉽지 않다. 네이멍구 거대 국영 기업 바오투는 이 지역 희토류 추출을 독점하고 있으며, 그 양은 중국 전체 생산량의 80퍼센트를 차지한다. 하지만 '희토류 왕국'이라는 별칭까지 붙어 있는 장시 성 남부 간저우는 사정이 다르다. 이곳은 산간 지대라서 경작이 어렵기 때문에 희토류 추출이 꽤 수익성 있는 경제활동이다. 그래서 수백 개의 소규모 채굴업체들이 난립해 있다.

"희토류 광산은 1년 내에 수익을 올릴 수 있거든요."

희토류 개발 협회 대표의 설명이다. 무분별한 개발 때문에 밀수가 성행하여 정부 계획이 제대로 시행되기 어려웠다. 2008년에 불법 수출된 희토류는 2만 톤으로, 한 해 동안 중국에서 수출한 광물의 3분의 1에 해당하는 어마어마한 양이다. 그중 대부분은 희토류 확보에 들어간 일본으로 흘러들어갔다. 2010년 가을에 댜오위다오 열도 분쟁이 일어나자 중국은 2달 넘게 희토류 대일 수출을 중단했다. 이는 일본에게 밀수를 용납할 수 없다고 분명히 경고하는 '중국식' 방법이다. 중국은 2009년에 채굴 작업장 3백 곳을 폐쇄하고 장시의 희토류 추출 시설 2,645곳을 없앴다. 2011년 6월 전에는 재개 허가가 떨어지지 않는다. 2010년 6월에는 산업정보기술부의 주도로 희토류 불법 채굴 작업장을 적발하고 규제하는 조치가 시행되었다. 인구 850만 명의 간저우 시에는 새로운 황금을 찾아 흘러들어온 민공들이 매우 많았다. 이곳에서는 전쟁이 시작된 거나 다름없었다. 간저우 시는 '간저우 시 희토류업 협회'라는 이름으로 채굴 작업장 88곳을 선별하고 여기서 짭짤한 세금을 거두어들였다. 따라서 간저우 시는 중앙 정부가 2007년에 희토류 시장을 정리하기 위해 설립한 거대 국유 기업 우쾅 그룹에 대항하는 입장이다. 이 지방에서 희토류 광산이 폐쇄되자 이 협회는 다른 지방, 특히 쓰촨 성에서 채굴을 하고 있다. 이 사태에서 우리는 중앙 정부의 지방 장악력에 한계가 있음을 볼 수 있다. 하지만 이 분야의 전문가 돤훙루이 교수는 자신만만하다.

"희토류는 특정 지역에만 분포합니다. 중앙 정부는 신속하게 통제권을 휘어잡아야 할 것입니다!"

사실 중앙 정부의 목표는 재빨리 3~5개 국유 기업을 설립해 희토류 수송이나 가격을 일률적으로 관리하는 것이다.

2012~14년에 전 세계 희토류 수요는 18만 톤에 이를 것이며 이를 둘러싼 갈등도 최고조로 치달을 것이다. 〈내츄럴뉴스닷컴〉의 편집자 마이크 애덤스는 중국이 곧 희토류 수출을 전면 중단할 것이고 "2012년에는 희토류 문제가 폭발할 것"이라고 본다. 하지만 중국 전문가들은 이런

비난에 반발한다.

"중국은 그저 자원을 보호하기 위해 마구잡이 개발을 막는 것뿐입니다! 중국이 희토류를 독점하는 입장이라면 가격도 마음대로 정할 수 있겠지요. 하지만 가격 오름폭이 크니 이제 서구의 희토류 광산들도 다시 살아날 겁니다……."

판홍루이 교수의 설명이다. 실제로 미국은 마운틴패스 광산을 재개하기 시작했고 오스트레일리아도 폐쇄했던 광산들을 다시 열기로 했다. 독점을 유지하고 싶은 중국의 광산 그룹이 이런 사업에 참여하려고 서로 경쟁하고 있다. 하지만 오스트레일리아 정부는 중국 광산업자가 자국의 희토류 광산을 인수하겠다고 나서자 이를 막고자 했다!

세계 언론들, 중국을
'또 다른' 강대국으로 대우하기 시작하다

전 세계 언론에서 중국 관련 기사의 제목들이 변하기 시작했다. 주요 언론매체들은 이제 무분별, 위협, 인권을 들먹거리는 대신 중국을 '또 다른' 강대국으로 대우했다. 프랑스의 〈르푸앵〉은 2009년 크리스마스이브에 발행한 다섯 번째 특별호의 제목을 "중국은 어떻게 세계 제일이 되었는가?"로 잡았다. 이 특별호는 대단한 판매 기록을 세웠다. 하지만 서구 언론이 처음으로 중국의 현실을 "객관적으로" 소개했다고 중국 언론이 흥분하는 생각지 못한 현상이 일어났다. 분명히 중국에 대해 비판적인 기사들도 있었지만 중국 언론은 전반적으로 "균형 잡힌" 시각을 갖추고 중국인이 생각하는 중국을 잘 파악했다고 평가했다. 이런 서구의 입장 변화를 분석하는 기사들이―찬사 세례에서 시작해서 좀 더 비판적인 기사에 이

531

르기까지—7주 동안이나 쏟아져 나왔다. 〈르푸앵〉 특별호는 예외적인 경우가 아니다. 경제 전문지 〈렉스팡지옹〉, 〈렉스프레스〉, 그리고 〈르몽드〉의 1월 1일자 사설이나 〈르피가로〉도 같은 방향을 채택했다. 4월에 나온 〈쿠리에엥테르나시오날〉 특별호는 이런 경향이 유럽, 아프리카, 아랍, 라틴아메리카 대륙의 대부분의 국가에서 나타난다고 지적했다. 영미권 언론, 특히 미국 언론은 워싱턴과 베이징의 갈등이 점차 깊어가고 있었으므로 중국에 대해 비판적인 어조를 견지했다.

중국과 미국의 **힘겨루기**

사실 중국의 힘이 커지면서 태평양 반대편은 심기가 불편했다. 버락 오바마가 중국 방문을 마칠 즈음에 예상되었던 대로, 양국 관계가 악화되었다. 2009년 12월 코펜하겐 기후변화 정상회의는 실패라고 해도 과언이 아니다. 의전상의 문제(중국 총리가 비공식 회의에 초청받지 못함)가 갈등을 초래했고 결국 이번 회의는 중대한 결정을 내리지 못한 채 끝났다. 오바마는 중국과의 "전략적 개입"에 기대를 걸었지만 구체적 성과는 아무것도 얻지 못했다. 이때 오바마는 건강보험 개혁안이 강력한 반대에 부딪치는 바람에 미국 내에서도 곤란한 입장에 처해 있었다. 앵글로색슨계 강경파는 이 기회를 이용하여 중대한 외교적 사안을 자신들이 결정하고자 했다. 아프가니스탄에 대한 미군의 개입이 확정되고 중국과 갈등을 초래할 만한 껄끄러운 문제들이 쌓여갔다. 1월 초에 미국의 최대 검색사이트 구글이 중국 인권운동가들의 지메일 계정이 해킹당했다고 고발했다. 구글이 중국에서 철수하겠다고 나서면서 4억 중국 네티즌 사이에서 격렬한 논쟁이 일어났다. 현대성과 개방을 상징하는 구글의 철수를 아쉬워하는 이들도 많았다. 하지만 '애국자'들은 더 많았다. 그들은 구글이 미국의 정치적 도구일 뿐이라고, 이제 국내 검색엔진도 뛰어난 수준에 올라와 있기 때문에 아무런 문제가 없다고 했다. 1월 21일에 힐러리 클린턴 미국 국무장관이 표현의 자유에 대한 연설을 발표하면서 구글 사태는 한층 격화되었다. 중국 정부는 이 연설을 새로운 냉전 시대를 열어보자는 뜻으로 받아들였다. 일주일 후 미국이 대만과 64억 달러 규모의 무기 판매 계약을 맺으면서 분위기는 더욱 악화되었다. 하지만 중국 정부는 이제 보잉 같은 미국 기업들을 압박하거나 이란, 아프가니스탄, 북한 문제에 대한 협조를 유예할 수 있을 만큼 힘이 커져 있었다…….

표현의 문제인가, 단순한 마찰인가, 아니면 정말로 새로운 시대가 열리는 셈인가? 중국 언론은 체제 내에서도 논란이 있음을 넌지시 암시했다. 언론은 대만에 대한 무기 판매를 가차 없이 비난하면서도 이 계약이 원래 부시 행정부와 대만의 전임 총통이 협상한 것임을 분명히 밝혔다.

봄이 다 가도록 양국 정부는 서로 눈치를 살필 뿐 돌이킬 수 없을 일은 저지르지 않았다. 구글은 일단 짐을 싸고 떠났지만 홍콩에 둥지를 틀었고 7월에는 조용히 중국 본토로 돌아갔다. 4월부터 중국과 미국은 대화를 재개하고 군사 분야에서의 전략을 함께 논의했다. 글로벌 경제위기뿐만 아니라 G20도 그렇고, 각 지역 문제도 그렇고, 양국이 함께 매달려야 할 현안들은 너무나 많다! 양국 경제가 이처럼 치밀하게 뒤얽혀 있었던 적은 없었다! 미국인들은 중국산 제품의 주요 소비자이고 중국도 미국의 3위 수출국이다. 두 거인의 무역 규모는 닉슨 대통령이 중국을 방문한 1972년에 5백만 달러에 불과했지만 2009년에는 홍콩과의 무역액을 제외하더라도 4천억 달러가 넘는다. 그러나 무역 수지 불균형은 심각하다. 중국의 2008년 무역수지 흑자는 2천9백억 달러였지만 미국은 2천7백억 달러 적자에 분통을 터뜨렸다. 그래도 2010년에는 중국의 수출이 감소하고 정부도 갈등 요인을 줄이기 위해 수입을 늘리고자 했기 때문에 중국의 흑자는 절반으로 줄었다.

　게다가 중국은 현재 미국 채권 보유국이다. 처음에는 중국에게 유리할 것 같았던 이 입장이 달러 약세가 유지되자 골칫거리가 되었다. 채무자가 망할 것 같은 조짐이 보이면 채권자도 발을 뻗고 잘 수 없는 법이니까. 2008년 금융위기는 중국의 외환보유고 1조 8천억 달러에서 3분의 2는 미국 국채를 비롯한 정부 보증 채권으로 이루어져 있다는 것을 보여주었다. 미국 자산에 투자한 비중이 지나치게 높다는 것 때문에 중국 정부 내에서는 2009년 한 해 내내 논쟁이 끊이지 않았다. 2010년 초부터 중국 은행권은 달러 약세를 예상하고 조용히 달러 유동성 줄이기에 들어갔다. 봄이 되자 중국 은행들은 달러가 부족한 처지에 놓였다. 이 때문에 글로벌 은행들이 해외에 투자하고자 하는 중국 기업들에게 달러를 빌려주는 경우가 폭발적으로 증가했다. 그동안에도 중국의 외환 보유액은 계속 늘었다. 8월에는 2조 5천억 달러 고지를 넘어섰다. 외환 보유고를 관리하는 국가외환관리국은 여전히 달러가 60퍼센트 이상을 차지하는 국고의 자산 다각화를 꾀하고 있다. 8월 초에 도쿄와 서울에 흘러들어온 단편적 정보에 따르면 중국은 2백억 달러 규모의 일본 채권을 사들였고 한국 국채도 매입했다고 한다. 이 소식이 알려지자 엔화와 원화가 즉시 강세를 보였다. 외국 은행들도 위안화로 채권을 살 수 있게 되었다. 중국이 독자적 평가절상을 준비하고 달러가 더 이상 지배권을 행사할 수 없음을 보여주는 한 방식이랄까. 9월 중순에 워싱턴은 여름에 겨우 2퍼센트 절상한 위안화를 다시 평가 절상하라고 압박했다. 하지만 2009년 말에 국고에 3천3백억 달러가 더 불어난 중국은 달러 자산의 일부를 처분하겠다고 응수했다.

　양국의 군사령관은 대화 재개 의지를 표명했으나 군사 및 전략 계획도 힘겨루기로 치달았다. 미국 국방성 조사에 따르면 2010년 봄에 북한

잠수함이 한국 초계함 천안함을 침몰시켰다고 추정되는 사건이 일어났을 때, 사용된 미사일이 중국제라고 알려졌다. 중국 정부는 어떤 개입도 없었다는 입장을 밝혔다. 두 달 후, 중국, 베트남, 브루나이, 말레이시아, 필리핀, 대만이 영유권을 다투고 있는 난사군도가 논쟁의 중심으로 떠올랐다. 중국은 1973년부터 이 섬들에 대한 관심을 드러냈다. 태평양과 인도양을 연결하는 요지에 위치하고 있으며, 인근 해저 지형에 석유가 있을 것으로도 추정되기 때문이다. 베트남과 필리핀도 이 섬들을 자신들의 영토라고 주장하며 여러 차례 갈등을 겪었다. 1995년에 중국 정부는 다른 다섯 나라에 이 섬들을 평화적으로 이용하고 영유권 문제는 후대로 넘기자고 제안했다. 2002년에 아세안은 이 지역에 대한 '분쟁 방지 규약'을 맺었다. 2005년 3월에 중국, 필리핀, 베트남은 각국의 석유 회사들이 해저 유전 공동 개발에 참여한다는 협약을 맺었다. 8월 초에 중국과 베트남이 또다시 이 섬을 둘러싸고 마찰을 빚자 미국이 처음으로 과거의 적국 베트남을 편들고 나섰다. 미국 해군 구축함 '존 맥케인' 호가 나흘간 베트남 다낭 항에 정박했고 항공모함 '조지 워싱턴'은 중국 남해에서 베트남 군 장성들을 맞이했다. 미국 해군 제7함대와 베트남 해군의 합동 군사훈련도 실시되었다. 베이징은 이를 '도발'로 간주하고 난사 군도를 중국의 '주요 관심 지역'에 포함하겠다고 선포했다. 지금까지 중국의 주요 관심 지역은 대만, 티베트, 신장 자치구에 국한되어 있었다. 중국 남해에서의 긴장은 곧 가라앉았지만 중국이 주요 관심 지역을 확대한 것은 아시아, 미국, 그리고 각국 대사관에 의문을 불러일으켰다. 지금까지 중국이 영토확장주의를 내세운 적은 없었다……. 하지만 이제 중국은 영토 문제에 매우 민감하게 대응했다. 9월에 댜오위다오 열도 근처에서 비슷한 사건이 또 일어났다. 중국과 일본이 영유권을 두고 다투는 이 섬 역시 해저자원이 풍부하다. 이 섬에 주둔한 일본 연안 경비대는 중국 어선을 나포하고 선장을 도쿄로 송환하여 구금했다. 중국 언론은 흥분했지만 머지않아 이 사건은 간 나오토 총리가 선출되기 직전에 일어난 일이며 신임 총리는 중국과의 전략적 협조에 호의적인 입장이라고 설명하는 사설들이 나왔다. 며칠 후 일본 총리는 정식으로 취임했다. 베이징과 주요 도시에서 백 명 이하의 소규모 집회들이 열렸지만 중국 정부가 일본과 우호 관계를 유지하려고 애쓰면서 적당히 항의한다는 인상이 강했다. 반면에 인터넷 여론은 대단히 민족주의적이었다. 희한하게도 일본이 중국인 선장을 석방하고 사태가 진정될 무렵 외교부장이 일본 측의 사과와 보상금을 요구하고 나오면서 불난 집에 기름을 부었다. 중국 행정부의 여러 집단에서 나타나는 거만한 자세가 노골적으로 드러났다. 일본에서 반중 시위가 일어났고, 중국에서도 엄격한 통제 하에 반일 시위가 일어났다. 미국이 중재를 제안했지만 중국은 거부했다. 양국 갈등은 브뤼셀 유럽-중국 정상회의에서 중국 총리와 일본 총리의 회동이 이루어진 후에야 가라앉았다. 미국은 중요한 '중재자' 역할을 함으로써 본의 아니게 득을 보았다. 어쨌든 6개월 안에 이런 사건이 연달아 세 건이나 터지는 바람에 인민해방군은 자신들의 세력권이라고 생각하던 지역들을 정확히 파악하고 공표하게 되었다. 한편, 미국은 국방성이 쥔 카드들을 수정했고 국무부 차원에서도 중국이 점점 더 관심을 드러내는 극동 지역에서 영향력을 발휘할 수 있는 새로운 전략을 구상하게 되었다.

그럼에도 불구하고 9월부터 미국과 중국은 건설적 관계를 맺고자 하는 뜻을 조금씩 드러냈다. 오바마는 자신의 최측근 토머스 도닐론 국가안보 보좌관과 래리 서머스 국가경제위원장을 중국에 보냈다. 중국 언론은 오바마가 미국 내에서 세력을 되찾고 대중국 정책을 제대로 펼치려는 의지를 보였다며 긍정적으로 받아들였다. 한편, 미국의 카네기 평화 기금 사이트는 미국 행정부가 중국에 어떤 적대감도 품고 있지 않음을 보여주

536

기 위해 방문했다고 밝혔다. 중국사회과학원 미국연구소 부소장을 맡고 있는 니펑 박사는 이렇게 말한다.

"진짜 문제는 중국이 부상하면서 중미 알력 관계가 변하고 있다는 겁니다. 하지만 이 변화가 너무 빠르기 때문에 아직은 중국도, 미국도 적응을 못하고 있지요."

2010년 말이라는 시점에서 양국 정상은 중미 관계의 안정이 공동의 이익을 불러온다고 확신하는 듯하다. 하지만 이제 국내 정치 상황이 양국 관계에 커다란 영향을 미칠 것은 분명하다. 미국에서는 2010년 11월 중간 선거에서 공화당이 대승을 거두며 오바마의 입지가 약화되었고 위안화 절상 문제가 다시 불거졌다. 이번에는 중국이 미국에 사절단을 보내어 에너지와 신기술 분야의 새로운 계약을 제시했다. 중국과 미국은 조건을 따져 결혼한 부부처럼 당분간은 서로의 비위를 맞추고 살 모양이다……. 하지만 두 나라가 경쟁 구도를 이룰 이유들은 앞으로도 늘어만 갈 것이다.

중국과 미국의 경쟁이 지금 당장 유럽에게는 이익이다. 2008년 12월에 폴란드에서 프랑스 대통령이 달라이라마를 만난 것 때문에 중국인 시사평론가들에게 뭇매를 맞았던 유럽은 2010년에 중국에서 이미지를 많이 회복했다. 중국 금융인들은 2010년 봄에 유로존 재정위기가 터졌을 때 그리스 부채의 일부를 떠안는 등 적극적인 협조를 보여주었다. 2010년 가을에 중국 건설사가 독일 베를린과 폴란드 바르샤바를 연결하는 고속도로 사업을 수주했을 때처럼 논란을 불러오지 않은 것은 아니지만, 유럽에 대한 중국의 투자도 늘어났다. 중국 해운회사 COSCO가 대대적인 투자를 하며 그리스 최대 항구인 피레우스에 들어오게 된 것도 같은 맥락이다. 나폴리에서도 중국이 투자한 항만 시설에서 이탈리아로 들어오는 컨테이너 화물선들이 관리되고 있다. 유럽의 생각도 크게 바뀌었다. 프랑스 샤토루에서는 중국이 옛 군사기지를 비관세지역으로 조성하여 4천 개의 일자리를 만들 것이다. 또한 11월 초 후진타오의 프랑스 방문은 당초 예상에는 미치지 못했다 하나 항공, 원전 분야의 새로운 계약들을 대거 몰고 왔다. 이런 구체적 결실은 영국인들에게도 자극이 되었다. 데이비드 캐머런 영국 총리는 그 다음 주에 사업가들을 이끌고 중국을 방문하여 여러 계약을 성사시켰다. 중국 공무원들은 그래도 프랑스가 수주한 계약만큼은 아니라고 미소를 지으며 강조한다. 중국은 리스본 정부의 기대대로 포르투갈 채권을 매입하진 않았지만 포르투갈 은행들과 포르투갈어 사용 국가 은행들의 합병 문제에는 관심을 보였다. 또한 스페인에서도 라틴아메리카 국가들의 금융 발전이라는 차원에서 비슷한 행보를 보였다. 중국은 가장 큰 동맹이라 할 수 있는 미국에 등을 돌리지 않았지만 2010년 말 시점에서 유럽이 중국에 대한 시각을 긍정적으로 재고하고 있는 것만은 사실이다.

중국은 차츰 정상화되고 있던 중불 관계에서도 이런 이중적 노선이 잘 드러났다. 2009년 크리스마스이브에 피용 총리는 중국을 방문했다. 중국 지도부는 프랑스 총리를 정중하게 맞았고 그의 진중한 성품을 마음에 들어했다. 이듬해 4월, 사르코지 대통령은 베이징과 만국박람회가 열리는 상하이를 방문했고 이때에도 불미스러운 일은 전혀 없었다. 이번에는 사르코지도 중국의 심기를 건드리지 않으려고 꽤나 노력을 했다. 그는 중국 문화에 대한 관심을 내비치고자 영부인 카를라 브루니와 함께 개인적으로 만리장성과 시안을 관광하기도 했다. 후진타오 국가주석도 의전에 어긋남 없이 프랑스 대통령을 정중하게 맞았다. 현실 정치가 우세했다. 9월에 보르도 시장 알랭 쥐페가 피용 정부에서 국방부 장관으로 취임할 날을 몇 주 남기고 중국을 방문하여 성대한 환영을 받았다. 7월에는 중국 체제 서열 2위 우방궈가 프랑스를 방문했다. 후진타오가 11월 초에 파리와 니스를 방문하자 사르코지는 친히 공항까지 마중을 나갔고, 중국 언론은 프랑스 의전 사상 거의 유례가 없는 환영이라며 대서특필했다. 환영 연회가 엘리제 궁에서 성대하게 열렸다. 이번에는 인권 문제, 티베트, 여전히 투옥 중인 류사오보의 노벨상 수상에 대한 공개적 언급이 일절 없었다. 외무성 장관 베르나르 쿠슈네르는 예외였지만 그는 며칠 후 내각 개편 때 친중파 인사 미셸 알리오 마리에게 외무성 장관 자리를 넘겨주게 된다. 파리와 베이징은 서로 교류가 활발했지만 시라크 대통령 때처럼 화기애애한 분위기가 아니라 피차 조심하는 기색이었다. 중국 외교관들은 사르코지가 무슨 짓을 하든 중국 지도층의 신뢰를 얻기 힘들 거라고 말한다. 그래도 중국 지도층은 사르코지의 실용주의와 개혁 의지는 높이 사고 있다. 또한 중국에 도움이 되고 중국과 미국의 관계를 곤란하게 만들지 않는다는 조건에서 G20을 국제금융 제도를 재편하기 위한 도구로 삼자는 사르코지의 주장도 긍정적으로 보고 있다.

서구 기업들의 **불만**

그러나 중국이 내수 쪽으로 경제 발전 방향을 재설정하면서 외국 기업들은 발전의 기회에서 소외되는 느낌이 들었다. 많은 외국 기업인들이 중국의 지방 정부나 관리가 자국 기업가들에게만 특혜를 준다고 불만스러워했다. 그 전형적인 예들은 다수 찾아볼 수 있다. 한 미국인 변호사는 많은 외국 기업들이 브랜드를 등록하러 갔다가 서류가 미비하다는 이유로 퇴짜를 맞았다고 증언한다. 게다가 서류를 준비하는 사이에 다른 중국 기업이 똑같은 브랜드명을 등록해버려서 외국 기업은 골탕을 먹는다는 것이다! 중국에서 어느 유럽 기업은 첨단기술 분야에서 중국 현지 업체와 합작 회사를 설립하려면 산업 기밀을 넘겨주어야 하는 입장에 처하기도 했다. 3월에 미국 상공회의소는 회원 기업들이 중국의 차별적 정책에 피해를 입는 경우가 늘어났다는 조사 결과를 공개했다. 유럽연합 상공회의소도 중국의 보호주의가 기승을 부리면서 유럽 기업들이 차별대우를 받고 있다고 고발하며 맞장구를 쳤다.

"우리는 기회를 잃고 있습니다. 시장은 더 커졌지만 문은 훨씬 좁아졌지요."

4월 말에 중국 주재 유럽연합 상공회의소장 요에르그 부트케는 이렇게 말했다. 그는 또한 인터넷에서 민족주의적 감정이 점차 크게 일어나고 있다고 지적한다.

"전 세계를 상대로 '우린 이제 너희한테 배울 게 없어!'라고 말하는 듯한 태도를 자주 볼 수 있게 되었습니다."

그는 중국 기업들이 중국 시장을 폐쇄 상태로 유지하거나 너무 빨리 개방하지 않게끔 고위층에 로비를 하고 있다고 설명한다. 지방 정부는 관할 지역 기업인들의 불만을 사지 않기 위해 그들의 의견을 수렴할 수밖에 없다.

"공인들은 네티즌을 두려워합니다. 그래서 그런 이익집단들을 정말로 배려해야만 한다고 생각하는 거죠."

그는 그렇게 설명하면서 하지만 이런 처사가 "유럽에서의 비이성적인 반중 감정"을 낳지는 않을지 우려한다.

중국 총리는 곧 대책 수립에 나섰다. 그는 유럽의 주요 그룹 대표들을 초청하여 그런 문제에 대한 토론을 벌였다. 원자바오 총리는 이 모임에 주요 부처의 부장들도 불렀다. 유럽인들을 안심시키는 동시에 외국인 투자 개방 정책을 계속 추진해야 한다고 중국 관료들을 설득하려는 의도도 있는 듯했다. 세계 어느 곳에서나 마찬가지로 중국에서도 보호주의적인 태도가 기승을 부리고 있었다. 중국 내수 시장이라는 새로운 시장을 자신들끼리 나눠먹고 싶어 하는 중국인 기업가나 관료들은 아주 많았다. 4월 초에 중국 정부는 외국 투자자들을 공공시장에서 배제하여 비난받았던 입법 조항을 철회했다. 중국은 2001년에 세계무역기구에 가입하면서 정부조달 협정 가입을 면제받았다. 이 협정 가입국들은 세계무역기구 회원국들이 공평하게 자국의 공공시장에 접근할 수 있도록 해야만 한다. 당시에 중국은 최대한 빨리 가입하겠다고 했지만 그 말은 아직까지는 의미 없는 말에 지나지 않았다. 9월 7일에 시진핑 부총리는 샤먼 시에 대한 외국인 투자 관련 회의에서 중국이 이 문제를 곧 연구할 것이라고 말했다. 차기 정권 후계자로 유력한 시진핑이 이런 말을 한 데에는 이유가 있다. 외국인들을 안심시키기 위해서이기도 하고, 중국 지도부가 장기적으로는 공공시장을 개방할 생각이기 때문이다.

"중국과 다른 국가들의 차이는 점점 없어지고 있습니다!"

15년 이상 중국에서 활동한 프랑스인 사업가는 자신은 어떤 문제도 겪은 적이 없다고 말한다.

"우리나라에서도 어떤 법이 생긴다 하면 다양한 이익집단들이 서로 부딪치고 입법자들은 결국 그런 갈등을 고려해서 법 조항을 만들지 않습니까. 서구인들은 지금까지 누렸던 특권적 지위를 잃는 것을 용납하지 못해서 이러는 것뿐입니다……"

그러나 외국인들의 좌절감은 계속 쌓여갔다. 자동차, 의료, 통신 등 여러 부문에서 어려움을 호소하는 이들이 늘었다.

"중국 경제에는 아마 외국인 투자가 줄어들어도 크게 문제가 되지 않을 분야들이 있습니다."

새로운 유럽연합 상공회의소장으로 선출된 자크 드 부아세송의 말이다. 9월 2일에 유럽연합 상공회의소는 불평등한 제한을 고발하는 새로운 보고서를 발표했다. 그는 "유럽 기업들이 중국에서 사업을 지속하고 싶지 않은 것이 아니라 이사회나 주주들이 용납할 수 있는 수준을 벗어나는 위험 부담이 생기기 때문입니다"라고 했다. 유럽연합 상공회의소는 중국 지도부에게 정책을 결정하면서 외국 기업들의 의견도 좀 더 참고해주기를 청원했다. 또한 유럽연합이 중국에 대해 공동 정책을 취하도록 압박하고 있다. 9월 13일에 톈진에서 열린 세계경제포럼에 87개국 1천5백 명 이상의 정, 재계 인사들이 참석했다. 이때 참석한 외국 기업들에게 조사를 실시한 결과, 40퍼센트의 기업들은 중국에서 차별대우를 받고 있다고 생각했고 나머지 60퍼센트는 만족하고 있었다. 총리는 이 좌담회에서 3월에 선언한 개혁을 재확인하고 외국 기업들을 안심시켰다. 하지만 총리는 중국에서 시행되는 정책이, 다시 말해 2010년 초에 채택되어 많은 서구 사업가들을 불안하게 만들었던 '토착 기업 혁신' 조항이 좀 더 분명해질 필요가 있음을 "이런 불만이 모두 외국 기업들의 잘못된 오해에서만 비롯된 것은 아닙니다. 우리가 정책을 충분히 명확하게 설명하지 않은 탓도 있습니다"라는 발언과 함께 처음으로 인정했다. 또한 총리는 "중국에 합법적으로 등록한 외국 기업은 중국 기업으로 간주됩니다. 그 회사의 상품은 '메이드 인 차이나'니까요. 외국 기업들이 추진하는 혁신은 곧 중국의 혁신입니다……. 중국에 진출한 기업들은 중국 자본이든 외국 자본이든 공공시장 부문에서 동등한 대우를 받게 됩니다"라고 설명하며 개방 정책 이후에 중국이 유치한 해외 자본이 1조 달러라는 사실을 다시 강조했다. 그 중 9백억 달러는 2009년에, 1천억 달러는 2010년에 유치한 것이었다.

중앙 정부가 해외 자본 유치 정책을 계속 유지하고 싶어 한다는 것은 분명하다. 하지만 이런 돈줄을 이제 신기술 쪽으로 돌리고 중국이 독자적으로도 감당할 수 있거나 공해를 지나치게 많이 배출하는 특정 부문들에 대해서는 외국 기업들의 진출을 제한하려고 한다. 베이징은 산업 고도화를 통해 '세계의 공장'에 그치는 것이 아니라 '세계의 연구소'도 되고자 한다. 순전히 중국 입장에서 보자면 고용 문제를 해결하고 임금 인상을 꾀할 수 있으니 이렇게 생각하는 것이 당연하다. 하지만 너무 급작스러운 변화는 서구와의 이익 분쟁 문제를 예상보다 너무 빨리 초래할 수 있다…….

제1회 세계미디어 **정상회의**

중국 체제는 여전히 불투명하게 운영되고 있다. 그 점도 서구 사회가 중국의 눈부신 성장에서 느끼는 두려움이라는 감정에 한몫을 한다. 물론 국제사회가 중국을 바라보는 눈은 바뀌었다. 정, 재계 지도자들은 국제사회에서 중국의 입지가 점점 더 커지고 있음을 자각했다. 하지만 중국 정부는 서구 사회의 커뮤니케이션 수단을 잘 관리하지 못하고 있다. 어쨌든 중국은 공식적으로는 여전히 공산 국가이고, 1당 체제를 유지하며, 대중 선전과 언론 및 인터넷 검열을 실시하고 있다. 전제주의의 잔재를 벗지 못한 공안이 수시로 저지르는 인권 침해는 말할 것도 없다. 노벨평화상 수상자를 석방하지 않고 있는 현실이 그 점을 가장 잘 보여준다. 이런 면은 중국과 중국인들에 대한 부정적 시각을 낳는다. 최근 몇 년간 중국의 '소프트 파워'가 아무리 발전했더라도 대부분의 서구 사람들에게 중국은 권위적이고, 냉혹하며, 수수께끼에 싸인 나라다. 또한 아직도 많은 이들이 중국 국민들이 진정으로 원치 않는, 적법하지 않은 정권이 이 나라를 이끌고 있다고 생각한다. 서구 언론들이 중국에 대해서 너무 단편적인 보도만 하는 것도 전반적인 무지를 형성하는 데 일조한다. 서구인들이 중국 문화를 이해하려 할 때의 어려움, 중국어를 배우려면 상당히 오랜 시간을 투자해야 한다는 점도 한몫을 한다. 서구 여론은 중국의 세계화 초기에 한창 열을 올렸지만 이제 인도로 그 관심을 옮겼다. 인도는 민주주의 정치 체제와 영어가 통하는 점이 매력적이다. 2010년에 파리정치대학은 중국 대학들과 오랫동안 결연을 맺어왔음에도 불구하고 처음으로 중국에 파견한 학생보다 2배나 많은 학생들을 인도로 파견했다.

베이징 정부는 이런 간극을 의식하고 중국이 서구 언론에 좋지 않은 이미지로 비치는 것을 우려하여 2009년 10월에 제1회 세계미디어정상회의를 개최했다. 중국 신화통신 주관 하에 열린 이 행사에 전 세계 3백 명 이상의 언론사 대표들이 초청을 받았다. 또한 중국에 진출한 루퍼트 머독의 뉴스 코퍼레이션, 미국의 로이터 통신과 AP 통신, 영국의 BBC, 인터넷 검색사이트 구글, 러시아의 이타르타스 통신, 일본의 교도 통신이 공동주관사로 참여했다. 프랑스 AFP 통신은 공동 주관 제안을 거절했지만 회의에는 참석했다. 미국인, 독일인, 영국인들이 수십 명씩 참석한 데 반해 프랑스 언론인들은 참석이 저조한 편이었다. 인민대회당에서 회의가 열렸고 후진타오 국가주석이 친히 개회를 선언했다. 이런 언론인들의 만남은 전 세계에 좀 더 제대로 이해받고 싶다는 중국의 의지에서 비롯되었다. "미디어의 사회적 책임"에 대한 후진타오 주석의 메시지는 다음 날 중국의 모든 신문의 1면을 차지했다. 후진타오 개회 연설의 골자는 이랬다.

"전 세계 시민들이 일상적으로 엄청난 양의 정보를 받아들이게 된 이 때에 언론인들은 시사 문제를 분석하고 해석함으로써 세계 평화를 증진하고 상호 이해를 진작하는 데 중요한 역할을 합니다."

그날 저녁 중국 국영 방송이 내보낸 정상회의 보도를 보면 마치 후진타오가 전 세계 언론사 대표들에게 훈계를 하는 듯했다! 하지만 제1회 세계미디어정상회의는 선전 공작으로서의 기대를 넘어서 중국이 전 세계 거대 언론사들이 어떻게 운용되는지 이해하고 머지않은 미래에 자국에서도 그런 언론사를 설립할 뜻이 있음을 드러냈다. 베이징 정부는 자국 국민과 세계인, 특히 동남아시아, 아프리카, 라틴아메리카 인구를 사로잡는 타임워너처럼 엔터테인먼트 부문이 큰 몫을 차지하는 거대 미디어들을 구비하고 싶다는 욕망을 감추지 않았다. 포럼의 무대 뒤에서 수많은 제휴 계약이 체결되었다. CNN이 속한 터너 브로드캐스팅 시스템은 신화 통신과 협상을 했고, AFP 통신은 시파 통신과 사진 배포에 대한 협상을 체결했다. BBC와 CCTV는 국영 방송 채널의 영어교육 프로그램 기획을 두고 계약을 맺었다. 지금까지 이런 협약을 매우 엄격하게 제한했던 중국 법도 크게 완화되었다. 토론회에서 휴대전화 업계의 실력자 상하이 미디어 그룹이나 중국을 대표하는 검색 포털사이트 시나는 매우 적극적으로 새로운 발전 모델을 찾는 모습을 보여주었다. 시나는 트위터 같은 마이크로블로그를 더 큰 비중으로 도입하되 중국의 기준에 맞게 가입자들에게 긴급한 정보를 제공하고 있다. 시나 회장은 자사의 전략을 설명하는 도중에 자신의 휴대전화로 버락 오바마가 조금 전에 노벨평화상 수상자로 결정됐다는 정보를 받기도 했다. 청중은 처음에 이 말을 듣고도 믿지 못했으나 잠시 후 언론사에서 그 사실을 확인해주었다!

9개월 후인 2010년 7월에 중국은 최초의 24시간 영어 채널로서 막강한 자금력을 지닌 CNC 월드를 출범시켰다. 이 채널은 5억 시청자들에게 "중국인의 시각으로 국제적 비전을 제시함으로써" BBC나 CNN과 경쟁하겠다는 목표를 띠고 있다. 하지만 새로운 홍보의 도구들이 나온다 해도 기존의 선전이 사라지지는 않는다. CNC 월드도 중국 신화 통신의 보도에 의존한다. 한편, 앞으로 중국 투자자가 거대 미디어 그룹을 인수할 가능성은—당사자들이 받아들이기만 한다면!—아주 높아 보인다. 2010년 여름에 〈타임〉은 혹독한 재정위기를 겪었지만 중국 〈난팡저우모〉의 출자 제의를 거부했다.

2010년 3월 중국 전인대에서도 중국과 서구 사이의 서로 커져만 가는 오해가 중심 의제로 떠올랐다. 한 중국 외교관은 이렇게 고백한다.

"우리는 오랫동안 정치적 결정권자들과 중국의 어린 세대가 영어를
배우면 사정이 나아지리라 믿었습니다. 하지만 이제 그것만으로 충분치
않다는 걸 깨달았지요. 서구의 젊은이들이 중국에 많이 오고 중국어를 배
우려고 노력할 필요가 있습니다. 우리 중국인들은 우리만의 특수한 문화
나 언어 뒤에 숨는 짓을 그만두고 그런 특수성에 대해서 좀 더 잘 알릴 수
있어야겠지요. 우리는 이해받지 못해서 괴롭습니다. 우리 쪽에서나, 저쪽
에서나 의식의 변화가 필요합니다……."

상하이 만국박람회: 중국이 세계에 보여주고 싶은 것

2010년 5월 1일부터 10월 31일까지 6개월간 열린 성대한 만남의 장
은 상하이를 넘어 온 중국인의 관심을 끌었다. 상하이 만국박람회는 교류
의 발판을 마련하는 기회가 될 수 있을 터였다. 베이징 올림픽을 준비할
때와 마찬가지로 정부는 박람회를 성대하게 치르려는 의지가 확고했다.
하지만 만국박람회는 중국이 외부 세계와 빚는 소통의 어려움을 뚜렷이
드러낸 한 예가 되었다. 상하이 시는 박람회 장소로 황푸 강 양안으로 펼
쳐진 5백 헥타르가 넘는 부지를 내놓았다. 지금까지 어떤 도시도 만국박
람회를 치르면서 이토록 넓은 부지를 내놓은 적은 없었다. 이곳에 341개
전시관이 지어졌고 196개국이 참가하기로 했다. 각국 정부, 지역, 기업이
자국의 전시관을 짓기 위해 투자한 비용을 제외하더라도 중국 정부에서
쏟아 부은 돈만 해도 290억 위안이 넘는다……. "더 나은 도시, 더 나은
삶(Better City, Better Life)"이라는 박람회 주제는 평화적이고 현시적 문제에
잘 부합했다. 각국은 문화적 특수성과 혁신을 최대한 잘 설명하여 방문객

들을 끌어들이고자 노력했다. 이를 위해 다양한 수단이 동원되긴 했지만, 그중 상당수는 금융위기 때문에 다소 축소되기도 했다. 태양 전지로 작동하는 발광 장치를 장착한 스위스관, 패션과 디자인 분야에서의 창조성을 예술적이고도 유희적으로 제시한 이탈리아관은 큰 인기를 끌었다. 건축가 노먼 포스터가 사막 모래 언덕의 움직임을 재현하여 설계한 아랍에미리트관도 볼 만했다. 독특한 질감의 분홍색 소재로 지어진 일본관은 혁신기술로 가득 차 있어서 일본 만화를 연상시켰고, 제너럴모터스관은 미래형 전기자동차를 선보였다. 프랑스관은 지나치게 과거 지향적이라서 실망스러웠다. 하지만 중국관은 다른 모든 전시관들을 압도했다. 중국관은 69미터 90센티미터 높이에서 박람회장 전체를 굽어보았다! 고도 제한은 70미터였는데! 전시관 내부에는 대형 스크린에 디지털 동영상으로 재현된 송나라 시대의 근사한 그림 말고는 딱히 볼 것이 없었다. 중국의 영광과 성공을 기리는 선전 영화가 자국민들의 심금만을 울렸을 뿐이다……. 주중 유럽연합 대사 세르주 아부는 베이징에서 열린 오찬 자리에서 정부 대변인이 중국관에 대한 감상을 청하자 솔직하게 말했다.

"중국관은 근사합니다만 중국이 우리를 너무 짓누릅니다! 우리는 위대한 중국과 나란히 선 머나먼 친척쯤 된 기분이었어요."

섬세한 성격의 외교관은 깜짝 놀라는 중국 정부 대변인에게 친절하게 설명했다.

"중국은 만국박람회에서 애초의 기대와 정반대되는 효과를 일으킬 수도 있습니다. 우호적인 뜻을 전 세계에 알리기보다는 강대국의 야망으로 겁을 줄 위험이 있으니까요!"

이 오찬은 2월 초에 있었다. 박람회 구상을 수정하기에는 너무 늦은 때였다. 중국관은 이미 완공되었지만 정부 대변인은 중국 고위층들이 인간적으로나 실력으로나 높이 평가하는 서구 외교관의 지적을 마음에 깊이 새겼다. 그는 중국 문화에서는 귀한 손님을 맞을수록 자신의 가장 좋은 면을 보여주려 하는 법이라고 설명했다. 또한 상하이 시가 아직 해외 여행을 해보지 못한 시민들에게 외국에서 어떤 노력들이 이루어지고 있는지 이 박람회를 통해 보여주고자 한다는 말도 덧붙였다. 사실 크고 웅장한 것을 지향하는 태도는 계산된 것이라기보다는 중국인들의 본능에 가깝다. 오찬이 끝난 후 중국 정부 대변인은 한참 말이 없었으나 빨리 윗선에 보고를 올리겠다고 했다. 전시관의 배치는 변하지 않았으나 5월 1일 후진타오 주석의 개회 연설은 세계와 화합하고자 하는 중국의 의도를 더욱 강조하게 되었다. 10월 말에 박람회가 폐회했을 때에 집계된 총 방문객 수는 7천만 명이 넘었다. 중국은 자체 설정한 목표를 초과 달성했다. 하지만 박람회장을 찾은 사람들 가운데 외국인은 10퍼센트도 되지 않았다. 중국 비자 취득의 어려움, 경제위기가 주요한 원인이었고, 상하이의 여름 날씨는 몹시 무더웠고 박람회 입장권을 구하기 힘든 탓도 있었다. 외국인 방문객은 대부분 상하이의 역동적 발전에 흥미를 가진 젊은이들이었다. 인구 2천2백만 명, 중국에서 가장 많은 외국인들이 살고 있는 도시 상하이는 도시 미화 활동, 녹지 조성, 대중교통 확충에 각별히 신경을 썼다. 박람회가 진행되는 6개월 동안 상하이 상권은 크게 살아났다. 수백 개의 호텔과 식당에는 밤의 열기가 넘쳐흘렀다.

젊은 민공들을 자기 **자식처럼 생각해달라**

5월에는 중국 남부에서부터 파업의 물결이 일어났다. 5월 17일 광둥성 포산 혼다 자동차 부품 공장에서 시작되었다. 노동자들은 기본급을 두 배로 올려달라고 요구했다. 일본인 사용자 측은 30퍼센트 인상안을 받아들였고 이로써 노동자들의 월급이 약 2천 위안 수준까지 오를 수 있었다. 하지만 이 결과가 사태를 진정시키기는커녕 일본 자동차 산업 분야의 다른 장비 및 부품 조립 공장에도 거센 요구의 바람을 몰고 왔다. 지방 정부가 사태를 해결하고자 노력했지만 바람은 쉽게 잦아들지 않았다. 포산에 있는 다른 혼다 공장들도 파업에 들어갔다. 이번에 노동자들은 24퍼센트의 임금 인상과 노조 결성권을 요구했다. 파업의 바람은 광둥 성의 또 다른 도시 중산으로 퍼지고, 이어서 중부 시안의 일본 재봉틀 제조 업체까지 미쳤다. 대만인들이 경영하는 장시 성의 몇몇 공장, 스포츠용품 제조 업체, 심지어 아이팟, 콘솔 게임기, 휴대전화 등의 전자제품을 생산하는, 20만 명 이상의 직원이 근무하는 폭스콘 선전 공장도 예외가 아니었다. 몇 달에 걸쳐 11명의 노동자가 자살했다. 대부분이 공장 기숙사에서의 투신 자살이었다. 사용자는 결국 66퍼센트 임금 인상에 동의했다. 허난 성의 중국 국유 기업 제조 공장에서도 노동자들이 들고일어났다. 이곳의 노동자들은 연안 지방 노동자들보다 연령대가 높아서 그런지 공장 입구에 진을 치고 마오쩌둥 시대의 투쟁가를 부르며 만인의 평등을 부르짖었다.

6월 말에 톈진의 일본 자동차 제조 업체 도요타 고세이 공장에서 파업이 일어났다. 톈진은 베이징에서 150킬로미터밖에 떨어져 있지 않은 거대 산업도시이므로 지방 관리들은 특히 예민해질 수밖에 없었다. 노동자들이 운집한 공장 마당 앞에는 경찰차들이 쫙 깔렸다. 노동자들은 나흘째 조업을 중단하고 있었다. 정부는 공장 앞 대로를 8백 미터 전방에서 차단하고 시위 진압대를 배치했다.

"사흘째 되던 날 경찰이 파업 참가자 백여 명을 끌고 가서 신원 조회에 들어갔지요."

지역 주민의 증언이다. 공장 대표들과 경찰은 모든 언급을 거부했다. 톈진 시장이 공장 대표들과 교섭을 하러 왔다. 협상 결과, 1천3백 명의 노동자들은—대부분은 타 지역 출신이었는데—15퍼센트 임금 인상을 얻어 냈다. 노동자들이 요구한 20퍼센트 인상안에는 미치지 못했지만 이로써 이들의 기본급은 1천7백 위안 수준으로 올랐다. 하지만 협상이 타결되고 도요타 공장 노동자들이 생산 라인으로 돌아가자마자 이번에는 남쪽으로 2천 킬로미터 떨어진 난사의 덴소 공장에서 임금인상을 요구하는 시위가 일어났다. 난사는 헨리 폭이 홍콩과 광저우 사이 주강 유역에 건설한 신 도시다. 덴소는 도요타와 혼다에 부품을 공급하는 업체다. 하루에 자동차 천 대를 생산하는 도요타 모터 조립 공장은 부품이 조달되지 않아 생산을 중단해야 했다.

초기에 국내 언론은 노동자 시위가 합작 회사에서 일어났다고만 보 도했으며, 국유 기업에서 일어난 시위에 대해서는 아무 말도 하지 않았 다. 5월 말에 중국 언론사들은 아무 보도도 하지 말라는 지시를 받았다. 하지만 그런다고 파업이 수그러들지는 않았다! 파업 관련 정보는 인터넷 이나 문자메시지 같은 비공식 경로를 통해 퍼졌다.

희한하게도 노동자들은 일본, 대만, 그리고 소수의 한국 기업들의 공 장에서만 들고일어났다. 일본 외교관과 기자들은 딱히 정치적 이유를 찾 을 수 없었기에 허튼 소문들을 일축했다. 사실 2010년 봄에 중국 정부와 일본 정부의 관계는 꽤 좋은 편이었다. 또한 한국 정부나 대만 정부와의 관계도 마찬가지였다.

노동자들의 움직임은 사실 자연스러운 것이었다. 중국 노동자들은 2008년 1월 1일 발효된 노동법에 불만이 많았다. 원칙대로라면 노동자들 의 권리를 크게 개선했어야 할 법이지만 현실적으로는 거의 의미가 없었 기 때문이다.* 경제위기가 발생하자 많은 기업들이—특히 일본, 대만, 한

---

* 이 책에서 2008년도 부분을 보라.

국 기업들이—기존 노동자들을 해고하고 새로이 더 낮은 임금의 노동자를 채용했다. 홍콩 자본으로 설립된 중국 기업들은 아예 공장 문을 닫고 이름을 바꾸어 새 공장을 열고는 기존 노동자들을 30퍼센트나 낮은 임금으로 재고용함으로써 지금까지 쌓아온 임금 인상분을 단칼에 날려버리기도 했다. 그러니 경제위기가 웬만큼 지나간 듯 보이는 이 2010년 봄에 노동자들이 임금 조정을 요구하고 나선 것도 당연했다. 특히 중국 시장을 빨리 선점하고 싶어 하는 일본 자동차 산업 분야에서 이런 요구가 거셌다.

"최근 몇 달간 일본 자동차 기업은 최고의 수익을 올렸다. 사용자들은 떼돈을 버는데 공장 임금은 너무 낮다는 사실을 노동자들도 의식하고 있었다."

한 중국인 블로거의 논평이다. 실제로 2009년에 중국은 미국을 제치고 연간 1,350만 대 이상이 팔리는 세계 최대의 자동차 시장이 되었다. 2010년 초부터 중국에서 자동차 판매 성장세는 가히 폭발적이었다. 중국 자동차 산업 협회 보고에 따르면 자동차 시장은 1/4분기에만 전년 대비 72퍼센트 성장했다. 외국 업체들의 경쟁도 불꽃이 튀었다. 특히 도요타는 최대 경쟁 업체인 미국의 제너럴모터스를 따돌리려고 애썼다. 하지만 가격 경쟁력으로 승부하려면 생산 비용을 바짝 줄여야 하고 결국 노동자 임금이나 부품 단가를 낮출 수밖에 없다. 그런데 경쟁 업체인 미국이나 유럽과의 합작 기업과는 달리 중국-일본 합작 기업에서 중국인 경영진은 임금에 대해 어떤 결정권도 없었다. 사소한 요구도 도쿄 본사까지 올라가야만 결정이 났고, 그러다 보니 본사의 대답은 노동자들의 감정이 격앙된 후에야 비로소 도달하기 일쑤였다. 일본 기업의 엄격하고 경직된 위계질서도 중국인들은 받아들이기 힘들었다……. 중국 노동자들이 한을 품고 과거의 망령, 특히 1931~45년 일제강점기의 피비린내 나는 역사를 들먹이기까지는 그리 오랜 시간이 필요치 않았다.

"일본인들은 자기들이 다른 아시아 지역 사람들을 얼마나 경멸 어린 시선으로 대하는지에 대해 별로 의식하지도 않습니다. 그러니 곧 갈등을 빚을 수밖에 없지요……."

일본에서 30년 이상 거주한 한 중국인의 말이다.

서구 투자자들은 파업 사태가 그들의 이익에도 해를 끼치거나 다른 분야에까지 확산되지 않을까 우려하며 상황을 주시했다. 하지만 이들은 아무래도 노동법을 좀 더 존중하는 편이었고 일시적으로나마 처우를 개선하는 등 노동자들의 요구를 잘 예측했다. 중국 중부 우한에 거대한 지사를 두고 있던 푸조 PSA가 그런 경우다. 이 지역의 평균 임금은 일본 기업들이 대거 진출한 연안 지방의 평균 임금보다 낮았다. 그리고 PSA가 제안하는 임금 조건은 이 지역에서 꽤 높은 편에 속했다. 2009년 말부터는 특별 수당도 지급되었고 봄부터 노동자와 자녀의 건강보험도 회사 차원에서 실시되었다. 상하이의 알카텔 루슨트는 중국 기업 상하이벨과 20년 넘게 합작 회사를 꾸리고 있었다. 이곳에서는 노동자들의 불만이 고조되기 전에 노사 협상을 통해 해결책을 찾을 수 있었다. 이미 중국 남부에 진출한 외국 기업들은 대부분 노동자들의 임금 인상 요구 문제와 점점 더 자주 부딪치고 있었다.

중국 지도부는 외국 기업들이 노동자들의 요구를 예측하여 임금을 조금씩 올려주거나 노동 조건을 개선하도록 조심스럽게 압박했다.

"지방 정부로부터 전화를 한 통 받았습니다. 시끄러워지지 않게 일을 해결해야 하지 않겠느냐고 하더군요……."

광저우에서 사업을 하는 익명을 요구한 프랑스인은 이렇게 말했다. 중국과 외국의 합작 기업들은 중국 기업들에 비해 인사 관리 문제에 더욱 민감했으므로 그래도 임금 인상안을 잘 받아들이는 편이었고 여기서 활로를 찾을 수도 있었다. 임금 인상은 중국 국민들의 구매력을 높이는 데 도움이 되고, 나아가 중앙 정부가 강조하는 내수 성장과 사회 안정에 이바지할 것이기 때문이다. 미국의 거대 패스트푸드 업체 KFC 선양 공장, 덴마크 맥주회사 칼스버그의 충칭 공장도 임금인상안을 받아들였다.

파업은 이 해 여름에 가라앉았다. 침묵을 고수한 국내 언론, 파업 주도자들의 신상 파악에 나선 경찰 때문이기도 했고 일시적으로 특별 수당이 지급되기도 했기 때문이다. 8월 29일에 원자바오 총리는 베이징에서 열린 경제 전략 회의에서 일본 외무상 오카다 가쓰야에게 일본 기업들이 너무 낮은 임금을 제시한 것이 이번 파업의 원인이라고 설명하면서 싸움을 걸었다. 원자바오는 "일본이 이 문제를 다루어줄 것을 희망합니다"라고 했다. 오카다 가쓰야는 중국의 노동법이 좀 더 투명해지기를 바란다고 대꾸했다. 이 일은 일본에서 격렬한 논쟁을 불러일으켰다. 2005년 중국의 반일 시위 이후로 많은 일본인 기업가들이 동남아시아의 다른 국가들, 특히 인도로 떠났다. 하지만 중국이 가장 경제성장 전망이 밝다고 판단하고 오래지 않아 다시 중국으로 돌아왔다. 따라서 이제 중국 진출 전략과 중국 노동자 관리 방식을 다시 생각해야만 했다. 아마도 인건비가 더 낮은 중서부 지방으로 공장을 옮기고 좀 더 현지에 적합한 경영 모델을 찾아야 할 것이다.

그러나 이번 파업으로 노동자들이 제기한 새로운 문제는 일본을 비롯한 외자 기업의 예에만 국한된 것은 아니다. 이제 모든 기업들은 중국 노동자 세대가 변했고 그들의 의식구조도 변했다는 현실을 고려해야 한다. 중국만큼 이런 변화를 심하게 겪은 나라는 어디에도 없다. 1990년대 중반 경제개혁과 함께 대거 등장한 민공 1세대는 푼돈이라도 벌기 위해 뭐든지 할 각오가 되어 있었다. 1950~70년대에 태어난 민공 1세대는 대도시에 상경한 촌뜨기 같은 모습 때문에 한눈에 알아볼 수 있었다. 그들의 삶은 힘겨웠다. 잘 먹지도 못하고, 주거 환경은 열악했으며, 사회보장도 없고, 야반도주한 사장 때문에 보수를 떼이는 경우가 비일비재했다. 1999년에 칭화 대학에서 실시한 조사는 공장이나 건설 현장에서 몇 년간 고된 노동에 시달린 민공들 중에서 고향으로 돌아가고 싶어 하는 사람이 90퍼센트나 된다는 점을 보여주었다. 2008년 겨울에 중국 남부 지방의 수출 주력 공장들이 문을 닫았을 때에 실제로 많은 노동자들이 고향에 돌아갔다. 하지만 지금 남부 지방으로 몰려드는 노동자들은 1980년대, 심지어 1990년대 초에 태어난 사회초년생들이다. 이들은 과거의 노동자들과 전혀 다르다. 옷차림도 그렇고, 가슴에 품은 꿈도 그렇고, 그들은 또래의 도시 젊은이들과 전혀 다를 바가 없다! 하지만 가정형편 때문에 제대로 된 교육을 받지 못해 어려서부터 빈부 격차를 자각했고 사회에 대한 불만도 많다. 톈진 중심가에서 둥하이 산업 지대를 연결하는 고속열차에 몸을 실은 젊은이들이 바로 그들이다. 이 열차에서 서른이 넘은 사람은 아무도 없다. 심지어 검표원들조차도 어려 보인다. 오른쪽 청년은 검은 셔츠에 회색 타이를 했고 가죽 부츠를 신었다. 입술에 피어싱을 한 청년은 껌을 소리 나게 씹고 있다. 그 앞의 여자친구는 청바지를 입고 분홍색 사각테 안경을 썼다. 체크무늬 원피스에 청조끼를 입은 다른 아가씨도 똑같은 안경을 썼다. 그녀는 MP3를 들으며 혼자만의 생각에 잠겨 있는 연두색 티셔츠 차림의 자기 남자친구를 보고 있다……. 톈진 포-도요타 공장 앞에서 만난 3명의 노동자들을 보자. 제일 어린 사람은 1993년생이다. 그들은 모두 청바지에 색감이 진한 티셔츠를 입었다. 한 청년은 요즘 인기 있는 가수의 사진이 프린트된 폴로 셔츠를 입고 파란색 귀걸이까지 했다. 세 사람 모두 허베이 성 한단 출신이다. 부모는 대도시에 돈을 벌러 갔기 때문에 어려서부터 부모와 떨어져 살았고, 그들도 중학교를 마치자마자 돈을 벌려고 상경했다고 한다. 그들은 이 공장에서 평균 1천5백 위안의 월급을 받는다. 부모 세대 같으면 그들의 나이나 학력 수준에 적당한 월급이라고 생각할 것이다. 그러나 19세의 청년은 다음과 같이 반항조로 내뱉는다.

"하지만 여기서 올해 말까지 썩을 생각은 없어요! 사장은 바라는 게 너무 많아요. 그리고 공장 기숙사에서 사는 건 사는 게 아니라고요!"

이런 사회 변화는 예견된 것이었다. 중국 노동자들이 언제까지나 그토록 열악한 노동 조건을 받아들일 리는 없지 않은가. 하지만 변화는 정치인들이나 사용자들이 예상한 것보다 너무 빠르다. 정부 통계상으로 2010년 현재 노동자의 62퍼센트는 신세대 민공이다. 1억 명이 넘는 이들의 연령은 만 16세에서 30세 사이다! 따라서 아직까지는 그들의 요구를 묵살할 수 있다. 그들에게 어떤 조건을 제시해야 언제 터질지 모르는 폭탄의 뇌관을 제거할 수 있을까? 그들에게 고향으로 돌아가라고 할 수는 없다. 중국 청년연구소의 조사에 따르면 민공 2세대의 절반 이상은 도시에 자리를 잡고 싶어 한다. 중국의 유일한 공식 노조인 중화전국총공회는 2010년 3월에서 5월까지 10개 도시에서 조사를 실시하고 위험을 경고하는 보고서를 내놓았다.

"젊은 민공들은 도시 주변부에서 성장했고 농사를 지을 줄도 모른다. 부모 세대에 비해 삶에 대한 기대 수준은 더 높지만 참을성은 부족하다. 이들은 교육을 많이 받지 못했기 때문에 높은 임금을 받을 확률이 낮고 결국 도시 변두리나 시골에 머물 수밖에 없다. 〔…〕이들의 요구가 쌓임으로써 우리나라의 사회적, 정치적 안정과 지속적인 경제 발전에 부정적인 영향이 나타나기 시작했다……."

인터뷰에 응한 젊은 노동자들은 공부를 더 해서 사회에서 출세하고 싶다는 욕구를 가지고 있었다. 그들의 대부분은 기껏해야 중학교 졸업장을 받는 만 14세에 학업을 중단했다. 지금 당장은 교육제도가 그들의 바람을 만족시키지 못한다. 중국 정치권도 고등교육을 마친 젊은이들의 취업 경쟁을 더욱 부채질할 생각이 없다. 이미 1억 2천만 명이 넘는 대졸자들이 매년 점점 더 치열한 취업 경쟁에 시달리고 있기 때문이다.

노동자들이 지적하는 또 다른 근본적 문제는 노조다운 노조가 없다는 것이다. 실제로 정부는 중화전국총공회만을 합법적으로 인정하고 있는데, 총공회는 중국공산당 산하기관으로 지금까지 정권과 사용자의 입장만 대변했다. 1989년 톈안먼 민주화 운동 당시 한동팡이 최초의 자주노조를 설립하려고 했지만 무산되었다. 당시 한동팡은 감옥에서 몇 년을 지내다가 결핵에 걸려 치료차 망명을 했고, 그 후 홍콩에 정착했다. 지금도 그는 홍콩에서 라디오 방송과 인터넷을 통해 노동자들의 권리를 알리는 데 힘쓰고 있다. 일본과 한국 기업들은 대개 총공회가 공산당 기관이라는 이유로 지부 설립을 거부했다. 그래서 임금 협상을 한다 해도 노동자 측 대표가 아예 없다. 이 점도 사태를 더욱 악화하는 데 한몫했다.

중국 지식층들은 이 상황을 두고 열띤 논쟁을 벌였다.

"정부는 신세대 민공들에게 노조 설립 절차를 밟을 수 있도록 해야 한다. 또한 사용자와 노동자 사이의 협상 발판을 만들 생각도 해야 한다. 그런 협상에 있어서 정부가 예전처럼 철저하게 사용자 편만 들어서는 안 될 것이다. 양측의 합의점을 찾아야 극단적인 탈선이 일어나지 않도록 막을 수 있다."

6월 중순 금융 전문지 〈차이징〉에 실린 논설이다. 6월 4일 톈안먼 민주화 운동 21주기 기념일에 총공회는 각 기업 내 총공회 지부들의 단결과 개선을 권고하는 긴급 포고를 내렸다. 〈난팡저우모〉는 6월 10일자 신문에서 한 발짝 더 나아갔다. "중국은 노조를 재구성해야 한다!" 다이즈융 논설위원은 직원 천 명 이하의 중소기업은 노조 대표를 노동자들이 직접 선출하고 대기업의 경우에는 총공회 지부 대표들이 일정한 절차에 따라 매년 새롭게 선출하는 방안을 제시했다. 또한 노조가 사측과 정부에 효과적으로 대응할 수 있도록 조합원들이 노조 간부들에게 독립적으로 보수를 지급해야 한다고 주장했다.

　중국 지도부는 노동자들의 자유주의적인 움직임에 몹시 불안해졌다. 그들은 중국에서도 폴란드나 한국에서와 같은 노동운동이 일어날까 봐 걱정했다. 실제로 1980년대에 폴란드와 한국에서는 노조가 힘을 키우면서 독재 정권을 무너뜨리고 민주주의 정권을 세우는 데 큰 몫을 했다.

　따라서 중앙 정부는 이러지도 저러지도 못하는 상태다. 2003년에 들어선 현 정부는 사회적 불평등에서 비롯된 갈등을 완화하기 위해 공식적으로는 개혁에서 밀려난 서민들과 소수자들을 지지한다고 자처해왔다. 따라서 노동자들의 분노를 더욱 부채질할 수는 없는 노릇이다. 2012년 정권 교체를 앞둔 시점에서 정부는 체제를 뒤흔들 수 있는 사회적 저항을 그 어느 때보다 우려하고 있다. 이런 논리에서 원자바오 총리는 6월 15일 지방 관리, 사용자, 나아가 모든 기업에 대하여 "젊은 민공들을 자기 자식처럼 생각해달라"고 호소했던 것이다.

　하지만 중국 정부는 중국의 경제적 도약에 크게 이바지했던 외국 투자자들이 다른 인근 국가로 달아나는 것도 원치 않는다. 6월 19일에 상무부장 천더밍은 파업 사태를 상대적으로 가볍게 다루려고 노력했다. 그는 홍콩 평황 위성 방송에서 "파업은 별개의 사건입니다. 우리는 노동자들이 임금 인상이 적절하게 이루어지리라 생각합니다만 기업들이 인상안의 부담을 감내할 수 있을지에 대해서도 주의를 기울일 것입니다"라고 말했다.

　2010년 봄과 여름의 파업 바람을 통해 중국은 경제 발전 과정의 중요한 한 단계를 넘었다. 사회적 갈등이 폭발하는 것을 보고 싶지 않다면 '세계의 공장'과 외국 투자자들은 그들의 성장 모델과 전략을 재고해야만 할 것이다. 이제 그들이 이윤을 추구하면서 노동 비용을 좀 더 크게, 다른 방식으로 고려해야 하며 민공들이 처한 생존 조건을 생각할 필요가 있다.

거대한 나라에서 **안정을 유지한다는 것**

2010년 가을에 공장들은 잠잠해졌지만 이미 싹을 틔운 불만은 사회 전반에서 감지할 수 있었다. 좌절, 적개심, 불안의 이유는 이제 각기 달랐다. 노동자들은 징계를 받거나 영영 일자리를 잃을지 모른다는 두려움에 일터로 복귀했지만 여전히 월급이 너무 적다고 생각하고 있었다. 지난 몇 달 사이에 중국 국민의 대다수는 구매력이 크게 위축되었다. 이런 상황을 타개하려는 정부의 노력에도 불구하고 다시 한 번 여러 분야에서 지방 책임자들의 무능과 태만이 드러났다. 이번에는 '호르몬 우유 파동'이 여름 내내 인터넷을 뜨겁게 달구었다. 8월 초에 산둥 성 칭다오에서 생후 4개월에서 15개월 사이의 여아 3명이 시뉴트라 분유를 먹고 사춘기 여자아이처럼 가슴이 발달하는 성조숙증을 보였다. 지방 정부는 해당 분유에 대한 품질 검사를 거부했지만 이 사건을 보고받은 위생부는 연구소에 성분 조사를 의뢰했다. 8월 15일에 시뉴트라 제품은 무해하다는 결과가 발표되었다. 시뉴트라는 성조숙증 연구에 천만 위안의 연구 기금을 조성하겠다고 했다. 하지만 갓난아기를 둔 부모들은 다시 한 번 불안해할 수밖에 없었다. 이제 아무도 중국산 유제품을 믿지 못하고 수입 분유만 사서 먹였다.

자신만만한 공익광고들이 무색하게 대도시의 환경오염은 더욱 심각해졌다. 자동차 판매가 늘어나 자동차 산업은 급속 성장했지만 도로 사정은 매우 악화되었다. 이제 베이징 시에 등록된 차량은 4백만 대가 넘는다! 9월에는 폭우가 내리면서 두 차례나 베이징 시가 금요일 저녁에 마비 상태에 빠졌다. 운전자들은 몇 킬로미터 거리를 가는 데 몇 시간이나 걸렸다. 9월 18일에는 길게 늘어선 차량 행렬들의 사진이 신문 1면을 차지했다.

새로운 부동산 개발 계획에 따라 거주자들이 강제로 쫓겨나는 관행도 여전히 계속되었다. 이 현상은 특히 인구 5백만~1천만 명 규모의 이류도시나 인구 1백만 명 규모의 삼류 도시에서 두드러진다. 젊은 대졸자들은 여전히 취업이 힘들다. 공무원 공개채용 시험에 지원자가 대거 몰리는 현상, 2009년 중국 인민해방군이 현대화한다는 이유로 이공계 출신 민간인 채용을 시작한 후부터 지원자가 속출하는 현상을 보면 알 수 있다.

신흥 부르주아 특권층이나 고위 정치인 자녀들은 이런 사회의 동요, 생활수준의 격차, 부유층에 대한 적개심을 막연하게나마 느끼고 불안해했다. 이들 중 상당수는 해외로 자산을 분산시켰다. 외국 은행에 돈을 넣어놓거나, 해외 부동산을 취득하거나, 외국 영주권이나 시민권을 취득하는 식이었다. 베이징에 거주하는 외국인들은 택시를 이용하기가 점점 더 힘들어졌다.

이 모든 현상들은 수도 베이징에서 가장 심각했다. 베이징은 상하이나 광저우보다 훨씬 더 정치적으로 움직이는 도시다. 저마다 앞으로 일어날 일을 염려하고 있었다. 더욱이 2012년은 대대적인 정권 교체가 있을 해다. 이처럼 불안정한 분위기에서는 사소한 사건도 일파만파 커질 수 있다. 지금 당장은 불만 세력의 규합이 일어나지 않고 있으며, 이에 대한 시도가 혹시 있다면 애초에 싹을 잘라버리는 분위기다. 정부는 그 어느 때보다 "사회 화합"을 강조하고 있다.

그러나 '불균형'에서 비롯된 분쟁이나 사건이 늘고 있다는 것은 사회 전반의 불만을 암시한다. 2009년 9월에 칼을 소지한 시골 출신 실업자 몇 명이 두 차례나 톈안먼 광장 근처에서 15명 남짓한 사람들에게 자상을 입힌 사건이 있었다. 중국에 관광을 온 프랑스 여성 하나도 이때 경미한 부상을 입었다. 2010년에는 어린이 습격 사건이 푸젠 성, 광시 쫭족 자치구, 광둥 성, 장쑤 성, 산둥 성, 산시 성 등에서 연달아 터졌다. 아기들을 포함해서 총 18명의 아이들이 칼에 찔려 죽었고 경비원이나 교사가 목숨을 잃기도 했다. 두 달간 여섯 차례나 발생한 '묻지 마' 식의 습격으로 총 69명이 부상을 입었다. 범인들은 매번 스스로 목숨을 끊거나 경찰의 총에 목숨을 잃거나 사형을 당했다. 하지만 무고한 어린아이들에게 자행된 보복성 범죄는 중국 사회를 관통하는 혼란, 그리고 우울증이나 정신적 문제가 있는 이들에 대한 미흡한 조치에 대해서 많은 것을 말해준다. 정부는 모방 범죄를 야기할 수 있다는 점에서 이런 사건들을 공론화하는 것에 회의적이었다.

이때부터 블로그나 인터넷 게시판을 중심으로 한 가지 생각이 퍼져나갔다. 중국은 30년간 눈부신 경제성장을 이룩하고 실제로 전반적인 생활수준도 크게 향상되었지만 이 나라의 행복지수도—이 지수를 정확하게 측정하기란 불가능해 보이지만—꼭 높아졌다고 볼 수는 없다는 것이다. 2008년 초 베이징 〈중궈칭녠바오〉가 발표한 조사에 따르면 중국의 젊은이들은 세상 그 어떤 나라의 젊은이들보다 낙관적이었다. 그런데 지난 2년 사이에 분위기가 심상치 않게 변했다. 이제 정부는 개혁·개방의 길을 계속 걸어가겠다는 의지에도 불구하고 사방으로 압박에 시달리고 있는 듯 보인다. 원자바오 총리는 여러 차례 외국인들 앞에서 이 거대한 나라의 안정을 유지하는 데 따르는 어려움을 토로한 바 있다. 처음에는 위안화 절상 문제라든가 인권 보호 문제에 대한 국제사회의 비난을 무마하기 위해서 그렇게 앓는 소리를 하는 것처럼 보였지만 이제는 중국의 현실이 실제로 녹록지 않아 보인다. 현 정권이 계속 앞으로 박차고 나가려면 재빨리 새로운 경주마를 찾아야 할 것 같다……

정치개혁을 **향해**

2010년 한 해 동안 나왔던 다양한 담론들도 이런 흐름과 관련이 있을까?

2010년 4월 15일에 원자바오는 〈런민르바오〉 국제면에 기고한 장문의 글에서 자신이 존경하는 정치적 스승이 후야오방이라고 밝혀서 모두를 깜짝 놀라게 했다. 후야오방은 공산당 지도자 가운데 가장 개혁 성향이 강한 인물로서 최초로 학생 시위 무력 진압을 반대했으며, 티베트에서 인민해방군을 철수시키자는 입장을 보인 탓에 1987년 1월에 실각되었다. 1989년 4월 15일, 후야오방의 갑작스러운 서거는 톈안먼 사태의 불씨가 되었다.* 이 글이 발표된 날은 톈안먼 민주화 운동 21주년 기념일이었다. 중국에서는 아직도 톈안먼 사태에 대한 언급이 금기시되고 있었으므로 총리가 후야오방을 언급한 데에는 반드시 의도가 있을 터였다……. 중국 공산당 지도자로서는 극히 예외적으로 원자바오는 이 글에서 1986년 초 구이저우 성을 순방할 때 후야오방의 지시를 받아 밤에 싱이 시 외곽에 있는 작은 마을의 농민들을 방문했던 일을 매우 개인적이고 감동적인 어조로 회상한다. 당시 후야오방과 함께 내려온 중앙 정부 관계자들은 싱이 시에 머물렀지만, 후야오방은 농민들의 실정을 파악하기 위해 원자바오를 보냈다고 한다. 지방 정부가 미리 잡아놓은 방문 일정에서 벗어난 곳이었다. 지방 정부 관리들은 비리에 연루되어 있거나 보복이 두려워 진짜 문제들은 뒷전이었다. 원자바오는 이 글을 통해 당 간부들에게 국민의 현실을 늘 가까이 해야 한다고 일깨웠다.

"후야오방은 나에게 〔…〕 지도층 간부들은 반드시 사회의 가장 낮은

---

* 1987년도와 1989년도 부분을 보라.

계층까지 개인적으로 살펴보러 가야 한다는 것을 가르쳐주었다. 사람들의 고통을 직접 겪고 관찰해야 한다는 것을, 그들의 목소리를 들어야 한다는 것을, 여과되지 않은 정보를 직접 찾아다니며 그들의 처지를 이해해야 한다는 것을."

이 글은 인터넷에서 대단한 논쟁을 불러왔지만 곧 중국 인터넷 검색으로는 전문을 찾을 수 없게 되었다.

8월에 원자바오 총리는 다시 한 번 매우 상징적이면서도 한 발짝 더 나아간 행동을 보여준다. 덩샤오핑이 1980년 8월에 지정한 선전 경제특구가 30주년을 맞은 날, 총리는 선전에 내려가 놀랍게도 "퇴행과 정체"에 맞서 정치를 개혁해야 한다고 호소했다. 그는 퇴행과 정체가 개혁·개방 정책은 물론, 지난 30년간의 결실을 좀먹고 있다고 주장했다.

"중국은 역사의 접점에 와 있습니다. 우리나라는 정치 재정비라는 방어벽 없이는 자칫 우리가 경제개혁으로 이미 얻은 것을 잃어버리고 현대화라는 목표를 빗겨갈 위험이 있습니다. 〔…〕 국민의 적법하고 민주적인 권리는 보장되어야 합니다. 〔…〕 실질적 감독 없는 권력의 지나친 집중 문제는 제도의 개선으로 풀어야 합니다!"

총리는 법적 장치를 강화하여 국민이 정부를 비판하고 감시할 수 있는 조건이 마련되어야 한다는 말을 덧붙였다. 이번에도 처음에는 총리의 연설문이 국영 통신사와 정부 공식 사이트에 게재되었으나 곧 검색 엔진으로는 찾을 수 없게 되었다. 4월에도 총리의 기고문에 크게 고무되었던 중국 지식인들은 다시 한 번 흥분에 사로잡혔다.

그러나 9월 6일 후진타오 주석은 선전에 내려가 새로운 연설로 원자바오 총리의 발언에 한계를 두었다. 후진타오는 "사회주의적 민주주의의 확산"을 호소하며 "법에 따라 통치되는 사회주의 국가" 건설에 박차를 가해야 한다고 했다……. 그는 선전이 어촌에서 인구 9백만의 대도시로 변모하는 '기적'을 겪은 만큼 이 도시는 앞으로도 경제, 정치, 문화, 사회 분야의 새로운 개혁이 실험되는 곳으로 남을 것이라고 덧붙였다. 후진타오의 연설문은 인터넷에서 사라지지 않았다.

사태는 10월 8일에 류사오보가 2010년도 노벨평화상 수상자로 결정되면서 다시 불거졌다. 류사오보는 문학교수로서 '08헌장' 작성을 주도했고 원칙적으로 2020년까지 구금되어야 한다. 2008년 12월에 인터넷에 유포되었던 이 헌장은 전 체코슬로바키아의 바츨라프 하벨의 '77헌장'에서 영감을 받은 것으로 중국에서 1만 명 이상이 서명에 참여했다. 헌장의 주요 골자는 표현의 자유와 자유선거를 도입하자는 것이었다. 2009년에 오랜 논란 끝에 체제 내 강경파가 우세를 점하고 헌장 작성의 주동자 류샤오보 한 사람에게만 실형을 선고하되 본보기를 삼는다는 뜻에서 11년형이라는 중형을 내렸다. 수많은 투사들을 잡아들였던 1958년 반우파투쟁이나 1989~90년의 톈안먼 사태 후폭풍, 1998년 민주당파 인사들에 대한 처벌에 비하면 그래도 상당한 변화라 할 수 있다. 하지만 여전히 지나친 처사였다.

08헌장은 민주당 설립 시도가 무산되고 나서 10년 만에 처음으로 중국 지식인들을 규합했다. 류샤오보가 노벨상을 받게 되었다는 소식에 정부는 엄청나게 동요했다. 소비에트 연방의 갑작스러운 붕괴를 여전히 마음에 새기고 있는 강경 보수파들은 충격과 분노를 느꼈다. 그들은 서구 국가들이 류샤오보라는 '트로이의 목마'를 이용하여 서구의 가치관을 중국에 강요하려 한다고 생각했다. 하지만 인권을 위해 투쟁하던 이들은 크게 기뻐했다. 선전부는 본능적으로 이 소식을 막기 위해 최선을 다했다. 노르웨이 노벨위원회가 수상자를 발표한 지 몇 분 지나지 않아 중국의 모든 텔레비전, 라디오, 종이 매체, 인터넷 사이트 편집부에는 류샤오보 관련 정보를 모두 삭제하라는 선전부장의 지시가 떨어졌다. 류샤오보의 아내는 경찰의 감시 하에 베이징에서 350킬로미터 떨어진 랴오닝 교도소를 방문하여 복역 중인 남편을 만났다. 그 후 류샤오보의 아내는 베이징 자택에서 가택 연금 상태에 들어갔다. 수천 명의 친구, 지인, 08헌장 서명자들은 류샤오보가 유력한 노벨상 후보라는 것을 알고 있었기에 노벨위원회 공식사이트에서 수상 소식을 접했다. 선전부도 노벨위원회 공식사이트까지는 차단하지 못했던 것이다. 하지만 베이징, 상하이, 항저우, 창사에서 축하 파티를 준비하던 이들은 식당에 모여 있다가 갑자기 들이닥친 공안 경찰들에게 잡혀갔다. 그들은 몇 시간 후에야 풀려났지만 그 밖에도 좀 더 은밀하게 '희소식을 축하하려는' 수많은 투사들이 있었다. 하지만 공안 경찰의 급습에 대해서 사흘 뒤 정권 내 원로들은 생각지도 못한 반응을 보였다. 인터넷에 몇 시간 동안 잠깐 돌았던 공개 서한에 따르면 전 〈런민르바오〉 주간과 광저우 시 군사위원회 부주석을 위시한 원로 간부 23인이 "선전부의 검은 손"을 비난하며 검열을 중단하라고 촉구하며 원자바오 총리조차도 검열의 피해자라고 폭로했다. 이틀 뒤에는 백여 명의 지식인들이 류샤오보 석방을 촉구하는 탄원서를 인터넷에 올렸다. 그중에서도 흥미로웠던 것은 중국 언론사 사장과 기자들이 도전적으로 나왔다는 것이다. 이들은 금지 문건을 웹사이트에 올렸고 그중에는 그동안 찾아볼 수 없었던 원자바오 총리의 글과 연설문도 포함되어 있었다. 국영통신사인 신화 통신조차도 위커핑 박사와의 장문의 인터뷰를 실었다. 위커핑은 중국공산당 중앙편역국의 부소장, 중앙편역국 산하 비교정치·경제연구소의 주임으로 정치개혁 관련 원자바오 총리의 주요한 자문이기도 하다. 1959년생인 그는 정치학 교수로서 미국과 독일 대학에서도 학생들을 가르쳤다. 강경파를 몰아세우려는 목적을 띤 이 인터뷰에서 위커핑은 중국 사회의 혼란을 피하기 위해서 30년에 걸친 장기적 개혁을 이야기했지만 그가 말하는 안정은 보수파들이 집착하는 '정체된' 안정과 달리 '역동적인' 것이었다. 몇 시간 동안 웹사이트 편집자는 기사를 자꾸 삭제하는 검열 당국과 대치했다. 하지만 칭다오와 시안의 다른 기자들이 문제의 기사를 자신들의 웹사이트에도 포스팅했다. 불과 30분 만에 수도와 지방의 50개 언론사 웹사이트에 정보가 모조리 퍼지자 인터넷 감시 경찰도 손을 쓸 수 없게 되었다. 중국 엘리트 지식인들이 오늘날에도 많은 위험을 무릅쓰고 표현의 자유를 얼마나 갈망하는지 볼 수 있는 사례다. 이 사건이 2010년 10월 중국공산당 제17기 5중전회를 앞두고 있었다는 점에서 더욱 흥미롭다. 베이징 서쪽 징시 호텔에서 나흘간 비공개로 열리는 총회를 앞두고 이처럼 개혁파가 부상했지만 원자바오 총리가 힘을 쓰기에는 역부족이었다. 총회가 끝나고 "정치적 재정비를 장려하기 위해 부단히 노력할 것"이라는 한 문장이 성명서 마지막에 등장했을 뿐, 구체적인 언급이나 일정은 전혀 나오지 않았다. 오랜 시간에 걸쳐 몇 마디를 추가한 이 정도로 합의에 도달했다는 것은 정치개혁을 완전히 포기하지 않았으며, 표면적으로나마 화합을 추구했다고는 할 수 있겠지만, 지금 당장 대대적 변화를 기대할 수는 없다.

확실히 이 문제에 대한 지도자들의 의견은 엇갈렸다. 그리고 지금 당장은 정치개혁을 최대한 오래 끌면서 경제성장을 추구하고 체제의 안정을 도모하는 것이 우선이었다.

이번 총회의 주요 안건은 새로운 5개년 계획(2011~15)이었다. 이 안은 2011년 3월 전인대에서 승인을 받을 것이다. 중국은 경제·사회 개혁의 길을 계속 걸어가면서 법치국가, 공평하고 정의로운 사회, 사회적 약자에 대한 보호라는 세 가지 목표에 주력할 것을 확인했다. 위커핑 박사는 이 목표들이 모두 정치개혁에 포함된다고 설명했다. 총회가 최종 성명에서 위안화 절상이나 완전 태환 같은 중요한 문제를 다루지는 않았지만—이 문제는 분명히 논의가 되었으나 결론이 공개되지는 않았다—중국의 세계화 노선도 계속될 것이다.

하지만 이번 전체회의로 권력 승계 절차에서 중요한 한 단계가 마무리되었다. 10월 18일에 시진핑이 군사위원회 부주석으로 임명되었다. 이로써 시진핑이 차기 정권 후계자라는 것이 재확인되었다. 군사위원회 부주석 자리는 권력 이양의 핵심 단계. 예정대로라면 시진핑은 2012년 가을에 열릴 중국공산당 제18차 전국대표대회에서 공산당 총서기가 될 것이고 그 후 별다른 이변이 없는 한 2013년에는 국가주석, 2015~16년경에는 군사위원회 주석 자리를 차례로 차지하며 명실상부 제5세대 지도부의 수장이 될 것이다.

시진핑은 1953년생으로 중국 공산주의 초기에 마오쩌둥과 함께 투쟁했고 1962년에 옥살이를 했던 혁명가 시중쉰의 아들이다. 2002년에 사망한 시중쉰은 덩샤오핑의 측근이면서도 톈안먼 무력진압에는 반대했었다. 반면에 아들 시진핑은 항상 공산당 노선에 충실했다. 어쨌든 이런 집안 내력 덕분에 시진핑은 태자당(太子黨, 당·정·군·재계 실력자들의 자녀들을 일컫는 말)으로서 미약하나마 당 내 기반을 가질 수 있었다. 시진핑은 확실히 모든 계파를 아우르는 인화력이 뛰어나 보인다. 그는 푸젠 성, 저장 성, 상하이 시에서 성장과 당 서기를 거치던 중에 장쩌민 전 국가주석의 눈에 들었다. 하지만 그를 차기 후계자로 키운 사람은 같은 칭화 대학 동문인 후진타오 현 국가주석이다.

유명한 가수 펑리위안과 결혼한 시진핑은 경제 개방에 호의적이다. 상하이에서 그를 알고 지냈던 외국인 사업가들은 그의 실용적 감각과 개방적 정신을 높이 평가한다. 반면에 중국의 차기 지도자가 정치개혁에 대해서 어떤 신념을 갖고 있는지는 아직 파악하기 어렵다. 지금은 입지를 완전히 다질 때까지 어떤 실수도 저질러서는 안 되는 민감한 시기이므로 시진핑은 이 주제에 대해서 신중한 자세를 보일 것이다.

따라서 중국 지식인들은 지금으로서는 후진타오 국가주석이 인정한 "사회주의적 민주주의"가 유일하게 모색할 수 있는 길이라고 본다. 그러나 그 길이 현실적으로 무엇을 의미하는가? 사회주의적 민주주의 모형은 앞으로 만들어내야 할 듯하다. 지금 당장은 후진타오가 "정치개혁의 실험실"로 지정한 선전에서도 딱히 정치 분야에서 구체적으로 이루어진 것이 없다. 물론 2007년에 있었던 선전 시 행정 개혁은 지방 간부의 수를 크게 줄였다. 그러나 지방 정치협상위원회를 직접선거로 구성한다는 안은 '무기한' 연기되었다. 2010년 봄 파업 대란은 보다 자유로운 노조, 노동자들에 대한 사회보장제도, 그리고 수많은 공장과 외국과의 합작 기업들이 위치한 주강 삼각주 일대 주민들을 위해서 공공서비스를 확대해야 할 필요성을 제기했다. 그러나 아직 사실상 어떤 조치도 나오지 않았다.

'사회주의적 민주주의'가 실현된 사례는 1990년대 초부터 일부 마을에서 촌장을 직접선거로 뽑기 시작했다는 것밖에 없다. 1995년과 2009년에 '불시' 취재의 대상이 되었던 산시 성 옌안 근처의 포다오핑이라는 작은 마을은 이 진보에 대해 상당히 시사하는 바가 많다. 인구가 5백 명도 안 되는 헐거 마을 주민들은 비리가 심했던 옛 촌장을 몰아내기로 작정하고 베이징에 5년간 출타했던 26세의 청년을 설득해서 촌장 후보로 내세웠다. 주민들은 새 촌장 후보에게 표를 몰아주었고 그 결과 부패한 옛 촌장을 2007년에 합법적으로 끌어내렸다! 20년 전부터 시작된 일부 지역의 촌장 선거는 몇 번의 논란과 탈선을 겪었지만, 그렇게 "아래서부터의 민주주의"가 실제로 기능하기 시작했다. 이런 움직임은 차츰 상위 단계로 치고 올라갔다. 9월에 상하이 징안구 부구청장은 외국 사업가들과의 사적인 만찬 자리에서 정치인들이 인터넷의 여론과 당내 반부패 감시 기관인 중앙기율검사위원회에서 이중으로 압박을 당한다고 고충을 털어놓기도 했다. 2011년 자치단체 선거에서 부구청장은 다른 3명의 후보와 겨루게 된다. 또한 베이징 같은 대도시의 각 구의원들과 지방의회 의원들도 이제 한 자리를 두고 서로 경합하게 된다. 하지만 당선자는 대개 공산당 공천 후보 아니면 가장 돈이 많은 기업인으로 정해져 있다!

　게다가 정치개혁은 언론 자유화를 수반할 때에만 진정한 의미를 가질 수 있는데 사정은 그렇지 못하다. 그럼에도 불구하고 2000년대 중반부터 중국의 새로운 언론인 세대가 등장하는 등 매우 빠른 변화가 일어나고 있다. 새로운 언론인 세대는 자주적으로 조사와 취재를 하려는 열의가 있으며 공적 모임에서도 주저 없이 직설적으로 문제를 제기하는 편이다. 2010년 3월에 전인대 개회식 기자회견에서 공산당 지식인들이 즐겨 보는 공산당 기관지 〈광밍르바오〉 기자가 농촌 지역에서의 선거 개혁에 대한 질문을 던지자 모든 이의 시선은 그에게로 쏠렸다. "모든 지역의 평등이라는 목표를 실현하기 위해 이번 특별 개정은 도시에서나 농촌에서나 같은 비율로 인민대표들이 지역 인구를 대표하게 할 텐데요. 이건 지금까지의 선거가 평등하지 않았다는 뜻입니까?" 젊은 기자는 가볍게 미소를 지으며 질문했다. 정부 대변인은 잠시 당황했지만 이어서 상세하게 설명을 하기 시작했다. 몇 분 후 선전부의 가장 중요한 수단인 국영 방송 CCTV의 앵커가 과감하게 이런 질문을 던졌다. "2년 전에 처음으로 민공 대표들이 전인대에 들어갔습니다. 〔…〕 하지만 그들에겐 실권이 없는 듯한데요. 인민대표라는 직함만 있을 뿐, 어떤 행동을 취할 수단이 없으니까요. 어떻게 해야 인민대표들이 실제로 법에 합치되게 일을 잘할 수 있을까요?" 이제까지 중국인 고위 지도자들을 난처하게 하는 질문은 외국인 특파원들과 홍콩 언론인들밖에 하지 않았다. 중국인 기자들은 기자회견 전에 미리 서면으로 질문 내용을 통보하고 지목을 받아서 겨우 질문을 하는 것이 관례였다. 전인대 기자회견은 텔레비전에 중계되고 정부 사이트에도 내용이 게재되는 매우 공식적인 행사이기 때문이다. 그러나 신세대 언론인들은 자유롭게, 또한 훨씬 더 예리하게 질문을 던지기 때문에 정부 측 답변도 비록 여전히 애매하기는 해도 상투적인 정치 구호에서 많이 벗어나고 있다.

따라서 당 내 기초선거의 강화, 노조 설립, 언론 자유화가 앞으로의 프로그램에 포함될 수 있을 것이다. 하지만 그러자면 체제 전체가 이런 계획에 동의해야 하는데 아직 그렇게 되기까지는 갈 길이 멀다. 2012년 정권 교체 '캠페인'이 시작되면 정치적 이념들을 앞세우기보다는 요직을 둘러싼 파벌 싸움이 심해질 것이다. 장쩌민 전 국가주석은 이미 지도부에서 물러난 지 8년이 넘었지만 여전히 정부 내에 커다란 세력을 형성하고 있다. 장쩌민은 측근들이 몹시 궁지에 몰렸을 때조차 그들을 지지하고 수하들을 밀어붙였다. 현 정권과 가까운 한 자문역은 장쩌민이 어떤 면에서 '두목' 노릇을 하고 있다고 평한다. 그는 후진타오에 대해서는 완강한 '보이스카우트 대장'이라고 평했다. 현 정권의 두 번째 임기이자 최종 임기가 끝나가는 지금, 모두들 자기 측근을 요직에 앉히려고 애를 쓰고 있고 2012년에 출범할 새 정권에도 장쩌민 일파의 그림자는 여전히 드리워질 것이다. 따라서 후진타오 주석의 가장 큰 어려움은 장기적으로 정치적 후계를 확보하는 데 있고, 그런 관점에서 본다면 그로서는 정치개혁이라는 뜨거운 감자를 서둘러 덥석 물 이유가 없다. 원자바오 총리가 임기가 끝나기 전에 또 어떤 시도를 할 것인지 두고 볼 일만 남았다. 그리고 반대로 강경 보수파들이 어떤 방해를 시도할지도 두고 보아야 할 것이다. 2012년 가을이 오기 전에 이런 변화를 앞당길 예기치 못한 사건이 일어날 가능성도 결코 배제할 수는 없다……

중국의 향후 30년은 세계를 바꿀 것이다

1980년에서 2010년까지의 30년은 21세기의 중국을 이해하는 데 매우 중요한 시기로 남을 것이다. 공산주의 제국은 고립에서 벗어나 금융, 기술 분야에서 비약적인 발전을 이룩함으로써 세계화 흐름에 진입했다. 뿐만 아니라 개혁의 세월은 중국인들의 의식을 근본적으로 바꾸어놓았다. 중국인들은 30년간 일본과 서구 열강에게 느꼈던 피해의식을 털어버리고 대국의 야망을 되찾았다.

2008~09년의 경제위기는 금세기 초부터 가닥이 잡히기 시작한 새로운 세계 질서를 한층 더 앞당겼다. 여러 가지 불확실성을 남긴 채 마무리된 2010년은 분명히 새로운 시대를 열었다. 앞으로도 중국은 지금까지와 같은 속도로 변화하며 세계를 바꿀 것인가? 향후 30년 동안 중국이 만나게 될, 또한 우리가 만나게 될 위대한 도전과 전망에는 어떤 것들이 있을까? 서구, 특히 유럽은 어떻게 대응할 준비를 해야 하는가?

경제 면에서 중국은 이미 세계 2위의 대국이 되었지만 이제 새로운 방향을 잡는 중이다. 수출과 해외 자본 유치로 30년간 고속 성장을 이루어냈고, 덕분에 중국은 세계에서 가장 많은 외환을 보유한 나라, 미국의 채권국이 되었다. 이제 중국은 내수 시장을 키우려고 한다. 베이징 정부는 더 나은 재분배 시스템과 청정에너지 및 신기술 중심의 '녹색 경제'를 발전시키려는 뜻을 품고 있다. 중국의 경제적 도약은 노동 착취와 심각한 공해, 또한 심각한 자원 고갈과 문화유산의 훼손을 대가로 치르고 얻은 것이기 때문이다. 이제 결산의 시간이 온 것 같다. 비록 한 세대 동안의 성공은 4억 명의 중산층을 형성하고 다른 4억 명을 절대 빈곤에서 끌어냈지만—물론 이 성과도 대단한 것이다—국제통화기금에 따르면 2010년에도 중국의 구매력 평가 기준 1인당 GDP는 세계 99위에 그쳤다. 중국은 강대국인 동시에 개발도상국이라는 역설적 위치에 있다. 따라서 이제는 복지와 혁신이 가장 중요한 과제가 되어야 할 것이다. 하지만 중국 현대화의 두 번째 국면은 서구인들에게 그리 이익을 안겨주지 않을 것이다. 새로운 프로젝트에는 주로 중국 자본(공공 자본이든 민간 자본이든)이나 중국에서 장기적으로 사업을 하려는 합작 기업의 자본이 투입될 것이다. 중국이 경기 부양의 견인차 역할을 하리라고 기대하는 서구 국가들은 사치품, 신기술, 관광레저 산업, 그 밖에 몇 가지 틈새시장을 제외하면 크게 재미를 보지 못할 확률이 크다. 그렇지만 하루아침에 중국 소비자들을 키워내고, 경제를 투명하게 만들고, 기술 발전의 쾌거를 이룩할 수는 없다. 이런 변화들이 현실화되어 고용 창출로 이어지려면 5년에서 10년은 걸린다. 하지만 1950년대부터 중국의 변화를 지켜본 폴란드의 중국통 외교관 크사베리 부르스키는 앞으로 20년 후에는 중국 내륙 지방도 연안 지방만큼 발전할 것이라고 전망한다. 21세기 중반에는 중국 대륙 전체가 경제적으로 고르게 성장해 있을 것이다.

중국은 거대한 프로젝트를 통해 점점 더 골이 깊어가는 불평등을 해소해야 하는 시간 싸움에 뛰어든 셈이다. 중국인들은 여전히 창조적 활력이 넘치지만 그토록 고된 삶의 의미, 중국과 나머지 세계의 관계에 대한 의문에 사로잡혀 있으며 너무나도 불평등한 처우를 자각하고 있다. 이미 최초의 파업은 일어났다. 따라서 중국의 지도자들은 전반적인 생활수준을 끌어올리면서 국민들에게 앞으로 임금도 오르고 건강보험, 실업보험, 노령보험 같은 사회보장제도도 발전하리라는 희망을 주어야 한다. 그러자면 중국의 인건비는 올라갈 수밖에 없다. 이 개혁은 2020년까지 계속 추진되어야 한다. 하지만 새로운 특권 계층, 좀 더 광범위하게는 중산층은 자신들의 재산이 죄다 사회사업에 쓰이기를 원하지 않을 것이므로 정권은 그들이 너무 불만을 갖지 않도록 신경을 써야 할 것이다. 2010년 가을에 우리는 그런 예를 볼 수 있었다. 광둥 성 정부는 2010년 봄의 파업 사태에 따라 노동자들을 보호하는 행정 규칙을 정하려고 했다. 하지만 이런 시도는 주로 홍콩과 대만 출신 사용자들의 반대에 부딪쳐 연기되었다. 중앙 정부도 노사의 중재자로서 사회의 발전은 도모하고 탈선은 막는 노력을 계속해야 할 것이다. 정부가 안정된 분위기를 유지하며 시간을 벌려면 자선사업이나 기금, 또한 자연재해 복구 사업에 대한 민간 기업들의 기부금을 장려하고 홍보해야 할 것이다.

중국이 야심찬 프로그램을 잘 이끌어나가려면 정치적 안정도 필요하다. 1949년부터 중국을 지배해온 공산당의 계획대로라면 2012년 가을부터 1950년대에 태어난 세대가 이 나라를 이끌어가야 한다. 이 책을 집필하는 시점에서 가장 유력한 차기 지도자는 시진핑이다.* 시진핑은 2008년

* 2010년도 '정치개혁을 향해'를 보라.

에 중화인민공화국 부주석이 되었고 2010년 10월 중국공산당 제17기 5중전회에서 중앙군사위원회 부주석 자리까지 접수했다. 군대의 동의 없이는 권좌에 앉을 수 없으므로 이 단계는 아주 중요하다. 시진핑이 차기 지도자로 낙점된 것은 과거 '상하이방' 세력과 공청단 출신인 현 국가주석이 타협한 결과다. 장쩌민 전 국가주석은 시진핑의 온화한 성품, 외국 사업가들과의 원만한 관계, 합의를 이끌어내는 인화력을 높이 샀고, 후진타오 현 국가주석은 이 선택을 승인한 셈이다. 예정대로라면 시진핑은 2012년 가을로 예정된 중국공산당 제18차 전국대표대회에서 당 총서기가 될 것이고, 2013년 3월에는 국가주석으로 추대되며, 마지막으로 2015년에서 2016년에 군대의 통수권까지 거머쥠으로써 제5세대 지도부의 수장이 될 것이다. 이 직위들은 임기가 만료되는 시기가 각기 다르다. 새로운 지도자는 각 단계에서 능력을 입증해 보여야만 다음 단계로 넘어갈 수 있다. 총리 후계자로는 리커창이 유력하다. 리커창은 1955년생으로 베이징 대학에서 법학과 경제학을 공부했다. 리커창은 후진타오가 허난 성과 랴오닝 성에서 당 서기로 있던 시절에 공청단에서 그의 수족 노릇을 했던 측근이다. 리커창은 현재 부총리를 맡고 있다. 하지만 그가 전인대 의장을 맡게될 가능성도 있다. 왕치산도 유력한 총리 후보로 물망에 오르고 있기 때문이다. 왕치산은 1948년생으로 시진핑이나 리커창보다 나이가 조금 많고 역사학을 전공했다. 그는 베이징에서 토지개혁에 가담했고 중국건설은행 행장을 지냈으며 광둥 성 부성장, 하이난 성 당 서기를 거쳐 베이징 시장으로서 2008년 올림픽 개최의 막중한 책임을 맡았다. 현재 경제개혁을 담당하는 부총리를 맡고 있다. 중앙 정부에서나 지방 정부에서나 자리 나눠 먹기가 진행되고 있는 이때에 각 계파들은 자기 사람을 요직에 앉히려고 힘쓰고 있다. 의자 빼앗기 게임은 2011년 내내, 그리고 2012년 상반기까지 계속될 것이다.

현재 중앙정치국에서는 크게 5개 파벌이 보인다. 먼저 후진타오 국가주석의 측근이다. 이들은 칭화 대학, 공청단 출신이거나 최근에야 정치권에 등용된 인물들로서 권위적이지만 명석하고 청렴한 정부라는 후진타오의 이상을 함께한다. 그다음에는 장쩌민의 계파인 상하이방이 있다. 장쩌민은 나이가 많고 수시로 사망설이 나돌고는 있지만 여전히 당 내에 세력을 떨치고 있다. 장쩌민 측근들은 주로 경제적인 이해관계로 얽혀 있는 사람들이고 군 출신도 일부 있다. 원자바오 총리 지지파들도 빼놓을 수 없다. 이들은 앞의 두 파벌처럼 조직적인 무리가 아니라 중국 여론에서 대단히 인기가 높은 총리의 후광을 입고 있는 인물들이다. 원자바오는 1980년대 개혁의 계승자로서 2010년 초부터 정치개혁을 밀어붙이고 지식층을 집결시키기 위해 모든 것을 걸고 있다.*

　　2010년 중국공산당 제17기 5중전회는 개혁파들의 프로젝트에 속하는 몇 가지 조치를 채택하기는 했지만 공식적으로 정치개혁을 계획에 집어넣지는 않았다. 하지만 공산당 정권 내에서 가장 자유주의적인 인물들로 꼽히는 총리의 최측근 자문들은 대략 30년에 걸친 점진적 개방을 고려하고 있다. 그런 장기적 개방은 중국의 안정을 확보하면서 중국 체제가 변화하는 사회의 요구에 부응하지 못해 정당성을 잃을 위험, 지나친 정체에 빠질 위험을 막아줄 것이다. 네 번째 파벌은 충칭 시 당 서기 보시라이를 중심으로 한 집단이다. 충칭은 인구 3천만 명이 넘는 대도시이다. 보시라이는 권력에 대한 야망을 숨긴 적이 없었다. 그는 공산당 혁명 원로 중 한 사람인 보이보의 아들로서 또 다른 '태자당'이라고 할 수 있다. 역사와 저널리즘을 공부했고 자연스러운 카리스마와 준수한 외모를 지녔으며 다롄 시장, 랴오닝 성 당 서기, 상무부장을 지냈다. 그는 공산주의 체제의

---

* 2010년도 '정치개혁을 향해'를 보라

조직을 완벽하게 파악하고 있으며 인맥도 상당하다. 하지만 지나치게 포
퓰리즘 성향이 있고 권위적이라서 개혁파의 경계 대상이 되고 있다. 그가
체제 수뇌부로 꼽히는 중앙정치국 상무위원 9인 안에 아직 든 적이 없는
것도 그 때문으로 보인다. 하지만 그는 2009년과 2010년의 충칭 시 반부
패운동에서 폭력 조직들에게 본때를 보여주며 결단력을 입증했다. 하지
만 그의 신속한 일처리 방식, 지나친 미디어 공세에 눈살을 찌푸리는 당
원들도 많았다. 마지막으로, 군대의 나머지 인사들이 조커 역할을 할 수
도 있다. 현재 중앙정치국 상무위원들은 모두 민간인 출신이기 때문에 최
근 몇 년간 권력을 잡은 군인들은 자신들의 대표가 상무위원이 되기를 바
라고 있다. 장쩌민 전 국가주석은 군 현대화에 막대한 예산을 배치함으로
써 군인들의 환심을 샀다. 하지만 후진타오 현 주석은 반대로 군사위원회
내에서도 민간인의 수를 늘리고 군의 탈선을 저지하는 정책들을 실시하
려고 노력한다. 최근 몇 년간 군이 나서는 바람에 중국이 외교적으로 곤
란한 입장에 처한 적이 여러 번 있었기 때문이다. 주로 대만과의 관계에
서 갈등이 있었지만 2010년에는 일본, 베트남, 한국과의 관계도 그리 좋
지 않았고 그 때문에 아시아 지역에서 미국이 다시 중요한 역할을 하기도
했다.

  이상의 5대 파벌 외에도 뚜렷이 파악하기 어려운 입장들이 있고, 각
진영 내에도 개혁파와 강경파가 있으며, 개인적 이해관계에 따라 곧잘 입
장의 변화를 보이는 인물도 있다. 전체적으로 현재 경제개혁과 개방을 계
속 추진해야 한다는 데에는 대부분 동감하는 분위기다. 반면에 정치개혁
을 시작하느냐 마느냐에 대해서는 의견이 다르다. 덩샤오핑은 공산주의
체제 백 주년, 그러니까 2049년에는 16억 5천만 명의 중국인들이 정치적
으로 성숙해져서 능히 민주주의 체제를 감당할 수 있으리라 보았다. 하
지만 덩샤오핑은 그런 민주주의가 어떤 유형의 것인지 명시하지는 않았

다……. 그래서 원자바오 총리를 위시한 체제 내 자유파들은 이제 차근차근 정치개혁을 시작할 때가 됐다고 주장하는 것이다. 정치개혁은 당 내에서 차츰 선거로 선출되는 직위를 늘리는 것, 아이디어와 창의성을 나누고 중국에 지금까지 심각하게 결여되었던 "계몽 시대"를 여는 표현의 자유, 법치국가의 발전 등을 세 축으로 삼고 있다. 2010년에 중국은 자국의 역사와 규모에 걸맞은 독자적 정치 모델을 만들겠다는 야심을 공표했다. 따라서 정치개혁이 반드시 서구 민주주의 모델을 따르라는 법은 없다. 중국의 지도자들은 그들의 이웃 소련이 90년대 초에 허무하게 무너졌던 일을 마음에 새기고 있다. "사회주의적 민주주의"를 몇 번이나 언급했던 후진타오가 원자바오 총리를 암묵적으로 지지하면서도 주기적으로 총리의 발언에 선을 그어 정부의 일관된 태도를 유지하는 것도 이런 계획에서일까? 낙관적인 중국 지식인들은 그렇게 보고 있다…….

당분간은 덩샤오핑이 고안한 정치 구조가 계속 이어질 것이다. 합의를 주도하는 국가주석과 개혁파 총리라는 2인조, 여기에 체제 내 각 파벌을 대표하는 7명의 '수뇌부'가 존재하는 형태는 2012년에도 유효할 듯하다. 이 체계는 권력이 한 사람에 집중되는 것을, 다시 말해 전제주의적 횡포가 재현되는 것을 막는다. 협상과 집단 합의를 통해 의사 결정이 이루어진다. 따라서 최종 결정은 합의에 의한 것이기 때문에 국민들에게 좀 더 잘 받아들여질 수 있다. 마지막으로, 고위 지도자들이 5년 임기를 두 번 연임하고 일정한 절차를 밟아 권력을 승계한다는 원칙은 장기적 전략을 펼치는 데 도움이 된다. 후계자들은 5년간 주요 사안들을 해결할 준비를 할 수 있다. 이 모델은 정책 추진 과정이 매우 불투명하며 주요한 정치 활동을 공산당 내에 집중시키고 반대 의견은 모두 묵살해버리기 때문에 결코 완벽하다고 할 수는 없다. 게다가 사법권이 제대로 힘을 쓰지 못하고 언론의 자유가 보장되지 않기 때문에 정치인들의 비리를 척결하기 어렵다는 문제점도 있다. 그렇지만 정부가 공백기나 과도기 없이 계속 활발하게 돌아갈 수 있다는 장점이 있다. 중국도 정권 교체가 일어나는 시기에는 외교 및 경제활동이 침체되긴 하지만 서구 민주사회처럼 잦은 선거운동에 수반되는 장기간의 정체기에는 비할 바가 아니다. 또한 중국은 서구 사회처럼 정부가 완전히 물갈이되는 변화를 피할 수 있다. 서구 사회에서는 정권교체가 일어나면 정부의 정책 추진 방식, 나아가 목표까지 근본적으로 바뀌고 주요한 사안이나 정보도 인수인계가 잘 이루어지지 않는다. 2007년부터는 민주당파 과학기술부장과 무당파 위생부장이 임명되는 등 정치 분야에서 약간의 개방 조짐이 있었다. 2011년부터는 부총리 선까지도 많은 후보들이 각축을 벌일 것이다. 따라서 아주 느리게나마 '사회주의적 민주주의'는 전진하고 있다고 하겠다. 2010년 10월의 노벨평화상 '사태'를 보건대, 중국 지도자들끼리도 엘리트 지식인들이 점점 더 강경하게 요구하는 언론의 자유를 위시하여 일련의 정치개혁을 어떤 속도로 추진할 것인지 논란이 분분한 듯하다.

차기 지도부는 앞으로 해결해야 할 까다로운 임무들을 수행하는 데 필요한 명석함과 카리스마를 갖추고 있는가? 그들은 새로운 한 자녀 세대에게 정당성을 인정받을 수 있을까? 점점 더 거세지는 정치 개방 요구에는 어떻게 부응할 것인가? 1980년대에서 1990년대 초에 태어난 중국 젊은이들은 어려서부터 민족주의 선전에 노출된 채 성인으로 성장했다. 이들은 해외여행 경험도 많고 인터넷에도 익숙하다. 기성세대만큼 위계질서를 중시하지는 않으므로 정보의 통제와 감시를 참지 못한다. 2010년 10월 류샤오보의 노벨평화상 수상 소식을 검열 당국이 인터넷에서 계속 삭제할 때에도 중국 네티즌들은 이 소식을 복사해 나르며 저항했다. 그중에서도 가장 유명한 사례는 작가 한한이 2010년 10월 8일 자신의 블로그에 《…》라고 아무 말 없이 인용부호만 남김으로써 좌절감을 표현한 것이다. 1983년에 태어난 한한은 중국 신세대의 대변인으로서 그의 블로그에는 매일 엄청난 방문객들이 드나든다. 이처럼 중국의 신세대는 과거보다 높은 삶의 질을 추구하고, 환경을 보다 존중하는 태도를 보여주며, 중국이 법치국가로 거듭나기를 갈망한다.

현 단계에서 집단지도 체제는 위험을 무릅쓰지 않고 예측 가능한 균형을 유지하기 원한다. 2001년에도 그랬듯이 체제 내 간부 후보와 소수의 민간인 출신 인재를 공산당 중앙당교에서 교육시켜서 지도자로 세우고 싶어 한다. 언론에도 약간의 자유를 허락해주기는 하지만 전적으로 풀어주지는 않는다. 중앙 정부는 지방에 대해서도 여론에 대해서도 통제권을 잃어버리는 상황을 특히 우려하기 때문이다. 정부는 힘을 보여주기 원하기 때문에 2010년 위수 지진 사태에서도 그랬듯이 모든 자연재해에 적극적으로 나서서 정권과 군의 이미지를 개선하고자 노력할 것이다. 지난 2년간 시끄러웠던 티베트나 신장 자치구 같은 지역에서는 고삐를 단단히 조이면서도 중국 정부가 잘 이해하지 못하고 있는 소수민족들의 불만에 대책을 세우고자 노력해야 할 것이다. 정부가 불만을 억누르기 위해 선택한 방법은 이주 보조금 및 사회 지원 사업으로 한족화 정책을 강하게 밀어붙이는 것인 듯하다. 하지만 아마도 지도자들은 비교적 뒤늦게 중국에 병합된 변방 지역에서 또 다른 문제에 부딪치게 될 것이다.

중국이 깨어나면서 국제사회도 크게 변했다. 냉전시대 말부터 서서히 시작되던 변화는 갑자기 속도가 빨라졌다. 2009~10년에는 그야말로 역전이라고 해도 좋을 큰 변화가 있었다. 경제위기는 중국을 세계 2위의 경제 대국으로 단숨에 올려놓으면서 큰 변화를 가져왔다. 반면에 서구는 경제성장이 둔화되면서 5백 년 이상 강대국으로 군림하던 국가들이 크게 추락했다. 세계 어느 곳에서나 여론은 아직 국제사회의 근본적 변화에 따른 영향을 완전히 '소화'하거나 파악하지 못한 듯하다. 하지만 이제 눈을 떠야 한다. 우리가 20세기 후반에 알았던 세계는 이제 더 이상 없다. 새로운 게임의 규칙이 만들어지는 중이다. 이제 새로운 환경에서 모두가 평화로운 미래를 건설할 방법을 찾는 것이 관건이다.

경제위기와 높은 실업률로 약화된 미국이 지금 당장은 새로운 세계에서 중국에게 적개심을 느끼고 있다. 서구 사회는 일반적으로 중국에 대한 오해와 두려움이 있기 때문에 중국은 세계 다른 국가들과의 소통에 큰 곤란을 겪고 있다. 특히 세계화를 거부하는 입장이었던 유럽은 이런 판도 변화에 잘 적응하지 못했다.

미국은 중국이 강대국으로 부상할 것을 가장 먼저 예측하고 받아들인 나라 중 하나다. 1991, 1992년에 빌 클린턴이 처음으로 대선에 나섰을 때는 마침 소련이 해체되고 인권 문제로 반중 감정이 고조되었던 시기다. 하지만 클린턴은 재선을 노리고 선거 운동을 하던 때(1997~98년)에 상당한 혜안을 갖고 강대국으로 떠오르는 중국과 제휴하려는 의지를 잘 보여주었다. 그러나 공화당의 선거 운동과 세기말에 일어난 여러 사건들(특히 1999년 베오그라드 중국 대사관 오폭 사건)은 미국이 예상했던 대로 상황을 끌고 갈 수 없게 했다. 부시 집권기는 중미 관계가 그다지 좋지 않을 때 시작됐고 2001년 9월 11일 이후에는 테러와의 전쟁에만 주안점을 두었다. 덕분에 중국은 거의 아무 견제도 받지 않고 경제적 세력을 키워나가는 동시에 신장 자치구를 강력하게 통제할 수 있었다. 그런데 반대로 오바마 시대에 들어서자 상호 이해의 전망은 밝아졌지만 미국의 무역수지 적자와 환율 전쟁으로 인한 경제적 적대 관계 때문에 시작은 좋지 않았다. 2010년 미국의 선거에서도 공화당 진영은 반중 감정을 자극하는 언사를 많이 보였다. 그런 공격적 언사는 미국인들이 예상보다 더 빨리 강대국으로 부상하여 21세의 맞수가 된 중국에 대해 느끼는 불편함을 드러낸다. 2008년 7월에 카네기 국제 평화기금 재단이 개최한 학회에서 객관적 입장의 미국인 학자들은 중국이 2035년에는 미국을 앞지를 것이라는 전망을 내놓았다. 《중국의 경제적 부상(China's Economic Rise)》, 《사실과 허구(Facts and Fictions)》의 저자 앨버트 키델은 "미국은 중국과의 직접 교섭 정책에서 교훈을 얻어 이 모델을 다른 전제국가들과의 관계에도 확장하여 사용하면서 중국의 경제적 부상에 대한 거시적 전략을 다시 생각해야 한다"고 강조했다.

　　21세기에 대한 이런 시각은 상하이 국제문제연구소 소장 양제몐 같은 중국 전략가들의 시각과 크게 다르지 않다. 양제몐은 경제위기에서 전 세계가 4개 그룹으로 나뉠 것으로 내다보았다. 첫 번째 그룹은 BRICA(신흥 강국으로 떠오르는 브라질, 러시아, 인도, 중국, 남아프리카공화국을 가리킨다. 단, 러시아는 제외한다) 신흥 국가들과 부유한 걸프 국가들, 석유수출국기구 회원국으로 이루어진다. 두 번째 그룹은 방어 태세에 몰린 세력들이다. 여기에는 미국, 국제통화기금, 세계은행이 포함된다. 세 번째 그룹은 세력을 점점 잃어가는 그룹이다. 유럽, 일본, 러시아가 여기에 속한다. 양제몐은 유럽이 국제통화기금과 세계은행에서의 투표권 축소를 받아들여야만 할 것이라고 본다. 프랑스와 영국은 국제연합 안전보장이사회 상임이사국 자리를 유지할 수 있을지 확실치 않다. 일본은 이제 세계 2위의 강대국이 아니다. 러시아만이 이런 변화를 유리하게 이용하여 한 단계 올라설 가능성이 있다. 마지막으로, 북대서양조약기구 내 일부 그룹들과 마찬가지로 앞으로 크게 영향력을 떨치지 못하고 주변에 머물 개발도상국 그룹이 있다.

미국과 아시아 국가들의 관계도 이런 변화로 인해 침체될 것이다. 중국 현대국제관계연구소 국제지정학 연구원인 리리민은 여기서 한 걸음 더 나아가 20년 후(2026~37년)에는 중국이 미국을 누르고 세계 강대국이 될 것이라고 내다본다. 아시아태평양의 부상은 서구의 지배 시대에 보편적이었던 그리스도교적 가치관을 쇠퇴시키고 중국이 서구에 대안적 모델을 제시할 것이다. 중국의 가치관이라면 화합, 만물의 조화, 공생과 함께 번영하는 삶을 들 수 있다. 중국인들은 2009년에 소말리아 해적 소탕에 협조하기로 했다. 리리민은 이로써 세계를 '좋은 편'과 '나쁜 편'으로 나누는 극단적 이원론과 여전히 그 효용이 의심스러운 전쟁들—리리민은 아프가니스탄 전쟁을 예로 들었다—이 끝나기를 바란다.

이제 중국은 강성하고 부유해졌기에 강대국이라는 새로운 위치를 국제사회에서 인정받고 싶어 한다. 베이징 정부는 다국간 정상회의에서 점점 더 자주 모습을 보이고 있다. 중국인들은 하루 빨리 국제통화기금 같은 국제기구에서 지도권을 거머쥐기 원한다. 더욱이 중국은 2010년 11월에 국제통화기금 분담금을 크게 늘렸다. 이로써 중국은 미국, 일본에 이어서 세 번째로 분담금을 많이 내는 나라가 되었다. 또한 베이징 정부는 새로운 국제통화 기관을 만드는 데 참여하여 국제 풍토 변화를 이끄는 국가들의 선봉장이 되고자 한다. 그렇게 된다면 신흥국들의 입장은 좀 더 잘 대변될 것이다. 중국은 또한 자국의 원자재 및 에너지자원, 식량자원, 수자원을 보호하고 확보하고자 한다. 그래서 중국에서 멀지만 천연자원이 풍부한 국가들에 관심을 보이고 있으며 최근 들어 정책적으로 아프리카, 라틴아메리카, 오스트레일리아, 캐나다 같은 곳에서 토지를 매입하는 것이다.

중국은 아시아 지역의 강대국이라는 역할을 수행하고 과거 청나라 때처럼 제국의 영향력을 광범위하게 떨치고자 한다. 그러나 이는 직접적인 무력 확장을 뜻한다기보다는 강력한 경제·무역 네트워크를 형성하여 인근 국가들이 중국이라는 강대국을 좀 더 순순히 받아들일 수 있게 하겠다는 뜻이다. 인근 국가들은 이런 중국의 야망을 다소 위협으로 받아들이기도 하지만 그보다는 아시아의 중흥에 가담하여 한몫을 볼 수 있다는 유혹이 더 크다. 이는 홍콩과 마카오가 반환되면서 중국이라는 거대한 가족이 다시 모이게 되면서 시작되었다. 베이징은 대만과의 통일도 완수하여 모든 가족이 다 모이길 바란다. 2008년에 마잉주가 대만 총통이 된 후로 양안의 화해와 경제협력은 활발해지고 있다. 그러나 정치적 통일은 대만 독립주의자들의 영향 때문에 매우 오래 걸릴 것이다. 2008년에 아세안 국가들과, 또한 2010년 6월 대만과 체결한 자유무역 협정은 세계에서 가장 넓고, 가장 많은 인구가 몰려 있으며, 가장 경제활동이 활발한 자유무역 지대를 만들었다. 중국의 계획은 이제 일본과 한국에 접근하여 자유무역 협정을 맺음으로써 북아시아에도 공동 시장을 만드는 것이다. 이런 공동 시장은 유럽연합에 비해 제도적 성격은 약하지만 훨씬 더 실용적일 것이다. 2010년 11월 아시아태평양경제협력체 정상회의에서 언급되었듯이 이 모델은 아시아태평양 지역의 모든 국가들에게로 확장될 수도 있으나 아직 구체적으로 정해진 것은 없다. 때가 되면 이 국가들이 화폐를 통일하는 방안을 생각할 수도 있다. 그 문제가 어찌 되든 위안화는 이 지역에서 지배적 역할을 할 것이다. 하지만 일본이 중국의 영향권 안에 들어가기를 경계하는 탓에 그날이 빨리 오지는 않을 것이다. 2010년 가을 댜오위다오 열도 사태로 불거진 중일 관계 위기는 일본인들의 경계심을 다시 한 번 일깨웠다. 도쿄는 미국이라는 '우산'을 버릴 준비가 되어 있지 않다. 워싱턴도 사태의 조정에 나서며 아직도 미국이 이 지역에서 '중재자'로서 쓸모 있는 존재라는 점을 일깨웠다. 이런 관점에서 볼 때 중국 외교관들은 중일 관계가 진정되려는 9월 말에 다시금 꺼져가는 불에 기름을 부었던 그들의 오만한 태도를 반성해야 한다. 결국 10월 초 브뤼셀에서 열린 유럽-아시아 정상회의에서 원자바오 총리와 간 나오토 총리가 양국 관계를 개선하려는 뜻을 밝히며 직접 사태를 해결해야만 했다.

중국은 이미 북한에 많은 투자를 했다. 광업 분야와 직물, 제화 등의 산업 분야가 중국의 주된 투자처다. 북한과 한국의 통일이 늦어질수록 중국이 북한에서 더 큰 이익을 얻어낼 가능성은 커진다. 북한과 한국이 마찰을 일으킬 때마다 중국은 양측의 자제를 요구하고 대화와 협상으로 갈등을 풀도록 이끌고 있다. 2010년 11월에 북한군이 연평도 기습 포격을 일으켜 4명의 사망자가 발생하고 남북 관계가 악화되었을 때에도 중국은 양쪽의 갈등을 중재하는 역할을 했다. 평양에서는 김정일이 병석에 누워 있고 그의 삼남 김정은이 권력 승계를 준비하고 있다. 중국 정부 입장에서는 시끄럽고 예측 불가능한 북한에서 권력 승계가 이루어지는 편이 골치가 덜 아프다. 1983년생인 김정은은 국제적 관습에 좀 더 개방적이고 부친 김정일보다는 중국 정부의 인도에 따라 개혁을 실시할 생각이 있어 보이기 때문이다. 중국 지도부는 국제적으로 중국의 세력이 커진 이때에 북한의 권력 승계에 대해서는 어떤 견해도 공식적으로 밝히지 않고 있다.

중국의 존재는 러시아 중동부 지역에서도 점점 커지고 있다. 비록 인구가 그리 많지 않은 광활한 시베리아의 한 부분에서 최근 들어 반중 감정이 점점 불거지고 있기는 하지만 말이다. 모스크바 정부와 다져놓은 우호 관계를 통해 중국은 석유, 천연가스에 관련된 거대 계약을 따냈다. 중국, 러시아, 구소련에서 독립한 5개 이슬람 공화국이 가입한 상하이 협력기구 덕분에 베이징 정부가 중국 서부에서 반테러 협력 체제를 구축하고 신장 자치구의 독립 시도를 억누르기가 더욱 수월하다. 미국군, 프랑스군, 영국군이 아프가니스탄에서 탈레반 정권과 싸우는 동안 중국은 카불 남부에 위치한 세계 제2의 구리 광산 메스아이나크 채굴권을 확보하는 실속을 차렸다. 그러나 최근 몇 달간 중국야금과공집단공사는 아프가니스탄 내 자국민의 안전을 우려하여 채굴 사업을 쉬쉬하려는 듯 보인다. 중국은 파키스탄과도 우호 관계를 맺고 있다.

중국이 모호한 관계를 맺고 있는 인근 국가로는 인도가 유일하다. 뉴델리 정부는 중국의 발전을 매우 흥미롭게 관찰하며 많은 아이디어를 얻었지만 히말라야 산맥을 사이에 두고 오랫동안 쌓아온 양국의 적대 관계는 사라지지 않았다. 국가 규모로 보나 10억 명 이상인 인구로 보나 인도는 이 지역에서 중국과 경쟁할 잠재력이 있는 유일한 국가다. 하지만 민주적으로 작동하게끔 되어 있는 제도, 풀기 어려운 사회적 문제—카스트 제도, 힌두교도와 이슬람교도의 갈등—때문에 인도는 인프라 구축 분야에서 중국만큼 빠른 성장을 이루지 못했다. 하지만 인도는 오래전부터 중산층과 상류층이 형성되어 있었기 때문에 중국보다 내수 시장이 탄탄하다. 인도에는 강력한 민간 기업들이 있고, 국민의 교육 수준도 높은 편이며, 정보과학을 비롯한 몇몇 분야는 세계 최고 수준이다. 영어를 공용어로 사용하기 때문에 서구권 국가들과의 소통도 원활하다. 중국과 인도의 국경 분쟁은 정상화되었고 양국 교류도 재개되었지만 양쪽 모두 경계심은 늦추지 않고 있다. 더욱이 1959년에 망명길에 오른 티베트인의 영적 지도자 달라이라마가 인도 북부 다람살라에 체류하고 있기 때문에 중국이 경계심을 품을 만도 하다. 미국의 뉴델리 정부 지원, 인도에 대한 유럽 국가들의 투자 역시 중국의 경계심에 한몫을 한다.

중국은 지난 10년간 가까운 지역을 넘어서 아랍권과 인도양의 섬들을 포함하는 아프리카 대륙, 나아가 라틴아메리카 대륙에까지 세력을 확장했다. 리리민은 이 상황을 "역사적 기회"라고 표현했다. 중국은 바둑을 두듯이 유럽과 미국이 남겨둔 '빈 곳'을 채워나갔다. 유럽과 미국은 역사적으로나 지리적으로나 중국보다 이 지역과 훨씬 가까웠지만 이곳에서 자주 일어나는 전쟁, 정치적 불안, 질병과 빈곤에 염증을 느끼고 거의 철수한 상태였다. 서구인들이 아시아로 눈을 돌리고 투자할 때 중국은 조심스럽게 머나먼 지역에서 입지를 다지기 시작했다. 현재 아프리카에서 중국의 영향력은 확고하다. 베이징 정부도 2010년에 아프리카 대륙에 대한 투자를 두 배로 늘리는 등 이제는 원대한 야심을 감추지 않는다.

중국은 지속적인 경제 발전을 위해 외교적 안정이 필요하다. 지금까지 베이징 정부는 외국과 정치적 갈등이 생길 때마다 위기를 성공적으로 헤쳐나갔다. 중불 관계가 두 번의 위기에 빠졌을 때에도 그 점은 확인할 수 있었다. 중국 지도자들은 이런 시기에 자국의 거대한 시장을 무기 삼아 계약을 중단하거나 행정 절차를 까다롭게 하다가 흥분이 어느 정도 가라앉았다 싶으면 다시 대화를 재개하는 수법을 쓴다. 또한 베이징 정부는 상대 진영 내부의 경쟁 구도를 완벽하게 파악하고 갑자기 어느 한 국가에 혜택을 줌으로써 진영 내 대립을 불러일으키는 수완이 뛰어나다. 그래서 2009년에 중국은 프랑스와 유럽연합의 몇몇 국가들이 티베트 사태에 항의하자 유럽 진영을 약화시키기 위해서 독일 카드를 썼던 것이다.

하지만 향후 10년은 매우 불안정할 것이다. 이슬람 근본주의자 집단 때문에 종교적 긴장이 악화될 위험이 있다. 이상기후로 인한 천재지변이 늘어날 것이고 이재민도 많이 발생할 것이다. 2012년은 프랑스, 중국, 미국을 위시한 여러 국가에서 정권 교체가 일어나는 해다. 미래의 지도자들은 점차 힘을 키워나가는 중국과 합의를 잘 볼 수 있을 것인가? 아시아

585

지역 국가들은 중국과 문화나 가치관 등이 비슷한 부분이 많기 때문에 그렇게 될 수 있을 것이다. 그러면 이 지역에서 미국의 영향력은 크게 위축될 것이다. 워싱턴 정부는 그 과정을 지연시키기 위해 중국과 전통적으로 사이가 좋지 않은 국가들(일본, 베트남, 인도)을 이용하고 싶을 것이다. 티베트와 신장 자치구 소수민족의 불만이 언제 폭발할지 모르는 이때에 중국은 어떤 방법을 쓰든지 그들을 달래주어야 한다. 베이징 정부는 미국이 일본과 한국에 군대를 주둔시키고 대만과도 긴밀한 관계를 유지하며 '포위 정책'을 펴고 있다고 비난한다. 2010년 7월 베트남과의 난사군도 분쟁, 그리고 같은 해 가을 일본과의 댜오위댜오 분쟁을 아마 이런 관점에서 볼 수도 있을 것이다. 일부 중국 외교관들은 아프가니스탄 전쟁의 목적, 즉 2001년 미군이 중앙아시아에 발을 들이게 된 이유가 석유가 풍부한 이 지역에 중국이 진출하는 것을 막기 위해서였다고 해석한다. 하지만 아마도 가장 먼저 마찰을 일으킬 요인은 중국의 라틴아메리카 및 아프리카 개발일 것이다. 미국과 유럽의 의사 결정권자들은 이 지역이 자신들의 세력권이라고 생각하기 때문이다. 나아가, 중국이 국제사회에서 감당해야 할 책임 문제가 제기된다. 중국은 강국으로 떠오른 이상, 그 자리에 걸맞은 고민을 해야 한다. 테러리즘, 적대 관계, 점차 커지는 제3세계의 기대…… 이런 문제들을 말이다.

리리민과 양제몐의 분석을 소개한 연구*는 흥미로운 차이점을 보여준다. 중국의 변화가 너무 급작스러웠기 때문에 중국 사상가들 사이에서나 전반적으로나, 현 단계에서는 아프리카나 세계 다른 국가들에 대한 의견 일치가 이루어지지 않는 듯하다. 어찌 보면 당연하기도 하다. 변화무

* 1992년도 '프랑스, 대만에 무기를 수출하다', 2008년도 '올림픽 성화 봉송 소동'을 보라.

쌍했던 지난 30년 동안 중국인들이 보여준 가장 큰 특징이자 장점은 실용주의였다. 반대로 그런 유연성이 부족한 유럽의 제도들은 수많은 규정들로 고착되어버리기 일쑤였다. 유럽에서는 지나치게 많은 조항과 강령들이 어느새 정치적 의지를 대신해버리곤 했다.

그렇다면 늙은 유럽은 다시 깨어난 중국에 어떻게 대응해야 할까? 일단 유럽은 공동 전략, 심지어 특정 분야에 대한 협력 정책조차도 없다는 점이 통탄스럽다. 비록 2009년에 선출된 유럽연합의 외교 대표인 캐서린 애슈턴이 그런 의지를 표명했다고는 하지만 말이다. 유럽 자본들이 서로 뜻을 같이하고, 같은 노선을 적용하며, 대외정책에 있어서 일종의 유럽 질서를 감안해야 하는데 현실은 전혀 그렇지 못하다. 2010년 봄에 그리스 위기가 터졌을 때에 보았듯이 그동안에도 중국은 경제 발전을 이어나갔다. 중국은 그리스 피레우스 항만 시설에 막대한 자금을 투입함으로써 누구의 반대에도 부딪히지 않고 이 지역에, 나아가 유럽 전체에 진입하는 기회를 만들었다. 중국 지도자들은 유럽인들이 왜 이리 '물렁하게' 나오는지, 혹시 유럽인들이 중국을 함정에 빠뜨리기 위해 교묘한 수를 쓰는 것은 아닌지 사적인 대화 자리에서 곧잘 의문을 표하곤 한다. 그러나 손자(孫子)의 후손들은 우리 유럽인들을 실제보다 주도면밀한 사람들로 잘못 보고 있다! 손자는 그 신원이 확실히 밝혀지지는 않았으나 춘추전국시대에 매우 유명한 병법서를 썼다. 손자병법에 따르면 가장 좋은 수는 계책, 정탐, 기민한 대응을 통해 싸우지 않고 적을 제압하는 것이다. 아시아 기업가들은 이런 책략을 경제 분야에서도 십분 활용했다. 유럽인들이 흔히 생각하는 바와 달리 중국은 협상을 할 만한 진정한 상대를 바

* 〈China Analysis: Geopolitics on Chinese Terms〉, 파리정치대학 & 유럽외교 관계이사회, 2010년 10월.

라고 있다. 협상은 양국이 좀 더 입장을 잘 정리하고 자기들의 우선순위를 파악하는 데 도움이 될 것이다. 중국인들은 유럽인들보다 먼저 유럽을 믿었다. 1984년 6월 제2대 유럽의회 선거 이후 유럽 대륙이 그 규모에 걸맞은 힘을 지니고 문화적 다양성과 유구한 역사까지 겸비한 거대 공동체가 될 것이라고 중국의 모든 신문 1면이 전망했다. 유럽연합이 건설된 후, 특히 프랑스가 2005년에 유럽 헌법을 국민투표에서 부결시키자 중국인들은 아연실색했다. 변화무쌍하고 덩치만 커진 유럽은 아무런 비전도, 효과적인 의사 결정 구조도 갖추지 못한 채 그저 옛날이야기로, 웃음거리로 전락했다. 비록 2009년에 리스본 조약이 발효되면서 유럽 측에서도 유럽연합 의장과 외교 수장을 정하자는 움직임이 나타났으나 유럽의 의사 결정 절차는 세계를 뒤흔드는 신속한 변화에 대처하기에는 아직도 너무 느리고 망설임이 많다. 유럽연합의 새로운 제도들이 중대한 변화를 불러올 수도 있었을 즈음, 중국은 유럽연합 회원국들을 하나하나 상대하며 쌍무 협상을 벌였다. 경제·무역에 있어서 중국 지도자들은 유럽의 대기업들이 —심지어 같은 나라 기업들끼리도— 어떤 계약을 수주하기 위해 힘을 합치기보다는 피 터지게 경쟁하는 모습을 보고 놀란다. 그러니 중국이 유럽의 경쟁구도를 자국에 유리하게 이용하는 것도 당연하다. 하지만 중국이 서구의 식민 지배나 침략에 대한 앙금이 남아 서구 강대국을 망치고 싶어한다는 선입견은 잘못된 것이다. 중국의 지도자들은 그런 면에서 매우 성숙하다. 중국이 19세기에 청 왕조가 당해야 했던 모욕이나 억지로 맺었던 불평등조약에서 이미 뒤돌아섰다는 것은 현재의 중흥 계획에서 뚜렷이 드러난다. 게다가 청 왕조는 17세기에 한족들의 명 왕조를 무너뜨린 이민족 왕조가 아닌가. 중국의 꿈은 8세기 당나라 시대에 버금가는 역사적 황금기를 누리는 것이다. 그렇게 되면 중국은 정치, 경제, 예술, 윤리 등 모든 분야에서 세계의 기준이 될 것이며 그로써 자국의 번영과 안녕을 누릴 것이다. 이런 시각은 모두가 평화로이 부를 누릴 수 있도록 자유무역 지대를 가급적 넓혀야 한다는―가능하다면 전 세계로―전제를 깔고 있다.

유럽이 깨어나려면 무엇을 준비해야 하나? 오직 유럽연합만이 중국, 인도, 브라질처럼 새로이 떠오르는 국가들에게 대응할 수 있다. 유럽연합에 속한 국가들을 보면 비록 독일처럼 경제적 성과가 좋은 국가들이라고 해도 그 규모가 너무 작다. 국가 하나는 중국의 한 성(省), 인도의 한 주(州) 크기밖에 안 된다! 베이징 정부는 앞으로 5년 후인 2015년까지 핵심 분야 기업들을 합병하여 거대 기업으로 키울 생각이다. 따라서 유럽은 경쟁력 없는 규제들을 철폐하고 산업 구조를 새로이 재건할 때가 되었다. 유럽이 가진 장점, 예를 들어 프랑스는 농업, 어업, 고급 식품, 명품, 관광, 문화유산, 신기술에서 출발하여 이웃 국가들과 계속 경쟁하기보다는 상호보완적 관계를 구축해야 한다. 안타깝게도 이 중요한 생각을 아직 유럽연합 집행위원회는 구체화하지 않고 있다……. 확실히 27개 국가들이 산업 구조를 완전히 재편하는 계획을 고려하기란 녹록지 않은 일이다. 같은 부문에 진출해 있는 국가들끼리, 혹은 유로존에 속한 국가들끼리, 아니면 2010년 도빌에서 열렸던 프랑스, 독일, 러시아 정상회의의 틀 안에서부터 시작해보는 것도 좋지 않을까. 연구 차원에서도 동구권 국가들이 유럽연합에 가입한 지 6년이나 되었는데 서유럽의 연구소들이 그들의 능력을 활용하지 못하고 있다는 점은 정말 어이가 없다. 동구권 전문가들은 공산주의 정치체제에 몸담았고 체제가 변하는 모습을 겪었으므로 중국의 현실에 대해서도 서유럽보다 훨씬 더 잘 이해하고 있을 것이며 더러 특별한 신뢰 관계를 구축할 수도 있을 텐데 그 모든 자산을 활용하지 못하고 있는 것이 안타깝다.

중불 관계는 2008년에 난조를 겪으며 위기에 빠졌다가 2009년 4월

589

이후로 차츰 회복되고 있다. 중국 지도자들은 또다시 상황이 급변할까 봐 촉각을 곤두세우고 있으나 문화적, 지적, 정치적 교류에 관한 한 프랑스만큼 죽이 잘 맞는 상대가 없다고 생각한다. 이에 비해 산업과 무역 교류에 있어서 가장 생산적인 결과를 볼 수 있는 상대는 영국과 독일이라고 생각하지만 말이다.

중불 관계 위기가 심화되었을 때 프랑스 정치인들은 생각이 많아졌다. 프랑스는 단 한 순간도 중국과 분란을 일으킬 뜻이 없었고 수많은 대담으로 이루어진 화해 절차는 좋은 의견 교환의 기회였다. 사르코지 대통령은 베이징으로 갔다. 2010년 4월 상하이 만국박람회 개회식에 참석하러 갈 때에는 기존 입장을 부인하지는 않되 완전히 중국에 대한 접근 방식을 바꾸고 적당한 발언을 준비했다. 프랑스 대표단과 동행한 프랑스 언론과 조찬을 나눌 때에도 국제금융 제도 개혁에 있어서 중국과 프랑스의 상호보완적 역할이 중요하다고 강조하면서 외교적으로 확연히 성숙한 태도를 보여주었다. 여기에는 친중파로 유명한 장 피에르 라파랭 총리와 그 밖의 사절들의 설명이 귀한 역할을 했다. 중불 관계 위기와 중국이 이제 정말로 주역으로 올라섰다는 자각은 좌파와 우파를 막론하고 프랑스 정치계에 충격으로 다가왔다.

2010년에 두 번이나 중국에 방문했던 도미니크 드 빌팽 전 총리는 중국의 고위 간부들은 물론, 민간 기업 대표들도 만날 수 있었다. 당시 그는 신흥 국가들을 방문하고 있었으므로 중국에 이어 브라질, 러시아, 그리고 자신이 대사로서 근무했던 인도에도 갔다. 과거 총리를 지낸 보르도 시장 알랭 쥐페도 2010년에 프랑스 남서부 기업가들로 구성된 대표단을 이끌고 중국을 방문했다. 중국의 신흥 부자들이 좋아하는 보르도 고급 와인을 홍보할 목적으로 방문했으나 알랭 쥐페는 이때 중국 정치인들의 세계관, 특히 자신이 염두에 두고 있는 아프리카에 대한 생각을 들을 수 있었다. 프랑스 정부 내 서열 2위이자 외무장관으로서의 임무를 맡기 전의 준비였다고 할까. 2009년 10월 당시에 대중운동연합(UMP. 중도 보수의 성격을 가진 프랑스의 정당) 총재를 맡고 있던 크자비에 베르트랑도 UMP와 중국 공산당의 협력을 강화한다는 각서를 체결한 바 있다. 하지만 베르트랑의 행보는 당시에 UMP 내에서나 프랑스 여론에서나 많은 논란을 불러일으켰다. 베르트랑은 중국공산당이 사실상 일당 체제로서 60년 이상 정권을 잡고 있다는 점에 주목하여 정치개혁의 시기에 중국공산당이 돌아가는 구조를 잘 알아두면 좋겠다고 생각했을 뿐이다…….

여당인 UMP 총재가 노동부 장관이 된 후에 후임 총재가 된 장 프랑수아 코페도 장 피에르 라파랭의 '코치'를 받아 2010년 11월에 중국을 "선입견 없이 이해하기 위해" 방문했다. 그는 2011년에 UMP의 젊은 투사들과 의원들을 이끌고 다시 중국을 찾기로 했다. 경제부 장관 크리스틴 라가르드나 통상부 장관 안 마리 이드락도 여러 차례 중국을 방문한 바 있다. 좌파에서는 마르틴 오브리가 중국을 여러 번 방문했다. 마르틴 오브리는 2010년 베이징 체류 중에 가진 인터뷰에서 1970년대 중반에 중국에 처음 왔고 이번이 스무 번째 방문이라고 밝혔다. 그녀는 중국을 자주 찾다 보니 그동안 중국이 걸어온 길을 가늠해볼 수 있다고 했다. 중국에 올 때마다 비공식적으로 중국 정치계 인사들이나 재계 인사들을 만난다. 전 문화부 장관이자 블루아 시장인 자크 랑도 북한에 특사로 파견되기 전에 먼저 중국을 방문한 적이 있고 제1회 상하이 국제음악제 개막식에도 참석하는 등 여러 차례 중국을 찾았다.

하지만 정치·외교 차원에서 중불 관계 위기는 지나갔지만 양측의 여론은 아직 개선되지 않았다. 안타깝게도 현 단계에서는 어떤 조치도 이루어지지 않고 있다. 중국의 경우, 인터넷에 매우 민감한 젊은 세대가 파리에서 벌어진 올림픽 성화 봉송 사태에 너무 큰 충격을 받았다.* 이 사태는 배신당한 사랑처럼 중국인들에게 아프게 남았다. 그리고 지금도 시간이 상처를 치유해주었다고 하나 중국 젊은이들은 프랑스인들에게 경계심을 풀지 않고 있다. 프랑스가 해명을 하고 환심을 사려 들지 않았기에 프랑스인들이 중국에서 누렸던 커다란 공감의 자산은 무너져버렸고 분개한 중국 젊은이들은 프랑스를 소국 취급한다. 반대로 프랑스 대중은 여전히 중국을 매혹 반 불안 반의 시선으로 바라보며 대다수는 중국이 반(半)군사 독재 정권이라고 생각한다. 프랑스 정부는 중국의 현실과 신속한 변모를 국민들에게 충분히 알릴 필요가 있다.

따라서 지금은 카드를 모두 탁자에 올려놓고 서로 대화를 해야 할 때다. 제2차 세계대전 이후 얄타 회담에서처럼 세계를 자본주의 진영과 공산주의 진영으로 쪼개기 위해서가 아니라, 만인의 평화와 발전이라는 시각에서 문제를 다시 생각하기 위해서 말이다. 그로써 각자의 입장을 명확히 하며 세계화를 추진할 수 있을 것이다. 현재 대화는 환율 균형이나 무역수지 같은 실질적 문제의 해법을 찾는 데에만 국한되어 있다. 그러나 현 세계의 주요 지도자들은 그토록 많은 변화가 있었음에도 불구하고 아직 진정한 협의 기회를 갖지 못했다.

이 토론의 가장 좋은 틀은 무엇일까? 국제연합? 이 기구는 너무 거대하고 부담스럽다. 안정보장이사회? 주요 국가, 특히 신흥 국가들은 아직 이사국이 아니다. 장 프랑수아 코페는 2010년 11월 중국 방문 당시 안전보장이사회는 G20 국가들로 확대해야 한다고 주장했으나 중국은 그의 제안에 예의상 주의를 기울이는 선에서 그쳤다. 니콜라 사르코지는 프랑

* 2008년도를 보라.

스가 2010년 11월부터 2011년 11월까지 의장을 맡게 될 G20에 보다 정치적인 의미를 부여하고 싶었던 것 같다. G20은 초기에는 대화의 틀이 될 수 있겠지만 전적으로 새로운 세계 질서 확립을 다루는 회의가 필요하다. 프랑스가 맨 먼저 그런 회의를 제안할 수 있을 것이다. 그다음에는 전략뿐만 아니라 경제에 대한 대화도 계속 추진할 수 있는 적절한 구조가 나올 것이다. 안전보장이사회를 확대하고 보다 광범위한 사안들을 다룸으로써 세계적인 통치 감독 기관으로 삼지 못할 이유도 없지 않은가? 그런 발상도 깊이 고려할 가치가 있다.

새로운 체제가 작동하려면 원대한 목표가 있어야 한다. 빈곤국의 발전이 목표가 될 수 있을 것이다. 인프라 투자와 시범 지역 설치를 거쳐 그 성과를 광범위하게 적용하는 방법은 비용이 많이 든다. 현재 중국은 개발도상국들이 가장 많이 몰려 있는 아프리카 대륙에 관심을 두고 있다. 하지만 중국이 초기에는 서구 국가들의 '신식민주의' 모형의 대안을 제안했기 때문에 아프리카 지도자들의 환심을 샀지만 현실에서 곧 문제들이 생겨났다. 물론 중국 기업들은 광물자원이나 식량자원을 대가로 받고 신속하게 인프라 건설에 나서주었고 인권이나 반부패운동과 관련해서 어떤 조건도 내걸지 않았다. 따라서 현장 작업은 신속하게 진행되었다. 하지만 중국 기업들은 현지인들을 채용하기보다는 전세기로 중국인 노동자들을 실어와 작업에 투입했다. 현지인들은 채용되더라도 중국인 사용자가 임금을 너무 적게 주거나 과중한 업무를 요구한다는 이유로 곧잘 불만을 호소하고 커뮤니케이션 문제도 자주 불거진다……. 바로 이런 점에서 인적·경제적 자원이 풍부한 아프리카를 깨우고 발전을 꾀할 수 있는, 진정한 유럽과 중국의 '역사적 상호보완성'이 나올 것 같다. 아프리카의 신세대들은 발전을 간절히 바라고 있다. 이미 도시의 젊은이들은 세계화에 발

맞추어 생활하고 있고 그들 부모 세대의 발목을 잡았던 식민지 잔재도 완전히 벗어버렸다. 유럽은 변화를 바라는 그들의 간절한 욕망을 잘 이해하지 못하지만 중국은 이해하고 있다. 다만, 현실적인 문제에 부딪칠 뿐이다. 그러므로 진정으로 힘을 합칠 필요가 있다. 일부 기업들은 벌써 이를 이용해 경제적 이익을 거두고 있다. 프랑스 정유 기업 토탈은 중국 석유천연가스공사와 베네수엘라와 이란에서 공동 개발을 하기로 했고, 알카텔은 중국 자회사 상하이벨을 통하여 아프리카 제1위 휴대전화 공급업체가 되었다. 합작을 통해 유럽의 중소기업들이 아프리카에 진출해 판로를 개척하고 고용을 창출할 수 있는 가능성은 얼마든지 있다. 라틴아메리카 대륙에 대해서도 유럽과 미국의 합작으로 비슷한 방법을 적용할 수 있을 것이다.

인류애적인 관심을 넘어—이 시대에도 배가 고파 죽는 아이들이 있고 후진국 사람들은 선진국에서 얼마든지 치료할 수 있는 병 때문에 죽는다고 생각하면 참을 수 없지만—수익성을 논하지 않으면 기업가들은 '아프리카를 위한 마셜 플랜'에 선뜻 나서지 않을 것이다. 유럽, 미국, 중국은 지혜롭게 '플랜'에 가담할 수 있다. 우리의 힘을 모으고 각자의 특기를 최대한 활용하면 금세 아프리카 대륙에 태양열 발전을 통해 전기를 공급할 수 있고, 인프라를 구축할 수 있으며, 교육과 보건위생을 증진시킬 수도 있다. 그로써 아프리카 대륙을 가난의 늪에서 빨리 끌어낼 수 있을 것이다. 또한 자본주의자들이 가장 기뻐할 일도 생길 것이다. 사야 할 물건이 너무나 많은 10억 인구 시장이 열리고 관광지 개발 가능성도 무궁무진해질 테니까. 지금은 이민을 생각하는 아프리카인들이 많지만 활발한 경제활동은 그들을 자신들의 나라에 붙잡아놓을 것이다. 가난을 이길 수 있는 선순환이 정치 불안과 광기 어린 종교적 탈선 현상을 해결할 수 있는 최선의 답이 되리라.

물론 이런 계획이 지나치게 이상적으로 보일 수 있다. 중국은 지금 당장은 아프리카를 독차지하고 싶고, 미국과 유럽은 경제위기를 극복하기에 바빠서 그런 계획에 많은 예산을 투입할 여력이 없다. 하지만 새로운 세계 질서에 대한 협의는 절대적으로 필요하다! 그리고 서구 세계가 경제위기의 압박에 쫓기는 신세인지라 기회의 창은 점점 더 좁아지고 있다. 그러니 한시바삐 새로운 주역들과 정기적으로 건설적인 대화를 나눌 수 있어야 한다. 중국은 평화로운 중흥이라는 소망을 제대로 표현하지 못하고 있다. 중국은 겸손과 관용이라는 전통적 자세와 중국 고위층의 약점이라고 볼 수 있는 거만한 자세를 이분법적으로 나누어 생각하고 있는 듯하다. 중국은 자기 입장을 분명히 할 필요가 있다. 중국은 정말로 21세기의 주역이 되고 그에 따르는 책임도 감당할 준비가 되어 있는가? 이 새로운 거인을 두려워하거나 잦은 무역 분쟁에 흥분하는 서구인들은 자칫 경제위기의 책임을 중국에게 덤터기 씌울 수도 있다. 산시 사범 대학 정치학 교수 왕준촨은 고전의 한 구절을 인용하여 다음과 같이 시적으로 표현했다. "나무는 아직 자라지도 않았으되 바람을 고스란히 맞고 있도다."

중국은 좋지 않은 대외 이미지 때문에 힘들어한다. 이 나라가 공산주의를 표방하기 때문에 일단 이념 문제로 외면하는 이들이 많다. 인권의 수호자들은 늘 중국이 경찰국가에서 벗어나야 한다고 주장한다. 2007년부터 중국은 전 세계에 공자학원을 설치하고 일부 연구소에 서방 연구자들을 초빙하거나 아프리카에 자국 미디어를 진출시키는 등 '소프트 파워'를 개발하려고 노력해왔지만 아직 부족한 감이 있다. 베이징 정부는 이 심각한 문제를 어떻게 풀어야 하는지 모른다. 2008년 초에는 중국 정부와 공적 관계에 있는 서구 기업들을 대상으로 이미지 쇄신을 위해 노력했지만 별 성과를 거두지 못했다. 허울뿐인 변화로 이미지가 단번에 바뀌지는 않기 때문이다. 서구 국가들은 중국이 말만 바꾸는 것이 아니라 정치적으로 진정한 개방을 하기를 원한다. 중국의 개혁파도 그 점은 완벽하게 파악하고 있다. 1990년대 말에 한 번 얘기가 나왔듯이 공산당이 사회민주당으로 전환되든가, 선전과 검열이 사라진다든가, 법치국가 건설에 힘쓴다든가, 중국의 행정조직이 연방제로 개편된다든가(1980년대에 자오쯔양 총리파는 실제로 연방제를 연구했었다) 하는 거대한 상징적 변화들이 필요할 것이다. 좀 더 넓게는 정치 의사 결정 과정의 투명성(특히 공산당 내 선거), 공산당원이 아닌 후보들에 대한 개방, 또한 지방 정치에서뿐만 아니라 중앙 정치에서도 소수민족 대표들을 영입해야 할 필요까지 생각해볼 수 있겠다. 하지만 중국인들이 자신에 대해서 말하는 법을 배울 때 중국이 국제사회에 더 원만하게 편입될 수 있다. 외국에서 공부한 중국 신세대는 자연스럽게 문화 혁명을 주도했다. 구세대 중국인들은 '체면을 차리느라' 혹은 외국어를 모른다는 이유로 입을 다물고, 다른 문화에서 온 사람들은 그들을 이해하지 못할 거라고 핑계를 대면서 중국인의 관습, 생각, 체험에 대해서 아무것도 설명하지 않았다. 그런 선입견 때문에 중국인들이 우물 안 개구리처럼 자기들끼리 이야기하는 동안 외국인들은 무시당한다는 느낌을 받곤 했다.

소통 부족은 화평굴기와 세계평화라는 중국의 원대한 계획을 좀먹을 수도 있다. 중국이 이 같은 안개 속에서 발전을 계속 추구한다면 근거 없는 두려움에 사로잡힌 서구를 곧장 밀어내고 말 것이다. 두려움에서 비롯된 반사적 행동이 중국의 이익, 혹은 재외 중국인에 대한 공격으로 나타날 수도 있으며 애국심이 강한 중국 젊은이들은 부메랑 효과에 따라 그런 사태에 몹시 실망하고 과격한 반응을 보일 것이다. 이 암울한 시나리오는 결국 중국과 서구의 대립으로 이어질 수 있다. 비록 양측 모두 지금은 이런 경우를 생각하고 있지 않지만 말이다.

또 다른 위험은 중국이 거대한 시장이나 자국의 영향권에—아시아의 다른 국가들이나 BRICA의 일부 국가들과 새로운 자유무역지대를 만드는 식으로—서구가 개입하지 못하도록 봉쇄할 수도 있다는 것이다. 이렇게 되면 세계화 시대는 종말을 고한 것이라 볼 수 있겠다. 중국인들이 환영을 받지 못했다기보다는 그들이 일종의 역사적 관성에 따라 외부 세계의 고뇌나 공포를 무시하고 싶은 것이라고 생각할 수도 있다. 이는 결코 근거 없는 가설이 아니다. 중국은 오랜 역사 동안 쇄국정책이 최선일 수도 있음을 보여주었으니까. 하지만 중국을 세계경제의 새로운 원동력으로 바라보는 서구 세계에나, 오랫동안 금지되었던 바깥 세상에 대한 지식을 열정적으로 추구하는 젊은 중국인들에게나 그런 시나리오는 또 다른 재앙이 될 것이다.

중국에게나 서구에게나 결정적으로 중요할지도 모를 향후 30년, 정치 지도자들은 그 어느 때보다 신중하게 협력의 여지를 모색하고 모두가 만족할 수 있도록 뛰어난 협상가들이 실력을 발휘해야 한다. 따라서 양측 모두 언론이 선입견과 비이성적인 혐오를 부채질하기보다는 통찰력을 발휘하여 깨어 있는 여론을 조성해야 할 것이다. 그로써 중국인들은 외교 협상에서 거만한 태도를 자제하고 새로운 시장에 접근할 때에도 현지 산업을 완전히 쓸어버리기보다는 적정한 선을 지키는 법을 배워야 한다. 또한 그들은 중국 기업 내에서 문화적 다양성을 관리하는 법도 배워야 할 것이다. 서구인들로 말하자면, 적대적으로 대응하지 말고 강대국의 자리에 선 중국을 받아들일 필요가 있다. 세계는 변한다는 생각을 받아들이고 자신들만이 옳다는 생각에서 벗어나는 것이 무엇보다 중요하다. 서구는

결론

중국이 성공을 거둔 분야들을 보고 배울 수 있다. 그들도 중국이 취한 수단 중에서 효과적인 것은 활용할 수 있다. 예를 들어 중국이 신기술 단순화를 통해 새로운 전자제품들을 보다 많은 소비자에게 저렴하게 공급할 수 있었던 것을 보라. 무엇보다 중요한 것은 이미 오랜 역사를 지닌 이 새로운 강대국을 무조건 비판적으로만 봐서는 안 된다는 것이다.

각자가 지혜롭게 자기 몫을 다할 때 우리 앞에 열린 이 새로운 시대는 모두를 이롭게 할 수 있을 것이다. 유럽인, 아시아인, 아메리카인이 힘을 합치고 아프리카와 발전을 갈망하는 세계의 나머지 지역이 깨어나면 모두가 이롭게 될 것이다.

중국은 오랜 역사 동안 이처럼 외부 세계에 기꺼이 자신을 열었던 적도, 이처럼 많은 교류를 나눈 적도 없다. 또한 안타깝게도 중국과 서구 사이의 전략적 이익 충돌과 서로에 대한 오해 때문에 이처럼 골이 깊었던 적도 달리 없다. 희망, 땀, 웃음, 눈물의 30년을 되돌아보면서 우리 앞에 놓인 이 순간이 아주 잠깐이며 다시 오지 않는다는 깨달음을 얻기 바란다. 우리는 가급적 빨리 인류 전체가 번영과 평화의 21세기를 건설할 수 있는 역사적 기회를 잡아야 한다. 그게 바로 우리들 한 사람 한 사람의 책임이다.

중국을 바꾸어놓은 30년의 기록

　　이 책의 아이디어는 앙리 아무루에게서 나왔다. 역사에 관심이 많은 위대한 저널리스트는 83세의 노령에도 불구하고 중국에서 알베르 롱드르 상 심사위원장으로서 변함없는 기력을 보여주었다. 그때가 2004년이었다. 그 해에 프랑스 언론계의 권위 있는 알베르 롱드르 상의 시상식은 베이징에서 열렸다. 앙리는 그 시상식을 기회 삼아 수많은 중국 언론사의 수장들과 선전부 책임자들에게 한 세기 전 알베르 롱드르가 어떻게 프랑스인들의 눈과 마음을 당대의 현실로 돌려놓았는지 설명했다. 그는 알베르 롱드르가 취재하고 작성한 기사, 식민청에 대한 그의 청원이 카엔 감옥을 폐쇄시켰다는 얘기에 특히 힘을 주었다. 언론의 자유는 누구에게나 꼭 필요하다는 메시지를 우회적으로 전달하는 방식이랄까……. 며칠 후 앙리와 나는 만리장성을 거닐었다. 앙리는 내 팔을 잡고 주변의 능선과 골짜기 사이에 자리 잡은 작은 마을을 가리키며 이렇게 말했다. "카롤린, 당신이 이 모든 것을 이야기해야 해요. 중국을 바꾸어놓은 이 20년을 말이오……." 나는 그 프로젝트를 곧장 실행에 옮기지 못했지만 드디어 그 책이 나왔다. 친애하는 앙리, 《중국을 읽다》가 여기 나왔어요.

위대한 사진작가 마르크 리부에게 각별한 고마움을 전하고 싶다. 나는 1990년에 그를 만날 기회가 있었다. 내가 몇 장에 걸쳐 표현하려고 했던 것을 단 한 장의 사진에 담아내는 그의 역량이 나에겐 항상 인상적이었다. 그의 섬세함, 사진에서 배어 나오는 유머감각, 피사체를 향한 한없는 애정이 좋다. 마르크는 고맙게도 자신이 찍은 사진들을 이 책에 실어 독자에게 중국의 현실을 좀 더 생생하게 전할 수 있도록 허락해주었다.

위대한 예술가 웨민쥔에게도 감사를 전한다. 그는 내 책의 내용을 너무나 압축적으로 잘 보여주는 자신의 작품 〈오션 브레인 2〉를 표지로 쓸 수 있게 해주었다. '냉소적 사실주의'의 선구자 중 한 사람인 웨민쥔은 중국 지식인 특유의 자조를 통해 중국 사회가 최근의 급격한 변화를 대하며 느끼는 복합적 감정을 잘 표현한다. 중국 전위미술 운동의 문을 열었던 작품 〈나의 아버지〉를 자료로 수록할 수 있게 해준 뤄중리와 공원에서 춤추는 중국인들의 멋진 사진을 수록하도록 허락해준 황샤오빙에게도 존경을 보낸다. 사진 수록 작업에 편의를 제공한 798 바이니안인샹 사진갤러리와 사진 자료 선별 작업을 맡아준 베이징 청신동 갤러리에도 감사드린다. 1950년대와 1960년대 사진들을 찍은 미지의 친구, 1989년 톈안먼 사진자료를 넘겨준 미지의 친구에게도 감사를 드린다. 1995년에 찍은 사진들을 나에게 보내준 제롬 모낭주에게도 각별한 우정을 전하고 싶다.

베이징 주재 〈르푸앵〉 사무실 식구들은 나를 위해 그때그때 조사를 하거나 날짜, 수치 등을 확인해주었다. 그들에게도 감사를 전하고 싶다. 양뤄린, 에제 주, 콤 데셰리는 지도, 참고문헌, 연표 작업을 도와주었다.

콤이 내 원고를 주의 깊게 읽어준 것도, 장 루이 뒤랑 드루앵의 귀중한 조언도, 자크 드 부아세송이 뒷부분 원고를 꼼꼼하고 분석적으로 봐준 것도 다 감사할 일이다.

중국에 대한 책을 쓴다는 이 모험은 여러 친구와 지인들이 나에게 보여준 신뢰 없이는 불가능했을 것이다. 중국인과 서구인을 막론하고 그들 모두 내가 긴 여행을 시작할 수 있도록, 끝까지 가볼 수 있도록 격려해주었다. 여기서 그들에게도 감사를 전한다. 하지만 모르는 사람들도—그들이 나의 인터뷰에 응하든, 응하지 않든 간에—저마다 도움을 주었다. 교류도 하고 토론도 하고, 때로는 대립도 겪으면서 나는 오늘날 중국에 대한 나의 관찰을 오랜 세월에 걸쳐 한 장 또 한 장 만들어나갈 수 있었다. 이제 그 결과를 독자들에게 내놓는다.

마지막으로 나의 길동무 신동에게 고마움을 전한다. 그는 내가 이 책을 쓸 수 있도록 격려 와 지원을 아끼지 않으면서도 책의 내용에 대해서는 일절 묻지 않았다. 우리의 두 딸 오세안과 테아는 1년이 다 가도록 주말도 없고 휴가도 없이 일하는 엄마를 이해해주었다. 아이들은 매일 아침 "엄마 책 다 끝났어요?"라고 물었다. 이제 언젠가 나의 두 아이도 이 책을 읽을 날이 오길 바라며 끝을 맺는다. 두 아이의 유년기도 이 책에 묘사된 배경 속에서 흘러갔으니 그 아이들도 이 책을 재미있게 보아주기를……

2010년 베이징과 파리에서,

카롤린 퓌엘

601

	중국	서양 세계
기원전 50-22세기	중국의 신석기시대	
5000-3000	양사오(仰韶) 문화	고대 이집트(기원전 3150년경)
3000-2200	룽산(龍山) 문화	
	중국 제국시대	
2205-1766	하나라	
1766-1122	상나라	
1122-255	서주(西周)시대와 동주(東周)시대, 봉건제의 해체	
774-484	춘추시대	그리스 사상가들의 등장(기원전 7-4세기)
	공자(기원전 551-479년)	소크라테스(기원전 470-399년), 아테네의 최전성기
484-221	전국시대	
221-201	진(秦)의 시황제가 최초의 통일 제국을 세우다	
206-기원후 8	서한(西漢)	로마 제국의 설립과 확장
25-220	동한(東漢)	
220-581		로마 제국의 쇠퇴와 분열
220-265	삼국시대	
265-316	서진(西晉)	
302-581	북방 5호 16국 시대	
317-581	남방 6조 시대	
581-618	수나라	
618-907	당나라	카롤루스(샤를마뉴) 대제(742-814)
907-960	북 5대	
907-979	남 10국	
960-1279	송나라	
947-1125	요나라	동방정교회와 로마가톨릭의 분리 (1054)
1115-1234	금나라	

1038-1227	서하(西夏)	
1276-1368	원나라	성왕(聖王) 루이〔루이9세, 1214-1970)과 처음으로 원나라와 사신을 교환하다 마르코 폴로의 동방 여행(1269-1293
1368-1644	명나라	포르투갈의 토메 피레스가 최초의 유럽 외교관으로서 중국을 찾았으나 인정받지 못하다(1520)
1557	포르투갈인들 마카오 정착	이탈리아의 예수회 사제 마테오 리치가 처음으로 베이징에 거주 허가를 받은 유럽인이 되다. 마테오 리치는 푸퉁화를 완벽하게 구사했으며 중국 최고의 그리스도교 공동체(1582-1610)를 수립했다. 그는 중국 한림원에서 수학을 가르치며 황궁에도 출입했다.
1575-1637	스페인, 네덜란드, 영국 사람들이 광저우에 자리를 잡다	
1644-1911	청나라	영국 최초의 혁명(1648)
1662-1722	강희제 재위	루이 14세 재위(1643-1715)
1736-1796	건륭제 재위	유럽의 계몽주의 시대(1715-1789) 루이 15세 재위(1715-1774)
		미국의 건국(1787) 프랑스 대혁명(1789)
1757	광저우에 처음으로 외국과의 무역 허가가 떨어지다	
1800-1830	영국 상인들은 거래 대금으로 아편을 인도하기 시작함으로써 아편 밀매가 성행하다	
1804-1815		프랑스 최초의 제국(나폴레옹) 유럽과 북아메리카의 산업혁명
1839-1842	제1차 아편전쟁 불평등조약이 체결되다 홍콩이 영국 식민지가 되다	
1851-1867	태평천국의 난(세상의 종말을 외치는 종교집단이 주도한 난) 양쯔강 계곡 일대에서 내전이 일어나 청 제국의 통일을 위협하다	미국 남북전쟁(1861-1865)

1858-1860	제2차 아편전쟁 영·불연합군이 위안밍위안을 약탈하다	보불전쟁〔프러시아의 프랑스 침공〕 파리 코뮌((1870)
1894-1895	중일전쟁 일본이 대만을 영유하다	프랑스 제3공화정 설립(1871)
1898	백일유신(百日維新)	
1899-1900	의화단 운동(위화권을 연마하는 비밀단체를 서태후가 서구 열강에 대항하기 위해 지원하다)	
1911	쑨원이 중국 최초의 혁명을 주도하다〔신해혁명〕 청나라의 몰락	유럽 제국주의 열강들의 최전성기
1912-1949	중화민국	
1912	쑨원이 중화민국을 선포하고 국민당을 창당하다	
1912-1916	위안스카이 장군의 쿠데타, 위안스카이는 그 후 황제를 자처하였으나 몇 달 후 사망한다	제1차 세계대전(1914-1918) 러시아 혁명(1917)
1916-1927	군벌통치시대	
1919	지식인을 주축으로 하는 5·4 운동이 민주주의와 기술 진보를 부르짖다	베르사유 조약(1919)으로 제1차 세계대전은 끝났으나 중국은 영토를 전부 되찾지 못하다
1921	상하이에서 중국 공산당 창당	
1924-1927	국공합작(국민당과 공산당이 군벌을 제압하기 위해 연합전선을 펼침)	
1925	쑨원 사망	레닌 사망(1924)
1926-1927	국공합작의 북벌	
1927	난징에 국민당 정부가 들어서다	
1927-1937	장제스가 공산당을 배신하고 상하이에서 학살을 저지르다	
1928	불평등조약들이 폐기되다	스탈린이 소련의 최고 권좌에 오르다(1929)
1931	일본의 만주 침공	1929년 대공황과 대규모 경기후퇴
1933	일본의 만주국 정부 설립	유럽에서 전제주의 움직임이 일어나다(독일의 히틀러와 나치즘, 이탈리아의 무솔리니와 파시즘)

1934	국민당이 장시 성의 중화소비에트 정권을 토벌하다, 대장정 시작	
1934-1935	공산당[홍군]이 티베트 고원을 넘어 북방으로 후퇴하다 마오쩌둥이 산시성 옌안에 저항군 기지를 세우다	
1936	2차 국공합작(그러나 국민당과 공산당이 일본군에 맞서 진짜 연합전선을 펴는 것은 1940년대에야 현실화된다)	나치 독일이 오스트리아를 합병하다(1937) 중유럽과 러시아에서 많은 유대인들이 상하이로 피난가다
1937-1945	일본의 중국 본토 침공, 난징대학살	제2차 세계대전(1939-1945)
1945	히로시마와 나가사키에 원자폭탄 투하, 일본의 항복	브레턴우즈 회의에서 국제금융체계가 재정비되다(1944)
1945-1949	얄타 회담(1945)으로 동(공산주의)과 서(자본주의)의 냉전시대가 열리다 국공내전	유럽부흥계획[마셜 플랜](1947-1951) 프랑스 번영 30년
1949	공산당의 승리 장제스가 이끄는 국민당 세력은 타이완 섬으로 도피하다	
1949-현재	중화인민공화국	냉전시대(1945-1989)
1949-1976	마오쩌둥의 혁명	프랑스 식민지들의 독립(1945-1960)
1949	마오쩌둥이 중화인민공화국을 선포하다	
1950-1953	중국과 미국, 한국전쟁에 개입	스탈린 사망
1957	'백화쟁명'과 '반우파투쟁' 운동	흐루시초프가 소련에서 정권을 잡고 탈스탈린주의가 시작되다(1956)
1958	대약진운동	케네디 미국 대통령 집권(1957-1963)
1959-1961	대기근	드골 장군이 프랑스 대통령이 되어 제5공화국 시대를 열다(1958)
1960	소련과의 결별	베트남 전쟁(1959-1975)이 시작되다
1962	중국과 인도의 전쟁 아크사이친[악사이 친]이 중국에 귀속되다	쿠바 미사일 위기(1962)
1964	중국 최초의 원자폭탄 실험 중불수교	

1966-1976	문화대혁명	
1968-1969	홍위병들을 시골로 재교육 보내다 여러 지방에서 인민군이 내전 상태 를 수습하다	닐 암스트롱이 달에 착륙한 최초의 우주인이 되다(1969)
1971	중국이 대만 대신 국제연합에 가입 하다 마오쩌둥의 후계자로 주목받던 린 뱌오가 총애를 잃고 도피하던 중에 의문의 사고로 사망하다	조르주 퐁피두 프랑스 대통령 집권 (1969-1974), 드골 사망(1969)
1972	리처드 닉슨 미 대통령이 처음으로 중화인민공화국을 방문하다	발레리 지스카르 데스탱 프랑스 대 통령 집권(1974-1981)
1976	저우언라이 사망(1월) 당산대지진 마오쩌둥 사망(9월) 화궈펑에게 정권이 이양되다	제1차 석유파동(1973)과 서구의 경 제위기
1977-1979	사인방 체포 문화대혁명 종식 덩샤오핑이 차츰 화궈펑을 밀어내 고 권력을 잡다 미국이 중국과 수교하다 베트남과의 '전격전'	
1979	4대 근대화 운동 한자녀정책 실시 민주의 벽 운동	제2차 석유파동(1979) 경기침체와 인플레이션 발생
1980-현재	중국의 개혁·개방	
1980	덩샤오핑이 개혁파의 자오쯔양 총 리와 후야오방 총서기를 권좌에 올 리다 경제특구 설치	
1981	4인방 재판(그러나 마오쩌둥에 대한 비 판은 전개하지 않음)	프랑수아 미테랑 프랑스 대통령 집 권(1981-1994) 로널드 레이건 미국 대통령 집권 (1981-1989)
1983	'범죄와의 투쟁' 운동	
1984	자유시장의 합법화	
1985	소련과의 화해	미하일 고르바초프가 소련의 지도 자가 되어 글라스노스트, 페레스트 로이카 정책을 추진하다(1985)

1986	최초의 학생운동 후야오방(개혁파)이 실각하고 리펑 (보수파)이 부상하다	
1989	톈안먼 사태(4-6월)	베를린 장벽이 무너지다(1989년 10월)
1990	대규모 진압	동구권 국가들의 개방(1990) 소비에트연방 붕괴(1991)
1992	덩샤오핑의 남방순시	빌 클린턴 미 대통령 집권 (1992-2000)
1993	장쩌민이 제3세대 공산주의 지도 부의 수장이 되다. 리펑은 총리, 주 룽지는 부총리가 되다	대만과의 무기판매 계약으로 중불 관계가 위기에 빠지다(1992-1994) 자크 시라크 프랑스 대통령 집권 (1994-2007)
1996	대만과의 미사일 위기	
1997	덩샤오핑 사망, 홍콩 반환, 제3세 대 지도부의 확립	
1999	마카오 반환	나토 연합군의 베오그라드 주재 중 국대사관 오폭 사건(1999)
2000	중국이 일본을 제치고 미국의 최대 채권국이 되다	조지 W. 부시 미 대통령 집권 (2000-2008)
2001	중국이 세계화에 진입하며 세계무 역기구에 가입하다	뉴욕 월드트레이드센터에서 9·11 테러가 일어나다(2001) 미국의 반테러 정책 선언, 아프가 니스탄 전쟁(2001)
2003	후진타오 국가주석, 원자바오 총리 가 이끄는 제4세대 지도부가 권좌 에 오르다 사스 사태 중국 최초의 우주인 등장	이라크 전쟁 시작(2003)
2005	아무르 강 사태(공해)	
2006	중국-아프리카 정상회의 '화평굴기' 운동 개시	
2007	제17회 중국 공산당 전당대회 후진타오-원자바오 집단지도체제 유지 확정 중국의 '소프트 파워' 발전	니콜라 사르코지가 프랑스 대통령 으로 당선되다.

2008	티베트 사태 두 번째 중불관계 위기(2008-2009) 쓰촨 성 지진 베이징 올림픽	미국에서 '서브프라임 모기지론' 사태가 터지면서 발생한 경제위기가 전 지구로 확산되다 버락 오바마가 미국 대통령으로 당선되다.
2009	금융위기가 실물경제에 영향을 미치지만 중국은 경제발전을 가속화하고 세계 경기부양의 견인차가 되다	경제위기가 서양에서 확산되며 미국과 유럽의 많은 은행들이 흔들리다 실업률이 높아지다 유럽과 미국의 경기 둔화 그리스와 아일랜드의 채무불이행 위기 유럽 위기 미 중앙은행이 6천억 달러를 경제에 투입하다
2010	중국이 아세안, 대만과 차례로 협정을 체결하여 전 세계에서 가장 넓고 인구가 많은 자유무역지대를 만들다 상하이 만국박람회	
	중국이 일본을 제치고 미국에 이어 세계 제2위의 경제 대국이 되지만 국내 인플레이션 문제가 심각해지다	
	사회적 긴장이 높아지다 공산당 제5세대 지도부가 2012년 정권교체를 준비하다 원자바오 총리가 바라는 정치적 개혁의 타당성에 대해 논쟁이 일어나다	
2012	공산당 제5세대 지도부로의 정권교체	미국과 프랑스의 대선

ALDEN, Chris, LARGE, Daniel, SOARES DE OLIVERA, Ricardo (dir.), *China Reterns to Africa. A Superpower and a Continent Embrace*, Londres, Hurst, 2008.

ASC (Académie des sciences sociales de Chine), Zhongguo tongji chubanshe (Annuaire statistque chinois), Pékin, ASC, 2009.

BECKER, Jasper, *La Grande Famine de Mao*, Paris, Dagorno, 1998.

BÉJA, Jean-Phillppe, BONNIN, Michel, PEYRAUBE, Alain, *Le Tremblement de terre de Pékin*, Paris, Flammarion, 《Au vif du sujet》, 1991.

BÉJA, Jean-Phillppe, *À la recherche d'une ombre chinoise*, Paris, Éd. du Seuil, 《L'Histoire immédiate》, 2004.

BÉSANGER, Serge, *Le Défi chinoise*, Roissy, Éd. Alban, 1996.

BEURET, Michel, MICHEL, Serge, *La Chinafrique, Pékin à la conquête du continent noir*, Paris Grasset et Frasquelle, 2008.

BIABCO, Lucien, *Les Origines de la révolution chinoise*, Paris, Gallimard, 1967.

BONNIN, Michel, *Génération perdue. Le Mouvement d'envoi des jeunes instruits à la champagne en Chine*, 1968-1980, Paris, Éd. de l' EHESS, 2004.

BOUC, Alain, *La Chine à la mort de Mao*, Paris, Éd. du Seuil, 1977.

BRAHM, Laurence, *China as no. 1*, Singapore, BH Aisa, 1996.

BRAHM, Laurence, *China's Century1*, Singapore, John Wiley & Sons, 2001.

BRAUTIGAM Deborah, *The Dragon's Gift : the Real Story of China in Africa*, Oxford, Oxford University Press, 2010.

BROOK, Timothy, FROLIC, Michael, *Civil Society in China*, Armonk, M.E. Sharpe, 1997.

CADART, Claude, CHENG, Ying-hsiang, *Les Deux Morts de Mao Zedong*, Paris, Éd. du Seuil, 1977.

CHAN, Kam Wing, BUCKINGHAM, Will, *Is China Abolishing the Hukou System?*, Seattle, University of Washington, 2007.

CHEN, Yan, *L' Éveil de la Chine*, Aix-en-Provence, Éd. de l'Aube, 2002.

CHENG Anne, *Histoire de la pensée chinoise*, Paris Éd. du Seuil, 1997.

CHESNAUX, Jacques, BASTID, Marianne, *Histoire de la Chine*, 4 tomes, Paris, Hatier, 1969-1977.

CHEVRIER, Yves, "Micropolitics and the Factory Director Responsibility System, 1984-1987", in *Chinese Society on the Eve of Tiananmen. The Impact of Reform*, DAVIS, Deborah, VOGEL, Ezra (dir.) Cambridge (Mass.), Harvard University Press, 1990.

CROLL, Elizabeth, *The Chinese Women since Mao*, Londres, Third World Books, 1983.

CRONIN, Vincent, *Matteo Ricci, le sage venu de l'Occident*, Paris, Albin Michel, 2010.

COURMONT, Barthélemy, *Chine, la grande séduction. Essai sur le soft power chinois*, Paris, Éd. Choiseul, 2009.

CHING, Frank (dir.), *China in Transition*, Hong Kong, Review Publishing Company, 1994.

DALAï-LAMA S.S. et CUTLER, Horward, *L'Art du bonheur*, Paris, J'ai lu, 2000.

DAUBIER, Jean, *Histoire de la Révolution Culturelle Prolétarienne en Chine*, Paris, Librairie François Maspero, 1970.

DELMAS-MARTY, Mireille, WILL, Pierre-Étienne, *La Chine et la Démocratie*, Paris, Fayard, 2007.

DENG, Xiaoping, *Textes choisis (1975-1982)*, Pékin, Éd. en langues étrangères, 1985.

DENG, Xiaoping, "Les Discours de Deng Xiaoping dans le Sud", *Perspectives chinoises*, No. 2, avril 1992.

HAN, Dongfang, "A Long Hard Journey - the Rise of a Free Labour Movement", China Rights Forum, hiber 1995, consultable sur.

DEVLIN, Robert, ESTEVADEORDAL, Antoni, RODRIGEZ-CLARE, Andrés (dir.), *The Emergence of China. Challenges and Opportunities for Latin America and the Carribean*, Washington, Inter- America Development Bank, 2006.

DICKSON, Bruce, *Red Capitalists in China. The Party, Private Entrepreneurs, and Prospects for Political Change*, Cambridge, Cambridge University Press, 2003.

DING, Yijiang, *Chinese Democracy after Tiananmen*, Vancouver, University of British Columbia Press, 2001.

DOMENACH, Jean-Luc, *Chine, l'archipel oublié*, Paris, Fayard, 1992.

DOMENACH, Jean-Luc, RICHER, Philippe, *La Chine*, 2 tomes, Paris, Imprimerie Nationale, 1995.

DOMENACH, Jean-Luc, *Où va la Chine?*, Paris, Fayard, 2002.

DUMONT, René, *Finis les lendemains qui chantent······, tome 2, La Chine décollectivise*, Paris, Éd. du Seuil, 1984.

EISENMAN, Joshua, HEGINBOTHAM, Éric, MITCHELL, Derek (dir.), *China and the Developing World. Beijing's Strategy for the Twenty-first Century*, Armonk, M. E. Sharpe, 2007.

FAIRBANKS, John, *La Grande Révolution chinoise: 1800-1989*, Paris, Flammarion, 1989.

FISHMAN, Ted, *China, Inc.: How the Rise of the Next Superpower Challenges America and the World*, New York, Scribner, 2005.

FRANZ, Uli, *Deng Xiaoping*, Paris, Éd. Fixot, 1989.

GARSIDE, Roger, *Coming alive: China after Mao*, New York, McGraw-Hill, 1982.

GATTEGNO, Hervé, *L'Affaire Dumas*, Paris, Stock, 2000.

GERNET, Jacques, *Le Monde chiois*, Paris, A. Colin, 1999.

GIUGNI, Marco, McADAM, doug, TILLY, Charles, *From Contention to Democracy*, Lanham Boulder, Oxford, Rowman and Littlefield, 1998.

GILL, Bates, *Rising Star, China New Security Diplomacy*, Washington, Brookings Institution Press, 2007.

GODEMENT, François (dir.), *Chine, Japon, ASEAN, compétition stratégique ou coopération?*, Paris, La Documentation Française, 1999.

GOLDMAN, Merle, *Sowing the Seeds of Democracy in China*, Cambridge (Mass.), Harvard University Press, 1994.

GOLDMAN, Merle, McFARQUHAR, Roderick, *The Paradox of China'* s *Post Mao Reforms*, Cambridge(Mass.), Harvard University Press, 1999.

GULLERMAZ, Jacques, *Histoire du Parti communiste chinoise(1921-1979)*, 2 tomes, Paris, Payot, 1975.

GUILLERMAZ, Jacques, *Le Parti communiste chinois au pouvoir (1949-1979)*, 2 tomes, Paris, Payot, 1979.

GUO, Xiaolin, *Repackaging Confucius. PRC Public Diplomacy and the Rise of Soft Power*, Stockholm, Institute of Security and Development Policy, 2008.

HABER, Daniel, MANDELBAUM, Jean, *La Revanche du monde chinois*, Paris, Éd. Economica, 1996.

HOLZMAN, Marie, *Lin Xiling l'indomptable*, Paris, Bayard, 1998.

HUDELOT, Claude, *La Longue Marche*, Paris, Julliard, 1971.

HURST, William, *The Chinese Worker after Socialism*, Cambridge, Cambridge University Press, 2009.

ILLIEZ, Pierre, *Chine rouge, page blanche*, Paris, Julliard, 1973.

JOHNSTON, Alastair, ROSS, Robert (dir.), *New Directions in the Study of China Foreign Policy*, Stanford, Stanford University Press, 2006.

JOYAUX, François, *La tentation impériale, politique extérieure de la Chine depuis 1949*, Paris, Éd. Imprimerie nationale, 1994.

KANG, David, *China Rising. Peace, Power, and Order in East Asia*, New York, Columbia University Press, 2007.

KAPUSH, Harish (dir.), *As China Sees the World*, Londres, Frances Pinter, 1987.

KEIDEL, Albert, 《China's Economic Rise–Fact and Fiction》, Carnegie Endowment for International Peace Policy Brief, 2008.

KITISSOU, Marcel (dir.), *Africa in China's Global Strategy*, Londres, Adonis et Abbey, 2007.

LATOURETTE, Kenneth, *The Chinese, their History and Culture*, New York, McMillan, 1964.

LEONARD, Mark, *What does China think?*, Londres, Forth Estate, 2004.

LEY, Simon, *Les Habis neufs du président Mao*, Paris, Chmap Libre, 1971.

LEY, Simon, *Ombres chinoises*, Paris, Champ Libre, 1974.

LI, Cheng, *China's Changing Political Landscape*, Washington, Brookings Institution Press, 2008.

LI, Chieng-nung, *The Political History of China*, Stanford, Stanford University Press, 1967.

LI, Jian, NIU, Xiaohuan, "The New Middle Class in Peking: a Case Study", *China Perspectives, No. 45*.

LI, Rex, *A Rising China and Security in East Asia. Identity Construction and Security Discourse*, Londres, Routledge, 2008.

LI, Yizhe, "Chinois, si vous saviez⋯", Paris, 10/18, *Petite bibliothèque asiatique*, 1976.

LIAO, Xuanli, *Chinese Foreingn Poich Think-tanks and Foreign Policy towards Japan*, Hong Kong, Chinese University Press, 2006.

LIU, Binyan, "Le Cauchemar des mandarins rouges", Paris, Gallimard, *Au vif du sujet*, 1989.

MAO, Zedong, *Ecrits choisis*, 3 tomes, Librairie François Maspero, 1973.

MAO, Zedong, *Œuvres choisies, tome 5*, Pékin, Éd. en langues étrangères, 1977.

614

MAO, Zedong, *Selected Military Writings*, Pékin, Éd. en langues étrangères, 1967.

MAO, Zedong, *Le Grand Bond en Avant, inédits 1958–1959*, Paris Le Sycomore, 1980.

MAO, Zedong, *Les Trois Années noires, inédits 1959–1963*, Paris Le Sycomore, 1980.

McFARQUHAR, Roderick, *The Origins of the Cultural Revolution*, New York, Oxford, Columbia University Press, 3 Vol., 1974–1997.

McGIFFERT, Carola, *Chinese Soft Power and Its Implication for the United States. Competition and Cooperation in the Developing World*, Washington D.C., CSIS, mars 2009.

MERLE, Aurore, LUN, Zhang, "La Chine en transition: regards sociologiques", *Cahier international de sociologies*, vol. 122.

MICHEL, Jean-Jacques, *Avoir vingt ans en Chine··· à la champagne*, Paris, Éd. du Seuil, 1978.

MENGIN, Françoise, ROCCA, Jean-Luc, *Politics in China: Moving Frontiers*, New York, Palgrave, 2002.

Mury, Gilbert, *De la Révolution culturelle au Xe congrès du parti communiste chinois tome 2*, Paris, Union Générale d'édition, 1973.

NATHAN, Andrew, GILLEY, Bruce, *China New Rulers: The Secret Files*, New York, New York Review of Books, 2002.

NGUYEN, Eric, *Les Relations Chine-Afrique: l'Empire du Milieu à la conquête du continent noir*, Levallois-Peret, Studyrama, 2009.

OVERHOLT, William, *China: the Next Economic Superpower*, Londres, Wedenfld and Nicholson, 1993.

PASQUALINI, Jean, *Prisonnier de Mao*, Paris, Gallimard, 1978.

PEERENBOOM, Randall, *China's Long March towards the Rule of*

참고문헌

Law, Cambridge, Cambridge University Press, 2002.

PEYREFITTE, Alain, *L'Empire immobile ou le Choc des mondes*, Paris, Fayard, 1989.

PEYREFITTE, Alain, *Quand la Chine s'éveillera··· le monde temblera*, Pars, Fayard, 1980.

PUEL, Gaston, *L'Heure du partage*, Paris, Nouvelles Éditions Latines, 1978.

QIAN, Qichen, *Waijiao Shiji(外交十記)*, Pékin, Shijie Shizhi Chubanshe, 2003.

RENOUVIN, Pierre, *La Question d'Extrême-Orient, 1840-1940*, Paris, Hachette, 1976.

ROCCA, Jean-Louis, *La Condition chinoise. La mise au travail capitaliste à l'âge des réformes (1978-2004)*, Paris, Khartala, 2006.

ROCCA, Jean-Louis (dir.), *La Société chinoise vue par ses sociologues. Migrations, villes, classe moyenne, drogue, sida*, Paris, Presses de Sciences-Po, 2008.

ROCCA, Jean-Louis, "Les communists vont-ils chager la Chine?", *Le Monde diplomatique*, juillet 2009.

ROCCA, Jean-Louis, "Pour la classe moyenne chinoise, la stabilité avant tout", *Le Monde diplomatique*, mai 2009.

ROCCA, Jean-Louis, "Une sociologie de la Chine", Paris, La Découverte, *Repères*, 2010.

ROUX, Alain, *Le Shanghai ouvrier des années 1930: coolies, gangsters et syndicalistes*, Paris, l'Harmattan, 1993.

ROUX, Alain, *Grèves et politique à Shanghai: les désillusions (1927-1932)*, Paris, Éd. de l'EHESS, 1995.

ROUX, Alain, *Le Singe et le Tigre, Mao un destin chinois*, Paris, Larousse, 2009.

ROZMAN, Gilbert, *China Strategic Thought towards Asia*, New York, Palgrave McMillan, 2010.

ROSS, Robert, *Chinese Security Policy: Structure, Power and Politics*, Londre et New York, Routledge, 2009.

RUAN, Ming, *Deng Xiaoping: chroniques d'un empire, 1978-1990*, Paris, Picquier, 1992.

SABATIER, Patrick, *Le Dernier Dragon: Den Xiaoping, un siècle de l' histoire de la Chine*, Paris, Lattès, 1990.

SCHRAM, Stuart, *Mao Tse-Tung*, Londres, Penguin Books, 1966.

SHAMBAUGH, David, *Modernizing China's Military, Progress, Problems and Prospect*, Berkeley, University of California Press, 2002.

SHAMBAUGH, David, SADSCHNEIDER, Eberhard, ZHOU, Hong (dir.), *China-Europe Relations, Perceptions, Policies and Prospects*, Londres et New York, Routledge, 2008.

SHIRK, Susan, *The Political Logic of Economic Reform in China*, Berkeley, University of California Press, 1993.

SHIRK, Susan, *China: Fragile Superpower*, Oxford, Oxford University Press, 2007.

SIDANE, Victor, *Le Printemps de Pékin: opposition démocratiques en Chine, nobembre 1978-mars 1980*, Paris, Gallimard, 1980.

SNOW, Eegard, *Red Star Over China*, New York, Grove Press, 1968.

SNOW, Eegard, *Red China Today, the Other Side of the River*, Londres, Penguin Books, 1970.

THIREAU, Isabelle, WANG, Hansheng, *Disputes au village chiois. Formes du juste et recompositions locales des espaces normarifs*, Paris, Éd. de la MSH, 2001.

참고문헌

617

WANG, Gungwu, ZEHNG Yongnian (dir.), *China and the New International Order*, Abington et New York, Routledge, 2008.

Wang Shou, *Feu et glace*, Paris, Picquier, 1995.

Wong, John WONG, Chee Kong, *China's New Oil Development Strategy Taking Shape*, Singapore, NUS Press, 1998.

Wu, Guoguang, *Zhao Ziyang yu zhengzhigaige*(趙紫陽與 政治改革), Hong Kong, Paipingyang Chubanshe, 1998.

WU, Harry Hongda, *Vents amers*, Paris, Bleu de Chine, 1996.

WU, Harry Hongda, *Laogai, le goulag chinois*, Paris, Dagorno, 1997.

WU, Jane Jiajing, "Suicides and suicide survivors of the Cultural Revolution", in *State Organized Terror: The Case of Violent Internal Repression*, BUSHNELL, Timothy, Boulder, Westview Press, 1991.

Yan Yuxinag, *Privae Life under Socialism: Love, Intimacy and Family Change in a Chinese Village*, 1949–1999, Stanford, Sranford University Press, 2003.

YU, Guangyuan, Wang Enmao, LI, Desheng et al., *Gaibian Zhongguo Minyun de 41tian*, Shenzhen, Haitian Chubanshe, 1998.

ZHA, Dajiong, HU, Weixin, *Building a Neighborly Community: Post Cold War China, Japan and Southeast Asia*, Manchester, Manchester University Press, 2004.

ZHANG, Liang, *Les archives de Tianmanmen*, Paris, Éd. du Félin, 2004 (trad. de l'anglais, The Tiananmen Papers, New York, Public Affairs, 2001).

ZHAO, Ziyang, *Prisoner of the State: the Secret Journal of Premier Zhao Ziyang*, New York, Simon & Schuster, 2009.

ZHAO, Dingxin, *The Power of Tiananmen. State Society Relations and the 1989 Beijing Student Movement*, Chicago, University of Chicago Press, 2001

ZHENG, Bijian, *Lun Zhongguo heping jueqi fazhan xin daolu*, Beijing, Ecold Centrale du Parti, décembre 2008.

ZHOU, Kate, *How the Farmers Changed China*, Boulder, Westview Press, 1996.

참고문헌

색인

옮긴이 이세진

서강대학교 철학과를 졸업하고 동 대학원에서 불문학 석사 학위를 받았다. 옮긴 책으로는《고대 철학이란 무엇인가?》《내 안의 어린아이》《작가의 집》《다른 곳을 사유하자》등이 있다.

중국을 읽다 1980-2010

첫판 1쇄 펴낸날 2012년 1월 20일
첫판 7쇄 펴낸날 2015년 8월 20일

지은이 카롤린 퓌엘 옮긴이 이세진
발행인 김혜경
편집인 김수진
책임편집 백도라지 **편집기획** 이은정 김교석 이다희 조한나 윤진아
디자인 김은영 정은화 엄세희
경영지원국 안정숙
마케팅 문창운 노현규
회계 임옥희 양여진

펴낸곳 (주)도서출판 푸른숲
출판등록 2002년 7월 5일 제 406-2003-032호
주소 경기도 파주시 회동길 57-9번지, 우편번호 413-120
전화 031)955-1400(마케팅부), 031)955-1410(편집부)
팩스 031)955-1406(마케팅부), 031)955-1424(편집부)
www.prunsoop.co.kr

ⓒ푸른숲, 2012
ISBN 979-11-7184-873-9(03920)

° 잘못된 책은 구입하신 서점에서 바꾸어 드립니다.
° 본서의 반품 기한은 2020년 8월 31일까지 입니다.

이 도서의 국립중앙도서관 출판시도서목록(CIP)은 e-CIP 홈페이지(http://www.nl.go.kr/ecip)와 국가자료공동목록시스템(http://www.nl.go.kr/kolisnet)에서 이용하실 수 있습니다. (CIP2012000042)